서집전상설(書集傳詳說) 3
−서집전상설5권 (書集傳詳說 卷之五)·서집전상설6권(書集傳詳說 卷之六)−

이 저서는 2017년 대한민국 교육부와 한국연구재단의 지원을 받아 수행된 연구임 (NRF-217S1A5B45644)

호산 박문호의 칠서주상설 38

서집전상설(書集傳詳說) 3
-서집전상설 5권(書集傳詳說 卷之五)·
서집전상설 6권(書集傳詳說 卷之六)-

책임역주(주저자): 신창호
전임역주: 김학목·조기영·황봉덕
공동역주: 김언종·임헌규·허동현

일러두기

1. 본서는 1921년 풍림정사(楓林精舍)에서 간행된 박문호의 『칠서주상설(七書註詳說)』(한국학중앙연구원 장서각 소장)을 저본으로 하였다. 아울러 아세아문화사(亞細亞文化社)에서 간행한 『호산전서(壺山全書)』(1~8, 1987~1990)를 참고하였고, <호산 박문호의 『칠서주상설』 연구번역총서>의 번호 순서는 『호산전서』(제4~5책)의 목차에 따랐다.

2. 원전(原典)은 직역(直譯)을 원칙으로 하되, 필요한 경우에는 현대적 의미를 고려하여 의역(意譯)하며 풀이하였다. 원문은 번역문과 함께 제시하되, 원문을 앞에 번역문을 뒤에 배치하였다.

3. 역주(譯註)의 경우 각주(脚註)로 처리하고, 간단한 용어나 개념 설명은 본문에서 그대로 병기하여 노출하였다(예: 잡기(雜記: 잡다하게 기록함)). 주석은 인용 출처 및 근거를 찾아 제시하고, 관련 자료의 원문 또는 번역문을 수록하였다. 내용이 중복되는 부분일지라도 편장이 달라질 경우에는 다시 수록하여 연구 토대 자료로서의 편리성을 도모하였다.

4. 원전의 원문은 『서집전상설(書集傳詳說)』의 '경문(經文)', 채침(蔡沉)의 주석인 '집전(集傳)', 박문호의 주석인 '상설(詳說)'로 구분하되, '경문-집전-상설' 순으로 글자의 모양과 크기를 달리 하였다. 경문의 경우, 별도로 경문이라는 표시 없이 편장별로 번호를 붙였다(예: 『우서』 「요전」 첫 구절은 『서경』의 제1권 제1편 제1장의 제1구절이므로 [1-1-1-1]로 표시; 나머지도 이와 같은 순서에 따라 번호를 매김).

5. 경전의 맨 앞부분(제1권)과 맨 뒷부분(제7권)에 배치되어 있는 「서집전서상설(書集傳序詳說)」·「서서설상설(書序說詳說)」과 「서서변설상설(書序辨說詳說)」은 별도의 권(卷)으로 나누어져 있지 않아, 0-1, 0-2, 0-3으로 표기하여 구분하였다.

6. 박문호의 주석인 '상설(詳說)'은 모든 구절에 ○를 붙여 의미를 분명하게 하였다.

7. 원문의 표점 작업은 연구번역 저본과 참고로 활용한 판본을 대조하여 정돈하였다. 『칠서주상설』 편제의 특성상, 혼란의 소지가 있는 부분은 번역에서 원전을 다시 제시하였다. 필요한 경우에는 원문이나 각주에서 경전(經傳:『 』)이나 편명(篇名:「 」), 구두(句讀:; , : .) 인용문(따옴표: " " ; ' ') 강조점(따옴표: ' ') 등을 구분하여 표시하였다.

8. 원전의 특성상, 경문의 바로 아래에 제시되어 있는 음운(音韻)이나 음가(音價)는 여러 주석을 참고하여 정돈한 것이 대부분이지만 상설(詳說)로 처리하였다.

9. 원문이나 역주 가운데, 인명이나 개념어는 기본적으로 한글과 한문을 병기하되, 상황에 맞추어서 정돈하였다(예: 주자(朱子)의 경우, 때로는 주희(朱熹)로 표기하고, 개념어는 원문을 그대로 노출하기도 하고 풀이하기도 하였는데, 도(道)의 경우, 도리(道理), 이치(理致), 방법(方法) 등으로 해석함).

서집전상설 총 목차

서집전상설 1　　　서집전서상설(書集傳序詳說)
　　　　　　　　　서집전상설 1권(書集傳詳說 卷之一)
　　　　　　　　　서집전상설 2권(書集傳詳說 卷之二)
서집전상설 2　　　서집전상설 3권(書集傳詳說 卷之三)
　　　　　　　　　서집전상설 4권(書集傳詳說 卷之四)

서집전상설 3　　　**서집전상설 5권(書集傳詳說 卷之五)**
　　　　　　　　　서집전상설 6권(書集傳詳說 卷之六)

서집전상설 4　　　서집전상설 7권(書集傳詳說 卷之七)
　　　　　　　　　서집전상설 8권(書集傳詳說 卷之八)
서집전상설 5　　　서집전상설 9권(書集傳詳說 卷之九)
　　　　　　　　　서집전상설 10권(書集傳詳說 卷之十)
서집전상설 6　　　서집전상설 11권(書集傳詳說 卷之十一)
　　　　　　　　　서집전상설 12권(書集傳詳說 卷之十二)
서집전상설 7　　　서집전상설 13권(書集傳詳說 卷之十三)
　　　　　　　　　서집전상설 14권(書集傳詳說 卷之十四)
　　　　　　　　　서서변설상설(書序辨說詳說)

차례

일러두기 / 4

서집전상설 5권 (書集傳詳說 卷之五)

[5-2-2] 「감서(甘誓)」/ 16
    [5-2-2-1] 大戰于甘, 乃召六卿./ 21
    [5-2-2-2] 王曰 : "嗟! 六事之人. 予誓告汝./ 24
    [5-2-2-3] 有扈氏威侮五行, 怠棄三正, 天用勦絶其命, 今予, 惟恭行天之罰./ 25
    [5-2-2-4] 左不攻于左, 汝不恭命; 右不攻于右, 汝不恭命; 御非其馬之正, 汝不恭命./ 29
    [5-2-2-5] 用命, 賞于祖; 不用命, 戮于社, 予則孥戮汝."/ 33

[5-2-3] 「오자지가(五子之歌)」/ 37
    [5-2-3-1] 太康尸位, 以逸豫, 滅厥德, 黎民咸貳, 乃盤遊無度, 畋于有洛之表, 十旬弗反./ 38
    [5-2-3-2] 有窮后羿 因民不忍, 距于河./ 40
    [5-2-3-3] 厥弟五人, 御其母以從, 徯于洛之汭, 五子咸怨, 述大禹之戒, 以作歌./ 42
    [5-2-3-4] 其一曰 : "皇祖有訓, '民可近, 不可下. 民惟邦本, 本固, 邦寧'./ 45
    [5-2-3-5] 予視天下, 愚夫·愚婦, 一能勝予, 一人三失, 怨豈在明. 不見, 是圖. 予臨兆民, 懍83)乎若朽索之馭六馬, 爲人上者, 柰何不敬."/ 47
    [5-2-3-6] 其二曰 : "訓有之, 內作色荒, 外作禽荒, 甘酒嗜飮, 峻宇彫牆, 有一于此, 未或不亾"/ 51
    [5-2-3-7] 其三曰 : "惟彼陶唐, 有此冀方, 今失厥道, 亂其紀綱, 乃底滅亾"/ 54
    [5-2-3-8] 其四曰 : "明明我祖, 萬邦之君, 有典有則, 貽厥子孫. 關石和鈞, 王府則有, 荒墜厥緖, 覆宗絶祀."/ 56
    [5-2-3-9] 其五曰 : "嗚呼曷歸. 予懷之悲. 萬姓仇予, 予將疇依, 鬱陶乎. 予心. 顔厚有忸怩. 弗愼厥德, 雖悔, 可追."/ 60

[5-2-4] 「윤정(胤征)」/ 64
    [5-2-4-1] 惟仲康, 肇位四海, 胤侯, 命掌六師, 羲和廢厥職, 酒荒于厥邑, 胤后承王命, 徂征./ 66

[5-2-4-2] 告于衆曰 : "嗟予有衆. 聖有謨訓, 明徵定保. 先王克勤天戒, 臣人克有常憲, 百官修輔, 厥后惟明明./ 70

[5-2-4-3] 每歲孟春, 遒人, 以木鐸, 徇于路, 官師相規, 工執藝事, 以諫. 其或不恭, 邦有常刑./ 72

[5-2-4-4] 惟時羲和, 顛覆厥德, 沈亂于酒, 畔官離次, 俶擾天紀, 遐棄厥司, 乃季秋月朔, 辰弗集于房, 瞽奏鼓, 嗇夫馳, 庶人走, 羲和尸厥官, 罔聞知, 昏迷于天象, 以干先王之誅, 政典曰: '先時者, 殺無赦; 不及時者, 殺無赦.'/ 75

[5-2-4-5] 今予以爾有衆, 奉將天罰, 爾衆士, 同力王室, 尚弼予, 欽承天子威命./ 82

[5-2-4-6] 火炎崑岡, 玉石俱焚, 天吏逸德, 烈于猛火, 殲厥渠魁, 脅從罔治, 舊染汙俗, 咸與惟新./ 84

[5-2-4-7] 嗚呼. 威克厥愛, 允濟; 愛克厥威, 允罔功, 其爾衆士, 懋戒哉./ 87

[5-2-4-8] 火炎崑岡, 玉石俱焚, 天吏逸德, 烈于猛火, 殲厥渠魁, 脅從罔治, 舊染汙俗, 咸與惟新./ 88

[5-2-4-9] 嗚呼. 威克厥愛, 允濟, 愛克厥威, 允罔功, 其爾衆士, 懋戒哉./ 92

[5-3] 「상서商書」/ 94

[5-3-1] 「탕서(湯誓)」/ 95

  [5-3-1-1] 王曰, 格, 爾衆. 悉聽朕言. 非台小子, 敢行稱亂, 有夏多罪, 天命殛之./ 97

  [5-3-1-2] 今爾有衆, 汝曰我后 不恤我衆, 舍我穡事, 而割正夏. 予惟聞汝衆言, 夏氏有罪, 予畏上帝, 不敢不正./ 98

  [5-3-1-3] 今汝其曰, 夏罪, 其如台. 夏王, 率遏衆力, 率割夏邑. 有衆,率怠弗協 曰, 時日, 曷喪. 予及汝, 皆亡. 夏德, 若玆, 今朕,必往./ 101

  [5-3-1-4] 爾尚輔予一人, 致天之罰. 予其大賚汝. 爾無不信. 朕不食言. 爾不從誓言, 予則孥戮汝, 罔有攸赦./ 105

[5-3-2] 『중훼지고(仲虺之誥)』/ 108

  [5-3-2-1] 成湯, 放桀于南巢, 惟有慙德, 曰予恐來世, 以台爲口實./ 110

  [5-3-2-2] 仲虺乃作誥曰, 嗚呼, 惟天生民有欲, 無主, 乃亂, 惟天生聰明, 時乂. 有夏昏德, 民墜塗炭, 天乃錫王勇智, 表正萬邦, 纘禹舊服. 玆率厥典, 奉若天命./ 112

  [5-3-2-3] 夏王, 有罪, 矯誣上天, 以布命于下, 帝用不臧, 式商受命, 用爽厥師./ 118

  [5-3-2-4] 簡賢附勢, 寔繁有徒, 肇我邦, 于有夏, 若苗之有莠, 若粟之有秕, 小大戰戰, 罔不懼于非辜. 矧予之德, 言足聽聞./ 120

  [5-3-2-5] 惟王不邇聲色, 不殖貨利, 德懋懋官, 功懋懋賞, 用人惟己, 改過不吝, 克寬克仁, 彰信兆民./ 125

[5-3-2-6] 乃葛伯, 仇餉, 初征自葛, 東征, 西夷怨, 南征, 北狄怨, 曰奚獨後予. 攸徂 之民, 室家相慶, 曰徯予后, 后來, 其蘇. 民之戴商 厥惟舊哉./ 130

[5-3-2-7] 佑賢輔德, 顯忠遂良, 兼弱攻昧, 取亂侮亡, 推亡固存, 邦乃其昌./ 134

[5-3-2-8] 德日新, 萬邦惟懷, 志自滿, 九族乃離, 王懋昭大德, 建中于民, 以義制事, 以禮制心, 垂裕後昆. 予聞, 曰能自得師者, 王, 謂人莫己若者, 亾 好問則裕, 自用則小./ 138

[5-3-2-9] 嗚呼, 愼厥終, 惟其始, 殖有禮, 覆昏暴, 欽崇天道, 永保天命./ 148

[5-3-3] 「탕고(湯誥)」/ 153

 [5-3-3-1] 王歸自克夏, 至于亳, 誕告萬方./ 153

 [5-3-3-2] 王曰, 嗟爾萬邦有衆. 明聽予一人誥. 惟皇上帝, 降衷于下民, 若有恒性, 克 綏厥猷, 惟后./ 154

 [5-3-3-3] 夏王, 滅德作威, 以敷虐于爾萬方百姓, 爾萬方百姓, 罹其凶害, 弗忍荼毒, 竝告無辜于上下神祇. 天道, 福善禍淫, 降災于夏, 以彰厥罪./ 161

 [5-3-3-4] 肆台小子, 將天命明威, 不敢赦, 敢用玄牡, 敢昭告于上天神后, 請罪有夏, 聿求元聖, 與之戮力, 以與爾有衆, 請命./ 165

 [5-3-3-5] 上天, 孚佑下民, 罪人黜伏, 天命弗僭, 賁若草木, 兆民允殖./ 166

 [5-3-3-6] 俾予一人, 輯寧爾邦家, 茲朕, 未知獲戾于上下, 慄慄危懼, 若將隕于深淵./ 167

 [5-3-3-7] 凡我造邦, 無從匪彛, 無卽慆淫, 各守爾典, 以承天休./ 169

 [5-3-3-8] 爾有善, 朕弗敢蔽, 罪當朕躬, 弗敢自赦, 惟簡, 在上帝之心. 其爾萬方有罪, 在予一人, 予一人有罪, 無以爾萬方./ 170

 [5-3-3-9] 嗚呼 尙克時忱 乃亦有終./ 172

[5-3-4] 『이훈(伊訓)』/ 175

 [5-3-4-1] 惟元祀十有二月乙丑, 伊尹祠于先王, 奉嗣王, 祗見厥祖, 侯甸羣后咸在, 百 官總己, 以聽冢宰. 伊尹乃明言烈祖之成德, 以訓于王./ 176

 [5-3-4-2] 曰嗚呼, 古有夏先后, 方懋厥德, 罔有天災, 山川鬼神, 亦莫不寧, 曁鳥獸魚 鼈, 咸若. 于其子孫, 弗率, 皇天降災, 假手于我有命, 造攻, 自鳴條, 朕哉自 亳./ 193

 [5-3-4-3] 惟我商王, 布昭聖武, 代虐以寬, 兆民允懷./ 197

 [5-3-4-4] 今王, 嗣厥德, 罔不在初, 立愛惟親, 立敬惟長, 始于家邦, 終于四海./ 198

 [5-3-4-5] 嗚呼, 先王肇修人紀, 從諫弗咈 先民時若, 居上克明, 爲下克忠, 與人不求 備, 檢身若不及, 以至于有萬邦, 茲惟艱哉./ 200

 [5-3-4-6] 敷求哲人, 俾輔于爾後嗣./ 205

[5-3-4-7] 制官刑, 儆于有位, 曰敢有恆舞于宮, 酣歌于室, 時謂巫風, 敢有殉于貨色, 恆于遊畋, 時謂淫風, 敢有侮聖言, 逆忠直, 遠耆德, 比頑童, 時謂亂風, 惟玆三風十愆, 卿士有一于身, 家必喪, 邦君有一于身, 國必亡 臣下不匡, 其刑墨, 具訓于蒙士./ 206

[5-3-4-8] 嗚呼, 嗣王祗厥身念哉. 聖謨洋洋, 嘉言孔彰, 惟上帝不常, 作善降之百祥, 作不善降之百殃. 爾惟德罔小. 萬邦惟慶. 爾惟不德罔大, 墜厥宗./ 213

[5-3-5] 『태갑(太甲)』/ 219

[5-3-5-①] 『태갑상(太甲上)』/ 219

    [5-3-5-①-1] 惟嗣王, 不惠于阿衡./ 223

    [5-3-5-①-2] 伊尹作書曰, 先王顧諟天之明命, 以承上下神祗, 社稷宗廟, 罔不祗肅, 天監厥德, 用集大命, 撫綏萬方. 惟尹躬克左右厥辟, 宅師, 肆嗣王, 丕承基緖./ 224

    [5-3-5-①-3] 惟尹, 躬先見于西邑夏, 自周有終, 相亦惟終, 其後嗣王, 罔克有終, 相亦罔終, 嗣王戒哉, 祗爾厥辟, 辟不辟, 忝厥祖./ 228

    [5-3-5-①-4] 王惟庸, 罔念聞./ 233

    [5-3-5-①-5] 伊尹, 乃言曰, 先王昧爽丕顯, 坐以待旦, 旁求俊彦, 啓迪後人, 無越厥命 以自覆./ 234

    [5-3-5-①-6] 愼乃儉德, 惟懷永圖./ 236

    [5-3-5-①-7] 若虞機張, 往省括于度則釋, 欽厥止, 率乃祖攸行, 惟朕以懌, 萬世有辭./ 239

    [5-3-5-①-8] 王未克變./ 244

    [5-3-5-①-9] 伊尹曰玆乃不義, 習與性成, 予弗狎于弗順, 營于桐宮, 密邇先王其訓, 無俾世迷./ 244

    [5-3-5-①-10] 王徂桐宮居憂, 克終允德/ 248

[5-3-5-②] 『태갑중(太甲中)』/ 253

    [5-3-5-②-1] 惟三祀十有二月朔, 伊尹以冕服, 奉嗣王, 歸于亳./ 253

    [5-3-5-②-2] 作書曰, 民非后, 罔克胥匡以生, 后非民, 罔以辟四方, 皇天眷佑有商, 俾嗣王克終厥德, 實萬世無疆之休./ 254

    [5-3-5-②-3] 王拜手稽首曰, 予小子不明于德, 自底不類, 欲敗度縱敗禮, 以速戾于厥躬, 天作孽 猶可違, 自作孽 不可逭 旣往, 背師保之訓, 弗克于厥初, 尙賴匡救之德, 圖惟厥終./ 257

    [5-3-5-②-4] 伊尹, 拜手稽首曰, 脩厥身, 允德協于下, 惟明后./ 262

    [5-3-5-②-5] 先王子惠困窮, 民服厥命, 罔有不悅, 並其有邦厥鄰, 乃曰徯我后, 后來

無罰./ 264
[5-3-5-②-6] 王懋乃德, 視乃烈祖, 無時豫怠./ 267
[5-3-5-②-7] 奉先思孝, 接下思恭, 視遠惟明, 聽德惟聰, 朕承王之休, 無./ 268

[5-3-5-③] 『태갑하(太甲下)』/ 271
  [5-3-5-③-1] 伊尹申誥于王曰, 嗚呼, 惟天無親, 克敬惟親, 民罔常懷, 懷于有仁, 鬼神無常享. 享于克誠, 天位艱哉./ 271
  [5-3-5-③-2] 德惟治, 否德亂. 與治同道, 罔不興, 與亂同事, 罔不亡. 終始, 愼厥與, 惟明明后./ 275
  [5-3-5-③-3] 先王, 惟時. 懋敬厥德, 克配上帝. 今王, 嗣有令緒, 尙監玆哉./ 279
  [5-3-5-③-4] 若升高, 必自下, 若陟遐, 必自邇./ 281
  [5-3-5-③-5] 無輕民事, 惟難, 無安厥位, 惟危./ 283
  [5-3-5-③-6] 愼終于始./ 283
  [5-3-5-③-7] 有言, 逆于汝心, 必求諸道, 有言 遜于汝志, 必求諸非道./ 285
  [5-3-5-③-8] 嗚呼, 弗慮胡獲, 弗爲胡成. 一人元良, 萬邦以貞./ 286
  [5-3-5-③-9] 君罔以辯言, 亂舊政, 臣罔以寵利, 居成功, 邦其永孚于休./ 287

서집전상설 6권 (書集傳詳說 卷之六)

[6-3-6] 『함유일덕(咸有一德)』/ 292
  [6-3-6-1] 伊尹, 旣復政厥辟, 將告歸, 乃陳戒于德./ 292
  [6-3-6-2] 曰, 嗚呼, 天難諶, 命靡常, 常厥德, 保厥位, 厥德靡常, 九有以亡./ 294
  [6-3-6-3] 夏王, 弗克庸德, 慢神虐民, 皇天, 弗保, 監于萬方, 啓迪有命, 眷求一德, 俾作神主. 惟尹, 躬曁湯, 咸有一德, 克享天心, 受天明命, 以有九有之師, 爰革夏正/ 295
  [6-3-6-4] 非天私我有商, 惟天佑于一德, 非商求于下民, 惟民歸于一德./ 299
  [6-3-6-5] 德惟一, 動罔不吉, 德二三, 動罔不凶. 惟吉凶, 不僭在人, 惟天, 降灾祥, 在德./ 299
  [6-3-6-6] 今嗣王, 新服厥命, 惟新厥德, 終始惟一, 時乃日新./ 301
  [6-3-6-7] 任官, 惟賢材, 左右, 惟其人. 臣爲上爲德, 爲下爲民, 其難其愼, 惟和惟一./ 303
  [6-3-6-8] 德無常師, 主善爲師, 善無常主, 協于克一./ 307
  [6-3-6-9] 俾萬姓咸曰, 大哉王言, 又曰, 一哉王心, 克綏先王之祿, 永底烝民之生./ 313
  [6-3-6-10] 嗚呼, 七世之廟, 可以觀德, 萬夫之長, 可以觀政./ 315

[6-3-6-11] 后非民, 罔使, 民非后, 罔事, 無自廣以狹人. 匹夫匹婦, 不獲自盡, 民主, 罔與成厥功./ 317

[6-3-7] 『반경(盤庚)』/ 322
[6-3-7-①] 『반경상(盤庚上)』/ 322
  [6-3-7-①-1] 盤庚, 遷于殷, 民不適有居, 率籲衆慼 出矢言./ 328
  [6-3-7-①-2] 曰我王來, 旣爰宅于茲, 重我民, 無盡劉, 不能胥匡以生, 卜稽, 曰其如台./ 329
  [6-3-7-①-3] 先王有服. 恪謹天命, 玆猶不常寧, 不常厥邑, 于今五邦. 今不承于古, 罔知天之斷命, 矧曰其克從先王之烈./ 331
  [6-3-7-①-4] 若顚木之有由蘖 天其永我命于玆新邑, 紹復先王之大業, 底綏四方/ 334
  [6-3-7-①-5] 盤庚斆于民, 由乃在位, 以常舊服, 正法度, 曰無或敢伏小人之攸箴, 王命衆, 悉至于庭./ 335
  [6-3-7-①-6] 王若曰, 格汝衆, 予告汝訓, 汝猷黜乃心, 無傲從康./ 339
  [6-3-7-①-7] 古我先王, 亦惟圖任舊人, 共政, 王播告之脩, 不匿厥指. 王用丕欽, 罔有逸言, 民用丕變, 今汝聒聒, 起信險膚, 予弗知乃所訟./ 342
  [6-3-7-①-8] 非予自荒玆德, 惟汝含德 不惕予一人, 予若觀火, 予亦拙謀, 作乃逸./ 347
  [6-3-7-①-9] 若網在綱, 有條而不紊, 若農服田力穡, 乃亦有秋./ 349
  [6-3-7-①-10] 汝克黜乃心, 施實德于民, 至于婚友, 丕乃敢大言, 汝有積德./ 350
  [6-3-7-①-11] 乃不畏戎毒于遠邇, 惰農自安, 不昏作勞, 不服田畝, 越其罔有黍稷./ 353
  [6-3-7-①-12] 汝不和吉言于百姓, 惟汝自生毒. 乃敗禍姦宄 以自災于厥身, 乃旣先惡民, 乃奉其恫, 汝悔身何及. 相時憸民, 猶胥顧于箴言, 其發有逸口, 矧予制乃短長之命. 汝曷弗告朕, 而胥動以浮言, 恐沈于衆. 若火之燎于原, 不可嚮邇, 其猶可撲滅, 則惟爾衆, 自作弗靖, 非予 有咎./ 355
  [6-3-7-①-13] 遲任有言曰, 人惟求舊, 器非求舊惟新./ 360
  [6-3-7-①-14] 古我先王, 曁乃祖乃父, 胥及逸勤, 予敢動用非罰. 世選爾勞, 予不掩爾善. 玆予大享于先王, 爾祖其從與享之. 作福作災 予亦不敢動用非德./ 361
  [6-3-7-①-15] 予告汝于難, 若射之有志, 汝無侮老成人, 無弱孤有幼, 各長于厥居, 勉出乃力, 聽予一人之作猷./ 364
  [6-3-7-①-16] 無有遠邇, 用罪, 伐厥死, 用德, 彰厥善, 邦之臧, 惟汝衆, 邦之不臧, 惟予一人, 有佚罰./ 366
  [6-3-7-①-17] 凡爾衆 其惟致告 自今至于後日, 各恭爾事, 齊乃位, 度乃口罰及爾身,

弗可悔/ 368

[6-3-7-②] 『반경중(盤庚中)』/ 370
    [6-3-7-②-1] 盤庚作, 惟涉河, 以民遷, 乃話民之弗率, 誕告用亶. 其有衆咸造, 勿褻在王庭, 盤庚乃登進厥民./ 370
    [6-3-7-②-2] 曰明聽朕言, 無荒失朕命./ 371
    [6-3-7-②-3] 嗚呼, 古我前后, 罔不惟民之承, 保后胥慼 鮮以不浮于天時./ 372
    [6-3-7-②-4] 殷降大虐, 先王不懷, 厥攸作, 視民利用遷, 汝曷弗念我古后之聞. 承汝俾汝, 惟喜康共, 非汝有咎比于罰./ 374
    [6-3-7-②-5] 予若籲懷玆新邑, 亦惟汝故, 以丕從厥志./ 377
    [6-3-7-②-6] 今予將試以汝遷, 安定厥邦, 汝不憂朕心之攸困, 乃咸大不宣乃心, 欽念以忱動予一人. 爾惟自鞠自苦. 若乘舟, 汝弗濟, 臭厥載. 爾忱不屬, 惟胥以沈. 不其或稽, 自怒曷瘳/ 379
    [6-3-7-②-7] 汝不謀長, 以思乃災 汝誕勸憂. 今其有今罔後, 汝何生在上./ 384
    [6-3-7-②-8] 今予命汝, 一無起穢以自臭. 恐人倚乃身, 迂乃心./ 386
    [6-3-7-②-9] 予迓續乃命于天, 予豈汝威. 用奉畜汝衆./ 388
    [6-3-7-②-10] 予念我先神后之勞爾先, 予丕克羞爾, 用懷爾然./ 389
    [6-3-7-②-11] 失于政, 陳于玆, 高后丕乃, 崇降罪疾, 曰曷虐朕民./ 390
    [6-3-7-②-12] 汝萬民 乃不生生 暨予一人猷 同心 先后 丕降與汝罪疾 曰曷不暨朕幼孫 有比 故有爽德 自上 其罰汝 汝罔能迪/ 392
    [6-3-7-②-13] 古我先后, 旣勞乃祖乃父. 汝共作我畜民, 汝有戕 則在乃心, 我先后, 綏乃祖乃父, 乃祖乃父, 乃斷棄汝, 不救乃死./ 394
    [6-3-7-②-14] 玆予有亂政同位, 具乃貝玉, 乃祖乃父, 丕乃告我高后, 曰作丕刑于朕孫, 迪高后, 丕乃崇降弗祥./ 396
    [6-3-7-②-15] 嗚呼, 今予告汝不易. 永敬大恤, 無胥絶遠, 汝分猷念以相從, 各設中于乃心./ 400
    [6-3-7-②-16] 乃有不吉不迪, 顚越不恭, 暫遇姦宄 我乃劓殄滅之, 無遺育, 無俾易種于玆新邑./ 402
    [6-3-7-②-17] 往哉生生. 今予將試以汝遷, 永建乃家./ 404

[6-3-7-③] 『반경하(盤庚下)』/ 407
    [6-3-7-③-1] 盤庚旣遷, 奠厥攸居, 乃正厥位, 綏爰有衆./ 407
    [6-3-7-③-2] 曰, 無戲怠, 懋建大命./ 408
    [6-3-7-③-3] 今予其敷心腹腎腸, 歷告爾百姓于朕志. 罔罪爾衆, 爾無共怒, 協比讒言一人./ 409

[6-3-7-③-4] 古我先王, 將多于前功, 適于山, 用降我凶德, 嘉績于朕邦./ 410
[6-3-7-③-5] 今我民, 用蕩析離居, 罔有定極, 爾謂朕, 曷震動萬民, 以遷./ 414
[6-3-7-③-6] 肆, 上帝將復我高祖之德, 亂越我家, 朕及篤敬, 恭承民命, 用永地于新邑/ 415
[6-3-7-③-7] 肆予冲人, 非廢厥謀, 弔由靈, 各非敢違卜, 用宏兹賁./ 416
[6-3-7-③-8] 嗚呼, 邦伯師長百執事之人, 尚皆隱哉./ 419
[6-3-7-③-9] 予其懋簡, 相爾, 念敬我衆./ 420
[6-3-7-③-10] 朕不肩好貨, 敢恭生生, 鞠人謀人之保居, 叙欽/ 421
[6-3-7-③-11] 今我旣羞, 告爾于朕志, 若否, 罔有弗欽./ 423
[6-3-7-③-12] 無總于貨寶, 生生自庸./ 425
[6-3-7-③-13] 式敷民德, 永肩一心./ 427

[6-3-8] 『열명(說命)』/ 431
[6-3-8-①] 『열명상(說命上)』/ 431
    [6-3-8-①-1] 王宅憂亮陰三祀, 旣免喪, 其惟不言, 羣臣咸諫于王曰, 嗚呼, 知之曰明哲, 明哲, 實作則. 天子, 惟君萬邦, 百官承式, 王言, 惟作命, 不言, 臣下, 罔攸禀令./ 433
    [6-3-8-①-2] 王庸作書以誥曰, 以台正于四方, 台恐德弗類, 兹故弗言, 恭默思道, 夢帝賚予良弼, 其代予言./ 441
    [6-3-8-①-3] 乃審厥象, 俾以形, 旁求于天下. 說築傅巖之野, 惟肖./ 444
    [6-3-8-①-4] 爰立作相, 王置諸其左右./ 446
    [6-3-8-①-5] 命之曰, 朝夕納誨, 以輔台德./ 449
    [6-3-8-①-6] 若金, 用汝作礪, 若濟巨川, 用汝作舟楫, 若歲大旱, 用汝作霖雨./ 452
    [6-3-8-①-7] 啓乃心, 沃朕心./ 453
    [6-3-8-①-8] 若藥弗瞑眩, 厥疾弗瘳 若跣弗視地, 厥足用傷./ 454
    [6-3-8-①-9] 惟暨乃僚, 罔不同心, 以匡乃辟, 俾率先王, 迪我高后, 以康兆民./ 455
    [6-3-8-①-10] 嗚呼, 欽予時命, 其惟有終./ 457
    [6-3-8-①-11] 說復于王曰, 惟木從繩則正, 后從諫則聖, 后克聖, 臣不命其 承, 疇敢不祗若王之休命./ 458

[6-3-8-②] 『열명중(說命中)』/ 461
    [6-3-8-②-1] 惟說, 命, 總百官./ 461
    [6-3-8-②-2] 乃進于王曰, 嗚呼, 明王奉若天道, 建邦設都, 樹后王君公, 承以大夫師長 不惟逸豫, 惟以亂民./ 462
    [6-3-8-②-3] 惟天聰明, 惟聖時憲, 惟臣欽若, 惟民從乂./ 464

[6-3-8-②-4] 惟口起羞, 惟甲冑起戎. 惟衣裳在笥, 惟干戈省厥躬, 王惟戒玆, 允玆克明, 乃罔不休./ 465

[6-3-8-②-5] 惟治亂, 在庶官, 官不及私昵, 惟其能, 爵罔及惡德, 惟其賢./ 468

[6-3-8-②-6] 慮善以動, 動惟厥時/ 472

[6-3-8-②-7] 有其善, 喪厥善, 矜其能, 喪厥功./ 474

[6-3-8-②-8] 惟事事, 乃其有備, 有備, 無患./ 474

[6-3-8-②-9] 無啓寵納侮, 無恥過作非./ 475

[6-3-8-②-10] 惟厥攸居, 政事惟醇./ 476

[6-3-8-②-11] 黷于祭祀, 時謂弗欽. 禮煩則亂, 事神則難./ 478

[6-3-8-②-12] 王曰, 旨哉, 說. 乃言惟服, 乃不良于言, 予罔聞于行/ 480

[6-3-8-②-13] 說拜稽首曰, 非知之艱, 行之惟艱. 王忱不艱, 允協于先王成德, 惟說不言, 有厥咎./ 481

[6-3-8-③] 『열명하(說命下)』/ 486

    [6-3-8-③-1] 王曰, 來汝說, 台小子舊學于甘盤, 旣乃遜于荒野, 入宅于河, 自河徂亳, 曁厥終, 罔顯./ 486

    [6-3-8-③-2] 爾惟訓于朕志, 若作酒醴, 爾惟麴蘗, 若作和羹, 爾惟鹽梅. 爾交脩予, 罔予棄. 予惟克邁乃訓./ 488

    [6-3-8-③-3] 說曰, 王, 人求多聞, 時惟建事. 學于古訓, 乃有獲, 事不師古, 以克永世, 匪說攸聞./ 491

    [6-3-8-③-4] 惟學遜志, 務時敏, 厥脩乃來, 允懷于玆, 道積于厥躬./ 496

    [6-3-8-③-5] 惟斅學半, 念終始, 典于學, 厥德脩, 罔覺./ 500

    [6-3-8-③-6] 監于先王成憲, 其永無愆./ 505

    [6-3-8-③-7] 惟說, 式克欽承, 旁招俊乂, 列于庶位./ 507

    [6-3-8-③-8] 王曰, 嗚呼, 說. 四海之內, 咸仰朕德, 時乃風./ 508

    [6-3-8-③-9] 股肱惟人, 良臣惟聖/ 508

    [6-3-8-③-10] 昔先正保衡, 作我先王, 乃曰, 予弗克厥后, 惟堯舜, 其心愧恥, 若撻于市, 一夫不獲, 則曰時予之辜, 佑我烈祖, 格于皇天, 爾尙明保予, 罔阿衡, 專美有商./ 510

    [6-3-8-③-11] 惟后非賢不乂, 惟賢非后不食, 其爾克紹乃辟于先王, 永綏民.說拜稽首, 曰敢對揚天子之休命/ 513

서집전상설 5권

書集傳詳說 卷之五

[5-2-2]
「감서(甘誓)」

集傳

‘甘’, 地名, 有扈氏國之南郊也, 在扶風鄠縣. ‘誓’, 與禹征苗之誓同義, 言其討叛伐罪之意, 嚴其坐作進退之節, 所以一衆志而起其怠也. 誓師于甘, 故以‘甘誓’名篇. 書有六體, 誓其一也. 今文古文皆有. ○按, 有扈, 夏同姓之國. 『史記』曰 : "啓立, 有扈不服, 遂滅之", 唐孔氏因謂 : "堯・舜受禪, 啓獨繼父, 以是不服", 亦臆度之耳. 『左傳』「昭公元年」, 趙孟曰 : "虞有三苗, 夏有觀・扈, 商有姺・邳, 周有徐・奄", 則有扈亦三苗・徐・奄之類也.

‘감(甘)’은 지명(地名)으로 유호씨(有扈氏) 나라의 남쪽 교외(郊外)이니, 부풍군(扶風郡) 호현(鄠縣)에 있다. ‘서(誓)’는 우(禹)가 삼묘(三苗)를 정벌하는 맹세와 뜻이 같으니, 배반한 이를 토벌하고 죄지은 이를 정벌하는 뜻을 말하고, 앉고 일어나며 나아가고 물러가는 절도를 엄격히 하여 많은 사람의 뜻을 통일시켜 그 나태한 마음을 일으키는 것이다. 군사들에게 감(甘) 땅에서 맹세했기 때문에 ‘감서(甘誓)’로써 편(篇)을 이름한 것이다. 『서경(書經)』에는 여섯 개의 문체(文體)가 있는데, 서(誓)는 그 가운데 하나이다. 금문(今文)『상서(尙書)』와 고문(古文)『상서(尙書)』에 모두 있다. ○살펴보건대, 유호(有扈)는 하(夏)나라와 성(姓)이 같은 나라이다. 『사기(史記)』에서 말하기를 "계(啓)가 왕위에 섰는데 유호(有扈)가 복종하지 않자 마침내 멸망시켰다."라고 하였으니, 당나라 공씨(孔氏: 孔穎達)가 이에 이르기를 "요(堯)와 순(舜)은 선위(禪位)함을 받았고, 계(啓)는 홀로 아버지를 이어 즉위하여 이 때문에 복종하지 않은 것이다."라고 하였는데, 또한 억탁(臆度)일 뿐이다. 『좌전(左傳)』「소공(昭公) 원년(元年)」에 조맹(趙孟)이 말하기를 "우(虞)나라에는 삼묘(三苗)가 있었고, 하(夏)나라에는 관(觀)과 호(扈)가 있었고, 상(商)나라에는 신(姺)과 비(邳)가 있었고, 주(周)나라는 서(徐)와 엄(奄)이 있었다."라고 하였으니, 곧 유호(有扈)도 또한 삼묘(三苗)나 서(徐)와 엄(奄)의 무리이다.

詳說

○ 音戶.[1)]

‘호(鄠)’는 음이 호(戶)이다.

○ 見「大禹謨」.2) ○啓之能敬承繼禹之道, 此其一事云.
'여우정묘지서동의(與禹征苗之誓同義)'의 내용이 「대우모(大禹謨)」에 보인다. ○ 계(啓)가 능히 우(禹)를 공경히 계승하였으니, 이는 그 하나의 일이다.

○ 董氏鼎曰 : "'威侮五行, 怠棄三正',3) 與'侮慢自賢, 反道悖德',4) 同意; '恭行天罰',5) '用命·不用命',6) 與'奉將天罰',7) '爾尚一乃心力',8) 同辭, 宛然神考家法也."9)

---

1) 호광(胡廣) 등 찬, 『서경대전(書經大全)』의 소주를 수용한 것이다.
2) 호광(胡廣) 등 찬, 『서경대전(書經大全)』 권2, 「우서(虞書)·대우모(大禹謨)」의 [2-1-3-20]에서 "帝曰 : '咨. 禹! 惟時有苗弗率, 汝徂征.' 禹乃會羣后, 誓于師曰 : '濟濟有衆. 咸聽朕命. 蠢茲有苗, 昏迷不恭. 侮慢自賢, 反道敗德, 君子在野, 小人在位, 民棄不保, 天降之咎, 肆予以爾衆士, 奉辭伐罪, 爾尚一乃心力, 其克有勳.' (순임금이 말하기를 '아! 우여. 오직 이 유묘가 따르지 않으니, 네가 가서 정벌하라.'라고 하니, 우가 이에 여러 제후들을 모아놓고 군사들에게 맹세하여 말하였다. '많고 많은 군사들이여. 다 나의 명령을 들어라. 꾸물거리는 이 유묘가 어둡고 미혹하며 공경하지 못하여 남을 업신여기고 스스로 잘난 척하며, 도를 어기고 덕을 무너뜨려 군자가 재야에 있고 소인이 좋은 자리에 있자 백성들이 유묘의 임금을 버리고 황제의 말씀을 받들어 죄를 지은 이들을 정벌하는 것이니, 너희들은 부디 마음과 힘을 한결같이 해야 능히 공훈을 세울 수 있도다.') 그리고 집전에서 "'誓', 戒也, 軍旅曰'誓'. 有會有誓, 自唐虞時已然, 『禮』言: '商作誓, 周作會', 非也. 禹會諸侯之師, 而戒誓以征討之意.(『서』는 경계함이니, 군대에서는 '서'라고 한다. 회가 있고 서가 있는 것은 당우 때부터 이미 그러하였으니, 『예기』에서 말하기를, '상나라에서는 서라고 쓰고, 주나라에서는 회라고 썼다.'고 한 것은 잘못이다. 우가 제후의 군사들을 모아놓고 정벌하여 토죄하는 뜻으로써 경계한 것이다.)"라고 하였다.
3) 호광(胡廣) 등 찬, 『서경대전(書經大全)』 권3, 「하서(夏書)·감서(甘誓)」, 아래의 [5-2-2-3]에서 "有扈氏威侮五行, 怠棄三正, 天用勦絶其命, 今予, 惟恭行天之罰.(유호씨가 오행을 마구 함부로 하며 삼정을 게을리 버리기에 하늘이 그 명을 끊으시니, 이제 나는 하늘의 벌을 공손히 행할 것이다.)"라고 한 내용에 들어 있다.
4) 호광(胡廣) 등 찬, 『서경대전(書經大全)』 권2, 「우서(虞書)·대우모(大禹謨)」, 위의 [2-1-3-20]에서 "帝曰 : '咨. 禹! 惟時有苗弗率, 汝徂征.' 禹乃會羣后, 誓于師曰 : '濟濟有衆. 咸聽朕命. 蠢茲有苗, 昏迷不恭. 侮慢自賢, 反道敗德, 君子在野, 小人在位, 民棄不保, 天降之咎, 肆予以爾衆士, 奉辭伐罪, 爾尚一乃心力, 其克有勳.' (순임금이 말하기를 '아! 우여. 오직 이 유묘가 따르지 않으니, 네가 가서 정벌하라.'라고 하니, 우가 이에 여러 제후들을 모아놓고 군사들에게 맹세하여 말하였다. '많고 많은 군사들이여. 다 나의 명령을 들어라. 꾸물거리는 이 유묘가 어둡고 미혹하며 공경하지 못하여 남을 업신여기고 스스로 잘난 척하며, 도를 어기고 덕을 무너뜨려 군자가 재야에 있고 소인이 좋은 자리에 있자 백성들이 유묘의 임금을 버리고 보호하지 않으니 하늘이 재앙을 내리도다. 이러므로 내가 너희 많은 군사들을 거느리고 황제의 말씀을 받들어 죄를 지은 이들을 정벌하는 것이니, 너희들은 부디 마음과 힘을 한결같이 해야 능히 공훈을 세울 수 있도다.')라고 한 내용에 들어 있다.
5) 호광(胡廣) 등 찬, 『서경대전(書經大全)』 권3, 「하서(夏書)·감서(甘誓)」, 아래의 [5-2-2-3]에서 "有扈氏威侮五行, 怠棄三正, 天用勦絶其命, 今予, 惟恭行天之罰.(유호씨가 오행을 마구 함부로 하며 삼정을 게을리 버리기에 하늘이 그 명을 끊으시니, 이제 나는 하늘의 벌을 공손히 행할 것이다.)"라고 한 내용에 들어 있다.
6) 호광(胡廣) 등 찬, 『서경대전(書經大全)』 권3, 「하서(夏書)·감서(甘誓)」, 아래의 [5-2-2-5]에서 "用命, 賞于祖; 不用命, 戮于社, 予則孥戮汝.(명을 따르는 이는 선조의 사당에서 상을 내리고, 명을 따르지 않는 이는 사직에서 죽이되 내가 너의 처자식까지 죽이리라.)"라고 한 내용에 들어 있다.
7) 호광(胡廣) 등 찬, 『서경대전(書經大全)』 권3, 「하서(夏書)·윤정(胤征)」, 아래의 [5-2-4-5]에서 "今予以爾有衆, 奉將天罰, 爾衆士, 同力王室, 尚弼予, 欽承天子威命.(이제 나는 너희 많은 군사를 이끌고 천벌을 받들어 행하리니, 너희 많은 군사는 왕실과 힘을 함께 하여 모쪼록 나를 도와 천자의 위명을 공경히 받들지어다.)"이라고 한 내용에 들어 있다.

동씨 정(董氏鼎: 董鼎)이 말하였다. "'오행(五行)을 마구 함부로 하며 삼정(三正)10)을 게을리 버림'은 '남을 업신여기고 스스로 잘난 척하며, 도를 어기고 덕을 무너뜨림'과 뜻이 같으며, '하늘의 벌을 공손히 행할 것임' 및 '명을 따르는 이와 명을 따르지 않는 이'는 '천벌을 받들어 행함' 및 '너희들은 부디 마음과 힘을 한결같이 해야 함'과 말이 같으니, 완연히 가법(家法)을 신통하게 살핀 것이다."

○ '之罰'以上.11)
'언기토반벌죄지의(言其討叛伐罪之意)'에서 볼 때, '지벌(之罰)'의 위이다.

○ '左不'以下.12)

---

8) 호광(胡廣) 등 찬, 『서경대전(書經大全)』 권2, 「우서(虞書)·대우모(大禹謨)」, 위의 [2-1-3-20]에서 "帝曰 : '咨. 禹! 惟時有苗弗率, 汝徂征.' 禹乃會羣后, 誓于師曰 : '濟濟有衆. 咸聽朕命. 蠢茲有苗, 昏迷不恭, 侮慢自賢, 反道敗德, 君子在野, 小人在位, 民棄不保, 天降之咎, 肆予以爾衆士, 奉辭伐罪, 爾尙一乃心力, 其克有勳.'(순임금이 말하기를 '아! 우여. 오직 이 유묘가 따르지 않으니, 네가 가서 정벌하라.'라고 하니, 우가 이에 여러 제후들을 모아놓고 군사들에게 맹세하여 말하였다. '많고 많은 군사들이여. 다 나의 명령을 들어라. 꾸물거리는 이 유묘가 어둡고 미혹하며 공경하지 못하여 남을 업신여기고 스스로 잘난 척하며, 도를 어기고 덕을 무너뜨려 군자가 재야에 있고 소인이 좋은 자리에 있자 백성들이 유묘의 임금을 버리고 보호하지 않으니 하늘이 재앙을 내리도다. 이러므로 내가 너희 많은 군사들을 거느리고 황제의 말씀을 받들어 죄를 지은 이들을 정벌하는 것이니, 너희들은 부디 마음과 힘을 한결같이 해야 능히 공훈을 세울 수 있도다.')"라고 한 내용에 들어 있다.
9) 호광(胡廣) 등 찬, 『서경대전(書經大全)』의 소주에서 발췌한 것이다. 그 전문은 다음과 같다. "董氏鼎曰 : '以啓之賢, 繼萬之道, 而有扈小民, 敢于抗天子, 勇于拒王師, 史官作書曰: 大戰于甘, 所以深著有扈之罪也. 於此而不聲罪致討, 則亂臣賊子何所懼哉. 以此, 知天下之患雖, 小不可忽也, 前人之功, 雖大, 不可恃也, 在我而已矣. 世固有蒙祖之烈, 虐用其民, 而顧自信人之不叛己者, 吁奚可哉. 彼有功於天地生民者, 莫若禹能敦承繼禹之道者, 莫若啓猶有有扈氏之亂, 況不如禹啓父子者乎. 吁萬世可以監矣, 抑愚又有感焉. 天下雖安, 忘戰必危, 禹自征苗以來, 未嘗用師軍旅之事, 宜啓所未聞也, 而一旦赫然以征有扈, 召六卿而誓, 與會羣后而誓者, 同科. 威侮五行, 怠棄三正, 與侮慢自賢, 反道敗德者, 同意. 恭行天罰, 用命·不用命, 與奉將天罰, 爾尙一乃心力者, 同辭. 蓋宛然神考家法也. 然則禹固不以天下爲無事, 而不訓以兵; 啓亦不以天下爲無事, 而不習於兵, 講之以豫, 河之以節, 斯其爲王者之師歟.'(동씨 정이 말하였다. '… 오행을 마구 함부로 하며 삼정을 게을리 버림은 남을 업신여기고 스스로 잘난 척하며, 도를 어기고 덕을 무너뜨림과 뜻이 같으며, 하늘의 벌을 공손히 행할 것임 및 명을 따르는 이와 명을 따르지 않는 이는 천벌을 받들어 행함 및 너희들은 부디 마음과 힘을 한결같이 해야 함과 말이 같으니, 대개 완연히 가법을 신통하게 살핀 것이다. ….')"
10) 삼정(三正): 하(夏)나라와 은(殷)나라와 주(周)나라의 정월(正月)을 말하니, 하정(夏正)은 건인(建寅)이고, 은정(殷正)은 건축(建丑)이고, 주정(周正)은 건자(建子)이다. 일설에 천(天)·지(地)·인(人)의 정도(正道)를 가리킨다고 했는데, 이에 공안국(孔安國)은 "천·지·인의 정도를 게을리하고 내버리는 것이다.(怠惰棄廢天·地·人之正道.)"라고 하였다. 삼통(三統)이라고도 한다.
11) 호광(胡廣) 등 찬, 『서경대전(書經大全)』 권3, 「하서(夏書)·감서(甘誓)」, 아래의 [5-2-2-3]에서 "有扈氏威侮五行, 怠棄三正, 天用剿絶其命, 今予, 惟恭行天之罰.(유호씨가 오행을 마구 함부로 하며 삼정을 게을리 버리기에 하늘이 그 명을 끊으시니, 이제 나는 하늘의 벌을 공손히 행할 것이다.)"에 나오는 '之罰'을 가리키니 3장 이상을 말하는 것이다.
12) 호광(胡廣) 등 찬, 『서경대전(書經大全)』 권3, 「하서(夏書)·감서(甘誓)」, 아래의 [5-2-2-4]에서 "左不攻于左, 汝不恭命; 右不攻于右, 汝不恭命; 御非其馬之正, 汝不恭命.(왼쪽이 왼쪽을 다스리지 않으면 네가 명령을 공손히 받드는 것이 아니며, 오른쪽이 오른쪽을 다스리지 않으면 네가 명령을 공손히 받드는 것이 아니며, 마부가 말을 바르게 모는 것이 아니면 네가 명령을 공손히 받드는 것이 아니다.)"에 나오는 '左不'을 가리키니 4장 이하를 말하는 것이다.

'엄기좌작진퇴지절(嚴其坐作進退之節)'에서 볼 때, '좌불(左不)' 아래이다.

○ 沙溪曰 : "典·謨·訓·誓·誥·命."13)
'서유육체(書有六體)'에 대해, 사계(沙溪: 金長生)가 말하였다. "전(典)·모(謨)·훈(訓)·서(誓)·고(誥)·명(命)이다."

○ 吳氏泳曰 : "一篇, 僅八十字, 而其間六軍之制·車乘之法·賞刑之典·誓師之辭, 靡不明備, 蓋古人之學, 精麤·本末, 不廢. 啓之行陣之事, 亦從家學來, 一傳至仲康, 而「胤征」所言, 亦可以考, 當時軍旅·官制, 乃知. 有典有則, 貽厥子孫, 眞至言哉."14)
'금문·고문개유(今文·古文皆有)'에 대해, 오씨 영(吳氏泳: 吳泳)15)이 말하였다. "한 편이 겨우 80자인데 그 사이에 육군(六軍)의 제도와 거승(車乘)의 법도와 상벌(賞刑)의 규정과 서사(誓師)의 말이 밝게 갖춰지지 않음이 없으니, 대개 옛사람의 학문에 정밀함과 거침 및 중요함과 중요하지 않은 것을 없애지 않은 것이다. 계(啓)가 군대를 움직인 일도 또한 가학(家學)으로부터 왔고, 한번 전해져서 중강(仲康)에게 이르렀는데, 「윤정(胤征)」에서 말한 바에서 또한 살펴볼 수 있으며, 당시의 군대와 관제(官制)를 이에 알 수 있다. 규정이 있고 법도가 있어 그 자손에게 전해졌으니, 진실로 지극한 말이다."

○ 「夏紀」.16)
'『사기』(『史記』)'는 「하기(夏紀)」이다.

---

13) 『사계전서(沙溪全書)』 권14, 「경서변의(經書辨疑)·서전(書傳)·우공(禹貢)」에서 발췌한 것이다. 그 전문은 다음과 같다. "六體, 典·謨·訓·誓·誥·命也.(육체는 전·모·훈·서·고·명이다.)"
14) 호광(胡廣) 등 찬, 『서경대전(書經大全)』의 소주에서 발췌한 것이다. 그 전문은 다음과 같다. "吳氏泳曰 : '「甘誓」一篇, 僅八十字, 而其間六軍之制·車乘之法·邦國賞刑之典·誓師之辭, 靡不明備, 蓋古人之學, 精粗·本末, 不廢. 啓雖承禹, 傳道之後, 而干戈·行陣之事, 亦曾從家學, 素講明來, 一傳至仲康, 而「胤征」所言, 亦可以考, 當時人物·軍旅·官名·制度, 乃知. 明明我祖, 萬邦之君, 有典有則, 貽厥子孫, 眞至言哉.'(오씨 영이 말하였다. '「감서」 한 편이 겨우 80자인데 그 사이에 6군의 제도와 수레의 법도와 나라의 상벌 규정과 서사의 말이 밝게 갖춰지지 않음이 없으니, 대개 옛사람의 학문에 정밀함과 거침 및 중요함과 중요하지 않은 것을 없애지 않은 것이다. 계가 비록 우가 도를 전한 뒤를 계승했으나 무기와 군대의 일은 또한 일찍이 가학을 좇았고, 평소에 익히고 밝아진 이래로 한번 전해져서 중강에게 이르렀는데, 「윤정」에서 말한 바에서 또한 살펴볼 수 있으며, 당시의 인물과 군대와 관명과 제도를 이에 알 수 있다. 밝고 밝으신 우리 선조께서 만방의 임금이 되시어 규정을 두고 법도를 두어 그 자손에게 전하셨다 하였으니, 진실로 지극한 말이다.')"
15) 오씨 영(吳氏泳: 吳泳): 오영은 송대 인물로, 자가 영숙(叔永)이고, 동천(潼川) 사람이다. 가정(嘉定) 원년(129)에 진사과에 급제하여 저작랑(著作郎)·이부시랑(吏部侍郎)·보장각학사(寶章閣學士) 등을 역임하였다. 저서로는 『학림집(鶴林集)』이 있다.
16) 사마천(司馬遷) 찬, 『사기(史記)』 제2, 「하본기(夏本紀)」. 참조.

○ 時戰反.17)

'선(禪)'은 시(時)와 전(戰)의 반절이다.

○ 入聲.18)

'탁(度)'은 입성(入聲: 헤아리다)이다.

○ 趙武.

'조맹(趙孟)'은 조무(趙武)19)이다.

○　去聲, 國名. ○鄒氏季友曰 : "在頓丘."20)

'관(觀)'에서, 거성(去聲)이니, 나라 이름이다. ○추씨 계우(鄒氏季友: 鄒季友)가 말하였다. "돈구(頓丘)에 있다."

○ 西典·疏臻二反.21)

'선(姺)'은 서(西)와 전(典), 소(疏)와 진(臻)의 두 가지의 음이다.

○ 音毗. ○皆商諸侯.

'상유선·비(商有姺·邳)'에서 비(邳)는 음이 비(毗)다. ○모두 상(商)나라 제후이다.

○ 平聲.22) ○二國.

---

17) 호광(胡廣) 등 찬, 『서경대전(書經大全)』의 소주에는 "音善.(음이 선이다.)"로 되어 있다.
18) 호광(胡廣) 등 찬, 『서경대전(書經大全)』의 소주에는 "達各反.(달과 각의 반절이다.)"으로 되어 있다.
19) 조무(趙武): 조무(B.C.591-541)는 성이 영(嬴)이고, 씨가 조(趙)이고, 휘가 무(武)이며, 시호가 문(文)이다. 선진(先秦)시대에는 남자가 씨(氏)를 썼으므로 조무(趙武)라고 불렀으며, 세상 사람들이 존칭하여 조맹(趙孟)이라 했으며, 사관들은 조문자(趙文子)라고 칭하였다. 춘추시대 진(晉)나라의 육경(六卿)이고, 조씨(趙氏)의 종주(宗主)로서 조씨를 부흥시킨 전기인(奠基人)이다.
20) 추계우(鄒季友) 찬, 『서경집전음석(書經集傳音釋)』 권2, 「하서(夏書)·우공(禹貢)」. 참조.; 명(明) 유삼오(劉三吾) 등 찬, 『서전회선(書傳會選)』 권2, 「하서(夏書)·우공(禹貢)」의 「음석전(音釋傳)」에서 "'扈'·'鄠'二字, 並侯古反. '禪', 時戰反. '度', 達各反. '觀', 去聲, 又平聲, 『左傳』, 陸音舘, 觀國, 在衛頓丘;『漢』「志」云: '即東郡畔觀縣', 音工喚反. '姺', 陸音西典·西禮二反, 韻又疏臻反, 商諸侯. '邳', 貧悲反, 商諸侯, 今下邳縣也. '奄', 衣檢·衣廉二反.('扈'와 '鄠'의 두 글자는 아울러 후와 고의 반절이다. '선'은 시와 전의 반절이다. '탁'은 달과 각의 반절이다. '관'은 거성이고, 또 평성이니, 『좌전』에서, 육씨가 음이 관이라고 했다. 관은 나라이니 위나라의 돈구에 있다. 『한서』 「지리지」에서 이르기를 '곧 동군 반관현이다.'라고 했고, 음은 공과 환의 반절이다. '선'은 육씨가 음이 서와 전 또는 서와 례의 두 가지 반절이며, 운이 또 소와 진의 반절이니, 상나라 제후이다. '비'는 빈과 비의 반절이니, 상나라 제후이며 지금의 하비현이다. '엄'은 의와 검 또는 의와 렴의 두 가지 반절이다.)"이라고 하였다.
21) 호광(胡廣) 등 찬, 『서경대전(書經大全)』의 소주에는 "西典反.(서와 전의 번절음이다.)"으로 되어 있다.
22) 호광(胡廣) 등 찬, 『서경대전(書經大全)』의 소주에는 "音掩.(음이 엄이다.)"으로 되어 있다.

'주유서·엄(周有徐·奄)'에서 볼 때, '엄(奄)'은 평성(平聲: 환관, 오래이다)이다. ○ 두 나라이다.

○ 恃强不服.
'유호역삼묘서엄지류야(有扈亦三苗徐奄之類也)'에서 볼 때, 강함을 믿고 복종하지 않는 것이다.

[5-2-2-1]
大戰于甘, 乃召六卿.

감(甘) 땅에서 크게 싸울 때 마침내 육경(六卿)을 불렀다.

集傳
'六卿', 六鄉之卿也. 按, 『周禮』, "鄉大夫, 每鄉, 卿一人"[23], 六鄉, 六卿. 平居無事, 則各"掌其鄉之政敎·禁令"[24], 而屬於大司徒, 有事出征, 則各率其鄉之一萬二千五百人, 而屬於大司馬, 所謂"軍將皆卿"者是也. 意, 夏制亦如此. 古者, 四方有變, 專責之方伯, 方伯不能討然後, 天子親征之, 天子之兵, 有征無戰. 今啓旣親率六軍以出, 而又書大戰于甘, 則有扈之怙强稔惡, 敢與天子抗衡, 豈特『孟子』所謂"六師移之"者. 書曰'大戰', 蓋所以深著有扈不臣之罪, 而爲天下後世諸侯之戒也.

'육경(六卿)'은 육향(六鄉)의 경(卿)이다. 살펴보건대, 『주례(周禮)』에서 "향대부(鄉大夫)는 향(鄉)마다 경(卿)이 한 사람이다."라고 하니, 육향(六鄉)이면 육경(六卿)이다. 평소에 일이 없으면 "각각 그 향(鄉)의 정교(政敎)와 금령(禁令)을 관장(管掌)한다."라고 하니 대사도(大司徒)에 속하고, 일이 있어 출정(出征)하게 되면 각기 그 향(鄉)의 1만 2천 5백 명을 거느려서 대사마(大司馬)에 속하니, 이른바 "군대의 장수가 모두 경(卿)이다."라는 것이 이것이다. 생각해보건대, 하(夏)나라 제도도 또한 이와 같을 것이다. 옛날에 사방에 변란이 있으면 오로지 책임을 방백(方伯)에

---

23) 『주례주소(周禮注疏)』 권9, 「지관사도(地官司徒)」. "鄉老, 二鄉, 則公一人; 鄉大夫, 每鄉, 卿一人; 州長, 每州, 中大夫一人; 黨正, 每黨, 下大夫一人; 族師, 每族, 上士一人; 閭胥, 每閭, 中士一人; 比長, 五家, 下士一人.(향로는 두 마을마다 공이 한 사람이며, 향대부는 매 향마다 경이 한 사람이며, 주의 장관은 매 주마다 중대부가 한 사람이며, 훈정은 하대부가 한 사람이며, 족사는 매 족마다 상사가 한 사람이며, 여서는 매 려마다 중사가 한 사람이며, 비장은 5가에 하사가 한 사람이다.)"

24) 『주례주소(周禮注疏)』 권11, 「소사도(小司徒)」. "鄉大夫之職, 各掌其鄉之政敎·禁令.(향대부의 직책은 각기 그 향의 정교와 금령을 관장하는 것이다.)"

게 주고 방백(方伯)이 능히 토벌하지 못한 뒤에야 천자가 친히 정벌하였으니, 천자의 군대는 정벌만 있고 싸움은 없다. 지금 계(啓)가 이미 친히 육군(六軍)을 거느려 출정하였고, 또 감(甘) 땅에서 크게 싸웠다고 썼으니, 유호(有扈)가 강함을 믿고 악한 짓을 자행하여 감히 천자와 항거하여 맞선 것이니, 어찌 다만 『맹자(孟子)』에서 이른바 "육사(六師)로 바꾼다."라는 것일 뿐이겠는가. '대전(大戰)'이라고 쓴 것은 유호(有扈)가 신하 노릇을 하지 않은 죄(罪)를 깊이 드러내어 천하(天下)와 후세의 제후(諸侯)들에게 경계로 삼은 것이다.

詳說

○ 李氏曰:"非自冢宰, 至司空之六卿也."[25]

'육향지경야(六鄕之卿也)'에 대해, 이씨(李氏: 李子眞)[26]가 말하였다. "총재(冢

---

[25] 호광(胡廣) 등 찬, 『서경대전(書經大全)』의 소주에서 발췌한 것이다. 그 전문은 다음과 같다. "李氏曰:'六卿, 非自冢宰, 至司空之六卿也.『周禮』, 鄕大夫, 每鄕, 卿一人, 蓋王之六鄕, 別有此六卿也, 若以爲六卿分職之, 六卿無緣冢宰, 亦屬於司馬, 知其非也.'(이씨가 말하였다. '육경은 총재에서부터 사공의 육경까지가 아니다. 『주례』의 향대부에서, 매 향마다 경이 한 사람이라 하였으니, 대개 왕의 육향은 별도로 이 육경을 두었는데 마치 육경으로 나누어 맡아 다스리는 것 같으나 육경은 총재와 연관이 없으며, 또한 사마에 속한다는 것도 잘못된 것임을 알겠다.') 육경(六卿)은 보통 육관(六官)을 가리키는데, 여기서는 천자의 육군(六軍)을 통솔하는 주요 장수들을 가리키는 말이다. 공안국(孔安國)은 "天子六軍, 其將皆命卿.(천자의 육군에서 그 장수를 모두 경이라고 명한다.)"이라고 하였다. 호광(胡廣) 등 찬, 『서경대전(書經大全)』권9, 「주서(周書)·주관(周官)」에서 "六卿分職, 各率其屬, 以倡九牧, 阜成兆民.(육경이 직무를 나누어 각기 관속을 거느려서 구목을 창도하여 모든 백성을 후하게 이룬다.)"이라 하고, 집전에서 "六卿分職, 各奉其屬官, 以倡九州之牧, 自內達之於外, 政治明, 敎化洽, 兆民之衆, 莫不阜厚而化成也. 按『周禮』, 每卿, 六十屬, 六卿, 三百六十屬也.' 呂氏曰:'冢宰, 相天子, 統百官, 則司徒以下, 無非冢宰所統, 乃均列一職, 而倂數之爲六者, 綱在網中也. 並列於八方, 冢宰之與五卿, 並列於六職也.'(육경이 직무를 나누어 각각 그 속관들을 거느려 9주의 주목을 이끌어서 안으로부터 밖에 이르게 하여 정치가 밝아지고 교화가 흡족하여 모든 백성의 무리가 크게 도탑게 교화되어 선하지 않음이 없다는 것이다. 살펴보건대, 『주례』에서 '경마다 60의 관속이 있으니, 육경은 360의 관속이라고 하였다. 여씨가 말하였다. '총재는 천자를 도와 모든 관직을 통솔하니, 사도 이하는 총재의 통솔하는 바가 아님이 없거늘, 이에 고르게 하나의 관직에 열거하여 아울러 세어서 여섯이라고 한 것은 벼릿줄이 그물 가운데 있기 때문이다. 아울러 여덟 방위에 진열되고, 총재와 다섯 경이 아울러 여섯 관직에 배열되는 것이다.')"라고 하였다. 이는 후대에 이르러 육경(六卿)이 되는 것이니, 『한서(漢書)』「백관공경표(百官公卿表)」에 의하면 '夏·殷亡聞焉, 周官則備矣. 天官冢宰, 地官司徒, 春官宗伯, 夏官司馬, 秋官司寇, 冬官司空, 是爲六卿, 各有徒屬·職分, 用於百事.(주나라와 은나라가 멸망한 소문이 들리자 주관이 곧 갖추어졌다. 천관 총재와 지관 사도와 춘관 종백과 하관 사마와 추관 사구와 동관 사공이 바로 육경이니, 각각 도속과 직분이 있어서 모든 일을 행한다.)'라고 하였다.

[26] 이씨(李氏: 李子眞): 이자진은 명대 인물로 복주(濮州) 사람이다. 통정(通政) 이저(李著)의 아들인데 정덕(正德) 연간에 아버지가 지평양부(知平凉府)에 부임할 때 따라가서 그곳에서 홍도사(洪道士)를 만나 이술(異術)을 배웠다. 그 뒤에 우화(羽化)하였다고 하고, 또는 흰 나귀를 타고 서쪽으로 갔다고 한다. 그러나 여기서 말하는 이자진(李子眞)은 동명이인(同名異人)인 듯하다. 송(宋)대 임지기(林之奇: 1112-1176)의 『상서전해(尚書全解)』권12, 「하서(夏書)·감서(甘誓)」에 실려 있는 것으로 보면 그 이전의 인물이 분명하다. 『상서전해(尚書全解)』에 실려 있는 내용은 다음과 같다. "案, 大司馬法, 凡制軍, 萬二千五百人爲軍, 王六軍, 大國三軍, 次國二軍, 小國一軍. 軍將皆命卿, 乃召六卿者, 王之六卿, 皆行也. 李子眞曰:'此所謂六卿, 非自冢宰, 至於司空之六卿也.'『周禮』「地官·鄕大夫」, 每鄕, 卿一人, 蓋王之六鄕, 別有此六卿, 平居無事, 則各掌其鄕之政敎·禁令, 屬大司徒; 有事出征, 則率其鄕之萬二千五百人, 而爲之將, 屬大司馬, 所謂軍將皆命卿, 卽此卿也. 若以王朝之六卿, 卽當用. 兵之時, 大司馬主軍政, 冢宰而下無緣, 亦屬於司馬, 故凡戰而言六卿者, 皆六鄕之六卿也, 此論得之. 六卿皆行, 而誓師於甘之野, 則是天子親率六師而征之也, 天子親征, 六卿

宰)에서부터 사공(司空)의 육경(六卿)까지가 아니다."

○ 去聲.27) ○軍之將.28)

'소위군장(所謂軍將)'에서 장(將)은 거성(去聲: 장수)이다. ○군대의 장수이다.

○ 見「夏官」.

'소위군장개경자시야(所謂軍將皆卿者是也)'의 내용이 「하관(夏官)」에 보인다.

○ 熟也.29)

'임(稔)'은 곡식이 익음이다.

○ 「告子」.30)

'『맹자(孟子)』'는 「고자(告子)」이다.

○ 書之.

各率其鄕之師以從, 故其戰謂之大戰, 蓋擧國而伐之也.(살펴보건대, 대사마법에 무릇 제정한 군사는 1만 2천 5백 사람이 군이 된다. 왕은 6군이고 대국은 3군이고 다음 나라는 2군이고 소국은 1군이다. 군대의 장수는 모두 경이라 명하니, 이에 6경을 불렀다는 것은 왕의 6경이 모두 움직인 것이다. 이자진이 말하기를 '여기서 이른바 6경은 총재로부터 사공의 6경에 이르기까지가 아니다.'라고 하였다. 『주례』 「지관·향대부」에서 '매 향마다 경 한 사람이니 대개 왕의 6향에는 별도로 이 6경을 두어 평소에 일이 없을 적에는 각각 그 향의 정교와 금령을 관장하여 대사도에 속하며, 일이 있어 출정할 적에는 그 향의 1만 2천 5백 사람을 이끌고서 장수가 되어 대사마에 속하니, 이른바 군대의 장수는 모두 경이라 명한다는 것이 곧 이 경이다.'라고 하였다. ….)"

27) 호광(胡廣) 등 찬, 『서경대전(書經大全)』의 소주를 수용한 것이다.
28) 군장(軍將)은 군대의 주장(主將)을 말하니, 『주례(周禮)』 「하관(夏官)·서관(序官)」에서 "凡制軍, 萬有二千五百人爲軍. 王六軍, 大國三軍, 次國二軍, 小國一軍, 軍將皆命卿.(무릇 제정한 군사는 1만 2천 5백 사람이 군이 된다. 왕은 6군이고 대국은 3군이고 다음 나라는 2군이고 소국은 1군이며, 군대의 장수는 모두 경이라고 명한다.)"이라고 하였다.
29) 호광(胡廣) 등 찬, 『서경대전(書經大全)』의 소주에는 "音荏.(음이 임이다.)"이라고 하였다.
30) 『맹자집주대전(孟子集註大全)』 권12, 「고자장구하(告子章句下)」에 나오는 말이다. 그 내용은 다음과 같다. "孟子曰: '五霸者, 三王之罪人也; 今之諸侯, 五霸之罪人也; 今之大夫, 今之諸侯之罪人也. 天子適諸侯曰巡狩, 諸侯朝於天子曰述職. 春省耕而補不足, 秋省斂而助不給. 入其彊, 土地辟, 田野治, 養老尊賢, 俊傑在位, 則有慶, 慶以地; 入其彊, 土地荒蕪, 遺老失賢, 掊克在位, 則有讓, 一不朝則貶其爵, 再不朝則削其地, 三不朝則六師移之. 是故天子討而不伐, 諸侯伐而不討, 五霸者, 摟諸侯, 以伐諸侯者也. 故曰: 五霸者, 三王之罪人也.'(맹자가 말했다. '오패는 삼왕의 죄인이고, 지금의 제후들은 오패의 죄인이며, 지금의 대부는 지금 제후의 죄인이다. 천자가 제후에게 가는 것을 순수라 하고, 제후가 천자에게 조공하는 것을 술직이라 한다. 봄에는 경작하는 것을 살펴서 부족한 것을 보충해주고, 가을에는 수확하는 것을 살펴서 넉넉하지 못한 것을 도와준다. 그 강토에 들어가니 토지가 열리며 밭과 들이 다스려지며 늙은이를 기르고 어진 이를 높이며 준걸이 위에 있으면 경사가 있나니 경사를 땅으로써 하고, 그 지경에 들어가니 토지가 황무하며 늙은이를 버리고 어진 이를 잃으며 부극이 위에 있으면 꾸짖는 일이 있나니 한번 조회하지 않으면 그 벼슬을 떨어뜨리고, 두번 조회하지 않으면 그 땅을 깎고 세번 조회하지 않으면 육사로써 옮기는 것이다. 이러므로 천자는 꾸짖되 정벌하지 않고 제후는 정벌하되 꾸짖지 못하니, 오패라는 것은 제후를 이끌어서 제후를 정벌하는 것이다. 그러므로 말하기를, 오패라는 것은 삼왕의 죄인이라고 한 것이다.)"

'서(書)'의 경우, 쓰는 것이다.

○ 新安陳氏曰 : "亦見啓之尚能爲君."31)
'이위천하후세제후지계야(而爲天下後世諸侯之戒也)'에 대해, 신안 진씨(新安陳氏: 陳師凱)가 말하였다. "또한 계(啓)가 오히려 임금이 될 수 있는 것을 보인 것이다."

○ '古者'以下, 論也.
'고자(古者)' 이하는 논변한 것이다.

[5-2-2-2]

王曰 : "嗟! 六事之人. 予誓告汝.

임금이 말하였다. "아! 육사(六事)의 사람들아. 내가 맹세하여 너희들에게 고하노라.

集傳

重其事, 故嗟歎而告之. '六事'者, 非但六卿, 有事於六軍者, 皆是也.
그 일을 중요하게 여겼기 때문에 탄식하여 말한 것이다. '육사(六事)'라는 것은 단지 육경(六卿)만이 아니라 육군(六軍)에서 일삼음이 있는 사람이 모두 이것이다.

詳說

○ 去聲.
'중(重)'은 거성(去聲: 중요하다, 중시하다)이다.

○ 李氏曰 : "「虞書」言'咨', 其後變爲'嗟'."32)

---

31) 호광(胡廣) 등 찬, 『서경대전(書經大全)』의 소주에서 발췌한 것이다. 그 전문은 다음과 같다. "新安陳氏曰 : '此書, 固見有扈之不臣, 亦可見啓之尚能爲君也.'(신안 진씨가 말하였다. '이 글은 진실로 유호씨가 신하 노릇을 하지 않음을 보이고, 또한 계가 오히려 임금이 될 수 있는 것을 볼 수 있다.')"
32) 호광(胡廣) 등 찬, 『서경대전(書經大全)』의 소주에서 발췌한 것이다. 그 전문은 다음과 같다. "李氏曰 : '「虞書」言咨, 其後變爲嗟, 「胤征」嗟于有衆, 「湯誥」嗟爾萬方有衆, 皆是.'(이씨가 말하였다. '「우서」에서는 자를 말하였고, 그 뒤에는 변하여 차가 되었으니, ….')" 임지기(林之奇) 찬, 『상서전해(尙書全解)』권12, 「하서(夏書)·감서(甘誓)에 실려 있는 내용은 다음과 같다. "李校書, 論唐虞言咨之義」曰 : '咨之爲言, 其後變而爲嗟, 「甘誓」曰嗟六事之人, 「胤征」曰嗟予有衆, 「湯誥」曰嗟爾萬方有衆, 「泰誓」曰嗟我友邦冢君, 蓋嗟者, 卽咨之義也.'(이교서의 「논당우언자지의」에서 말하기를 '자[咨]라고 하는 말은 그 뒤에 변하여 차[嗟]가 되었으니, 「감서」에서 말하기를 아! 육사의 사람들아. 하고, 「윤정」에서 말하기를 아! 나의 군사들아. 하고,

'고차탄이고지(故嗟歎而告之)'에 대해, 이씨(李氏: 李籲)33)가 말하였다. "「우서(虞書)」에서는 '자(咨)'를 말하였고, 그 뒤에는 변하여 '차(嗟)'가 되었다."

○ 所以變'卿'言'人'.
'개시야(皆是也)'에서 볼 때, '경(卿)'을 바꿔서 '인(人)'이라고 말한 까닭이다.

[5-2-2-3]
有扈氏威侮五行, 怠棄三正, 天用勦絶其命, 今予, 惟恭行天之罰.

유호씨(有扈氏)가 오행(五行)을 마구 함부로 하며 삼정(三正)을 게을리 버리기에 하늘이 그 명(命)을 끊으시니, 이제 나는 하늘의 벌을 공손히 행할 것이다.

詳說

○ 音征.34)
'정(正)'은 음이 정(征)이다.

○ 鄒氏季友曰 : "'勦', 當作剿, 子小反, 絶也. 『說文』云 : '『書』古文作剿, 今文作剿, 今本皆作勦, 刀·力相似, 而傳寫之誤也. 按, 『說文』, '剿, 勞也'."35)

「탕고」에서 말하기를 아! 너희 만방의 무리들아. 하고, 「태서」에서 말하기를 아! 우리 우방의 총군이라고 하였으니, 대개 차[嗟]라는 것은 곧 자[咨]의 뜻이다.'라고 하였다.)
33) 이씨(李氏: 李籲): 이유는 북송대 학자로 자가 단백(端伯)이고, 호가 구산(龜山)이며, 구씨(緱氏) 또는 낙양(洛陽) 사람이라고 한다. 진사과에 급제하여 철종 원우(元祐) 연간에 비서성교서랑(秘書省校書郎)이 되었다. 정이(程頤)의 제자로 일찍이 「기이선생어(記二先生語)」을 엮어서 사설(師說)이라고 불렀는데, 주희(朱熹)가 이 책을 좋아하였으며 그 내용이 깊고 순수하다고 하였다.
34) 이는 평성(平聲)이라는 말과 같다. 『광운(廣韻)』에 의하면 그 뜻이 '바르다, 정확하다'일 경우에는 "之盛切, 去.(지와 성의 반절이니, 거성이다.)"라 하였고, 그 뜻이 '정월, 징세하다, 정벌하다'일 경우에는 "諸盈切, 平.(저와 영의 반절이니, 평성이다.)"이라 하였다. '征'도 『광운(廣韻)』에서 "諸盈切, 平.(저와 영의 반절이니, 평성이다.)"이라고 하였다.
35) 추계우(鄒季友) 찬, 『서경집전음석(書經集傳音釋)』권2, 「하서(夏書)·우공(禹貢)」. 참조. ; 명(明) 유삼오(劉三吾) 등 찬, 『서전회선(書傳會選)』권2, 「하서(夏書)·우공(禹貢)」의 「음석경(音釋經)」에서 "'勦'字, 當作剿, 子小反, 絶也. 『說文』云:「『書』古文作剿, 今文作剿, 今本皆作勦. 按, 『說文』, '剿, 勞也.' 於此義不通, 蓋篆文, 刀·力相似, 而傳寫之誤也.('초'자는 마땅히 초로 써야 하며, 자와 소의 반절음이니, 끊음이다. 『설문』에 이르기를 '『상서』 고문에는 초로 썼고, 금문에는 초로 썼으며, 지금의 본에는 모두 초로 썼다.' 살펴보건대, 『설문』에서 '초는 수고로움이다.'라고 하였다. 이에 뜻이 통하지 않으니, 대개 전문에 도와 력이 서로 비슷하여 옮겨 베낌의 오류인 것이다.)"라고 하였다. 그리고 호광(胡廣) 등 찬, 『서경대전(書經大全)』의 소주에는 '勦'는 "子小反.(자와 소의 반절이다.)"이라 하였고, 방각본에는 "'勦', 當作剿, 子小反.('초'는

추씨 계우(鄒氏季友: 鄒季友)가 말하였다. "'초(剿)'는 마땅히 초(剿)로 써야 하며, 자(子)와 소(小)의 반절이니, 끊음이다.『설문(說文)』에 이르기를, '상서(尙書)』 고문(古文)에는 초(勦)로 썼고, 금문(今文)에는 초(剿)로 썼으며, 지금 본(本)에는 모두 초(勦)로 썼으니, 도(刀)와 력(力)이 서로 비슷하여 옮겨 베낌의 오류인 것이다.' 살펴보건대,『설문(說文)』에는 '초(勦)는 수고로움이다.'라고 하였다."

集傳

'威', 暴殄之也. '侮', 輕忽之也. 鯀汨五行而殛死, 況於威侮之者乎. '三正', 子·丑·寅之正也, 夏正, 建寅. '怠棄'者, 不用正朔也. 有扈氏暴殄天物, 輕忽不敬, 廢棄正朔, 虐下背上, 獲罪于天, 天用勦絶其命, 今我伐之, 惟敬行天之罰而已. 今按, 此章, 則三正迭建, 其來久矣. 舜協時月正日, 亦所以一正朔也, 子·丑之建, 唐·虞之前, 當已有之.

'위(威)'는 포진(暴殄)36)하는 것이다. '모(侮)'는 경솔하고 소홀하게 하는 것이다. 곤(鯀)이 오행(五行)을 어지럽혀 귀양 가서 죽었으니, 하물며 위모(威侮)하는 자이겠는가. '삼정(三正)'은 자(子)·축(丑)·인(寅)의 정월(正月)이니, 하정(夏正)은 북두성(北斗星) 자루가 인방(寅方)을 가리키는 건인월(建寅月)로 하였다. '태기(怠棄)'라는 것은 정삭(正朔)을 쓰지 않는 것이다. 유호씨(有扈氏)가 하늘이 낸 물건을 잔인하게 해치고 죽여 없애며, 경솔하고 소홀하여 공경하지 않으며, 정삭(正朔)을 없애버리며, 아랫사람을 학대하고 윗사람을 배반하여 하늘에 죄를 얻어 하늘이 그 명(命)을 끊음에 이제 내가 그를 정벌하여 오직 하늘의 벌을 공경히 행할 따름이다. 이제 살펴보건대, 이 장에서 삼정(三正)을 차례로 세운 것은 그 유래가 오래되었다. 순(舜)이 네 철과 달을 맞추고 날짜를 바로잡은 것은 또한 정삭(正朔)을 통일한 것이니, 자월(子月)과 축월(丑月)을 정월(正月)로 삼은 것이 당(唐)과 우(虞)의 이전

마땅히 초로 써야 하고, 자와 소의 반절이다.)"이라고 하였다.

36) 포진(暴殄): 호광(胡廣) 등 찬,『서경대전(書經大全)』권6,「주서(周書)·무성(武成)」에 보인다. 그 내용은 다음과 같다. "상나라의 죄를 지극히 하여 황천과 후토와 지나가는 곳의 명산과 대천에 고유하여 말하기를 '오직 도 있는 사람의 증손 발이 장차 상나라를 크게 바로잡음이 있으리니, 이제 상나라 왕 수가 무도하여 하늘이 낸 물건을 해치고 죽이며, 모든 백성을 해치고 학대하며, 천하에 도망한 자들의 주인이 되어 못과 숲에 모이듯이 하거늘, 나 소자는 이미 어진 사람을 얻어 감히 상제를 공경히 받들어 어지러운 계략을 막으니, 중국과 오랑캐가 모두 좇지 않음이 없었습니다.'(底商之罪, 告于皇天·后土, 所過名山·大川, 曰: '惟有道曾孫周王發, 將有大正于商, 今商王受無道, 暴殄天物, 害虐烝民, 爲天下逋逃主, 萃淵藪, 予小子旣獲仁人, 敢祗承上帝, 以遏亂略, 華夏·蠻貊, 罔不率俾.')"이에 공안국(孔安國)은 "'포절천물'은 하늘을 거역함을 말한다.('暴絶天物', 言逆天也.)"라 하였고, 공영달(孔穎達)은 "두루 천하의 모든 물건을 이르니, 새와 짐승과 풀과 나무를 모두 잔인하게 해치고 죽여 없애는 것이다.(普謂天下百物, 鳥獸草木, 皆暴絶之.)"라고 하였다.

에 마땅히 이미 있던 것이다.

詳說

○ 見「洪範」.37)

'곤율오행이극사(鯀汨五行而殛死)'의 내용이 「홍범(洪範)」에 보인다.

○ 陳氏大猷曰 : "凡背五常之道, 拂生長收藏之宜, 皆威侮五行也."38)

'황어위모지자호(況於威侮之者乎)'에 대해, 진씨 대유(陳氏大猷: 陳大猷)가 말하였다. "무릇 오상(五常)의 도(道)를 등지고, 생장(生長)과 수장(收藏)의 마땅함을 어김은 모두 위모오행(威侮五行)인 것이다."

○ 新安陳氏曰 : "蔡氏, 以暴殄天物, 爲威侮五行, 是偏, 以質具於地之五行, 言之; 陳氏, 兼以氣行於天之五行與五行之理, 言."39)

신안 진씨(新安陳氏: 陳師凱)가 말하였다. "채씨(蔡氏: 蔡沈)는 포진천물(暴殄天物)을 위모오행(威侮五行)으로 여겼으며, 이 편(偏)은 질(質)이 지(地)의 오행(五行)에 갖추어졌음으로써 말하였고, 진씨(陳氏: 陳師凱)는 아울러 기(氣)가 천(天)의 오행(五行)과 오행(五行)의 이치에 행해짐으로써 말하였다."

---

37) 호광(胡廣) 등 찬, 『서경대전(書經大全)』 권6, 「주서(周書)·홍범(洪範)」에 보인다. 그 내용은 다음과 같다. "箕子乃言曰 : '我聞, 在昔鯀, 陻洪水, 汨陳其五行, 帝乃震怒, 不畀洪範九疇, 彝倫攸斁. 鯀則殛死, 禹乃嗣興, 天乃錫禹洪範九疇, 彝倫攸敍.'(기자가 이에 말하였다. '내가 들으니, 옛날에 곤이 홍수를 막고 오행을 어지럽게 진열하자 상제가 이에 크게 노하여 홍범구주를 내려주지 않으니, 이륜이 무너진 것이다. 곤이 귀양 가서 죽고 우가 이윽고 이어서 일어나자 하늘이 이에 우에게 홍범구주를 내려주니, 이륜이 펼쳐진 것이다.)" 그리고 집전의 내용은 다음과 같다. "洪範九疇, 治天下之大法, 其類有九, 卽下文初一至次九者. 箕子之答, 蓋曰 : '洪範九疇, 原出於天, 鯀逆水性, 汨陳五行, 故帝震怒, 不以與之, 此彝倫之所以敗也. 禹順水之性, 地平天成, 故天出書于洛, 禹別之, 以爲洪範九疇, 此彝倫之所以敍也.'(홍범구주는 천하를 다스리는 대법으로 그 종류가 아홉이 있으니, 곧 아랫글의 초일에서 차구까지인 것이다. 기자의 대답은 대개 말하기를, '홍범구주는 원래 하늘에서 나왔는데 곤이 물의 성질을 거슬러 오행을 어지럽게 진열하였기 때문에 상제가 크게 노하여 그것을 주지 않았으니, 이것이 이륜의 무너진 까닭이다. 우가 물의 성질을 순순히 하여 땅이 다스려지고 하늘이 이루어졌기 때문에 하늘이 낙수에 글을 내놓음에 우가 이것을 구별하여 홍범구주를 만드니, 이것이 이륜의 펼쳐진 까닭이다.'라고 하였다.)"
38) 호광(胡廣) 등 찬, 『서경대전(書經大全)』의 소주를 수용한 것이다.
39) 호광(胡廣) 등 찬, 『서경대전(書經大全)』의 소주에서 발췌한 것이다. 그 전문은 다음과 같다. "新安陳氏曰 : 商以前, 若果無子·丑二正, 則是自古以來, 皆建寅, 孔子何獨言行夏之時乎. 蔡氏, 以暴殄天物, 爲威侮五行, 是偏以質具于地之五行, 言之; 陳氏兼以氣行於天之五行與五行之理, 言.'(신안 진씨가 말하였다. '상나라 이전에는 … 채씨는 포진천물을 위모오행으로 여겼으며, 이 편은 질이 지의 오행에 갖추어졌음으로써 말하였고, 진씨는 아울러 기가 천의 오행과 오행의 이치에 행해짐으로써 말하였다.')"

○ 音征, 下並同.
'삼정(三正)'에서 정(正)은 음이 정(征)이니, 아래도 아울러 같다.

○ 經文雖槩言'三正', 而實主'夏正'言, 故註特著此句.
'건인(建寅)'의 경우, 경문(經文)에서는 비록 '삼정(三正)'을 개괄적으로 말하였으나, 실제로는 '하정(夏正)'을 위주하여 말하였기 때문에 주(註)에서 특별히 이 구절을 드러낸 것이다.

○ 四字, 見「武成」.40)
'포진천물(暴殄天物)'에서 볼 때, 이 네 글자는 「무성(武成)」에 보인다.

○ 音佩.41)
'패(背)'는 음이 패(佩)이다.

○ 帶說'虐下'.
'학하패상(虐下背上)'에서 볼 때, '학하(虐下)'를 곁들여서 말하였다.

○ 新安陳氏曰 : "'恭'字, 此篇之綱領; '恭敬'者, 百聖相傳之心法. 啓之恭敬之心, 卽禹祗敬之心也, 啓能敬承繼禹之道, 於此亦可見云."42)
'유경행천지벌이이(惟敬行天之罰而已)'에 대해, 신안 진씨(新安陳氏: 陳師凱)가 말하였다. "'공(恭)'자는 이 편의 강령(綱領)이고, '공경(恭敬)'이라는 것은 모든 성인이 서로 전하는 심법(心法)이다. 계(啓)의 공경(恭敬)하는 마음은 곧 우(禹)

---

40) 호광(胡廣) 등 찬, 『서경대전(書經大全)』권6, 「주서(周書)·무성(武成)」. "… 今商王受無道, 暴殄天物, 害虐烝民, 爲天下逋逃主, 萃淵藪, 予小子旣獲仁人, 敢祗承上帝, 以遏亂略, 華夏·蠻貊, 罔不率俾.(… 이제 상나라 왕 수가 무도하여 하늘이 낸 물건을 해치고 죽이며, 모든 백성을 해치고 학대하며, 천하에 도망한 자들의 주인이 되어 못과 숲에 모이듯이 하거늘, 나 소자는 이미 어진 사람을 얻어 감히 상제를 공경히 받들어 어지러운 계략을 막으니, 중국과 오랑캐가 모두 좇지 않음이 없었습니다.)"
41) 호광(胡廣) 등 찬, 『서경대전(書經大全)』의 소주에는 "音倍.(음이 배다)"로 되어 있다.
42) 호광(胡廣) 등 찬, 『서경대전(書經大全)』의 소주에서 발췌한 것이다. 그 전문은 다음과 같다. "新安陳氏曰 : '恭行天之罰一言, 與汝不恭之三言然後知. 恭之一字, 爲此篇之綱領, 有扈之威侮·怠棄·不恭是也. 啓之行天罰, 以恭爲本, 我恭天之命, 左右御當恭, 我之命, 用命而賞, 賞其恭命者也; 不用命而戮, 戮其不恭命者也. 賞與戮不敢自專, 必行之於祖與社, 皆致其恭也, 恭敬者, 百聖相傳之心法. 啓之恭敬之心, 卽禹祗之心也, 啓賢能敬承繼禹之道, 於此亦可見云.'(신안 진씨가 말하였다. '공행천지벌의 한마디 말은 … 공의 한 글자는 이 편의 강령(綱領)이 되니, 유호씨의 위모와 태기와 불공 때문이다. … 공경이라는 것은 모든 성인이 서로 전하는 심법이다. 계의 공경하는 마음은 곧 우의 지경하는 마음이니, 계가 공경스럽게 우의 도를 계승하였음을 여기에서 또한 볼 수 있다.')"

의 지경(祗敬)하는 마음이니, 계(啓)가 공경스럽게 우(禹)의 도를 계승하였음을 여기에서 또한 볼 수 있다."

○ 正.
'정(正)'은 본래의 음대로 읽는다.

○ 見「舜典」.43)
'순협시월정일(舜協時月正日)'의 내용이 「순전(舜典)」에 보인다.

○ 此論也, 所以正小註林氏"商方有改正朔事, 夏以前, 未有"44)之說也.
'당이유지(當已有之)'에서 볼 때, 이는 논변한 것이니, 소주(小註)에서 임씨(林氏: 林之奇)가 "상(商)나라에서 바야흐로 정삭(正朔)을 고친 일이 있었는데 하(夏)나라 이전에는 있지도 않았다."라는 말을 바로잡은 것이다.

[5-2-2-4]

左不攻于左, 汝不恭命; 右不攻于右, 汝不恭命; 御非其馬之正, 汝不恭命.

왼쪽이 왼쪽을 다스리지 않으면 네가 명령을 공손히 받드는 것이 아니며, 오른쪽이 오른쪽을 다스리지 않으면 네가 명령을 공손히 받드는 것이 아니며, 마부가 말을 바르게 모는 것이 아니면 네가 명령을 공손히 받드는 것이 아니다.

---

43) 위의 「순전(舜典)」 [1-1-2-8]에 보인다. 그 내용은 다음과 같다. "歲二月, 東巡守, 至于岱宗, 柴; 望秩于山川, 肆覲東后, 協時月, 正日; 同律·度·量·衡, 修五禮, 五玉·三帛·二生·一死贄. 如五器, 卒乃復. 五月南巡守, 至于南岳, 如岱禮; 八月西巡守, 至于西岳, 如初; 十有一月朔巡守, 至于北岳, 如西禮, 歸格于藝祖, 用特.(그 해의 2월에 동쪽을 순수하여 대종에 이르러 시제를 지내며, 산천을 바라보고 차례를 정하여 제사하고 마침내 동쪽 제후들을 만나서 네 철과 달을 맞추어 날짜를 바로잡으며, 율·도·양·형을 통일시키며, 다섯 가지 예를 닦으니 다섯 가지 서옥과 세 가지 폐백과 두 가지 생물과 한 가지 죽은 예물이었다. 다섯 가지 기물을 같게 하고, 마침내 장차 다시 다른 쪽을 향한 것이다. 5월에 남쪽을 순수하여 남악에 이르러 대종의 예와 같이 하며, 8월에 서쪽을 순수하여 서악에 이르러 처음과 같이 하며, 11월에 북쪽을 순수하여 북악에 이르러 서쪽의 예와 같이 하고서 돌아와 예조의 사당에 이르러 한 마리 소로써 제사하였다.)"

44) 호광(胡廣) 등 찬, 『서경대전(書經大全)』의 소주에서 발췌한 것이다. 그 전문은 다음과 같다. "林氏曰 : '商方有改正朔事, 夏以前, 未有也.'(임씨가 말하였다. '상나라에서 바야흐로 정삭을 고친 일이 있었는데 하나라 이전에는 있지도 않았다.')"

詳說

○ 『諺』音誤.45)

'자(左)'는 『언해(諺解)』의 음이 잘못되었다.

集傳

'左', 車左; '右', 車右也. '攻', 治也. 古者, 車戰之法, 甲士三人, 一居左, 以主射; 一居右, 以主擊刺; 御者居中, 以主馬之馳驅也. 『左傳』「宣公十二年」, "楚許伯, 御樂伯, 攝叔爲右, 以致晉師, 樂伯曰: '吾聞, 致師者, 左射以菆', 是車左主射也; 攝叔曰: '吾聞, 致師者, 右入壘, 折馘執俘而還', 是車右主擊刺也. 御非其馬之正, 猶王良所謂'詭遇'也. 蓋左右不治其事, 與御非其馬之正, 皆足以致敗, 故各指其人, 以責其事, 而欲各盡其職而不敢忽也.

'좌(左)'는 수레의 왼쪽이고, '우(右)'는 수레의 오른쪽이다. '공(攻)'은 다스림이다. 옛날에 수레로 싸우는 법은 갑사(甲士)가 세 사람인데 한 사람은 왼쪽에 있으면서 활쏘기를 주관하고, 한 사람은 오른쪽에 있으면서 치고 찌르는 것을 주관하며, 말 모는 사람은 가운데 있으면서 말이 달리는 것을 주관하였다. 『좌전(左傳)』 「선공(宣公) 12년」에 초(楚)나라 허백(許伯)이 악백(樂伯)을 위하여 수레를 몰고 섭숙(攝叔)이 오른쪽이 되어서 진(晉)나라 군사와 싸우려고 할 적에, 악백이 말하기를 "내가 들으니, 적군과 싸우려고 하는 이46)는 왼쪽에서 예리한 화살로 쏜다."라고 하였는데, 이는 수레 왼쪽에 있는 사람이 활쏘기를 주관하는 것이며, 섭숙(攝叔)이 말하기를 "내가 들으니, 적군과 싸우려 하는 이는 오른쪽에 있는 이가 적의 보루(堡壘)로 들어가서 귀를 베고 포로를 잡아서 돌아온다.'라고 하였는데, 이는 수레 오른쪽에 있는 이가 치고 찌름을 주관하는 것이다. 수레를 모는 이가 그 말을 정상적으로 몰지 않는 것은 왕량(王良)의 이른바 '궤우(詭遇)'와 같은 것이다. 대개 왼쪽에 있는 이와 오른쪽에 있는 이가 그 일을 다스리지 않음과 수레 모는 이가 말을 정상적으로 몰지 않음은 모두 실패함에 이르기에 충분하다. 그러므로 각각 그 사람을 지명하여 그 일을 책임지게 하여 각각 직무를 다하여 감히 소홀하지 않게 하고자 한 것이다.

---

45) 『언해(諺解)』에는 음이 '좌'로 되어 있으나, 『광운(廣韻)』에는 "臧可切, 上.(장과 가의 반절이니, 상성이다.)"이라고 하였다.

46) 적군과 싸우려고 하는 이: '치사(致師)'는 적군과 싸우려는 뜻을 이루는 것을 말하니, 도전(挑戰)의 뜻이다. 『일주서(逸周書)』 「극은(克殷)」의 주에 공조(孔晁)가 치사(致師)는 도전(挑戰)함이라 하였고, 『주례(周禮)』 「하관(夏官)·환인(環人)」의 주에 정현(鄭玄)이 "'치사'라는 것은 그 반드시 싸우겠다는 뜻을 이루는 것이다.(致師者, 致其必戰之志.)"라고 하였다.

詳說

○ 音石, 下並同.

'석(射)'은 음이 석(石)이니, 아래도 아울러 같다.

○ 將車則不然, 見『詩』「淸人」註.47)

'이주마지치구야(以主馬之馳驅也)'에서 볼 때, 장차 수레는 그렇지 않으니, 『시경(詩經)』「청인(淸人)」의 주(註)에 보인다.

○ 句.

'어악백(御樂伯)'에서 문장이 끊어진다.

○ 側鳩反, 矢之善者也.48)

'추(菆)'는 측(側)과 구(鳩)의 반절이니, 화살의 좋은 것이다.

○ 古獲反,49) 折馘斷耳也.

'괵(馘)'은 고(古)와 획(獲)의 반절이니, 죽은 적군의 왼쪽 귀를 베어내는 것이다.

○ 音旋.50)

---

47) 호광(胡廣) 등 찬, 『시전대전(詩傳大全)』 권4, 「국풍(國風)·정(鄭)·청인(淸人)」의 1장에서 "淸人在彭, 駟介旁旁. 二矛重英, 河上乎翱翔.(청읍 사람이 방 땅에 있으니 갑옷 씌운 네 말이 힘차도다. 두 창을 붉은 깃털로 꾸며서 하수가를 다니며 놀고 있도다.)"라 하고, 집전에서 "鄭文公惡高克, 使將淸邑之兵, 禦狄于河上, 久而不召, 師散而歸, 鄭人爲之賦此詩, 言其師出之久, 無事而不得歸, 但相與遊戲如此, 其勢必至於潰散而後已爾.(정나라 문공이 고극을 미워하여 청읍의 군사를 거느리고 가서 적을 하수가에서 방어하게 하고 오래도록 부르지 않아 군사가 흩어져서 돌아오자 정나라 사람들이 이들을 위해 이 시를 지었으니, 그 군사가 출정한 지 오래되었는데도 하는 일 없이 돌아가지 못하고 다만 서로 더불어 거닐면서 놀기를 이와 같이 하여 그 형세가 반드시 무너짐에 이른 뒤에야 그칠 뿐임을 말한 것이다.)"라고 하였다. 또 3장에서 "淸人在軸, 駟介陶陶. 左旋右抽, 中軍作好.(청읍 사람이 축 땅에 있으니 갑옷 씌운 네 말이 신나도다. 왼손은 돌리고 오른손 뽑으며 군대 안에서 좋은 일 하도다.)"라 하고, 집전에서 "賦也. '軸', 亦河上地名. '陶陶', 樂而自適之貌. '左', 謂御在將車之左, 執轡而御馬者也. '旋', 還車也. '右', 謂勇力之士, 在將車之右, 執兵以擊刺者也. '抽', 拔刃也. '中軍', 謂將在鼓下, 居車之中, 卽高克也. '好', 謂容好也. ○東萊呂氏曰：'言師久而不歸, 無所聊賴, 姑遊戲以自樂, 必潰之勢也, 不言已潰而言將潰, 其辭深, 其情危矣.'(부이다. '축'은 또한 하수가의 땅이름이다. '도도'는 즐거워하면서 스스로 다니는 모양이다. '좌'는 수레몰이가 장수 수레의 왼쪽에서 고삐를 잡고 말을 모는 것을 이른다. '선'은 수레를 돌리는 것이다. '우'는 뛰어난 역량이 있는 군사가 장수 수레의 오른쪽에서 병기를 잡고서 적군을 치고 찌르는 것을 이른다. '추'는 칼날을 뽑는 것이다. '중군'은 장수가 북 아래에서 수레의 가운데에 있는 것을 이르니, 곧 고극이다. '호'는 용모가 양호함을 이른다. ○동래 여씨가 말하였다. '군대가 오래되어도 돌아가지 못하고 마음 둘 데가 없자 짐짓 놀면서 스스로 즐겼으니, 반드시 무너질 형세임을 말한 것이다. 이미 무너졌다고 말하지 않고 장차 무너질 것이라고 말하였으나, 그 말이 심각하고 그 정황이 위태한 것이다.')"라고 하였다.

48) 호광(胡廣) 등 찬, 『서경대전(書經大全)』의 소주를 수용한 것이다. 추시(菆矢)는 이전(利箭), 날카로운 화살을 말한다.

49) 호광(胡廣) 등 찬, 『서경대전(書經大全)』의 소주를 수용한 것이다.

'선(還)'은 음이 선(旋)이다.

◯ 見『孟子』「滕文公」.51)
'유왕량소위궤우야(猶王良所謂詭遇也)'의 내용이 『맹자(孟子)』「등문공(滕文公)」에 보인다.

◯ 此句『諺』釋, 恐在爰商.52)
'여어비기마지정(與御非其馬之正)'에서 볼 때, 이 구절은 『언해(諺解)』의 해석을 아마도 다시 생각해야 할 것이다.

◯ 三'恭'字, 承上文'恭'字.53)
'이욕각진기직이불감홀야(而欲各盡其職而不敢忽也)'에서 볼 때, 세 개의 '공(恭)'자는 윗글의 '공(恭)'자를 이어받은 것이다.

---

50) 호광(胡廣) 등 찬, 『서경대전(書經大全)』의 소주를 수용한 것이다.
51) 『맹자집주대전(孟子集註大全)』 권6, 「등문공장구하(滕文公章句下)」에 나오는 말이다. "昔者, 趙簡子, 使王良, 與嬖奚乘, 終日而不獲一禽, 嬖奚反命曰: '天下之賤工也.' 或以告王良, 良曰: '請復之.' 彊而後可, 一朝而獲十禽, 嬖奚反命曰: '天下之良工也.' 簡子曰: '我使掌與女乘', 謂王良, 良不可曰: '吾爲之範我馳驅, 終日不獲一, 爲之詭遇, 一朝而獲十. 『詩』云: 不失其馳, 舍矢如破, 我不貫與小人乘, 請辭.'(옛날에 조간자가 왕량으로 하여금 폐해와 더불어 사냥 수레를 타게 하였는데, 하루가 다 되도록 한 마리 짐승을 잡지 못하고 폐해가 돌아와서 보고하여 말하기를, '천하의 미천한 마부였습니다.'라고 하였다. 어떤 사람이 왕량에게 말해주자 왕량이 말하기를, '청컨대 다시 타도록 하라.'고 하였는데, 선뜻 내키지는 않았으나 어찌할 수 없게 된 뒤에 좋다고 하여 하루아침에 열 마리 짐승을 잡고 폐해가 돌아와서 명령을 보고하여 말하기를, '천하의 뛰어난 마부였습니다.'라고 하였다. 조간자가 '내가 그에게 맡겨 너와 더불어 사냥 수레를 타도록 하리라.'라 하고 왕량에게 말하였는데 왕량이 옳지 않다고 하면서 말하기를, '내가 위하여 우리 마부가 달리고 모는 것을 법도에 따르도록 하였더니 하루가 다 되도록 한 마리 짐승도 잡지 못하였고, 위하여 궤도를 만나게 하였더니 하루아침에 열 마리 짐승을 잡았습니다. 『시경』에 이르기를, 그 달리는 법도를 잃지 않고 늘 화살 놓음을 깨뜨리는 것 같이 하도다 하였으니, 나는 소인배와 더불어 수레 타는 것을 익히지 못하였으니 청컨대 사양하겠습니다.'라고 하였다.)" 집주에 의하면 "'詭遇', 不正而與禽遇也. 言奚不善射, 以法馳驅, 則不獲. 廢法詭遇而後中也.(바르지 않게 짐승과 만나는 것이다. 폐혜가 활을 잘 쏘지 못하여 수레 모는 것을 법도에 맞게 하면 잡지 못하고, 법도를 버리고 어긋나게 하여 짐승을 만난 뒤에야 적중시켰다.)"라고 하였다.
52) 『언해(諺解)』의 해석이 "御가 그 馬를 正으로 아니하면"으로 되어 있어 "마부가 말을 바르게 모는 것이 아니면", 곧 "수레를 모는 이가 그 말을 정상적으로 몰지 않는 것"과 다소 차이를 느낄 수 있음을 말한 것이다.
53) 위의 [5-2-2-3] "有扈氏威侮五行, 怠棄三正, 天用勦絶其命, 今予, 惟恭行天之罰.(유호씨가 오행을 마구 함부로 하며 삼정을 게을리 버리기에 하늘이 그 명을 끊으시니, 이제 나는 하늘의 벌을 공손히 행할 것이다.)"에 나오는 '공(恭)'자를 말하는 것이다.

[5-2-2-5]

用命, 賞于祖; 不用命, 戮于社, 予則孥戮汝."

명을 따르는 이는 선조의 사당에서 상을 내리고, 명을 따르지 않는 이는 사직에서 죽이되 내가 너의 처자식까지 죽이리라.

詳說

○ 音奴.54)

'노(孥)'는 음이 노(奴)이다.

集傳

'戮', 殺也.『禮』曰 : "天子巡狩, 以遷廟主行",『左傳』"軍行, 祓社釁鼓", 然則天子親征, 必載其遷廟之主, 與其社主以行, 以示賞戮之不敢專也. '祖', 左, 陽也, 故賞于祖. '社', 右, 陰也, 故戮于社. '孥', 子也, 孥戮, 與上'戮'字同義. 言若不用命, 不但戮及汝身, 將幷55)汝妻子而戮之. 戰, 危事也, 不重其法, 則無以整肅其衆而使赴功也. 或曰 : "'戮', 辱也, '孥戮', 猶「秋官」司厲, '孥男子以爲罪隸'之孥. 古人以辱爲戮, 謂戮辱之, 以爲孥耳. 古者, 罰弗及嗣, 孥戮之刑, 非三代之所宜有也." 按, 此說, 固爲有理, 然以上句考之, 不應一戮而二義. 蓋罰弗及嗣者, 常刑也; 予則孥戮者, 非常刑也, 常刑則愛克厥威, 非常刑則威克厥愛, 盤庚遷都, 尙有"劓殄滅之無遺育"之語, 則啓之誓師, 豈爲過哉.

'육(戮)'은 죽임이다.『예기(禮記)』에서 "천자(天子)가 순수(巡狩)할 적에는 사당(祠堂)의 신주(神主)를 옮겨 간다."라고 하였으며,『좌전(左傳)』에서 "군대가 출행(出行)할 때에는 사(社)에서 푸닥거리 제사(祭祀)를 지내고 북에 희생(犧牲)의 피를 바른다."라고 하였으니, 그렇다면 천자가 직접 정벌함에 반드시 옮겨가는 사당의 신주(神主)와 사신(社神)의 신주(神主)를 옮겨 가는 것은, 상을 주고 죽이는 것을 감히 마음대로 할 수 없음을 보인 것이다. 조묘(祖廟)는 왼쪽으로 양(陽)이니 조상의 사당에서 상을 주고, 사신(社神)은 오른쪽으로 음(陰)이니 사직에서 죽이는 것이다. '노(孥)'는 처자식이니, '노륙(孥戮)'은 위의 '육(戮: 죽이다)'자와 뜻이 같다.

---

54) 호광(胡廣) 등 찬,『서경대전(書經大全)』의 소주에는 '孥戮'은 "音奴六.(음이 노륙이다.)"이라고 하였다.
55) 채침(蔡沈), 찬,『서경집전(書經集傳)』에는 '幷'으로 되어 있고, 호광(胡廣) 등 찬,『서경대전(書經大全)』및 방각본에는 '倂'으로 되어 있다.

"만약 명령을 따르지 않으면 단지 죽음이 네 몸에 미칠 뿐만 아니라 장차 너의 처자까지 아울러 죽일 것이다."라고 말한 것이다. 싸움은 위험한 일이니, 그 법을 엄중히 하지 않으면 그 군사들을 정돈하고 엄숙히 하여 전공(戰功)에 나아가게 할 수 없다. 어떤 이가 말하기를 "'육(戮)'은 욕되는 것이니, '노륙(孥戮)'은 「추관(秋官)」의 사려(司厲)에서 남자를 종으로 삼아 죄예(罪隸)56)가 되게 한다는 노(孥)와 같은 것이다. 옛사람은 욕(辱)을 육(戮)이라 하였으니, 욕됨을 주어 노예로 삼았을 뿐임을 이른다. 옛날에 벌(罰)이 후사(後嗣)에게 미치지 않았으니, 처자식을 죽이는 형벌은 삼대(三代)까지 미침이 마땅히 있어야 하는 것이 아니다."라고 하였다. 살펴보건대, 이 말은 참으로 일리가 있으나 위의 구절로 살펴보면 하나의 육(戮)자에 두 가지의 뜻이 있을 수 없는 것이다. 대개 벌(罰)이 후사(後嗣)에게 미치지 않는 것은 정상적인 형벌이고, 내가 곧 너의 처자식까지 죽인다는 것은 정상적인 형벌이 아니니, 정상적인 형벌이라면 사랑이 그 위엄을 이기는 것이고, 정상적인 형벌이 아니면 위엄이 그 사랑을 이기는 것이다. 반경(盤庚)이 도성을 옮길 적에도 오히려 "코를 베고 다 죽여버려 양육함을 남겨두지 않을 것이다."라는 말이 있었으니, 계(啓)가 군사들에게 맹세한 것이 어찌 지나침이 되겠는가.

詳說

○ 『禮記』「曾子問」.57)

'『예』(『禮』)'는 『예기(禮記)』「증자문(曾子問)」이다.

○ 「宣四年」.58)

'『좌전』(『左傳』)'은 「선공(宣公) 4년」이다.

---

56) 죄예(罪隸): 옛날 죄인의 가족 가운데 남자는 그 재산을 몰수하고 관가에 들어가 노예가 된 것을 말한다. 『주례주소(周禮注疏)』 권35, 「추관(秋官)·사려(司厲)」에서 "그 노예는 남자가 죄예에 들어가는 것이다.(其奴, 男子入于罪隸.)"라고 하였다. 가공언(賈公彦)의 소(疏)에 의하면 "남자는 죄예로 들어가고, 여자는 용인과 고인으로 들어간다.(男子入於罪隸, 女子入於舂槀.)"라고 하였다.
57) 『예기주소(禮記注疏)』 권18, 「증자문(曾子問)」. "曾子問曰: '古者, 師行, 必以遷廟主行乎?' 孔子曰: '天子巡守, 以遷廟主行, 載於齊車, 言必有尊也. 今也取七廟之主以行, 則失之矣.'(증자가 물었다. '옛날에 군사가 감에 반드시 사당의 신주를 옮겨 갔습니까?' 공자가 말하였다. '천자가 순수함에 사당의 신주를 옮겨 갔는데, 재거에 싣는 것은 반드시 존숭함이 있음을 말한 것이다. ….')"
58) '선공(宣公)'이 아니라 정공(定公)이다. 『춘추좌전(春秋左傳)』 권54, 「정공(定公) 4년」. "君以軍行, 祓社釁鼓.(임금이 군사를 움직일 적에 사단에 제사하고 북에 희생의 피를 발랐다.)" 두예(杜預)의 주(注)에 의하면 "師出, 先有事, 祓禱於社, 謂之宜社. 於是殺牲, 以血塗鼓釁, 爲釁鼓.(군사가 나감에 먼저 유사가 사단에 제사하여 기도하니 이를 일러서 의사라고 한다. 이에 희생을 죽여서 피를 큰북과 작은북에 바르니, 흔고라고 한다.)"라고 하였다.

○ 音弗, 祭也.
'불(祓)'은 음이 불(弗)이니, 푸닥거리 제사이다.

○ 引祓社, 而並及釁鼓.
'불사흔고(祓社釁鼓)'에서 볼 때, 불사(祓社)를 인용(引用)하면서 아울러 흔고(釁鼓)를 말한 것이다.

○ 孥戮之戮.
'노륙(孥戮)'의 경우, 노륙(孥戮)의 륙(戮)이다.

○ 去聲.59)
'병(幷)'은 거성(去聲: 아우르다)이다.

○ 重警之耳, 未必有其事也.
'장병여처자이육지(將幷汝妻子而戮之)'에서 볼 때, 거듭해서 경계하였을 뿐이고, 반드시 그 일이 있는 것은 아니다.

○ 『周禮』.60)
'사려(司厲)'는 『주례(周禮)』이다.

○ 見「大禹謨」.61)
'벌불급사(罰弗及嗣)'의 내용이 「대우모(大禹謨)」에 보인다.

---

59) 채침(蔡沈), 찬, 『서경집전(書經集傳)』에는 '幷'으로 되어 있고, 호광(胡廣) 등 찬, 『서경대전(書經大全)』 및 방각본에는 '倂'으로 되어 있는데, '倂'도 또한 거성(去聲)이다.
60) 『주례주소(周禮注疏)』 권35, 「추관(秋官)·사려(司厲)」에서 "其奴, 男子入于罪隷.(그 노예는 남자가 죄예에 들어가는 것이다.)"
61) 위의 「대우모(大禹謨)」 [2-1-3-12]에서 보인다. 그 내용은 다음과 같다. "皐陶曰 : '帝德罔愆, 臨下以簡, 御衆以寬; 罰弗及嗣, 賞延于世; 宥過無大, 刑故無小; 罪疑惟輕, 功疑惟重; 與其殺不辜, 寧失不經, 好生之德, 洽于民心, 玆用不犯于有司.'(고요가 말하였다. '임금의 덕이 잘못됨이 없어서 아랫사람에게 간략함으로써 임하고 많은 사람들을 너그러움으로써 통솔하며, 형벌은 자식들에게 미치지 않고 상훈은 대대로 미치게 하며, 과오로 지은 죄는 큰 것 할 것 없이 용서하고 고의로 지은 죄는 작은 것 할 것 없이 형벌하며, 죄가 의심스러운 것은 가볍게 처리하고 공이 의심스러운 것은 무겁게 치하하며, 죄 없는 이를 죽인 것보다는 차라리 법도를 지키지 못한 실수를 낫다고 여겨 살리기를 좋아하는 은덕이 백성들 마음을 흡족하게 하였습니다. 이 때문에 백성들이 관리들을 범하지 않는 것입니다.')"라고 하였다. 그리고 집전에서 "'嗣'·'世', 皆謂子孫, 然嗣親而世疏也. '延', 遠及也. 父子罪不相及, 而賞則遠延于世, 其善善長而惡惡短, 如此.('사'와 '세'는 모두 자손을 이르나, '사'는 친근하고 '세'는 소원한 것이다. '연'은 멀리 미침이다. 부모와 자식의 죄는 서로 미치지 않으며 상훈은 후세에까지 멀리 미치니, 선을 좋아하면 미침이 길어지고 악을 미워하면 미침이 짧아짐이 이와 같은 것이다.)"라고 하였다.

◯ 並見「胤征」.62)

'상형칙위극궐애(常刑則威克厥愛)'의 내용이 아울러 「윤정(胤征)」에 보인다.

◯ 見「盤庚」.63)

'상유의진멸지무유육지어(尚有殄殄滅之無遺育之語)'의 내용이 「반경(盤庚)」에 보인다.

◯ '不重', 以下, 論也.

'기위과재(豈爲過哉)'에서 볼 때, '부중(不重)' 이하는 논변한 것이다.

---

62) 호광(胡廣) 등 찬, 『서경대전(書經大全)』 권3, 「하서(夏書)·윤정(胤征)」에 보인다. 그 내용은 다음과 같다. "嗚呼. 威克厥愛, 允濟; 愛克厥威, 允罔功, 其爾衆士, 懋戒哉.(아! 위엄이 사랑을 이기면 진실로 성공할 것이고, 사랑이 위엄을 이기면 진실로 공로가 없을 것이니, 너희 많은 군사는 힘써서 경계해야 할 것이다.)" 그리고 집전에서 "'威'者, 嚴明之謂. '愛'者, 姑息之謂. 『記』曰: 「軍旅主威」, 蓋軍法不可以不嚴, 嚴明勝, 則信其事之必濟; 姑息勝, 則信其功之無成. 誓師之末, 而復嗟歎, 以是深警之, 欲其勉力戒懼而用命也.('위'라는 것은 엄격하고 분명함을 이른다. '애'라는 것은 잠시 편안함을 이른다. 『예기』에서 '군대는 위엄을 위주한다.'라고 하였으니, 군법은 엄격하지 않을 수 없다. 엄격하고 분명함이 우세하면 진실로 일이 반드시 이루어지고, 잠시 편안함이 우세하면 진실로 공적이 이루어지지 못한다. 군사들에게 맹세하는 끝에 다시 탄식하여 이 말로써 깊이 경계하였으니, 힘써서 경계하고 두려워하면서 명령을 따르게 하고자 한 것이다.)"라고 하였다.

63) 호광(胡廣) 등 찬, 『서경대전(書經大全)』 권5, 「상서(商書)·반경중(盤庚中)」에 보인다. 그 내용은 다음과 같다. "乃有不吉不迪, 顚越不恭, 暫遇姦宄, 我乃劓殄滅之無遺育, 無俾易種于玆新邑.(선량하지 않고 무도한 사람들이 전월하여 공손하지 않음과 잠시 만남에 간악한 도적질을 하는 이가 있으면 나는 이들을 코를 베고 다 죽여서 남겨두어 기르지 않아서 종자들이 이 새 도읍에 옮겨 살지 않도록 할 것이다.)" 집전에 의하면 "乃有不善不道之人, 顚隕蹉越, 不恭上命者, 及暫時所遇, 爲姦爲宄, 劫掠行道者, 我小則加以劓, 大則殄滅之, 無有遺育, 毋使移其種于此新邑也.(선량하지 않고 무도한 사람들로서 전운하고 유월하여 군주의 명령에 공손하지 않은 자와 잠시 만남에 간악한 도적질을 하여 길가는 자들을 겁탈하고 약탈하는 자가 있으면 내가 작게는 코를 베는 형벌을 가하고 크게는 다 죽여서 남겨 기르지 않아서 그 종자가 이 새 도읍에 옮겨 살게 하지 않을 것이다.)"라고 하였다.

[5-2-3]
「오자지가(五子之歌)」

集傳
'五子', 太康之弟也. '歌', 與 "帝舜作歌"之 '歌', 同義. 今文無, 古文有.

'오자(五子)'는 태강(太康)의 아우이다. '가(歌)'는 "제순(帝舜)이 노래를 지었다"는 '가(歌)'와 뜻이 같다. 금문(今文)『상서(尙書)』에는 없고, 고문(古文)『상서(尙書)』에는 있다.

詳說

○ 仲康, 蓋與其一. [64]

'태강지제야(太康之弟也)'에서 볼 때, 중강(仲康)은 대개 그 하나에 든다.

○ 見「益稷」. [65]

'동의(同義)'의 내용이 「익직(益稷)」에 보인다.

---

[64] 계(啓)의 아버지는 하(夏)나라의 개국 군주인 우(禹)이니, 세상에서 대우(大禹)라고 불렸으며, 본명은 사문명(姒文命)이다. 계(啓)의 아들은 다섯이니, 맏아들은 사태강(姒太康)이고, 둘째 아들은 사원강(姒元康)이고, 셋째 아들은 사백강(姒伯康)이고, 넷째 아들은 사중강(姒中康) 또는 중강(仲康)이며, 다섯째 아들은 무관(武觀)이다.

[65] 위의「익직(益稷)」[3-1-5-11] "帝庸作歌曰 : '勅天之命, 惟時惟幾', 乃歌曰 : '股肱喜哉, 元首起哉, 百工熙哉.' 皐陶拜手稽首, 颺言曰 : '念哉, 率作興事, 愼乃憲欽哉, 屢省乃成, 欽哉.' 乃賡載歌曰 : '元首明哉, 股肱良哉, 庶事康哉.' 又歌曰 : '元首叢脞哉, 股肱惰哉, 萬事墮哉.' 帝曰 : '兪. 往欽哉.'(순임금이 이로써 노래를 지어 말하기를 '하늘의 명을 삼갈진댄 오직 때마다 삼가고 오작 기미마다 삼가야 한다.'라고 하고서 이에 노래하여 말하기를 '고굉이 기뻐하여 일하면 원수의 정사가 흥기하여 모든 벼슬아치가 기뻐할 것이다.'라고 하였다. 고요가 손을 모아 절하고 머리를 조아리며 소리를 높여서 말하기를 '유념하여 신하들을 거느리고 정사를 흥기시키되 삼가 이에 법도를 공경하며, 자주 살펴 이에 일을 이루게 하되 공경하소서.'라 하고, 이에 이어서 노래하여 말하기를 '원수가 현명하시면 고굉이 어질어 여러 일이 편안해질 것입니다.'라고 하였다. 고요가 또 노래하기를 '원수가 자질구레하면 고굉이 게을러서 온갖 일이 무너질 것입니다.'라고 하였다. 순임금이 고개를 끄덕이고서 말하기를 '그러하다. 가서 너의 직무에 공경히 행하라.'라고 하였다.)"에 보인다. 그리고 집전에서 "'歌', 詩歌也. '勅', 戒勅也. '幾', 事之微也. '惟時'者, 無時而不戒勅也; '惟幾'者, 無事而不戒勅也. 蓋天命無常, 理亂安危, 相爲倚伏, 今雖治定功成, 禮備樂和, 然頃刻謹畏之不存, 則怠荒之所自起; 毫髮幾微之不察, 則禍患之所自生, 不可不戒也. 此, 舜將欲作歌, 而先述其所以歌之意也.('가'는 시가이다. '칙'은 경계하고 삼감이다. '기'는 일의 기미이다. '유시'라는 것은 때마다 경계하고 삼가지 않음이 없는 것이며, '유기'라는 것은 일마다 경계하고 삼가지 않음이 없는 것이다. 대개 천명은 항상함이 없어서 다스려지고 혼란함과 편안하고 위태함이 서로 기대고 숨어 있으니, 이제 비록 정치가 안정되고 사공이 이루어짐에 예가 갖추어지고 음악이 조화로우나 잠시라도 삼가고 두려워함이 있지 않으면 게으름과 거칠음이 이로부터 일어나는 것이고, 터럭만큼이라도 기미를 살피지 않으면 재난과 근심이 이로부터 생기는 것이니, 경계하지 않을 수 없는 것이다. 이것은 순임금이 장차 노래를 지으려고 할 적에 먼저 그 노래하는 까닭의 뜻을 진술한 것이다.)"라고 하여 훈계하는 의미로 노래를 지은 것이라고 말하였다.

○ '歌', 以祖訓66)爲主, 蓋訓體也.
'가(歌)'는 선조(先祖)의 유훈(遺訓)으로써 위주하였으니, 대개 훈계(訓戒)하는 문체이다.

[5-2-3-1]
太康尸位, 以逸豫, 滅厥德, 黎民咸貳, 乃盤遊無度, 畋于有洛之表, 十旬弗反.

태강(太康)이 지위만 차지하여 편안하고 즐거움으로 덕(德)을 없애자 백성들이 다 배반하였는데, 이에 즐겁게 놀기를 무작정하여 낙수(洛水)의 밖에 사냥 가서 1백일이 되어도 돌아오지 않았다.

集傳
'太康', 啓之子. '尸', 如祭祀之尸, 謂居其位而不爲其事, 如古人所謂'尸祿'·'尸官'者也. '豫', 樂也. 夏諺曰: "吾王不遊, 吾何以休; 吾王不豫, 吾何以助. 一遊一豫, 爲諸侯度", 夏之先王, 非不遊豫, 蓋有其節, 皆所以爲民, 非若太康以逸豫而滅其德也. 民咸貳心, 而太康猶不知悔, 乃安於遊畋之無度, 言其遠則至于洛水之南, 言其久則十旬而弗反, 是則太康自棄其國矣.

'태강(太康)'은 계(啓)의 아들이다. '시(尸)'는 제사(祭祀)의 시동(尸童)과 같으니, 그 자리에 있기만 하고 그 일을 행하지 않음을 이르니, 옛사람이 이른바 '시록(尸祿)'이나 '시관(尸官)'과 같다. '예(豫)'는 즐거워함이다. 하(夏)나라의 속담에 말하기를 "우리 임금이 유람하지 않으면 우리가 어떻게 쉴 것이며, 우리 임금이 즐기지 않으면 우리가 어떻게 도움받을 것인가. 한 번 유람함과 한 번 즐김은 제후(諸侯)의 풍도(風度)가 된다."라고 하였으니, 하나라의 선왕(先王)들이 유람하고 즐기지 않은 것이 아니며, 대개 그 절도가 있어서 모두 백성을 위한 것이었고, 태강(太康)같이 편안하게 즐김으로써 그 덕(德)을 없애버린 것이 아니다. 백성들이 모두 배반하는 마음을 가졌는데도 태강(太康)은 오히려 뉘우칠 줄 모르고 마침내 놀고 사냥함을 절도 없이 함을 편안히 여겨 그 먼 것을 말하면 낙수(洛水)의 남쪽까지 이르

---

66) '조훈(祖訓)'은 선조(先祖)의 유훈(遺訓)이라는 뜻으로, 아래의 「오자지가(五子之歌)」 [5-2-3-4]에서 "위대하신 선조께서 훈계를 남기셨으니, 백성들은 가까이할지언정 업신여겨서는 안 된다.(皇祖有訓, 民可近, 不可下.)"라고 한 것과 같다. 공안국(孔安國)은 "'황'은 임금이니, 선왕인 우가 훈계를 남겨둔 것이다.('皇', 君也, 君祖禹有訓戒.)"라고 하였다.

렀고, 그 오래됨을 말하면 십순(十旬)이 되도록 돌아오지 않았으니, 이것은 태강(太康)이 스스로 그 나라를 버린 것이다.

詳說

○ 見『漢書』「貢禹傳」.67)
'시록(尸祿)'은 『한서(漢書)』「공우전(貢禹傳)」에 보인다.

○ 見「胤征」.68)
'시관(尸官)'은 『윤정(胤征)』에 보인다.

○ 音洛.
'락(樂)'은 음이 락(洛)이다.

○ 見『孟子』「梁惠王」.69)
'위제후도(爲諸侯度)'는 『맹자』「양혜왕」에 보인다.

---

67) '시록(尸祿)'은 소찬(素餐)과 같은 말이니, 거저 봉록(俸祿)을 먹기만 하고 그 직무를 다하지 않거나 하는 일이 없는 것을 말한다. 한나라 유향(劉向)의 『설원(說苑)』 권14, 「지공(至公)」에서 '시록소찬(尸祿素飧)'을 말하였고, 『후한서(後漢書)』 권23, 「오행지(五行志)·오행일(五行一)」에서도 '시록소찬(尸祿素餐)'을 말하였다. 그리고 『후한서(後漢書)』 권96, 「진왕열전(陳王列傳)·진번전(陳蕃傳)」과 『후한서(後漢書)』 권18, 「환자열전(宦者列傳)·조절전(曹節傳)」 등에서 '시록(尸祿)'을 말하였다. 『전한서(前漢書)』 권72, 「열전(列傳)·공우(貢禹)」에는 보이지 않는다.
68) 호광(胡廣) 등 찬, 『서경대전(書經大全)』 권3, 「하서(夏書)·윤정(胤征)」. "惟時羲和, 顚覆厥德, 沈亂于酒, 畔官離次, 俶擾天紀, 遐棄厥司, 乃季秋月朔, 辰弗集于房, 瞽奏鼓, 嗇夫馳, 庶人走, 羲和尸厥官, 罔聞知, 昏迷于天象, 以干先王之誅, 政典曰: '先時者, 殺無赦; 不及時者, 殺無赦.'(오직 이에 희화가 그 덕을 뒤집어 엎고 술에 빠져 어지러워 관직을 혼란하고 제자리를 이탈하여 급기야 하늘의 기강을 뒤흔들어 그 맡은 일을 회피하고 버려서 마침내 늦가을 달 초하룻날에 별이 방수에 모이지 않으니, 악사가 북을 울리고 폐백 관리가 내달리며 사람들이 분주한데 희화는 그 관직을 지키고 앉아서 식견과 지식이 없어 하늘의 현상에 흐리멍덩하여 선왕의 주벌을 범하였다. 선왕의 책에서 말하기를 '때보다 먼저 하는 이도 죽여 사면하지 말며, 때에 미치지 못하는 이도 죽여 사면하지 말라.'라고 하였다.)" 여기서 '시관(尸官)'은 시위(尸位)·시록(尸祿)과 같은 말이다.
69) 『맹자집주대전(孟子集註大全)』 권2, 「양혜왕장구하(梁惠王章句下)」. "晏子對曰 : '善哉! 問也. 天子適諸侯曰巡狩, 巡狩者, 巡所守也; 諸侯朝於天子曰述職, 述職者, 述所職也. 無非事者, 春省耕而補不足, 秋省斂而助不給. 夏諺曰: 吾王不遊, 吾何以休; 吾王不豫, 吾何以助. 一遊一豫, 爲諸侯度.'(안자가 대답하여 말하였다. '좋습니다. 물어보심이여. 천자가 제후 나라에 가는 것을 순수라 하니 순수라는 것은 지키는 곳을 순행함이고, 제후가 천자를 조회하는 것을 술직이라 하니 술직이라는 것은 맡아서 다스리는 곳을 상술함입니다. 정사가 아닌 것이 없으니, 봄에는 밭 가는 것을 살펴서 부족한 것을 보태주고, 가을에는 수확을 살펴서 넉넉하지 못한 것을 도와줍니다. 하나라 속담에서 말하기를, 우리 임금이 놀지 않으면 우리가 어떻게 쉴 것이며, 우리 임금이 즐기지 않으면 우리가 어떻게 도움받겠는가. 한번 놀고 한번 즐김이 제후의 법도가 된다고 하였습니다.')" 집주에 의하면 "夏諺以爲'王者一遊一豫', 皆有恩惠, 以及民, 而諸侯取法焉, 不敢無事慢遊, 以病其民也.(하나라 속담에서 '임금이 한번 놀고 한번 즐김'이라고 이른 것은 모두 은혜가 있는 것이어서 백성에게 미침이니, 제후가 모두 법도로 취하여 감히 일없이 태만하게 놀아서 그 백성을 괴롭게 하지 않는 것이다.)"라고 하였다.

○ 去聲.
　'개소이위(皆所以爲)'에서 위(爲)는 거성(去聲: 謂)이다.

○ 此註, 以論釋之. 故'盤遊無度'一句之釋, 不盡, 依本文之勢, 而『諺解』遂依此釋之, 乃作'安其遊於無度'之義, 合更商.70) '盤'與'般', 同樂也, 謂盤于遊畋者無度也.
　'내안어유견지무도(乃安於遊畋之無度)'에서 볼 때, 이 주(註)는 논변함으로써 해석한 것이다. 그러므로 '반유무도(盤遊無度)'한 구절의 해석을 다하지 않고 본문의 형세에 의지하였는데, 『언해(諺解)』에서 마침내 이 주(註)에 의지하여 해석하여 이에 '절도 없음에 노는 것을 편안히 여긴다.'라는 뜻으로 썼으니, 다시 생각해보아야 한다. '반(盤)'과 '반(般)'은 똑같이 즐거워함이니, 놀고 사냥하는 것을 즐김에 절도가 없음을 이른다.

○ 主夏都而言表.
　'언기원칙지우낙수지남(言其遠則至于洛水之南)'에서 볼 때, 하(夏)나라의 도성(都城)을 위주로 밖을 말한 것이다.

○ 此句, 論也.
　'시즉태강자기기국의(是則太康自棄其國矣)'에서 볼 때, 이 구절은 논변한 것이다.

[5-2-3-2]
有窮后羿, 因民不忍, 距于河.
유궁(有窮)의 임금인 예(羿)가 백성들이 참지 못함으로 말미암아 하수(河水)에서 막았다.

詳說
○ 硏計反.71)
　'예(羿)'는 연(硏)과 계(計)의 반절이다.

---

70) 『언해(諺解)』에서 "遊유를 無무도度도애 盤반ᄒᆞ야"라고 하였는데, 이는 집전의 "安於遊畋之無度(놀고 사냥함을 절도 없이 함을 편안히 여김)"이라는 내용에 의지하였음을 말한 것이다.
71) 호광(胡廣) 등 찬, 『서경대전(書經大全)』의 소주에는 '羿'는 "音毅.(음이 의다.)"로 되어 있고, 방각본에는 "'羿', 硏計反.('예'는 연과 계의 반절이다.)"으로 되어 있다.

集傳

'窮', 國名; '羿', 窮國君之名也. 或曰 : "羿, 善射者之名. 賈逵『說文』, '羿, 帝嚳射官, 故其後善射者, 皆謂之羿', 有窮之君, 亦善射, 故以羿目之也." 羿因民不堪命, 距太康于河北, 使不得返, 遂廢之.

'궁(窮)'은 나라 이름이고, '예(羿)'는 궁(窮)나라 임금의 이름이다. 어떤 이가 말하기를 "예(羿)는 활쏘기를 잘하는 이의 이름이다. 가규(賈逵)[72]의 『설문(說文)』에 '예(羿)는 제곡(帝嚳)의 활 쏘는 관원(官員)이었기 때문에 그 뒤에 활쏘기를 잘하는 이를 모두 이르기를 예(羿)라고 했다.' 하였으니, 유궁(有窮)의 임금 또한 활쏘기를 잘하였기 때문에 예(羿)로써 말하였다."라고 하였다. 예(羿)는 백성들이 명령을 감내(堪耐)하지 못함에 말미암아 태강(太康)을 하북(河北)에서 막아서 돌아올 수 없게 하자 마침내 폐위(廢位)하였다.

詳說

○ 豈是廣許氏『說文』者歟.

'가규『설문』(賈逵『說文』)'의 경우, 아마도 이것은 허씨(許氏: 許愼)[73]의 『설문(說文)』를 넓힌 것이리라.

○ 或說, 至此.

'고이예목지야(故以羿目之也)'에서 볼 때, 어떤 이의 말이 여기까지이다.

○ 忍. ○呂氏曰 : "'因'者, 明禍亂之本, 在此不在彼也."

'예인민불감명(羿因民不堪命)'의 경우, 참는 것이다. ○여씨(呂氏: 呂祖謙)가 말하였다. "'인(因)'이라는 것은 화란(禍亂)의 근본이 여기[명령]에 있고 저기[활쏘기]에 있지 않음을 밝힌 것이다."

---

72) 가규(賈逵): 가규(30-11)은 동한(東漢) 때의 학자로, 자가 경백(景伯)이고, 부풍(扶風) 평릉(平陵) 사람이다. 가의(賈誼)의 9세손으로, 아버지 휘(徽)가 일찍이 유흠(劉歆)으로부터 『좌전(左傳)』・『고문상서(古文尚書)』・『모시(毛詩)』 등을 전수받은 학업을 계승하여 『좌전(左傳)』 등의 오경(五經)과 『곡량전(穀梁傳)』에 능통하였다. 후세에 통유(通儒)로 칭송되었으며, 저서로는 ・『춘추좌씨전해고(春秋左氏傳解詁)』・『국어해고(國語解詁)』 등이 있는데 전하지 않는다.

73) 허씨(許氏: 許愼): 동한(東漢) 때 학자로 자가 숙중(叔重)이고, 여남(汝南) 소릉(召陵) 사람이다. 타고난 성품이 질박하고 후중(厚重)했으며, 영평(永平) 9년(66)에 소학(小學)에 들어가 육서(六書)를 배웠고, 영평 11년(68)에는 『시경』・『서경』・『주역』・『예기』・『춘추』 와 제가백가(諸子百家) 등을 읽고 깊이 연구하였다. 그 뒤에 『설문해자(說文解字)』를 완성하였고 건광(建光) 원년(121)에 이르러 조정에 『설문해자(說文解字)』를 바침에 말미암아 세상 사람들이 그의 훈고자학(訓詁字學)에 관한 걸출한 공헌을 기려 자성(字聖)이라고 존칭하였다. 그 밖의 저서로 『오경이의(五經異義)』가 있다.

○ 拒通.

'거(距)'는 거(拒)와 통한다.

○ 『諺』釋'于', 作'往'義, 恐失文勢.74) ○從上節'表'字, 而添'北'字.

'거태강우하북(距太康于河北)'에서 볼 때, 『언해(諺解)』에서 '우(于)'를 해석함에 '왕(往)'의 뜻으로 썼으니, 아마도 글의 형세를 잃은 듯하다. ○위 단락의 '표(表)'자를 좇아서 '북(北)'자를 더한 것이다.

○ 補此句.

'수폐지(遂廢之)'에서 볼 때, 이 구절을 보탰다.

[5-2-3-3]

厥弟五人, 御其母以從, 徯于洛之汭, 五子咸怨, 述大禹之戒, 以作歌.

그의 아우 다섯 사람이 그 어머니를 모시고 좇아가더니 낙수(洛水)의 물가에서 기다렸는데, 다섯 사람이 모두 원망하고 대우(大禹)의 경계(警戒)를 기술하여 노래를 지었다.

集傳

'御', 侍也. '怨', 如『孟子』所謂"小弁之怨, 親親也", 「小弁」之詩, 父子之怨; 「五子之歌」, 兄弟之怨, 親之過大而不怨, 是愈疏也. 五子知宗廟社稷危亡之不可救, 母子·兄弟離散之不可保, 憂愁鬱悒, 慷慨感厲, 情不自已. 發爲詩歌, 推其亡國敗家之由, 皆原於荒棄皇祖之訓, 雖其五章之間, 非盡述皇祖之戒, 然其先後終始, 互相發明. 史臣, 以其作歌之意, 序於五章之首, 後世序『詩』者, 每篇皆有小序, 以言其作詩之義, 其原蓋出諸此.

'어(御)'는 모심이다. '원(怨)'은 『맹자(孟子)』에서 이른바 "「소반(小弁)」의 원망은 친한 이를 친애하였다."라고 한 것과 같은 것이다. 「소반(小弁)」의 시(詩)는 아버지와 아들 사이의 원망이고, 「오자지가(五子之歌)」는 형과 아우 사이의 원망이니, 친한 이의 과실이 큰데도 원망하지 않으면 이는 더욱 멀어지는 것이다. 다섯 아들

---

74) 『언해(諺解)』에서 '우(于)'의 뜻을 "河하애 가 距거ᄒᆞ니라"라고 하여 '왕(往)'의 뜻으로 해석한 것을 말한다.

은 종묘사직(宗廟社稷)이 위태하고 멸망함에서 구원할 수 없으며, 어머니와 아들 및 형과 아우가 헤어져서 보존할 수 없음을 알고 근심하고 걱정하며 답답하고 침울하여 감정을 스스로 그칠 수 없었다. 시가(詩歌)로 드러내어 그 나라를 멸망시키고 집안을 망치는 이유가 모두 황조(皇祖)의 교훈을 마구 내버림에 근원한 것이라고 추리하였으니, 비록 그 다섯 장 사이에 황조(皇祖)의 경계를 다 기술하지는 않았으나, 그 앞뒤 및 처음과 끝에서 서로 드러내어 밝혔다. 사신(史臣)이 그 노래를 지은 뜻으로써 다섯 장의 머리에 서술하자 후세의 『시경(詩經)』을 서술하는 이가 매 편에 모두 소서(小序)를 두어 그 시(詩)를 지은 뜻을 말하였으니, 그 근원이 대개 여기에서 나온 것이다.

詳說

○ 洛汭, 洛入河之內也.

'시야(侍也)'에서 볼 때, 낙예(洛汭)는 낙수(洛水)가 하수(河水)로 들어가는 안쪽이다.

○ 「告子」.[75]

---

[75] 『맹자집주대전(孟子集註大全)』 권12, 「고자장구하(告子章句下)」. "公孫丑問曰: '高子曰: 「小弁」, 小人之詩也.' 孟子曰: '何以言之?' 曰: '怨.' 曰: '固哉. 高叟之爲詩也. 有人於此, 越人關弓而射之, 則己談笑而道之, 無他, 疏之也; 其兄關弓而射之, 則己垂涕泣而道之, 無他, 戚之也, 「小弁」之怨, 親親也, 仁也. 固矣夫. 高叟之爲詩也.' 曰: '「凱風」, 何以不怨?' 曰: '「凱風」, 親之過 小者也; 「小弁」, 親之過, 大者也, 親之過, 大而不怨, 是愈疏也; 親之過, 小而怨, 是不可磯也, 愈疏, 不孝也; 不可磯, 亦不孝也. 孔子曰: 舜, 其至孝矣. 五十而慕.'(공손추가 물었다. '제나라 사람 고자가 말하기를, 『시경』 「소반」은 소인의 시라고 했습니다.' 맹자가 말하였다. '어째서 그렇게 말하는가?' '원망해서입니다.' '고루하다. 고노인의 시를 이해함이여. 여기에 사람이 있는데, 월나라 사람이 활을 당겨 쏘려고 하면 자기가 웃으면서 이야기할 수 있는 것은 다름이 아니라 그 사람과 소원해서이며, 그의 형이 활을 당겨 사람을 쏘려고 하면 자기가 눈물을 흘리면서 말하는 것은 다름이 아니라 친척이어서이다. 「소반」의 원망은 친한 이를 친애함이니, 친한 이를 친애함은 인이다. 고루하다. 고노인의 시를 이해함이여.' '『시경』 「개풍」은 어째서 원망하지 않았습니까?' '「개풍」은 어버이의 과실이 적은 것이고, 「소반」은 어버이의 과실이 큰 것이다. 어버이의 과실이 큰데도 원망하지 않는다면 이는 더욱 멀어지게 하는 것이고, 어버이의 과실이 적은데도 원망한다면 이는 조급하게 나무라는 것이다. 더욱 멀어지게 하는 것도 불효이고, 조급하게 나무라는 것도 불효이다. 공자가 말하기를, 순은 지극한 효자로다. 50세가 되어서도 부모를 사모하였다고 하였다.')" 그리고 호광(胡廣) 등 찬, 『시전대전(詩傳大全)』 권12, 「소아(小雅)·소민지십(小旻之什)·소반(小弁)」 1장의 내용을 보면 다음과 같다. "弁彼鷽斯, 歸飛提提. 民莫不穀, 我獨于罹. 何辜于天. 我罪伊何. 心之憂矣, 云如之何.(날갯짓하는 저 갈까마귀여. 돌아감에 한가로이 날도다. 백성들은 불행한 이 없거늘 나만 홀로 근심하고 있노라. 하늘에 무슨 죄를 지었는가. 내가 지은 죄가 무엇이던가. 마음속으로 근심하는 것을 어찌하여야 한다는 말인가.)" 집전에 의하면 '舊說, 幽王太子宜臼被廢而作此詩', 言: '弁彼鷽斯, 則歸飛提提矣. 民莫不善, 而我獨于憂', 則鷽斯之不如也.' '何辜于天, 我罪伊何'者, 怨而慕也. 舜號泣于旻天曰: '父母之不我愛, 於我何哉', 蓋如此矣. '心之憂矣, 云如之何', 則知其無可奈何, 而安之之詞也.(옛말에 '유왕의 태자 의구가 내쫓김을 당하고 이 시를 지었다.'라고 하였으니, 말하기를 '날갯짓하는 저 갈까마귀는 돌아감에 한가로이 날도다. 백성들은 불행한 이 없거늘 나만 홀로 근심하고 있다.'라고 하여 내가 갈까마귀만 못하다고 한 것이다. '하늘에 무슨 죄를 지었는가. 내가 지은 죄가 무엇이던가.'라고 한 것은 원망하고 사모한 것이다. 순이 하늘을 향해 울부

'『맹자』(『孟子』)'는 「고자(告子)」이다.

○ 音盤.76)
'반(弁)'은 음이 반(盤)이다.

○ 音邑.
'읍(悒)'은 음이 읍(邑)이다.

○ 以論釋之.
'호상발명(互相發明)'에서 볼 때, 논변함으로써 해석한 것이다.

○ 呂氏曰：" 「五子之歌」, 一章切於一章, 當以『詩』體觀, 不當以『書』體觀. 一章, 述禹敬民之訓; 二章, 自咎取亾之道; 三章, 痛惜冀都之業; 四章, 反覆家緖之本末; 五章, 盡取憂愧, 歸之於己, 其情極矣. 欲觀『詩』者, 當先觀『書』, 觀舜之歌, 則見『詩』之雅·頌; 觀「五子之歌」, 則見『詩』之變風·變雅."77)
여씨(呂氏: 呂祖謙)가 말하였다. "오자지가(五子之歌)는 한 장이 한 장에 적절하니, 마땅히 『시경(詩經)』의 체격(體格)으로 보아야 하고 『서경(書經)』의 체격으로 보지 않아야 한다. 1장은 우(禹)가 백성을 공경한 교훈을 기술하였고, 2장은 스스로의 허물로 멸망을 취하는 이치이고, 3장은 기도(冀都)의 대업을 몹시 안타까워함이고, 4장은 국가 서업(緖業)의 본말을 뒤집음이고, 5장은 근심과 부

짖으며 말하기를 '부모가 나를 사랑하지 않음은 나에게 무슨 죄가 있어서인가.'라고 하였으니, 대개 이것과 같은 것이다. '마음속으로 근심하는 것을 어찌하여야 한다는 말인가.'라고 한 것은 그 어찌할 수 없음을 알고서 이것을 편안하게 여긴 말이다.)"라고 하였다.

76) 호광(胡廣) 등 찬, 『서경대전(書經大全)』의 소주를 수용한 것이다. 호광(胡廣) 등 찬, 『시전대전(詩傳大全)』의 소주에는 '弁'은 '薄干反.(박과 간의 반절이다.)'이라고 하였다. 그리고 집전에는 "'弁', 飛拊翼貌.('반'은 날면서 날갯짓하는 모양이다.)"라고 하였다. 이와 달리 모전(毛傳)에는 "'弁', 樂也.('반'은 즐거워함이다.)"라고 하였다.

77) 호광(胡廣) 등 찬, 『서경대전(書經大全)』의 소주에서 발췌한 것이다. 그 전문은 다음과 같다. "呂氏曰 : 「五子之歌」, 當以『詩』體觀, 不當以『書』體觀. 「五子之歌」, 一章切于一章, 一章, 述禹敬民之訓; 二章, 自咎取亡之道; 三章, 痛惜冀都之業; 四章, 反覆家緖之本末; 五章, 盡取憂愧, 歸於己, 其情極矣. 欲觀『詩』者, 當先觀『書』, 觀舜·皐之歌, 則見『詩』之雅·頌, 觀「五子之歌」, 則見『詩』之變風·變雅.(여씨가 말하였다. '오자지가는 마땅히 「시경」의 체격으로 보아야 하고, 『서경』의 체격으로 보지 않아야 한다. 오자지가는 한 장이 한 장에 적절하니, 1장은 우가 백성을 공경한 교훈을 기술하였고, 2장은 스스로의 허물로 멸망을 취하는 이치이고, 3장은 기도의 대업을 몹시 안타까워함이고, 4장은 국가 서업의 본말을 뒤집음이고, 5장은 근심과 부끄러움을 다 취하여 자기에게 돌림이니, 그 뜻이 지극한 것이다. 『시경』을 보고자 하는 이는 마땅히 먼저 『서경』을 보아야 하니, 순과 고요의 노래를 보면 『시경』의 아와 송을 알 수 있고, 「오자지가」를 보면 『시경』의 변풍과 변아를 알 수 있는 것이다.')"

끄러움을 다 취하여 자기에게 돌림이니 그 뜻이 지극한 것이다. 『시경(詩經)』을 보고자 하는 이는 마땅히 먼저 『서경(書經)』을 보아야 하니, 순(舜)의 노래를 보면 『시경』의 아(雅)와 송(頌)을 알 수 있고, 「오자지가(五子之歌)」를 보면 『시경』의 변풍(變風)과 변아(變雅)를 알 수 있는 것이다."

○ 陳氏大猷曰 : "五章, 俯仰節奏, 怨而不怒, 眞溫柔敦厚, 可以怨者也."78)

진씨 대유(陳氏大猷: 陳大猷)가 말하였다. "다섯 장은 절주(節奏)가 오르락내리락하며 원망하되 성내지 않으니79), 진실로 온화하고 부드러우며 성정이 도타운 것이고80), 원망할 수 있는81) 것이다."

○ 總上三節.

'서어오장지수(序於五章之首)'에서 볼 때, 위의 세 단락을 총괄한 것이다.

○ 論也.

'기원개출저차(其原蓋出諸此)'에서 볼 때, 논변한 것이다.

○ 此所謂本序也, 後多放此.

이것은 이른바 이 노래의 서문이니, 뒤에도 대부분 이것에 의거한다.

[5-2-3-4]

其一曰 : "皇祖有訓, '民可近, 不可下. 民惟邦本, 本固, 邦寧'.

---

78) 호광(胡廣) 등 찬, 『서경대전(書經大全)』의 소주를 수용한 것이다.
79) 『논어집주대전(論語集註大全)』 권17, 「양화(陽貨)」. "원망할 수 있으며(可以怨)"의 집주에서 "원망하되 성내지 않는 것이다.(怨而不怒)"라고 하였다.
80) 호광(胡廣) 등 찬, 『예기대전(禮記大全)』 권23, 「제통(祭統)」. "孔子曰 : '入其國, 其教可知也, 其爲人也, 溫柔敦厚, 『詩』教也. ….'(공자가 말하였다. '그 나라에 들어가서는 그 교화를 알 수 있으니, 그 사람됨이 진실로 온화하고 부드러우며 성정이 도타운 것은 『시경』의 가르침이다. ….')
81) 『논어집주대전(論語集註大全)』 권17, 「양화(陽貨)」에 보인다. 그 전문은 다음과 같다. "공자가 말하였다. '너희는 어찌 『시경』을 배우지 않느냐? 『시경』은 뜻을 일으키며, 득실을 볼 수 있으며, 무리와 어울릴 수 있으며, 원망할 수 있으며, 가까이는 아버지를 섬기고 멀리는 임금을 섬기며, 새와 짐승과 풀과 나무의 이름을 많이 알 수 있는 것이다.(子曰 : '小子, 何莫學夫『詩』? 『詩』, 可以興, 可以觀, 可以羣, 可以怨, 邇之事父, 遠之事君; 多識於鳥獸草木之名.')"

그 첫 번째 노래에서 말하였다. "황조(皇祖)께서 교훈을 남기셨으니, '백성은 가까이할지언정 업신여겨서는 안 된다. 백성은 오직 나라의 근본이니, 근본이 견고해야 나라가 안녕한 것이다.'라고 하셨다.

詳說

○ 去聲.
'근(近)'은 거성(去聲: 가까이하다)이다.

集傳

此, 禹之訓也. '皇', 大也. 君之與民, 以勢而言, 則尊卑之分, 如霄壤之不侔, 以情而言, 則相須以安, 猶身體之相資以生也. 故勢疏則離, 情親則合, 以其親, 故謂之近; 以其疏, 故謂之下, 言其可親而不可疏之也. 且'民'者, 國之本, 本固而後, 國安, 本旣不固, 則雖强如秦, 富如隋, 終亦滅亾而已矣. '其一'·'其二', 或長幼之序, 或作歌之序, 不可知也.

이것은 우(禹)의 유훈(遺訓)이다. '황(皇)'은 큼이다. 임금이 백성에게 있어서 권세로써 말하면 높고 낮음의 본분이 하늘과 땅처럼 가지런하지 않으나, 정의(情誼)로써 말하면 서로 필요하여 편안하게 됨이 신체가 서로 밑천이 되어 사는 것과 같다. 그러므로 권세가 친하지 않으면 헤어지고 정의(情誼)가 친하면 합쳐지는데 친하였기 때문에 가까이한다고 이른 것이며 친하지 않기 때문에 업신여긴다고 이른 것이니, 친해야 하고 친하지 않아서는 안 됨을 말한 것이다. 또 '백성'이라는 것은 나라에 근본이니, 근본이 견고한 뒤에 나라가 안녕하니, 근본이 이미 견고하지 않으면 비록 강성함이 진(秦)나라와 같고 부유함이 수(隋)나라와 같더라도 끝내 또한 멸망할 따름이다. '기일(其一)'과 '기이(其二)'는 혹은 어른과 아이의 차례이거나, 혹은 노래를 지은 차례일 것이나, 알 수 없다.

詳說

○ 承上節而先總提.
'우지훈야(禹之訓也)'에서 볼 때, 위의 단락을 이어서 먼저 총괄하여 제언(提言)한 것이다.

○ 去聲.

'분(分)'은 거성(去聲: 본분, 位分)이다.

○ 下之, 則上情不通.
'고위지하(故謂之下)'의 경우, 업신여겨 소홀히 대하면 위의 뜻이 통하지 않는다.

○ 以論釋之.
'종역멸망이이의(終亦滅亾而已矣)'에서 볼 때, 논변함으로써 해석한 것이다.

○ 上聲.
'장(長)'은 상성(上聲: 어른)이다.

○ 總提五章.
'불가지야(不可知也)'에서 볼 때, 총괄하여 5장을 제시한 것이다.

○ 新安陳氏曰 : "五歌, 節奏有序, 若出於一意者, 五子相與共爲此歌, 未必一歌, 必出一子, 而循少長之序, 爲之也. 否則出於夏史, 潤色次第歟."82)
신안 진씨(新安陳氏: 陳師凱)가 말하였다. "다섯 노래는 절주(節奏)에 차례가 있어서 마치 하나의 뜻에서 나온 것과 같다. 다섯 아들이 서로 함께 이 노래를 만들었다면 반드시 하나의 노래가 되지 않았을 것이니, 반드시 하나의 아들에게서 나왔는데 아이와 어른의 차례를 따라서 만든 것이다. 그렇지 않다면 하(夏)나라의 사관(史官)에게서 나와 차례를 윤색한 것이리라."

[5-2-3-5]

予視天下, 愚夫·愚婦, 一能勝予, 一人三失, 怨豈在明. 不見, 是圖. 予臨兆民, 懍83)乎若朽索之馭六馬, 爲人上者, 柰何不敬."

---

82) 호광(胡廣) 등 찬, 『서경대전(書經大全)』의 소주를 수용한 것이다.
83) 『상서주소(尙書注疏)』와 채침(蔡沈) 찬, 『서경집전(書經集傳)』에는 '름(懍)'으로 표기되어 있고, 호광(胡廣) 등 찬, 『서경대전(書經大全)』과 방각본에는 '凜'으로 표기되어 있다.

내가 천하(天下)를 보건대 어리석은 지아비와 지어미라도 한 사람이 우리를 이길 수 있다고 하거늘 한 사람이 세 가지 잘못을 하였으니 원망함이 어찌 밝은 데 있겠는가. 나타나지 않았을 때 도모해야 한다. 우리의 모든 백성에게 임하되 무섭기가 썩은 새끼줄로 여섯 말을 모는 것과 같으니, 백성의 윗사람이 된 자가 어찌 공경하지 않는가."

詳說

○ '三', 去聲. '見', 音現. '懍', 一作'凜'.84)

'삼(三)'은 거성(去聲:)이다. '현(見)'은 음이 현(現)이다. '름(懍)'은 어떤 판본에는 '름(凜)'으로 썼다.

集傳

'予', 五子自稱也. 君失人心, 則爲獨夫, 獨夫則愚夫·愚婦, 一能勝我矣. '三失'者, 言所失衆也. 民心怨背, 豈待其彰著而後知之. 當於事幾未形之時而圖之也. '朽', 腐也. '朽索', 易絶; '六馬', 易驚. '朽索', 固非可以馭馬也, 以喩其危懼可畏之甚. 爲人上者, 柰何而不敬乎. 前旣引禹之訓言, 此則以己之不足恃·民之可畏者, 申結其義也.

'여(予)'는 오자(五子)가 스스로 일컬은 것이다. 임금이 인민(人民)의 마음을 잃으면 사나운 사내가 되니, 사나운 사내가 되면 어리석은 지아비와 지어미라도 한 사람이 우리를 이길 수 있다는 것이다. '삼실(三失)'은 잘못한 것이 많음을 말한 것이다. 백성들의 마음이 원망하고 배반함을 어찌 그 밝게 드러나기를 기다린 뒤에 알겠는가. 사태의 기미가 나타나지 않은 때를 맞아 도모하는 것이다. '후(朽)'는 썩음이니, '썩은 새끼줄'은 끊어지기 쉽고, '여섯 말'은 놀라기 쉬우며, '썩은 새끼줄'은 진실로 말을 몰 수 있는 것이 아니어서 그 위태하여 두려워할 만함이 심함을 비유한 것이다. 백성의 윗사람이 된 이가 어찌하여 공경하지 않는가. 앞에는 이미 왕(禹)의 유훈(遺訓)을 인용하였고, 여기서는 자기를 믿을 수 없음과 백성들을 두려워할 만한 것으로써 거듭하여 그 뜻을 맺은 것이다.

詳說

○ 二字, 見「泰誓」.85)

---

84) 호광(胡廣) 등 찬, 『서경대전(書經大全)』의 소주에는 '見'은 "音現.(음이 현이다.)"이고, '馭'는 "音御.(음이 어이다.)"라고 되어 있다. 방각본에는 "'見', 形甸反. '索', 昔各反. '馭', 與御同.('현'은 형과 전의 반절이다. '삭'은 석과 각의 반절이다. '어'는 어와 같다.)"으로 되어 있다.

'독부(獨夫)', 이 두 글자는 「태서(泰誓)」에 보인다.

○ 一作'卽'.86)
'독부즉(獨夫則)'에서 즉(則)은 어떤 판본에는 '즉(卽)'으로 썼다.

○ 下二'予', 爲太康而言, 其說, 見末章註.87)
'일능승아의(一能勝我矣)'에서 볼 때, 아래 두 개의 '여(予)'자는 태강(太康)을 위하여 말한 것이니, 그 말이 마지막 장의 주(註)에 보인다.

○ 未必止於三, 故言'衆'. 然『諺』釋, 太泥於註.88)
'언소실중야(言所失衆也)'에서 볼 때, 반드시 삼(三)에 그치지 않기 때문에 '중(衆)'을 말하였다. 그러나 『언해(諺解)』의 해석은 주(註)에 너무 구애되었다.

○ 音佩.
'패(背)'는 음이 패(佩)이다.

○ 見.

---

85) 호광(胡廣) 등 찬, 『서경대전(書經大全)』 권6, 「주서(周書)·태서하(泰誓下)」. "古人有言曰: '撫我則后, 虐我則讎', 獨夫受, 洪惟世讎, 乃汝世讎. 樹德, 務滋; 除惡, 務本, 肆予小子, 誕以爾衆士, 殄殲乃讎, 爾衆士, 其尙迪果毅, 以登乃辟. 功多, 有厚賞; 不迪, 有顯戮.(옛사람이 한 말에 말하기를 '나를 어루만지면 임금이 되고, 나를 학대하면 원수가 된다.'라고 하였으니, 사나운 사내인 수가 크게 위협과 잔학을 지었으니, 바로 너희에게 대대로 원수가 된다. 덕을 세움은 커짐에 힘써야 하고, 악을 없앰은 근본에 힘써야 한다. 이에 나의 어린 아들이 크게 너희 많은 군사를 이끌고 너희 원수를 죽이고 섬멸하려 하니, 너희 많은 군사는 모쪼록 과감하고 굳세게 행하여 너희 군주를 등극하도록 하라. 공이 많으면 많은 상이 있고, 과감하고 굳세게 행하지 않으면 세상에 드러나는 죽임이 있을 것이다.)' '독부(獨夫)'는 잔인하고 포악한 사람을 말하니, 공안국(孔安國)은 임금의 도리를 잃은 것을 말한다(言獨夫, 失君道也.)고 하였으며, 채침(蔡沈)은 천명이 이미 끊어지고 사람의 마음이 이미 떠나서 다만 하나의 고독한 사내일 뿐이라고(獨夫, 言天命已絶, 人心已去, 但一獨夫耳.) 하였다.
86) 채침(蔡沈) 찬, 『서경집전(書經集傳)』에는 '즉(卽)'으로 되어 있고, 호광(胡廣) 등 찬, 『서경대전(書經大全)』 및 방각본에는 '즉(則)'으로 되어 있다.
87) 아래의 「오자지가(五子之歌)」[5-2-3-9]에서 "其五曰: '嗚呼曷歸. 予懷之悲. 萬姓仇予, 予將疇依. 鬱陶乎. 予心. 顔厚有忸怩. 弗愼厥德, 雖悔, 可追.'(그 다섯 번째에서 말하였다. '아, 어디로 돌아가리오. 내 마음속의 슬픔이여, 많은 백성이 나를 원수로 대하거늘 내가 장차 누구를 의지하리오. 슬프도다. 내 마음이여. 얼굴이 두꺼워도 부끄러움이 있도다. 그 덕을 삼가지 않았으니, 후회한들 구할 수 있으리오.")"라고 하였으며, 그 집전에서 "'嗚呼曷歸', 歎息無地之可歸也. '予將疇依', 彷徨無人之可依也, 爲君至此, 亦可哀矣. '仇予'之'予', 指太康也, 指太康而謂之'予'者, 不忍斥言, 忠厚之至也.('오호갈귀'는 돌아갈 수 있는 곳이 없음을 탄식한 것이다. '여장주의'는 방황하여 의지할 수 있는 사람이 없어 헤매는 것이니, 임금이 되어 이에 이르면 또한 슬퍼할 만한 것이다. '구여'의 '여'는 태강을 가리키니, 태강을 가리키면서 '여'라고 말한 것은 차마 가리켜서 말할 수 없음이니, 충후함이 지극한 것이다.)"라고 하였다.
88) 『언해(諺解)』에서 "一일人인이 失실이 三삼이어니"라고 한 것을 지적하였다. 공안국(孔安國)은 "'삼실'은 과실이 하나가 아닌 것이다.('三失', 過非一也.)"라고 하였다.

'당어사기미형(當於事幾未形)'에서 볼 때, 나타남이다.

○ 圖其知之.
'당어사기미형지시이도지야(當於事幾未形之時而圖之也)'에서 볼 때, 그 아는 것을 도모함이다.

○ 去聲, 下同.
'이(易)'는 거성(去聲: 쉽다)이니, 아래도 같다.

○ 林氏曰 : "古車一乘四馬, 天子車六馬, 在車中, 爲服; 在車外, 爲驂; 在驂外, 爲騑."89)
'이경(易驚)'에 대해, 임씨(林氏: 林之奇)가 말하였다. "옛날의 수레는 일승(一乘)에 네 마리 말이었는데, 천자는 수레에 여섯 말이었으니 수레 가운데에 있는 것이 복마(服馬)가 되고, 수레 바깥에 있는 것이 참마(驂馬)가 되며, 참마(驂馬) 바깥에 있는 것이 비마(騑馬)가 된다."

○ 之.
'고비가이(固非可以)'의 경우, 지(之)이다.

○ 一猶不可, 況六乎.
'고비가이어마야(固非可以馭馬也)'에서 볼 때, 한 마리도 오히려 몰 수 없거늘 하물며 여섯 마리임에랴.

○ 林氏曰 : "猶晉人作危語."90)
'이유기위구가외지심(以喩其危懼可畏之甚)'에 대해, 임씨(林氏: 林之奇)가 말하였다. "진(晋)나라 사람이 남을 해치는 말을 지은 것과 같다."

---

89) 호광(胡廣) 등 찬, 『서경대전(書經大全)』의 소주에서 발췌한 것이다. 그 전문은 다음과 같다. "林氏曰 : '朽索馭六馬, 猶晉人作危語. 古車一乘四馬, 兩服・兩驂, 天子車六馬, 服・驂之旁, 加兩騑也. 馬在車中, 爲服; 在車外, 爲驂; 在驂外, 爲騑.'(임씨가 말하였다. '… 옛날의 수레는 일승에 네 마리 말이었으니 둘은 복마이고 둘은 참마였다. 천자는 수레에 여섯 말이었는데, 복마와 참마 옆에 두 비마를 더하였다. 말이 수레 가운데에 있는 것이 복마가 되고, 수레 바깥에 있는 것이 참마가 되며, 참마 바깥에 있는 것이 비마가 된다.')"

90) 호광(胡廣) 등 찬, 『서경대전(書經大全)』의 소주에서 발췌한 것이다. 그 전문은 다음과 같다. "林氏曰 : '朽索馭六馬, 猶晉人作危語. 古車一乘四馬, 兩服・兩驂, 天子車六馬, 服・驂之旁, 加兩騑也. 馬在車中, 爲服; 在車外, 爲驂; 在驂外, 爲騑.'(임씨가 말하였다. '후삭어육마는 진나라 사람이 남을 해치는 말을 지은 것과 같다. ….')"

○ 至此, 遂斥太康.
'위인상자(爲人上者)'에서 볼 때, 여기에 이르러 마침내 태강(太康)을 가리킨 것이다.

○ 陳氏經曰 : "君之固結民心, 以敬爲本."91)
'내하이불경호(奈何而不敬乎)'에 대해, 진씨 경(陳氏經: 陳經)이 말하였다. "임금이 백성의 마음을 굳게 결속함에는 공경함으로 근본을 삼아야 한다."

○ 分節, 以別於己言.
'전기인우지훈언(前旣引禹之訓言)'에서 볼 때, 단락을 나누어 자기의 말을 따로 한 것이다.

○ 君.
'차즉이기(此則以己)'에서 기(己)는 임금이다.

○ 通論兩節一歌. ○其韻, 則'下'·'馬', 叶; '寧'·'明'·'敬', 叶; '予'·'圖', 叶.
'신결기의야(申結其義也)'에서 볼 때, 두 단락의 한 노래를 통틀어서 논변한 것이다. ○그 운(韻)은 곧 '하(下)'와 '마(馬)'가 협운(協韻)이고, '녕(寧)'과 '명(明)'과 '경(敬)'이 협운이고, '여(予)'와 '도(圖)'가 협운이다.

[5-2-3-6]

其二曰 : "訓有之, 內作色荒, 外作禽荒, 甘酒嗜飲, 峻宇彫牆, 有一于此, 未或不亡."

그 두 번째 노래에서 말하였다. "유훈(遺訓)에 있으니, 안으로 색황(色荒)을 하거나, 밖으로 금황(禽荒)을 하거나, 술을 즐기고 음악을 좋아하거나, 집을 높이 짓고 담장을 아로새기거나

---

91) 호광(胡廣) 등 찬, 『서경대전(書經大全)』의 소주에서 발췌한 것이다. 그 전문은 다음과 같다. "陳氏經曰 : '此章言國以民爲本, 君之固結民心, 以敬爲本. 以見太康失邦, 由失民心; 失民心, 由於逸豫不敬也.'(진씨 경이 말하였다. '이 장은 나라가 백성을 근본으로 삼아야 함을 말하였으니, 임금이 백성의 마음을 굳게 결속함에는 공경함으로 근본을 삼아야 한다. 태강이 나라를 잃음은 백성의 마음을 잃음에 말미암고, 백성의 마음을 잃음은 안일하게 즐기고 공경하지 않음에 말미암았음을 보인 것이다.')"

하여 이 가운데 하나라도 있으면 언제나 망하지 않은 적이 없었도다."

詳說

○『諺』音誤.92) '于', 一作'於'.93)
'시(嗜)'는 『언해(諺解)』의 음이 잘못되었다. '우(于)'는 어떤 판본에는 '어(於)'로 썼다.

集傳

此亦禹之訓也. '色荒', 惑嬖寵也; '禽荒', 耽遊畋94)也, '荒'者, 迷亂之謂. '甘'·'嗜', 皆無厭也. '峻', 高大也. '宇', 棟宇也. '彤', 繪飾也. 言六者, 有其一, 皆足以致滅亡也. 禹之訓, 昭明如此, 而太康獨不念之乎. 此章, 首尾意義已明, 故不復申結之也.

이는 또한 우(禹)의 유훈(遺訓)이다. '색황(色荒)'은 무척 사랑하는 여인에게 현혹됨이고, '금황(禽荒)'은 유람하며 사냥함을 즐김이니, '황(荒)'이라는 것은 홀려서 정신을 차리지 못하고 뒤죽박죽 질서 없이 어지러운 것을 이른다. '감(甘)'과 '기(嗜)'는 모두 싫어함이 없는 것이다. '준(峻)'은 높고 큼이다. '우(宇)'는 용마루와

---

92) 『광운(廣韻)』에 의하면 "常利切, 去.(상과 리의 반절이니, 거성이다.)"라고 하여 음이 '기'가 아니라 '시'라고 하였으니, 박문호 또한 이것을 지적한 것이다. 『상서주소(尙書註疏)』에 육덕명(陸德明)의 음의(音義)에서도 "'嗜, 市志反.('시'는 시와 지의 반절이다.)"이라고 하였다.
93) 채침(蔡沈) 찬, 『서경집전(書經集傳)』에는 '우(于)'로 되어 있고, 호광(胡廣) 등 찬, 『서경대전(書經大全)』 및 방각본에는 '어(於)'로 되어 있다. 또 방각본에는 "'甘, 如字, 又音酣.('감'은 본래의 음 대로 읽고, 또 음이 감이다.)"이라는 소주가 있다.
94) 遊畋: 유전(遊畋) 또는 유전(遊田)으로 표기한다. 호광(胡廣) 등 찬, 『서경대전(書經大全)』 권4, 「상서(商書)·이훈(伊訓)」에서 '유전(遊畋)'이라 하였다. 그 내용은 다음과 같다. "制官刑, 儆于有位, 曰: 敢有恒舞于宮, 酣歌于室, 時謂巫風; 敢有殉于貨色, 恒于遊畋, 時謂淫風; 敢有侮聖言, 逆忠直, 遠耆德, 比頑童, 時謂亂風, 惟玆三風十愆, 卿士有一于身, 家必喪; 邦君有一于身, 國必亡, 臣下不匡, 其刑墨', 具訓于蒙士.(관부의 형벌을 만들어 지위에 있는 이들을 경계하여 말하기를 '감히 궁중에서 항상 춤을 추고 집에서 술에 취해 노래함이 있으면 이것을 무풍이라 이르며, 감히 재화와 여색에 빠지고 항상 유람하면서 사냥함이 있으면 이것을 음풍이라 이르며, 감히 성인의 말씀을 업신여기고 충직한 말을 거스르며 나이 많고 덕 있는 이를 멀리하며 완고한 녀석을 가까이함이 있으면 이것을 난풍이라 이르니, 이 세 가지 풍조와 열 가지 허물 가운데 경사가 몸에 하나라도 있으면 집이 반드시 망하고, 나라의 임금이 몸에 하나라도 있으면 나라가 반드시 망하나니, 신하가 바로잡지 않으면 그 형벌이 묵형이다.'라고 하여 어린 선비들에게 갖추어 가르쳐야 합니다.)" 그리고 호광(胡廣) 등 찬, 『서경대전(書經大全)』 권8, 「주서(周書)·무일(無逸)」에서 '유전(遊田)'이라 하였다. 그 내용은 다음과 같다. "文王, 不敢盤于遊田, 以庶邦惟正之供, 文王受命, 惟中身, 厥享國, 五十年.(문왕이 감히 유람하면서 사냥함을 즐기지 않아서 여러 나라의 정부로 공납하는 것만 받았으니, 문왕이 천명을 받은 것이 중년 나이였는데 나라를 누린 것이 50년이었습니다.)" 이에 집전에서는 "'遊田', 國有常制, 文王不敢盤遊無度, 上不濫費, 故下無過取, 而能以庶邦惟正之供, 於常貢正數之外, 無橫斂也.('유전'은 나라에 일정한 제도가 있었으니, 문왕은 감히 즐겁게 유람함에 법도가 없지 않았으니, 윗사람이 함부로 낭비하지 않기 때문에 아래 사람도 지나치게 취함이 없어서 여러 나라에서 정부로 공납하는 것만 받고 떳떳한 공물의 정수 이외에 멋대로 걷음이 없었던 것이다.)"라고 하였다.

지붕이다. '조(彫)'는 그리고 꾸미는 것이다. 여섯 가지 가운데 그 하나라도 있으면 모두 멸망에 이를 수 있음을 말한 것이다. 우(禹)의 유훈이 이처럼 밝고 분명한데 태강(太康)만 홀로 생각하지 않은 것이다. 이 장(章)은 처음과 끝의 의의(意義)가 이미 분명하였기 때문에 다시 말하여 맺지 않았다.

詳說

○ 照上註. ○林氏曰 : "此但言'訓', 承上章'皇祖有訓'[95]也."[96]
'차역우지훈야(此亦禹之訓也)'에서 볼 때, 위의 주(註)를 참조한 것이다. ○임씨(林氏: 林之奇)가 말하였다. "여기서 다만 '훈(訓)'을 말한 것은 위 장의 '황조유훈(皇祖有訓)'을 이은 것이다."

○ 董氏鼎曰 : "太康, 一犯禽荒之戒, 竟以失邦."[97]
'개족이치멸망야(皆足以致滅亡也)'에 대해, 동씨 정(董氏鼎: 董鼎)이 말하였다. "태강(太康)은 한번 금황(禽荒)의 경계를 범하여 결국 나라를 잃었다." ○

○ 西山眞氏曰 : "訓, 凡六言二十四字, 而古今亂亡之釁, 靡不由之意, 禹爲之, 使子孫, 誦而傳之乎."[98]
서산 진씨(西山眞氏: 眞德秀)가 말하였다. "유훈(遺訓)은 모두 여섯 말에 스물넉 자인데 옛날과 지금의 어지러움과 망함의 틈이 말미암지 않은 뜻이 없으니, 우(禹)가 그것을 만들어 자손들로 하여금 암송하여 전하게 한 것이다."

---

95) 위의 「오자지가(五子之歌)」의 [5-2-3-4]에 나오는 말이다. 그 내용은 다음과 같다. "其一曰 : '皇祖有訓, 民可近, 不可下. 民惟邦本, 本固, 邦寧'.(그 첫 번째에서 말하였다. '황조께서 교훈을 남기셨으니, 백성은 가까이할지언정 업신여겨서는 안 된다. 백성은 오직 나라의 근본이니, 근본이 견고해야 나라가 안녕한 것이라고 하셨다.')"
96) 호광(胡廣) 등 찬, 『서경대전(書經大全)』의 소주를 수용한 것이다.
97) 호광(胡廣) 등 찬, 『서경대전(書經大全)』의 소주에서 발췌한 것이다. 그 전문은 다음과 같다. "董氏鼎曰 : '聖人言善惡成敗, 猶醫師之辨藥性, 法司之明律令, 某物食之, 殺人; 某事犯之, 致死, 不吾欺矣. 輕身者, 不顧而身試之, 卒至禍敗, 其太康之謂歟. 禹之訓, 色荒·禽荒·甘酒·嗜音·峻宇·雕牆, 有一于此, 未或不亡, 太康一犯禽荒之戒, 竟以失邦. 如食殺人之毒, 而犯致死之刑, 何其嚴而不可違如此哉. 禹訓之嚴, 太康雖不悟然後之爲君者, 有所警焉, 所以四百年而後, 有桀 ; 千有餘年而後, 有紂, 不然. 如太康者, 豈若是疎乎.'(동씨 정이 말하였다. '… 몸을 가벼이 하는 이는 돌아보지 않고 시행하여 마침내 재앙과 패망에 이르니 태강을 이르는 것이다. 우의 유훈이 색황과 금황과 감주와 기음과 준우와 조장이거늘 여기에서 하나라도 있으면 멸망하지 않은 적이 없었으니, 태강은 한번 금황의 경계를 범하여 결국 나라를 잃었다. ….')"
98) 호광(胡廣) 등 찬, 『서경대전(書經大全)』의 소주에서 발췌한 것이다. 그 전문은 다음과 같다. "西山眞氏曰 : '大禹之訓, 凡六言二十有四字爾, 而古今亂亡之釁, 靡不由之盧, 其不可犯也. 古詩之體, 實原乎此意者, 大禹爲之, 使子孫, 誦而傳之乎. 爲人主者, 以此大訓, 揭之座隅銘之楹席, 若古聖人儼臨乎前, 則保國之金湯, 全生之藥石也.'(서산 진씨가 말하였다. '대우의 유훈이 모두 여섯 말에 스물넉 자뿐인데 옛날과 지금의 어지러움과 망함의 틈이 말미암지 않은 곳간이 없으니, 범해서는 안 되는 것이다. 고시의 체격이 이 뜻에서 근원한 것인데, 대우가 그것을 만들어 자손들로 하여금 암송하여 전하게 한 것이다. ….')"

○ 王氏十朋曰 : "三風十愆, 君有一於身, 國必亾,99) 與此同意."100)

왕씨 십붕(王氏十朋: 王十朋)101)이 말하였다. "세 가지 풍(風)과 열 가지 허물에 임금이 하나라도 몸에 있으면 나라가 반드시 망한다는 것도 이것과 뜻이 같다."

○ 補二句.

'이태강불념지호(而太康獨不念之乎)'에서 볼 때, 두 구절을 보탠 것이다.

○ 去聲.

'부(復)'는 거성(去聲: 다시)이다.

○ 照上註.

'고불부신결지야(故不復申結之也)'에서 볼 때, 위의 주(註)를 참조한 것이다.

[5-2-3-7]

其三曰 : "惟彼陶唐, 有此冀方, 今失厥道, 亂其紀綱, 乃底滅亾."

그 세 번째 노래에서 말하였다. "저기 도당(陶唐)으로부터 여기 기주(冀州)의 지방을 두었는데, 이제 그 도(道)를 잃어버려 그 기강(紀綱)을 어지럽게 하여 마침내 멸망함에 이르렀도다."

---

99) '삼풍십건(三風十愆)'은 세 가지의 나쁜 풍조와 열 가지의 허물로, 무풍(巫風)의 무(舞)와 가(歌)의 두 가지, 음풍(淫風)에 화(貨)와 색(色)과 유(遊)와 전(畋)의 네 가지, 난풍(亂風)의 모성언(侮聖言)과 역충직(逆忠直)과 원기덕(遠耆德)과 비완동(比頑童)의 네 가지를 모두 합친 열 가지를 말한다. 이는 호광(胡廣) 등 찬,『서경대전(書經大全)』권4,「상서(商書)·이훈(伊訓)」에 있는 내용이다. 그 전문은 다음과 같다. "制官刑, 儆于有位, 曰 : '敢有恆舞于宮, 酣歌于室, 時謂巫風; 敢有殉于貨色, 恒于遊畋, 時謂淫風; 敢有侮聖言, 逆忠直, 遠耆德, 比頑童, 時謂亂風, 惟茲三風十愆, 卿士有一于身, 家必喪; 邦君有一于身, 國必亡, 臣下不匡, 其刑墨', 具訓于蒙士.(관부의 형벌을 만들어 지위에 있는 이들을 경계하여 말하기를 '감히 궁중에서 항상 춤을 추고 집에서 술에 취해 노래함이 있으면 이것을 무풍이라 이르며, 감히 재화와 여색에 빠지고 항상 유람하면서 사냥함이 있으면 이것을 음풍이라 이르며, 감히 성인의 말씀을 업신여기고 충직한 말을 거스르며 나이 많고 덕 있는 이를 멀리하며 완고한 녀석을 가까이함이 있으면 이것을 난풍이라 이르니, 이 세 가지 풍조와 열 가지 허물 가운데 경사가 몸에 하나라도 있으면 집이 반드시 망하고, 나라의 임금이 몸에 하나라도 있으면 나라가 반드시 망하나니, 신하가 바로잡지 않으면 그 형벌이 묵형이다.'라고 하여 어린 선비들에게 갖추어 가르쳐야 합니다.)"

100) 호광(胡廣) 등 찬,『서경대전(書經大全)』의 소주를 수용한 것이다.

101) 왕씨 십붕(王氏十朋: 王十朋): 왕십붕(1112-1171)은 남송대의 학자로 자가 귀령(龜齡)이고, 호가 매계(梅溪)이며, 온주(溫州) 낙청(樂清) 사람이다. 고종이 친히 발탁하는 진사과에서 장원하여 비서랑(秘書郞)이 되었고, 효종 때에는 시어사(侍御使)에 중용되었다. 시호는 충문(忠文)이다.『춘추(春秋)』·『논어(論語)』·『상서(尚書)』·『맹자(孟子)』 등을 연구하여 저술한 강의(講義)의 내용이『매계집(梅溪集)』에 실려 있다. 그 밖에도『회계삼부(會稽三賦)』·『동파시집주(東坡詩集註)』 등이 있다.

集傳

堯初爲唐侯, 後爲天子, 都陶, 故曰'陶唐'. 堯授舜, 舜授禹, 皆都冀州, 言 '冀方'者, 擧中以包外也. 大者爲'綱', 小者爲'紀'. '厎', 致也. 堯·舜·禹相授 一道, 以有天下, 今太康, 失其道而紊亂其紀綱, 以致滅亾也. ○又按,『左氏』所引'惟彼陶唐'之下, 有'帥彼天常'一語, '厥道', 作'其行', '乃厎滅亾', 作 '乃滅而亾'.

요(堯)가 처음에 당(唐)나라 임금이 되었다가 뒤에 천자(天子)가 되어 도(陶)에 도읍하였기 때문에 '도당(陶唐)'이라고 말하는 것이다. 요(堯)는 순(舜)에게 전수하고, 순(舜)은 우(禹)에게 전수하였는데 모두 기주(冀州)에 도읍하였으니, '기방(冀方)'을 말한 것은 중심을 들어서 바깥을 포괄한 것이다. 큰 것을 '강(綱)'이라 하고, 작은 것을 '기(紀)'라고 한다. '지(厎)'는 이름이다. 요(堯)와 순(舜)과 우(禹)가 서로 하나의 도(道)를 전수하여 천하를 소유하였는데, 이제 태강(太康)이 그 도(道)를 잃어버려 그 기강(紀綱)을 어지럽게 하여 멸망함에 이른 것이다. ○또 살펴보건대,『좌씨전(左氏傳)』에서 인용한 것인 '유피도당(惟彼陶唐)'의 아래에 '솔피천상(帥彼天常: 저 하늘의 떳떳한 도를 좇는다.)'이라는 하나의 말이 있고, '궐도(厥道)'는 '기행(其行)'으로 썼고, '내지멸망(乃厎滅亡)'은 '내멸이망(乃滅而亡)'으로 썼다.

詳說

○ 都也.

'중(中)'은 도성(都城)이다.

○ 鄒氏季友曰 : "太康爲羿所距, 遂居河南, 羿居河北, 故以冀方 爲言."102)

'거중이포외야(擧中以包外也)'에 대해, 추씨 계우(鄒氏季友: 鄒季友)가 말하였다. "태강(太康)은 예(羿)가 적대하는 대상이 되어 마침내 하남(河南)에 살았는데, 예(羿)가 하북(河北)에 살았기 때문에 기방(冀方)으로써 말한 것이다."

○ 從大小之序, 而先訓'綱'.

'소자위기(小者爲紀)'에서 볼 때, 크고 작은 차례를 좇아서 먼저 '강(綱)'을 새긴 것이다.

---

102) 추계우(鄒季友) 찬,『서경집전음석(書經集傳音釋)』권2,「하서(夏書)」·오자지가(五子之歌)」. 참조.

○ 添此句.
'요·순·우상수일도(堯·舜·禹相授一道)'의 경우, 이 구절을 더한 것이다.

○ 此章, 與前章, 用一韻.
'이치멸망야(以致滅亾也)'에서 볼 때, 이 장은 앞의 장과 더불어 하나의 운(韻)을 사용하였다.

○ 「哀六年」.103)
'『좌씨』(『左氏』)'는 「애공(哀公) 6년」이다.

○ 入聲.
'솔(帥)'은 입성(入聲: 좇다, 통솔하다)이다.

○ 去聲. ○與'方', 韻叶.
'작기행(作其行)'에서 행(行)은 거성(去聲: 품행, 덕행)이다. ○'방(方)'과 더불어 협운(協韻)이다.

[5-2-3-8]

其四曰 : "明明我祖, 萬邦之君, 有典有則, 貽厥子孫. 關石和鈞, 王府則有, 荒墜厥緒, 覆宗絶祀."

그 네 번째 노래에서 말하였다. "밝고 밝은 우리 선조는 모든 나라의 임금이니, 육전(六典)이 있고 팔칙(八則)이 있어 그 자손에게 남겨주었도다. 통용하는 석(石)과 화평하는 균(鈞)이 임금의 곳간에 있었거늘, 그 실마리를 없애고 잃어버려 종실을 뒤엎고 제사를 끊었구나."

詳說

○ 音福.104)

---

103) 『춘추좌전주소(春秋左傳注疏)』 권58, 「애공(哀公) 6년」. "孔子曰: '楚昭王知大道矣, 其不失國也, 宜哉.' 「夏書」曰: '惟彼陶唐, 帥彼天常. 有此冀方, 今失其行, 亂其紀綱, 乃滅而亡.'(공자가 말하였다. '초나라 소왕은 대도를 알았으니, 그 나라를 잃지 않음이 마땅하도다.' 「하서」에서 말하였다. '오직 저 도당이 저 하늘의 상도를 좇았다. 이 기방을 두었으나 그 행실을 잃고 그 기강을 어지럽히어 마침내 멸망하였도다.')" 두예(杜預)의 주에 하나라 걸왕(桀王)의 멸망이라고 하였다.
104) 방각본에는 "'覆', 芳六反.('복'은 방과 륙의 반절이다.)"으로 되어 있다.

'복(覆)'은 음이 복(福)이다.

集傳

'明明', 明而又明也. '我祖', 禹也. '典', 猶周之六典; '則', 猶周之八則, 所以治天下之典章·法度也. '貽', 遺; '關', 通; '和', 平也. 百二十斤, 爲'石'; 三十斤, 爲'鈞', 鈞與石, 五權之最重者也. 關通, 以見彼此通同, 無折閱之意. 和平, 以見人情兩平, 無乖爭之意. 言禹以明明之德, 君臨天下, 典則·法度, 所以貽後世者, 如此; 至於鈞·石之設, 所以一天下之輕重而立民信者, 王府亦有之, 其爲子孫·後世慮, 可謂詳且遠矣, 奈何太康, 荒墜其緒, 覆其宗而絶其祀乎. ○又按, 法度之制, 始於權, 權與物, 鈞而生衡, 衡運生規, 規圓生矩, 矩方生繩, 繩直生準. 是權·衡者, 又法度之所自出也, 故以鈞·石言之.

'명명(明明)'은 밝고 또 밝은 것이다. '아조(我祖)'는 우(禹)이다. '전(典)'은 주(周)나라의 육전(六典)과 같고, '칙(則)'은 주(周)나라의 팔칙(八則)과 같으니, 천하를 다스리는 전장(典章)과 법도(法度)이다. '이(貽)'는 남겨줌이고, '관(關)'은 통용함이고, '화(和)'는 화평함이다. 120근이 '석(石)'이 되고, 30근이 '균(鈞)'이 되니, 균(鈞)과 석(石)은 오권(五權) 가운데 가장 무거운 것이다. 관(關)이 통(通)이라는 것은 피차(彼此)가 같이 통용하여 값을 깎는 뜻이 없음을 나타낸 것이다. 화(和)가 평(平)이라는 것은 사람의 마음이 둘 다 화평하여 어그러지고 다투는 뜻이 없음을 나타낸 것이다. 우(禹)가 밝고 밝은 덕으로 천하를 거느려 다스리니, 전칙(典則)과 법도(法度)를 후세에 물려준 것이 이와 같으며, 균(鈞)과 석(石)을 설치함에 이르러 천하의 가벼움과 무거움을 통일하고 백성에게 믿음을 세운 것은 임금의 곳간에도 또한 있었기 때문이니, 그 자손과 후세를 위한 배려가 상세하고 또 원대하다고 이를 만하다. 어찌하여 태강(太康)은 그 실마리를 마구 실추시켜 그 종실(宗室)을 뒤엎고 그 제사를 끊었는가. ○또 살펴보건대, 법도의 제정은 저울에서 시작하였으니, 저울추와 물건이 균등하여 저울대가 생기고, 저울대가 돌아서 규(規)가 생기고, 규(規)가 둥글어서 곱자가 생기고, 곱자가 네모나서 줄자가 생기고, 줄자가 곧아서 수준기(水準器)가 생기는 것이다. 이 권(權)과 형(衡)이라는 것에서 또 법도가 본래부터 나온 것이기 때문에 균(鈞)과 석(石)으로써 말한 것이다.

詳說

○ 沙溪曰 : "治·敎·禮·政·刑·事."[105]

'유주지육전(猶周之六典)'에 대해, 사계(沙溪: 金長生)가 말하였다. "치(治)·교(敎)·예(禮)·정(政)·형(刑)·사(事)이다."

○ 並見『周禮』「太史」.106) ○沙溪曰 : "祭祀·法則·廢置·祿位·賦貢·禮俗·刑賞·田役."107)

'유주지팔칙(猶周之八則)'의 내용이 『주례(周禮)』「태사(太史)」에 아울러 보인다. ○사계(沙溪: 金長生)가 말하였다. "제사(祭祀)·법칙(法則)·폐치(廢置)·녹위(祿位)·부공(賦貢)·예속(禮俗)·형상(刑賞)·전역(田役)이다."

○ 去聲.

'유(遺)'는 거성(去聲: 주다)이다.

○ 銖·兩·斤·鈞·石也,「舜典」註,108) 可考而辨, 疑則以此圈下衡·規·矩·繩·準, 當之, 恐合更詳.

'오권지최중자야(五權之最重者也)'에서 '오권(五權)'은 수(銖)·량(兩)·근(斤)·균(鈞)·석(石)이니,「순전(舜典)」의 주(註)에서 상고하여 분별할 수 있으나, 의심하여 곧

---

105) 『사계전서(沙溪全書)』 권14, 「경서변의(經書辨疑)·서전(書傳)·오자지가(五子之歌)」, 참조. '육전(六典)'은 고대의 여섯 가지 나라를 다스리는 방법이니, 『주례주소(周禮注疏)』 권2, 「천관(天官)·태재(大宰)」에 의하면 "大宰之職, 掌建邦之六典, 以佐王治邦國, 一曰治典, 以經邦國, 以治官府, 以紀萬民; 二曰敎典, 以安邦國, 以敎官府, 以擾萬民; 三曰禮典, 以和邦國, 以統百官, 以諧萬民; 四曰政典, 以平邦國, 以正百官, 以均萬民; 五曰刑典, 以詰邦國, 以刑百官, 以糾萬民; 六曰事典, 以富邦國, 以任百官, 以生萬民."이라고 하여 치전(治典)·교전(敎典)·예전(禮典)·정전(政典)·형전(刑典)·사전(事典)을 열거하였다.
106) '팔칙(八則)'은 주나라의 도읍과 시골을 다스리던 여덟 가지 법규이니, 『주례주소(周禮注疏)』 권2, 「천관(天官)·태재(大宰)」에 의하면 "以八則治都鄙, 一曰祭祀, 以馭其神; 二曰法則, 以馭其官; 三曰廢置, 以馭其吏; 四曰祿位, 以馭其士; 五曰賦貢, 以馭其用; 六曰禮俗, 以馭其民; 七曰刑賞, 以馭其威; 八曰田役, 以馭其衆."이라고 하였다.
107) 『사계전서(沙溪全書)』 권14, 「경서변의(經書辨疑)·서전(書傳)·오자지가(五子之歌)」, 참조.
108) 위의 「순전(舜典)」[1-1-2-8]에서 "歲二月, 東巡守, 至于岱宗, 柴; 望秩于山川, 肆覲東后, 協時月, 正日; 同律·度·量·衡, 修五禮, 五玉·三帛·二生·一死贄. 如五器, 卒乃復. 五月南巡守, 至于南岳, 如岱禮; 八月西巡守, 至于西岳, 如初; 十有一月朔巡守, 至于北岳, 如西禮, 歸格于藝祖, 用特.(그 해의 2월에 동쪽을 순수하여 대종에 이르러 시제를 지내며, 산천을 바라보고 차례를 정하여 제사하고 마침내 동쪽 제후들을 만나서 네 철과 달을 맞추어 날짜를 바로잡으며, 율·도·양·형을 통일시키며, 다섯 가지 예를 닦으니 다섯 가지 서옥과 세 가지 폐백과 두 가지 생물과 한 가지 죽은 예물이었다. 다섯 가지 기물을 같게 하고, 마침내 장차 다시 다른 쪽을 향한 것이다. 5월에 남쪽을 순수하여 남악에 이르러 대종의 예와 같이 하며, 8월에 서쪽을 순수하여 서악에 이르러 처음과 같이 하며, 11월에 북쪽을 순수하여 북악에 이르러 서쪽의 예와 같이 하고서 돌아와 예조의 사당에 이르러 한 마리 소로써 제사하였다.)"이라고 하였는데, 집전에서 "以之平衡而權輕重, 則黃鍾之龠所容千二百黍, 其重十二, 兩龠則二十四銖爲兩, 十六兩爲斤, 三十斤爲鈞, 四鈞爲石. 此黃鍾所以爲萬事根本, 諸侯之國, 其有不一者, 則審而同之也.(이것으로써 형을 평평하게 하여 가벼움과 무거움을 저울질하면 황종의 약에 담을 수 있는 1천2백 개의 검은 기장은 그 무게가 12수로 2약이면 24수이니, 이것이 1냥이 되고, 16냥이 1근이 되고, 30근이 1균이 되고, 4균이 1석이 된다. 이것은 황종이 모든 일의 근본이 되기 때문에 제후의 나라에 통일되지 않은 것이 있으면 살펴서 같게 하는 것이다.)"라고 하여 수(銖)·냥(兩)·근(斤)·균(鈞)·석(石)을 말한 바 있다.

이 동그라미(○) 아래의 형(衡)·규(規)·구(矩)·승(繩)·준(準)으로써 해당시켰으니, 아마도 다시 상고해야 할 것이다.

○ 音現, 下同.
'현(見)'은 음이 현(現)이니, 아래도 같다.

○ 沙溪曰 : "'折閱', 出『荀子』."109) ○按, 『荀子』, "良賈不爲折閱不市", 註曰: "'折', 損也, 不以損所買物價", 輟業也.
'무절열지의(無折閱之意)'에 대해, 사계(沙溪: 金長生)가 말하였다. "'절열(折閱)'은 『순자(荀子)』에 나온다." ○살펴보건대, 『순자(荀子)』에서, "좋은 장사꾼은 값이 깎여도 장사하지 않음이 없다."라고 하였는데, 주(註)에 말하기를, "'절(折)'은 값을 줄임이니, 파는 물건의 가격을 줄이지 않는 것이다."라고 하였으니, 장사를 그만두는 것이다.

○ 新安陳氏曰 : "'關'·'和', 互文耳."
'무괴쟁지의(無乖爭之意)'에 대해, 신안 진씨(新安陳氏: 陳師凱)가 말하였다. "'관(關)'과 '화(和)'는 서로 통용되는 문자이다."

○ 無折閱.
'소이일천하지경중(所以一天下之輕重)'에서 볼 때, 값을 깎음이 없는 것이다.

○ 無乖爭.
'이입민신자(而立民信者)'에서 볼 때, 어그러지고 다툼이 없는 것이다.

○ 去聲.
'기위(其爲)'에서 위(爲)는 거성(去聲: 위하다)이다.

○ 申 '貽厥子孫' 意.
'가위상차원의(可謂詳且遠矣)'의 경우, '이궐자손(貽厥子孫)'의 뜻을 말한 것이다.

---

109) 당(唐) 양경(楊倞) 주(註), 『순자(荀子)』 권1, 「수신편(脩身篇)」. "良農不爲水旱不耕, 良賈不爲折閱不市.(좋은 농부는 장마와 가뭄에도 경작하지 않음이 없고, 좋은 장사꾼은 값이 깎여도 장사하지 않음이 없다.)" 양경(楊倞)의 주에 "'折', 損也; '閱', 賣也, 謂損所閱賣之物價也.('절'은 덜어냄이고, '열'은 파는 것이니, 파는 물건의 가격을 깎음을 이른다.)"라고 하여 박문호가 언급한 내용과 차이가 있다.

○ 蒙上節'今'字.110)
'내하태강(柰何太康)'에서 볼 때, 위 단락의 '금(今)'자를 이어받은 것이다.

○ 法度之器之制.
'법도지제(法度之制)'의 경우, 법도(法度)의 그릇을 제정함이다.

○ 錘也.
'시어권(始於權)'의 경우, 저울이다.

○ 運一周, 則爲規.
'형운생규(衡運生規)'에서 볼 때, 한 바퀴를 돌리면 규(規)가 된다.

○ 四分其圍, 則爲矩.
'규원생구(規圓生矩)'에서 볼 때, 그 주위를 넷으로 나누면 구(矩)가 된다.

○ 見『漢書』「律曆志」.111)
'승직생준(繩直生準)'의 내용이 『한서(漢書)』「율력지(律曆志)」에 보인다.

○ 此與上文'五權', 各是一事.
'고이균·석언지(故以鈞·石言之)'에서 볼 때, 이것은 윗글의 '오권(五權)'과 더불어 각각 하나의 일이다.

[5-2-3-9]

其五曰：“嗚呼曷歸. 予懷之悲. 萬姓仇予, 予將疇依, 鬱陶乎. 予心. 顔厚有忸怩. 弗愼厥德, 雖悔, 可追.”

---

110) 위의 [5-2-3-7]에서 "其三曰：'惟彼陶唐, 有此冀方, 今失厥道, 亂其紀綱, 乃底滅亡.'(그 세 번째에서 말하였다. '저기 도당으로부터 여기 기주의 지방을 두었는데, 이제 그 도를 잃어버려 그 기강을 어지럽게 하여 마침내 멸망함에 이르렀도다.')"라고 하였는데, 여기에 나오는 '금(今)'자를 말하는 것이다.
111) 반고(班固) 찬, 『전한서(前漢書)』권21상, 「율력지(律曆志)」제1상, "權與物, 鈞而生衡, 衡運生規, 規圓生矩, 矩方生繩, 繩直生準. 準正則平衡, 而鈞權矣, 是爲五則.(저울추와 물건이 균등하여 저울대가 생기고, 저울대가 돌아서 규가 생기고, 규가 둥글어서 곱자가 생기고, 곱자가 네모서 줄자가 생기고, 줄자가 곧아서 수준기가 생기는 것이다. 수준기가 바르면 저울대를 평형을 이루어 저울추와 균등한 것이니, 이것이 오칙인 것이다.)"

그 다섯 번째 노래에서 말하였다. "아! 어디로 돌아갈까. 내 마음의 슬퍼함이여! 모든 백성이 나를 원수로 여기니 내가 장차 누구를 의지하리오. 서글프도다. 내 마음이여! 얼굴이 두꺼운데도 부끄러운 빛이 있노라. 그 덕을 삼가지 않았으니, 비록 후회한들 미칠 수 있으리오."

詳說

○ '曷', 『諺』音誤.112) '忸', 女六反. '怩', 女夷反.113)

'할(曷)'은 『언해(諺解)』의 음이 잘못되었다. '뉵(忸)'은 녀(女)와 륙(六)의 반절이다. '니(怩)'는 녀(女)와 이(夷)의 반절이다.

集傳

'曷', 何也. '嗚呼曷歸', 歎息無地之可歸也; '予將疇依', 彷徨無人之可依也, 爲君至此, 亦可哀矣. '仇予'之'予', 指太康也, 指太康而謂之'予'者, 不忍斥言, 忠厚之至也. '鬱陶', 哀思也. '顔厚', 愧之見於色也; '忸怩', 愧之發於心也. '可追', 言不可追也.

'갈(曷)'은 어디이다. '오호갈귀(嗚呼曷歸)'는 돌아갈 만한 곳이 없음을 탄식한 것이고, '여장주의(予將疇依)'는 의지할 만한 사람이 없음에 방황한 것이니, 임금이 이에 이르면 또한 슬퍼할 만한 것이다. '구여(仇予)'의 '여(予)'는 태강(太康)을 가리키는데, 태강(太康)을 가리키면서 '여(予)'라고 말한 것은 차마 가리켜서 말할 수 없음이니, 충후(忠厚)함이 지극함이다. '울도(鬱陶)'는 슬픈 생각이다. '안후(顔厚)'는 부끄러움이 얼굴빛에 나타나는 것이고, '육니(忸怩)'는 부끄러움이 마음에서 나오는 것이다. '가추(可追)'는 좇을 수 없음을 말한 것이다.

詳說

○ 音旁皇.

'방황(彷徨)'은 음이 방황(旁皇)이다.

---

112) 『언해(諺解)』에는 음이 '갈'로 되어 있는데, 『광운(廣韻)』에는 "胡葛切, 入.(호와 갈의 반절이니, 입성이다.)"으로 되어 있다.
113) 호광(胡廣) 등 찬, 『서경대전(書經大全)』의 소주에는 '忸'은 "女六反.(녀와 륙의 반절이다.)"이고, '怩'는 "音泥.(은이 니다.)"라고 되어 있다. 방각본에는 "忸, 女六反.('뉵'은 녀와 륙의 반절이다.)"이고, "'怩', 女夷反.('니'는 녀와 이의 반절이다.)"으로 되어 있다.

○ 以類錯釋.

'방황무인지가의야(彷徨無人之可依也)'의 경우, 유형으로써 해석을 섞은 것이다.

○ '忠厚之至也', 並總第一歌之下二'予'.

'충추지지야(忠厚之至也)'에서 볼 때, 첫 번째 노래의 아래 두 '여(予)'자를 아울러서 총괄한 것이다.

○ 林氏曰 : "仁人之於兄弟, 榮辱一體, 親愛之至情也."114)

임씨(林氏: 林之奇)가 말하였다. "어진 사람이 형제에 있어서는 영욕(榮辱)이 한 몸이니, 친애(親愛)함의 지극한 정이다."

○ 去聲.

'사(思)'는 거성(去聲: 悲傷, 哀愁)이다.

○ 音現.

'현(見)'은 음이 현(現)이다.

○ 悔已無及.

'언불가추야(言不可追也)'의 경우, 후회해도 이미 미칠 수 없는 것이다.

○ 陳氏大猷曰 : "太康失國, 因於不敬愼, 故「五子之歌」, 始之曰: '柰何不敬', 終之曰: '不愼厥德', 是乃一篇之綱領也."115)

진씨 대유(陳氏大猷: 陳大猷)가 말하였다. "태강(太康)이 나라를 잃음은 공경하

---

114) 호광(胡廣) 등 찬,『서경대전(書經大全)』의 소주에서 발췌한 것이다. 그 전문은 다음과 같다. "林氏曰 : '曷歸者, 太康也, 五子則曰子之悲民; 仇者, 太康也, 五子則曰仇予. 仁人之于兄弟, 榮辱一體, 有邦則同其安榮; 失邦則同其危辱, 親愛之至情也.'(임씨가 말하였다. '할귀라는 것은 태강이니 오자가 곧 말하기를 그대의 슬픈 백성이라 하였고, 구라는 것은 태강이니 오자가 말하기를 나를 원수로 여긴다고 하였다. 어진 사람이 형제에 있어서는 영욕이 한 몸이니, 나라가 있으면 그 안녕과 번영을 함께 하고 나라를 잃으면 그 위태함과 치욕을 함께 하니, 친애함의 지극한 정이다.')"

115) 호광(胡廣) 등 찬,『서경대전(書經大全)』의 소주에서 발췌한 것이다. 그 전문은 다음과 같다. "陳氏大猷曰 : '五子不咎羿而曰萬姓仇予, 不咎萬姓而曰弗愼厥德, 不咎太康而惟自怨艾, 所謂怨而不怒也. 太康失國, 因于不敬愼爾, 故「五子之歌」, 始之曰: 柰何不敬; 終之曰: 弗愼厥德, 以是始終焉, 乃一篇之綱領也, 故曰: 敬勝怠者吉, 怠勝敬者滅.'(진씨 대유가 말하였다. '… 태강이 나라를 잃음은 공경하고 삼가지 못함에 말미암았을 뿐이기 때문에 「오자지가」의 처음에서 말하기를 어찌하여 공경하지 않는가 하였고, 끝에서 말하기를 그 덕을 삼가지 않았다 하였으니, 이 시작과 끝이 바로 한 편의 강령이다. 그러므로 말하기를, 공경함이 태만함을 이기는 자는 길하고, 태만함이 공경함을 이기는 자는 멸한다고 한 것이다.')"

고 삼가지 못함에 말미암았기 때문에 「오자지가(五子之歌)」의 처음에서 말하기를 '어찌하여 공경하지 않는가.' 하였고, 끝에서 말하기를 '그 덕을 삼가지 않았다.' 하였으니, 이는 바로 한 편의 강령이다."

[5-2-4]
「윤정(胤征)」

集傳

'胤', 國名. 『孟子』曰 : "'征'者, 上伐下也", 此以'征'名, 實卽誓也. 仲康, 丁有夏中衰之運, 羿執國政, 社稷安危, 在其掌握, 而仲康能命胤侯, 以掌六師, 胤侯能承仲康, 以討有罪. 是雖未能行羿不道之誅, 明羲和黨惡之罪, 然當國命中絶之際, 而能擧師伐罪, 猶爲禮樂征伐之自天子出也. 夫子所以錄其書者, 以是歟. 今文無, 古文有. ○或曰 : "蘇氏以爲羲和, 貳於羿, 忠於夏者, 故羿假仲康之命, 命胤侯征之."116) 今按, 篇首言: "仲康肇位四海, 胤侯命掌六師", 又曰 : "胤侯承王命徂征", 詳其文意, 蓋史臣, 善仲康能命將遣師, 胤侯能承命致討, 未見貶仲康不能制命而罪胤侯之爲專征也. 若果爲簒羿之書, 則亂臣賊子所爲, 孔子亦取之, 爲後世法乎.

'윤(胤)'은 나라 이름이다. 『맹자(孟子)』에서 말하기를 "'정(征)'이라는 것은 윗사람이 아랫사람을 정벌하는 것이다."라고 하였으니, 이것이 '정(征)'으로써 이름하였으나 실제는 곧 서(誓)이다. 중강(仲康)은 하(夏)나라가 중간에 쇠퇴하는 운세를 만나서 예(羿)가 나라의 정권을 잡아 사직(社稷)의 안위(安危)가 그의 손아귀 안에 있게 되자, 중강(仲康)이 능히 윤후(胤侯)에게 명령하여 육사(六師)를 관장하게 함에 윤후가 능히 중강의 명령을 받들어 죄 있는 이를 토벌하였다. 이는 비록 예(羿)가 도리에 벗어난 주벌(誅伐)을 행하고 희화(羲和)가 악당(惡黨)들과 패거리 지은 죄를 밝힐 수 없었으나, 나라의 운명이 중간에 끊어지는 때를 맞아 군사를 일으켜 죄인을 정벌했으니, 예악(禮樂)과 정벌(征伐)이 천자로부터 나온 것과 같았다. 부자(夫子)가 그 글을 기록한 것은 이 때문일 것이다. 금문(今文) 『상서(尙書)』에는 없고, 고문(古文) 『상서(尙書)』에는 있다. ○어떤 이가 말하였다. "소씨(蘇氏: 蘇軾)가 이르기를 '희화(羲和)는 예(羿)를 배반하고 하(夏)나라에 충성한 자이기 때문에 예(羿)가 중강(仲康)의 명령을 빌어서 윤후(胤侯)에게 명령하여 정벌한 것이다.'라

---

116) 소식(蘇軾) 찬. 『서전(書傳)』 권6, 「하서(夏書)·윤정(胤征)」. "胤征之事, 蓋出於羿, 非仲康之所能專明矣. 羲和, 湎淫之臣也, 而貳於羿. 蓋忠於夏也. 如王淩·諸葛誕之叛晉, 尉遲迥之叛隋. 故羿假仲康之命, 以命胤侯而往征之, 何以知其然也.(윤정의 일은 대개 예에게서 나와서 중강이 능히 오로지 밝힐 수 있는 것이 아니다. 희화는 음란함에 빠진 신하인데, 예를 배반하고 대개 하나라에 충성하였다. … 그러므로 예가 중강의 명령을 빌어서 윤후에게 명령하여 가서 정벌한 것이니, 어떻게 그러함을 알았겠는가.)"

고 하였다." 이제 살펴보건대, 편 머리에서 말하기를 "중강(仲康)이 사해(四海)에 처음 즉위하여 윤후(胤侯)에게 명령하여 육사(六師)를 거느리게 하였다." 하고, 또 말하기를 "윤후(胤侯)가 왕의 명령을 받들어 가서 정벌하였다."라고 하였으니, 그 글의 뜻을 상고해보면 대개 사신(史臣)이 중강(仲康)이 능히 장수에게 명령하여 군사를 보내고, 윤후가 왕의 명령을 받들어 토벌한 것을 좋게 여겼으며, 중강이 명령을 통제하지 못함을 폄하고 윤후가 제멋대로 정벌한 것을 토죄한 것은 볼 수 없다. 만약 과연 찬탈한 예(羿)의 글이었다면 난신적자(亂臣賊子)가 한 말을 공자(孔子)가 어찌 그것을 취하여 후세(後世)의 법(法)으로 삼았겠는가.

詳說

○ 「盡心」.[117)

'『맹자(孟子)』'는 「진심(盡心)」이다.

○ 當也.

'정(丁)'은 당(當)이다.

○ 鄒氏季友曰 : "至相, 爲寒浞之子所滅, 夏中絶四十年."[118)

'연당국명중절지제(然當國命中絶之際)'에 대해, 추씨 계우(鄒氏季友: 鄒季友)가 말하였다. "임금 상(相)에 이르러 한착(寒浞)[119)의 아들에게 멸망하게 되었으니, 하(夏)나라가 중간에 끊어진 것이 40년이다."

○ 見『論語』「季氏」.[120)

---

117) 『맹자집주대전(孟子集註大全)』권14, 「진심장구하(盡心章句下)」. "孟子曰: '春秋無義戰, 彼善於此則有之矣. 征者, 上伐下也, 敵國不相征也.'(맹자가 말하였다. '『춘추』에는 의로운 전쟁이 없으니, 저것이 이것보다 나은 것은 있다. 정벌이라는 것은 윗사람이 아랫사람을 치는 것이니, 대등한 제후 나라끼리는 서로 정벌하지 않는 것이다.')"
118) 추계우(鄒季友) 찬, 『서경집전음석(書經集傳音釋)』권2, 「하서(夏書)·윤정(胤征)」. 참조.
119) 한착(寒浞): 하(夏)나라 때 한국(寒國)의 종족으로 임금 백명씨(伯明氏)를 보좌하였는데, 유궁씨(有窮)의 제후 예(羿)가 임금 상(相)의 지위를 찬탈한 뒤 착(浞)을 재상으로 임명하였다. 뒤에 착(浞)이 예(羿)를 죽이고 스스로 임금 등극하였으나, 마침내 임금 상(相)의 아들 소강(少康)에게 멸망되었고 하나라가 이에 이르러 나라를 회복하였다. '한(寒)'은 '한(韓)'으로 쓰기도 한다.
120) 『논어집주대전(論語集註大全)』권16, 「계씨(季氏)」. "孔子曰: '天下有道, 則禮樂·征伐, 自天子出; 天下無道, 則禮樂·征伐, 自諸侯出, 自諸侯出, 蓋十世, 希不失矣; 自大夫出, 五世, 希不失矣; 陪臣, 執國命, 三世, 希不失矣.'(공자가 말하였다. '천하에 도가 있으면 예악과 정벌이 천자로부터 나오고, 천하에 도가 없으면 예악과 정벌이 제후로부터 나오니, 제후로부터 나오면 10세에 나라를 잃지 않음이 드물고, 대부로부터 나오면 5세에 나라를 잃지 않음이 드물고, 배신이 나라의 명을 잡으면 3세에 나라를 잃지 않음이 드문 것이다.')"

'유위예악정벌지자천자출야(猶爲禮樂征伐之自天子出也)'의 내용이 『논어(論語)』「계씨(季氏)」에 보인다.

○ 去聲.121)
'장(將)'은 거성(去聲: 거느리다, 통솔하다)이다.

○ 必無是也.
'위후세법호(爲後世法乎)'에서 볼 때, 반드시 이럴 리는 없는 것이다.

[5-2-4-1]

惟仲康, 肇位四海, 胤侯, 命將六師, 羲和廢厥職, 酒荒于厥邑, 胤后承王命, 徂征.

중강(仲康)이 천하에 비로소 즉위하여 윤후(胤侯)를 임명하여 육사(六師)를 관장하게 하였는데, 희화(羲和)가 그 직책을 그만두고 그 고을에서 술에 빠져 크게 어지러워지자 윤후(胤后)가 왕명(王命)을 받들어 가서 정벌하였다.

集傳

'仲康', 太康之弟. '胤侯', 胤國之侯. '命掌六師', 命爲大司馬也. 仲康始卽位, 卽命胤侯, 以掌六師, 次年, 方有征羲和之命, 必本始而言者, 蓋史臣善仲康肇位之時, 已能收其兵權, 故羲和之征, 猶能自天子出也. 林氏曰: "羿廢太康而立仲康, 然其篡也, 乃在相之世.122) 仲康不爲羿所篡, 至其子相然後, 見篡, 是則仲康猶有以制之也. 羿之立仲康也, 方將執其禮樂·征伐之權, 以號令天下, 而仲康卽位之始, 卽能命胤侯, 掌六師, 以收其兵權, 如漢文帝入自代邸, 卽皇帝位, 夜拜宋昌爲衛將軍, 鎭撫南北軍之類. 羲和之罪, 雖曰沈亂于酒, 然黨惡於羿, 同惡相濟, 故胤侯承王命往征之, 以翦羿羽翼. 故終仲康之世, 羿不得而逞, 使仲康盡失其權, 則羿之篡夏, 豈待相而後敢耶. 羲

---

121) 호광(胡廣) 등 찬, 『서경대전(書經大全)』의 소주를 수용한 것이다.
122) 원(元)나라 진사개(陳師凱) 찬, 『서채씨전방통(書蔡氏傳旁通)』 권2, 「윤정(胤征)」에서 "『左傳』注云: '禹孫太康, 淫放失國, 夏人立其弟, 仲康卒, 子相立, 羿遂代相.'(『좌전』의 주에 이르기를, '우의 손자 태강이 음란하고 방탕하여 나라를 잃자 하나라 사람들이 그 아우를 세웠는데 중강이 죽어 아들 상이 등극함에 예가 드디어 상을 대신하였다.')"이라고 하였음. 『춘추좌전주소(春秋左傳注疏)』 권29, 「양공(襄公) 4년」의 두예(杜預)의 주에 "禹孫太康, 淫放失國, 夏人立其弟仲康, 仲康亦微弱, 仲康卒, 子相立, 羿遂代相, 號曰有窮, 鉏羿, 本國名."이라고 하였음.

氏·和氏, 夏合爲一官.¹²³)" 曰'胤后'者, 諸侯入爲王朝公卿, 如禹·稷·伯夷謂 之'后'也.

'중강(仲康)'은 태강(太康)의 아우이다. '윤후(胤侯)'는 윤국(胤國)의 제후이다. '명장 육사(命掌六師)'는 임명하여 대사마(大司馬)로 삼은 것이다. 중강(仲康)이 비로소 즉위함에 곧 윤후(胤侯)를 임명하여 육사(六師)를 관장하게 하고, 다음 해에 바야 흐로 희화(羲和)를 정벌하라는 명령이 있었는데 반드시 시작함에 근본하여 말한 것은 대개 사신(史臣)이 중강(仲康)이 비로소 즉위한 때에 이미 그 병권(兵權)을 거둘 수 있었기 때문에 희화(羲和)의 정벌이 능히 천자(天子)로부터 나오는 것과 같음을 좋게 여긴 것이다. 임씨(林氏: 林之奇)가 말하였다. "예(羿)가 태강(太康)을 폐위하고 중강(仲康)을 세웠으나 그 찬탈한 것은 바로 상(相)의 시대에 있었다. 중 강은 예(羿)에게 찬탈당하지 않았으나 그의 아들 상(相)에 이른 뒤에 찬탈당하자 이에 곧 중강이 오히려 그를 제재함이 있은 것이다. 예(羿)가 중강을 세운 것은 바야흐로 장차 예악(禮樂)과 정벌의 권력을 잡아서 천하에 호령하려고 한 것인데, 중강이 즉위한 처음에 곧 윤후(胤侯)를 임명하여 육사(六師)를 관장하게 하여 그 병권(兵權)을 거두었으니, 한(漢)나라 문제(文帝)가 대저(代邸)로부터 들어와서 황 제에 즉위하고 밤에 송창(宋昌)에게 제수하여 위장군(衛將軍)을 삼아 남북군(南北 軍)을 진무(鎭撫)한 유형과 같다. 희화(羲和)의 죄는 비록 술에 빠져 어지러웠다고 하였으나 예(羿)와 패거리가 되어 악행을 저질러 같은 악(惡)끼리 서로 구제하였기 때문에 윤후(胤侯)가 왕명(王命)을 받들고 가서 정벌하여 예(羿)의 우익(羽翼)을 자 른 것이다. 그러므로 중강(仲康)의 시대가 끝나도록 예(羿)가 왕성할 수 없었으니, 가령 중강이 그 권력을 다 잃었다면 예(羿)가 하(夏)나라를 찬탈함을 어찌 상(相) 을 기다린 뒤에 감행했겠는가. 희씨(羲氏)와 화씨(和氏)¹²⁴)를 하(夏)나라에서는 합 하여 하나의 관직으로 삼은 것이다." '윤후(胤后)'라고 말한 것은 제후(諸侯)로서 들어와 왕조(王朝)의 공경(公卿)이 된 것이니, 우(禹)와 직(稷)과 백이(伯夷)를 '후 (后)'라고 이른 것과 같다.

---

123) 호광(胡廣) 등 찬, 『서경대전(書經大全)』의 소주에서 "林氏曰: '羲·和, 夏爲一官, 至周, 不復稱羲和, 而爲 馮相保章氏, 隷于大宗伯, 其任又輕於夏矣. 太史公曰: 文史星歷近乎卜祝之間, 上以所戱弄, 優倡畜之, 愈盛 輕矣.'(임씨가 말하였다. '희와 화는 하나라 때에 하나의 관직이 되었는데 주나라에 이르러 다시 희화라고 부르지 않다가 풍상씨와 보장씨가 되어 대종백에 속하였으며 그 임무가 또 하나라보다 가벼웠다. ….')"라 고 하여 임지기(林之奇)의 말이 여기까지임을 짐작하게 한다.
124) 희씨(羲氏)와 화씨(和氏): 위의 「요전(堯典)」[1-1-1-3]에서 "乃命羲和, 欽若昊天, 曆象日月星辰, 敬授人 時.(이에 희씨·화씨에게 명하여 공경히 넓고 큰 하늘을 좇으면서 해와 달과 별들을 기록하고 관찰하여 공 경히 농사철을 알려주게 하셨다.)"라 하였고, 집전에서 "'羲氏'·'和氏, 主曆象授時之官.('희씨'·'화씨'는 역상하여 농사철을 알려주는 것을 맡은 관리이다.)"이라고 하였다.

詳說

○ 息齋余氏曰 : "經世書, 以征羲和爲仲康元年事, 古者, 踰年改元, 是即位之次年也. 又『唐』「志」曰 : '日蝕在仲康五年', 當何折衷歟."125)

'방유정희화지명(方有征羲和之命)'에 대해, 식재 여씨(息齋余氏: 余芑舒)가 말하였다. "경세(經世)의 책에는 희화(羲和)를 정벌한 것으로써 중강(仲康) 원년(元年)의 일로 삼았는데, 옛날에는 해를 넘겨 연호(年號)를 바꾸었으니, 이는 즉위한 다음 해이다. 또 『당서(唐書)』「지지(地志)」에서 말하기를 '일식(日蝕)이 중강(仲康) 5년에 있었다.'라고 하였으니, 마땅히 어떻게든 절충하여야 할 것이다."

○ 以論釋之.
'유능자천자출야(猶能自天子出也)'에서 볼 때, 논변함으로써 해석한 것이다.

○ 去聲, 下並同.126)
'내재상(乃在相)'에서 상(相)은 거성(去聲: 보다, 돕다, 재상, 지명, 인명)이니, 아래도 아울러 같다.

○ 見『漢書』「本紀」.127)
'진무남북군지류(鎭撫南北軍之類)'의 내용이 『한서(漢書)』「본기(本紀)」에 보인다.

○ 一作'剪'.128)
'이전(以翦)'에서 전(翦)은 어떤 판본에는 '전(剪)'으로 썼다.

---

125) 호광(胡廣) 등 찬, 『서경대전(書經大全)』의 소주에서 발췌한 것이다. 그 전문은 다음과 같다. "息齋余氏曰 : '傳云: 仲康始即位, 即命胤侯, 以掌六師, 次年方有征羲和之命, 其曰即位, 以肇位言也; 其曰次年, 則不復著其所據. 後又引『唐』「志」曰: 日蝕在仲康即位之五年, 當何所折衷歟. 今按, 經世書, 以征羲和爲仲康元年事, 則是即位之次年也, 古者, 逾年改元.'(식재 여씨가 말하였다. '… 뒤에 또 「당서」「지지」에서 말하기를 일식이 중강이 즉위한 5년에 있었다고 하였으니, 마땅히 어느 곳이든 절충하여야 할 것이다. 지금 살펴보건대, 경세의 책에는 희화를 정벌한 것으로써 중강 원년의 일로 삼았는데, 곧 이것은 즉위한 다음 해이니, 옛날에는 해를 넘겨 연호를 바꾸었다.')"
126) 호광(胡廣) 등 찬, 『서경대전(書經大全)』의 소주에는 '相'은 "去聲, 下同.(거성이니, 아래도 같다.)으로 되어 있다.
127) 『한서(漢書)』「본기(本紀)」가 아니라 『사기(史記)』효문황제(孝文皇帝)의 본기(本紀)에 보인다. 사마천(司馬遷) 찬, 『사기(史記)』권10, 「효문본기(孝文本紀)」. "皇帝即夕, 入未央宮, 乃夜拜宋昌, 爲衛將軍, 鎭撫南北軍; 以張武爲郎中令. 行殿中, 還坐前殿."
128) 채침(蔡沈) 찬, 『서경집전(書經集傳)』과 호광(胡廣) 등 찬, 『서경대전(書經大全)』에는 '翦'으로 되어 있고, 방각본에는 '剪'으로 되어 있다.

○ 朱子曰：" 曆官曠職, 誅之可也, 何至誓師如此. 古書之不可考, 皆此類也."129) ○不正名其罪, 姑以沈酒棄司名之耳. 然古文此類, 終是可疑處.

'이전예우익(以翦羿羽翼)'에 대해, 주자(朱子: 朱熹)가 말하였다. "역관(曆官)으로 직무를 소홀히 하였으니 주살하여도 괜찮을 텐데, 어찌하여 군사들에게 맹세함에 이른 것이 이와 같았는가. 옛글의 상고할 수 없는 것이 모두 이러한 유형이다." ○그 죄(罪)를 바르게 명명하지 않고 짐짓 술에 빠져서 맡은 일을 폐기한 것으로 명명하였을 뿐이다. 그러나 고문(古文)에 이러한 유형은 끝내 의심할 만한 곳이다.

○ 一作'以'.130)

'예부득이(羿不得而)'에서 '이(而)'는 어떤 판본에는 '이(以)'로 썼다.

○ 輕於堯時.

'하합위일관(夏合爲一官)'에서 볼 때, 요(堯)임금의 때보다 가벼웠다.

○ 命而稱'侯', 征而稱'后'.

'왈윤후자(曰胤后者)'에서 볼 때, 임명해서는 '후(侯)'라고 불렀으며, 정벌해서는 '후(后)'라고 불렀다.

○ 音潮.131)

'조(朝)'는 음이 조(潮)이다.

○ 見「呂刑」.132)

---

129) 호광(胡廣) 등 찬, 『서경대전(書經大全)』의 소주에서 발췌한 것이다. 그 전문은 다음과 같다. "問：'東坡疑「胤征」.' 朱子曰：'袁道潔攷得是. 太康失河北, 至相, 方失河南. 然亦疑羲和是箇曆官, 曠職, 誅之可也, 何至誓師如此. 大抵古書之不可考者, 此類也.'(물었다. '소동파는 「윤정」을 의심하였습니다.' 주자가 말하였다. '원도결은 고증한 것이 옳았다. 태강이 하북 지방을 잃고, 상에 이르러 바야흐로 하남 지방을 잃었다. 그러나 또한 의심하건대 희화는 역관이거늘 직무를 소홀히 하였으니 주살하여도 괜찮을 텐데, 어찌하여 군사들에게 맹세함에 이른 것이 이와 같았는가. 대저 옛글의 상고할 수 없는 것이 이러한 유형이다.')" 이는 『주자어류(朱子語類)』권79, 「상서2(尙書二)·윤정(胤征)」에서 발췌한 것이다. 그 전문은 다음과 같다. "問：'東坡疑「胤征」.' 曰：'袁道潔攷得是. 太康失河北, 至相方失河南. 然亦疑羲和是箇曆官, 曠職, 廢之誅之可也, 何至誓師如此. 大抵古書之不可考, 皆此類也.' 大雅."

130) 채침(蔡沈) 찬, 『서경집전(書經集傳)』과 호광(胡廣) 등 찬, 『서경대전(書經大全)』 및 방각본에는 '以'로 되어 있다.

131) 호광(胡廣) 등 찬, 『서경대전(書經大全)』의 소주를 수용한 것이다.

132) 호광(胡廣) 등 찬, 『서경대전(書經大全)』 권10, 「주서(周書)·여형(呂刑)」. "乃命三后, 恤功于民, 伯夷降典,

'여우·직·백이위지후야(如禹·稷·伯夷謂之后也)'의 내용이 「여형(呂刑)」에 보인다.

○ '林氏'以下, 論也.
'임씨(林氏)' 아래는 논변한 것이다.

[5-2-4-2]
告于衆曰 : "嗟予有衆. 聖有謨訓, 明徵定保. 先王克勤天戒, 臣人克有常憲, 百官修輔, 厥后惟明明.

군사들에게 알리기를, "아! 나의 군사들아. 성인께서 도모할 만한 교훈을 두셨으니, 밝게 징험함이 있어 나라를 안정시키고 보존하였다. 선왕이 능히 하늘의 경계를 삼가면 신하들이 능히 떳떳한 법도를 두어 모든 벼슬아치가 닦으며 보필하였기에 그 임금이 오직 밝고 밝은 것이다.

詳說
○ 此云'予', 親之之辭. 或曰'爾', 傳寫之訛.
여기서 '여(予)'라고 이른 것은 친근하게 여긴 말이다. 간혹 '이(爾)'라고 하였으니, 전하여 베껴 씀의 오류이다.

集傳
'徵', 驗; '保', 安也. 聖人謨訓, 明有徵驗, 可以定安邦國也, 下文, 卽謨訓之語. '天戒', 日蝕之類. '謹'者, 恐懼修省, 以消變異也. '常憲'者, 奉法修職, 以供乃事也. 君能謹天戒於上, 臣能有常憲於下, 百官之衆, 各修其職, 以輔其君. 故君內無失德, 外無失政, 此其所以爲明明后也. 又按, '日蝕'者, 君弱臣強之象, 后羿專政之戒也. '羲和', 掌日月之官, 黨羿而不言, 是可赦乎.

'징(徵)'은 징험함이고, '보(保)'는 안정함이다. 성인(聖人)의 도모할 만한 교훈이 밝게 징험함이 있어서 나라를 안정시킬 수 있었으니, 아랫글은 곧 도모할 만한 교훈

折民惟刑; 禹平水土, 主名山川; 稷降播種, 農殖嘉穀, 三后成功, 惟殷于民.(마침내 세 후에게 명령하여 백성을 구제하는 공을 세우게 하였으니, 백이는 예의를 베풀어 백성들이 형벌을 받음을 끊겼고, 우는 물과 땅을 다스려 이름 있는 산과 내를 주관하게 하였고, 직은 씨 뿌리는 방법을 베풀어 농사지어 맛있는 곡식을 키웠으니, 세 후가 공을 이루어 백성들을 넉넉하게 하였다.)"

의 말이다. '천계(天戒)'는 일식(日蝕)의 유형이다. '근(謹)'이라는 것은 몹시 두려워하고 닦아 살펴서 이변(異變)이 사라지게 하는 것이다. '상헌(常憲)'이라는 것은 법을 받들고 직무를 수행하여 그 일에 이바지하는 것이다. 임금이 능히 위에서 하늘의 경계를 삼가면 신하가 능히 아래에서 떳떳한 법도를 두어서 모든 벼슬아치의 무리가 각각 그 직무를 수행하여 그 임금을 보필하는 것이다. 그러므로 임금이 안으로 덕을 잃음이 없고 밖으로 정사를 잃음이 없으니, 이것이 밝고 밝은 후(后)가 되는 까닭이다. 또 살펴보건대, '일식(日食)'이라는 것은 임금이 약하고 신하가 강한 형상이니, 후예(后羿)가 정사를 전횡(專橫)함의 경계이다. '희화(羲和)'는 해와 달을 관장하는 관리인데 예(羿)와 패거리 지어서 말하지 않았으니, 이를 용서할 수 있겠는가.

詳說

○ 一作'訓謨'.133)
'성인모훈(聖人謨訓)'에서 어떤 판본에는 '훈모(訓謨)'라고 썼다.

○ 下節也, 或曰: "先王至常刑也."134)
'하문(下文)'은 아래 단락이니, 어떤 이가 말하기를 "선왕이 일정한 형법(刑法)에 이른 것이다."라고 하였다.

○ 悉井反.135)
'성(省)'은 실(悉)과 정(井)의 반절이다.

○ 猶其也.
'내(乃)'는 기(其)와 같다.

○ 王氏曰 : "使羲和守常憲以修輔, 則仲康得愼天戒矣."136)

---

133) 채침(蔡沈) 찬, 『서경집전(書經集傳)』과 호광(胡廣) 등 찬, 『서경대전(書經大全)』에는 '모훈(謨訓)'으로 되어 있고, 방각본에는 '훈모(訓謨)'로 되어 있다.
134) 누구의 말인지 자세하지 않다.
135) 호광(胡廣) 등 찬, 『서경대전(書經大全)』의 소주를 수용한 것이다.
136) 호광(胡廣) 등 찬, 『서경대전(書經大全)』의 소주에서 발췌한 것이다. 그 전문은 다음과 같다. "王氏曰 : '使羲和守常憲以修輔, 則仲康得愼天戒而修省矣. 今畔官離次, 不知有日蝕之變, 則是不有常憲, 昧先聖之謨訓, 安能免於誅乎.'(왕씨가 말하였다. '희화로 하여금 떳떳한 법도를 지켜서 닦고 보필하도록 하였으니, 곧 중강이 하늘의 경계를 삼가며 닦고 살필 수 있었다. 지금 관직을 저버리고 제자리를 이탈하면서 일식의

'차기소이위명명후야(此其所以爲明明后也)'에 대해, 왕씨(王氏: 王安石)가 말하였다. "희화(羲和)로 하여금 떳떳한 법도를 지켜서 닦고 보필하도록 하였으니, 곧 중강(仲康)이 하늘의 경계를 삼갈 수 있었다."

○ 補五句, 以還本事.
'시가사호(是可赦乎)'에서 볼 때, 다섯 구절을 보태서 근본이 되는 일을 뒤돌아본 것이다.

[5-2-4-3]

每歲孟春, 遒人, 以木鐸, 徇于路, 官師相規, 工執藝事, 以諫. 其或不恭, 邦有常刑.

해마다 초봄이면 주인(遒人)이 목탁을 가지고 길을 돌아다니면서 "모든 벼슬아치가 서로 바로잡고, 온갖 장인이 기예(技藝)의 일을 집행하고서 간언하라. 혹시라도 공경하지 않으면 나라에 일정한 형법(刑法)이 들 것이다." 라고 하였다.

詳說
○ '遒', 慈秋反. '鐸', 達各反. '徇', 松潤反.[137]
'주(遒)'는 자(慈)와 추(秋)의 반절이다. '탁(鐸)'은 달(達)과 각(各)의 반절이다. '순(徇)'은 송(松)과 윤(潤)의 반절이다.

集傳
'遒人', 宣令之官. '木鐸', 金口木舌, 施政教時, 振以警衆也. 『周禮』, 小宰之職, 正歲, 帥治官之屬, 徇以木鐸曰:"不用法者, 國有常刑", 亦此意也. '官', 以職言; '師', 以道言. '規', 正也, '相規'云者, 胥教誨也. '工', 百工也. 百工技藝之事, 至理存焉, 理無往而不在, 故言無微而可略也. 『孟子』曰 : "責難於君, 謂之恭", 官師·百工, 不能規諫, 是謂不恭, 不恭之罪, 猶有常刑, 而况於畔官離次, 俶擾天紀者乎.

변고가 있음을 알지 못한다면 이는 떳떳한 법도를 두지 않고 선대 성인의 도모할 만한 교훈에 어두운 것이니, 어찌 주살을 면할 수 있겠는가.')

[137] 호광(胡廣) 등 찬, 『서경대전(書經大全)』의 소주에는 '遒'는 '慈秋反.(자와 추의 반절이다.)'으로 되어 있다. 방각본에는 "'遒', 慈秋反. '鐸', 達各反. '徇', 松潤反.('주'는 자와 추의 반절이다. '탁'은 달과 각의 반절이다. '순'은 송과 윤의 반절이다.)"으로 되어 있다.

'주인(遒人)'은 명령을 선포하는 관리이다. '목탁(木鐸)'은 쇠가 입이고 나무가 혀이니, 정치와 교화를 시행할 때 흔들어서 많은 사람을 경계하는 것이다. 『주례(周禮)』의 소재(小宰)의 직무에 정월에 정무(政務)를 수행하는 벼슬아치들을 거느리고 목탁을 가지고 길을 돌아다니면서 말하기를 "법(法)을 행하지 않는 이에게는 나라에 일정한 형법이 있다."라고 하였으니, 또한 이 뜻이다. '관(官)'은 직무로써 말하고, '사(師)'는 도리로써 말한 것이다. '규(規)'는 바로잡음이니, '상규(相規)'라고 이른 것은 서로 가르치는 것이다. '공(工)'은 온갖 장인이다. 온갖 장인의 기예(技藝)의 일에 지극한 이치가 있으니, 이치는 가는 곳마다 있지 않음이 없었기 때문에 사람이 미미하다고 소홀히 할 수 없음을 말한 것이다. 『맹자(孟子)』에서 말하기를 "임금에게 백성들이 어렵게 되는 일에 면려하는 것을 공경(恭敬)이라고 이른다."라고 하였으니, 모든 벼슬아치와 온갖 장인이 바로잡고 간언할 수 없다면 이를 공경하지 않음이라고 이르니, 공경하지 않는 죄도 오히려 일정한 형법이 있거늘 하물며 관직(官職)을 저버리고 제자리를 이탈하여 급기야 천기(天紀)를 어지럽히는 이에 있어서랴.

詳說

○ 奮也.

'진(振)'은 흔듦이다.

○ 「天官」.[138]

'『주례』(『周禮』)'는 「천관(天官)」이다.

○ 音征.[139]

'정(正)'은 음이 정(征)이다.

○ 歲正也, 猶云 '吉月[140]'.

---

[138] 『주례주소(周禮注疏)』 권3, 「천관(天官)·총재(冢宰)」. "小宰之職, 掌建邦之宮刑, 以治王宮之政令, 凡宮之糾禁. … 正歲, 帥治官之屬, 而觀治象之灋, 徇以木鐸曰: '不用灋者, 國有常刑.'(소재의 직무는 나라의 궁형을 세우는 것을 관장하여 왕궁의 정령과 모든 궁의 규금을 다스린다. … 정월에 정무를 수행하는 벼슬아치들을 거느리고 만상을 다스리는 법을 보고서 목탁을 가지고 길을 돌아다니면서 말하기를 '법을 행하지 않는 이에게는 나라에 일정한 형법이 있다.'라고 하였다.)"
[139] 『광운(廣韻)』에 의하면 그 뜻이 '바르게 행하다, 정벌하다'일 경우에는 "諸盈切. 平.(저와 영의 반절이니, 평성이다.)"이라 하였다. 따라서 '正'은 이와 같은 뜻으로 평성(平聲)임을 말하는 것이다.
[140] 길월(吉月)은 정월(正月)과 같다. 또는 매월 초하루를 가리키니, 『논어(論語)』 「향당(鄕黨)」에 의하면, "吉

'정세(正歲)'는 한 해의 정월(正月)이니, '길월(吉月)'이라고 하는 것과 같다.

○ 入聲.141)
'솔(帥)'은 입성(入聲: 거느리다, 통솔하다)이다.

○ 見「無逸」.142) ○張氏曰 : "規君也."143)
'서교회야(胥敎誨也)'의 내용이 「무일(無逸)」에 보인다. ○장씨(張氏: 張九成)144)가 말하였다. "임금을 바로잡는 것이다."

○ 人微.
'미(微)'는 사람이 미미한 것이다.

○ 忽也.
'략(略)'은 소홀히 함이다.

○ 蔡氏元度曰 : "周景王將鑄無射, 伶州鳩諫; 魯莊丹楹刻桷, 匠慶諫; 執藝事諫, 此類是也."145)

月, 必朝服而朝.(매월 초하루에 조복을 입고 조회한다.)"라고 하였는데, 하안(何晏)이 "'吉月', 月朔也.('길월'은 초하루이다.)"라 하고, 형병(邢昺)이 "'吉月, 月朔也'者, 以『詩』云: '二月初吉', 『周禮』云: '正月之吉', 皆謂朔日. 故知此吉月謂朔日也.('길월이 초하루이다.'라는 것은 『시경』에서 '이월초길'이라 하고, 『주례』에서 '정월지길'이라고 하여 모두 초하루를 이른 것이기 때문에 여기서 길월은 초하루를 이르는 것임을 알 수 있다.)"라고 하였다.
141) 호광(胡廣) 등 찬, 『서경대전(書經大全)』의 소주에는 "音率.(음이 솔이다.)"로 되어 있다.
142) 호광(胡廣) 등 찬, 『서경대전(書經大全)』 권8, 「주서(周書)·무일(無逸)」. "周公曰 : 嗚呼. 我聞, 曰: 古之人, 猶胥訓告, 胥保惠, 胥敎誨, 民無或胥譸張爲幻.'(주공이 말하였다. '아! 내가 들으니 말하기를, 옛날 사람들은 오히려 서로 훈계하고 고하며 서로 보호하고 순순히 하며 서로 가르치고 가르쳐서 백성들이 혹시라도 서로 속이거나 과장하여 미혹하지 않았습니다.')"
143) 호광(胡廣) 등 찬, 『서경대전(書經大全)』의 소주에서 발췌한 것이다. 그 전문은 다음과 같다. "張氏曰 : '相規, 規君也. 『左傳』大夫規誨, 『詩』洒水, 規宣王.'(장씨가 말하였다. '상규는 임금을 바로잡는 것이다. ….')"
144) 장씨(張氏: 張九成): 장구성(192-1159)은 송대 학자로 자가 자소(子韶)이고, 호가 무구(無垢) 또는 횡포(橫浦)로 무구거사 또는 횡포거사라고 하며, 변경(汴京) 사람이다. 남송 고종(高宗) 소흥(紹興) 2년(1132)에 전시(殿試)에서 장원급제하여 벼슬길에 올랐으나 상관과 뜻이 맞지 않아 벼슬을 버리고 귀향하여 강학(講學)하였다. 뒤에 부름에 응하여 태상박사(太常博士)가 되었고, 종정소경(宗正少卿)·시강(侍講)·예부시랑(禮部侍郞)·형부시랑(刑部侍郞)을 역임하였다. 금나라에 항전할 것을 주장하였고, 진회(秦檜)의 시기를 받아 귀양 갔다가 진회가 죽고 다시 등용되었으나 직언 상소가 받아들여지지 않자 벼슬을 그만두고 고향으로 돌아와 얼마 뒤 병으로 죽었다. 태사(太師)에 추증되고, 숭국공(崇國公)에 봉해지고, 시호는 문충(文忠)이다. 그의 일파를 횡포학파(橫浦學派)라고 하며, 저서로는 『논어절구(論語絶句)』·『맹자전(孟子傳)』·『상서중용대학효경어맹설(尚書中庸大學孝經語孟說)』·『심전록(心傳錄)』과 『회포문집(橫浦文集)』 등이 있다.
145) 호광(胡廣) 등 찬, 『서경대전(書經大全)』의 소주에서 발췌한 것이다. 그 전문은 다음과 같다. "蔡氏元度曰 : '周景王將鑄無射, 伶州鳩曰: 置財罷民; 魯莊丹楹刻桷, 匠慶諫曰: 無益於君, 而替前人之令德; 執藝事

'고언무미이가략야(故言無微而可略也)'에 대해, 채씨 원도(蔡氏元度: 蔡元度)146) 가 말하였다. "주(周)나라 경공(景王)이 장차 무역(無射)이라는 종(鐘)을 주조(鑄造)하려고 하자 악관(樂官) 주구(州鳩)가 간언하였고,147) 노(魯)나라 장공(莊公) 이 환공(桓公) 사당의 기둥을 단청하고 서까래를 아로새기려고 하자 장인(匠人) 경(慶)이 간언하였으며,148) 온갖 장인(匠人)이 기예(技藝)의 일을 집행하고서 간 언하라고 하였으니, 이러한 유형이 이것이다."

○ 「離婁」.149)
'『맹자(孟子)』'는 「이루(離婁)」이다.

○ 補此句, 以還本事.
'숙요천기자호(俶擾天紀者乎)'에서 볼 때, 이 구절을 보태서 근본이 되는 일을 뒤돌아본 것이다.

[5-2-4-4]

惟時羲和, 顚覆厥德, 沈亂于酒, 畔官離次, 俶擾天紀, 遐棄厥

諫, 此類是也.'(채씨 원도가 말하였다. '주나라 경공이 장차 무역이라는 종을 주조하려고 하자 악관 주구가 간언하여 말하기를 재물을 다 없애고 백성들을 피폐하게 할 것이라 하였고, 노나라 장공이 환공 사당의 기둥을 단청하고 서까래를 아로새기려고 하자 장인 경이 간언하여 말하기를 임금에게 이득이 없거늘 전대 선인의 아름다운 덕을 바꾸려 하느냐 하였으며, 온갖 장인이 기예의 일을 집행하고서 간언하라고 하였으니, 이러한 유형이 이것이다.')

146) 채씨 원도(蔡氏元度: 蔡元度): 채원도(148-1117)는 북송의 학자로 이름이 채변(蔡卞)이고, 자가 원도(元度)이며, 흥화군(興化軍) 선유현(仙遊縣) 당안향(唐安鄉) 의인리(依仁里) 적령(赤嶺) 자금산(紫金山) 사람이다. 170년에 형 채경(蔡京)과 함께 과거에 합격하였고, 197년에 상서좌승(尙書左丞)에 발탁되고 추밀원사(樞密院事)에 이른 뒤 국자직강(國子直講)·숭정원시강(崇政院侍講)·예부시랑(禮部侍郎)·중서사인(中書舍人)·상서좌승(尙書左丞) 등을 역임하였다. 죽은 뒤에 태부(太傅)에 추증되었고, 시호는 문정(文正)이다. 저서로는 『모시명물해(毛詩名物解)』와, 채경과 같이 편찬한 『선화서보(宣和書譜)』·『선화화보(宣和畵譜)』 등이 있다.

147) 『춘추좌전주소(春秋左傳注疏)』 권50, 「소공(昭公) 21년」. "二十一年春, 天王將鑄無射, 泠州鳩曰: '王其以心疾死乎. 夫樂天子之職也, 夫音樂之輿也, 而鐘音之器也. 天子省風以作樂, 器以鐘之, 輿以行之, 小者不窕, 大者不摦, 則和於物, 物和則嘉成. 故和聲入於耳而藏於心, 心億則樂, 窕則不咸, 摦則不容, 心是以感, 感實生疾. 今鐘摦矣, 王心弗堪, 其能久乎.'(21년 봄에 천왕이 장차 무역을 주조하려고 하자 영주구가 말하였다. ….)"

148) 오(吳) 위소(韋昭) 주(注), 『국어(國語)』 권4, 「노어상(魯語上)」. "莊公, 丹桓宮之楹而刻其桷, 匠師慶言於公曰: '臣聞, 聖王公之先封者, 遺後之人法, 使無陷於惡其爲後世昭前之令聞也, 使長監於世.'(장공이 환공 사당의 기둥을 단청하고 서까래를 아로새기려고 하자 장사 경이 공에게 말하였다. ….)"

149) 『맹자집주대전(孟子集註大全)』 권7, 「이루장구상(離婁章句上)」. "事君無義, 進退無禮, 言則非先王之道者, 猶沓沓也. 故曰: '責難於君, 謂之恭; 陳善閉邪, 謂之敬; 吾君不能, 謂之賊.'(임금을 섬김에 의리가 없고, 나가고 물러남에 예의가 없고, 말하면 선왕의 도를 그르다고 하는 사람이 '답답'과 같은 것이다. 그러므로 말하기를, '임금에게 백성들이 어렵게 되는 일에 면려하는 것을 공이라 이르고, 선을 베풀어서 간사함을 막는 것을 경이라 이르고, 내 임금이 잘하지 못하리라 하는 것을 적이라 이른다.'라고 하였다.)"

> 司, 乃季秋月朔, 辰弗集于房, 瞽奏鼓, 嗇夫馳, 庶人走, 羲和
> 尸厥官, 罔聞知, 昏迷于天象, 以干先王之誅, 政典曰: '先時
> 者, 殺無赦; 不及時者, 殺無赦.'

오직 이에 희화(羲和)가 그 덕을 뒤엎고 술에 빠져 어지러우며 관직을 어지럽히고 제자리를 이탈하여 급기야 하늘의 기강을 뒤흔들어 그 맡은 일을 회피하고 버려서 마침내 늦가을 달 초하룻날에 별이 방수(房宿)에 모이지 않으니, 악사(樂師)가 북을 울리고 폐백 관리가 내달리며 사람들이 분주한데 희화(羲和)는 그 관직을 지키고 앉아서 식견과 지식이 없어 하늘의 현상에 흐리멍덩하여 선왕의 주벌(誅罰)을 범하였다. 선왕의 책에서 말하기를 '때보다 먼저 하는 이도 죽여 사면하지 말며, 때에 미치지 못하는 이도 죽여 사면하지 말라.' 라고 하였다.

詳說

○ '覆', 音福. '畔', 叛通. '俶', 昌六反. 下'先', 去聲. ○上'時', 是也.150)

'복(覆)'은 음이 복(福)이다. '반(畔)'은 반(叛)과 통한다. '축(俶)'은 창(昌)과 륙(六)의 반절이다. 아래의 '선(先)'은 거성(去聲: 빨리하다, 일찍 하다)이다. ○위의 '시(時)'는 시(是)이다.

集傳

'次', 位也, '官', 以職言, '次', 以位言. '畔官', 則亂其所治之職; '離次', 則舍其所居之位. '俶', 始; '擾', 亂也. '天紀', 則「洪範」所謂'歲·月·日·星辰·曆數', 是也. 蓋自堯·舜命羲和, 曆象日·月·星辰之後, 爲羲和者, 世守其職, 未嘗紊亂, 至是, 始亂其天紀焉. '遐', 遠也, 遠棄其所司之事也. '辰', 日·月會次之名; '房', 所次之宿也. '集', 『漢書』作'輯', '集'·'輯', 通用. 言日·月會次, 不相和輯而掩蝕於房宿也. 按, 『唐』「志」, 日蝕, 在仲康卽位之五年. '瞽', 樂官, 以其無目而審於音也. '奏', 進也. 古者, 日蝕則伐鼓用幣以救之, 『春秋傳』曰: "惟正陽之月則然, 餘則否." 今季秋而行此禮, 夏禮與周, 異也. '嗇夫', 小臣也, 漢有上林嗇夫. '庶人', 庶人之在官者. 『周禮』, "庭氏救日之弓

---

150) 호광(胡廣) 등 찬, 『서경대전(書經大全)』의 소주에는 '俶'는 "昌六反.(창과 륙의 반절이다.)"이라 하고, '瞽'는 "音古.(음이 고다.)"라 하고, '嗇'은 "音色.(음이 색이다.)"이라고 하였다. 방각본에는 "'畔', 與叛通. '離', 如字, 又力智反. '俶', 昌六反. '先', 先見反.('반'은 반과 통한다. '리', 본래의 음대로 읽고, 또 력과 지의 반절이다. '축'은 창과 륙의 반절이다. '선'은 선과 견의 반절이다.)으로 되어 있다.

矢", 嗇夫·庶人, 蓋供救日之百役者. 曰'馳'·曰'走'者, 以見日蝕之變, 天子恐懼于上, 嗇夫·庶人, 奔走于下, 以助救日, 如此其急. 羲和爲曆象之官, 尸居其位, 若無聞知, 則其昏迷天象, 以干先王之誅, 豈特不恭之刑而已哉. '政典', 先王政治之典籍也. '先時'·'後時', 皆違制失時, 當誅而不赦者也. 今日蝕之變, 如此, 而羲和罔聞知, 是固干先王後時之誅矣.

'차(次)'는 지위이니, '관(官)'은 직책으로써 말한 것이고, '차(次)'는 지위로써 말한 것이다. '반관(畔官)'은 그가 다스리는 직책을 어지럽히는 것이고, '이차(離次)'는 그가 차지한 지위를 버리는 것이다. 축(俶)'은 비로소이고, '요(擾)'는 어지럽힘이다. '천기(天紀)'는 곧 「홍범(洪範)」에서 이른바 '세(歲)·월(月)·일(日)·성신(星辰)·역수(曆數)'가 이것이다. 대개 요(堯)와 순(舜)이 희화(羲和)에게 명령하여 해와 달과 별들을 역상(曆象)으로 기록하게 한 뒤로부터 희화(羲和)가 된 이는 대대로 그 직책을 지켜서 일찍이 어지러운 적이 없었는데, 이에 이르러 비로소 하늘의 기강(紀綱)을 어지럽힌 것이다. '하(遐)'는 멀리함이니, 그가 맡은 일을 멀리하고 버린 것이다. '신(辰)'은 해와 달이 모이는 자리의 이름이고, '방(房)'은 자리하는 곳의 별이다. '집(集)'은 『한서(漢書)』에는 '집(輯)'으로 썼으니, 집(集)'과 '집(輯)'은 통용되는 것이다. 해와 달이 모이는 자리가 서로 조화롭게 모이지 못하여, 방수(房宿)에 가려서 먹힘을 말한 것이다. 살펴보건대, 『당서(唐書)』「천문지(天文志)」에서 "일식(日蝕)이 중강(仲康)이 즉위한 지 5년 만에 있었다."라고 하였다. '고(瞽)'는 악관(樂官)이니, 눈이 없어서 소리를 잘 살피기 때문이다. '주(奏)'는 진상(進上)함이다. 옛날에 일식(日蝕)이 있으면 북을 치고 폐백을 올려서 구제하였으니, 『춘추전(春秋傳)』에서 말하기를 "오직 정양(正陽)의 4월이면 그렇게 하고, 나머지는 그렇지 않다."라고 하였다. 지금 계추(季秋)인데도 이 예(禮)를 행한 것은 하(夏)나라의 예(禮)는 주(周)나라와 달라서이다. '색부(嗇夫)'는 낮은 신하이니, 한(漢)나라에는 상림(上林)에 색부(嗇夫)가 있었다. '서인(庶人)'은 서민(庶民)으로서 관직(官職)에 있는 사람이다. 『주례(周禮)』에서 "정씨(庭氏)가 일식(日蝕)을 구제하는 궁시(弓矢)를 마련한다."라고 하였으니, 색부(嗇夫)와 서인(庶人)은 대개 일식(日蝕)을 구제하는 여러 가지 일에 이바지하는 사람이다. '치(馳)'라 하고 '주(走)'라 한 것은 일식(日蝕)의 변고에 천자는 위에서 몹시 두려워하고 색부(嗇夫)와 서인(庶人)들은 아래에서 분주하며 일식(日蝕)을 구제하는 일을 돕기를 이처럼 급하게 함을 보인 것이다. 희화(羲和)는 역상(曆象)의 관리가 되어 그 지위를 지키고 있기만 하여 듣고 앎이 없는 듯하니, 하늘의 현상을 혼미하게 하여 선왕(先王)의 주벌(誅罰)을 저질렀으니, 어찌 다만 공경하지 못한 형벌일 따름이겠는가. '정전(政典)'은 선왕(先王)들의 정치에 관한 전적(典籍)이다. '선시(先時)'와 '후시(後時)' 모두 제도를 어기고 시기를 놓쳤으니, 마땅히 베고 사면받지 못할 사람이다. 이제 일식(日蝕)의 변고가 이와 같은데도 희화(羲和)는 듣고 앎이 없으니, 이는 진실로 선왕(先王)의 때보다 뒤에 한 주벌(誅罰)을 저지른 것이다.

詳說

○ 與'次'對言, 故又著之.

'이직언(以職言)'에서 볼 때, '차(次)'와 대조적으로 말하였기 때문에 드러낸 것이다.

○ 上聲.

'사(舍)'는 상성(上聲: 버리다, =捨)이다.

○ 五紀.[151]

'시야(是也)'의 경우, 오기(五紀)이다.

○ 見「堯典」.[152] ○舜之'齊七政'[153], 亦其事也.

'역상일·월·성신지후(曆象日·月·星辰之後)'의 내용이 「요전(堯典)」에 보인다. ○순(舜)이 '칠정(七政)을 가지런히 한 것'도 또한 그 일이다.

○ 從'俶'字, 說來.

'미상문란(未嘗紊亂)'에서 볼 때, '축(俶)'자로부터 말이 온 것이다.

---

[151] 호광(胡廣) 등 찬, 『서경대전(書經大全)』 권6, 「주서(周書)·홍범(洪範)」. "四五紀, 一曰歲, 二曰月, 三曰日, 四曰星辰, 五曰曆數.(네 번째 오기는 첫째가 세이고, 둘째가 월이고, 셋째가 일이고, 넷째가 별이고, 다섯째가 역수이다.)" 공영달(孔穎達)은 "凡此五者, 皆所以紀天時, 故謂之五紀也.(무릇 이 다섯 가지는 모두 천시를 실마리 잡기 때문에 오기라고 이르는 것이다.)"라고 하였다.

[152] 위의 「요전(堯典)」[1-1-1-3]에서 "乃命羲和, 欽若昊天, 曆象日月星辰, 敬授人時.(이에 희씨·화씨에게 명하여 공경히 넓고 큰 하늘을 좇으면서 해와 달과 별들을 기록하고 관찰하여 공경히 농사철을 알려주게 하셨다.)"라고 하였다.

[153] 위의 「순전(舜典)」[1-1-2-5]에서 "在璿璣·玉衡, 以齊七政.(선기와 옥형으로 살펴 칠정을 고르게 하셨다.)"이라 하고, 집전에서 "'七政', 日·月·五星也, 七者運行於天, 有遲有速; 有順有逆. 猶人君之有政事也. 此言: '舜初攝位, 整理庶務, 首察璣衡, 以齊七政', 蓋曆象授時, 所當先也.('칠정'은 해와 달과 다섯별이니, 일곱 개가 하늘에 운행하는데 느린 것도 있고 빠른 것도 있으며 순행하는 것도 있고 역행하는 것도 있어 임금이 정사를 가지고 있음과 같다. 이것은 '순이 처음으로 임금 지위를 대신함에 여러 가지 정무를 정리하는데 가장 먼저 선기와 옥형을 살펴서 칠정을 살폈다.'고 말한 것이니, 대개 역상을 살펴서 농사철을 알려주는 것을 마땅히 먼저 해야 하는 것이다.)"라고 하였다.

○ 添'事'字.
'원기기소사지사야(遠棄其所司之事也)'의 경우, '사(事)'자를 더하였다.

○ 音秀, 下同.154)
'소차지수(所次之宿)'에서 '수(宿)'는 음이 수(秀)이니, 아래도 같다.

○ 當考.
'『한서(漢書)』'의 경우, 마땅히 살펴보아야 한다.

○ 月掩日而蝕.
'이엄식어방수야(而掩蝕於房宿也)'의 경우, 달이 해를 가려서 먹는 것이다.

○ 「天文志」.
'「지」(「志」)'는 「천문지(天文志)」이다.

○ 鄒氏季友曰:"當從前'次年'之說."155)
'재중강즉위지오년(在仲康卽位之五年)'에 대해, 추씨 계우(鄒氏季友: 鄒季友)가 말하였다. "마땅히 앞의 '차년(次年: 이듬해)'의 설명을 좇아야 한다."

○ 『左』「昭十七年」.156)
'『춘추전』(『春秋傳』)'은 『좌전(左傳)』「소공(昭公) 17년」이다.

○ 四月.
'유정양지월(惟正陽之月)'은 4월이다.

---

154) 추계우(鄒季友) 찬, 『서경집전음석(書經集傳音釋)』권2,「하서(夏書)・우공(禹貢)」. 참조. ; 명(明) 유삼오(劉三吾) 등 찬, 『서전회선(書傳會選)』권2,「하서(夏書)・윤정(胤征)」의 「음석전(音釋傳)」에서 "'治', 平聲. '舍', 音捨. '宿', 音秀, 下同. ….('치'는 평성이다. '사'는 음이 사이다. '수'는 음이 수이니, 아래도 같다. ….)"이라고 하였다.

155) 추계우(鄒季友) 찬, 『서경집전음석(書經集傳音釋)』권2,「하서(夏書)・우공(禹貢)」. 참조. ; 명(明) 유삼오(劉三吾) 등 찬, 『서전회선(書傳會選)』권2,「하서(夏書)・윤정(胤征)」의 「음석전(音釋傳)」에서 "'治', 平聲. '舍', 音捨. '宿', 音秀, 下同. '日蝕', 在五年, 傳言:'仲康卽位次年, 征羲和', 而此引『唐』「志」又云:'五年, 方日蝕.' 然以經文'肇'・'位'二字, 觀之, 當從前說. 經世書亦云:'次年'. '供', 音恭. '見', 形甸反. 政治, 去聲. 後時上, 胡茂反.(…'일식'은 5년에 있었으니, 전에 말하기를 '중강이 즉위한 이듬해에 희화를 정벌하였다.'고 하였는데, 여기서 『당서』「천문지」를 인용하여 또 이르기를 '5년에 바야흐로 일식이 있었다.'고 하였다. 그러나 경문의 '조'・'위' 두 글자로써 보면 마땅히 앞의 설명을 좇아야 한다. 경세서에서도 또한 이르기를 '이듬해'라고 하였다. ….)"이라고 하였다.

156) 『춘추좌전주소(春秋左傳注疏)』권48,「소공(昭公) 17년」. 참조.

○ 見『漢書』·「張釋之傳」.157)

'한유상림색부(漢有上林嗇夫)'의 내용이 『한서(漢書)』와 「장석지전(張釋之傳)」에 보인다.

○ 見『孟子』「萬章」.158)

'서인지재관자(庶人之在官者)'의 내용이 『맹자(孟子)』「만장(萬章)」에 보인다.

○ 「秋官」.159)

'『주례』(『周禮』)'는 「추관(秋官)」이다.

○ '救'上, 恐有脫字.160)

'정씨구일지궁시(庭氏救日之弓矢)'에서 볼 때, '구(救)' 위에 아마도 빠진 글자가 있는 듯하다.

○ 音現.

'이현(以見)'에서 현(見)은 음이 현(現)이다.

---

157) 상림(上林)은 한나라 때 궁궐을 말하고, 색부(嗇夫)는 관리의 이름이다. 진(秦)나라 때에는 향관(鄉官)으로써 색부(嗇夫)를 두어 청송(聽訟)을 관장하고 부세(賦稅)를 거두어들이는 일을 하였다. 한(漢)나라와 진(晉)나라 및 남조(南朝)의 송(宋)나라에서도 이를 좇았다. 반고(班固) 찬, 『전한서(前漢書)』권19상, 「백관공경표상(百官公卿表上)」에 보인다. 또 색부(嗇夫)는 한(漢)나라 때 소리(小吏)의 일종으로 사마천(司馬遷) 찬, 『사기(史記)』권12, 「장석지풍당열전(張釋之馮唐列傳)」에 보인다.

158) 『맹자집주대전(孟子集註大全)』권10, 「만장장구하(萬章章句下)」. "大國, 地方百里, 君十卿祿, 卿祿四大夫, 大夫倍上士, 上士倍中士, 中士倍下士, 下士與庶人在官者, 同祿, 祿足以代其耕也. 次國, 地方七十里, 君十卿祿, 卿祿三大夫, 大夫倍上士, 上士倍中士, 中士倍下士, 下士與庶人在官者, 同祿, 祿足以代其耕也. 小國, 地方五十里, 君十卿祿, 卿祿二大夫, 大夫倍上士, 上士倍中士, 中士倍下士, 下士與庶人在官者, 同祿, 祿足以代其耕也. 耕者之所獲, 一夫百畝, 百畝之糞, 上農夫食九人, 上次食八人, 中食七人, 中次食六人, 下食五人, 庶人在官者, 其祿以是爲差."(큰 나라는 땅이 사방 1백 리인데, 임금은 경이 받는 녹봉의 10배이고, 경의 녹봉은 대부의 4배이고, 대부는 상사의 배이고, 상사는 중사의 배이고, 중사는 하사의 배이고, 하사와 서민으로서 관직에 있는 사람은 녹봉이 같으니, 녹봉이 그 경작을 족히 대신할 만하였다. 다음 나라는 땅이 사방 70리인데, 임금은 경의 녹봉에 10배이고, 경의 녹봉은 대부에 3배이고, 대부는 상사에 배이고, 상사는 중사에 배이고, 중사는 하사에 배이고, 하사와 서민으로서 관직에 있는 사람은 녹봉이 같으니, 녹봉이 경작을 족히 대신할 만하였다. 작은 나라는 땅이 사방 50리인데, 임금은 경의 녹봉의 10배이고, 경의 녹봉은 대부에 2배이고, 대부는 상사에 배이고, 상사는 중사에 배이고, 중사는 하사에 배이고, 하사와 서민으로서 관직에 있는 사람은 녹봉이 같으니, 녹봉이 경작을 족히 대신할 만하였다. 경작하는 사람의 소득은 한 가장이 1백 묘를 받으니, 1백 묘를 가꾸면 상농부는 9명을 먹일 수 있고, 상농부의 다음은 8명을 먹일 수 있고, 중농부는 7명을 먹일 수 있고, 중농부의 다음은 6명을 먹일 수 있고, 하농부는 5명을 먹일 수 있다. 서민으로서 관직에 있는 사람은 그 녹봉을 이로써 차등을 두는 것이다.)

159) 『주례주소(周禮注疏)』권36, 「추관사구하(秋官司寇下)」. "庭氏, 掌射國中之夭鳥, 若不見其鳥獸, 則以救日之弓與救月之矢, 射之.(정씨는 나라 안의 요사한 새를 쏘는 일을 관장하였는데, 만약 그 새와 짐승을 보지 못하면 해를 구제하는 활과 달을 구제하는 화살로 쏘았다.)

160) 위와 같음.

○ 從前節'克謹'161), 而添此句.
'천자공구우상(天子恐懼于上)'에서 볼 때, 앞의 단락의 '극근(克謹)'을 좇아서 이 구절을 더한 것이다.

○ 旣離次而湎于其封邑, 則此'官'字, 只當以職名言.
'시거기위(尸居其位)'에서 볼 때, 이미 지위를 이탈하여 그 봉읍에서 술에 빠졌다면 이 '관(官)'자는 다만 마땅히 그 직위의 이름으로써 말한 것이다.

○ 添'若'字, 以重其故昧之罪.
'약무문지(若無聞知)'의 경우, '약(若)'자를 더하여 그 고의로 우매한 죄를 중히 여긴 것이다.

○ 犯也.
'이간(以干)'의 경우, 범하는 것이다.

○ 照上節.
'기특불공지형이이재(豈特不恭之刑而已哉)'에서 볼 때, 위의 단락을 참조한 것이다.

○ 孔氏曰 : "若周官六卿之治典."162)
'선왕정치지전적야(先王政治之典籍也)'에 대해, 공씨(孔氏: 孔安國)가 말하였다. "주관(周官) 육경(六卿)의 치전(治典)과 같다."

○ 去聲, 下同. ○不及.
'선시·후(先時·後)'에서 후(後)는 거성(去聲: 뒤에 하다, 늦게 하다)이니, 아래도

---

161) 위의 [5-2-4-2]에서 "告于衆曰 : '嗟予有衆. 聖有謨訓, 明徵定保. 先王克勤天戒, 臣人克有常憲, 百官修輔, 厥后惟明明.'(군사들에게 알리기를, '아! 나의 군사들아. 성인께서 도모할 만한 교훈을 두셨으니, 밝게 징험함이 있어 나라를 안정시키고 보존하였다. 선왕이 능히 하늘의 경계를 삼가면 신하들이 능히 떳떳한 법도를 두어 모든 벼슬아치가 닦으며 보필하였기에 그 임금이 오직 밝고 밝은 것이다.')라고 하였는데, 집전에서 "'天戒', 日蝕之類. '謹'者, 恐懼修省, 以消變異也.('천계(天戒)'는 일식의 유형이다. '근'이라는 것은 몹시 두려워하고 닦아 살펴서 이변이 사라지게 하는 것이다.)"라고 하였다.
162) 호광(胡廣) 등 찬, 『서경대전(書經大全)』의 소주에서 발췌한 것이다. 그 전문은 다음과 같다. "孔氏曰 : '政典, 若周官六卿之治典. 先時, 謂曆象之法, 四時節氣, 弦望晦朔, 先天時, 則罪死不赦. 不及則曆象後天時, 雖治其官, 苟有先後之差, 則無赦, 況廢官乎.'(공씨가 말하였다. '정전은 주관 육경의 치전과 같다. ….')" 이는 『상서주소(尚書注疏)』 권6, 「하서(夏書)·윤정(胤征)」에 실려 있다. "政典, 夏后爲政之典籍也, 若周官六卿之治典. 先時, 謂曆象之法, 四時節氣, 弦望晦朔, 先天時, 則罪死無赦."

같다. ○미치지 못하는 것이다.

○ 孔氏曰 : "謂曆象之法差."163)
'개위제실시(皆違制失時)'에 대해, 공씨(孔氏: 孔安國)가 말하였다. "역상(曆象)의 법의 차이를 이른다."

○ 補三句.
'시고간선왕후시지주의(是固干先王後時之誅矣)'에서 볼 때, 세 구절을 보탰다.

[5-2-4-5]
今予以爾有衆, 奉將天罰, 爾衆士, 同力王室, 尚弼予, 欽承天子威命.

이제 나는 너희 군사들을 거느리고 천벌(天罰)을 받들어 행할 것이니, 너희 많은 군사는 왕실과 힘을 함께 하여 모쪼록 나를 도와 천자(天子)의 위명(威命)을 공경히 받들도록 하라.

集傳
'將', 行也. 我以爾衆士, 奉行天罰, 爾其同力王室, 庶幾輔我, 以敬承天子之威命也. 蓋天子討而不伐, 諸侯伐而不討, 仲康之命胤侯, 得天子討罪之權; 胤侯之征羲和, 得諸侯敵愾之義. 其辭直, 其義明, 非若五霸摟諸侯以伐諸侯, 其辭曲, 其義迂也.

'장(將)'은 행함이다. 내가 너희 많은 군사를 거느리고 천벌(天罰)을 받들어 행할 것이니, 너희들은 왕실과 힘을 함께 하여 모쪼록 나를 도와 천자의 위명(威命)을 공경히 받들도록 하라는 것이다. 대개 천자는 성토(聲討)하되 정벌(征伐)하지 않고, 제후는 정벌(征伐)하되 성토(聲討)하지 않으니, 중강(仲康)이 윤후(胤侯)에게 명령한 것은 천자가 죄(罪)를 성토하는 권한을 얻은 것이고, 윤후(胤侯)가 희화(羲和)를 정벌한 것은 제후가 맞서서 분노하는 뜻을 얻은 것이다. 그 말이 곧고 그 뜻이

---

163) 호광(胡廣) 등 찬, 『서경대전(書經大全)』의 소주에서 발췌한 것이다. 그 전문은 다음과 같다. "孔氏曰 : '政典, 若周官六卿之治典. 先時, 謂曆象之法, 四時節氣, 弦望晦朔, 先天時, 則罪死不赦. 不及, 則曆象後天時, 雖治其官, 苟有先後之差, 則無赦, 況廢官乎.'(공씨가 말하였다. '… 불급은 역상이 천시보다 뒤에 함이니, 비록 그 관직을 다스리더라도 진실로 앞뒤의 차이가 있어서 사면함이 없거늘 하물며 관직을 없애겠는가.')" 이는 『상서주소(尙書注疏)』 권6, 「하서(夏書)·윤정(胤征)」에 실려 있다. 不及, 謂曆象後天時, 雖治其官, 苟有先後之差, 則無赦, 況廢官乎."

분명하니, 오패(五霸)가 제후를 끌어들여 제후를 정벌함에 그 말이 굽고 그 뜻이 먼 것과는 같지 않다.

詳說

○ 出『孟子』「告子」.164)

'제후벌이불토(諸侯伐而不討)'의 내용이 『맹자(孟子)』「고자(告子)」에 나온다.

○ 音嘅.165) ○見『左』「文四年」.166)

'득제후적개(得諸侯敵愾)'에서 '개(愾)'는 음이 개(嘅)이다. ○『좌전(左傳)』「문공(文公) 4년」에 보인다.

○ 音樓.

'루(摟)'는 음이 루(樓)이다.

○ 亦出『孟子』.167)

'비약오패루제후이벌제후(非若五霸摟諸侯以伐諸侯)'의 내용이 또한 『맹자(孟子)』에 나온다.

---

164) 『맹자집주대전(孟子集註大全)』권12, 「고자장구하(告子章句下)」. "孟子曰: '五霸者, 三王之罪人也. 今之諸侯, 五霸之罪人也. 今之大夫, 今之諸侯之罪人也. 天子適諸侯曰: 巡狩; 諸侯朝於天子曰: 述職. 春省耕而補不足, 秋省斂而助不給. 入其彊, 土地辟, 田野治, 養老尊賢, 俊傑在位, 則有慶, 慶以地. 入其彊, 土地荒蕪, 遺老失賢, 掊克在位, 則有讓. 一不朝, 則貶其爵, 再不朝, 則削其地, 三不朝, 則六師移之. 是故天子討而不伐, 諸侯伐而不討. 五霸者, 摟諸侯, 以伐諸侯者也. 故曰: 五霸者, 三王之罪人也.'(맹자가 말하였다. '오패라는 이는 삼왕의 죄인이다. 지금의 제후는 오패의 죄인이다. 지금의 대부는 지금 제후의 죄인이다. 천자가 제후에게 가는 것을 순수라 하고, 제후가 천자에게 조회하는 것을 술직이라고 한다. 봄에는 경작하는 것을 살펴서 부족한 것을 보충해주고, 가을에는 수확하는 것을 살펴서 넉넉하지 못한 것을 도와준다. 그의 강토에 들어가서 토지가 개간되고 전야가 다스려졌으며, 노인을 봉양하고 현명한 사람을 사랑하며, 뛰어난 사람이 지위에 있으면 상이 있으니, 땅으로써 상을 준다. 그의 강토에 들어가서 토지가 거칠며, 노인을 버리고 현명한 사람을 잃으며, 착취하는 사람이 지위에 있으면 꾸짖음이 있다. 한 번 조회하지 않으면 그 작위를 낮추고, 두 번 조회하지 않으면 그 땅을 깎고, 세 번 조회하지 않으면 천자의 군대가 그를 옮겨 놓는다. 그러므로 천자는 성토하되 정벌하지 않고, 제후는 정벌하되 성토하지 않는다. 오패라는 이는 제후를 끌어들여 제후를 정벌한 자들이다. 그러므로 말하기를 오패는 삼왕의 죄인이라고 하였다.')"
165) 호광(胡廣) 등 찬, 『서경대전(書經大全)』의 소주에는 "音旣.(음이 기이다.)"로 되어 있다.
166) 『춘추좌전주소(春秋左傳注疏)』권17, 「문공(文公) 4년」. "諸侯敵王所愾, 而獻其功.(제후가 왕이 분개하는 것과 맞서 그 공을 바치는 것이다.)" 두예(杜預)는 "敵, 猶當也; '愾, 恨怒也.('적'은 당과 같고, '개'는 원한의 노여움이다.)"라고 하였다.
167) 『맹자집주대전(孟子集註大全)』권12, 「고자장구하(告子章句下)」. "孟子曰: '五霸者, 三王之罪人也. 今之諸侯, 五霸之罪人也. 今之大夫, 今之諸侯之罪人也. … 五霸者, 摟諸侯, 以伐諸侯者也. 故曰: 五霸者, 三王之罪人也.'(맹자가 말하였다. '오패라는 이는 삼왕의 죄인이다. 지금의 제후는 오패의 죄인이다. 지금의 대부는 지금 제후의 죄인이다. … 오패라는 이는 제후를 끌어들여 제후를 정벌한 자들이다. 그러므로 말하기를 오패라는 이는 삼왕의 죄인이라고 하였다.')"

○ '蓋'以下, 論也.

'기의우야(其義迂也)'에서 볼 때, '개(蓋)' 이하는 논변한 것이다.

[5-2-4-6]
火炎崑岡, 玉石俱焚, 天吏逸德, 烈于猛火, 殲厥渠魁, 脅從罔治, 舊染汙俗, 咸與惟新.

불이 곤강(崑岡)을 태우면 옥과 돌이 모두 불타지만, 천리(天吏)로서 지나친 덕(德)은 맹렬한 불보다 세니, 그 큰 괴수(魁首)를 죽이고 위협(威脅)에 복종한 자들은 다스리지 말아서 옛날에 나쁜 풍속에 물든 것을 모두 다 새롭게 해야 할 것이다.

詳說

○ '殲'·'脅', 並『諺』音誤.168) '汙', 音烏.169)

'섬(殲)'과 '협(脅)'은 아울러 『언해(諺解)』의 음이 잘못되었다. '오(汙)'는 음이 오(烏)이다.

集傳

'崑', 出玉山名; '岡', 山脊也. '逸', 過; '渠', 大也. 言火炎崑岡, 不辨玉石之美惡而焚之, 苟爲天吏而有過逸之德, 不擇人之善惡而戮之, 其害有甚於猛火不辨玉石也. 今我, 但誅首惡之魁而已, 脅從之黨則罔治之, 舊染汙習之人, 亦皆赦而新之, 其誅惡宥善, 是猶王者之師也. 今按, 「胤征」, 始稱羲和之罪, 止以其畔官離次俶擾天紀, 至是, 有脅從·舊染之語, 則知羲和之罪, 當不止於廢時亂日, 是必聚不逞之人, 崇飮私邑, 以爲亂黨, 助羿爲惡者也. 胤后徂征, 隱其叛逆而不言者, 蓋正名其罪, 則必鋤根除源, 而仲康之勢, 有未足以制后羿者. 故止責其曠職之罪, 而實誅其不臣之心也.

'곤(崑)'은 옥(玉)이 나오는 산 이름이고, '강(岡)'은 산등성이다. '일(逸)'은 지나침

---

168) 『언해(諺解)』에 음이 '섬'과 '협'으로 되어 있는데, 『집운(集韻)』에서 "將廉切, 平.(장과 렴의 반절이니, 평성이다.)"이라 하여 '점'이라 하였고, 『광운(廣韻)』에서 "虛業切, 入.(허와 업의 반절이니, 입성이다.)"이라 하여 '협'이라고 하였다.

169) 호광(胡廣) 등 찬, 『서경대전(書經大全)』의 소주에는 '殲'은 "音纖.(음이 섬이다.)"이고, '脅'은 "虛業反.(허와 업의 반절이다.)"이고, '汙'는 "音烏.(음이 오다.)"로 되어 있다. 방각본에는 "殲', 將廉音反. '脅', 虛業反, 字本作憎. '治', 平聲. '汙', 音烏.('섬'은 장과 렴의 반절이다. '협'은 허와 업의 반절이니, 글자는 본래 협으로 썼다. '치'는 평성이다. '오'는 음이 오이다.)"로 되어 있다.

이고, '거(渠)'는 큼이다. 불이 타올라 곤강(崑岡)을 태우면 옥석(玉石)의 좋은 것과 나쁜 것을 나누지 않고 불타버리니, 참으로 천리(天吏)가 되어 지나친 덕(德)이 있어 사람의 선악(善惡)을 가리지 않고 죽인다면 그 해악이 맹렬한 불로 옥석(玉石)을 나누지 않는 것보다 심함이 있는 것이다. 지금 나는 단지 앞에서 악(惡)을 행한 괴수를 주살(誅殺)할 따름이고, 위협에 복종한 패거리는 다스리지 말아서 옛날에 나쁜 풍습에 물든 사람들을 또한 모두 용서하여 새롭게 하였으니, 악(惡)을 주벌(誅罰)하고 선(善)을 용서함이 이는 오히려 왕(王)의 군대인 것이다. 이제 살펴보건대,「윤정(胤征)」에서 비로서 희화(羲和)의 죄를 이르면서 다만 그 관직을 거스르고 지위를 이탈하여 급기야 하늘의 기강을 어지럽혔는데, 이에 이르러 위협에 복종하고 옛날에 물들었다는 말이 있으니, 희화(羲和)의 죄가 마땅히 시기를 없애고 날짜를 어지럽히는 데 그치지 않았음을 알 수 있으니, 이는 반드시 제멋대로 행동한 사람들과 모여서 사사로이 고을에서 술을 마시기를 숭상하며 어지러운 패거리를 만들어 예(羿)를 도와 악(惡)을 행한 자이었다. 그래서 윤후(胤侯)가 가서 정벌함에 그 반역(叛逆)을 숨기고 말하지 않은 것은 대체로 그 죄를 바르게 명명하면 반드시 뿌리를 없애고 근원을 제거해야 하는데, 중강(仲康)의 형세가 후예(后羿)를 제압하기에 부족해서이다. 그러므로 다만 직무를 유기한 죄를 책망하였으나 실제로는 그 신하 노릇을 하지 않은 마음을 주벌(誅罰)한 것이다.

詳說

○ 崑崙.
  '출옥산명(出玉山名)'의 경우, 곤륜산(崑崙山)이다.

○ 熾也.
  '화염(火炎)'은 불길이 센 것이다.

○ 王者.
  '천리(天吏)'는 임금이다.

○ 添五字.
  '기해유심어맹화불변옥석야(其害有甚於猛火不辨玉石也)'에서 볼 때, 다섯 글자[其害有甚於]를 더하였다.

○ 添'赦'字.
'역개사이신지(亦皆赦而新之)'의 경우, '사(赦)'자를 더하였다.

○ 尙也.
'시유(是猶)'에서 볼 때, 상(尙: 오히려)이다.

○ 薛氏曰 : "殲渠魁, 義也; 赦脅從, 仁也."170)
'시유왕자지사야(是猶王者之師也)'에 대해, 설씨(薛氏: 薛肇明)가 말하였다. "큰 괴수를 죽이는 것은 의(義)이고, 위협(威脅)에 복종한 자들을 용서하는 것은 인(仁)이다."

○ 欲逞惡而未得逞者.
'시필취불령지인(是必聚不逞之人)'에서 볼 때, 제멋대로 악(惡)을 하고자 하였으나 제멋대로 하지 못한 자이다.

○ 見「酒誥」.171)
'숭음사읍(崇飮私邑)'에서 '숭음(崇飮)'은 「주고(酒誥)」에 보인다.

○ 新安陳氏曰 : "名正言順, 羿亦不得庇之也."172)
'고지책기광직지죄(故止責其曠職之罪)'에 대해, 신안 진씨(新安陳氏: 陳師凱)가 말하였다. ""

---

170) 호광(胡廣) 등 찬, 『서경대전(書經大全)』의 소주에서 발췌한 것이다. 그 전문은 다음과 같다. "薛氏曰 : 殲渠魁, 義也; 赦脅從, 仁也, 所以爲王者之師." (설씨가 말하였다. '큰 괴수를 죽이는 것은 의이고, 위협에 복종한 자들을 용서하는 것은 인이니, 임금의 군대가 되는 까닭이다.')"
171) 호광(胡廣) 등 찬, 『서경대전(書經大全)』 권7, 「주서(周書)·주고(酒誥)」. "王曰 : '封. 我聞, 惟曰: 在昔殷先哲王, 迪畏天顯小民, 經德秉哲, 自成湯, 咸至于帝乙, 成王畏相, 惟御事厥棐有恭, 不敢自暇自逸, 矧曰其敢崇飮.'(임금이 말하였다. '봉아. 내가 들으니 오직 말하기를 옛날 은나라의 선철하신 임금이 하늘의 밝은 명과 소민들을 두려워하여 덕을 떳떳이 지니고 밝음을 잡아서 성탕으로부터 다 제을에 이르기까지 왕의 덕을 이루고 보상을 공경하였는데 어사들이 도움에 공손함을 두어 감히 스스로 한가하고 스스로 안일하지 못하였으니, 하물며 감히 술 마시기를 숭상한다고 하겠는가.')"
172) 호광(胡廣) 등 찬, 『서경대전(書經大全)』의 소주에서 발췌한 것이다. 그 전문은 다음과 같다. "新安陳氏曰 : '觀脅從之語, 義和聚黨助逆, 明矣. 仲康於羿, 勢旣未能鋤其根株, 不可不剪其羽翼, 故乘日食之變, 正其昏迷之亂, 名正言順, 羿亦不得庇之也. 使非聚黨助逆, 則褫職奪邑, 司寇行戮足矣, 何致勞大司馬, 興師誓衆, 如臨大敵哉.'(신안 진씨가 말하였다. '위협에 복종하였다는 말을 보면 희화가 패거리를 모으고 반역을 도운 것이 분명하다. 중간은 예에 있어 세력이 이미 그 뿌리를 없앨 수 없고 그 우익을 자를 수 없었기 때문에 일식의 변고를 타고서 그 혼미한 어지러움을 바로 잡았으니, 명분이 바르고 말함이 순조로워 예도 또한 가릴 수 없었다. …')"

○ '其誅'以下, 論也.
'이실주기불신지심야(而實誅其不臣之心也)'에서 볼 때, '기주(其誅)' 이하는 논변한 것이다.

[5-2-4-7]
嗚呼. 威克厥愛, 允濟; 愛克厥威, 允罔功, 其爾衆士, 懋戒哉.

아! 위엄(威嚴)이 그 사랑을 이기면 진실로 성공할 것이고, 사랑이 그 위엄을 이기면 진실로 공이 없을 것이니, 너희 많은 군사는 힘써 경계해야 한다."

集傳
'威'者, 嚴明之謂; '愛'者, 姑息之謂. 『記』曰: "軍旅主威", 蓋軍法不可以不嚴, 嚴明勝, 則信其事之必濟; 姑息勝, 則信其功之無成. 誓師之末, 而復嗟歎, 以是深警之, 欲其勉力戒懼而用命也.

'위(威)'라는 것은 엄격(嚴格)하고 분명함을 이르고, '애(愛)'라는 것은 당장 무탈하게 편안한 것을 이른다. 『예기(禮記)』에서 "군대는 위엄(威嚴)을 위주한다."라고 하였으니, 대개 군법(軍法)은 엄격하지 않을 수 없다. 엄격하고 분명함이 이기면 진실로 그 일이 반드시 이루어지고, 당장 무탈하게 편안한 것이 이기면 진실로 그 공이 이루어지지 못한다. 군사에게 맹세하는 끝에 다시 감탄하면서 이 말로써 깊이 경계하였으니, 힘쓰고 힘써서 경계하고 두려워하여 명령을 행하게 하고자 한 것이다.

詳說
○ 當考.[173]
'『기(記)』'는 마땅히 살펴보아야 한다.

○ 去聲.
'부(復)'는 거성(去聲: 다시)이다.

○ 懋.

---

[173] 『예기(禮記)』에 보이지 않으므로 살펴보아야 한다고 말한 것이다. 주자(朱子)·여조겸(呂祖謙) 동편, 『근사록(近思錄)』 권4, 「존양(存養)」에서 "朝廷主莊, 軍旅主嚴."이라고 하였다.

'욕기면력(欲其勉力)'의 경우, 무(楙: 힘씀)이다.

○ 見「甘誓」.174)
'욕기면력계구이용명야(欲其勉力戒懼而用命也)'에서 '용명(用命)'은 「감서(甘誓)」에 보인다.

[5-2-4-8]
> 火炎崑岡, 玉石俱焚. 天吏逸德, 烈于猛火, 殲厥渠魁, 脅從罔治, 舊染汙俗, 咸與惟新.

불이 곤산의 등마루를 태우면 옥과 돌이 모두 불탄다. 하늘의 벼슬아치로서 덕을 잃은 것은 맹렬한 불길보다 더하니, 큰 우두머리를 죽이고 위협 때문에 따른 자들은 다스리지 않음으로써 옛날에 물든 나쁜 풍습을 모두 함께 새롭게 하겠다.

詳說
○ 殲脅, 並諺音誤. 汙, 音烏.
'섬(殲)'과 '협(脅)'은 모두 『언해』의 음이 잘못되었다. '오(汙)'는 음이 '오(烏)'이다.

集傳
崑, 出玉山名
곤(崑)은 옥(玉)이 나오는 산 이름이고,

詳說
○ 崑崙.
곤륜산이다.

集傳
岡, 山脊也. 逸, 過, 渠, 大也. 言火炎崑岡, 不辨玉石之美惡而焚之, 苟爲天

---

174) 위의 「감서(甘誓)」 [5-2-2-5]에서 "用命, 賞于祖; 不用命, 戮于社, 予則孥戮汝.(명을 따르는 이는 선조의 사당에서 상을 내리고, 명을 따르지 않는 이는 사직에서 죽이되 내가 너의 처자식까지 죽이리라.)"라고 하였다.

吏

강(岡)은 산의 등마루이다. '잃다[逸]'는 것은 잘못되었다는 것이고, '크다[渠]'는 크다[大]는 것이다. 불이 곤산의 등마루를 태운다는 것은 옥(玉)·석(石)의 좋고 나쁨을 구분하지 못하고 태우는 것이니, 하늘의 벼슬아치로

詳說

○ 熾也.
'태운다[火炎]'는 것은 불길이 거세다는 것이다.

○ 王者.
천리(天吏)는 왕이 된 자이다.

集傳

而有過逸之德, 不擇人之善惡而戮之, 其害有甚於猛火不辨玉石也.
잘못된 덕이 있어서 사람들의 선악(善惡)을 가리지 않고 죽이면, 그 폐해가 맹렬한 불길이 옥(玉)·석(石)을 구분하지 않는 것보다 심한 것이다.

詳說

○ 添五字.
옥석을 구분하지 않는다는 말을 더 하였다.

集傳

今我但誅首惡之魁而已, 脅從之黨, 則罔治之, 舊染汚習之人, 亦皆赦而新之.
이제 나는 먼저 죄악을 주도한 우두머리를 벨뿐이고, 위협 때문에 따른 무리는 다스리지 않아 옛날의 나쁘게 물든 사람들 또한 모두 용서하여 새롭게 하였다.

詳說

○ 添赦字.
용서한다는 말을 더하였다.

集傳

其誅惡宥善, 是猶王者之師也.
죄악을 주벌하고 선을 용서하는 것이 바로 오히려 왕의 군대이다.

詳說

○ 尚也.
'오히려[猶]'는 '도리어[尚]'이다.

○ 薛氏曰 : "殲渠魁, 義也, 赦脅從, 仁也."
설씨(薛氏)가 말하였다 : "큰 우두머리를 죽이는 것은 의로움이고 위협 때문에 따른 자들을 용서하는 것은 어짊이다."[175]

集傳

今按, 胤征, 始稱羲和之罪, 止以其離次, 俶擾天紀, 至是有脅從舊染之語, 則知羲和之罪, 當不止於廢時亂日, 是必聚不逞之人,
이제 살펴보면, 윤후(胤后)가 정벌할 적에 처음 희화(羲和)[176]의 죄는 다만 관직을 어지럽히고 위계를 어긋나게 해 비로소 천기(天紀)를 어지럽혔다는 것이었는데, 이제는 '위협에 따랐고, 옛날에 물들었다'는 말이 있으니, 희화의 죄는 당연히 때를 폐하고 날을 어지럽히는데 그치지 않고, 반드시 불만이 있는 사람들을 모아

詳說

○ 欲逞惡, 而未得逞者.
악을 마음대로 하고자 했으나 그렇게 하지 못한 자들이다.

集傳

崇飮私邑,
사사로운 고을에서 술 마심을 높여

---

[175] 『서경대전(書經大全)』, 「하서(夏書)」·「윤정(胤征)」, "설씨(薛氏)가 말하였다 : '큰 우두머리를 죽이는 것은 의로움이고 위협 때문에 따른 자들을 용서하는 것은 어짊이기 때문에 왕자의 군대인 것이다.(薛氏曰, 殲渠魁, 義也. 赦脅, 從仁也, 所以爲王者之師.)'"
[176] 희화(羲和) : 중국 요(堯)임금 때에 천문의 일을 관장하던 희중(羲中)·희숙(羲叔)·화중(和中)·화숙(和叔) 네 형제를 모두 일컫는 말이다.

詳說

○ 崇飮, 見酒誥

'술 마심을 높인다.'는 말은 주고(酒誥)」에 보인다.

集傳

以爲亂黨助羿爲惡者也. 胤后徂征, 隱其叛逆而不言者, 蓋正名其罪, 則必鋤根除源, 而仲康之勢有未足以制后羿者. 故止責其曠職之罪.

어지러운 당을 만들고 예(羿)를 도와 죄악을 지은 자임을 알 수 있다. 윤후(胤侯)가 가서 정벌할 때에 이들의 반역(叛逆)을 숨기고 말하지 않은 것은, 아마도 그 죄를 바로 명명했으면 반드시 뿌리를 뽑고 근원을 제거해야 했을 것이지만, 중강(仲康)의 형세로는 후예(后)를 제재하기에 충분하지 않았기 때문이다. 그러므로 다만 직무를 유기한 죄만 책하였으나

詳說

○ 新安陳氏曰 : "名正, 言順羿, 亦不得庇之也."

신안 진씨(新安陳氏)[177]가 말하였다 : "명명하는 것이 바르면 예(羿)를 따른 것도 숨길 수 없다는 말이다."[178]

集傳

而實誅其不臣之心也.

실제는 신하노릇하지 않는 마음을 주벌한 것이다.

---

[177] 신안 진씨(新安陳氏, 1252~1334) 원 신안(新安) 출신. 이름은 력(). 자는 수옹(壽翁) 또는 정우(定宇). 스스로 동부(東阜)라고 불러서 만년의 호는 동부노인(東阜老人)이다. 거실을 정우당(定宇堂) 또는 근유당(勤有堂)이라 하여 정우선생(定宇先生)이라고도 불렸다. 주자를 자기 학문의 조종으로 삼았다. 송이 망하자 은거하고 책을 저술하다가 83살에 죽었다. 저서에 『역략(易略)』, 『사서발명(四書發明)』, 『서전찬소(書傳纂疏)』, 『예기집의(禮記集義)』, 『근유당수록(勤有堂隨錄)』, 『역조통략(歷朝通略)』, 『정우집(定宇集)』 등이 있다.

[178] 『서경대전(書經大全)』, 「하서(夏書)」·「윤정(胤征)」, "신안진씨가 말하였다 : '위협 때문에 따랐다는 말을 보면, 희화가 무리를 모아 역모를 도운 것이 분명하다. 중강은 예의 기세에 대해 이미 뿌리를 뽑을 수 없었으나 그 우익을 잘라내지 않을 수 없었기 때문에 일식의 변화를 헤아려 그의 혼미한 잘못을 바로잡았던 것이다. 명명하는 것이 바르면 예를 따른 것도 숨길 수 없다는 말이다. 무리를 모아 역모를 도운 것이 아니라면, 직분을 복으로 여겨 고을을 빼앗는 것은 사구가 가서 죽이는 것으로 충분한데, 무엇 때문에 수고롭게 대사마가 군사를 일으켜 무리에게 훈계하는 것을 마치 큰 적군을 정벌하는 듯이 하겠는가!'(新安陳氏曰 : '觀脅從之語, 羲和聚黨助逆明矣. 仲康於羿勢既未能鋤其根株, 不可不剪其羽翼, 故乘日食之變, 正其昏迷之亂. 名正, 言順羿亦不得庇之也. 使非聚黨助逆, 則禠職奪邑, 司寇行戮足矣, 何致勞大司馬興師誓衆, 如臨大敵哉.)"

詳說

○ 其誅以下, 論也.
'주벌한다'는 말 이하는 경문의 의미설명이다.

[5-2-4-9]

嗚呼. 威克厥愛, 允濟, 愛克厥威, 允罔功, 其爾衆士, 懋戒哉.

아! 위엄이 친애함을 이기면 진실로 구제할 것이고, 친애함 위엄을 이기면 진실로 공적이 없을 것이니, 너희 여러 군사들은 힘써 경계해야 할 것이다."

集傳

威者, 嚴明之謂, 愛者, 姑息之謂. 記曰軍旅主威, 蓋軍法不可以不嚴. 嚴明勝, 則信其事之必濟, 姑息勝, 則信其功之無成. 誓師之末, 而復

위엄은 엄하고 분명함을 이르고, 친애함은 구차하게 편안함을 이른다. 『예기(禮記)』에 "군대는 위엄을 위주한다."[179]고 하였으니, 군법은 준엄하게 하지 않아서는 안된다. 엄하고 분명함이 잘 시행되면 진실로 일이 반드시 구제되고, 구차하게 편안함이 시행되면 진실로 공적이 이루어지지 않는다. 군사들에게 맹세하는 끝인데, 다시

詳說

○ 當考.
상고해봐야 한다.

○ 去聲.
'부(復 : 다시)'는 거성이다.

集傳

嗟歎, 以是深警之, 欲其勉力戒懼而用命也.

차탄(嗟歎)하여 이것을 가지고 깊이 경계하였으니, 힘써 경계하고 두려워해서 명령을 따르도록 한 것이다.

---

179) 전자판 『사고전서』에서는 검색되지 않는다.

詳說
○ 懋.
　면력(勉力)은 노력한다는 것이다.

○ 用命, 見甘誓.
　'명령을 따르도록 한 것이다.'는 말은 「감서(甘誓)」에 보인다.

[5-3]
『상서商書』

集傳
契, 始封商湯, 因以爲有天下之號.
설(契)이 처음 상(商)에 봉하여졌는데, 탕왕이 그 때문에 그것을 가지고 천하를 차지한 칭호로 하였다.

詳說
○ 音薛.
'설(契)'은 음이 '설(薛)'이다.

○ 史記殷紀曰 : "十三世生湯."
『사기』「은기」에서 말하였다 : "열세 번째의 대에서 탕을 낳았다."[180]

○ 鄭氏曰 : "商在太華之陽, 盤庚遷殷以後稱殷."
정씨(鄭氏)[181]가 말하였다 : "상(商)은 태화(太華)의 북쪽에 있는데, 반경(盤庚)이 은(殷)으로 천도한 이후에는 은(殷)이라고 하였다."[182]

集傳
書凡十七篇.
상서는 모두 17편이다.

---

180) 『서경대전(書經大全)』,「상서(商書)」, "『사기』에서 탕은 황제의 후손이다. 제곡이 낳은 설이 당우(唐虞)의 사도가 되어 상에 봉해지면서 자씨(子氏) 성을 하사받았고, 열세 번째 대에서 탕을 낳음에 천을(天乙)이라고 이름을 짓고 박(亳)땅을 도읍으로 하였으니 지금의 제수[濟] 남쪽 박현이다.(史記, 湯, 黃帝後. 帝嚳生契, 爲唐虞司徒, 封於商賜姓子氏, 十三世生湯, 名天乙都亳, 今濟陰亳縣.)"
181) 정씨(鄭氏) : ????
182) 『서경대전(書經大全)』,「상서(商書)」, "정씨가 말하였다 : '상(商)은 태화(太華)의 북쪽에 있다. 탕은 재위 13년에 돌아가셨는데, 나이가 100세였고 국호는 상이었다. 반경(盤庚)이 은(殷)으로 천도한 이후에는 은(殷)이라고 하였다.'(鄭氏曰 : 商在太華之陽. 湯在位十三年崩, 壽百歲. 國號商, 盤庚遷殷以後號殷.)"

[5-3-1]
『탕서(湯誓)』

集傳

湯, 號也, 或曰諡.
탕(湯)은 호이다. 어떤 사람은 시호라고 한다.

詳說

○ 或說止此.
어떤 사람의 설명은 여기까지이다.

集傳

湯名履, 姓子氏. 夏桀暴虐, 湯往征之, 亳衆憚於征役, 故湯諭以弔伐之意, 蓋師興之時, 而誓于亳都者也.
탕(湯)은 이름이 이(履)이고 성(姓)은 자씨(子氏)이다. 하(夏)나라의 걸왕(桀王)이 포학하므로 탕왕(湯王)이 가서 정벌하려 하였는데, 박읍(邑)의 무리들이 군대의 노역을 꺼렸기 때문에 탕왕이 백성을 위문하고 죄 있는 자를 정벌하려는 뜻으로 깨우치게 하였으니, 군대를 일으킬 때에 박(亳)의 도읍에서 맹세한 것이다.

詳說

○ 湯都.
탕의 도읍이다.

○ 呂氏曰 : "弔民伐罪."
'정지(征之)'에 대해, 여씨(呂氏)가 말하였다 : "백성을 위로하고 죄 있는 자를 정벌하는 것이다."[183]

---

183) 『서경대전(書經大全)』, 「상서(商書)」·「중훼지고(仲虺之誥)」, "여씨가 말하였다 : 후세에 군대가 이르는 곳에는 가시나무가 자랐지만 탕 임금의 군대가 이르는 곳에는 백성들이 모두 기뻐하였으니, 백성을 위로하고 죄 있는 자를 정벌하며 그 관대함과 어짊을 펴는 것이 마치 가뭄 끝에 때맞춰 비가 내리는 것처럼 이르는 곳에는 소생하였기 때문이다."(呂氏曰 : 後世師之所至, 荊棘生焉, 湯師所至, 民皆欣欣, 蓋弔民伐罪, 布其寬仁, 如旱餘時雨, 所至則蘇也.)"

○ 董氏鼎曰 : "湯誓專爲亳民而作."
동씨 정(董氏鼎)184)이 말하였다 : "「탕서」는 오로지 박땅의 백성들을 위해 지은 것이다."185)

集傳
今文古文皆有.
금문(今文)과 고문(古文)에 모두 있다.

詳說
○ 朱子曰, "湯武固是反之, 細觀其書, 湯反之之功, 恐是精密. 如湯誓與牧誓, 數桀紂之罪, 辭氣不同. 又湯有慙德, 武王恐未必有此意."
주자(朱子)186)가 말하였다 : "탕왕과 무왕은 진실로 본성을 회복하였지만, 그 기록을 자세히 보면 탕이 본성을 회복한 공적이 정밀한 것으로 여겨진다. 이를테면 「탕서(湯誓)」・「목서(牧誓)」에서 걸과 주의 죄를 헤아림에서는 어투가 같지 않고, 또 탕에게는 사람들에게 미치지 않는 것을 부끄러워하는 덕이 있는데 무왕

---

184) 동정(董鼎, ?~?) 원나라 요주(饒州) 파양(鄱陽) 사람으로 자는 계형(季亨)이고, 별호는 심산(深山)이다. 동몽정(董夢程)의 먼 친척이고, 주희(朱熹)의 재전제자(再傳弟子)다. 황간(黃幹), 동수(董銖)를 사숙했다. 저서에 『서전집록찬소(書傳輯錄纂疏)』와 『효경대의(孝經大義)』가 있다. 『서전집록찬소』는 여러 학자의 설을 두루 모아 어느 한 사람의 설에만 얽매이지 않았다고 평가된다.
185) 『서경대전(書經大全)』, 「상서(商書)」・「탕서(湯書)」, "동씨 정이 말하였다 : '…. 이것은 탕이 경계시킨 것으로 오로지 박땅의 백성들을 위해 말해서 상과 벌로 보여준 것이다. 군대를 경계시키는 요체에서는 병사들의 사기를 권장하지 않을 수 없었던 것이고, 한 사람의 마음은 이로움으로 유혹하고 재앙으로 두렵게 해서 억지로 자신을 따라오게 할 수 없는 것이기 때문이다. 아! 탕 임금의 불행이야말로 천하의 큰 행운이로구나.'(董氏鼎曰 : …. 此湯之誓所以專為亳民而發也, 其示之以賞罰者. 誓師之體, 不得不勵士氣, 而一人心非誘以利怵以禍而强其從我也, 吁湯之不幸, 乃天下之大幸也.)"
186) 주희(朱熹, 1130~1200) : 자는 원회(元晦)・중회(仲晦)이고, 호는 회암(晦庵)・회옹(晦翁)・고정(考亭)・자양(紫陽)・둔옹(遯翁) 등이다. 송대 무원(婺源 : 현 강서성 무원현) 사람으로 건양(建陽 : 현 복건성 건양현)에서 살았다. 1148년에 진사에 급제하여 동안주부(同安主簿)・비서랑(秘書郎)・지남강군(知南康軍)・강서제형(江西提刑)・보문각대제(寶文閣待制)・시강(侍講) 등을 역임하였다. 스승 이동(李侗)을 통해 이정(二程)의 신유학을 전수받고, 북송 유학자들의 철학사상을 집대성하여 신유학의 체계를 정립하였다. 1179~1181년 강서성(江西省) 남강(南康)의 지사(知事)로 근무하면서 9세기에 건립되어 10세기에 번영했다가 폐허가 된 백록동서원(白鹿洞書院)을 재건했다. 만년에 이르러 정적(政敵)인 한탁주(韓侂冑)의 모함을 받아 죽을 때까지 정치활동이 금지되고 그의 학문이 거짓 학문으로 폄훼를 받다가 그가 죽은 뒤에 곧 회복되었다. 저서로는 『정씨유서(程氏遺書)』, 『정씨외서(程氏外書)』, 『이락연원록(伊洛淵源錄)』, 『고금가제례(古今家祭禮)』, 『근사록(近思錄)』 등의 편찬과 『사서집주(四書集注)』, 『서명해(西銘解)』, 『태극도설해(太極圖說解)』, 『통서해(通書解)』, 『사서혹문(四書或問)』, 『시집전(詩集傳)』, 『주역본의(周易本義)』, 『역학계몽(易學啓蒙)』, 『효경간오(孝經刊誤)』, 『소학서(小學書)』, 『초사집주(楚辭集注)』, 『자치통감강목(資治通鑑綱目)』, 『팔조명신언행록(八朝名臣言行錄)』 등이 있다. 막내아들 주재(朱在)가 편찬한 『주문공문집(朱文公文集)』(100권, 속집 11권, 별집 10권)과 여정덕(黎靖德)이 편찬한 『주자어류(朱子語類)』(140권)가 있다.

에게는 이런 의미가 없는 것 같다."187)

[5-3-1-1]

王曰, 格, 爾衆. 悉聽朕言. 非台小子, 敢行稱亂, 有夏多罪,
天命殛之.

왕께서 말씀하였다. "이리 오라. 너희 무리들아! 모두 짐의 말을 들어라. 나 하찮은 사람이 감히 군대를 동원하여 혼란을 일삼으려는 것이 아니라, 유하(有夏)의 죄가 커서 하늘이 명하여 정벌하게 하시는 것이다.

集傳

王曰者, 史臣追述之稱也.

왕왈(王曰)이라 한 것은 사신(史臣)이 추후(追後)에 서술한 칭호이다.

詳說

○ 時未稱王.

당시에는 아직 왕이라고 칭하지 않았던 것이다.

集傳

格, 至, 台, 我, 稱, 擧也. 以人事言之, 則臣伐君, 可謂亂矣, 以天命言之, 則所謂天吏.

'이리 오라[格]'는 온다는 것이고, 나[台]는 자신이며, '일삼다[稱]'는 것은 일으킨다

---

187) 『서경대전(書經大全)』, 「상서(商書)」, "주자가 말하였다 : '탕왕과 무왕은 진실로 본성을 회복하였지만, 그 기록만을 자세히 보면 탕이 본성을 회복한 공적이 정밀한 것으로 여겨진다. 이를테면 「탕서(湯誓)」・「목서(牧誓)」에서 걸과 주의 죄를 헤아림에서는 어투가 또한 같지 않고, 『사기』에서는 탕왕이 걸을 추방하여 죽였다고 기록하였고, 무왕은 마침내 주의 머리를 베고 흰 기를 걸었다고 기록하였.' 또 말하였다 : '탕에게는 사람들에게 미치지 않는 것을 부끄러워하는 덕이 있는데 무왕에게는 이런 의미가 없는 것 같다.'(朱子曰, 湯武固是反之, 但細觀其書, 湯反之之功, 恐是精密, 如湯誓與牧誓, 數桀紂之罪, 辭氣亦不同, 史記但書湯放桀而死, 書武王則遂斬紂頭, 懸之白旗. 又曰, 湯有慙德, 如武王, 恐未必有此意.)"; 『주자어류(朱子語類)』 61권, 「맹자(孟子)」 11, 62조목 : "탕왕과 무왕은 진실로 모두 본성을 회복하였지만, 그 기록만을 자세히 보면 탕이 본성을 회복한 공적이 더욱 정밀한 것으로 여겨진다. 또 이르자면 「탕서(湯誓)」・「목서(牧誓)」에서 걸과 주의 죄를 헤아림에서는 어투도 같지 않고, 『사기』에서는 탕왕이 걸을 추방하여 죽였고, 무왕은 마침내 주의 머리를 베고 흰 기를 걸었다고만 기록하였다.' 또 말하였다 : '탕에게는 사람들에게 미치지 않는 것을 부끄러워하는 덕이 있는데 무왕에게는 이런 의미가 없는 것 같다.'(湯武固皆反之. 但細觀其書, 湯反之之工, 恐更精密. 又如湯誓與牧誓, 數桀紂之罪, 詞氣亦不同, 史記但書湯放桀而死, 武王遂斬紂頭, 懸之白旗. 又曰, 湯有慚德, 如武王恐亦未必有此意也.)"

는 것이다. 사람의 일로 말하면 신하가 임금을 정벌하는 것이니 혼란이라고 말해야 하지만, 천명으로 말하면 이른바 하늘의 벼슬아치라는 것이니,

詳說

○ 出孟子公孫丑.

『맹자』「공손추」가 출처이다.188)

集傳

非稱亂也.

혼란을 일삼으려는 것이 아니다.

詳說

○ 以論釋之.

경문의 의미 설명으로 풀이하였다.

○ 行稱亂之諺釋, 有非文勢合, 夐商.

'군대를 동원하여 혼란을 일삼으려는 것'이라는 것에 대한 『언해』의 풀이는 어투에 합하지 않는 것이 있으니, 다시 살펴봐야 할 것이다.

[5-3-1-2]

今爾有衆, 汝曰我后 不恤我衆, 舍我穡事, 而割正夏. 予惟聞汝衆言, 夏氏有罪, 予畏上帝, 不敢不正.

지금 너희들은 무리를 지어 너희들이 '우리 임금이 우리들을 구휼하지 않고 우리의 수확하는 일을 버려두고는 하(夏)나라를 끊어 바로잡으려 한다.'라고 한다. 나는 너희 무리들의 말을 들었지만 하(夏)나라는 죄(罪)가 있고, 나는 상제를 두려워하니, 감히 바로잡지 않을 수 없다.

---

188) 『맹자집주(孟子集註)』「공손추장구(公孫丑章句)」상(上) : "진실로 이 다섯 가지를 행할 수 있으면, 이웃나라의 백성들이 그를 우러러보기를 부모(父母)처럼 할 것이다. 그 자제(子弟)를 거느리면서 그 부모(父母)를 공격하는 것은 생민(生民) 이래로 능히 이룬 자가 없었다. 이와 같으면 천하에 대적할 자가 없을 것이다. 천하에 대적할 자가 없으면, 천리(天吏)이다. 이렇게 하고서도 왕 노릇하지 못한 자는 있지 않다.(信能行此五者, 則鄰國之民仰之若父母矣. 率其子弟, 攻其父母, 自生民以來, 未有能濟者也. 如此, 則無敵於天下. 無敵於天下者, 天吏也. 然而不王者, 未之有也.)"

詳說
○ 上聲.
'버려둔다[舍]'는 말은 상성이다.

集傳
穡, 刈穫也. 割, 斷也.
색(穡)은 베어 수확함이다. 할(割)은 끊음이다.

詳說
○ 音短, 下同.
'단(斷)'의 음은 단(短)으로 아래에서도 같다.

集傳
亳邑之民,
박읍(邑)의 백성들은

詳說
○ 旣曰爾有衆, 又曰汝者, 致其丁寧之意也.
'너희들은 무리를 지어'라고 이미 말해 놓고, 또 '너희들이'라고 한 것은 진실한 뜻을 이루려는 것이다.

集傳
安於湯之德政, 桀之虐焰, 所不及. 故不知夏氏之罪, 而憚伐桀之勞,
탕왕(湯王)의 덕정(德政)에 편안해서 걸왕(桀王)의 포악한 불길이 미치지 않는다. 그러므로 하(夏)씨의 죄를 알지 못하고, 걸왕(桀王)을 정벌하는 수고로움을 꺼려

詳說
○ 先立論.
먼저 경문의 의미 설명을 내세웠다.

集傳

反謂湯不恤亳邑之衆, 舍我刈穫之事,
도리어 탕왕 박읍의 무리들을 구휼하지 않아서 우리의 수확하는 일을 버려두고

> 詳說
> ○ 時秋.
>> 그때가 가을이었다.

集傳
而斷正有夏, 湯言我亦聞汝衆論
하(夏)나라를 정벌하려 한다."라고 하니, 탕왕(湯王)이 "나도 너희 무리들의 말이

> 詳說
> ○ 去聲.
>> '말[論]'은 거성이다.

集傳
如此, 然夏桀暴虐, 天命殛之,
이렇다는 것을 들었으나 하(夏)나라 걸왕(桀王)이 포학하여 하늘이 명하여 정벌하게 하시니,

> 詳說
> ○ 承上節.
>> 위의 절을 이어받았다.

集傳
我畏上帝, 不敢不往, 正其罪也.
나는 상제(上帝)가 두려워 감히 가서 그 죄를 바로잡지 않을 수 없다."라고 했던 것이다.

> 詳說

○ 新安陳氏曰 : "湯之興, 順乎天, 而應乎人. 此一節, 見夏之天命已絶, 湯所以順乎天也."
신안 진씨(新安陳氏)가 말하였다 : "탕의 흥성함은 하늘에 따라 사람들에게 호응한 것이다. 여기의 한 절에서 하나라의 천명이 이미 끊어져서 탕이 하늘을 따르는 까닭을 알 수 있는 것이다."[189]

[5-3-1-3]

今汝其曰, 夏罪, 其如台. 夏王, 率遏衆力, 率割夏邑. 有衆, 率怠弗協 曰, 時日, 曷喪. 予及汝, 皆亡. 夏德, 若茲, 今朕, 必往.

지금 너희들은 '하(夏)나라의 죄가 우리를 어쩌겠는가.' 라고 한다. 하(夏)나라 왕(王)은 백성들의 힘을 거칠게 막으며 하(夏)나라의 읍을 사납게 해친다. 이에 무리들이 모두 태만하고 화합하지 아니하며 '이 해는 언제 없어질까? 내 너와 함께 모두 망하겠다.' 라고 한다. 하(夏)나라의 덕(德)이 이와 같으니, 이제 짐이 반드시 가야 하는 것이다.

詳說

○ 曷, 諺音, 與多方害, 音相矛盾. 喪, 去聲, 皆, 偕通.
'갈(曷)'은 『언해』의 음이 '다방(多方)」에서의 갈(害)과 음이 서로 모순된다. '상(喪)'은 거성이고, '개(皆)'는 해(偕)와 통한다.

集傳

遏, 絶也, 割, 剝割夏邑之割.
알(遏)은 끊음이고, 할(割)은 '하나라의 고을을 해쳤다[剝割夏邑]'고 할 때의 해치다[割]는 것이다.

詳說

---

189) 『서경대전(書經大全)』, 「상서(商書)」·「탕서(湯書)」, "신안 진씨가 말하였다 : "탕의 흥성함은 하늘에 따라 사람들에게 호응한 것이다. 여기의 한 절에서 상나라 백성들은 한 사람인 자신으로 마음을 삼았고 탕은 하늘로 마음을 삼았을 알 수 있다. 대개 이때에 하나라의 천명이 이미 끊어졌으니, 탕이 그 때문에 하늘을 따르는 것이다.(新安陳氏曰, 湯之興, 順乎天, 而應乎人. 此一節可見商民以一己爲心, 湯則以上天爲心. 蓋是時夏之天命已絶, 湯所以順乎天也.)"

○ 見多方.

「다방(多方)」에 보인다.190)

○ 戕害也.

해친다는 것이다.

集傳

時, 是也. 湯又擧商衆言, 桀雖暴虐, 其如我何, 湯又應之曰, 夏王率爲重役以窮民力,

시(時)는 이것이다. 탕왕은 또 상나라 무리들의 말에 "걸왕이 비록 포학할지라도 우리를 어떻게 하겠는가?"라고 하는 것을 듣고는 탕왕이 또 호응해서 "하나라 왕이 솔선하여 부역을 무겁게 하여 백성들의 힘을 궁하게 하고,

詳說

○ 二字, 並貫下嚴刑.

'솔선하여 ~하였다[率爲]'는 말은 나란히 아래의 형벌을 엄하게 한다는 것까지 이어진다.

○ 遏.

'궁하게 한다[窮]'는 것은 막는다는 것이다.

集傳

嚴刑以殘民生,

형벌을 엄하게 하여 민생을 해치니,

詳說

○ 割.

'해치다[殘]'는 것은 빼앗는다는 것이다.

---

190)『서경대전(書經大全)』「주서(周書)」·「다방(多方)」: "분해하는 자들을 날로 공경하여 하나라의 고을들을 해쳤다.(叨懫日欽, 劓割夏邑.)"

○ 添役刑字.
'부역[役]형벌[刑]이라는 말을 더하였다.'

集傳
民厭夏德亦, 率皆怠於奉上,
백성들이 하(夏)나라의 덕(德)을 싫어하여 또한 모두 윗사람을 받듦에 태만하고

詳說
○ 諺釋二率字, 不同合, 更商.
『언해』에서의 두 번의 솔(率)자는 동일하게 합하지 않으니 다시 살펴봐야 할 것이다.

○ 添奉上字.
'윗사람을 받듦[奉上]'이라는 말을 더하였다.

集傳
不和於國, 疾視其君,
나라에 화합(和合)하지 아니하여 그 임금을 노려보면서

詳說
○ 疾視, 出孟子梁惠王.
'노려본다[疾視]'는 말은 『맹자』「양혜왕」이 출처이다.[191]

集傳
指日而曰, 是日何時而亾乎, 若亾則吾寧與之俱亾,
해를 가리키며 "이 해는 언제 없어질까? 만일 없어진다면 내 차라리 너와 함께 모두 망하겠다."라고 하는 것은

---

191) 『맹자집주(孟子集註)』「양혜왕장구(梁惠王章句)」하(下) : "(맹자가) 대답하였다. "왕께서는 청컨대 작은 용맹을 좋아하지 마소서. 검을 어루만지고 노려보면서 '네가 어찌 감히 나를 당하겠는가!'라고 하면, 이것은 필부(匹夫)의 용맹이 한 사람을 대적하는 것입니다. 왕께서는 청컨대 용맹을 크게 하소서!(對曰, 王請無好小勇. 夫撫劍疾視曰,'彼惡敢當我哉.' 此匹夫之勇, 敵一人者也. 王請大之.)"

詳說

○ 皆.

'모두[俱]'는 '모두[皆]'이다.

集傳

蓋苦桀之虐, 而欲其亡之甚也.

걸왕(桀王)의 학정(虐政)에 괴로워서 망하게 하고자 함이 심한 것이다.

詳說

○ 添二句.

두 구절을 더한 것이다.

集傳

桀之惡德如此, 今我之所以必往也. 桀嘗自言, 吾有天下, 如天之有日, 日亡吾乃亡耳. 故民因以日目之.

걸왕(桀王)의 악덕(惡德)이 이와 같으니, 이제 내가 반드시 가야 한다는 것이다. 걸왕(桀王)이 일찍이 스스로 "내가 천하(天下)를 소유함은 하늘에 해가 있는 것과 같으니, 해가 없어져야 내가 비로소 망한다."라고 하였다. 그러므로 백성들이 그 말에 따라 해를 가지고 그를 지목했던 것이다.

詳說

○ 桀嘗以下, 論也.

'걸왕이 일찍이' 이하의 말은 경문의 의미 설명이다.

○ 新安陳氏曰 : "此節見夏之人心已離, 湯所以應乎人也."

신안 진씨가 말하였다 : "여기의 구절에서 하나라에서 사람들의 마음이 이미 떠나갔으니, 탕이 그 때문에 사람들에게 호응하는 것이다."[192]

---

192) 『서경대전(書經大全)』, 「상서(商書)」·「탕서(湯書)」, "신안 진씨가 말하였다 : 여기의 한 절에서 상나라 백성들은 한 나라로 마음을 삼았고 탕은 하늘로 마음을 삼았을 알 수 있다. 대개 이때에 하나라에서 사람들의 마음이 이미 떠나갔으니, 탕이 그 때문에 사람들에게 호응하는 것이다.(新安陳氏曰, 此一節可見商民以一國為心, 湯則以上天為心. 蓋是時夏之人心已離, 湯所以應乎人也..)"

[5-3-1-4]

爾尚輔予一人, 致天之罰. 予其大賚汝. 爾無不信. 朕不食言.
爾不從誓言, 予則孥戮汝, 罔有攸赦.

너희들은 부디 나 한 사람을 도와서 하늘의 벌을 이루도록 하라. 내가 너희들에게 크게 상을 내리겠다. 너희들은 불신(不信)하지 말라. 짐(朕)은 식언(食言)하지 않으리라. 너희들이 맹세하는 말을 따르지 않는다면 나는 너희들을 처자식까지 죽여서 용서하지 않겠다."

集傳
賚, 與也.
'내린다[賚]'는 것은 준다는 것이다.

詳說
○ 武王伐殷, 亦言大賚
무왕이 은나라를 정벌할 때에도 큰 상을 내리겠다고 하였다.

集傳
食言, 言已出而反吞之也.
식언(食言)은 말을 해놓고는 도로 삼키는 것이다.

詳說
○ 謂不踐言.
말을 실천하지 않는 것이다.

集傳
禹之征苗, 止曰爾尚一乃心力, 其克有勳,
우왕(禹王)이 삼묘(三苗)를 정벌할 때에는 다만 "너희들은 부디 너희들의 마음과 힘을 한결같이 하여야 공(功)을 세울 수 있을 것이다."라고 하였는데,

詳說
○ 見大禹謨.

「대우모(大禹謨)」에 보인다.193)

集傳

至啓, 則曰用命, 賞于祖, 不用命, 戮于社, 予則孥戮汝,

계(啓)에 와서는 "명령을 잘 따르는 자는 조상의 묘에서 상을 주고, 명령을 따르지 않는 자는 사당에서 죽이는데 내 너희들을 처자식까지 죽이겠다."라고 하였고,

詳說

○ 見甘誓.

「감서(甘誓)」에 보인다.194)

集傳

此又益以朕不食言, 罔有攸赦, 亦可以觀世變也.

여기서는 또 "짐은 식언(食言)을 하지 않으리라." "용서하지 않겠다."는 말을 더하였으니, 또한 세상이 변했음을 볼 수 있다.

詳說

○ 一作矣.

'야(也)'자는 어떤 판본에는 '의(矣)'자로 되어 있다.

○ 至武王, 又重言顯戮躬戮.

무왕 때에 와서 또 거듭 죽이는 것을 드러내고 몸소 죽였다.

---

193) 『서경대전(書經大全)』「우서(虞書)」·「대우모(大禹謨)」: "제순(帝舜)이 '아! 우(禹)야. 이 유묘(有苗)가 따르지 않으니, 네가 정벌하라.'라고 하였다. 우(禹)가 마침내 여러 제후들을 모아놓고 군사들에게 다음과 같이 맹세하였다. '많은 군사들아, 다 나의 명령을 들어라. 무지한 이 유묘(有苗)가 어둡고 미혹하며 불경(不敬)하여 남을 업신여기고 스스로 어진 체하며, 도를 위배하고 덕을 파괴하여 군자가 초야에 있고 소인이 지위에 있으니, 백성들이 유묘(有苗)의 군주를 버리고 보호하지 않으며 하늘이 재앙을 내리신다. 이러므로 내가 너희 여러 군사들을 거느리고 황제의 말씀을 받들어 죄를 지은 자들을 정벌하노니, 너희들은 부디 마음과 힘을 한결같이 하여야 공을 세울 수 있을 것이다.'(帝曰, 咨禹. 惟時有苗弗率, 汝征. 禹乃會群后, 誓于師曰 濟濟有衆, 咸聽朕命. 蠢茲有苗, 昏迷不恭, 侮慢自賢, 反道敗德, 君子在野, 小人在位, 民棄不保, 天降之咎. 肆予以爾衆士, 奉辭伐罪, 爾尙一乃心力, 其克有勳.)"

194) 『서경대전(書經大全)』「하서(夏書)」·「감서(甘誓)」: "명령을 잘 따르는 자는 조상의 묘에서 상을 주고, 명령을 따르지 않는 자는 사당에서 죽이는데 내 너희들을 처자식까지 죽이겠다.(用命, 賞于祖, 不用命, 戮于社, 予則孥戮汝.)"

○ 新安陳氏曰 : "人心之所歸, 即天命之所在, 湯誓拳拳以天言, 曰天命殛之, 曰予畏上帝, 曰致天之罰."

신안 진씨(新安陳氏)가 말하였다 : "사람들의 마음이 돌아가는 곳이 바로 천명이 있는 곳이니, 탕의 맹세가 간절한 것은 하늘로 말한 것이니, '하늘이 명하여 정벌하게 하시는 것이다.'라고 하였고, '나는 상제를 두려워한다.'고 하였으며, '하늘의 벌을 이루도록 하라.'라고 하였던 것이다.195)

---

195) 『서경대전(書經大全)』, 「상서(商書)」·「탕서(湯誓)」: "신안 진씨(新安陳氏)가 말하였다 : '사람들의 마음이 돌아가는 곳이 바로 천명이 있는 곳이고 사람들의 마음이 떠나는 곳이 바로 천명이 버리는 곳이다. 하늘이 명해 탕이 정벌하였으니, 탕이 감히 하늘을 어기겠는가? 탕이 군사들에게 맹세한 것이 간절한 것은 오직 하늘로 말한 것이니, 「하늘이 명하여 정벌하게 하시는 것이다.」라고 하였고, 「나는 상제를 두려워한다.」고 하였으며, 「하늘의 벌을 이루도록 하라.」고 하였던 것이니, 탕이 정벌하지 않으면 하늘이 정벌할 것이다. ….'(新安陳氏曰, …. 人心之所歸, 即天命之所在, 人心之所離, 即天命之所棄也. 天命湯伐之, 湯敢違天乎. 湯之誓師拳拳, 惟以天言, 曰天命殛之, 曰予畏上帝, 曰致天之罰, 非湯伐之, 天伐之也. ….)"

[5-3-2]
『중훼지고(仲虺之誥)』

집전

仲虺, 臣名, 奚仲之後, 爲湯左相.
중훼(仲虺)는 신하(臣下)의 이름으로 해중(奚仲)의 후예이니, 탕(湯)의 좌상(左相)이 되었다.

상설

○ 許偉反. 說文作𧈧 又作䖒, 作𧈧
'훼(虺)'자는 음이 허(許)와 '위(偉)'의 반절이다. 『설문』에서는 '𧈧'로 되어 있고, 또 '䖒'로 되어 있으며, '𧈧'로 되어 있다.

○ 爲夏禹車正, 見左哀元年.
해중(奚仲)은 우(夏禹)의 거정(車正)으로 『좌전』「애공」 원년에 보인다.

○ 去聲.
'상(相)'은 거성이다.

○ 卽萊朱.
좌상(左相)은 바로 내주(萊朱)이다.

집전

誥, 告也. 周禮, 士師以五戒, 先後刑罰,
고(誥)는 고함이다. 『주례(周禮)』에 "사사(士師)가 다섯 가지 경계로써 형벌을 도왔으니,

상설

○ 書序曰, 湯歸自夏, 至于大坰, 仲虺作誥.

『상전』의 「서문」에서 "탕임금이 하나라에서 돌아와 대경에 이르니, 중훼가 경계[誥]를 지었다."라고 하였다.

○ 秋官.
『주례(周禮)』는 「추관(秋官)」이다.

○ 並去聲.
'선후(先後)'는 모두 거성이다.

○ 沙溪曰 : "猶言左右."
'선후(先後)'에 대해, 사계(沙溪)196)가 말하였다 : "선후(先後)는 좌우(左右)라고 말하는 것과 같다."

集傳
一曰誓, 用之於軍旅, 二曰誥, 用之於會同,
첫 번째는 서(誓)이니 군려(軍旅)에서 사용하고, 두 번째는 고(誥)이니 회동(會同)에서 사용한다." 하였으니,

詳說
○ 周禮止此.
『주례』는 여기까지이다.

集傳
以喩衆也. 此但告湯, 而亦謂之誥者, 唐孔氏謂仲虺, 亦必對衆而言, 蓋非特釋湯之慙, 而且以曉其臣民衆庶也.
무리들을 깨우친 것이다. 이것은 단지 탕왕에게 아뢴 것인데 또한 고(誥)라고 이른 것은 당(唐)나라 공씨(孔氏)가 "중훼(仲)가 또한 반드시 무리들을 상대하여 말한 것이니, 단지 탕왕(湯王)의 부끄러움을 풀어줄 뿐만이 아니고, 또 그 신민(臣民)과 중서(衆庶)들을 깨우친 것이다."라고 하였다.

---

196) 김장생(金長生, 1548~1631) : 조선 중기의 문신으로 자는 희원(希元)익, 호는 사계(沙溪)이다. 이이의 제자이자 송시열의 스승으로, 조선 예학(禮學)의 태두이다. 저서에 『의례문해(疑禮問解)』, 『근사록석의(近思錄釋疑)』, 『경서변의(經書辨疑)』 등이 있다.

> 詳說

○ 誥, 卽告也, 上下可通用. 如召誥洛誥, 多以下告上, 此篇佑賢以下, 皆進戒之辭, 故亦曰誥, 不必言曉其臣民也.

'고(誥)'는 곧 고함으로 상하로 통용할 수 있다. 이를테면 「소고(召誥)」와 「낙고(洛誥)」에서는 대부분 아래에서 위로 고하는 것이고, 여기의 편에서 현자를 돕는다는 말 이하에서는 모두 나아가 경계하는 말이기 때문에 또한 '고(誥)'라고 하였으니, 굳이 신하와 백성에게 말하여 깨우치게 하려는 것이라고 말할 필요는 없다.

○ 新安陳氏曰 : "仲虺釋其慙, 始則美之, 又慮愧心, 旣釋驕心或生, 故復警之, 大臣引君, 當道者如此."

신안 진씨(新安陳氏)가 말하였다 : "중훼가 그 부끄러움을 해석함에 처음에는 아름답게 여기면서 또 부끄러워하는 마음을 생각하였고, 풀이를 한 다음에 교만한 마음이 혹 생겨났기 때문에 다시 경계했던 것이니, 대신이 임금을 인도함에 도에 합당한 것은 이와 같다."197)

> 集傳

古文有, 今文無

고문(古文)에는 있고 금문(今文)에는 없다.

> 詳說

○ 此先擧古文, 或傳寫之誤.

여기에서는 먼저 고문을 들었는데, 혹 전하여 베끼면서 잘못된 것일 수 있다.

[5-3-2-1]

成湯, 放桀于南巢, 惟有慙德, 曰予恐來世, 以台爲口實.

---

197) 『서경대전(書經大全)』, 「상서(商書)」·「중훼지고(仲虺之誥)」 : "신안 진씨(新安陳氏)가 말하였다 : '탕의 부끄러워함을 보면 탕의 본 마음이 비로소 드러났다. 만세토록 임금과 신하가 처음으로 변하는 때에 중훼가 그 부끄러워함을 해석함에 처음에는 아름답게 여기면서 또 부끄러워하는 마음을 생각하였고, 풀이를 한 다음에 교만한 마음이 혹 생겨났기 때문에 마침내 다시 경계했던 것이니, 대신이 임금을 인도함에 도에 합당한 것은 이와 같다.(新安陳氏曰, 觀湯之慙, 湯本心始見矣. 以居萬世君臣之始變也. 仲虺釋其慙, 始則美之, 又慮其愧心, 旣釋驕心或生, 故終復警之, 大臣之引君, 當道者如此.)'"

성탕이 걸왕을 남소(南巢)에 유폐시키고 부끄러워하는 덕이 있어 "나는 후세에 나를 구실로 삼을까 두려워한다."라고 하였다.

集傳

武功成, 故曰成湯. 南巢, 地名. 廬江, 六縣,
무공(武功)이 이루어졌기 때문에 성탕(成湯)이라 한 것이다. 남소(南巢)는 지명(地名)이다. 여강(廬江) 육현(六縣)에

詳說

○ 縣名六也.
현의 이름이 육(六)이다.

集傳

有居巢城, 桀奔于此, 因以放之也. 湯之伐桀, 雖順天應人, 然承堯舜禹授受之後, 於心終有所不安, 故愧其德之不古若, 而又恐天下後世藉以爲口實也.
거소성(居巢城)이 있는데, 걸왕(桀王)이 이곳으로 달아나서 그 때무네 이곳에 유폐시킨 것이다. 탕왕(湯王)이 걸왕(桀王)을 정벌한 것은 비록 하늘의 뜻에 순종하고 사람의 마음에 응한 것이나 요(堯)·순(舜)·우(禹)가 주고받은 뒤를 이어서 마음에 끝내 불안한 바가 있었다. 그러므로 그 덕이 옛날과 같지 못함을 부끄러워하였고, 또 천하와 후세에 그것을 빌미로 구실로 삼을까 두려워한 것이다.

詳說

○ 新安陳氏曰 : "以居萬世君臣之始變也, 湯本心見矣.
신안 진씨가 말하였다 : "만세토록 임금과 신하가 처음으로 변하는 때에 탕의 본 마음이 드러났다."[198]

---

198) 『서경대전(書經大全)』, 「상서(商書)」·「중훼지고(仲虺之誥)」 : "신안 진씨(新安陳氏)가 말하였다 : '탕의 부끄러워함을 보면 탕의 본 마음이 비로소 드러났다. 만세토록 임금과 신하가 처음으로 변하는 때에 중훼가 그 부끄러워함을 해석함에 처음에는 아름답게 여기면서 또 부끄러워하는 마음을 생각하였고, 풀이를 한 다음에 교만한 마음이 혹 생겨났기 때문에 마침내 다시 경계했던 것이니, 대신이 임금을 인도함에 도에 합당한 것은 이와 같다.(新安陳氏曰, 觀愧之慙, 湯本心始見矣. 以居萬世君臣之始變也. 仲虺釋其慙, 始則美之, 又慮其愧心, 既釋驕心或生, 故終復警之, 大臣之引君, 當道者如此.)"

○ 諉託之欛柄.
'후세자이위구실야(後世藉以爲口實也).'의 경우, 위탁받은 권력이다.

○ 上慙古, 下恐來.
위로는 옛날에 부끄러웠고, 아래로는 미래가 두려웠던 것이다.

集傳

○ 陳氏曰, 堯舜以天下讓, 後世好名之士, 猶有不知而慕之者
진씨(陳氏)가 말하였다. "요(堯)·순(舜)이 천하를 양보함에 후세에 명예를 좋아하는 선비들이 오히려 알지 못하고 사모하는 경우가 있었으니,

詳說

○ 去聲.
'호(好)'는 거성이다.

○ 沙溪曰 : "燕噲之類."
사계가 말하였다 : "연나라 왕 쾌와 같은 무리들이다."

集傳

湯武征伐而得天下, 後世嗜利之人, 安得不以爲口實哉. 此湯之所以恐也歟.
탕(湯)·무(武)가 정벌하여 천하(天下)를 얻음에 후세에 이익을 좋아하는 사람들이 어찌 구실(口實)로 삼지 않겠는가. 이것이 탕왕(湯王)이 두려워하신 이유일 것이다."

[5-3-2-2]

仲虺乃作誥曰, 嗚呼, 惟天生民有欲, 無主, 乃亂, 惟天生聰明, 時乂. 有夏昏德, 民墜塗炭, 天乃錫王勇智, 表正萬邦, 纘禹舊服. 茲率厥典, 奉若天命.

중훼는 마침내 다음과 같은 고(誥)를 지어 말하였다. "아! 하늘이 내신 백성들이 욕심이

있으니, 군주가 없으면 마침내 혼란하므로 하늘이 총명한 사람을 내심은 쟁란(爭亂)을 다스리려고 하신 것입니다. 유하(有夏)가 덕에 어두워서 백성들이 도탄에 빠졌는데, 하늘이 마침내 왕에게 용맹과 지혜를 내려주셔서 만방을 바로잡아 드러내고 우왕(禹王)이 옛날 행하셨던 것을 잇게 하셨습니다. 이것은 그 떳떳함을 따라서 천명을 받들어 순종하셔야 할 것입니다.

【詳說】

○ 纘, 作管反.

'찬(纘)'은 음이 '작(作)'과 '관(管)'의 반절이다.

【集傳】

仲虺恐湯憂愧不已,

중훼는 탕왕의 근심과 부끄러워함이 그치지 않음을 걱정하여

【詳說】

○ 承上節.

위의 절을 이어받았다.

【集傳】

乃作誥以解釋其意. 歎息言民生

마침내 고(誥)를 지어서 그 뜻을 풀어준 것이다. 탄식해서 "백성들이 태어남에

【詳說】

○ 倒言以便於文義. 若其勢, 則上下天生不容異同. 諺釋太泥於註矣.

거꾸로 말해 글의 의미를 편하게 했다. 어투대로 했다면 위아래로 하늘이 낸 것들의 다름과 같음을 받아들이지 못한다. 『언해』는 너무 주석에 매몰되었다.

【集傳】

有耳目口鼻愛惡

이(耳)·목(目)·구(口)·비(鼻)와 좋아하고 미워하는

詳說
○ 去聲.
'오(惡)'는 거성이다.

集傳
之欲, 無主, 則爭且亂矣. 天生聰明, 所以爲之主, 而治其爭亂者也.
욕망이 있으니, 군주가 없으면 다투고 또 어지럽게 된다. 하늘이 총명한 사람을 낸 것은 그를 군주로 삼아 그 쟁란을 다스리기 위한 한 것이다."라고 하였다.

詳說
○ 乂.
'다스린다[治]'는 것은 경문에서 '다스린다[乂]'는 것이다.

○ 汎言君道.
임금의 도리를 넓게 말하였다.

集傳
墜, 陷也. 塗, 泥, 炭, 火也. 桀爲民主, 而反行昏亂, 陷民於塗炭, 旣失其所以爲主矣. 然民不可以無主, 故天錫湯以勇智之德. 勇足以有爲, 智足以有謀, 非勇智, 則不能成天下之大業也. 表正者, 表正於此, 而影直於彼也.
추(墜)는 빠짐이다. 도(塗)는 진흙이고, 탄(炭)은 불이다. 걸(桀)이 백성의 군주가 되어 도리어 혼란함을 행해서 백성들을 도탄에 빠뜨리니, 이미 군주가 된 이유를 잃은 것이다. 그러나 백성들은 군주가 없을 수 없으므로 하늘이 탕왕에게 용맹과 지혜의 덕을 내리셨다. 용맹은 일을 함이 있고 지혜는 도모함이 있으니, 용맹과 지혜가 아니면 천하의 대업을 이루지 못한다. 바로 잡아 드러내는 것은 의표(儀表)가 여기에 바로잡혀 있으면 그림자가 저기에 곧게 나타나는 것이다.

詳說
○ 猶言準則.
준칙이라고 말하는 것과 같다.

集傳

天錫湯以勇智者, 所以使其表正萬邦, 而繼禹舊所服行也. 此但率循其典常以奉順乎天而已, 天者, 典常之理所自出, 而典常者, 禹之所服行者也. 湯革夏, 而續舊服, 武革商, 而政由舊,

하늘이 탕왕에게 용맹과 지혜를 내려주신 것은 만방을 바로잡아 드러내어 우왕이 옛날 행하셨던 것을 잇게 하기 위한 것이다. 이것은 그 떳떳함을 따라서 하늘을 받들어 순종하는 것일 뿐이니, 하늘은 떳떳한 이치가 말미암아 나오는 곳이고, 떳떳함은 우왕이 행하신 것이다. 탕왕은 하(夏)나라를 개혁하였으나 옛날에 행했던 것을 이었고, 무왕은 상(商)나라를 개혁하였으나 정사(政事)는 옛것을 따랐으니,

詳說

○ 見武成.

「무성(武成)」에 보인다.

集傳

孔子所謂百世可知者,

공자의 이른바 '백세(百世)가 지나도 알 수 있다.'는 것은

詳說

○ 見論語爲政.

『논어』「위정」에 보인다.199)

集傳

正以是也. 林氏曰, 齊宣王問孟子曰, 湯放桀武王伐紂有諸. 孟子曰, 賊仁者, 謂之賊, 賊義者, 謂之殘, 殘賊之人, 謂之一夫, 聞誅一夫紂矣, 未聞弑君也.

바로 이 때문이다. 임씨(林氏)가 말하였다. "제(齊)나라 선왕(宣王)이 맹자(孟子)에게 '탕왕(湯王)이 걸(桀)을 유폐하고 무왕(武王)이 주(紂)를 정벌했다고 하는데, 그

---

199) 『논어(論語)』「위정(爲政)」: "자장(子張)이 '열 세대의 일을 알 수 있습니까?'라고 물었다. 공자가 대답했다. '은나라는 하나라의 예를 따랐으니 무엇을 덜고 보태었는지 알 수가 있고, 주나라는 은나라의 예를 따랐으니 무엇을 덜고 보태었는지 알 수가 있다. 그래서 혹시 주나라를 잇는 자가 있다면, 비록 백 세대의 뒤라도 알 수가 있는 것이다.'(子張問 : 十世可知也. 殷因於夏禮, 所損益可知也, 周因於殷禮, 所損益可知也. 其或繼周者, 雖百世可知也.)"

런 일이 있습니까?'라고 물으니, 맹자는 '인(仁)을 해치는 자를 적(賊)이라 이르고 의(義)를 해치는 자를 잔(殘)이라 이르며 잔적(殘賊)한 사람을 일부(一夫)라 이르니, 일부(一夫)인 주(紂)를 정벌했다는 말은 들었고 군주를 시해했다는 말은 듣지 못하였습니다.'라고 대답하였다.

詳說
○ 見孟子梁惠王.
『맹자』「양혜왕」에 보인다.200)

○ 言紂以該桀.
주를 말해 걸을 가리켰다.

集傳
夫立之君者, 懼民之殘賊,
군주를 세우는 이유는 백성들이 잔적(殘賊)한데도

詳說
○ 音扶.
'부(夫)'는 음이 '부(扶)'이다.

○ 汎指殘賊.
넓게 잔적(殘賊)을 가리켰다.

集傳
而無以主之, 爲之主, 而自殘賊焉, 則君之實喪矣,
주장하여 다스리는 자가 없을까 두려워해서이니, 군주가 되어서 스스로 잔적(殘

---

200) 『맹자집주(孟子集註)』「양혜왕장구(梁惠王章句)」하(下) : "제선왕(齊宣王)이 물었다. '탕(湯)이 걸(桀)을 유치(留置)하고 무왕(武王)이 주(紂)를 정벌하였다고 하는데, 그러한 일이 있습니까?' 맹자가 대답하였다. '전(傳)에 있습니다.' 말하였다. '신하가 그 군주를 시해함이 가능합니까?' 말하였다. '인(仁)을 해치는 자를 적(賊)이라 하고, 의(義)를 해치는 자를 잔(殘)이라 하며, 잔적(殘賊)한 사람을 일부(一夫)라 한다. 일부(一夫)인 주(紂)를 죽였다는 말은 들었지만, 군주(君主)를 시해하였다는 말은 듣지 못하였습니다.'(齊宣王問曰, 湯放桀, 武王伐紂, 有諸. 孟子對曰, 於傳有之. 曰, 臣弑其君可乎. 曰, 賊仁者謂之賊, 賊義者謂之殘, 殘賊之人謂之一夫. 聞誅一夫紂矣, 未聞弑君也.)"

賊)한다면 군주의 실제를 잃어버린 것이니,

詳說

○ 去聲.

'상(喪)'자는 거성이다.

集傳

非一夫而何. 孟子之言, 則仲虺之意也

일부(一夫)가 아니고 무엇이겠는가. 맹자(孟子)의 말씀이 바로 중훼의 뜻인 것이다."

詳說

○ 新安陳氏曰 : "此推天爲民立君之意, 以釋湯慙, 見湯之順乎天也."

신안 진씨(新安陳氏)201)가 말하였다 : "여기에서는 중훼가 하늘이 백성들에게 임금을 세우도록 하는 의리를 미뤄 탕이 부끄러워함을 해석해서 그가 하늘에 순종함을 드러냈다."202)

○ 湯革以下, 論也.

'탕왕이 개혁했다.'는 말 이하는 경문의 의미 설명이다.

---

201) 『서경대전(書經大全)』, 「상서(商書)」·「중훼지고(仲虺之誥)」에는 진씨아언(陳氏雅言)의 말로 되어 있다. 진아언(陳雅言, 1318~1385)은 원말명초 때 강서(江西) 영풍(永豊) 사람이다. 원나라 말에 무재(茂材)로 천거되었지만 나가지 않았다. 명나라 초 홍무(洪武) 연간에 영풍현 향교(鄕校)에서 학생을 가르쳤다. 당시 호구(戶口)와 토전(土田)이 실상과 달라 현관(縣官)도 대처할 방법을 찾지 못했는데, 그가 계획을 내놓자 공사가 모두 편리해졌다. 저서에 『사서일람(四書一覽)』과 『대학관견(大學管窺)』, 『중용류편(中庸類編)』 등이 있었지만 전하지 않고, 지금은 『서의탁약(書義卓躍)』만 전한다.

202) 『서경대전(書經大全)』, 「상서(商書)」·「중훼지고(仲虺之誥)」: "『진씨아언(陳氏雅言)』이 말하였다 : '하늘이 탕에게 용맹과 지혜를 준 것이 하늘이 어찌 탕을 사사롭게 한 것이겠는가? 만방의 백성들을 바로잡아 드러내도록 하기 위해 우의 옛날 속지를 이어받았던 것일 뿐이다. 탕이 그 떳떳한 도리를 따랐으니, 떳떳한 도리는 바로 우가 복종해서 행하던 것이지만 그 근원은 하늘에서 나온 것이다. 하늘이 탕에게 만방을 바로 잡을 것을 명령해 탕이 바로잡아 드러낼 수 있었고, 하늘이 탕에게 우의 복종을 이어받을 것을 명령해 탕이 이어받을 수 있었으니, 하늘은 탕에게 후했다고 할 수 있고, 탕은 하늘을 받들어 순종했다고 할 수 있다. 여기에서는 중훼가 하늘이 백성들에게 임금을 세우도록 하는 의리를 미뤄 탕이 부끄러워함을 해석해서 그가 하늘에 순종함을 드러냈다.'(陳氏雅言曰 : 天錫湯以勇智之德者, 天豈私於湯哉. 欲其表正萬邦之民, 纘禹之所舊服而已. 湯惟率其典常之道, 蓋典常之理, 即禹之所服行, 而其原出於天者也. 天命湯以正萬邦, 而湯能為之表正, 天命湯以纘禹服, 而湯能纘之, 天可謂厚於湯, 湯可謂奉若天命矣. 此仲虺推天為民立君之意, 以釋湯慙, 見湯之順乎天也.)"

[5-3-2-3]

夏王, 有罪, 矯誣上天, 以布命于下, 帝用不臧, 式商受命, 用爽厥師.

하왕(夏王)이 죄가 있어 하늘을 사칭하고 가탁(假託)하여 아래에 명령을 펴니, 상제(上帝)께서 좋지 않게 여기시어 상(商)나라로써 천명(天命)을 받아 그 무리를 밝히게 하셨습니다.

集傳

矯, 與矯制之矯同.
교(矯)는 '속여서 군명을 빙자한다[矯制]'고 할 때의 빙자한다[矯]'는 것과 같다.

詳說

○ 見漢書汲黯傳.
『한서』「급암전(汲黯傳)」203)에 보인다.

○ 詐稱有君命.
임금의 명령을 속여서 칭함이 있는 것이다.

集傳

誣, 囚, 臧, 善, 式, 用, 爽, 明, 師, 眾也. 天以形體言, 帝以主宰言. 桀知民心不從, 矯詐誣囚託天, 以惑其眾,
무(誣)는 속임이고, 장(臧)은 좋음이며, 식(式)은 씀이고, 상(爽)은 밝음이며, 사(師)는 무리이다. 하늘은 형체로 말하고, 제(帝)는 주재(主宰)로 말한 것이다. 걸왕(桀王)은 민심이 따르지 않음을 알고는 속이고 거짓말하되 하늘을 가탁하여 무리를 혹하게 하였으니,

詳說

---

203) 급암(汲黯, ? ~ BC 112?)은 자가 장유(長孺)이고, 푸양[濮陽:河南省 淸豊縣 남쪽] 출생했다. 무제 때 주작도위(主爵都尉)가 되었으며, 9경(九卿)의 한 사람이 되었다. 어사대부(御史大夫) 장탕(張湯)과 승상(丞相) 공손홍(公孫弘) 등을 법률 만능주의자요 천자에게 아첨하는 영교지도(佞巧之徒)라 비난하고, 황로지도(黃老之道) ·무위(無爲)의 정치를 주장하며 왕에게 간(諫)하였으나 받아들여지지 않자 회양태수(淮陽太守)를 마지막으로 관직에서 물러났다.

○ 沙溪曰 : "諺解釋以矯誣以上天之意. 蓋從註說, 未知註說, 不違於本文耶."
사계가 말하였다 : "『언해』에서는 하늘의 뜻으로 사칭하고 가탁하는 것으로써 해석하였다. 주의 설명을 따르면서도 그것을 몰랐으니, 경문에 어긋나지 않는다는 것인가!"204)

○ 按, 誣罔二字中, 天字之意已該, 言誣天以布命, 惑其民耳.
살펴보건대, 속이고 거짓말한다는 말에는 하늘이라는 글자의 의미를 이미 가리키고 있으니, 하늘을 속여 명령을 펴는 것은 그 백성을 미혹시키는 것일 뿐이라는 말이다.

集傳

天用不善其所爲, 用使有商受命, 用使昭明其衆庶也. ○ 王氏曰夏有昏德
하늘이 그 소행을 선하게 여기지 아니하여 상(商)나라가 천명을 받아들여 그 무리를 밝히도록 한 것이다. ○ 왕씨(王氏)가 말하였다. "하(夏)나라에 어두운 덕(德)이 있으니,

詳說

○ 照上節.
위의 절을 참조하라.

集傳

則衆從而昏, 商有明德
백성들이 따라서 어두워졌고, 상(商)나라에 밝은 덕(德)이 있으니,

詳說

○ 照後節.
뒤의 절을 참조하라.

---

204) 『운계만고(雲溪漫稿)』 12권, 「차록(箚錄)」·「서전(書傳)」 : "하늘을 사칭하고 가탁하는 것. 사계가 말하였다 : 『언해』에서는 하늘의 뜻으로 사칭하고 가탁하는 것으로써 해석하였다. 주의 설명을 따르면서도 그것을 몰랐으니, 경문에 어긋나지 않는다는 것인가!'(矯誣上天. 沙溪曰 : 諺解釋以矯誣以上天之意. 盖從註說, 未知註說, 不違於本文耶.)"

集傳

則衆從而明 ○ 吳氏曰, 用爽厥師, 續下文簡賢附勢,

백성들이 따라서 밝아졌다." ○ 오씨(吳氏)가 말하였다. "'상나라로써 천명을 받아 그 무리를 밝히게 하셨다.[用爽厥師]'는 말은 '현자를 소홀히 하고 세력에 빌붙는 자들[簡賢附勢]'이라는 아래의 글과 연결함에

詳說

○ 接也.

'속(續)'자는 잇는다는 것이다.

○ 句.

여기에 구두해야 한다.

集傳

意不相貫, 疑有脫誤

뜻이 서로 관통하지 않으니, 탈오(脫誤)가 있는 것 같다."

詳說

○ 按, 雖以式商二句間之, 而有罪不臧之意, 則實不斷落, 不必求其脫誤耳.

내가 살펴보건대, '상나라로써[式商]'라는 두 구절을 사이를 두면, 죄가 있어 좋지 않게 여긴다는 의미는 사실 끊어져 아래로 떨어지지 않으니, 굳이 그 탈오를 구할 필요는 없다.

[5-3-2-4]

簡賢附勢, 寔繁有徒, 肇我邦, 于有夏, 若苗之有莠, 若粟之有秕, 小大戰戰, 罔不懼于非辜. 矧予之德, 言足聽聞.

현자를 소홀히 하고 세력에 빌붙는 자들이 실로 무리들이 많은 것은 처음 우리나라가 유하에게는 마치 벼에 피가 있고, 곡식에 쭉정이가 있는 것과 같으니, 작고 큰 자들이 두려워하여

죄가 아닌 것에 두려워하지 않는 것이 없었습니다. 하물며 우리 탕왕의 덕은 말하자면 사람들의 들음에 흡족함에 있어서이겠습니까!

> [詳說]
> ○ 誘, 音有秕卑履反.
> '유(誘)'는 음이 '유(有)'와 '비(秕)'의 반절이고, '비(卑)'와 '리(履)'의 반절이다.

> [集傳]
> 簡, 略,
> 간(簡)은 소략함이고,

> [詳說]
> ○ 忽也.
> 경문에서 '소홀히 한다.'는 것이다.

> [集傳]
> 繁, 多, 肇, 始也. 戰戰, 恐懼貌. 言簡賢附勢之人,
> 번(繁)은 많음이며, 조(肇)는 처음이다. 전전(戰戰)은 두려워하는 모양이다. 말하기를 "현자를 소홀히 하고 세력에 빌붙는 자들이

> [詳說]
> ○ 添人字.
> '자들'이라는 말을 더하였다.

> [集傳]
> 同惡相濟, 寔多徒衆, 肇我邦於有夏, 爲桀所惡,
> 악을 함께 하여 서로 이루어서 실로 무리가 많아 처음 우리나라가 유하에게는 걸왕에게 미움을 받아

> [詳說]

○ 去聲, 下同.

'오(惡)'는 거성으로 아래에서도 같다.

集傳

欲見翦除, 如苗之有莠,

전제(剪除)를 가하고자 함이 벼에 피가 있는 것처럼

詳說

○ 害穀草.

피는 곡식을 해치는 풀이다.

集傳

如粟之有秕,

곡식에 쭉정이가 있는 것처럼

詳說

○ 不成粟.

쭉정이는 알곡이 되지 못한 것이다.

集傳

鋤治簸揚, 有必不相容之勢. 商衆小大震恐, 無不懼陷于非罪, 況湯之德,

뽑아서 다스리고 까불어 날려 보내며 반드시 서로 용납하지 못하는 형세가 있었다. 상나라 무리들에 작고 큰 자들이 두려워하여 죄가 아닌 것에 빠질까 두려워하지 않는 이가 없었으니, 하물며 탕왕의 덕은

詳說

○ 言予親之之辭.

내가 친애한다는 말을 한 것이다.

集傳

言則足人之聽聞

말하자면, 사람들의 들음에 흡족하여,

詳說

○ 足於聽聞.

들음에 흡족하다는 것이다.

○ 朱子曰, "吾之德言之, 足使人聽聞."

주자(朱子)205)가 말하였다 : "나의 덕은 말하자면 충분히 사람들이 듣게 한다는 것이다."206)

集傳

尤桀所忌疾者乎.

더욱 걸왕이 시기하고 미워하는 것임에야!"라고 하였다.

詳說

○ 補此句.

이 구절을 더하였다.

集傳

---

205) 주희(朱熹, 1130~1200) : 자는 원회(元晦)·중회(仲晦)이고, 호는 회암(晦庵)·회옹(晦翁)·고정(考亭)·자양(紫陽)·둔옹(遯翁) 등이다. 송대 무원(婺源 : 현 강서성 무원현) 사람으로 건양(建陽 : 현 복건성 건양현)에서 살았다. 1148년에 진사에 급제하여 동안주부(同安主簿)·비서랑(秘書郞)·지남강군(知南康軍)·강서제형(江西提刑)·보문각대제(寶文閣待制)·시강(侍講) 등을 역임하였다. 스승 이동(李侗)을 통해 이정(二程)의 신유학을 전수받고, 북송 유학자들의 철학사상을 집대성하여 신유학의 체계를 정립하였다. 1179~1181년 강서성(江西省) 남강(南康)의 지사(知事)로 근무하면서 9세기에 건립되어 10세기에 번성했다가 폐허가 된 백록동서원(白鹿洞書院)을 재건했다. 만년에 이르러 정적(政敵)인 한탁주(韓侂胄)의 모함을 받아 죽을 때까지 정치활동이 금지되고 그의 학문이 거짓 학문으로 폄훼를 받다가 그가 죽은 뒤에 곧 회복되었다. 저서로는 『정씨유서(程氏遺書)』, 『정씨외서(程氏外書)』, 『이락연원록(伊洛淵源錄)』, 『고금가제례(古今家祭禮)』, 『근사록(近思錄)』 등의 편찬과 『사서집주(四書集注)』, 『서명해(西銘解)』, 『태극도설해(太極圖說解)』, 『통서해(通書解)』, 『사서혹문(四書或問)』, 『시집전(詩集傳)』, 『주역본의(周易本義)』, 『역학계몽(易學啓蒙)』, 『효경간오(孝經刊誤)』, 『소학서(小學書)』, 『초사집주(楚辭集注)』, 『자치통감강목(資治通鑑綱目)』, 『팔조명신언행록(八朝名臣言行錄)』 등이 있고, 막내아들 주재(朱在)가 편찬한 『주문공문집(朱文公文集)』(100권, 속집 11권, 별집 10권)과 여정덕(黎靖德)이 편찬한 『주자어류(朱子語類)』(140권)가 있다.

206) 『서경대전(書經大全)』, 「상서(商書)」·「중훼지고(仲虺之誥)」, "물었다 : '하물며 우리 탕왕의 덕은 말하자면 사람들의 들음에 흡족함이 있어서이겠습니까!'라는 말은 옛날의 주에 근거하면 도덕과 훌륭한 말을 말한 것입니다. 제가 삼가 생각해보면, 「말하자면 사람들의 들음에 흡족하다.」는 것은 본래 하나의 구절로 해야 할 것입니다. 말의 덕으로 말하면 충분히 들을 수 있는 것이니 저 걸왕이 무엇 때문에 꺼리지 않겠습니까? 옳은지 그른지 모르겠습니다.' 주자가 '옳다'라고 하였다.(問, 矧予之德, 言足聽聞, 據古註云道德善言, 某切意, 言足聽聞, 自當作一句. 言吾之德言之, 足使人聽聞, 彼安得不忌之. 未知是否. 朱子曰是.)"

以苗粟喩桀, 以莠秕喩湯, 特言其不容於桀, 而迹之危如此.
벼와 곡식으로 걸왕을 비유하고 피와 쭉정이로 탕왕을 비유한 것은 단지 걸왕에게 용납되지 못하여 자취의 위태로움이 이와 같음을 말했을 뿐이다.

詳說

○ **主桀而言.**
걸을 위주로 말한 것이다.

集傳

史記言桀囚湯於夏臺,
『사기(史記)』에 "걸왕이 탕왕을 하대(夏臺)라는 옥에 가두었다."라고 하였으니,

詳說

○ **殷紀.**
「은기(殷紀)」이다.

○ **鄒氏季友曰, "獄名在陽翟."**
추씨 계우(鄒氏季友)[207]가 말하였다 : "옥의 명칭으로 양적(陽翟)에 있는 것이다."[208]

集傳

湯之危屢矣, 無道而惡有道, 勢之必至也.
탕왕의 위태로움이 여러 번이었으니, 무도(無道)한데도 유도(有道)한 자를 미워함은 형세가 반드시 이르게 되는 것이다.

---

[207] 『서경대전(書經大全)』, 「상서(商書)」·「중훼지고(仲虺之誥)」에는 황보밀(皇甫謐)의 말로 되어 있다. 황보밀(皇甫謐, 215년~282년)은 서진(西晉) 안정(安定) 조나(朝那) 사람으로 자는 사안(士安)이고, 어릴 때 이름은 정(靜)이며, 자호는 현안선생(玄晏先生)이다. 황보숭(皇甫嵩)의 증손이다. 젊었을 때 거침없이 방탕하여 사람들이 미치광이라고 여겼다. 20살 무렵부터 부지런히 공부해 게으르지 않았다. 집이 가난해 직접 농사를 지었는데, 책을 읽으면서 밭갈이를 함으로써 수많은 서적들을 통독했다. 나중에 질병에 걸렸으면서도 손에서 책을 놓지 않고 저술에 전심하느라 밥 먹는 것도 잊어버려 사람들이 서음(書淫)이라 했다. 무제(武帝) 때 부름을 받았지만 나가지 않았다. 무제가 책 한 수레를 하사했다. 자신의 병을 고치려고 의학서를 읽어 가장 오랜 침구 관련서인 『침구갑을경(鍼灸甲乙經)』을 편찬했다. 역사에도 조예가 깊어 『제왕세기(帝王世紀)』와 『연력(年歷)』, 『고사전(高士傳)』, 『일사전(逸士傳)』, 『열녀전(列女傳)』, 『현안춘추(玄晏春秋)』 등을 지었다.

[208] 『서경대전(書經大全)』, 「상서(商書)」·「중훼지고(仲虺之誥)」, "추씨계우가 말하였다 : '옥의 명칭이다. 황보밀(皇甫謐)은 '지명으로 양적(陽翟)에 있는 것이다.'라고 하였다.'(獄名, 皇甫謐云, 地名在陽翟.)"

詳說

○ 以苗以下, 論也.

'벼[苗]' 이하는 경문의 의미 설명이다.

[5-3-2-5]
惟王不邇聲色, 不殖貨利, 德懋懋官, 功懋懋賞, 用人惟己, 改過不吝, 克寬克仁, 彰信兆民.

왕께서는 음악과 여색을 가까이 하지 않으시고, 재화와 이익을 증식하지 않으시며, 덕이 많은 자에게는 관직을 성대하게 내리시고, 공이 많은 자에게는 상을 성대하게 내리시며, 사람을 등용함에 자신으로 생각하고, 허물을 고침에 인색하게 하지 않으시며, 능히 너그럽고 능히 인하여 드러내서 조민(兆民)들에게 믿음을 받으셨습니다.

集傳

邇, 近,

이(邇)는 가까움이고,

詳說

○ 去聲, 下同.

'근(近)'은 거성으로 아래에서도 같다.

集傳

殖, 聚也. 不近聲色, 不聚貨利, 若未足以盡湯之德. 然此本原之地,

식(殖)은 모음이다. 음악과 여색을 가까이 하지 않고 재화와 이익을 증식하지 않은 것은 탕왕(湯王)의 덕(德)을 다 표현할 수 없을 것 같다. 그러나 이는 본원(本原)의 자리이니,

詳說

○ 陳氏大猷曰:"此君德本原之地, 人君一心政事之根本也."

진씨 대유(陳氏大猷)209)가 말하였다 : "이것은 임금의 덕에서 본원의 자리이고, 임금이 한 마음으로 정치를 하는 근본이다."210)

> 集傳

非純乎天德, 而無一毫人欲之私者, 不能也. 本原澄澈, 然後用人處已, 而莫不各得其當.

하늘의 덕에 순수하여 조금이라도 인욕(人欲)의 사사로움이 없는 자가 아니면 능할 수 없는 것이다. 본원(本原)이 맑고 깨끗한 뒤에야 사람을 등용하고 처신함에 각각 그 마땅함을 얻지 않음이 없는 것이다.

> 詳說

○ 上聲, 下同.
'처(處)'는 상성으로 아래에서도 같다.

○ 去聲.
'당(當)'은 거성이다.

○ 以論釋之.
경문의 의미 설명으로 풀이하였다.

> 集傳

---

209) 진씨 대유(陳氏大猷, ?~?) : 송나라 남강군(南康軍) 도창(都倉) 사람으로 자는 문헌(文獻)이고, 호는 동재(東齋)다. 이종(理宗) 개경(開慶) 원년(1259) 진사(進士)가 되고, 종정랑(從政郎)과 황주군(黃州軍) 판관(判官) 등을 지냈다. 『서경』에 조예가 깊었다. 저서로 『상서집전혹문(尙書集傳或問)』과 『상서집전회통(尙書集傳會通)』 등이 있다.
210) 『서경대전(書經大全)』, 「상서(商書)」·「중훼지고(仲虺之誥)」, "진씨 아언(陳氏雅言)이 말하였다 : '음악과 여색을 가까이 하지 않으시고, 재화와 이익을 증식하지 않으셨으니, 이것은 임금의 덕에서 본원의 자리이다. 덕이 많은 자에게는 관직을 성대하게 내리시는 것에서 공이 많은 자에게는 상을 성대하게 내리시는 것까지 이것은 탕이 사람을 등용하고 처신을 할 때에 그 도를 양쪽으로 다했음을 말한 것이다. 능히 너그럽고 능히 인자하여 드러내서 조민(兆民)들에게 믿음을 받으셨으니, 이것은 탕이 백성들에게 임하는 덕이 환하게 드러나 천하에서 믿겨졌음을 말한 것이다. 탕의 마음에 조금이라도 음악과 여색, 이익과 이익에 대한 사사로움이 있었다면, 사람을 등용하고 천신하는 사이에 반드시 그 도를 다하지 못했을 것이니, 백성들에게 임할 때에 또한 어찌 부끄러움이 없을 수 있었겠는가? 이것으로 임금이 한 마음으로 정치를 하는 근본을 드러낸 것이다. 맹자가 대인만이 임금 마음의 그릇을 바르게 할 수 있다고 했으니, 이것을 말한 것이다.'(陳氏雅言曰 : "不邇聲色, 不殖貨利, 此君德本原之地. 德懋懋官, 至改過不吝, 此言湯用人處己之際, 兩盡其道也. 克寬克仁, 彰信兆民, 此言湯臨民之德. 昭著孚信於天下也. 使湯之心有一毫聲色貨利之私, 則用人處已之間, 必有不盡其道, 臨民之際, 亦豈能無愧哉.以見人君一心政事之根本. 孟子謂惟大人為能格君心之非, 此之謂也.)"

懋, 茂也, 繁多之意, 與時乃功懋哉之義同.
무(懋)는 성함으로 번다(繁多)의 뜻이니, '이것은 너의 공이니 힘쓸지어다.[時乃功懋哉]'의 뜻과 같다.

詳說

○ 見大禹謨.
「대우모(大禹謨)」에 보인다.211)

○ 沙溪曰 : "懋哉, 註勉也, 此註旣曰茂也, 而又曰與懋哉同者, 何也."
사계가 말하였다 : "'힘쓸지어다[懋哉]'는 주에서 힘쓴다는 것인데, 여기의 주에서는 성함이라고 해놓고 또 '힘쓸지어다.'와 같다고 한 것은 무엇 때문인가?"212)

集傳

言人之懋於德者, 則懋之以官, 人之懋於功者, 則懋之以賞,
사람 중에 덕에 힘쓰는 자에게는 관직으로 성대하게 하고 사람 중에 공(功)에 힘쓰는 자에게는 상으로 성대하게 하며,

詳說

○ 德懋功懋, 諺釋太泥於註之於字.
덕에 힘쓰고 공에 힘쓰는 것인데, 『언해』에서는 주에서의 '어(於)'자에 너무 매몰되었다.

○ 沙溪曰 : "懋以官, 懋以賞之云, 似不若懋其官懋其賞矣."
사계가 말하였다 : "관직으로 성대하게 하고 상으로 성대하게 한다고 한 것은

---
211) 『서경대전(書經大全)』 「우서(虞書)」・「대우모(大禹謨)」, "제순(帝舜)이 말씀하였다. '고요야 ! 이 신하와 백성들이 혹시라도 나의 정사를 범하는 자가 없는 것은 네가 사사(士師)가 되어서 오형(五刑)을 밝혀 오품(五品)의 가르침을 도와 나를 다스려짐에 이르도록 기약하였기 때문이다. 형벌을 쓰되 형벌이 없는 경지에 이를 것을 기약하여 백성들이 중도(中道)에 맞는 것이 이 너의 공이니, 힘쓸지어다.'(帝曰, 皐陶, 惟玆臣庶, 罔或干予正, 汝作士, 明于五刑, 以弼五敎, 期于予治, 刑期于無刑, 民協于中, 時乃功, 懋哉.)"
212) 『운계만고(雲溪漫稿)』 12권, 「차록(箚錄)」・「서전(書傳)」 : "성대하게 한다는 것은 성대하다는 것이니, '이것은 너의 공이니 힘쓸지어다.[時乃功懋哉]'의 뜻과 같다. 사계가 말하였다. 「힘쓸지어다[懋哉]」는 주에서 힘쓴다는 것인데, 여기의 주에서는 성함이라고 해놓고 또 「힘쓸지어다.」와 같다고 한 것은 무엇 때문인가?(懋, 茂也, 與時乃功懋哉之義同. 沙溪曰, 懋哉, 註懋勉也, 此傳旣曰懋茂也, 而又曰與懋哉同者, 何也.)"

그 관을 성대하게 하고 그 상을 성대하게 한다는 것과 같지 않은 것 같다."213)

集傳
用人惟己
사람을 등용할 때에는 자신으로 생각하여

詳說
○ 林氏曰 : "如自己出, 所謂善與人同, 舍己從人, 樂取諸人, 以爲善也."
임씨가 말하였다 : "자신에게서 나온 것처럼 한다는 것은 이른바 선함을 남들과 함께 하는 것이고, 자신을 버리고 남들을 따른다는 것은 기꺼이 남들에게서 취해 선함으로 한다는 것이다."214)

集傳
而人之有善者, 無不容, 改過不吝, 而己之不善者, 無不改, 不忌能於人, 不吝過於己, 合倂爲公,
사람 중에 선행(善行)이 있는 자는 용납하지 않음이 없고 허물을 고침에 인색하지 아니하여 자기의 불선(不善)을 고치지 않음이 없어서, 남의 재능을 시기하지 않고 자기의 허물을 고침에 인색하지 아니하여, 합병하여 공정(公正)하게 하고

詳說
○ 音閤.
'합(合)'은 음이 '합(閤)'이다.

○ 合二者而行公
두 가지를 합병하여 공정함을 행하는 것이다.

---

213) 『녹문선생문집(鹿門先生文集)』 15권, 「잡저(雜著)」·「상서(尙書)」, "사계가 관직을 성대하게 하고 그 상을 성대하게 한다고 해석하려 한 것은 도리어 의미가 협소해지니, 『집전』이 옳은 것 같다.(沙溪欲釋作懋其官懋其賞, 却少意味, 恐集傳是.)"
214) 『서경대전(書經大全)』, 「상서(商書)」·「중훼지고(仲虺之誥)」, "임씨가 말하였다 : '사람을 등용함에 자신으로 생각한다는 것은 자신에게서 나온 것처럼 한다는 것으로 이른바 선함을 남들과 함께 한다는 것과 같고, 자신을 버리고 남을 따르는 것은 기꺼이 남에게서 취해 선함으로 한다는 것이다.'林氏曰, 用人惟己, 如自己出, 若所謂善與人同, 舍己從人, 樂取諸人, 以爲善也.)"

集傳

私意不立, 非聖人, 其孰能之. 湯之用人處己者, 如此, 而於臨民之際, 是以
사의(私意)를 세우지 않으니, 성인이 아니면 그 누가 이에 능하겠는가! 탕왕(湯王)이 사람을 등용하고 처신함이 이와 같았으니, 백성을 대하는 때에 이 때문에

詳說

○ 二字, 似當在上而字處.
'이 때문에[是以]'라는 말은 위의 '이(而)'와 마주해서 처리한 것 같다.

集傳

能寬能仁. 謂之能者, 寬而不失於縱, 仁而不失於柔. 易
능히 너그럽고 능히 인(仁)하였던 것이다. 능(能)이라고 이른 것은 너그럽되 방종함에서 잘못되지 않고, 인(仁)하되 유약함에서 잘못되지 않는 것이다.『주역(周易)』에서

詳說

○ 乾文言
건괘(乾卦)의「문언전」이다.215)

集傳

曰, 寬以居之, 仁以行之, 君德也, 君德昭著, 而孚信於天下矣. 湯之德足人聽聞者, 如此.
"너그러움으로써 거하고, 인(仁)으로써 행함은 군주의 덕이다."라고 하였으니, 군주의 덕이 밝게 드러나서 천하에 믿겨지는 것이다. 탕왕의 덕이 사람들의 들음에 흡족했던 것이 이와 같았다.

詳說

○ 承上節, 而補此句.

---

215)『주역(周易)』「문언(文言)」:"군자는 배워서 지식을 모으고 물어서 변별하며 너그러움으로 거처하고 인(仁)으로써 행동한다.(君子學以聚之, 問以辨之, 寬以居之, 仁以行之.)"

위의 구절을 이어 이 구절을 더하였다.

○ 新安陳氏曰 : "六經言仁, 自此始, 遂開萬世, 言仁之端."
신안 진씨(新安陳氏)가 말하였다 : "육경에서 인을 말한 것이 여기에서 시작해서 마침내 만세도록 열어놨으니, 인의 단초를 말하는 것이다."216)

[5-3-2-6]

乃葛伯, 仇餉, 初征自葛, 東征, 西夷怨, 南征, 北狄怨, 曰奚獨後予. 攸徂之民, 室家相慶, 曰徯予后, 后來, 其蘇. 民之戴商 厥惟舊哉.

갈백이 밥을 먹이는 자를 원수로 삼자, 처음 갈나라에서 정벌하시었는데, 동쪽을 정벌하면 서쪽 오랑캐가 원망하고, 남쪽을 정벌하면 북쪽 오랑캐가 원망하여 '어찌하여 우리나라만 뒤에 정벌하는가?' 라고 하였다. 가는 곳의 백성들은 실가(室家)가 서로 경하하여 '우리 임금님을 기다렸는데 우리 임금께서 오시니 소생할 것이다.' 라고 하였다. 백성들이 상나라를 떠받든 지가 오래되었습니다.

詳說

○ 餉奚, 並諺音誤, 後, 去聲.
'향(餉)'과 '해(奚)'는 모두『언해』의 음이 잘못되었고, '후(後)'는 거성이다.

集傳

葛, 國名,
갈(葛)은 나라 이름이고,

---

216)『서경대전(書經大全)』,「상서(商書)」·「중훼지고(仲虺之誥)」, 신안 진씨(新安陳氏)가 말하였다 : "육경에서 인을 말한 것이 능히 너그럽고 능히 인하다는 한마디에서 시작해서 마침내 만세도록 열어놨으니, 인의 단초를 말하는 것이다. 인은 마음의 덕이고 사랑의 이치이다. 마음의 덕이라는 본체로 말하면 인이 본체이고, 너그러움이 작용이다. 사랑의 작용으로 말하면 너그러움으로 사람을 받아들이고 인으로 사람을 사랑하는 것은 모두 작용이다. 덕은 인보다 큰 것이 없으니, 탕이 그 때문에 능히 인한 것은 실로 사욕이 없이 가까이 하지 않고 증식하지 않는 것에서 시작한 것이다. 덕이 많은 자에게 관직을 성대하게 내리는 것에서 드러내서 많은 백성들에게서 믿음을 받는 것까지는 근본이 모두 가까이 하지 않고 증식하지 않는 것에서 온 것이다.(新安陳氏曰 : "六經言仁, 自克寬克仁一言始, 遂開萬世, 言仁之端. 仁者心之德, 愛之理. 以心德之體言, 則仁為體, 寬為用. 以愛之用言, 則寬以容人, 仁以愛人, 皆用也. 德莫大於仁, 湯所以克仁者, 實自不邇不殖之無私欲始, 德懋懋官, 至彰信兆民, 根本皆自不邇不殖中來)"

詳說

○ 漢書地理志曰 : "在陳留寧陵縣葛鄉."

『한서』「지리지」에서 말하였다 : "진(陳)나라 유녕릉현 갈향에 있다."217)

集傳

伯, 爵也. 餉, 饋也, 仇餉, 與餉者, 爲仇也. 葛伯不祀, 湯使使人問之, 曰無以供粢盛

백(伯)은 작위이다. 향(餉)은 밥을 먹임이니, 구향(仇餉)은 밥을 먹이는 자를 원수로 여기는 것이다. 갈백이 제사하지 않기에 탕왕이 사람을 시켜 물으니, 대답하기를 "자성(粢盛)에 바칠 것이 없기 때문입니다."라고 하였다.

詳說

○ 音咨成

'자성(粢盛)'은 음이 '자성(咨成)'이다.

集傳

湯使亳衆往耕, 老弱饋餉, 葛伯殺其童子. 湯遂征之,

탕왕이 박읍의 백성들이 가서 밭을 갈아주게 하였는데, 노약자들이 밥을 내오자 갈백이 그 동자를 죽이고 빼앗았다. 탕왕이 마침내 정벌하였으니,

詳說

○ 見孟子滕文公.

『맹자』「등문공」에 보인다.218)

---

217) 『서경대전(書經大全)』,「상서(商書)」·「중훼지고(仲虺之誥)」, "『한지』에 갈(葛)은 백(伯)으로 진(陳)나라 유녕릉현 갈향에 있다.(漢志, 葛伯, 在陳留寧陵縣葛鄕.)"
218) 『맹자집주(孟子集註)』,「등문공장구(滕文公章句)」 하(下), "맹자가 말하였다. '탕(湯)임금이 박(亳)땅에서 지내실 적에 갈(葛)나라와 이웃이 되었더니 갈백(葛伯)이 방사(放肆)하여 제사지내지 않기에 탕임금이 사람을 보내 물으며 「어찌 제사지내지 않는가?」라고 하니,「희생을 바칠 것이 없습니다.」라고 하였다. 탕임금이 소와 양을 보내주게 하였는데 갈백이 먹고 또 제사지내지 않기에, 탕임금이 또 사람을 보내 물으며 「어찌 제사지내지 않는가?」라고 하니,「자성(粢盛)을 바칠 것이 없습니다.」라고 하였다. 탕임금이 박땅의 민중(民衆)이 가서 그를 위하여 밭을 갈게 하시거나, 늙은이와 아이들이 밥을 날라다 먹이게 하였다. 갈백이 그 백성들을 이끌고서 술과 밥과 기장밥과 쌀밥을 가진 이들에게 강요하여 빼앗으면서 주지 않는 이는 죽였는데, 어떤 어린아이가 기장밥과 고기로써 먹이니 죽이고 빼앗았다. 『서경』에 「갈백이 밥을 먹이는 이들을 원수로 여겼다.」라고 하였으니, 이것을 말한 것이다.'(孟子曰 : "湯居亳, 與葛爲鄰, 葛伯放而不祀, 湯使人問之曰, 何爲不祀, 曰, 無以供犧牲也. 湯使遺之牛羊, 葛伯食之, 又不以祀, 湯又使人問之曰, 何爲不祀,

集傳

湯征, 自葛始也.
탕왕의 정벌은 갈(葛)나라에서 시작된 것이다.

詳說

○ 經世書曰, "湯戊寅歲征葛, 乙未伐桀."
『경세서』에서 말하였다 : "탕이 무인년에 갈을 정벌하고, 을미년에 걸을 정벌하였다."219)

集傳

奚, 何, 徯, 待也. 蘇, 復生也. 西夷北狄,
해(奚)는 어찌이고 혜(徯)는 기다림이다. 소(蘇)는 다시 사는 것이다. 서이(西夷)와 북적(北狄)은

詳說

○ 擧西夷北狄者.
서이와 북적을 열거한 것이다.

集傳

言遠者如此, 則近者可知也. 湯師之未加者, 則怨望其來,
멀리 있는 자들이 이와 같았다면 가까이 있는 자들은 알만하다는 말이다. 탕왕의 군대가 정벌을 가하지 않은 곳은 오기를 원망하고 바라면서

詳說

○ 怨而望.
'원망하고 바란다[怨望]'는 것은 원망하면서도 바란다는 것이다.

曰, 無以供粢盛也. 湯使亳衆, 往爲之耕, 老弱饋食. 葛伯率其民, 要其有酒食黍稻者, 奪之, 不授者殺之, 有童子以黍肉餉, 殺而奪之. 書曰, 葛伯仇餉. 此之謂也.)

219) 『서전회선(書傳會選)』, 「상서(商書)」·「중훼지고(仲虺之誥)」, "'갈(葛)'은 음이 '거(居)'와 '갈(曷)'의 반절이다. 『한지』에서 갈은 진나라 유녕릉현 갈향에 있다. …. 탕이 무인년에 갈을 정벌하고, 18년이 지나 을미년에 걸을 정벌하였다.(葛, 居曷反. 漢志, 葛國在陳留寧陵縣葛鄕. …. 經世書紀年云, 湯戊寅歲征葛, 越十八年乙未伐桀.)"

集傳

曰何獨後予, 其所往伐者, 則妻孥相慶, 曰待我后久矣, 后來, 我其復生乎, 他國之民, 皆以湯爲我君, 而望其來者, 如此. 天下之愛戴歸往於商者, 非一日矣, 商業之興, 蓋不在於鳴條之役也.

"어찌 홀로 우리나라를 뒤에 정벌하는가."라고 하였고, 가서 정벌하는 곳은 처자들이 서로 경하하며 "우리 임금님을 기다린 지가 오래되었는데 임금께서 오시니 우리들은 다시 살 것이다."라고 하였으니, 타국의 백성들이 모두 탕왕을 우리 군주라고 여기며 오기를 바람이 이와 같았던 것이다. 천하가 상나라를 사랑하고 떠받들며 귀의한 것이 하루가 아니니, 상나라의 기업이 일어남은 명조(鳴條)의 전역(戰役)에 있었던 것이 아니다.

詳說

○ 補二句.

두 구절을 더하였다.

集傳

○ 呂氏曰, 夏商之際, 君臣易位, 天下之大變. 然觀其征伐之時, 唐虞都兪揖遜氣象, 依然若存, 蓋堯舜禹湯以道相傳, 世雖降而道不降也.

여씨(呂氏)가 말하였다. "하와 상이 교체될 때에 임금과 신하가 지위를 바꾼 것은 천하의 큰 변고이다. 그러나 보건대 정벌할 때에 당우(唐虞)의 도유(都兪)하고 읍손(揖遜)하는 기상이 의연히 그대로 남아 있는 듯하니, 요(堯)·순(舜)·우(禹)·탕(湯)이 도(道)로써 서로 전수한 것은 세대가 비록 아래로 내려왔을지라도 도가 떨어지지 않았기 때문이다."

詳說

○ 新安陳氏曰 : "此以民之歸湯者釋之, 以見湯之應乎人也."

신안 진씨(新安陳氏)가 말하였다 : "여기에서는 백성들이 탕에게 귀의하는 것으로 해석하였으니, 탕이 사람들에게 호응하는 것을 드러낸 것이다."[220]

---

220) 『서경대전(書經大全)』, 「상서(商書)」·「중훼지고(仲虺之誥)」, "신안 진씨(新安陳氏)가 말하였다 : '백성들이 상을 떠받드는 것이 이와 같았는데 어찌 부끄러워하는 것이 있겠는가? 여기에서는 백성들이 탕에게 귀의하는 것으로 해석하였으니, 탕이 사람들에게 호응하는 것을 드러낸 것이다.新安陳氏曰 : 民之戴商如此, 何慙之有. 此以民之歸湯者釋之, 以見湯之應乎人也."

[5-3-2-7]

> 佑賢輔德, 顯忠遂良, 兼弱攻昧, 取亂侮亡, 推亡固存, 邦乃其昌.

어진 자를 돕고 덕이 있는 자에게 도움을 주며, 충성스러운 자를 드러내고 어진 자를 이루어 주시며, 약한 자를 겸병하고 어두운 자를 공격하시며, 어지러운 자를 취하고 망하는 자를 상하게 하시어, 망하는 것을 밀어내고 보존하는 것을 튼튼히 하셔야 나라가 번창할 것입니다.

詳說

○ 推, 吐回反.

'퇴(推)'는 음이 '토(吐)'와 '회(回)'의 반절이다.

集傳

前旣釋湯之慙, 此下因以勸勉之也.

앞에서는 이미 탕왕의 부끄러워함을 풀어드렸고, 이 아래에서는 그 때문에 권면한 것이다.

詳說

○ 先總提二節.

먼저 전체적으로 두 구절을 제시했다.

集傳

諸侯之賢德者, 佑之輔之, 忠良者顯之遂之,

제후 중에 어질고 덕이 있는 자를 돕고 보조하며, 충성스럽고 선량한 자를 드러내고 이루어줌은

詳說

○ 成其美.

그 아름다움을 이뤄주는 것이다.

> 集傳

所以善善也. 侮, 說文曰傷也. 諸侯之弱者兼之, 昧者攻之, 亂者取之, 亾者傷之,
선한 자를 좋게 여기는 것이다. 모(侮)는 『설문(說文)』에 "상함이다."라고 하였다. 제후 중에 약한 자를 겸병하고 어두운 자를 공격하며 어지러운 자를 취하고 망하는 자를 상하게 함은

>> 詳說

○ 毁之.
　무찌르는 것이다.

> 集傳

所以惡惡也.
악한 자를 미워하는 것이다.

>> 詳說

○ 去聲.
　'오악(惡惡)'에서 앞의 '오(惡)'자는 거성이다.

> 集傳

言善, 則由大以及小,
선함을 말할 때에는 큼으로부터 작음에 이르고,

>> 詳說

○ 善則欲大.
　선함은 크게 되고자 하는 것이다.

> 集傳

言惡, 則由小以及大.
악함을 말할 때에는 작음에서 큼에 이르렀다.

詳說

○ 惡則小亦當戒.

악함은 작아도 경계해야 하는 것이다.

集傳

推亾者,

망하는 것을 밀어낸다는 것은

詳說

○ 排也.

'추(推)'는 경문에서의 '퇴(推)'이다.

集傳

兼攻取侮也.

겸병하고 공격하며 취하고 상하게 하는 것이며,

詳說

○ 承上亾字, 而先言亾.

위의 '망(亾)'자를 이어받아 먼저 망하는 것에 대해 말하였다.

集傳

固存者, 佑輔顯遂也.

보존하는 것을 튼튼하게 한다는 것은 돕고 도움을 주며 드러내고 이루어주는 것이다.

詳說

○ 復齋董氏曰 : "推亾固存一句, 總結上意."

복재 동씨(復齋董氏)[221]가 말하였다 : "망하는 것을 밀어내고 보존하는 것을 튼

[221) 복재 동씨(復齋董氏) : 동종(董琮, ?~?)을 말한다. 남송 요주(饒州) 덕흥(德興) 사람으로 자는 옥진(玉振)이고, 호는 복재(復齋)이다. 영종(寧宗) 경원(慶元) 연간에 진사(進士)가 되고, 용양부(龍陽簿)를 지냈다. 일찍이 동수(董銖)를 사사했고, 주희(朱熹)의 재전제자(再傳弟子)로 정주학(程朱學)을 깊이 연구했다. 저서에

튼히 한다는 한 구절은 위의 의미를 총괄한 것이다."²²²⁾

集傳

推彼之所以亾,
저들이 망하는 것을 밀어내고

詳說

○ 林氏曰 : "栽者, 培之, 傾者, 覆之, 天道之自然也. 桀有亾道, 湯因其將亾而推之, 果何容心哉."
임씨가 말하였다 : "가꾸는 자는 북돋워주고, 기우는 자는 뒤집어버리는 것이 저절로 그렇게 되는 하늘의 도이다. 걸에게는 망하게 되는 길이 있어 탕은 그가 망할 것에 따라 밀어냈으니 과연 어디에 마음을 두었겠는가?"²²³⁾

集傳

固我之所以存,
우리가 보존하는 것을 튼튼히 하여야

詳說

○ 湯之臣, 皆賢德忠良.
탕의 신하들은 모두 어질고 덕이 있으며 충성스럽고 선량하였다.

集傳

『서전소의(書傳疏義)』와 『복재집(復齋集)』이 있다.
222) 『서경대전(書經大全)』, 「상서(商書)」·「중훼지고(仲虺之誥)」, "복재 동씨가 말하였다 : '망하는 것을 밀어내고 보존하는 것을 튼튼히 한다는 한 구절은 바로 위의 의미를 총괄한 것이다.'復齋董氏曰, 推亡固存一句, 乃總結上意.)"
223) 『서경대전(書經大全)』, 「상서(商書)」·「중훼지고(仲虺之誥)」, "임씨가 말하였다 : '하늘이 사물을 냄에 반드시 그 재질에 따라 돈독하게 하기 때문에 가꾸는 자는 북돋워주고, 기우는 자는 뒤집어버리는 것이 저절로 그렇게 되는 하늘의 도이다. 돕고 도움을 주며 드러내고 이뤄주며 선함을 행하는 자는 반드시 사람들에게 도움을 받고, 겸병하고 공격하며 취하고 상하게 하는 자는 반드시 것은 반드시 사람들에게 침탈을 당한다. 성인께서는 그 떳떳한 도리에 따라 세상에 응하니, 망하는 도가 있으면 밀어내어 망하게 하고 보존되는 도가 있으면 도와서 튼튼하게 해준다. 걸에게는 망하게 되는 길이 있어 탕이 그가 망할 것에 따라 밀어냈으니 과연 어디에 마음을 두었겠는가?'(林氏曰, 天之生物, 必因其材而篤焉, 故栽者培之, 傾者覆之, 天道之自然也. 佑輔顯遂為善者, 必為人所助也, 兼攻取侮為不善者, 必為人所侵也. 聖人因其常理以應世, 有亡之道, 則推而亡之, 有存之道, 則輔而固之. 桀有亡道, 湯因其將亡而推之, 果何容心哉.)"

邦國乃其昌矣.
나라가 그야말로 번창할 것이다.

[5-3-2-8]
德日新, 萬邦惟懷, 志自滿, 九族乃離, 王懋昭大德, 建中于民, 以義制事, 以禮制心, 垂裕後昆. 予聞, 曰能自得師者, 王, 謂人莫己若者, 亡. 好問則裕, 自用則小.

덕이 날로 새로워지면 만방이 그리워하고, 마음이 자만하면 구족(九族)이 마침내 이반할 것이니, 왕께서는 힘써 큰 덕을 밝히시어 백성들에게 중도를 세우소서. 의로 일을 제재하고 예로 마음을 제재하셔야 후손들에게 넉넉함을 드리울 것입니다. 제가 듣기로는 '능히 스스로 스승을 얻는 자는 왕자가 되고, 남들이 자기만 못하다고 말하는 자는 망한다. 묻기를 좋아하면 여유가 있고, 스스로 지혜를 쓰면 작아진다.' 라고 하는 것이었습니다.

詳說
○ 好, 去聲.
'호(好)'는 거성이다.

集傳
德日新者, 日新其德而不自已也. 志自滿者, 反是. 湯之盤銘曰, 苟日新日日新又日新,
덕이 날로 새로워진다는 것은 날로 그 덕을 새롭게 하여 스스로 그치지 않는 것이고, 마음이 자만하다는 것은 이와 반대이다. 탕왕이 대야에 새긴 글에서 "만일 하루를 새롭게 하거든 나날이 새롭게 하고 또 날로 새롭게 하라."라고 하였으니,

詳說
○ 見大學.
『대학』에 보인다.224)

---

224) 『대학장구(大學章句)』「전2장(傳之二章)」 "탕 임금의 「반명」에서 '진실로 날로 새롭거든 나날이 새로이 하고, 또 날로 새로이 하라.'라고 하였다.(湯之盤銘曰, 苟日新, 日日新, 又日新.)"

集傳

其廣日新
일신(日新)의

詳說

○ 此節.
이것은 절이다.

集傳

之義歟. 德日新, 則萬邦雖廣, 而無不懷, 志自滿, 則九族雖親而亦離. 萬邦擧遠, 以見近也,
뜻을 넓힌 것이다. 덕이 날로 새로워지면 만방이 비록 넓으나 그리워하지 않는 이가 없고, 마음이 자만하면 구족(九族)이 비록 친할지라도 떠나버린다. 만방은 멀리 있는 것을 들어 가까운 것을 나타낸 것이고,

詳說

○ 音現, 下同.
'현(見)'은 음이 '현(現)'이고, 아래에서도 같다.

集傳

九族擧親, 以見疏也. 王其勉
구족(九族)은 친한 것을 들어 소원한 것을 나타낸 것이다. 왕은 힘써

詳說

○ 懋.
경문에서 '성대하게 한다[懋]'[225]는 것이다.

---

225) 『서경대전(書經大全)』, 「상서(商書)」·「중훼지고(仲虺之誥)」, "왕께서는 음악과 여색을 가까이 하지 않으시고, 재화와 이익을 증식하지 않으시며, 덕이 많은 자에게는 관직을 성대하게 내리시고, 공이 많은 자에게는 상을 성대하게 내리시며, 사람을 등용함에 자신으로 생각하고, 허물을 고침에 인색하게 하지 않으시며, 능히 너그럽고 능히 인하여 드러내서 조민(兆民)들에게 믿음을 받으셨습니다.(惟王不邇聲色, 不殖貨利, 德懋懋官, 功懋懋賞, 用人惟己, 改過不吝, 克寬克仁, 彰信兆民.)"

集傳

明大德, 立中道於天下.
대덕을 밝혀 중도를 천하에 세워야 한다.

詳說

○ 陳氏大猷曰, "所謂皇建其有極也."
진씨 대유(陳氏大猷)가 말하였다 : "이른바 황제가 그 극을 세우는 것이다.226)"227)

集傳

中者, 天下之所同有也,
중(中)은 천하가 똑같이 가지고 있는 것이나

詳說

○ 人皆受中以生.
사람들은 모두 중을 받아서 태어난다.

集傳

然非君建之, 則民不能以自中, 而禮義者, 所以建中者也. 義者心之裁制, 禮者理之節文, 以義制事, 則事得其宜, 以禮制心, 則心得其正, 內外合德, 而

---

226) 『서경대전(書經大全)』, 「주서(周書)」·「홍범(洪範)」, "다섯 번째 황극(皇極)은 임금이 극(極)을 세움이니, 이 오복(五福)을 거두어서 여러 백성들에게 복(福)을 펴서 주면 이 여러 백성들이 너의 극(極)에 대하여 너에게 극(極)을 보존함을 줄 것이다.(五皇極, 皇建其有極, 斂是五福, 用敷錫厥庶民, 惟時厥庶民, 于汝極, 錫汝保極.)"

227) 『서경대전(書經大全)』, 「상서(商書)」·「중훼지고(仲虺之誥)」, "진씨 대유가 말하였다 : '덕이 크지 않으면 치우친 것에 갇혀서 백이가 맑고 유하혜가 온화해서 각기 치우친 폐함이 있었던 것과 같게 되니, 어떻게 중을 세우겠는가? 탕의 덕은 본래 큰데다가 또 성대하게 하고 밝힌 다음에 중을 세워 이 백성들을 넓게 할 수 있었으니, 이른바 황제가 그 극을 세운다는 것이다. 의로 일을 제재하면 밖에서 행하는 것이 합당하게 되니, 바로 큰 덕이 스스로 행하는 것으로 중의 작용이고, 예를 마음을 제재하면 안에 보존되는 것이 이치에 합하게 되니, 바로 큰 덕이 스스로 나오는 것으로 중의 근본이다. 예와 의의 은택은 무궁하게 전해지기 때문에 후사에 넉넉함을 드리우는 것이다.' 또 말하였다 : '스스로 스승을 얻을 수 있으면 천하의 선이 모두 자신에게도 돌아오기 때문에 왕이 될 수 있는 것이다. 사람들이 누구도 자신만 못하다고 여기게 되면 교만해서 잘난 체 하고 남을 무시해서 오만하게 되어 선이 날로 줄어들고 악이 날로 자라니, 망하게 되는 길이라는 말이다. 묻기를 좋아하면 모든 선이 모여들기 때문에 넉넉하게 되고, 스스로 사용하면 한계가 있기 때문에 협소하게 된다.'(陳氏大猷曰, 德不大, 則梏於偏, 如夷淸惠和各有偏之弊, 何以建中. 湯德本大, 又欲又懋昭之, 然後能建中以範斯民, 所謂皇建其有極也. 以義制事, 則行於外者, 合宜, 乃大德之所自行, 中之用也, 以禮制心, 則存內者, 合理, 乃大德之所自出, 中之本也. 禮義之澤傳之無窮, 所以垂裕於後嗣也. 又曰能自得師, 則天下之善, 皆歸於己, 故可以王. 謂人莫己若, 則驕矜侮慢, 善日消, 惡日長, 亡之道也. 好問, 則衆善集, 故優裕, 自用, 則能有限, 故狹小.)"

中道立矣.

군주가 세워주지 않으면 백성들이 스스로 맞게 하지 못하며, 예의는 중(中)을 세우는 것이다. 의는 마음의 제재이고, 예는 이치의 절문(節文)이니, 의로 일을 제재하면 일이 그 마땅함을 얻고 예로 마음을 제재하면 마음이 그 바름을 얻게 되니, 내외가 덕을 합하여 중도가 확립된다.

詳說

○ 朱子曰 : "此內外交, 相養之法, 事在外, 義由內制, 心在內, 禮由外作."

주자(朱子)가 말하였다 : "이것은 내외로 서로 주고받으며 서로 기르는 법이다. 일은 밖에 있어 의가 안에서 제어하며, 마음은 안에 있어 예가 밖에서 일어나는 것이다."228)

○ 新安陳氏曰, "動而以義制事, 卽義以方外之謂, 靜而以禮制心, 卽敬以直內之謂."

---

228) 『서경대전(書經大全)』, 「상서(商書)」·「중훼지고(仲虺之誥)」, "물었다. '예의는 인심에 근본하는데, 오직 중인 이하는 기품과 물욕에 구애되고 막히기 때문에 반대로 예의를 구하여 자신을 다스리는 것입니다. 성탕 같은 경우도 오히려 무엇 때문에 의로 일을 제어하고, 예로 마음을 제어하는 것입니까?' 주자가 답하였다. '탕과 무는 천성으로 되돌렸으니, 곧 또한 그렇지 않는 것이 다소 있습니다. 다만 그가 이와 같을 수 있었기 때문에 탕이 될 수 있었고, 만약 이와 같지 못했다면 곧 오직 성인이라도 생각이 없으면 광인이 된다는 것입니다. 성인에 대해서는 태어나면서부터 알고 편안히 실행한다고 말할지라도 곧 다만 그처럼 늘 그만 두지 않기 때문에 따라갈 수 없는 것입니다. 만약 숨 한 번 쉴 동안이라도 그처럼 하지 않는다면 곧 또한 범인이 될 뿐입니다. 의로 일을 제재하고 예로 마음을 제어하니, 이것은 내외로 서로 주고받으며 서로 기르는 법입니다. 일은 밖에 있어 의가 안에서 제어하며, 마음은 안에 있어 예가 밖에서 일어나는 것입니다.'(問, 禮義本諸人心. 惟中人以下爲氣稟物欲所拘蔽, 所以反著求禮義自治. 若成湯尙何須以義制事以禮制心. 朱子曰, 湯武反之也, 便也是有些子不那底了. 但他能恁地, 所以爲湯. 若不恁地便是, 惟聖罔念作狂. 聖人雖則說是生知安行, 便只是常常恁地不已, 所以不可及. 若有一息不恁地便也, 是凡人了. 以義制事, 以禮制心, 此自是內外交, 相養之法事在外, 義由內制, 心在內, 禮由外作.);"『주자어류』 79권, 「중훼지고」 22조목, "물었다. '예의는 인심에 근본하는데, 오직 중인 이하는 기품과 물욕에 구애되고 막히니, 그래서 반대로 예의를 구하여 자신을 다스리는 것입니다. 성탕 같은 경우도 오히려 무엇 때문에 의로 일을 제어하고, 예로 마음을 제어하는 것입니까?' 답하였다. '탕과 무는 천성으로 되돌렸으니, 곧 또한 그렇지 않는 것이 다소 있습니다. 다만 그가 이와 같을 수 있었기 때문에 탕이 될 수 있었고, 만약 이와 같지 못했다면 곧 오직 성인이라도 생각이 없으면 광인이 된다는 것입니다. 성인에 대해서는 태어나면서부터 알고 편안히 실행한다고 말할지라도 곧 다만 그처럼 그만 두지 않기 때문에 따라갈 수 없는 것입니다. 만약 숨 한 번 쉴 동안이라도 그처럼 하지 않는다면 곧 또한 범인이 될 뿐입니다.' 물었다. '순은 인의로 말미암아 실행한다고 하였으니, 곧 잡지 않아도 스스로 보존하는 것입니까?' 답하였다. '이것은 설명하기 어렵습니다. 순은 다만 보통사람들처럼 이렇게 마음을 쓰지 않아도 저절로 잡고 있는 것입니다.'(問, 禮義本諸人心, 惟中人以下爲氣稟物欲所拘蔽, 所以反著求禮義自治. 若成湯, 尙何須以義制事, 以禮制心. 曰, 湯武反之也, 便也是有些子不那底了. 但他能恁地, 所以爲湯. 若不恁地, 便是惟聖罔念作狂. 聖人雖則說是生知安行, 便只是常常恁地不已, 所以不可及. 若有一息不恁地, 便也是凡人了. 問, 舜由仁義行, 便是不操而自存否. 曰, 這都難說. 舜只是不得似衆人恁地著心, 自是操.)"

신안 진씨(新安陳氏)229)가 말하였다 : "움직이면서 의로 일을 제어하는 것이 곧 의로 밖을 제어한다는 말이고, 가만히 있으면서 예로 마음을 제어하는 것이 곧 경으로 안을 바르게 한다는 말이다."230)

○ 陳氏大猷曰 : "以義制事, 中之用也, 以禮制心, 中之本也."
진씨 대유(陳氏大猷)가 말하였다 : "의로 일을 제재하는 것이 중의 작용이고, 예로 마음을 제재하는 것은 중의 근본이다."231)

---

229) 신안 진씨(新安陳氏, 1252~1334) 원 신안(新安) 출신. 이름은 력(). 자는 수옹(壽翁) 또는 정우(定宇). 스스로 동부(東阜)라고 불러서 만년의 호는 동부노인(東阜老人)이다. 거실을 정우당(定宇堂) 또는 근유당(勤有堂)이라 하여 정우선생(定宇先生)이라고도 불렸다. 주자를 자기 학문의 조종으로 삼았다. 송이 망하자 은거하고 책을 저술하다가 83살에 죽었다. 저서에 『역략(易略)』, 『사서발명(四書發明)』, 『서전찬소(書傳纂疏)』, 『예기집의(禮記集義)』, 『근유당수록(勤有堂隨錄)』, 『역조통략(歷朝通略)』, 『정우집(定宇集)』 등이 있다.

230) 『서경대전(書經大全)』, 「상서(商書)」·「중훼지고(仲虺之誥)」, "신안 진씨가 말하였다 : '덕과 중은 모두 본체와 작용을 겸하여 말한 것이다. 덕은 곧 사람에 하늘에서 얻어 모든 이치를 갖추어 모든 일에 호응하는 것이다. 큰 덕이라고 말한 것은 온전한 본체의 큰 작용이 크지 않음이 없기 때문이니, 성대하게 하고 힘써서 밝히면 온전한 본체가 드러나 묘한 작용이 행해진다. 이것에 따라 중도의 표준을 세워 백성들이 중을 그물질하게 하는 것은 모두 나의 중일뿐이니, 치우치지 않고 기울어지지 않아 지나침과 미치지 못함이 없는 것은 중의 체용이 또한 갖추어지지 않음이 없는 것이다. 그러나 예와 의는 덕으로 덕을 밝혀 중을 세우는 요체이다. 움직이면서 의로 일을 제어하는 것이 곧 의로 밖을 제어한다는 말인데, 의로 밖을 바르게 할 수 있으면 이 덕이 모든 일의 큰 작용에 호응해서 행해지니, 이 가운데 지나침과 미치지 못함이 없는 작용이 있는 것이다. 가만히 있으면서 예로 마음을 제어하는 것이 곧 경으로 안을 바르게 한다는 말인데, 경으로 안을 바르게 할 수 있으면 이 덕이 모든 이치의 전체를 갖춰 세워지니, 이 가운데 치우치지 않고 기울어지지 않은 본체가 있는 것이다. 이른바 넉넉함을 드리운다는 것은 진실로 예와 의의 넉넉한 작용이면서 또한 덕을 밝히고 중을 세우는 넉넉한 작용이니, 덕을 밝혀 오로지 백성들에게 중을 세우고, 예와 의로 오로지 후세에 넉넉함을 드리우는 것만이 아니다.(新安陳氏曰, 德與中, 皆當兼體用而言. 德卽人所得於天, 以具衆理而應萬事者也. 大德云者, 全體大用無非大也. 懋勉以昭明之, 則全體必露妙用顯行矣. 由是而建中道之標準, 使民之罔中者, 皆惟我之中, 則不偏不倚無過不及, 是中之體用, 亦無不備矣. 然禮義德也, 卽昭德建中之要也. 動而以義制事, 卽義以方外之謂, 能以義方外, 則此德應萬事之大用以行, 而此中無過不及之用在是矣. 靜而以禮制心, 卽敬以直內之謂, 能敬以直內, 則此德具衆理之全體以立, 而此中不偏不倚之體在是矣. 所謂垂裕, 固禮義之餘用也, 亦卽昭德建中之餘用也. 非昭德, 專以建中于民, 而禮義, 專以垂裕於後也.)"

231) 『서경대전(書經大全)』, 「상서(商書)」·「중훼지고(仲虺之誥)」, "진씨 대유가 말하였다 : '덕이 크지 않으면 치우친 것에 갇혀서 백이가 맑고 유하혜가 온화해서 각기 치우친 폐해가 있었던 것과 같게 되니, 어떻게 중을 세우겠는가? 탕의 덕은 본래 큰데다가 또 성대하게 하고 밝힌 다음에 중을 세워 이 백성들을 넓게 할 수 있었으니, 이른바 황제가 그 극을 세운다는 것이다. 의로 일을 제재하면 밖에서 행하는 것이 합당하게 되니, 바로 큰 덕이 스스로 행하는 것으로 중의 작용이고, 예를 마음을 제재하면 안에 보존되는 것이 이치에 합하게 되니, 바로 큰 덕이 스스로 나오는 것으로 중의 근본이다. 예와 의의 은택은 무궁하게 전해지기 때문에 후사에 넉넉함을 드리우는 것이다.' 또 말하였다 : '스스로 스승을 얻을 수 있으면 천하의 선이 모두 자신에게도 돌아오기 때문에 왕이 될 수 있는 것이다. 사람들이 누구도 자신만 못하다고 여기게 되면 교만해서 잘난 체 하고 남을 무시해서 오만하게 되어 선이 날로 줄어들고 악이 날로 자라니, 망하게 되는 길이라는 말이다. 묻기를 좋아하면 모든 선이 모여들기 때문에 넉넉하게 되고, 스스로 사용하면 한계가 있기 때문에 협소하게 된다.'(陳氏大猷曰, 德不大, 則梏於偏, 如夷淸惠和各有偏之弊, 何以建中. 湯德本大 又欲其懋昭之, 然後能建中以範斯民, 所謂皇建其有極也. 以義制事, 則行於外者, 合宜, 乃大德之所自行, 中之用也, 以禮制心, 則存於內者, 合理, 乃大德之所自出, 中之本也. 禮義之澤傳之無窮, 所以垂裕於後嗣也. 又曰能自得師, 則天下之善, 皆歸於己, 故可以王. 謂人莫己若, 則驕矜侮慢, 善日消, 惡日長, 亡之道也. 好問, 則衆善集, 故優裕, 自用, 則能有限, 故狹小.)"

集傳

如此, 非特有以建中於民, 而垂諸後世者, 亦綽乎有餘裕矣
이와 같이 하면 다만 백성에게 중도를 세움이 있을 뿐만 아니라, 후세에 드리움이 또한 넉넉하여 여유가 있을 것이다.

詳說

○ 一有則字
'여차(如此)'의 경우, 어떤 판본에는 '즉(則)'자가 있다.

○ 垂裕, 諺釋雖依註文, 恐失本文之勢
넉넉함을 드리운다는 것은 『언해』에서 주석의 글에 의지했을지라도 본문의 어투를 잃은 것 같다.

○ 孔氏曰 : "垂優足之道."
공씨(孔氏)232)가 말하였다 : "넉넉하고 충분한 도를 드리웠다."233)

集傳

然是道也, 必學焉而後至.
그러나 이 도는 반드시 배운 뒤에 이른다.

詳說

○ 添此句, 以連接上下文意.
이 구절을 더해 위아래로 글의 의미를 연결해서 이었다.

集傳

---

232) 공안국(孔安國, ?~?) : 중국 전한(前漢) 때의 학자로 자는 자국(子國)이다. 공자의 제11대 손으로, 공자가 살던 옛집에서 발견된 『상서』・『예기』・『논어』・『효경』 등의 책을 해독하고 그것들에 대한 주석을 남겼다. 이때부터 고문학(古文學)이 시작되었다고 한다.
233) 『상서찬전(尙書纂傳)』, 「상서(商書)」・「중훼지고(仲虺之誥)」, "한나라 공씨가 말하였다 : '왕이 스스로 힘써 큰 덕을 밝히고 백성들에게 크고 알맞은 도를 내세우며 의를 따라 예를 받들고 후세에 넉넉하고 충분한 도를 드리우도록 하는 것이다. 중에 대한 설명은 」대우모」에 있고, 의에 대한 설명은 「고요모」에 있다.'(漢 孔氏曰, 欲王自勉明大德, 立大中之道於民, 率義奉禮, 垂優足之道示後世, 中說, 見大禹謨. 義說, 見皐陶謨.)"

故又擧古人之言, 以爲隆師好問, 則德尊而業廣,
그러므로 또 옛사람의 말을 들어 스승을 높이고 묻기를 좋아하면 덕이 높아지고 업(業)이 넓어지며,

詳說

○ 錯釋.
섞어서 풀이했다.

集傳

自賢, 自用者, 反是.
스스로 어질다고 여기고 스스로 지혜를 쓰는 자는 이와 반대라고 여긴 것이다.

詳說

○ 人莫己若.
자현(自賢)의 경우, 사람들이 자신만 못하다고 여기는 것이다.

○ 陳氏經曰, "承志自滿而言以爲戒."
진씨 경(陳氏經)234)이 말하였다 : "마음이 자만하다는 것을 이어 경계로 할 것을 말하였다."235)

○ 陳氏大猷曰, "自用, 則能有限, 故狹小."
진씨 대유(陳氏大猷)가 말하였다 "스스로 사용하면 한계가 있기 때문에 협소하게 된다."236)

---

234) 진경(陳經, ?~?) : 송나라 길주(吉州) 안복(安福) 사람으로 자는 현지(顯之) 또는 정보(正甫)이다. 영종(寧宗) 경원(慶元) 5년(1199)에 진사(進士)가 되어 봉의랑(奉議郞)과 천주박간(泉州泊幹)을 지냈다. 평생 독서를 좋아했고, 후학을 많이 계도했다. 저서에 『상서상해(尙書詳解)』와 『시강의(詩講義)』, 『존재어록(存齋語錄)』 등이 있다.
235) 『서경대전(書經大全)』, 「상서(商書)」·「중훼지고(仲虺之誥)」, "진씨 경이 말하였다 : '스스로 스승을 얻는다는 것은 이를테면 스스로 밝고 스스로 강해 사람을 말미암지 않아 덕을 높이고 도를 즐기는 것이 저절로 그렇게 되는 중심에서 나오는 것이니, 「스스로」라는 말을 음미해야 한다. 사람들이 자신만 못하다고 하는 것과 스스로 쓰면 작아진다는 것은 마음이 자만한 것을 이어 경계로 할 것을 말한 것이다.'(陳氏經曰, 自得師, 如自明自强, 不因乎人, 尊德樂道, 出於中心之自然也, 當味自字. 謂人莫己若, 與自用則小, 承志自滿而言以爲戒也.)"
236) 『서경대전(書經大全)』, 「상서(商書)」·「중훼지고(仲虺之誥)」, "진씨 대유가 말하였다 : '덕이 크지 않으면 치우친 것에 갇혀서 백이가 맑고 유하혜가 온화해서 각기 치우친 폐해가 있었던 것과 같게 되니, 어떻게

集傳

謂之自得師者, 眞知己之不足, 人之有餘, 委心聽順, 而無拂逆之謂也. 孟子曰湯之於伊尹學焉, 而後臣之, 故不勞而王

스스로 스승을 얻었다고 하는 것은 자신의 부족함과 남의 넉넉함을 참으로 알아서 마음을 맡겨 듣고 순종하여 어기고 거슬림이 없음을 이른다. 맹자는 "탕왕이 이윤에게 배운 뒤에 신하로 삼았기 때문에 수고롭지 않고도 왕자가 되었다."라고 하였으니,

詳說

○ 與孟子之有餘師, 不同.

『맹자』에서 '충분한 스승이 있을 것이다.'237)라는 것과는 같지 않다.

○ 公孫丑.

『맹자(孟子)』는 「공손추」이다.

○ 去聲.

'왕(王)'자는 거성이다.

集傳

중을 세우겠는가? 탕의 덕은 본래 큰데다가 또 성대하게 하고 밝힌 다음에 중을 세워 이 백성들을 넓게 할 수 있었으니, 이른바 황제가 그 극을 세운다는 것이다. 의로 일을 제재하면 밖에서 행하는 것이 합당하게 되니, 바로 큰 덕이 스스로 행하는 것으로 중의 작용이고, 예를 마음을 제재하면 안에 보존되는 것이 이치에 합하게 되니, 바로 큰 덕이 스스로 나오는 것으로 중의 근본이다. 예와 의의 은택은 무궁하게 전해지기 때문에 후사에 넉넉함을 드리우는 것이다.' 또 말하였다 : '스스로 스승을 얻을 수 있으면 천하의 선이 모두 자신에게로 돌아오기 때문에 왕이 될 수 있는 것이다. 사람들이 누구도 자신만 못하다고 여기게 되면 교만해서 잘난 체 하고 남을 무시해서 오만하게 되어 선이 날로 줄어들고 악이 날로 자라니, 망하게 되는 길이라는 말이다. 묻기를 좋아하면 모든 선이 모여들기 때문에 넉넉하게 되고, 스스로 사용하면 한계가 있기 때문에 협소하게 된다.'(陳氏大猷曰, 德不大, 則梏於偏, 如夷淸惠和各有偏之弊, 何以建中. 湯德本大 又欲其懋昭之, 然後能建中以範斯民, 所謂皇建其有極也. 以義制事, 則行於外者, 合宜, 乃大德之所自行, 中之用也, 以禮制心, 則存於內者, 合理, 乃大德之所自出, 中之本也. 禮義之澤傳之無窮, 所以垂裕於後嗣也. 又曰能自得師, 則天下之善, 皆歸於己, 故可以王. 謂人莫己若, 則驕矜侮慢, 善日消, 惡日長, 亡之道也. 好問, 則衆善集, 故優裕, 自用, 則能有限, 故狹小.)"

237) 『맹자집주(孟子集註)』「고자장구(告子章句)」하(下), "말하였다, '제가 추나라 임금을 뵈면 관사를 빌릴 수 있을 것이니, 여기에 계시면서 문하에서 수업하기를 원합니다.' 말하였다, "도는 대로와 같으니, 어찌 알기 어렵겠는가. 사람들의 병통은 구하지 않는 것일 뿐이니, 그대가 돌아가 찾는다면 충분한 스승이 있을 것이다.(曰, 交得見於鄒君, 可以假館, 願留而受業於門. 曰, 夫道若大路然, 豈難知哉. 人病不求耳, 子歸而求之, 有餘師.)"

其湯之所以自得者歟.

이것이 탕왕이 스스로 스승을 얻은 것일 것이다.

詳說

○ 又引其事以實之.

또 그 일을 인용해서 실증하였다.

○ 陳氏經曰 : "如自明自强, 不因乎人, 尊德樂道, 出於中心之自然也. 當味自字."

진씨 경(陳氏經)이 말하였다 : "스스로 밝고 스스로 강하면 사람을 말미암지 않아 덕을 높이고 도를 즐기는 것이 저절로 그렇게 되는 중심에서 나온다. 「스스로」라는 말을 음미해야 한다."238)

○ 陳氏大猷曰 : "能自得師, 則天下之善, 皆歸於己, 故可以王."

진씨 대유(陳氏大猷)가 말하였다 : "스스로 스승을 얻을 수 있으면 천하의 선이 모두 자신에게도 돌아오기 때문에 왕이 될 수 있는 것이다."239)

集傳

---

238) 『서경대전(書經大全)』, 「상서(商書)」·「중훼지고(仲虺之誥)」, "진씨 경이 말하였다 : '스스로 스승을 얻는다는 것은 이를테면 스스로 밝고 스스로 강해 사람을 말미암지 않아 덕을 높이고 도를 즐기는 것이 저절로 그렇게 되는 중심에서 나오는 것이니, 「스스로」라는 말을 음미해야 한다. 사람들이 자신만 못하다고 하는 것과 스스로 쓰면 작아진다는 것은 마음이 자만한 것을 이어 경계로 할 것을 말한 것이다.'(陳氏經曰, 自得師, 如自明自强, 不因乎人, 尊德樂道, 出於中心之自然也, 當味自字. 謂人莫己若, 與自用則小, 承志自滿而言以為戒也..)"

239) 『서경대전(書經大全)』, 「상서(商書)」·「중훼지고(仲虺之誥)」, "진씨 대유가 말하였다 : '덕이 크지 않으면 치우친 것에 갇혀서 백이가 맑고 유하혜가 온화해서 각기 치우친 폐해가 있었던 것과 같게 되니, 어떻게 중을 세우겠는가? 탕의 덕은 본래 큰데다가 또 성대하게 하고 밝힌 다음에 중을 세워 이 백성들을 넓게 할 수 있었으니, 이른바 황제가 그 극을 세운다는 것이다. 의로 일을 제재하면 밖에서 행하는 것이 합당하게 되니, 바로 큰 덕이 스스로 행하는 것으로 중의 작용이고, 예를 마음을 제재하면 안에 보존되는 것이 이치에 합하게 되니, 바로 큰 덕이 스스로 나오는 것으로 중의 근본이다. 예와 의의 은택은 무궁하게 전해지기 때문에 후사에 넉넉함을 드리우는 것이다.' 또 말하였다 : '스스로 스승을 얻을 수 있으면 천하의 선이 모두 자신에게도 돌아오기 때문에 왕이 될 수 있는 것이다. 사람들이 누구도 자신만 못하다고 여기게 되면 교만해서 잘난 체 하고 남을 무시해서 오만하게 되어 선이 날로 줄어들고 악이 날로 자라니, 망하게 되는 길이라는 말이다. 묻기를 좋아하면 모든 선이 모여들기 때문에 넉넉하게 되고, 스스로 사용하면 한계가 있기 때문에 협소하게 된다.'(陳氏大猷曰, 德不大, 則梏於偏, 如夷清惠和各有偏之弊, 何以建中. 湯德本大 又欲其懋昭之, 然後能建中以範斯民, 所謂皇建其有極也. 以義制事, 則行於外者, 合宜, 乃大德之所自行, 中之用也, 以禮制心, 則存於內者, 合理, 乃大德之所自出, 中之本也. 禮義之澤傳之無窮, 所以垂裕於後嗣也. 又曰能自得師, 則天下之善, 皆歸於己, 故可以王. 謂人莫己若, 則驕矜侮慢, 善日消, 惡日長, 亡之道也. 好問, 則眾善集, 故優裕, 自用, 則能有限, 故狹小.)"

仲虺言懷諸侯之道, 推而至於修德
중훼는 제후들을 회유하는 도를 말하고, 미루어 덕을 닦고 몸을

> 詳說
> ○ 懋昭.
> 경문에서 성대하게 하고 밝히는 것이다.

集傳
檢身
검속함에 이르렀으며,

> 詳說
> ○ 制事制心.
> 일을 제재하고 마음을 제어하는 것이다.

集傳
又推而至於能自得師, 夫自天子至於庶人, 未有捨師而能成者,
또 미루어 스스로 스승을 얻음에 이르렀으니, 천자에서 서인에게까지 스승을 버리고 성공하는 자는 있지 않으니,

> 詳說
> ○ 音扶.
> '부(夫)'는 음이 '부(扶)'이다.
>
> ○ 一作舍.
> 어떤 판본에는 '사(捨)'자가 '사(舍)'로 되어 있다.

集傳
雖生知之聖, 亦必有師焉. 後世之不如古, 非特世道之降抑, 亦師道之不明也. 仲虺之論遡流而源, 要其極而歸諸能自得師之一語, 其可爲帝王之大法

也歟

비록 태어나면부터 아는 성인일지라도 반드시 스승이 있어야 하는 것이다. 후세가 옛날만 못한 것은 단지 세상의 도가 낮아져서일 뿐만 아니라, 또한 스승의 도에 밝지 못하기 때문이다. 중훼의 말은 흐름을 거슬러 근원으로 올라가 그 궁극을 요약하여 스스로 스승을 얻는다는 한 마디에 돌렸으니, 제왕의 대법이 될 만했기 때문이다.

詳說

○ 平聲.
'요기극(要其極)'에서 요(要)'는 평성이다.

○ 又特論自得師.
또 스스로 스승을 얻는다는 것에 대해 말했을 뿐이다.

[5-3-2-9]

嗚呼, 愼厥終, 惟其始, 殖有禮, 覆昏暴, 欽崇天道, 永保天命.

아! 그 끝을 삼가려면 시작을 잘해야 하니, 예가 있는 자를 봉해주며 어둡고 포악한 자를 전복시켜, 천도를 공경하고 높이셔야 천명을 영원히 보존할 것입니다."

詳說

○ 覆, 音福.
'복(覆)'은 음이 '복(福)'이다.

集傳

上文旣勸勉之, 於是歎息言謹其終之道, 惟於其始圖之

위의 글에서는 이미 권면(勸勉)하였고, 여기서는 탄식하며 "끝을 삼가는 도는 오직 시작에 도모하여야 한다."라고 하니,

詳說

○ 思也.

생각한다는 것이다.

○ 孔氏曰 : "愼終如其始."
공씨가 말하였다 : "끝을 삼가기를 시작처럼 하는 것이다."240)

集傳
始之不謹, 而能謹終者, 未之有也.
시작을 삼가지 않고서 끝을 삼가는 자는 있지 않다.

詳說
○ 又反說.
또 거꾸로 말하였다.

集傳
伊尹亦言謹終于始,
이윤 역시 "끝을 시작에 삼가라."라고 하였으니,

詳說
○ 見太甲.
「태갑(太甲)」에 보인다.241)

集傳
事雖不同, 而理則一也.
일은 비록 똑같지 않으나 이치는 하나이다.

詳說
○ 又證而論之.
또 알려서 말한 것이다.

---

240) 『상서찬전(尙書纂傳)』「상서(商書)」·「중훼지고(仲虺之誥)」, "한나라 공씨가 말하였다 : '처음이 있지 않은 것은 없지만 끝이 있는 것은 드물기 때문에 끝을 삼가기를 시작처럼 하는 것이다.(漢孔氏曰 : 靡不有初, 鮮克有終, 故戒愼終如其始.)"
241) 『서경대전(書經大全)』, 「상서(商書)」·「태갑(太甲)」, "처음에 끝을 삼가소서.(愼終于始.)"

> 集傳

欽崇者, 敬畏尊奉之意. 有禮者, 封殖之, 昏暴者, 覆亾之, 天之道也,

공경하고 높인다는 것은 공경하여 경외하고 높여서 받든다는 뜻이다. 예가 있는 자를 봉해 주고, 어둡고 포악한 자를 전복시켜 망하게 함은 하늘의 도이니,

> 詳說

○ 新安陳氏曰 : "與推亾固存同一, 栽培傾覆之理."

신안 진씨(新安陳氏)가 말하였다 : "망하는 것을 밀어내고 보존하는 것을 튼튼히 한다는 것과 동일하니, 재배하고 전복시키는 이치이다."242)

> 集傳

欽崇乎天道, 則永保其天命矣. 按仲虺之誥, 其大意有三. 先言天立君之意, 桀逆天命而天之命湯者, 不可辭,

하늘의 도를 공경하고 높이면 천명을 길이 보전할 것이다. 「중훼지고(仲之誥)」를 살펴보면 세 가지 대의가 있다. 앞에서 하늘이 군주를 세운 뜻과 걸왕이 천명을 거슬러 하늘이 탕왕에게 명한 것을 사양할 수 없음을 말하였고,

> 詳說

○ 聽聞以上

'들음[聽聞]'243) 이상이다.

> 集傳

---

242) 『서경대전(書經大全)』, 「상서(商書)」·「중훼지고(仲虺之誥)」, "신안 진씨(新安陳氏)가 말하였다 : '망하는 것을 밀어내고 보존하는 것을 튼튼히 한다는 것은 예 있는 자를 봉해주고 포악한 자를 전복시키는 것과 동일하니, 재배하고 전복시키는 이치에 남과 자신의 구분이 있는 것이다. 망하는 것을 밀어내고 보존하는 것을 튼튼히 하는 것은 탕이 이 이치를 살펴서 사람들에게 베풀도록 한 것이고, 예 있는 자를 봉해주고 포악한 자를 전복시키는 것은 탕이 이 이치를 살펴서 자신에게 삼가게 한 것이다.'(新安陳氏曰 : "推亡固存, 與殖禮覆暴同一, 栽培傾覆之理, 特有人己之分. 推亡固存, 欲湯審此理, 以施之人, 殖禮覆暴, 欲湯審此理, 而謹諸己也.)"

243) 『서경대전(書經大全)』, 「상서(商書)」·「중훼지고(仲虺之誥)」, "현자를 소홀히 하고 세력에 빌붙는 자들이 실로 무리들이 많은 것은 처음 우리나라가 유하에게는 마치 벼에 피가 있고, 곡식에 쭉정이가 있는 것과 같으니, 작고 큰 자들이 두려워하여 죄가 아닌 것에 두려워하지 않는 것이 없었습니다. 하물며 우리 탕왕의 덕은 말하자면 사람들의 들음에 흡족함에 있어서이겠습니까!(簡賢附勢, 寔繁有徒, 肇我邦, 于有夏, 若苗之有莠, 若粟之有秕, 小大戰戰, 罔不懼于非辜. 矧予之德, 言足聽聞.)"

次言湯德足以得民, 而民之歸湯者, 非一日,
다음에 탕왕의 덕이 족히 백성을 얻어서 백성들이 탕왕에게 돌아온 것이 하루가 아님을 말하였고,

詳說

○ 舊哉以上.
'오래되었다[舊哉]'는 것244) 이상이다.

集傳

末言爲君艱難之道, 人心離合之機, 天道福善禍淫之可畏,
끝에서 군주 노릇하기가 어려운 도와 인심이 이합하는 기틀과 천도가 선한 자에게 복을 주고 악한 자에게 재앙을 내림이 두려울 만함을 말해서

詳說

○ 見下篇.
아래의 편에 있다.245)

集傳

以明今之受夏, 非以利己, 乃有無窮之恤,
지금에 하나라를 받은 것이 자기를 이롭게 함이 아니고, 마침내 무궁한 근심이 있음을 밝혔으니,

詳說

---

244) 『서경대전(書經大全)』, 「상서(商書)」·「중훼지고(仲虺之誥)」, "갈백이 밥을 먹이는 자를 원수로 삼자, 처음 갈나라에서 정벌하시었는데, 동쪽을 정벌하면 서쪽 오랑캐가 원망하고, 남쪽을 정벌하면 북쪽 오랑캐가 원망하여 '어찌하여 우리나라만 뒤에 정벌하는가?'라고 하였다. 가는 곳의 백성들은 실가(室家)가 서로 경하하여 '우리 임금님을 기다렸는데 우리 임금께서 오시니 소생할 것이다.'라고 하였다. 백성들이 상나라를 떠받든 지가 오래되었습니다.(乃葛伯, 仇餉, 初征自葛, 東征, 西夷怨, 南征, 北狄怨, 曰奚獨後予. 攸徂之民, 室家相慶, 曰徯予后, 后來, 其蘇. 民之戴商 厥惟舊哉.)"
245) 『서경대전(書經大全)』, 「상서(商書)」·「탕고-3(湯誥-3)」, "하(夏)나라 왕이 덕을 멸하고 위엄을 부려 너희 만방의 백성들에게 사나움을 펴니, 너희 만방의 백성들이 그 흉해에 걸려서 씀바귀의 쏨과 독을 참지 못하여 모두 죄가 없음을 상하의 신기(神祇)에게 하소연하였다. 하늘의 도는 선한 자에게 복을 내리고 음탕한 자에게 화(禍)를 내리니, 하나라에 재앙을 내려 그 죄를 드러내신 것이다.(夏王, 滅德作威, 以敷虐于爾萬方百姓, 爾萬方百姓, 罹其凶害, 弗忍荼毒, 竝告無辜于上下神祇. 天道, 福善禍淫, 降災于夏, 以彰厥罪.)"

○ 見召誥.

「소고(召誥)」에 보인다.

集傳

以深慰湯, 而釋其慙. 仲虺之忠愛, 可謂至矣, 然湯之所慙, 恐來世以爲口實者, 仲虺終不敢謂無也, 君臣之分, 其可畏如此哉.

탕왕(湯王)을 깊이 위로하고 그 부끄러워함을 풀어드린 것이다. 중훼의 충성과 사랑이 지극하다고 이를 만하지만 탕왕이 부끄러워한 것은 후세에서 구실로 삼을까 염려한 것으로 중훼가 끝내 감히 없다고 말하지 않았으니, 군신의 직분은 이처럼 두려워해야 하는 것이다.

詳說

○ 去聲

'군신지분(君臣之分)'에서 분(分)'자는 거성이다.

○ 通論一篇, 而特說出分字以終之.

한편을 통론하면서 단지 직분이라는 말을 하면서 끝맺었다.

[5-3-3]
「탕고(湯誥)」

> 集傳

湯伐夏歸亳, 諸侯率職來朝. 湯作誥, 以與天下更始. 今文無, 古文有

탕왕이 하나라를 정벌하고 박읍으로 돌아오니, 제후들이 직책을 받들어 내조(來朝)하였다. 탕왕(湯王)이 고(誥)를 지어 천하와 함께 다시 시작하였다. 금문(今文)에는 없고 고문(古文)에는 있다.

> 詳說

○ 循也.
  '솔(率)'은 따른다는 것이다.

○ 音潮.
  '조(朝)'는 음이 '조(潮)'이다.

○ 平聲, 下同.
  '갱(更)'은 평성으로 아래에서도 같다.

[5-3-3-1]
王歸自克夏, 至于亳, 誕告萬方.

왕이 하나라를 이기고 돌아와 박읍에 이르시어 크게 만방에 고하였다.

> 集傳

誕, 大也. 亳, 湯所都, 在宋州穀熟縣.

탄(誕)은 큼이다. 박(亳)은 탕왕(湯王)이 도읍한 곳으로 송주(宋州)의 곡숙현(穀熟縣)에 있다.

[5-3-3-2]

> 王曰, 嗟爾萬邦有衆. 明聽予一人誥. 惟皇上帝, 降衷于下民, 若有恒性, 克綏厥猷, 惟后.

왕이 다음과 같이 말씀하였다. "아! 너희 만방의 무리들아. 나 한 사람의 가르침을 분명히 들어라. 훌륭하신 상제께서 하민들에게 충(衷)을 내려주어 순히 하여 떳떳한 본성을 소유하였으니, 능히 그 도에 편안하게 하는 이가 군주인 것이다

集傳

皇, 大, 衷, 中, 若, 順也. 天之降命, 而具仁義禮智信之理, 無所偏倚, 所謂衷也,

황(皇)은 위대함이고, 충(衷)은 중(中)이며, 약(若)은 순함이다. 하늘이 명(命)을 내릴 적에 인(仁)·의(義)·예(禮)·지(智)·신(信)의 이치를 갖추어 편벽되거나 치우친 바가 없으니 이른바 충(衷)이며,

詳說

○ 朱子曰 : "天之生物, 箇箇有一副當恰好底道理, 此與劉子所謂民受天地之中相似, 與張子所謂萬物一原, 又自不同. 若統論道理, 固是一般, 然其中名字位分, 又自不同."

주자(朱子)가 말하였다 : "하늘이 사물에 냄에 각기 합당한 도리가 있으니, 이것이 유자(劉子)[246]가 말한 백성들이 천지의 중을 받는다는 것과 서로 비슷하나, 장자(張子)[247]가 말한 만물이 하나의 근원이다는 것과는 또 본래 같지 않다. 도리에 대해 통론하면 본래 같지만 그 중에 이름이라는 말의 직분이 또 본래 같지 않다."[248]

---

246) 유강공(劉康公)
247) 장재(張載, 120~177) : 자는 자후(子厚)이고, 세칭 횡거선생(橫渠先生)이라고 한다. 송대 대양(大梁 : 현 하남성 개봉<開封>) 사람으로 거주지는 미현 횡거진(郿縣橫渠鎭 : 현 섬서성 미현<眉縣>)이었다. 157년 진사에 급제했고 운암령(雲巖令)·숭정원교서(崇政院校書) 등을 역임하였다. 젊어서 병법을 좋아하여 범중엄에게 서신을 보냈다가 『중용』을 읽기를 권유받고, 얼마 뒤 『6경(六經)』에 전념하게 되었다. 특히 『역』과 『중용』을 중시하여 『정몽(正蒙)』, 『서명(西銘)』, 『역설(易說)』 등을 지었는데, 이로써 나중에 '관학(關學)'의 창시자가 되었다.
248) 『주자어류』 18권, 「대학5(大學五) 혹문하(或問下)」 「82조목, "덕원이 물었다. 『『시경』에서 말한 병이(秉彝)와 『서경』에서 말한 강충(降衷) 한 단락은 그 명칭이 다르기는 하지만, 요체는 모두 하나의 이치입니까?' 답하였다. '진실로 하나의 이치이지만, 어찌 분별이 없겠습니까! 어찌해서 그것을 강충(降衷)이라 부르겠습니까?.' 말하였다. '충(衷)은 선(善)이기 때문입니다.' 답하였다. '만약 그렇다면, 왜 강선(降善)이라

하지 않고 강충(降衷)이라 하였겠습니까? 충(衷)이란 말은 지나침이나 미치지 못함이 없는 합당한 도리입니다. 하늘이 사람과 사물을 낳으면서, 모두에게 합당하고 지나침과 부족함이 없는 하늘의 도리를 우리에게 내려 줍니다. 정자가 말한 천연자유(天然自有)의 중과 유자(劉子)가 말한 백성이 천지의 중을 받는다는 것과 서로 유사하지만, 『시경』에서 말한 병이(秉彝)와 장자가 말한 만물의 일원(一原)과는 또 다릅니다. 모름지기 각기 그 명칭의 정의가 다른 까닭을 이해해야 비로소 그들의 공통점을 알 수 있을 것입니다. <어떤 이는 다음과 같이 말했습니다. 강충을 곧 병이라고 말한다면 안 된다. (강충이) 곧 만물일원(萬物一原)이라고 말한다면 또한 안 된다. 만물일원은 만물이 모두 여기에서 나오는 것을 말한다. 도리를 통론하자면 진실로 한가지인데, 성현은 무엇 때문에 많은 명칭을 말하는가?"> 충(衷)은 단지 중(中)이고, 지금 사람들이 말하는 절충(折衷: 거성去聲)이란 것은 중을 준칙으로 삼아 바름을 삼는 것입니다. 『하늘이 여러 백성을 내시니, 사물이 있음에 법칙이 있도다.[天生烝民, 有物有則]」에서, 칙(則)자가 도리어 충(衷)자와 비슷합니다. 하늘이 이 사물을 낳음에 반드시 당연한 법칙이 있기 때문에 백성을 그것을 잡아 떳떳한 도리(常道)로 삼으니, 이 아름다운 덕을 좋아하지 않을 수 없는 이유입니다. 사물마다 법칙이 없으니, 군주에게는 군주의 법칙이 있고, 신하에게는 신하의 법칙이 있습니다. 「군주가 되어서는 인에 그친다.」는 것은 군주의 법칙이며, 「신하가 되어서는 경에 그친다.」는 것은 신하의 법칙입니다. 귀에는 귀의 법칙이 있고, 눈에는 눈의 법칙이 있습니다. 『서경』의 「보기를 멀리하되 밝게 볼 것을 생각한다.」는 것은 눈의 법칙이며, 「듣기를 덕스러운 말로 하되 귀 밝게 들을 것을 생각한다.」는 것은 귀의 법칙입니다. 「순종함은 다스림을 만든다.」는 것은 말의 법칙이고, 「공손함은 엄숙함을 만든다.」는 것은 용모의 법칙입니다. 팔다리를 비롯한 우리 몸의 모든 부분들과 사람의 모든 일과 세상 모든 물건에는 각기 당연한 법칙이 있으니, 자세하게 추론해 보면 모두 알 수 있을 것입니다. 또 답하였다. '도리를 볼 때는 반드시 그 명칭의 나누어지는 지점의 차이를 세심하게 보아야 합니다. 천하를 아우르는 것은 진실로 이 하나의 이치이지만, 성현이 말한 것에는 여러 가지가 있으니, 반드시 하나하나 분별하여 이해해야 비로소 얻을 것입니다. 단지 흐리멍텅하게 말해버리면, 그 이면의 좋은 것들 전혀 보지 못하게 됩니다. 예컨대 하나의 화로가 있고 네 사람이 네 방향에서 이 불을 본다고 할 때, 화롯불은 하나일 뿐이지만 사면이 각각 같지 않은 것과 같습니다. 만약 내가 이것은 한줌의 불이라고만 알고 말해버리면, 이는 이면에 있는 제대로 알지 못한 것으로, 그 이면에 있는 영롱하고 아름다움을 볼 수가 없게 됩니다. 「백성에게 충(衷)을 내려준다.」는 경우, 여기에서 핵심적 글자는 도리어 강(降)입니다. 그러므로 하늘의 관점에서 말하면, 그것을 강충(降衷)이라 하고, 이 충을 받는 사람의 관점에서 말하면, 그것을 성이라 하는 것입니다. 예를 들어 「하늘이 부여한 것이 명(命)이 되고, 사물이 받은 것이 성이 된다.」는 것에서, 명(命)이 바로 이 강(降)자이니, 사물이 받은 것은 성이라고 하지 충(衷)이라 하지 않습니다. 그것들이 같지 않은 이유는 각기 그것들이 온 곳과 받은 곳에 따라 말하기 때문입니다. 「황제가 백성에게 충을 내려준다.」는 것은 하늘이 사물에게 부여한 것에 근거하여 말한 것입니다. 「떳떳한 본성을 소유한다.」는 것은 백성이 받은 것에 근거하여 말한 것입니다. 「능히 그 도에 편안하게 한다.[克綏厥猷]」는 것에서 유(猷)는 바로 도(道)이니, 도란 성이 작용하는 곳이며, 그 도를 편안하게 하는 이는 군주뿐입니다. 「하늘이 명한 것을 성이라 하고, 성을 따르는 것을 도라 하며, 도를 닦는 것을 교라 한다.」는 세 구절 역시 이와 같습니다. 옛사람이 도리를 말한 것은 이와 같이 세밀하여 곳곳마다 모두 합치합니다. 그런데 지금 사람들은 마음이 조잡하니 어떻게 알겠습니까? 불씨(佛氏)는 「여래는 하나의 커다란 사건으로 인연으로 하여 이 세상에 출현한다.」고 말했습니다. 나는 예전에 옛날의 여러 성인 역시 이 하나의 커다란 사건을 위한 것이었다고 말했습니다. 앞의 성인과 뒤의 성인의 마음은 하나처럼 부합하니, 마치 도장을 찍는 것처럼 서로 일치하여 조금도 어긋나는 곳이 없습니다.' 유용지가 말하였다. '충(衷)자는 마음을 겸하여 말한 것으로 충성(衷誠), 단충(丹衷)이라 하는 것이며, 하늘이 나에게 준 것이 이 마음임을 말한 것입니다. 답하였다. '그렇게 말하면 안됩니다. 마음과 본성은 본디 하나의 이치일 뿐이지만, 합해서 말한 곳이 있고 나누어 말한 곳이 있으니, 반드시 그것을 나눈 이유를 알아야 하고, 또 그것을 합한 이유를 알아야 합니다. 그러나 본성이 곧 마음이라고 해서는 안 되며, 마음이 곧 본성이라고 해서도 역시 안됩니다. 맹자는 「그 마음을 다하면 그 본성을 안다.」고 했고, 또 「그 마음을 보존하고, 그 본성을 함양한다.」고 했습니다. 성현의 말에는 본래 분별이 있는데, 어떻게 이와 같이 흐리멍텅하여 분명하게 깨닫지 못하는 것입니까! 본래 분명하지 않게 통일적으로 말할 때도 있지만, 그렇더라도 명의(名義)는 각기 다릅니다. 마음과 본성의 구별은 마치 사발에 물을 담는 것과 같으니, 물은 반드시 사발이 있어야 담을 수 있지만 사발이 곧 물이라고 해서는 안됩니다. 나중에 장횡거가 말한 것이 매우 정밀한데, 「마음은 성(性)·정(情)을 통섭하는 것이다.」라고 했습니다. 강충(降衷)의 충(衷)처럼 똑같이 이 이치입니다. 그러나 이 글자는 하늘이 내려준 것에 대해서만 말할 수 있고, 사람이 받은 것에 대해 말해서는 안됩니다.' <심한> <지록은 두 개의 단락으로 구성되어 있다.>德元問, 詩所謂秉彝, 書所謂降衷一段, 其名雖異, 要之皆是一理. 曰, 誠是一理, 豈可無分別. 且如何謂之降衷. 曰, 衷是善也. 曰, 若然, 何不言降善而言降衷. 衷字, 看來只是箇無過不及, 恰好底道理. 天之生人物, 箇箇有一副當恰好無過不及底道理降與你. 與程子所謂天然自有之中, 劉子所謂民受天地之中相似. 與詩所謂秉彝, 張子所謂萬物之一原又不同. 須各曉其名字訓義之所以異, 方見其所謂同. <一云,

集傳

人之禀命, 而得仁義禮智信之理, 與心俱生, 所謂性也.

사람이 명(命)을 받을 적에 인(仁)·의(義)·예(禮)·지(智)·신(信)의 이치를 얻어 마음과 함께 나오니 이른바 성(性)이다.

詳說

○ 合而謂之善.

합해서 말하면 선이다.

○ 經云民註云 : "人以見物不得與也."

경에서 민(民)이라고 말한 곳의 주에서 말하였다 : "사람들은 이것으로 사물이 함께할 수 없음을 안다."

○ 朱子曰 : "自人受此中而言, 則謂之性."

주자(朱子)가 말하였다 : "사람이 이 중(中)을 받은 것으로 말하면 성(性)이라고 한다."249)

若說降衷便是秉彝, 則不可. 若說便是萬物一原, 則又不可. 萬物一原, 自說萬物皆出此也. 若統論道理, 固是一般, 聖賢何故說許多名字.> 衷, 只是中, 今人言折衷去聲者, 以中爲準則而取正也. 天生烝民, 有物有則, 則字卻似衷字. 天之生此物, 必有箇當然之則, 故民執之以爲常道, 所以無不好此懿德. 物物有則, 蓋君有君之則, 臣有臣之則, 爲人君, 止於仁, 君之則也, 爲人臣, 止於敬, 臣之則也. 如耳有耳之則, 目有目之則, 視遠惟明, 目之則也, 聽德惟聰, 耳之則也. 從作乂, 言之則也, 恭作肅, 貌之則也. 四肢百骸, 萬物萬事, 莫不各有當然之則, 子細推之, 皆可見. 又曰, 凡看道理, 須是細心看他名義分位之不同. 通天下固同一理, 然聖賢所說有許多般樣, 須是一一通曉分別得出, 始得. 若只儱侗說了, 盡不見他裏面好處. 如一爐火, 四人四面同向此火, 火固不一般, 然四面各不同. 若說我只認曉得這是一堆火便了, 這便不得, 他裏面許瓏好處無由見. 如降衷于下民, 這緊要字卻在降字上. 故自天而言, 則謂之降衷, 自人受此衷而言, 則謂之性. 如云天所賦爲命, 物所受爲性也, 命, 便是那降字, 至物所受, 則謂之性, 而不謂之衷. 所以不同, 緣各據他來處與所受處而言也. 惟皇上帝降衷于下民, 此據天之所與物者而言. 若有常性, 是據民之所受者而言. 克綏厥猷, 猷卽道, 道者性之發用處, 能安其道者惟后也. 如天命之謂性, 率性之謂道, 修道之謂敎三句, 亦是如此. 古人說得道理如此縝密, 處處皆合. 今人心粗, 如何看得出. 佛氏云, 如來爲一大事因緣故出現於世. 某嘗說, 古之諸聖人亦是爲此一大事也. 前聖後聖, 心心一符, 如印記相合, 無纖毫不似處. 劉用之曰, 衷字是兼心說, 如云衷誠, 丹衷是也, 言天與我以是心也. 曰, 恁地說不得. 心性固只一理, 然自有合而言處, 又有析而言處. 須知其所以析, 又知其所以合, 乃可. 然謂性便是心, 則不可, 性便是性, 心便是心. 孟子曰盡其心, 知其性, 又曰, 存其心, 養其性. 聖賢說話自有分別, 何嘗如此儱侗不分曉! 固有儱侗一統說時, 然名義各自不同. 心性之別, 如以碗盛水, 水須碗乃能盛, 然謂碗便是水, 則不可. 後來橫渠說得極精, 云, 心統性·情者也. 如降衷之衷同是此理. 然此字但可施於天之所降而言, 不可施於人之所受而言也. 側. <池錄作二段.>}"

249) 『서경대전(書經大全)』, 「상서(商書)」·「탕고(湯誥)」, "또 말하였다 : '이것은 대본의 중을 가리키는 것이다. 이곳은 중용에서 아주 분명하게 설명할 수 있으니, 다른 날 살펴보면 저절로 알게 될 것이다. 하늘로부터 말하면 강(降)이라고 하고 사람들이 이 중을 받은 것으로 말하면 성이라고 한다. 유(猷)는 도이듯. 도는 성이 발용되는 곳으로 그 동에 편안할 수 있는 자는 왕뿐이다.(又曰, 此蓋指大本之中也. 此處中庸說得甚明, 他日考之自見, 自天而言, 則謂之降, 自人受此中而言, 則謂之性. 猷, 卽道也. 道者性之發用處, 能安其道者惟后也.)"

> 集傳

猷, 道也, 由其理之自然, 而有仁義禮智信之行, 所謂道也.
유(猷)는 도(道)로 이치의 자연을 따라 인(仁)·의(義)·예(禮)·지(智)·신(信)의 행실이 있으니, 이른바 도이다.

> 詳說

○ 去聲.
'행(行)'자는 거성이다.

○ 朱子曰 : "道者, 性之發用處."
주자(朱子)가 말하였다 : "도는 성이 발용되는 곳이다."250)

> 集傳

以降衷而言, 則無有偏倚, 順其自然, 固有常性矣, 以稟受而言, 則不無淸濁純雜之異, 故必待君師之職, 而後能使之安於其道也. 故曰克綏厥猷惟后.
충(衷)을 내려준 입장에서 말하면 편벽되거나 치우친 바가 없으니, 자연을 순히 하여 본래 떳떳한 본성을 보유하고 있으나 품수한 입장에서 말하면 청(淸)과 탁(濁), 순(純)과 잡(雜)의 다름이 없지 못하기 때문에 반드시 군주와 스승의 직책이 있은 뒤에야 도에 편안하게 할 수가 있다. 그러므로 그 도에 편안하게 하여야 군주라고 말한 것이다.

> 詳說

○ 綏.
'안(安)'은 경문에서 '편안하게 한다[綏]'는 것이다.

○ 朱子曰 : "武王言亶聰明作元后, 傳說說明王奉若天道, 古之聖

---

250) 『서경대전(書經大全)』, 「상서(商書)」·「탕고(湯誥)」, "또 말하였다 : '이것은 대본의 중을 가리키는 것이다. 이곳은 중용에서 아주 분명하게 설명할 수 있으니, 다른 날 살펴보면 저절로 알게 될 것이다. 하늘로부터 말하면 강(降)이라고 하고 사람들이 이 중을 받은 것으로 말하면 성이라고 한다. 유(猷)는 도이듯. 도는 성이 발용되는 곳으로 그 도에 편안할 수 있는 자는 왕뿐이다.(又曰, 此蓋指大本之中也. 此處中庸說得甚明, 他日考之自見. 自天而言, 則謂之降, 自人受此中而言, 則謂之性. 猷, 卽道也. 道者性之發用處, 能安其道者惟后也.)"

賢, 纔說出便是這般話."

주자(朱子)가 말하였다 : "무왕은 진실로 총명하면 원후가 된다고 말하였고, 명왕들이 천도를 받들어 순히 함을 말하였으니, 옛 성현은 말하기만 하면 이와 같았던 것이다."251)

○ 新安陳氏曰 : "諸家解, 若有恆性一句, 皆屬下文, 以爲皆君之事. 蔡氏獨屬之上文以爲人性本然之天降衷之初, 順其自然, 本有此恆性, 特氣禀不齊, 或不能安於其道耳. 若字, 本輕說, 天賦恆性, 時君不容力於其間. 克字, 方重說, 至修道之敎, 方有賴於君焉, 諸解以惟后對上帝作兩段說, 蔡氏以帝衷民性后綏作三段說, 豈民本無恆性, 必待君順其恆性而後方有此性耶. 此章蔡說最優, 非可易及, 朱子誠不輕付矣."

신안 진씨(新安陳氏)가 말하였다 : "여러 학자들의 해석은 순히 하여 떳떳한 본성을 소유하였다는 한 구절을 모두 아래의 글에 소속시켜 모두 임금의 일이라고 여겼다. 채씨만 위의 글에 소속시켜 인성의 본연은 하늘에서 충을 내려주는 처음에 그 자연을 따라 본래 이런 떳떳한 본성이 있는 것인데, 다만 기품이 가지런하지 않아 혹 그 도에 편안할 수 없었다고 여겼다. '약(若)'자는 본래 가볍게 말한 것으로 하늘이 떳떳한 성을 품부해서 당시의 임금이 그 사이에 힘을 필요가 없는 것이다. '극(克)'자는 바야흐로 무겁게 설명한 것으로 수도의 교화에 이르러 임금에게 의뢰함이 있는 것이다. 여러 해석에서 군주[惟后]를 상제에 짝해 양단의 설을 지었는데, 채씨는 제(帝)·충(衷)·민(民)·성(性)·후(后)·수(綏)로 삼단의 설을 지었으니, 어찌 백성들이 본래 떳떳한 성이 없어 반드시 임금을 기다려 그 떳떳한 성을 따른 이후에 이런 성이 있는 것이겠는가? 여기의 장에서는 채씨의 성이 가장 뛰어나지만 쉽게 언급할 것이 아니고, 주자의 설명은 진실

---

251) 『서경대전(書經大全)』, 「상서(商書)」·「탕고(湯誥)」, "물었다. '『서』에서 말한 강(降)은 무엇입니까?' 주자가 답하였다. '옛 성현은 말하기만 하면 이와 같았다. 성탕이 걸을 쫓아내던 처음을 곧 「오직 훌륭하신 상제가 백성들에게 충심을 내려 주어 순히 하여 떳떳한 성품을 소유하였으니, 능히 그 도에 편안하게 하는 이는 임금이다.」라고 하였고, 무왕이 주를 정벌할 때 곧 「오직 천지는 만물의 부모이고, 사람은 만물의 영장이니, 진실로 총명하면 원후가 되고 원후는 백성의 부모가 된다.」라고 하였으며, 부열이 고종에게 아뢸 때 곧 명왕들이 천도를 받들어 순히 하여 나라를 세우고 도읍을 설치하여 후왕과 군공을 세우고 대부와 사, 장으로 받들게 한 것은 군주가 편안하고 즐겁게 하려는 것이 아니라 오직 백성을 다스리고자 한 것이다.」라고 하였으니, 옛 성현들의 하루를 보면 다만 그 날이 눈앞에 있는 듯 볼 뿐입니다.'(問, 書所謂降. 朱子曰 : 古之聖賢, 纔說出便是這般話. 成湯當放桀之初, 便說惟皇上帝降于下民, 若有恒性, 克綏厥猷惟后. 武王伐紂時便說, 惟天地萬物父母, 惟人萬物之靈, 亶聰明, 作元后. 元后作民父母. 傅說告高宗便說. 明王奉若天道, 建邦設都, 樹后王君公, 承以大夫師長, 不惟逸豫, 惟以亂民. 惟天聰明, 惟聖時憲, 見古聖賢朝夕, 只見那天在眼前.)"

로 가볍게 붙일 수 없다."252)

集傳

夫天生民有欲, 以情言也, 上帝降衷于下民以性言也仲虺卽情以言人之欲成湯原性以明人之善聖賢之論互相發明然其意則皆言君道之係於天下者如此之重也

하늘이 내신 백성들이 욕망이 있음은 정(情)으로 말한 것이고,, 상제가 하민에게 충(衷)을 내려줌은 본성으로 말한 것이다. 중훼는 정(情)에 나아가 사람의 욕망을 말하였고, 성탕은 본성에 근원하여 사람의 선을 밝혔으니, 성현의 의논이 서로 발명된다. 그러나 그 뜻은 모두 군주의 도가 천하에 관계됨이 이와 같이 중함을 말한 것이다.

詳說

○ 音扶.
첫 번째 글자 '부(夫)'는 음이 '부(扶)'이다.

○ 見上篇.
'생민유욕(生民有欲)'의 경우, 위의 편에 보인다.253)

---

252) 『서경대전(書經大全)』, 「상서(商書)」・「탕고(湯誥)」, " 신안 진씨(新安陳氏)가 말하였다 : '육경에서 성(性)을 말한 것이 실로 여기에서 시작되었고, 『중용』에서 명(命)과 성(性)과 도(道)와 교(敎)를 말한 것은 대개 그 연원이 여기에서 나왔다. 여러 학자들의 해석은 순히 하여 떳떳한 본성을 소유하였다는 한 구절을 모두 아래의 글에 소속시켜 모두 임금의 일이라고 여겼다. 채씨만 위의 글에 소속시켜 인성의 본연은 하늘에서 내려주는 처음에 그 자연을 따라 본래 이런 떳떳한 본성이 있는 것인데, 다만 기품이 가지런하지 않아 성을 따라 행하면서 혹 그 도에 편안할 수 없었다고 여겼다. 「(若)」는 본래 가볍게 설명한 것이고, 「(克)」는 바야흐로 무겁게 설명한 것이다. 본래 저절로 그렇게 떳떳한 성이 있는 것을 따르는데, 이때에는 임금이 그 사이에 힘을 쓸 필요가 없었다. 심지어 도를 닦는 교화에서는 사람들이 각기 그 도를 편안히 여기고 임금에게 의뢰함이 있었다. 여러 해석에서 훌륭한 상제에 짝해 양단의 설을 지었는데, 채씨는 제(帝)・충(衷)・민(民)・성(性)・후(后)・수(綏)로 삼단의 설을 지었으니, 어찌 백성들이 본래 떳떳한 성이 없어 반드시 임금을 기다려 그 떳떳한 성을 따른 이후에 이런 성이 있는 것이겠는가? 여기의 장에서는 채씨의 성이 가장 뛰어나지만 쉽게 언급할 것이 아니고, 주자의 설명은 진실로 가볍게 붙일 수 없다.'(安陳氏曰, "六經言性, 實始于此. 中庸言命性道教, 其淵源蓋出於此. 諸家解, 若有恒性一句, 皆屬下文以為皆君之事. 蔡氏獨屬之上文以為人性本然之天降之初順其自然, 本有此恒性也, 特氣禀不齊, 率性而行之, 或不能安於其道耳. 若字, 本輕說, 克字, 方重說. 天賦人受, 順其自然本有恒性, 此時君不必容力於其間也. 至於脩道之教, 使人各安其道, 方有賴於君焉, 諸解以惟后對惟皇上帝作兩般說, 蔡氏以帝民性后綏作三般說, 豈民本無恒性, 必待君順其恒性, 而後方有此性耶. 此章蔡說最優, 非可易及, 朱子誠不輕付矣.)"

253) 『서경대전(書經大全)』, 「상서(商書)」・「중훼지고-2(仲虺之誥-2)」, " 중훼는 마침내 다음과 같은 고(誥)를 지어 말하였다. "아! 하늘이 내신 백성들이 욕심이 있으니, 군주가 없으면 마침내 혼란하므로 하늘이 총명한 사람을 내심은 쟁란(爭亂)을 다스리려고 하신 것입니다. 유하(有夏)가 덕에 어두워서 백성들이 도탄에 빠졌는데, 하늘이 마침내 왕에게 용맹과 지혜를 내려주셔서 만방을 바로잡아 드러내고 우왕(禹王)이 옛날 행하셨던 것을 잇게 하셨습니다. 이것은 그 떳떳함을 따라서 천명을 받들어 순종하셔야 할 것입니다.(仲虺乃作

○ 論也.
경문의 의미 설명이다.

○ 西山眞氏曰 : "湯有天下之初, 卽以此自任, 可謂知君師之職矣. 厥後秉彝受中之言, 相繼而發, 至孔孟性善之理益明, 而開萬世性學之原, 則自湯始."
서산 진씨(西山眞氏)가 말하였다 : "탕이 천하를 소유한 처음에 곧 이것을 자임했으니, 임금의 직분을 알았다고 말할 수 있다. 그 후 떳떳한 본성에 중을 받아들였다는 말이 서로 이어지며 나왔는데, 공자와 맹자에 와서 성선의 이치가 더욱 밝아졌지만 만세에 성학의 근원을 열어놓은 것은 탕에서 시작되었던 것이다."[254]

○ 新安陳氏曰 : "六經言性, 始于此, 中庸言命性道敎, 其淵源出於此."
신안 진씨(新安陳氏)가 말하였다 : "육경에서 성(性)을 말한 것이 여기에서 시작되었고, 『중용』에서 명(命)과 성(性)과 도(道)와 교(敎)를 말한 것은 그 연원이 여기에서 나왔다."[255]

詰曰, 嗚呼, 惟天生民有欲, 無主, 乃亂, 惟天生聰明, 時乂. 有夏昏德, 民墜塗炭, 天乃錫王勇智, 表正萬邦, 纘禹舊服. 玆率厥典, 奉若天命.)"

[254] 『서경대전(書經大全)』, 「상서(商書)」·「탕고(湯誥)」. "서산 진씨가 말하였다 : '성탕이 천하를 소유한 처음에 곧 이것을 자임했으니, 임금의 직분을 알았다고 말할 수 있다. 그 후 떳떳한 본성에 중을 받아들였다는 말이 서로 이어지며 나왔는데, 공자와 맹자에 와서 성선의 이치가 더욱 밝아졌지만 만세에 성학의 근원을 열어놓은 것은 성탕에서 시작되었던 것이다.'(西山眞氏 : 成湯有天下之初, 即以此自任, 可謂知君師之職矣. 厥後秉彝受中之言, 相繼而發, 至于孔孟, 性善之理益明, 而開萬世性學之原, 則自成湯始.)"

[255] 『서경대전(書經大全)』, 「상서(商書)」·「탕고(湯誥)」. "신안 진씨(新安陳氏)가 말하였다 : '육경에서 성(性)을 말한 것이 실로 여기에서 시작되었고, 『중용』에서 명(命)과 성(性)과 도(道)와 교(敎)를 말한 것은 대개 그 연원이 여기에서 나왔다. 여러 학자들의 해석은 순히 하여 떳떳한 본성을 소유하였다는 한 구절을 모두 아래의 글에 소속시켜 모두 임금의 일이라고 여겼다. 채씨만 위의 글에 소속시켜 인성의 본연은 하늘에서 내려주는 처음에 그 자연을 따라 본래 이런 떳떳한 본성이 있는 것인데, 다만 기품이 가지런하지 않아 성을 따라 행하면서 혹 그 도에 편안할 수 없었다고 여겼다. 「(若)」는 본래 가볍게 설명한 것이고, 「(克)」는 바야흐로 무겁게 설명한 것이다. 본래 저절로 그렇게 떳떳한 성이 있는 것을 따르는데, 이때에는 임금이 그 사이에 힘을 쓸 필요가 없었다. 심지어 도를 닦는 교화에서는 사람들이 각기 그 도를 편안히 여기고 임금에게 의뢰함이 있었다. 여러 해석에서 훌륭한 상제에 짝한 양단의 설을 지었는데, 채씨는 제(帝)·충(衷)·민(民)·성(性)·후(后)·수(綏)로 삼단의 설을 지었으니, 어찌 백성들이 본래 떳떳한 성이 없어 반드시 임금을 기다려 그 떳떳한 성을 따른 이후에 이런 성이 있는 것이겠는가? 여기의 장에서는 채씨의 성이 가장 뛰어나지만 쉽게 언급할 것이 아니고, 주자의 설명은 진실로 가볍게 붙일 수 없다.'(安陳氏曰, "六經言性, 實始于此. 中庸言命性道敎, 其淵源蓋出於此. 諸家解, 若有恒性一句, 皆屬下文以爲皆君之事. 蔡氏獨屬之上文以爲人性本然之天降之初順其自然, 本有此恒性也, 特氣稟不齊, 率性而行之, 或不能安於其道耳. 若字, 本輕說. 克字, 方重說. 天賦人受, 順其自然本有恒性. 此時君不必容力於其間也. 至於脩道之敎, 使人各安其道, 方有賴於君焉, 諸解以惟后對惟皇上帝作兩般說, 蔡氏以斯民后綏作三般說, 豈民本無恒性, 必待君順其恒性, 而後方有此性耶. 此章蔡說最優, 非可易及, 朱子誠不輕付矣.)"

[5-3-3-3]

夏王, 滅德作威, 以敷虐于爾萬方百姓, 爾萬方百姓, 罹其凶害, 弗忍荼毒, 竝告無辜于上下神祇. 天道, 福善禍淫, 降災于夏, 以彰厥罪.

하(夏)나라 왕이 덕을 멸하고 위엄을 부려 너희 만방의 백성들에게 사나움을 펴니, 너희 만방의 백성들이 그 흉해에 걸려서 씀바귀의 씀과 독을 참지 못하여 모두 죄가 없음을 상하의 신기(神祇)에게 하소연하였다. 하늘의 도는 선한 자에게 복을 내리고 음탕한 자에게 화(禍)를 내리니, 하나라에 재앙을 내려 그 죄를 드러내신 것이다.

詳說

○ 祇, 音岐.

'기(祇)'는 음이 '기(岐)'이다.

集傳

言桀無有仁愛, 但爲殺戮

걸(桀)은 인애함이 없고 단지 살륙을 하여

詳說

○ 자세히 서술한 것이다.

集傳

天下被其凶害, 如荼之苦, 如螫之毒

천하가 그 흉해를 입음이 마치 씀바귀의 쓴 것처럼 독충의 독처럼

詳說

○ 一作毒之螫.

어떤 판본에는 '독지석(毒之螫)'이라고 되어 있다.

○ 按, 詩桑柔註, 荼毒作一事, 當以爲正.
살펴보건대, 『시경』「상유(桑柔)」의 주에는 '도독(荼毒)'이 '어떤 일[一事]'256)로 되어 있으니, 바른 것으로 여겨야 한다.

集傳

不可堪忍, 稱冤於天地鬼神, 以冀其拯己, 屈原
견디고 참을 수가 없어 천지의 귀신에게 원통함을 말하여 자신들을 구원해 주기를 바란 것이다. 굴원(屈原)257)이

詳說

○ 求勿反
'굴(屈)'자는 음이 '구(求)'와 '물(勿)'의 반절이다.

○ 名平, 楚人.
이름은 평이고 초나라 사람이다.

集傳

曰人窮則反本. 故勞苦倦極, 未嘗不呼天也.
"사람이 궁해지면 근본으로 돌아간다. 그러므로 사람이 수고롭고 괴로우며 피곤함이 지극하면 일찍이 하늘을 부르지 않음이 없는 것이다."라고 하였다.

詳說

○ 去聲.

---

256) 『시경(詩經)』「대아(大雅)」·「상유(桑柔)」, 주자주, "부(賦)이다. 적(迪)은 진용(進用)함이다. 인(忍)은 잔인함이다. 고(顧)는 생각함이요, 복(復)은 거듭함이다. 도(荼)는 쓴 나물로 맛이 쓰고 냄새가 매워서 물건을 죽일 수 있다. 그러므로 도독(荼毒)이라 이른 것이다. ○ 선인(善人)을 구하여 진용(進用)하지 않고 그 돌아보고 생각하며 거듭하여 마지않는 자는 바로 잔인한 마음을 가진 불인(不仁)한 사람이다. 백성들이 명령을 견뎌내지 못하니, 이 때문에 행동을 함부로 하고 난(亂)을 탐하여 도독(毒)을 편안히 여기는 것이다.(賦也. 迪, 進也. 忍, 殘忍也. 顧, 念, 復, 重也. 荼, 苦菜也, 味苦氣辛, 能殺物. 故謂之毒也. ○ 言不求善人而進用之, 其所顧念重復而不已者, 乃忍心不仁之人. 民不堪命, 所以肆行貪亂, 而安爲荼毒也.)"
257) 굴원(屈原, BC 340 ~ BC 278)은 중국 전국 시대 초나라의 시인·정치가다. 성은 미(芈), 씨는 굴(屈), 이름은 평(平)이다. '원'은 이름이 아니고 자다. 초나라의 왕족으로 태어나 초나라의 회왕 때에 좌도(보좌관)에 임명되었다. 학식이 높고 정치적 식견도 뛰어난 정치가였으며, 회왕의 상담역으로 국사를 도모하고, 외교적 수완이 뛰어났으나, 다른 이의 모함을 받아 신임을 잃고 끝내 자살하였다. 그는 이러한 아픔을 시「이소(離騷)」에 담아내었다. 이소란 근심을 만난다는 뜻이다.

'호(呼)'는 거성이다.

○ 見史記本傳.
『사기(史記)』「본전(本傳)」에 보인다.

集傳

天之道, 善者福之, 淫者禍之,
하늘의 도는 선한 자에게 복을 내리고 음탕한 자에게 화를 내리니,

詳說

○ 朱子曰 : "如冬寒夏熱, 此是常理. 若冬熱夏寒, 便是失其常理."
주자(朱子)가 말하였다 : "겨울에 춥고 여름에 덥다면, 이것은 떳떳한 이치이다. 겨울에 덥고 여름에 춥다면 이것은 떳떳한 이치에서 벗어난 것이다."258)

---

258) 『서경대전(書經大全)』, 「상서(商書)」·「탕고(湯誥)」, "물었다 : '하늘의 도는 착한 이에게 복을 주고 음탕한 자에게 화를 내리니, 이 이치는 정해진 것입니까?' 답하였다 : '어떻게 정해지지 않았겠습니까? 저절로 도리가 당연히 이와 같은 것입니다.' 물었다 : '혹시 이와 같지 않은 것이 있다면 무엇 때문입니까?' 답하였다 : '선한 이에게 복을 주고 음탕한 자에게 화를 내리는 것은 떳떳한 이치이니, 이와 같지 않다면 떳떳한 이치를 벗어난 것이다. 하늘은 아무 것도 하지 않으면서 하니, 하늘이 또한 무엇 때문에 의도를 하겠습니까? 이치는 본래 이와 같아야 할 뿐입니다. 또 겨울에 춥고 여름에 더운 것, 이것은 떳떳한 이치가 이와 같아야 하는 것인데, 겨울에 덥고 여름에 춥다면 이것은 그 떳떳한 이치를 벗어난 것입니다.'(問, 天道福善禍淫, 此理定否. 朱子曰, 如何不定. 自是道理當如此. 問, 或有不如此者, 何也. 曰, 福善禍淫, 其常理也, 不如此便是失常理. 天莫之為而為, 天亦何常有意. 只是理自是如此. 且如冬寒夏熱, 此是常理當如此, 若冬熱夏寒, 便是失其常理.)"; 『주자어류』, 「상서2(尙書二)」, 26조목, "물었다 : '하늘의 도는 착한 이에게 복을 주고 넘치는 이에게 화를 준다[天道福善禍淫]'고 하였는데, 이 도리는 정해진 것입니까?' 답하였다 : '어찌 정해지지 않았겠습니까? 본래 도리는 당연히 이와 같아야 합니다. 착한 이를 상주고 악한 이를 벌주는 것도 또한 이치가 마땅히 이와 같아야 하는 것이니, 이와 같지 않으면 곧 그 떳떳함을 잃는 것입니다.' 또 물었다 : '혹시 이와 같지 않은 자가 있다면 무엇 때문입니까?' 답하였다 : '선한 이에게 복을 주고, 넘치는 자에게 재앙을 주는 것은 떳떳한 이치입니다. 만약 이와 같지 안다면 하늘도 또한 붙잡아 정하지 못하기 때문입니다.' 또 말하였다 : 하늘은 아무 것도 하지 않으면서 하니, 그것이 또한 무엇 때문에 의도를 하겠습니까? 이치는 이와 같아야 할 뿐입니다. 또 겨울에 춥고 여름에 덥다면, 떳떳한 이치가 이와 같아야 하는 것입니다. 겨울에 덥고 여름에 춥다면 떳떳한 이치에서 벗어난 것입니다. 또 물었다. '심한: 그 떳떳함을 잃은 자는 모두 사람의 일이 초래한 것입니까? 아니면 우연히 그런 것입니까?' 답하였다 : '또한 사람의 일이 초래한 것도 있고, 또한 우연히 이와 같은 때도 있습니다.' 또 답하였다 : '큰 사물은 또한 변할 수 없으나 해와 달 같은 종류입니다. 다만 자잘한 사물들은 변할 수 있습니다. 겨울에 춥고 여름에 더운 것 같은 경우입니다. 이를테면 겨울에 아주 덥고, 유월에 눈이 내리는 것이 여기에 해당합니다. 최근 경산에 6·7월에 큰 눈이 내린 적이 있습니다. <심한>(問, 天道福善禍淫, 此理定否. 曰, 如何不定. 自是道理當如此. 賞善罰惡, 亦是理當如此. 不如此, 便是失其常理. 又問, 或有不如此者, 何也. 曰, 福善禍淫, 其常理也. 若不如此, 便是天也把捉不定了. 又曰, 天莫之為而為, 它亦何嘗有意. 只是理自如此. 且如冬寒夏熱, 此是常理當如此. 若冬熱夏寒, 便是失其常理. 又問, 失其常者, 皆人事有以致之耶. 抑偶然耶. 曰, 也是人事有以致之, 也有是偶然如此時. 又曰, 大底物事也不會變, 如日月之類. 只是小小底物事會變. 如冬寒夏熱之類. 如冬間大熱, 六月降雪是也. 近年徑山嘗六七月大雪. 佪.)"

集傳

桀旣淫虐, 故天降災以明其罪. 意當時必有災異之事, 如周語

걸왕이 이미 음탕하고 사나우므로 하늘이 재앙을 내려서 그 죄를 밝힌 것이다. 짐작컨대 당시에 반드시 재이(災異)의 일이 있었을 것이니, 『주어(周語)』에

詳說

○ 國語.

『국어(國語)』259)이다.

集傳

所謂伊洛竭而夏亾之類.

이른바 '이수(伊水)와 낙수(洛水)가 고갈됨에 하(夏)나라가 망했다.'는 것과 같은 것들이다.

詳說

○ 韋氏昭曰 : "禹都陽城, 近伊洛."

위씨소(韋氏昭)260)가 말하였다 : "우가 양성(陽城)을 도읍으로 하였는데, 이수(伊水)와 낙수(洛水)에 가까이 있었다."

○ 二句, 論也.

---

259) 주(周)나라 좌구명(左丘明)이 『좌씨전(左氏傳)』을 쓰기 위하여 각국의 역사를 모아 찬술(撰述)한 것으로, 주어(周語) 3권, 노어(魯語) 2권, 제어(齊語) 1권, 진어(晋語) 9권, 정어(鄭語) 1권, 초어(楚語) 2권, 오어(吳語) 1권, 월어(越語) 2권으로 되어 있다. 허신(許愼)의 『설문(說文)』에서는 '춘추국어'라 적혀 있고, 또 주로 노(魯)나라에 대하여 기술한 『좌씨전』을 『내전(內傳)』이라 하는 데 대해서 이를 『외전(外傳)』이라 하며, 사마천(司馬遷)이 좌구명을 무식꾼으로 몰았다 하여 『맹사(盲史)』라고도 한다. 또 당(唐)나라 유종원(柳宗元)이 『비국어(非國語)』를 지어 이 책을 비난하자, 송(宋)나라의 강단례(江端禮)가 『비비국어(非非國語)』를 지어 이를 반박했으며, 그 후로 학자들의 논쟁이 끊이지 않았다. 현재는 오(吳)나라 위소(韋昭)의 주(註)만이 완전하게 남아 있다. 중국의 고대사를 연구하는 데 필요한 귀중한 책이다.

260) 위소(韋昭, 21 ~ 273) : 이름이 위요(韋曜)인데, 진나라 사마소(司馬昭)의 휘를 피해 요(曜)를 썼다. 삼국시대 오(吳)나라 오군(吳郡) 운양(雲陽) 사람. 자는 홍사(弘嗣)다. 배우기를 좋아했고, 글을 잘 지었다. 승상연(丞相掾)을 거쳐 서안령(西安令)에 오르고, 상서랑(尙書郞)과 태자중서자(太子中庶子)를 지냈다. 손화(孫和)의 명령을 받아 『박혁론(博奕論)』을 지었다. 손량(孫亮)이 즉위하자 태사령(太史令)이 되고, 화핵(華覈)와 함께 『오서(吳書)』를 편찬했다. 손휴(孫休)가 즉위하자 중서랑(中書郞)과 박사좨주(博士祭酒)가 되고, 황명을 받아 여러 책을 교정했다. 손호(孫皓)가 즉위했을 때 고릉정후(高陵亭侯)에 봉해지고, 시중(侍中)으로 항상 좌국사(左國史)를 관리했다. 봉황(鳳凰) 2년(273) 지정(持正)으로 손호의 눈 밖에 나 투옥되어 죽었다. 『국어』를 중요하게 여겨 『국어주(國語注)』를 편찬했다. 그 밖의 저서에 『효경해찬(孝經解讚)』과 『변석명(辨釋名)』, 『모시답잡문(毛詩答雜問)』, 『관직훈(官職訓)』 등이 있었지만 전해지지 않고, 일부분이 옥함산방집일서에 수록되어 있다.

두 구절은 경문의 의미 설명이다.

[5-3-3-4]

> 肆台小子, 將天命明威, 不敢赦, 敢用玄牡, 敢昭告于上天神后, 請罪有夏, 聿求元聖, 與之戮力, 以與爾有衆, 請命.

이러므로 나 소자는 하늘이 명하신 밝은 위엄을 받들어 감히 용서할 수가 없기에 검은 희생을 써서 상천과 신후께 밝게 아뢰어 유하에게 죄를 내릴 것을 청하고 마침내 원성(元聖)을 찾아서 그와 함께 힘을 다해서 너희 무리들과 명을 청하였노라.

詳說

○ 勠通

'륙(戮 : 합하다)'은 '륙(勠 : 협력하다)'과 통한다.

集傳

肆, 故也. 故我小子奉將天命明威, 不敢赦桀之罪也. 玄牡, 夏尙黑, 未變其禮也. 神后, 后土也.

사(肆)는 고(故)이다. 그러므로 나 소자(小子)가 하늘이 명하신 밝은 위엄을 받들어서 감히 걸왕(桀王)의 죄를 용서하지 못하는 것이다. 현무(玄牡)는 하(夏)나라는 검은 색을 숭상하였으니, 아직 그 예(禮)를 바꾸지 않은 것이다. 신후(神后)는 후토(后土)이다.

詳說

○ 與『論語』不同.

『논어』에서와 같지 않다.

○ 請罪有夏, 諺釋未瑩.

유하에게 죄를 내릴 것을 청하는 것은 『언해』에서 밝히지 않았다.

集傳

聿, 遂也. 元聖, 伊尹也.

율(聿)은 마침내이다. 원성(元聖)은 이윤(伊尹)이다.

詳說

○ 大也

'원(元)'은 '대(大)'이다.

○ 請罪, 則汎言之, 請命, 則指伐之之事.

죄를 내릴 것을 청한 것은 넓게 말한 것이고, 명을 청하는 것은 정벌하라는 일을 가리킨 것이다.

[5-3-3-5]

上天, 孚佑下民, 罪人黜伏, 天命弗僭, 賁若草木, 兆民允殖.

상천이 진실로 하민들을 돕기에 죄인이 쫓겨나 굴복한 것은 천명이 어긋나지 아니하여 찬란함이 초목과 같은 것이니, 조민(兆民)이 진실로 번성하는 것이다.

詳說

○ 僭, 諺音誤, 賁, 音閟.

'참(僭)'은 『언해』의 음이 잘못되었고, '비(賁)'는 음이 '비[閟]'이다.

集傳

孚允, 皆信也. 僭, 差也. 賁, 文之著也. 殖, 生也. 上天信佑下民, 故夏桀竄匸而屈服, 天命無所僭差, 燦然若草木之敷榮, 兆民信乎其生殖矣.

부(孚)와 윤(允)은 모두 진실로이다. 참(僭)은 어그러짐이다. 분(賁)는 문채(文采)가 드러남이다. 식(殖)은 낳음이다. 상천이 진실로 하민(下民)들을 돕기 때문에 하걸(夏桀)이 도망가서 굴복하니, 천명(天命)이 어긋남이 없는 것이 초목(草木)이 찬란하게 잎이 피고 꽃이 피는 것과 같아서 조민(兆民)이 진실로 번성하는 것이다.

詳說

○ 黜.

'도망간다[匸]'는 것은 '내몰리다[黜]'는 것이다.

○ 朱子曰 : "明白易見."
주자(朱子)261)가 말하였다 : "명백해서 알기 쉽다."262)

○ 新安陳氏曰 : "如語譬諸草木區以別矣之意."
신안 진씨(新安陳氏)가 말하였다 : "말하자면 초목에 비유하면서 구별하는 의미와 같다."263)

[5-3-3-6]

俾予一人, 輯寧爾邦家, 玆朕, 未知獲戾于上下, 慄慄危懼, 若將隕于深淵.

나 한 사람이 너희 국가를 화하고 편안하게 하도록 하시니, 이에 짐(朕)은 상하(上下)에 죄를 얻을까 알지 못하여 벌벌 떨며 위태롭게 여기고 두려워하면서 깊은 못에 빠질 것처럼 여기노라.

---

261) 주희(朱熹, 1130~1200) : 자는 원회(元晦)·중회(仲晦)이고, 호는 회암(晦庵)·회옹(晦翁)·고정(考亭)·자양(紫陽)·둔옹(遯翁) 등이다. 송대 무원(婺源 : 현 강서성 무원현) 사람으로 건양(建陽 : 현 복건성 건양현)에서 살았다. 1148년에 진사에 급제하여 동안주부(同安主簿)·비서랑(秘書郞)·지남강군(知南康軍)·강서제형(江西提刑)·보문각대제(寶文閣待制)·시강(侍講) 등을 역임하였다. 스승 이동(李侗)을 통해 이정(二程)의 신유학을 전수받고, 북송 유학자들의 철학사상을 집대성하여 신유학의 체계를 정립하였다. 1179~1181년 강서성(江西省) 남강(南康)의 지사(知事)로 근무하면서 9세기에 건립되어 10세기에 번성했다가 폐허가 된 백록동서원(白鹿洞書院)을 재건했다. 만년에 이르러 정적(政敵)인 한탁주(韓侂)의 모함을 받아 죽을 때까지 정치활동이 금지되고 그의 학문이 거짓 학문으로 폄훼되다 그가 죽은 뒤에 곧 회복되었다. 저서로는 『정씨유서(程氏遺書)』, 『정씨외서(程氏外書)』, 『이락연원록(伊洛淵源錄)』, 『고금가제례(古今家祭禮)』, 『근사록(近思錄)』 등의 편찬과 『사서집주(四書集註)』, 『서명해(西銘解)』, 『태극도설해(太極圖說解)』, 『통서해(通書解)』, 『사서혹문(四書或問)』, 『시집전(詩集傳)』, 『주역본의(周易本義)』, 『역학계몽(易學啓蒙)』, 『효경간오(孝經刊誤)』, 『소학서(小學書)』, 『초사집주(楚辭集註)』, 『자치통감강목(資治通鑑綱目)』, 『팔조명신언행록(八朝名臣言行錄)』 등이 있다. 막내아들 주재(朱在)가 편찬한 『주문공문집(朱文公文集)』(100권, 속집 11권, 별집 10권)과 여정덕(黎靖德)이 편찬한 『주자어류(朱子語類)』(140권)이 있다.

262) 『서경대전(書經大全)』, 「상서(商書)」·「탕고(湯誥)」, "주자가 말하였다 : '「찬란함이 ~와 같다.」는 것은 초목의 아름답다는 말이고, 「진실로 번성한다.」는 것은 조민이 진실로 그 삶을 편안히 여긴다는 말이다. 죄인이 이미 쫓겨나 굴복한 것은 천명이 이미 어긋나지 않는 것이기 때문에 초목이 화려하게 아름답고, 백성들이 번성하니, 사람과 사물이 모두 이루어졌다는 말이다.' 물었다 : '「찬란함이 초목과 같은 것이니, 조민이 진실로 번성하는 것입니다.」라는 구절은 어떻게 봐야 할지 모르겠습니다.' 답하였다 : '「천명이 어긋나지 않는다.」는 위의 구절과 연결하면, 명백해서 알기 쉽습니다. 그러므로 사람들이 그 삶을 이룰 수 있다는 것입니다.'(朱子曰 : 賁若, 言草木之美, 允殖, 言兆民信安其生. 罪人既黜伏, 天命既弗差, 故草木華美百姓豊殖, 謂人物皆遂. 問, 賁若草木, 兆民允殖, 諸家說多不同, 未知當如何看. 曰, 連上句天命不僭, 明白易見. 人得遂其生也.)"

263) 『서경대전(書經大全)』, 「상서(商書)」·「탕고(湯誥)」, "신안 진씨가 말하였다 : '「천명이 어긋나지 아니하여 찬란함이 초목과 같은 것이다.」라는 말은 말하자면 초목에 비유하면서 구별하는 의미와 같다. 「조민(兆民)이 진실로 번성하는 것이다.」라는 구절은 「죄인이 쫓겨나 굴복한 것」이라는 구절과 서로 호응하니, 죄인이 쫓겨나 굴복하면 조민이 진실로 번성한다는 것이다. 천명이 어긋나지 않음은 초목이 찬란한 것과 같으니, 재배하고 경복시키는 것은 모두 그 스스로 취하는 것임을 알 수 있다는 것이다.(新安陳氏曰 : 天命弗僭, 賁若草木, 如語譬諸草木區以別矣之意. 兆民允殖與罪人黜伏, 相應. 罪人黜伏, 則兆民信生殖. 可見天命之弗僭差, 如草木之粲然, 栽培傾覆, 皆其自取也.)"

集傳

輯, 和, 戾, 罪, 隕, 墜也. 天使我輯寧爾邦家,
집(輯)은 화함이고 여(戾)는 죄이며 운(隕)은 떨어짐이다. 하늘은 내가 너희 국가를 화하고 편안하게 하도록 하시니,

詳說

○ 本文蒙上節, 而省天字.
'천사아(天使我)'에서 볼 때, 경문에서는 위의 절을 이어받아 하늘이라는 말을 생략했다.

○ 孔氏曰 : "邦家諸侯卿大夫."
공씨가 말하였다 : "국가의 제후와 경대부들이다."

集傳

其付予之重, 恐不足以當之, 未知己得罪於天地與否,
그 맡겨 주신 중함을 감당하지 못할까 두려우며, 나는 천지에게 죄를 얻을지의 여부를 알지 못하여

詳說

○ 音與
'여(予)'는 음이 '여(與)'이다.

○ 不能當, 則是獲戾也.
감당하지 못하면 죄를 얻기 때문이다.

○ 添二字
'여부(與否)'라는 말을 더하였다.

集傳

驚恐憂畏, 若將墜於深淵, 蓋責愈重, 則憂愈大也.

놀라고 두려워하며 근심하고 조심하는 것이 깊은 못에 빠질 것처럼 여기니, 책임이 무거울수록 걱정이 커지기 때문이다.

詳說

○ 此句, 論也.
이 구절은 경문의 의미 설명이다.

○ 林氏曰 : "湯誥一書, 多兢業之意."
임씨(林氏)가 말하였다 : "「탕고」라는 한편은 대부분 일에 대해 걱정하는 의미이다."264)

[5-3-3-7]

凡我造邦, 無從匪彝, 無卽慆淫, 各守爾典, 以承天休.

우리 새로 출발하는 나라들은 법이 아닌 것을 따르지 말고, 태만하고 음탕함에 나아가지 말아서 각각 너희의 떳떳함을 지켜 하늘의 아름다운 명령을 받들도록 하라.

詳說

○ 慆, 他刀反.
'도(慆)'는 음이 '타(他)'와 '도(刀)'의 반절이다.

---

264) 『서경대전(書經大全)』, 「상서(商書)」·「탕고(湯誥)」, "임씨가 말하였다 : '이른바 죄가 짐의 몸에 있다는 것은 자신에게 지적할 수 있는 죄가 있은 다음에 죄가 되는 것은 아니다. 하늘이 백성들에게 내려주어 그 도를 편안하게 할 수 있는 것을 한 사람에게 주어 임금으로 삼은 것이니, 반드시 천하의 사람들은 모두 내려준 성을 잃어버리지 않고 그 도를 편안하게 여기면, 하늘이 준 것에 대해 책임질 것은 없는 것이다. 백성들에게 죄가 있으면, 바로 임금이 교화시켜 어리석고 불초한 곳으로 스스로 포기하지 않도록 해야 하니, 되돌아오지 못하는 것은 백성의 죄가 아니라 임금의 죄이기 때문에 죄가 짐의 몸에 있는 것이다. 백성에게 죄가 있는 것은 임금이 그렇게 한 것이고, 임금에게 죄가 있는 것은 바로 스스로 취한 것이다. 한 사람의 몸으로 사해에 군림하면서 천하 사람들의 죄를 모두 자신에게로 되돌리니, 반드시 천하 사람들이 죄가 없도록 한 다음에 임금의 직분을 다해 하늘에 책임질 것이 없는 것이다. 말이 여기에 오면 상하로 죄를 얻는 것이 또한 어찌 어렵겠는가? 여기에서 위태롭게 여기고 두려워하는 것이 빠질 것처럼 하는 것이다. 「탕고」라는 한편은 대부분 일에 대해 걱정하는 의미이다.'(林氏曰 : 所謂罪在朕躬, 非必己身有可指之罪, 然後為罪也. 蓋天降於民, 而以克綏厥猷者, 付之一人為君者, 必使天下之人, 皆不失其降之性以安厥猷, 方無負於天之所付. 若民有罪, 是為君者教之, 不至所以自棄於愚不肖之地, 而莫能返, 非民之罪, 乃君之罪也, 所以曰罪在朕躬也. 民有罪, 則君致之, 君有罪, 乃其自取. 夫以一人之身, 臨莅四海, 而天下人之罪, 皆歸其身, 必使天下之人, 皆無罪, 然後為能盡君之職, 而無負於天之所任. 論至此, 則獲戾于上下, 亦豈難哉. 此所以危懼, 若將隕也. 湯誥一書, 多兢業之意.)"

集傳

夏命已黜, 湯命維新, 侯邦雖舊, 悉與更始, 故曰造邦.

하나라 명이 이미 축출됨에 탕왕의 명이 새로워지니, 제후의 나라가 비록 오래되었으나 모두 다시 새롭게 시작하였다. 그러므로 조방(造邦)이라고 말한 것이다.

詳說

○ 一作惟.

'유신(維新)'에서 '유(維)'는 어떤 판본에는 '유(惟)'로 되어 있다.

○ 湯所新造.

탕이 새로 만든 것이다.

集傳

彞, 法, 卽, 就, 怓, 慢也. 匪彞, 指法度言, 怓淫, 指逸樂言. 典, 常也, 各守其典常之道, 以承天之休命也.

이(彞)는 법(法)이고, 즉(卽)은 나아감이며, 도(怓)는 태만함이다. 비이(匪彞)는 법도를 가리켜 말한 것이고, 도음(淫)은 일락(逸樂)을 가리켜 말한 것이다. 전(典)은 떳떳함이니, 각기 그 전상(典常)의 도를 지켜 하늘의 아름다운 명을 받드는 것이다.

詳說

○ 音洛.

'락(樂)'은 음이 '락(洛)'이다.

[5-3-3-8]

爾有善, 朕弗敢蔽, 罪當朕躬, 弗敢自赦, 惟簡, 在上帝之心.
其爾萬方有罪, 在予一人, 予一人有罪, 無以爾萬方.

너희가 선함이 있으면 내 감히 덮어놓지 않을 것이고, 죄가 나의 몸에 당하면 감히 스스로 용서하지 않을 것이니, 간열(簡閱)함은 상제의 마음에 달려 있다. 너희 만방이 죄가 있음은 나 한 사람에게 있는 것이고, 나 한 사람이 죄가 있음은 너희 만방 때문이 아니다.

集傳

簡, 閱也. 人有善, 不敢以不達,

간(簡)은 간열(簡閱)함이다. 사람이 선행이 있으면 감히 현달하게 하지 않을 수 없고,

詳說

○ 不蔽, 則必達.

덮어놓지 않으면 반드시 현달하게 된다.

○ 按, 論語以此句, 作告天之辭

살펴보건대, 『논어』에서는 이 구절을 가지고 하늘에 고하는 말을 지었다.

集傳

己有罪, 不敢以自恕, 簡閱一聽於天.

내 몸에 죄가 있으면 감히 스스로 용서할 수 없으니, 간열(簡閱)함에 한결같이 하늘을 따르는 것이다.

詳說

○ 鄒氏季友曰, "朱子云, 恕字不可施於己."

추씨 계우(鄒氏季友)가 말하였다 : "주자는 '「용서한다」는 것은 자신에게 시행할 수 없는 것이다.'"265)

○ 朱子曰 : "善與罪, 天皆知之, 如天點檢數過相似."

주자(朱子)가 말하였다 : "선함과 악함은 하늘이 모두 아니, 이를테면 하늘이 여러 잘못을 점검하는 것과 서로 비슷하다."266)

---

265) 『서전회선(書傳會選)』, 「상서(商書)」・「탕고(湯誥)」, "'스스로 용서한다.'는 것에 대해 『주자대학혹문』에서 '용서한다.'는 남에게 시행할 수 있고 자신에게 시행할 없으니, 스스로 용서한다는 것을 스스로 사면한다는 것으로 풀이하는 면 또한 적합하지 않은 것 같다.(自恕, 朱子大學或問云, 恕字可施於人, 不可施于己. 以自恕, 訓自赦, 似亦未的.)"

266) 『상서찬전(尙書纂傳)』, 「상서(商書)」・「탕고(湯誥)」, "주자가 말하였다 : '…. 선함과 악함은 하늘이 모두 아니, 이를테면 하늘이 여러 잘못을 점검하는 것과 서로 비슷하다. 너에게 선함이 있는 것은 상제의 마음에 달려 있고, 나에게 악함이 있는 것은 상제의 마음에 달려 있다.'(朱子曰, …. 善與惡, 天皆知之, 如天點檢數過相似. 爾之有善也, 在帝心, 我之有惡也, 在帝心.)"

집傳

然天以天下付之我
그러나 하늘이 천하를 나에게 맡겨 주었으니,

詳說

○ 照前註.
앞의 주를 참조하라.

集傳

則民之有罪, 實君所爲, 君之有罪, 非民所致. 非特聖人厚於責己, 而薄於責人, 是乃理之所在, 君道當然也.
백성들이 죄가 있음은 실로 군주의 소행이고, 군주가 죄가 있음은 백성들의 소치가 아니다. 그러니 단지 성인(聖人)이 자기를 책함에 후하고 남을 책함에 박하게 할 뿐만 아니라, 바로 이치가 있는 것으로 군주의 도리에 당연한 것이다.

詳說

○ 三句, 論也.
세 구절은 경문의 의미 설명이다.

○ 新安陳氏曰 : "此所以繳結篇首降衷有性綏猷之言, 深味之, 湯可謂知君師之職矣."
신안 진씨가 말하였다 : "여기에서는 편의 앞에서 충을 내려주어 본성을 소요했으니 그 도에 편안하라는 말을 맺은 것이니 깊이 음미해보면, 탕이 군사의 직분을 알았다고 말해야 한다."267)

[5-3-3-9]

嗚呼 尚克時忱 乃亦有終.

---

267) 『서경대전(書經大全)』, 「상서(商書)」·「탕고(湯誥)」, "신안 진씨가 말하였다 : '여기에서는 편의 앞에서 충을 내려주어 본성을 소요했으니 그 도에 편안하라는 말을 맺은 것이니 깊이 음미해보면, 성탕이 군사의 직분을 알았다고 말해야 한다.'(新安陳氏曰 : 此所以繳結篇首降衷有性綏猷之言, 深味之, 成湯可謂知君師之職矣.)"

아! 부디 이에 성실하게 하여야 마침내 또한 끝이 있을 것이다."

詳說
○ 忱, 諺音誤.
'침(忱)'은 『언해』의 음이 잘못되었다.

集傳
忱, 信也. 歎息言庶幾能於是而忱信焉, 乃亦有終也
침(忱)은 성실함이다. 탄식하고 "거의 능히 이에 성실하여야 또한 끝이 있다."고 말한 것이다.

詳說
○ 忱, 誠也, 與諶同, 則信也.
침(忱)은 성실함으로 진실함과 같으면 성실함이다.

○ 新安陳氏曰 : "否則未保其終也. 曰尚曰亦, 皆不敢必之辭, 蓋兢業不忽之意."
신안 진씨(新安陳氏)가 말하였다 : "그렇게 하지 않으면 그 끝을 보전할 수 없다. '부디[尚]'라고 하고 '또한[亦]'이라고 한 것은 모두 감히 기필하지 않는 말로 업을 두려워하여 소홀하지 않는 의미이다."268)

---

268) 『서경대전(書經大全)』, 「상서(商書)」·「탕고(湯誥)」, "신안 진씨가 말하였다 : '탄식하며 부디 여기에서 서로 함께 해서 그 성실을 다하면 이에 또한 끝이 있을 것이고 그렇게 하지 않으면 끝을 보전하지 못할 것이라는 말이다. '부디[尚]'라고 하고 '또한[亦]'이라고 한 것은 모두 감히 기필하지 않는 말로 두려워하여 소홀하지 않는 의미이니, 실로 남과 자신을 겸해서 탕이 스스로 이와 같아야 함을 말했을 뿐만 아니라 또한 만방의 제후들이 모두 여기에 힘쓰도록 하겠다는 말이다. 여기의 편에서 성탕이 명성(命性)의 이치에 밝고 군사(君師)의 도를 알아 하가 망하는 까닭을 보고 늠름하게 현재의 흥성한 것에서 또 제후들을 경계했던 것을 드러내 서로 함께 나라를 지키고 끝을 도모하는 도를 다였으니, 진실로 제왕의 격언이고 성학의 연원이다. 『논어』에서 그 핵심을 가려서 「나 소자 이(履)는 검은 희생을 써서 감히 거룩하신 상제께 아룁니다. 죄가 있는 사람을 제가 감히 용서하지 못하오며, 상제의 신하를 제가 감히 덮어버리지 못하고, 신하를 간택함은 상제의 마음에 달려 있습니다. 내 몸에 죄가 있음은 만방 때문이 아니며, 만방에 죄가 있음은 그 죄가 내 몸에 있습니다.」라고 하였다. 단지 『서경』에서는 상세하였고, 『논어』에서는 간략하였을 뿐이다.'(新安陳氏曰: "歎息言尙克相與於是, 盡其忱誠, 則乃亦有終焉. 否則未保其所終也. 曰尙曰亦, 皆不敢必之辭. 蓋兢兢不忽之意, 實兼人己, 而言不特湯自謂當如此, 亦欲萬方諸侯, 皆勉於此也. 此篇見成湯明命性之理, 知君師之道, 監夏之所以亡, 而凜凜於今之所以興且戒諸侯, 以相與盡守邦圖終之道, 真帝王之格言聖學之淵源也. 論語摘其要語曰, 予小子履, 敢用玄牡, 敢昭告于皇皇后帝. 有罪不敢赦. 帝臣不蔽, 簡在帝心, 朕躬有罪, 無以萬方, 萬方有罪, 罪在朕躬. 但書詳而語略耳.)"

집傳

吳氏曰, 此兼人己而言
오씨(吳氏)가 말하였다. "이는 남과 자기를 겸하여 말씀한 것이다."

詳說

○ 論也.
경문의 의미 설명이다.

○ 新安陳氏曰 : "不特湯自謂當如此, 亦欲萬方諸侯, 皆勉於此也. 此篇明命性之理, 盡守邦圖終之道, 眞帝王之格言, 聖學之淵源也."
신안 진씨(新安陳氏)가 말하였다 : "탕이 스스로 이와 같아야 함을 말했을 뿐만 아니라 또한 만방의 제후들이 모두 여기에 힘쓰도록 하겠다는 말이다. 여기의 편에서 성탕이 명성(命性)의 이치에 밝아 나라를 지키고 끝을 도모하는 도를 다였으니, 진실로 제왕의 격언이고 성학의 연원이다."269)

---

269) 『서경대전(書經大全)』, 「상서(商書)」·「탕고(湯誥)」, "신안 진씨가 말하였다 : '탄식하며 부디 여기에서 서로 함께 해서 그 성실을 다하면 이에 또한 끝이 있을 것이고 그렇게 하지 않으면 끝을 보전하지 못할 것이라는 말이다. 「부디[尙]」라고 하고 「또한[亦]」이라고 한 것은 모두 감히 기필하지 않는 말로 두려워하여 소홀하지 않는 의미이니, 실로 남과 자신을 겸해서 탕이 스스로 이와 같아야 함을 말했을 뿐만 아니라 또한 만방의 제후들이 모두 여기에 힘쓰도록 하겠다는 말이다. 여기의 편에서 성탕이 명성(命性)의 이치에 밝고 군사(君師)의 도를 알아 하가 망하는 까닭을 보고 늠름하게 현재의 흥성한 것에서 또 제후들을 경계했던 것을 드러내 서로 함께 나라를 지키고 끝을 도모하는 도를 다였으니, 진실로 제왕의 격언이고 성학의 연원이다. 『논어』에서 그 핵심을 가려서 「나 소자 이(履)는 검은 희생을 써서 감히 거룩하신 상제께 아뢰옵니다. 죄가 있는 사람을 제가 감히 용서하지 못하오며, 상제의 신하를 제가 감히 덮어버리지 못하고, 신하를 간택함은 상제의 마음에 달려 있습니다. 내 몸에 죄가 있음은 만방 때문이 아니며, 만방에 죄가 있음은 그 죄가 내 몸에 있습니다.」라고 하였다. 단지 『서경』에서는 상세하였고, 『논어』에서는 간략하였을 뿐이다.'(新安陳氏曰 : "歎息言尙克相與於是, 盡其忱誠, 則乃亦有終焉. 否則未保其所終也. 曰尙曰亦, 皆不敢必之辭. 蓋兢兢不忍之意, 實兼人己, 而言不特湯自謂當如此, 亦欲萬方諸侯, 皆勉於此也. 此篇見成湯明命性之理, 知君師之道, 監夏之所以亡, 而凜凜於今之所以興且戒諸侯, 以相與盡守邦圖終之道, 眞帝王之格言聖學之淵源也. 論語摘其要語曰, 予小子履, 敢用玄牡, 敢昭告于皇皇后帝. 有罪不敢赦. 帝臣不蔽, 簡在帝心, 朕躬有罪, 無以萬方, 萬方有罪, 罪在朕躬. 但書詳而語略耳.")

[5-3-4]
『이훈(伊訓)』

集傳

訓, 導也. 太甲嗣位, 伊尹, 作書訓導之,

훈(訓)은 인도함이다. 태갑(太甲)이 지위를 잇자 이윤(伊尹)이 글을 지어 훈도하였는데

詳說

○ 誥與訓, 皆六體之一.

'고(誥)'와 '훈(訓)'은 모두 육체(六體)의 하나이다.

集傳

史錄爲篇, 今文無, 古文有.

사관(史官)이 기록하여 편(篇)을 만들었으니, 금문(今文)에는 없고 고문(古文)에는 있다.

詳說

○ 朱子曰 : "伊尹書及說命, 大抵分明易曉.

주자(朱子)가 말하였다 : "이윤(伊尹)[270]의 글과 「열명(說命)」은 대체로 분명해서 이해하기 쉽다."[271]

○ 呂氏曰 : 當居喪之始而訓之, 乘其初心之虛也. 後雖昏迷, 而終克終允. 德訓之之早故爾

여씨(呂氏)가 말하였다 : "상중에 있는 처음에 훈계하였으니, 비어 있는 첫 마음

---

270) 이윤(伊尹) : 중국 은나라의 전설상의 인물로 이름난 재상이다. 그는 탕왕을 도와 하나라의 걸왕을 멸망시키고 선정을 베풀었다고 한다.
271) 『서경대전(書經大全)』, 「상서(商書)」·「이훈(伊訓)」, "주자가 말하였다 : '「상서」의 몇 편은 아주 분명하게 완미해야 한다. 「이훈」과 「태갑」 등의 편은 또 보기 좋은 것이 「열명(說命)」과 비슷하다. …. 이윤(伊尹)의 글과 「열명(說命)」은 대체로 분명해서 이해하기 쉽다. ….(朱子曰 : 商書幾篇, 最分曉可玩. 伊訓太甲等篇, 又好看似說命, …. 伊尹書及說命, 大抵分明易曉. ….)"

을 헤아렸던 것이다. 뒤에 비록 혼미하게 되었을지라도 끝에 극복하고 진실하게 된 것은 덕의 훈계를 일찍 했기 때문이다."272)

[5-3-4-1]

惟元祀十有二月乙丑, 伊尹祠于先王, 奉嗣王, 祗見厥祖, 侯甸羣后咸在, 百官總己, 以聽冢宰. 伊尹乃明言烈祖之成德, 以訓于王.

원사(元祀) 12월 을축일(乙丑日)에 이윤(伊尹)이 선왕에게 제사할 적에 사왕(嗣王)을 받들어 공경히 할아버지를 뵈었는데, 이때 후복(侯服)과 전복(甸服)의 여러 제후들이 모두 있었으며 백관들이 자기의 직책을 총괄하여 총재에게서 명령을 들었다. 이에 이윤이 열조가 이룩하신 덕을 분명히 말하여 왕에게 다음과 같이 훈계하였다.

詳說

○ 見, 音現.

'현(見)'은 음이 '현(現)'이다.

集傳

夏曰歲, 商曰祀, 周曰年, 一也.

하(夏)나라에서는 세(歲)라 하고 상(商)나라에서는 사(祀)라 하고 주(周)나라에서는 연(年)이라 한 것은 같은 것이다.

詳說

○ 並訓胤征之歲, 泰誓之年.

「윤정(胤征)」의 새해와 「태서(泰誓)」의 신년을 함께 설명한 것이다.

集傳

元祀者, 太甲卽位之元年. 十二月者, 商以建丑爲正, 故以十二月爲正也. 乙

---

272) 『서경대전(書經大全)』, 「상서(商書)」·「이훈(伊訓)」, "여씨(呂氏)가 말하였다 : '태갑이 상중에 있는 처음에 훈계하였으니, 비어 있는 첫 마음을 헤아렸던 것이다. 뒤에 비록 혼미하게 되었을지라도 끝에 극복하고 진실하게 된 것은 덕의 훈계를 일찍 했기 때문이다.(呂氏曰 : 當太甲居喪之始而訓之, 乘其初心之虛也. 後雖昏迷, 而終克終允, 德訓之之早故爾.)"

丑, 日也, 不繫以朔者, 非朔日也.
원사(元祀)는 태갑(太甲)이 즉위한 원년(元年)이다. 12월은 상(商)나라는 건축월(建丑月)을 정월(正月)로 삼았기 때문에 12월을 정월(正月)로 삼은 것이다. 을축(乙丑)은 일진(日辰)이니, 초하루를 붙이지 않은 것은 초하루가 아니기 때문이다.

詳說

○ 音征, 下並同.
  '정(正)'은 음이 '정(征)'을 아래에서도 같다.

○ 沙溪曰 : "或朔或不朔者, 史官之編錄, 有詳略耳. 武成之壬辰, 亦但曰旁死魄而已, 非正書朔日也."
  사계(沙溪)가 말하였다 : "초하루라고 하거나 초하루라고 하지 않은 것은 사관이 기록할 때 자세하게 하고 간략하게 한 것일 뿐이다.「무성(武成)」의 임진(壬辰)에서도 방사백(旁死魄)[273]이라고 했을 뿐이니, 초하루를 바로 기록한 것은 아니다."

集傳

三代雖正朔不同, 然皆以寅月起數,
삼대(三代)가 비록 정삭(正朔)이 똑같지 않으나 모두 인월(寅月)로 수(數)를 일으켰으니,

詳說

○ 夏時也.
  하나라의 때이다.

集傳

蓋朝覲
조근(朝覲)하고

---

273) 옛날에 날짜를 기록할 때에 일월(日月)과 오성(五星)을 자세하게 조사했기 때문에 사백(死魄)이라는 것은 달이 검게 된 것으로 그믐이 되려는 것을 말한다.

詳說

○ 音潮, 下同.
'조(朝)'는 음이 '조(潮)'로 아래에서도 같다.

集傳

會同, 頒曆授時, 則以正朔行事,
회동(會同)하며 책력(冊曆)을 반포하여 농사철을 나누어주는 것은 정월 초하루로 행사하였고,

詳說

○ 鄒氏季友曰 : "史記曆書註云, 子正以夜半爲朔, 寅正以平旦爲朔. 三代改正, 亦改朔也. 按, 日月之合, 遲速有定期, 朔豈可改. 必會朝發命, 用此時而已."
추씨 계우(鄒氏季友)가 말하였다 : "『사기(史記)』의 「역서」의 주석에서 '자정(子正)은 밤 12시를 초하루로 하고, 인정(寅正)은 새벽녘을 초하루로 한다.'고 했으니, 삼대에 정(正)을 바꾼 것도 초하루를 바꾼 것이다. 살펴보건대, 해와 달의 합에는 더디고 빠름에 일정한 기일이 있으니, 초하루를 어찌 고치겠는가? 반드시 조회하고 명령함에 이 때에 한 것일 뿐이다."274)

集傳

至於紀月之數, 則皆以寅爲首也. 伊姓尹字也, 伊尹名摯.
달의 수(數)를 기록함에는 모두 인월(寅月)을 첫 번째로 삼은 것이다. 이(伊)는 성(姓)이고 윤(尹)은 자(字)이니, 이윤(伊尹)의 이름은 지(摯)이다.

詳說

---

274) 『서전회선(書傳會選)』, 「상서(尙書)」·「이훈(伊訓)」, "…. 정삭(正朔)에서 정(正)은 자·축·인의 월을 말하고, 삭(朔)은 달의 첫날을 말한다. 해와 달이 서로 합하기 때문에 초하루에 합한다고 하였다. 『사기(史記)』의 「역서」의 주석에서 '건자(建子)월을 정월로 하였기 때문에 12시를 초하루로 하였고, 건인(建寅)월을 정월로 하면 새벽녘이 초하루이니, 바로 삼대에 정월을 고치면 또한 초하루도 고친 것이다.'라고 하였다. 지금 살펴보면, 해와 달의 합에는 더디고 빠름에 일정한 기일이 있으니, 초하루를 어찌 고치겠는가? 반드시 조회하고 명령함에 이 때에 한 것일 뿐이다. 윤(尹)은 자(字)이다.(…. 正朔, 正謂子丑寅月也, 朔月一日也. 日月相合, 故曰合朔. 史記歷書註云, 以建子為朔, 故以夜半為朔, 若建寅為正, 則以平旦為朔, 是三代改正, 亦改朔也. 今按, 日月之合, 遲速有定期, 朔豈可改. 必會朝發命. 用此時而已. 尹, 字.)"

○ 鄒氏季友曰 : "三代未有以字傳者, 且其自稱曰尹躬, 則非字明矣. 或有兩名或叏名耳."
추씨 계우(鄒氏季友)가 말하였다 : "삼대에는 자(字)로 전하는 경우가 없고, 또 스스로 윤궁(尹躬)이라고 하니, 자가 아닌 것이 분명하다. 혹 이름이 둘이거나 이름을 바꾼 것일 뿐이다."275)

○ 見孫子及呂覽.
『손자』와 『여람』에 보인다.

集傳

祠者, 告祭於廟也.
사(祠)는 사당(祠堂)에서 고유(告由)하고 제사(祭祀)하는 것이다.

詳說

○ 非春時之常祭.
봄에 일정하게 지내는 제사가 아니다.

集傳

先王, 湯也. 冢, 長也.
선왕(先王)은 탕왕(湯王)이다. 총(冢)은 우두머리이다.

詳說

○ 上聲.
'장(長)'은 상성이다.

集傳

禮有冢子冢婦之名, 周人亦謂之冢宰,

---

275) 『서전회선(書傳會選)』, 「상서(商書)」·「이훈(伊訓)」, "동재 진씨(東齋陳氏)가 말하였다 : '삼대 이상에서는 자(字)로 전하는 것을 들은 적이 없고, 또 스스로 윤궁(尹躬)이라고 하니, 자가 아닌 것이 분명하다. 공씨의 소에서 손자(孫子)와 여람(呂覽)에 의거한 것에는 세 번째 이름이 지(摯)이다. 혹 본래 이름이 둘이거나 이름을 바꾼 것일 뿐이다. ….'(東齋陳氏云, 三代而上, 未聞有以字傳者, 且其自稱曰尹躬, 則非字明矣. 孔疏據孫子及呂覽, 三名摯. 或自有兩名或更名耳. ….)"

예(禮)에 총자(子)·총부(婦)의 명칭이 있고, 주(周)나라 사람 또한 총재(冢宰)라 일렀으니,

詳說

○ 禮記內則.
'예(禮)'는 『예기』「내칙」이다.

○ 周禮天官.
'총재(冢宰)'는 『주례』「천관」이다.

集傳

古者王宅憂祠祭, 則冢宰攝而告廟, 又攝而臨羣臣. 太甲服仲壬之喪, 伊尹祠于先王, 奉太甲以卽位, 改元之事, 祗見厥祖, 則攝而告廟也, 侯服甸服之羣后咸在,

옛날에 왕이 상중(喪中)에 있으면서 사당(祠堂)에서 제사(祭祀)지낼 경우 총재(宰)가 대신하여 사당(祠堂)에 고유(告由)하고, 또 대신하여 군신(群臣)에게 임(臨)하였다. 태갑(太甲)이 중임(仲壬)의 상(喪)을 입고 있어 이윤(伊尹)이 선왕에게 제사할 적에 태갑을 받들어 즉위하고 개원(改元)한 일을 가지고 공경히 할아버지를 뵌 것이니, 대신하여 사당에 고한 것으로 후복(侯服)과 전복(甸服)의 여러 제후들이 모두 있었고

詳說

○ 二字, 見說命.
'택우(宅憂: 喪中)'라는 말은 「열명(說命)」에 보인다.

○ 陳氏大猷曰 : "擧近者, 以見其餘."
진씨 대유(陳氏大猷)가 말하였다 : "가까이 있는 자들을 들어 그 나머지를 드러 냈다."[276]

---

[276] 『서경대전(書經大全)』, 「상서(商書)」·「이훈(伊訓)」", "사(祠)는 제사지해는 것이다. 선왕은 상나라의 선조로 이를테면 『시경』에서 말한 현왕과 같은 분들이다. 상을 지내는 삼년 동안은 제사를 지내지 않는 것은 상복으로 종묘에 들어가지 않는 것이기 때문이다. 그러므로 태갑이 직접 제사지내지 못해 이윤이 대신한 것이다. 후복(侯服)과 전복(甸服)은 오복의 가까운 자들을 들어 그 나머지를 드러낸 것이다. …(陳氏大猷曰 :

○ 鄒氏季友曰 : "此言侯甸, 則禹貢五服之制, 已改爲九服矣."
　추씨 계우(鄒氏季友)가 말하였다 : "여기서 말한 후복(侯服)과 전복(甸服)은 우공의 오복에 대한 제도가 이미 구복으로 바뀐 것이다."277)

集傳
百官總己之職
백관이 자기의 직책을 총괄하여

詳說
○ 添職字
　'직(職)'자를 더하였다.

集傳
以聽冢宰,
총재에게 명령을 들었으니,

詳說
○ 聽於.
　'이청(以聽)'은 '청어(聽於)'이다.

集傳
則攝而臨羣臣也. 烈, 功也, 商頌曰衎我烈祖.
대신하여 군신(群臣)에게 임한 것이다. 열(烈)은 공(功)이니, 『시경(詩經)』「상송(商頌)」에서 "우리 열조를 즐겁게 한다."278)고 하였다.

祠, 祭也. 先王, 商先祖, 如詩言玄王之類也. 喪三年不祭, 不以凶服入宗廟. 故太甲不親祠, 而尹攝祠. 侯甸, 擧五服之近者, 以見其餘. ….)"
277) 『서전회선(書傳會選)』, 「상서(商書)」·「이훈(伊訓)」, "'현(見)'은 '형(形)'과 '전(甸)'의 반절이다. 여기서 말한 후복(侯服)과 전복(甸服)은 여러 제후들이니, 우공의 오복에 대한 제도는 이때에 이미 구복으로 바뀠던 것이다.(見, 形甸反. 侯甸羣后, 此言侯甸, 則是禹貢五服之制, 至是已改為九服矣.)"
278) 『시경』, 「상송(商頌)」·「나(那)」, "아, 성대해라. 우리 북들을 설치했네. 둥둥 북소리에 우리 열조 기뻐하시네. 탕 임금의 손자가 음악을 올리니, 우리 마음 편안하게 모습을 보이시네.(猗與那與. 置我鞉鼓. 奏鼓簡簡, 衎我烈祖, 湯孫奏假, 綏我思成.)"

詳說

○ 邢

「상송(商頌)」은 「나(邢)」이다.

○ 音偘.

'간(衎)'은 음이 '간(偘)'이다.

集傳

太甲卽位改元, 伊尹於祠告先王之際, 明言湯之成德, 以訓太甲,
태갑이 즉위하고 원년을 고치자, 이윤이 선왕에게 제사하고 고유(告由)할 적에 탕왕이 이룩하신 덕을 분명히 말하여 태갑에게 훈계하였으니,

詳說

○ 陳氏大猷曰 : "猶五子述禹戒, 周召, 陳文武之業也."
진씨 대유(陳氏大猷)가 말하였다 : "다섯 자식이 우의 훈계를 말한 것처럼 주공과 소공이 문왕과 무왕의 공업을 말하였다."

集傳

此史官敍事之始辭也.
이는 사관이 일을 서술한 처음의 말이다.

詳說

○ 本序.

본문의 서문이다.279)

○ 自此以下, 論也.

이 아래는 경문의 의미 설명이다.

---

279) 『서경대전(書經大全)』, 「상서(商書)」·「함유일덕-1(咸有一德-1)」의 「상설(詳說)」에 "본문을 순서로 했기 때문에 본문의 서라고 하였으니 『서경』의 서문과 구별하기 위함이다.(本文爲序, 故謂之本序, 以別於書序.)"라는 말이 있다.

集傳

或曰孔氏言湯崩踰月太甲卽位,
어떤 사람이 말하였다. "공씨(孔氏)가 '탕왕이 승하한 지 한 달이 넘음에 태갑이 즉위했다.'고 하였으니,

詳說

○ 或上一有圈
'혹(或)'자 위에 어떤 판본에는 ○가 있다.

○ 孔說止此.
공씨의 설명은 여기까지이다.

集傳

則十二月者湯崩之年建子之月也, 豈
그렇다면 12월은 탕왕이 승하한 해의 건자월(建子月)이니,

詳說

○ 反而決辭, 非豈或之豈.
반대로 해서 말을 하는 것이니, 어찌 혹이라고 할 때의 어찌는 아니다.

集傳

改正朔而不改月數乎.
어찌 정삭(正朔)은 고치고 월수(月數)는 고치지 않았겠는가?"

詳說

○ 或說止此.
어떤 사람의 설명은 여기까지이다.

集傳

曰, 此孔氏惑於序書之文也.
그러나 이것은 공씨가 『서경』의 서에 헷갈린 것이다.

詳說

○ 書序曰 : "成湯旣沒, 太甲元年, 伊尹作伊訓."
『서경』의 「서문」에서는 "성탕이 돌아가신 다음에 태갑의 원년에 이윤이 이훈을 지었다."

集傳

太甲繼仲壬之後, 服仲壬之喪, 而孔氏曰, 湯崩奠殯而告固, 已誤矣, 至於改正朔, 而不改月數, 則於經史尤可考. 周建子矣, 而詩
태갑이 중임의 뒤를 이어 중임의 상을 입었는데, 공씨가 "탕왕이 승하함에 빈소에 전을 올리고 고유했다."고 말한 것은 진실로 이미 잘못되었으며, 정삭은 고치고 월수는 고치지 않은 것에 대한 것은 경문과 사책에서 더욱 상고할 수 있다. 주(周)나라는 건자월(建子月)을 정월로 하였으나

詳說

○ 四月.
사월이다.

集傳

言四月維夏, 六月徂暑, 則寅月起數, 周未嘗改也. 秦建亥矣, 而史記
『시경(詩經)』에 "4월에 여름이 되고, 6월에 더위가 물러간다."고 말하였으니, 인월(寅月)로 수(數)를 일으킴을 주(周)나라가 일찍이 고치지 않은 것이다. 진(秦)나라는 건해월(建亥月)을 정월(正月)로 삼았으나 『사기(史記)』에

詳說

○ 始皇紀下同.
시황의 기로 아래에서도 같다.

集傳

始皇三十一年十二月更名臘曰嘉平
"시황(始皇) 31년 12월에 납월(臘月)의 이름을 고쳐 가평(嘉平)이라 했다."고 하였으니,

詳說

○ 平聲.

'경(煛)'은 평성이다.

集傳

夫臘必建丑月也. 秦以亥正, 則臘爲三月,

저 납월(臘月)은 반드시 건축월(建丑月)로 한다. 진(秦)나라가 해월(亥月)을 정월(正月)로 삼았으면 납월(臘月)은 3월이 되어야 하는데,

詳說

○ 音扶, 下同.

'부(夫)'는 음이 '부(扶)'로 아래에서도 같다.

○ 假改月而言.

임시로 월을 고쳤다고 말한 것이다.

集傳

云十二月者, 則寅月起數, 秦未嘗改也. 至三十七年, 書十月癸丑始皇出遊十一月行至雲夢, 繼書七月丙寅始皇崩, 九月葬酈山,

12월이라고 말한 것은 인월(寅月)로 수(數)를 일으킴을 진(秦)나라가 일찍이 고치지 않은 것이다. 37년이 되어서 "10월 계축일(癸丑日)에 시황(始皇)이 나가 유람하였고, 11월에 여행하여 운몽(雲夢)에 이르렀다."고 썼고, 뒤이어 "7월 병인일(丙寅日)에 시황(始皇)이 별세(別世)하여 9월에 역산(酈山)에 장사지냈다."고 썼으니,

詳說

○ 音驪.

'력(酈)'의 음은 '려(驪)'이다.

集傳

先書十月十一月, 而繼書七月九月者, 知其以十月爲正朔, 而寅月起數未嘗改也. 且秦史制書,

먼저 10월·11월을 쓰고, 뒤이어 7월·9월을 쓴 것은 10월을 정삭(正朔)으로 삼았으나 인월(寅月)로 수(數)를 일으킴을 일찍이 고치지 않았음을 알 수 있다. 또 진(秦)나라 사관(史官)이 책을 만들 적에

詳說
○ 詔書.
조서이다.

集傳
謂改年始,
"새해의 시작을 고쳐서

詳說
○ 句.
구두해야 한다.

集傳
朝賀, 皆自十月朔. 夫秦繼周者也,
조회(朝會)하고 하례(賀禮)함을 모두 10월 초하루부터 했다."라고 하였다. 진나라가 주나라를 이어

詳說
○ 此云十月, 尚不改周也.
여기에서 10월이라고 했다면 아직 주의 책력을 고치지 않은 것이다.

集傳
若改月數, 則周之十月, 爲建酉月矣, 安在其爲建亥乎. 漢初史氏所書, 舊例也.
만약 월수(月數)를 고쳤다면 주(周)나라의 10월은 건유월(建酉月)이니, 어찌 건해월(建亥月)이 될 수 있겠는가. 한나라 초기에 사관이 쓴 것은 옛날 관습을 그대로

따른 것이었다.

> 詳說
> ○ 周秦之例
> 주나라와 진나라의 관습이다.

集傳
漢仍秦正, 亦書曰元年冬十月
한(漢)나라는 진(秦)나라의 정월(正月)을 그대로 따랐으나 또한 "원년(元年) 동(冬) 10월이다."라고 하였으니,

> 詳說
> ○ 見高祖紀
> 고조의 기에 보인다.

> ○ 至武帝太初元年, 始從夏正.
> 무제 태초 원년에야 비로소 하나라의 정월을 따랐다.

集傳
則正朔改, 月數不改亦已明矣.
정삭(正朔)은 고쳤으나 월수(月數)는 고치지 않은 것이 또한 너무 분명하다.

> 詳說
> ○ 引周秦漢以明商.
> 주나라·진나라·한나라를 인용해서 상나라를 밝혔다.

集傳
且經曰, 元祀十有二月乙丑, 則以十二月爲正朔, 而改元, 何疑乎. 惟其以正朔行事也
또 경문(經文)에서 "원사(元祀) 12월 을축일(乙丑日)이다."라고 하였으니, 상(商)나

라 12월을 정삭(正朔)으로 삼아 원년(元年)을 고쳤음을 어찌 의심할 것이 있겠는가. 오직 정삭(正朔)으로 행사했기

詳說
○ 帶說朔字.
삭(朔)에 대해 붙여서 말한 것이다.

集傳
故後乎此者, 復政厥辟,
때문에 이보다 뒤에 정권을 군주에게 돌려줄 때에

詳說
○ 四字, 見咸有一德
'정권을 군주에게 돌려줄 때에[復政厥辟]'라는 말은 「함유일덕(咸有一德)」에 보인다.280)

集傳
亦以十二月朔, 奉嗣王歸于亳.
또한 12월 초하루에 사왕(嗣王)을 받들어 박읍(亳)으로 돌아왔던 것이다.

詳說
○ 見太甲.
「태갑(太甲)」에 보인다.

集傳
蓋祠告復政, 皆重事也, 故皆以正朔行之.
사당에 고유(告由)함과 정권을 군주에게 돌려줌이 다 중요한 일이므로 모두 정삭(正朔)으로 행한 것이다.

---

280) 『서경(書經)』, 「상서(商書)」·「함유일덕咸有一德」. "윤(伊尹)이 이미 군주가 정권을 되돌려주고 고하여 돌아가려 할 때에 마침내 덕으로 경계하는 말을 올렸다.(伊尹이 旣復政厥辟하고 將告歸할새 乃陳戒于德.)"

[詳說]

○ 又以商事證之.
또 상나라의 일로 논증하였다.

[集傳]

孔氏不得其說, 而意湯崩踰月, 太甲卽位, 奠殯而告, 是以崩年改元矣. 蘇氏曰, 崩年改元亂世事也,
공씨는 그 말을 알지 못하고 생각하기를 "탕왕이 승하한 지 한 달이 넘음에 태갑이 즉위하여 빈소에 전(奠)을 올리고 고유(告由)했다."고 하였으니, 이는 승하한 해에 개원한 것이다. 소씨(蘇氏)는 "승하한 해에 개원하는 것은 난세(亂世)의 일로

[詳說]

○ 胡氏安國曰, "一年不二君."
호씨 안국(胡氏安國)281)이 말하였다 : "한 해에는 두 임금이 있을 수 없다."282)

[集傳]

不容在伊尹而有之, 不可以不辨.
이윤의 세대에 이러한 일이 있을 수 없으니, 분변하지 않을 수 없다."라고 하였다.

[詳說]

○ 一作辯.
'변(辨)'은 어떤 판본에는 '변(辯)'으로 되어 있다.

○ 引蘇說以辨崩年改元之非
소씨의 설명을 따르면, 돌아가신 해에 개원하는 잘못을 분변할 것이다.

---

281) 호씨 안국(胡氏安國, 174~1138) : 자는 강후(康侯)이고, 호는 무이선생(武夷先生)이다. 정이천(程伊川)을 사숙하여 거경 궁리의 학문을 중히 여겼다. 저서에 『춘추전』, 『통감거요보유(通鑑擧要補遺)』 등이 있다.
282) 『서경대전(書經大全)』, 「상서(商書)」·「이훈(伊訓)」, "호씨 안국이 말하였다 : 『춘추전』에서 '나라의 임금이 제위를 이어받을 때에 굳이 초상에 반드시 해를 넘긴 다음에 연호를 바꾼다.'고 했다. 『서경』에서 곧 제위는 시종의 의리에 연유해서 한 해에는 두 임금이 있을 수 없다는 것이고, 신하의 마음에 연유해서 여러 해 동안 임금이 없어서는 안된다는 것이다."(胡氏安國 : 春秋傳曰, 國君嗣世, 定於初喪必踰年, 然後改元. 書卽位者, 緣始終之義. 一年不二君, 緣臣民之心, 曠年不可無君也.)

集傳
又按, 孔氏以爲湯崩, 吳氏曰, 殯有朝夕之奠,
또 살펴보건대 공씨(孔氏)는 탕왕이 승하한 것으로 여겼지만, 오씨(吳氏)는 "빈소에는 조석의 전(奠)이 있는데,

詳說
○ 如字.
'조(朝)'자는 본래의 음 대로 읽는다.

集傳
何爲而致祠, 主喪者不離於殯側,
어찌하여 사당에 제사하고, 상주(喪主)는 빈소(殯所)의 곁을 떠나지 않는데,

詳說
○ 去聲.
'리(離)'는 거성이다.

集傳
何待於祗見. 蓋太甲之爲嗣王, 嗣仲壬而王也. 太甲太丁之子, 仲壬其叔父也. 嗣叔父而王, 而爲之服三年之喪,
어찌하여 공경히 뵐 필요가 있겠는가."라고 하였다. 태갑이 사왕이 된 것은 중임(仲壬)을 이어 왕이 된 것이다. 태갑은 태정의 아들이니, 중임은 그의 숙부이다. 숙부를 뒤이어 왕이 되었으나 그를 위해 3년상(年喪)의 복(服)을 입은 것은

詳說
○ 去聲.
'위(爲)'자는 거성이다.

集傳
爲之後者, 爲之子也.

후계자가 된 자는 자식이 되기 때문이다.

詳說

○ 此二之字, 猶其也.
여기서 두 번의 '지(之)'자는 '기(其)'자와 같다.

○ 出儀禮喪服.
『의례(儀禮)』「상복(喪服)」이 출처이다.

集傳
太甲旣卽位於仲壬之柩前, 方居憂於仲壬之殯側, 伊尹乃至商之祖廟, 徧祠商之先王, 而以立太甲告之. 不言太甲祠, 而言伊尹, 喪三年不祭也.
태갑이 이미 중임의 영구 앞에서 즉위하고 중임의 빈소 곁에서 거우(居憂)하고 있기에 이윤이 마침내 상나라의 조묘에 와서 상나라의 선왕에게 두루 제사하고, 태갑을 세운 일을 고유(告由)한 것이다. 태갑이 제사했다고 말하지 않고 이윤이 했다고 말한 것은 3년상 안에는 제사하지 않기 때문이다.

詳說

○ 此句, 見禮記王制.
이 구절은 『예기(禮記)』「왕제(王制)」에 보인다.

○ 陳氏大猷曰 : "不以凶服入宗廟, 故太甲不親祠而尹攝之."
진씨 대유(陳氏大猷)가 말하였다 : "상복으로 종묘에 들어가지 않는 것이기 때문이다. 그러므로 태갑이 직접 제사지내지 못해 이윤이 대신한 것이다."283)

集傳
奉太甲, 徧見商之先王, 而獨言祇見厥祖者, 雖徧見先王, 而尤致意於湯也,

---

283) 『서경대전(書經大全)』, 「상서(商書)」·「이훈(伊訓)」, "사(祠)는 제사지내는 것이다. 선왕은 상나라의 선조로 이를테면 『시경』에서 말한 현왕과 같은 분들이다. 상을 지내는 삼년 동안은 제사를 지내지 않는 것은 흉한 복장으로 종묘에 들어가지 않는 것이기 때문이다. 그러므로 태갑이 직접 제사지내지 못해 이윤이 대신한 것이다. 후복(侯服)과 전복(甸服)은 오복의 가까운 자들을 들어 그 나머지를 드러낸 것이다. ….(陳氏大猷曰 : 祠, 祭也. 先王, 商先祖, 如詩言玄王之類也. 喪三年不祭, 不以凶服入宗廟. 故太甲不親祠, 而尹攝祠. 侯甸, 擧五服之近者, 以見其餘. ….)"

亦猶周公金縢之冊, 雖徧告三王, 而獨眷眷於文王也.

태갑을 받들어 상나라의 선왕들을 두루 뵈었는데 유독 할아버지를 공경히 뵈었다고 말한 것은, 비록 선왕들을 두루 뵈었으나 더욱 탕왕에게 뜻을 지극히 한 것이니, 이는 또한 주공(周公)의 금등(金縢) 책에 비록 세 왕에게 두루 고유하였으나 유독 문왕에게 권권(眷眷)한 것과 같다.

詳說

○ 三王下, 特係以元子及考.

세 왕의 아래에서는 단지 원자를 가지고 효도를 언급했을 뿐이다.

集傳

湯旣已祔于廟, 則是此書初不廢外丙仲壬之事,

탕왕이 이미 사당에 부묘(廟)되었다면, 이 글은 애당초 외병(外丙)과 중임(仲壬)의 일을 폐하지 않고,

詳說

○ 湯久已入廟, 而云嗣王, 是嗣仲壬也. 仲壬則嗣外丙也.

탕이 오래되어 이미 사당으로 모셨는데, 보위를 잇는 왕을 말하는 것은 바로 중임의 보위를 이어받은 것이다. 중임은 외병의 보위를 이어받았다.

○ 朱子曰, "必有外丙二年, 仲壬四年."

주자가 말하였다 : "반드시 외병은 2년, 중임은 4년[284] 왕위에 있은 사실이 있어야 한다."[285]

集傳

但此書本爲伊尹稱湯,

다만 이 글은 본래 이윤이 탕왕을 칭송하여

---

284) 외병과 중임은 모두 탕왕의 아들이다. 탕왕(湯王)의 태자인 태정(太丁)이 즉위하지 못하고 죽자, 그 동생 곧 외병이 2년, 중임이 3년을 다스리고, 그 뒤 태정의 아들 태갑(太甲)이 즉위하였다. 이 내용은 『맹자』 「만장장하」에 있다.
285) 『서경대전(書經大全)』, 「상서(商書)」・「이훈(伊訓)」, "물었다. …. 답하였다. …. 이윤이 선왕에게 제사지냈다. 그런데 복중(服中)이라면 사당에 들어갈 수 없으니, 반드시 외병은 2년, 중임은 4년 왕위에 있은 사실이 있어야 합니다.(問…. 曰…. 伊尹祠于先王, 若有服, 不可入廟, 必有外丙二年, 仲壬四年.)"

詳說

○ 去聲.

'위(爲)'는 거성이다.

集傳

以訓太甲. 故不及外丙仲壬之事爾.

태갑(太甲)을 훈계하려 한 것이다. 그러므로 외병과 중임의 일을 언급하지 않은 것이다.

詳說

○ 引吳說, 以辨湯殯之非.

오씨의 설을 인용해서 탕의 빈소가 아님을 분명히 한 것이다.

集傳

餘見書序

나머지는 서서(書序)에 보인다.

詳說

○ 序辨在書末.

서(序)는 『서경』의 끝에 있는 것과 분별한 것이다.

[5-3-4-2]

曰嗚呼, 古有夏先后, 方懋厥德, 罔有天災, 山川鬼神, 亦莫不寧, 暨鳥獸魚鼈, 咸若. 于其子孫, 弗率, 皇天降災, 假手于我有命, 造攻, 自鳴條, 朕哉自亳.

"아! 옛날 유하(有夏)의 선왕들이 그 덕을 힘쓰셨기에 천재가 없었고, 산천의 귀신들이 또한 편안하지 않음이 없었으며, 조수와 어별(魚鼈)들이 모두 순하였다. 그 자손들이 법도를 따르지 않자 황천이 재앙을 내리시어 천명을 소유한 우리 탕왕에게 손을 빌리시니, 공격을 시작은 명조에서 하였는데 우리는 박읍에서 시작하였습니다.

集傳
詩曰, 殷監不遠, 在夏后之世, 商之所宜監者, 莫近於夏, 故首以夏事告之也.
『시경(詩經)』에 "은(殷)나라의 귀감이 멀리 있지 않고 하후(夏后)의 세대에 있다."라고 하였으니, 상(商)나라가 마땅히 거울로 삼을 것은 하(夏)나라보다 가까운 것이 없기 때문에 첫 번째로 하(夏)나라 일로 고한 것이다.

詳說
○ 蕩.
'시(詩)'는 「탕(蕩)」이다.

○ 先論提.
먼저 논의해서 제시한 것이다.

○ 若, 順也.
'약(若)'은 순하다는 말이다.

集傳
率, 循也,
솔(率)은 따름이고,

詳說
○ 一無也字.
어떤 판본에는 '야(也)'자가 없다.

集傳
假, 借也. 有命, 有天命者, 謂湯也. 桀不率循先王之道, 故天降災, 借手于我成湯, 以誅之. 夏之先后, 方其懋德,
가(假)는 빌림이다. 유명(有命)은 천명을 소유한 자이니, 탕왕을 이른다. 걸(桀)이 선왕의 도를 따르지 않으므로 하늘이 재앙을 내려서 우리 성탕의 손을 빌려 주벌한 것이다. 하(夏)나라의 선후들이 덕(德)을 힘쓸 때에는

詳說

○ 陳氏雅言曰 : "懋敬其德也, 方者, 日新不已之意."
　　진씨 아언(陳氏雅言)286)이 말하였다 : "그 덕을 힘써 공경하는 것이 '방(方)'으로 새롭게 하고 그치지 않는다는 의미이다."287)

集傳

則天之眷命如此,
하늘이 돌아보고 명령함이 이와 같더니,

詳說

○ 陳氏大猷曰 : "所謂致中和, 天地位萬物育."
　　진씨 대유(陳氏大猷)가 말하였다 : "이른바 중화를 이루고 천지가 제자리를 잡으며, 만물이 제대로 길러지는 것이다."288)

集傳

及其子孫弗率
자손(子孫)들이 따르지 않음에 이르러서는

---

286) 진아언(陳雅言, 1318~1385)은 원말명초 때 강서(江西) 영풍(永豊) 사람이다. 원나라 말에 무재(茂材)로 천거되었지만 나가지 않았다. 명나라 초 홍무(洪武) 연간에 영풍현 향교(鄕校)에서 학생을 가르쳤다. 당시 호구(戶口)와 토전(土田)이 실상과 달라 현관(縣官)도 대처할 방법을 찾지 못했는데, 그가 계획을 내놓자 공사가 모두 편리해졌다. 저서에 『사서일람(四書一覽)』과 『대학관견(大學管窺)』, 『중용류편(中庸類編)』 등이 있었지만 전하지 않고, 지금은 『서의탁약(書義卓躍)』만 전한다.

287) 『서경대전(書經大全)』, 「상서(商書)」·「이훈(伊訓)」, "진씨 아언이 말하였다 : '임금은 천지의 귀신과 만물의 주인이다. 옛날에 유하의 선후들이 그 덕을 힘써 공경한 것을 방(方)이라고 하니, 날마다 새롭게 하고 그치지 않는다는 의미로 이른바 중화를 이룬다는 것이다. 이에 천도가 순하고 산천이 평안하며 귀신이 편하니, 이른바 천지가 제자리를 잡는다는 것이다. 자질구레해서 깃이 나고 털이 나며 비늘이 있고 껍질이 있는 것들도 각기 그 본성을 이루지 않음이 없으니, 이른바 만물이 제대로 길러지는 것이다. 옛날 유하의 선후들은 덕을 힘쓴 효험이 이와 같은 경지에 이르렀던 것이다.'(陳氏雅言曰 : 人君者, 天地鬼神萬物之主也. 古有夏先后, 懋敬其德, 謂之方者, 日新不已之意, 所謂致中和也. 於是天道順山川寧, 而鬼神安, 所謂天地位也. 微而羽毛鱗甲之生, 亦莫不各遂其性, 所謂萬物育也. 古有夏先后, 懋德之效, 至於如此.)"

288) 『서경대전(書經大全)』, 「상서(商書)」·「이훈(伊訓)」, "진씨 아언이 말하였다 : '임금은 천지의 귀신과 만물의 주인이다. 옛날에 유하의 선후들이 그 덕을 힘써 공경한 것을 방(方)이라고 하니, 날마다 새롭게 하고 그치지 않는다는 의미로 이른바 중화를 이룬다는 것이다. 이에 천도가 순하고 산천이 평안하며 귀신이 편하니, 이른바 천지가 제자리를 잡는다는 것이다. 자질구레해서 깃이 나고 털이 나며 비늘이 있고 껍질이 있는 것들도 각기 그 본성을 이루지 않음이 없으니, 이른바 만물이 제대로 길러지는 것이다. 옛날 유하의 선후들은 덕을 힘쓴 효험이 이와 같은 경지에 이르렀던 것이다.'(陳氏雅言曰 : 人君者, 天地鬼神萬物之主也. 古有夏先后, 懋敬其德, 謂之方者, 日新不已之意, 所謂致中和也. 於是天道順山川寧, 而鬼神安, 所謂天地位也. 微而羽毛鱗甲之生, 亦莫不各遂其性, 所謂萬物育也. 古有夏先后, 懋德之效, 至於如此.)"

詳說

○ 于.

'급(及)'자는 '우(于)'이다.

集傳

而覆亾之禍,

엎어져 망하는 재앙이

詳說

○ 音福, 下同.

'복(覆)'은 음이 '복(福)'으로 아래에서도 같다.

集傳

又如此, 太甲不知率循成湯之德, 則夏桀覆亾之禍, 亦可監矣.

또 이와 같으니, 태갑이 성탕의 덕을 따를 줄 모르면 하걸의 엎어져 망하는 재앙을 또한 거울로 삼을 수 있는 것이다.

詳說

○ 補二句.

두 구절을 더했다.

集傳

哉, 始也. 鳴條, 夏所宅也, 亳湯所宅也,

재(哉)는 비로소이다. 명조(鳴條)는 하(夏)나라가 거주하던 곳이고, 박읍은 탕왕이 거주하던 곳이니,

詳說

○ 都也.

도읍으로 했던 곳이다.

集傳

言造可攻之釁者, 由桀積惡於鳴條, 而湯德之修則始於亳都也.
공격할 수 있는 단서를 만든 것은 걸(桀)이 명조에서 악을 쌓았기 때문이고, 탕왕이 덕을 닦은 것은 박읍에서 시작하였음을 말한 것이다.

詳說

○ 以假手造攻語勢觀之, 蓋謂始攻也. 若謂德始修, 則其意恐遠矣. 孟子註始其事之云, 非指攻伐之事者乎

손을 빌리시어 공격을 시작했다는 어투로 보면, 공격을 시작했다는 것을 말한다. 덕 닦기를 시작했다는 것을 말한다면, 그 의미가 멀어지는 것 같다.『맹자』의 주에서 그 일을 시작했다는 것[289]으로 말했으니 공격하는 것을 가리킨 것은 아닐 것이다.

[5-3-4-3]

惟我商王, 布昭聖武, 代虐以寬, 兆民允懷.

우리 상왕(商王)이 성무(聖武)를 펴고 드러내시어 사나움 대신에 너그러움으로 하시니, 조민(兆民)들이 믿고 그리워하였습니다.

集傳

布昭, 敷著也. 聖武, 猶易
포소(布昭)는 펴서 드러냄이다. 성무(聖武)는『주역(周易)』에서

詳說

○ 繫辭.
「계사」이다.

集傳

所謂神武而不殺者. 湯之德威

---

289) 『맹자(孟子)』「만장상」, "이훈(伊訓)은『상서(商書)』의 편명으로 맹자(孟子)가 인용해서 하(夏)나라를 정벌하여 백성을 구제한 일을 증명하신 것이다. 지금『서경(書經)』에는 목궁(牧宮)이 명조(鳴條)로 되어 있다. 조(造)와 재(載)는 다 시작이다. 이윤(伊尹)이 말하기를 '처음 무도(無道)한 걸왕(桀王)을 공격함은 내가 그 일을 박읍에서 시작함으로부터 비롯되었다.'고 한 것이다.(伊訓, 商書篇名, 孟子引以證伐夏救民之事也. 今書, 牧宮, 作鳴條. 造, 載, 皆始也. 伊尹, 言始攻桀無道, 由我始其事於亳也.)"

이른바 '신무(神武)하여 죽이지 않는다.'290)는 말과 같은 것이다. 탕왕의 덕과 위엄이

> 詳說

○ 陳氏雅言曰 : "不徒謂之武, 而必謂之聖武, 以見其出於德義之勇也."291)

진씨 아언(陳氏雅言)이 말하였다 : "그냥 무(武)라고 하지 않고 반드시 성무(聖武)라고 하였으니, 그것이 덕과 의의 용기에서 나왔음을 드러내는 것이다."

> 集傳

敷著于天下, 代桀之虐, 以吾之寬. 故天下之民信而懷之也.

천하에 펴지고 드러나서 걸왕의 사나움을 대신에 우리의 너그러움으로써 하였다. 그러므로 천하의 백성들이 믿고 그리워한 것이다.

[5-3-4-4]

今王, 嗣厥德, 罔不在初, 立愛惟親, 立敬惟長, 始于家邦, 終于四海.

이제 왕께서 그 덕을 이으려 하신다면 즉위(卽位)하는 초기에 있지 않음이 없으니, 사랑을 세우기를 어버이로부터 하시며 공경을 세우기를 어른으로부터 하시어서 집과 나라에서 시작하여 사해에서 마치소서.

> 集傳

---

290) 『주역(周易)』「계사상(繫辭上)」, "그러므로 시초(蓍草)의 덕은 둥글어 신묘하고 괘의 덕은 네모져 지혜로우며, 육효의 뜻은 변역(變易)하여 길흉을 알려준다. 성인이 이로써 마음을 깨끗이 씻어 은밀함에 물러가 감추며, 길함과 흉함 사이에 백성과 더불어 근심을 함께 하여 신(神)으로써 미래를 알고 지혜로써 지나간 일을 보관하니, 그 누가 이에 참여하겠는가. 옛날에 총명하고 예지(叡智)하며 신무(神武)하고 죽이지 않는 자일 것이다.(是故蓍之德, 圓而神, 卦之德, 方以知, 六爻之義, 易以貢. 聖人以此洗心, 退藏於密, 吉凶與民同患, 神以知來, 知以藏往. 其孰能與於此哉. 古之聰明叡知神武而不殺者夫.)"
291) 『서경대전(書經大全)』, 「상서(商書)」・「이훈(伊訓)」, "진씨 아언이 말하였다 : '그냥 무(武)라고 하지 않고 반드시 성무(聖武)라고 하였다. 그것이 덕과 의의 용기에서 나왔기 때문에 난폭함을 제거할 수 있었음을 드러냈다. 그 때문에 백성들이 천하를 편안하게 할 수 있었으니, 이것이 성무의 실질이다. 천하의 백성들에게서는 믿고 그리워하지 않는 이가 없으니, 이것이 성무의 효험이다.'(陳氏稚言曰, 不徒謂之武, 而必謂之聖武, 以見其出於德義之勇, 故能除暴. 故民以安天下, 此聖武之實也. 至於天下之民, 莫不信而懷之, 此聖武之效也.)"

初, 卽位之初, 言始不可以不謹也. 謹始之道, 孝悌而已, 孝悌者人心之所同, 非必人人敎詔之

초(初)는 즉위한 초기이니, 처음을 삼가지 않으면 안됨을 말한 것이다. 처음을 삼가는 도는 효제(孝悌)뿐인데, 효제는 인심에 똑같은 바이니, 반드시 사람마다 가르칠 것은 없다.

詳說

○ 添三句, 以速接上下文意.

세 구절을 더해 재빨리 상하의 문맥과 연결했다.

集傳

立, 植也. 立愛敬於此, 而形愛敬於彼,

입(立)은 세움이다. 사랑과 공경을 여기에 세움에 사랑과 공경이 저기에 나타나니,

詳說

○ 陳氏雅言曰 : "此卽建中建極, 絜矩之道也."

진씨 아언(陳氏雅言)이 말하였다 : "여기는 곧 중을 세우고 극을 세우는 것으로 자와 재는 도292)이다."

集傳

親吾親以及人之親, 長吾長以及人之長, 始于家, 達于國, 終而措之天下矣.

내 어버이를 친애하여 남의 어버이에게 미치고, 내 어른을 공경하여 남의 어른에 미쳐서,293) 집에서 시작하여 나라에 이르며 끝내는 천하에 두는 것이다.

---

292) 『대학』 「전문」 10장 : "이른바 천하를 평정함이 그 나라를 다스림에 있다는 것은, 위에서 늙은이를 늙은이로 대우하면 백성들이 효(孝)를 흥기하고, 위에서 어른을 어른으로 대우하면 백성들이 제(弟)를 흥기하며, 위에서 고아를 구휼하면 백성들이 저버리지 않는다는 것이다. 이러므로 군자는 자로 재는 도가 있는 것이다. 윗사람에게서 싫었던 것으로써 아랫사람을 부리지 말고, 아랫사람에게서 싫었던 것으로써 윗사람을 섬기지 말며, 앞사람에게서 싫었던 것으로써 뒷사람에게 가하지 말고, 뒷사람에게서 싫었던 것으로써 앞사람에게 따르지 말며, 오른쪽에서 싫었던 것으로써 왼쪽에게 사귀지 말며, 왼쪽에서 싫었던 것으로써 오른쪽에게 사귀지 말 것이니, 이것을 일러 자로 재는 도라고 하는 것이다.(所謂平天下在治其國者, 上老老而民興孝, 上長長而民興弟, 上恤孤而民不倍, 是以君子有絜矩之道也. 所惡於上 毋以使下, 所惡於下, 毋以事上, 所惡於前, 毋以先後, 所惡於後, 毋以從前, 所惡於右, 毋以交於左, 所惡於左, 毋以交於右, 此之謂絜矩之道也.)"

293) 『예기대전(禮記大全)』「악기(樂記)」, "또 내 어버이를 친애하여 남의 어버이에게 미치고, 내 어른을 공경하여 남의 어른에 미칠 수 있으니, 바로 이것으로 사해를 공경하면 예의 근본이 확립되어 작용이 행해진다는 것이다(又能親吾親, 以及人之親, 長吾長, 以及人之長, 是謂以敬四海之內, 則禮之本立而行矣.)"

詳說
○ 此句, 見易繫辭.
이 구절은 『주역』「계사」에 보인다.

集傳
孔子曰, 立愛自親始, 敎民睦也, 立敬自長始, 敎民順也,
공자(孔子)가 "사랑을 세움을 어버이로부터 시작함은 백성들에게 화목을 가르치는 것이고, 공경을 세움을 어른으로부터 시작함은 백성들에게 순종함을 가르치는 것이다."라고 하셨다.

詳說
○ 禮記祭義.
'공자(孔子)'의 경우, 『예기(禮記)』「제의(祭義)」의 기록이다.

○ 此論證也.
이것은 논증이다.

[5-3-4-5]
嗚呼, 先王肇修人紀, 從諫弗咈, 先民時若, 居上克明, 爲下克忠, 與人不求備, 檢身若不及, 以至于有萬邦, 玆惟艱哉.

아! 선왕(先王)께서 처음으로 인륜을 닦으시어 간언을 따르고 어기지 않으시며 선민(先民)에게 이에 순종하시고, 위에 있어서는 능히 밝게 하시고 아래가 되어서는 능히 충성하시며, 사람을 허여하되 완비하기를 요구하지 않고 몸을 검속하되 미치지 못할 듯이 하시어 만방을 소유함에 이르렀으니, 이것이 어려운 것입니다.

詳說
○ 咈, 音佛.
'불(咈)'은 음이 '불(佛)'이다.

集傳

人紀, 三綱五常, 孝敬之實也. 上文, 欲太甲立其愛敬, 故此言成湯之所修人紀者, 如下文所云也. 綱常之理, 未嘗泯沒, 桀廢棄之.
인기(人紀)는 삼강(三綱)과 오상(五常)이니 효도하고 공경하는 실제이다. 위의 글에서는 태갑(太甲)이 사랑과 공경을 세우고자 하였기 때문에 여기서는 성탕(成湯)이 인기(人紀)를 닦은 것을 말하였으니, 아래의 글에서 말한 것과 같다. 강상(綱常)의 이치가 일찍이 없어진 적이 없는데, 걸왕(桀王)이 폐기(廢棄)하니,

詳說

○ 承前節弗率.

앞의 절에서 '불솔(弗率 : 법도를 따르지 않음)'294)을 이어받았다.

集傳

而湯始修復之也. 咈, 逆也. 先民, 猶前輩舊德也. 從諫不逆, 先民是順, 非誠於樂善者,
탕왕(湯王)이 비로소 닦아 회복한 것이다. 불(咈)은 거스름이다. 선민(先民)은 전배(前輩), 구덕(舊德)과 같다. 간언(諫言)을 따라 거스르지 않고 선민(先民)에게 순종하는 것은 선(善)을 즐거워함에 진실한 자가 아니면

詳說

○ 音洛

'락(樂)'은 음이 '락(洛)'이다.

集傳

不能也. 居上克明, 言能盡臨下之道, 爲下克忠, 言能盡事上之心.
능하지 못하다. 위에서는 능히 밝게 했다는 것은 아래에 임하는 도(道)를 다함

---

294) 『서경대전(書經大全)』, 「상서(商書)」·「이훈-2(伊訓-2)」 "아! 옛날 유하(有夏)의 선왕들이 그 덕을 힘쓰셨기에 천재가 없었고, 산천의 귀신들이 또한 편안하지 않음이 없었으며, 조수와 어별(魚鼈)들이 모두 순하였다. 그 자손들이 법도를 따르지 않자 황천이 재앙을 내리시어 천명을 소유한 우리 탕왕에게 손을 빌리시니, 공격을 시작은 명조에서 하였는데 우리는 박읍에서 시작하였습니다.(曰嗚呼, 古有夏先后, 方懋厥德, 罔有天災, 山川鬼神, 亦莫不寧, 曁鳥獸魚鼈, 咸若. 于其子孫, 弗率, 皇天降災, 假手于我有命, 造攻, 自鳴條, 朕哉自亳.)"

을 말한 것이고, 아래가 되어서는 능히 충성했다는 것은 윗사람을 섬기는 마음을 다함을 말한 것이다.

> 詳說
> ○ 一有圈
> 어떤 곳에는 동그라미(圈: ○)가 있다.

> 集傳
> 呂氏曰. 湯之克忠, 最爲難看. 湯放桀, 以臣易君, 豈可爲忠.
> 여씨(呂氏)가 말하였다. "탕왕이 능히 충성함은 가장 보기가 어렵다. 탕왕이 걸왕을 추방하여 신하로서 군주를 갈아치웠으니, 어찌 충성이라 할 수 있겠는가?

> 詳說
> ○ 設爲問辭.
> 의문문으로 한 것이다.

> 集傳
> 不知湯之心最忠者也.
> 그런데 이런 말은 탕왕의 마음이 아주 충성스러움을 알지 못하는 것이다.

> 詳說
> ○ 心與迹殊.
> 마음과 행적이 다른 것이다.

> 集傳
> 天命未去, 人心未離,
> 천명이 떠나지 않고 민심이 이반하지 않았을 때에

> 詳說
> ○ 去聲.

'리(離)'는 거성이다.

集傳

事桀之心, 曷嘗斯須替哉.
걸왕을 섬기는 마음이 어찌 일찍이 잠시라도 쇠하였겠는가?

詳說

○ 呂論, 蓋止此.
여씨의 설명은 여기까지이다.

集傳

與人之善, 不求其備, 檢身之誠, 有若不及,
남의 선(善)을 허여하여 완비하기를 구하지 않고 자신을 검속하는 정성이 미치지 못할 듯이 여김이 있었으니,

詳說

○ 朱子曰 : "湯工夫全在敬字, 上是一箇修飭底人."
주자가 말하였다 : "탕의 공부는 온전히 경자에 있으니, 위로 자신의 몸을 닦고 삼간 사람이다."[295]

---

[295] 『서경대전(書經大全)』, 「상서(商書)」·「이훈(伊訓)」, "탕왕의 공부는 전적으로 경(敬)자 있다. 보기에 대체로 (그는) 자신의 몸을 닦고 삼간 사람이므로 당시 사람들은 그가 공부한 것을 말할 때 또한 대단히 도드라진 것으로 말했다. 예컨대 우임금의 「나라에서는 능히 부지런 하고, 집에서는 능히 검소한 것」과 같은 것은 도리어 대강을 말한 것이다. 탕왕에 와서 「자신을 검속하는 것이 미치지 못한 것 같다.」고 말했다.(朱子曰 : 湯工夫全在敬字, 上看得來大段是一箇修飭底人, 故當時人說他做工夫處, 亦是說得大段地著. 如禹克勤于邦, 克儉于家之類, 却是大綱說. 到湯, 便說檢身若不及.)": 『주자어류(朱子語類)』17권, 「대학4 혹문상(大學四 或問上)」, 「전2장(傳二章)」, "덕원이 물었다. '탕왕의 욕조의 명문은 어떤 책에 있습니까?' 답하였다. '대학」에만 있습니다.' 또 말하였다. '탕왕의 공부는 전적으로 경(敬)자 있습니다. 보기에 대체로 (그는) 자신의 몸을 닦고 삼간 사람이므로 당시 사람들은 그가 공부한 것을 말할 때 또한 대단히 도드라진 것으로 말했습니다. 예컨대 우임금의 「나라에서는 능히 부지런 하고, 집에서는 능히 검소한 것」과 같은 것은 도리어 대강을 말한 것입니다. 탕왕에 와서 「자신을 검속하는 것이 미치지 못한 것 같다.」고 말했습니다. 문울이 말했다. '「의(義)로써 일을 제어하며, 예로써 마음을 제어하며」「음악과 여색을 가까이 하지 않고 재물과 이익을 불려나가지 않았다」는 말에서 날로 새로워지는 공부를 볼 수 있습니다.' 답하였다. '참으로 옳습니다. 내가 「혹문」 가운데서 특별히 상세하게 기재한 것은 사람들이 알지 못했다는 것을 말하는 것이 아니라 학자들이 이러한 마음을 갖도록 하려는 것일 뿐입니다.<문울>(德元問, 湯之盤銘, 見於何書. 曰, 只見於大學. 又曰, 成湯工夫全是在敬字上. 看來, 大段是一箇修飭底人, 故當時人說他做工夫處亦不說得大段地著. 如禹克勤于邦, 克儉于家之類, 卻是大綱說. 到湯, 便說檢身若不及. 文蔚云, 以義制事, 以禮制心, 不邇聲色, 不殖貨利等語, 可見日新之功. 曰, 固是. 某於或問中所以特地詳載者, 非道人不知, 亦欲學者經心耳. 文蔚)"

集傳
其處上下人己之間又如此.
위와 아래와, 사람들과 자신 사이에 처신함이 또 이와 같았다.

詳說
○ 上聲.
   '처(處)'는 상성이다.

集傳
是以德日以盛, 業日以廣, 天命歸之, 人心戴之由七十里,
이 때문에 덕이 날로 성해지고 업이 날로 넓어져서 천명이 돌아오고 인심이 추대하여 70리로 말미암아

詳說
○ 見孟子公孫丑.
   『맹자』「공손추」에 보인다.

集傳
而至于有萬邦也, 積累之勤, 玆亦難矣. 伊尹前旣言夏失天下之易,
만방을 소유하게 되니, 쌓아 누적하는 수고로움이 이 또한 어려운 것이다. 이윤이 앞에서는 하나라가 천하를 잃음이 쉬웠음을 말하였고,

詳說
○ 上聲.
   '루(累)'는 거성이다.

○ 去聲.
   '이(易)'는 거성이다.

集傳

此又言湯得天下之難, 太甲可不思所以繼之哉
여기서는 또 탕왕이 천하를 얻음이 어려웠음을 말하였으니, 태갑이 이것을 계승할 것을 생각하지 않을 수 있겠는가?"

詳說

○ 三句, 又論也.
세 구절은 또 경문의 의미 설명이다.

○ 陳氏雅言曰 : "此告太甲意溢言, 表湯反之之聖. 德之修如此其至, 況太甲困知之資乎. 湯創業之君, 業之積如此其難, 況太甲守成之君乎."
진씨 아언(陳氏雅言)이 말하였다 : "이것은 태갑에게 고해 넘치게 말한 것은 탕이 본성을 회복한 성인임을 드러낸 것이다. 덕의 닦음이 이처럼 지극한데, 하물며 태갑이 곤지의 자질임에야 말해 무엇 하겠는가! 탕은 창업의 임금으로 업의 쌓기가 이처럼 어려운데, 하물며 태갑이 수성의 임금임에야 말해 무엇 하겠는가!"296)

[5-3-4-6]

敷求哲人, 俾輔于爾後嗣.

철인을 널리 구하시어 당신의 후사들을 돕게 하셔야 할 것입니다.

集傳

敷, 廣也. 廣求賢哲.

---

296) 『서경대전(書經大全)』, 「상서(商書)」·「이훈(伊訓)」, "진씨 아언이 말하였다 : '채전에서의 「덕이 날로 성해지고 업이 날로 넓어졌다.」는 말은 바로 한 장의 관건이다. 탕이 위와 아래, 사람들과 자신들 사이에 처신하는 것에서 각기 그 도를 다한 것은 덕의 성함이다. 70리로 말미암아 천하를 소유했다는 것은 업의 넓어짐이다. 이윤이 태갑에게 이런 의미를 고해 넘치게 말한 것은 성탕이 본성을 회복한 성인으로 덕의 닦음이 오히려 이처럼 지극함을 드러내 말한 것이다. 덕의 닦음이 오히려 이처럼 지극한데, 하물며 태갑이 곤지(困知)의 자질로 그 덕을 힘써 나아가기를 생각하지 않아서야 되겠는가? 성탕은 창업의 임금으로 업이 이처럼 쌓기가 어려운데 하물며 태갑은 수성의 임금으로 그 업을 유지하고 지키기를 생각하지 않아서야 되겠는가? 이것은 이윤이 나아가 말한 요지이다.'(陳氏推言曰 : 蔡傳, 謂德日以盛, 業日以廣, 此八字, 是一章關鍵. 湯之處上下人己之間, 各盡其道. 此德之盛也. 由七十里, 而有天下, 此業之廣也. 伊尹告太甲以此意溢言, 表謂成湯反之之聖也, 德之修者, 尚如此其至, 而況太甲困知之資, 可不思所以勉進其德乎. 成湯創業之君也, 業之積者如此甚難, 而況太甲守成之君, 可不思所以保守其業乎. 此伊尹進言之旨也.)"

부(敷)는 넓음이다. 현철(賢哲)을 널리 구하여

詳說

○ 孫氏曰 : "如立賢無方."
손씨(孫氏)가 말하였다 : "인재를 구함에는 출신을 따지지 않는다는 것과 같다."297)

集傳

使輔爾後嗣也.
당신의 후사들을 돕게 하여야 한다는 것이다.

詳說

○ 爾, 親之之辭.
'당신'은 친밀하게 여기는 말이다.

[5-3-4-7]

制官刑, 儆于有位, 曰敢有恆舞于宮, 酣歌于室, 時謂巫風, 敢有殉于貨色, 恆于遊畋, 時謂淫風, 敢有侮聖言, 逆忠直, 遠耆德, 比頑童, 時謂亂風, 惟玆三風十愆, 卿士有一于身, 家必喪, 邦君有一于身, 國必亡, 臣下不匡, 其刑墨, 具訓于蒙士.

관부(官府)의 형벌을 만드시어 지위에 있는 자들을 경계하기를 '감히 궁중(宮中)에서 항상 춤을 추고 집에서 취하여 노래함이 있으면 이것을 무풍(巫風)이라 이르며, 감히 재화와 여색에 빠지고 유람과 사냥을 늘 일삼으면 이것을 음풍(淫風)이라 이르며, 감히 성인의 말씀을 업신여기고 충직한 말을 거스르며 나이 많고 덕이 있는 이를 멀리하고 우둔하고 무지한 사람을 가까이 함이 있으면 이것을 난풍(亂風)이라 이르니, 이 삼풍(三風)과 열 가지 잘못 중에 경사(卿士)가 몸에 한 가지가 있으면 집이 반드시 망하고, 나라의 군주가 몸에 한 가지가 있으면 나라가 반드시 망하니, 신하가 이것을 바로잡지 않으면 그 형벌이 묵형(墨刑)이다'라고 하여 어린 선비일 적에 자세히 가르치셔야 할 것입니다.

---

297) 『서경대전(書經大全)』, 「상서(商書)」·「이훈(伊訓)」, "손씨가 말하였다 : '널리 구한다는 것은 구하 방법이 한쪽 방향이 아니라는 것이니, 인재를 구함에는 출신을 따지지 않는다는 것과 같다.(孫氏曰 : 敷求, 求之非一方也, 如立賢無方.)"

詳說

○ 殉, 松潤反, 酣, 諺音誤. 遠, 去聲, 比, 必二反, 喪, 去聲.

'순(殉)'은 음이 '송(松)'과 '윤(潤)'의 반절이다. '감(酣)'은 『언해』의 음이 잘못되었다. '원(遠)'은 거성이고, '비(比)'는 '필(必)'과 '이(二)'의 반절이며 '상(喪)'은 거성이다.

集傳

官刑, 官府之刑也.
관형(官刑)은 관부(官府)의 형벌(刑罰)이다.

詳說

○ 諺釋略曰 : "字何也."

『언해』의 해석에서 대략 말하였다 : "'하(何)'자를 써놓는 것이다."

集傳

巫風者, 常歌常舞, 若巫覡然也.
무풍(巫風)은 항상 노래하고 항상 춤추어 무당과 같은 것이다.

詳說

○ 形狄反, 女曰巫, 男曰覡.

'격(覡)'은 음이 '형(形)'과 '적(狄)'의 반절이고, 여자를 '무(巫)'라고 하고, 남자를 '격(覡)'이라고 한다.

○ 西山眞氏曰 : "殉以其身, 陷貨色之中, 死而不顧也."

서산 진씨(西山眞氏)가 말하였다 : "그 자신을 죽이면서 재화와 여색에 빠져 죽는데도 돌아보지 않는 것이다."[298]

---

298) 『서경대전(書經大全)』,「상서(商書)」·「이훈(伊訓)」, "서산 진씨가 말하였다 : '순(殉)은 순장(殉葬)이라고 할 때의 순(殉)과 같다. 그 자신을 재화와 여색 속에 빠뜨려 죽는데도 돌아보지 않는 것이다. 신하가 바로잡아 주지 않는 것은 관을 탐하고 지위를 확고하게 하려고 하기 때문이다. 간하지 않는 죄는 탐욕으로 묵형을 받는 것과 같이 하니, 사람들이 뇌물을 탐하는 것에 죄가 있을 뿐만 아니라 관을 탐해 간하지 않는 것도 형벌을 받는 것을 알게 하려는 것이다.(西山眞氏曰 : "殉如殉葬之殉 蓋以其身, 陷于貨色之中, 死而不顧也. 臣下所以不, 匡以其貪官固位故也. 不諫之罪, 與貪墨同. 使人知不獨貪賄之有罪, 而貪官不諫, 亦有刑也.)"

> 集傳

淫, 過也, 過而無度也. 比, 昵也. 倒置, 悖理, 曰亂, 好人之所惡, 惡人之所好也.

음(淫)은 과함이니, 과하여 한도가 없는 것이다. 비(比)는 친함이다. 도치(倒置)되고 이치를 어김을 난(亂)이라 하니, 사람들이 싫어하는 바를 좋아하고 사람들이 좋아하는 바를 싫어하는 것이다.

> 詳說

○ 去聲, 下同.
  '호(好)'는 거성으로 아래에서도 같다.

○ 去聲
  '오(惡)'는 거성이다

○ 見大學.
  『대학』에 보인다.299)

> 集傳

風, 風化也.
풍(風)은 풍화(風化)이다.

> 詳說

○ 此訓, 恐當在巫風上.
  여기에서의 가르침은 무풍의 위에 있어야 할 것 같다.

> 集傳

三風, 愆之綱也, 十愆, 風之目也.
삼풍(三風)은 건(愆)의 강령(綱領)이고 십건(十愆)은 풍(風)의 조목(條目)이다.

---

299) 『대학(大學)』 「전문 10(傳文十章)」, "남의 미워하는 바를 좋아하며, 남의 좋아하는 바를 미워함, 이를 일러 사람의 성품을 어긴다고 하는 것이다. 이러한 자는 재앙이 반드시 그 몸에 미칠 것이다.(好人之所惡, 惡人之所好, 是謂拂人之性, 必逮夫身.)"

> [詳說]
> ○ 三風十愆, 諺釋未妥.
>> 삼풍과 10건은 『언해』의 해석이 잘못되었다.

> ○ 呂氏曰 : "前六件, 因後四件而生."
>> 여씨가 말하였다 : "앞의 6건은 뒤의 4건으로 말미암아 나온 것이다."

[集傳]
卿士諸侯, 十有其一,
경사(卿士)와 제후(諸侯)가 열 가지 중에 한 가지가 있으면

> [詳說]
> ○ 錯擧.
>> 서로 비교하여 살피면서 열거하는 것이다.

[集傳]
已喪其家凶其國矣.
이미 집을 망치고 나라를 망친 것이다.

> [詳說]
> ○ 新安陳氏曰 : "已足喪家凶國, 況天下乎. 以訓太甲者, 微意見矣."
>> 신안 진씨(新安陳氏)가 말하였다 : "이미 집안과 나라를 망치고 망하게 한 것이니, 천하임에야 말해 무엇 하겠는가! 태갑에게 훈계를 하는 것으로 슬쩍 의미를 드러냈다."300)

---

300) 『서경대전(書經大全)』, 「상서(商書)」·「이훈(伊訓)」, "신안 진씨가 말하였다 : '탕이 지위 있는 관리의 형으로 경계한 것은 후사를 위해 생각이 지극한 것이다. 삼풍(三風)과 십건(十愆)은 경사와 제후를 경계한 것을 가지고 들어서 태갑에게 훈계한 것은 아마도 경사와 제후가 이것을 범하면 이미 집안과 나라를 망하게 했다는 말이니, 하물며 천자임에야 말해 무엇 하겠는가!라는 것은 은근한 의미를 드러낸 것이다. 하물며 바로잡지 않으면 묵형으로 경계한다는 것은 이것으로 천자를 경계하려는 것이다. 태갑이 그때에는 이윤을 따랐으나 이때에 이미 그 기미를 알아차렸기 때문에 미리 경계한 것이다. 앞의 장에서 탕의 덕을 기술해서 그 선을 힘쓰게 하였고, 여기에서는 탕의 형을 기술해서 잘못을 방지했다. 그 선은 힘쓰는 것은 사랑하고 공경하는 어진 마음을 계발하는 것에 있고, 그 잘못을 방지하는 것은 욕심 부리고 마음대로 하는 사심을 막는 것에 있다.'(新安陳氏曰 : 湯儆有位之官刑, 爲後嗣慮至矣. 三風十愆, 以戒卿士邦君, 而擧

집傳

墨, 墨刑也, 臣下而不能匡正其君, 則以墨刑加之.
묵(墨)은 묵형(墨刑)이니, 신하로서 그 군주(君主)를 바로잡지 않으면 묵형을 가하는 것이다.

詳說

○ 朱子曰 : "臣下不匡之刑, 施於邦君, 大夫之喪國亡家者, 如漢廢昌邑王, 而誅其羣臣."
주자가 말하였다 : "신하가 바로잡지 않는 형벌은 제후에게 시행하고, 대부들 중에 집안과 나라를 망치고 망하게 하는 자들은 이를테면 한나라에서 창읍왕을 폐하고 그 여러 신하를 죽인 것이다."301)

集傳

具, 詳悉也. 童蒙, 始學之士, 則詳悉以是訓之, 欲其入官, 而知所以正諫也.
구(具)는 상세히 다하는 것이다. 동몽(童蒙)의 처음 배우는 선비들을 이로써 자세히 가르치니, 이는 관청(官廳)에 들어와서 바르게 간할 줄을 알게 하고자 해서이다.

詳說

○ 添此句.
이 구절을 더하였다.

以訓太甲者, 意謂卿士諸侯犯此, 已足喪家亡國, 況天子乎, 微意見矣. 況不匡, 刑墨儆臣下者, 欲其以是儆天子也. 太甲他時之欲縱尹, 於此時已窺見其幾微, 故預為之戒. 前章述湯德, 以勉其善, 此述湯刑, 以防其失, 勉其善在啟發其愛敬之良心, 防其失在禁遏其欲縱之私心也.")

301) 『서경대전(書經大全)』, 「상서(商書)」·「이훈(伊訓)」, "주자가 말하였다 : '신하가 바로잡지 않은 것에 대한 형벌은 집안과 나라를 망치고 망하게 한 제후와 대부들에게 시행한다. 임금과 신하는 한 몸이어서 그렇게 하지 않을 수 없다. 이를테면 한나라에서 창업왕 하를 폐한 것은 그 여러 신하를 죽인 것인데, 본조에서는 태조가 영남을 처리하면서 또한 그 난신을 죽였으니 공징추(龔澄樞)와 이탁(李托)의 무리가 여기에 해당한다. 또 이를테면 문정이 초자가 공의를 받아들인 것에 대해 논의한 것은 일이 같지 않을지라도 의미는 또한 이것과 유사하다. 시험삼아 참고해서 상고해보면 성탕이 관형을 만든 것은 바로 하늘의 토벌을 받들어 행함에 조금도 틀리지 않음을 알 것이니, 무엇을 의심하겠는가!'(朱子曰 : 臣下不匡之刑, 蓋施於邦君大夫之喪國亡家者. 君臣一體不得不然, 如廢昌邑王賀, 則誅其羣臣, 而本朝太祖于嶺南, 亦誅其亂臣, 龔澄樞李托之類是也. 又如文定論楚子納孔儀處, 事雖不同, 意亦類此. 試參攷之, 則知成湯之制官刑, 正是奉行天討, 毫髮不差處, 何疑之有哉.)"

集傳

異時太甲欲敗度, 縱敗禮,
후에 태갑이 욕심으로 법도를 무너뜨리고 방종으로 예를 무너뜨렸으니,

詳說

○ 見下篇.
아래의 편에 보인다.302)

集傳

伊尹先見其微, 故拳拳及此.
이윤(伊尹)이 미리 그 기미를 알았기 때문에 간곡하게 이것을 언급한 것이다.

詳說

○ 新安陳氏曰 : "但猶包涵未明, 言之未至, 如太甲三篇之痛切耳"
신안 진씨(新安陳氏)가 말하였다 : "다만 여전히 포괄하는 것이 분명하지 않고 말하는 것이 지극하지 않아「태갑」삼편의 통절함과 같을 뿐이다."303)

---

302) 『서경(書經)』, 「상서(商書)」·「태갑중-3(太甲中-3)」, "왕이 배수계수(拜手稽首)하고 '나 소자는 덕에 밝지 못하여 스스로 불초함에 이르러 욕심으로 법도를 무너뜨리고 방종으로 예를 무너뜨려 이 몸에 죄를 불렀으니, 하늘이 지은 재앙은 오히려 피할 수 있으나 스스로 지은 재앙은 도망할 수가 없습니다. 기왕에 사보(師保)의 가르침을 저버려 그 처음에는 잘하지 못했으나 행여 바로잡아 주는 덕을 힘입어 그 끝을 잘 마칠 것을 도모하고 생각합니다.'라고 하였다.(王拜手稽首曰, 予小子不明于德, 自底不類, 欲敗度縱敗禮, 以速戾于厥躬, 天作孼, 猶可違, 自作孼, 不可逭. 旣往, 背師保之訓, 弗克于厥初, 尙賴匡救之德, 圖惟厥終.)"
303) 『서경대전(書經大全)』, 「상서(商書)」·「이훈(伊訓)」, "신안 진씨가 말하였다 : '여기「이훈」편은 태갑이 즉위한 초기에 흥하고 망하는 것을 가지고 경계할 것을 권하였는데, 하나라는 덕에 힘써 흥하였고, 걸은 하늘의 명력을 따르지 않아 망하였다는 것은 처음의 의도가 분명한 것이다. 이어지는 말에서 탕이 성스러운 무력으로 일어났고, 태갑이 사랑하고 공경하는 어진 마음으로 그 덕을 잇기를 바라는 것은 권하는 것이다. 이어지는 말에서 탕이 어려움 속에서 일어나 태갑이 욕심과 방종의 사심으로 그 덕을 망치는 것을 방지한 것은 경계한 것이다. 끝의 장에서 선을 행하면 복을 내리니, 당신의 덕은 경사라는 것은 일으키려는 것을 권하여 보존하려는 것이고, 불선을 행하면 재앙을 내리니, 부덕으로 종사를 실추한다는 것은 망하는 것으로 빠질 것을 경계한 것이다. 그런데 강령을 제시한 것은 그 몸을 공경하라는 한 마디에 있다. 그 몸을 공경할 수 있으면 조상의 덕을 이어받아 흥하고, 그 몸을 공경하지 않으면 조상의 덕을 등져 망하니, 말마다 충성과 사랑이었으니, 미리 태갑을 위해 걱정했던 것이다. 다만 여전히 포괄하는 것이 분명하지 않고 말하는 것이 지극하지 않아「태갑」삼편의 통절함과 같을 뿐이다.'(新安陳氏曰 : '此篇尹訓, 太甲於卽位之初, 始終以興亡寅勸戒, 夏以懋德興, 桀以弗率亡, 初意明矣. 繼言湯以聖武興, 而欲太甲以愛敬之良心嗣厥德, 勸之也. 繼言湯以艱難興, 而防太甲以欲縱之私心敗厥德, 戒之也. 末章作善之降祥, 爾德之惟慶, 勸之保其所以興, 作不善之降殃, 不德之墜宗, 戒之陷於所以亡. 而提綱挈領, 則在祗厥身之一言. 能祗敬其身, 則嗣祖德而興, 不祗敬其身, 則背祖德而亡, 言言忠愛, 蓋以豫爲太甲憂矣. 但猶包涵未明言之未至, 如太甲三篇之痛切耳.)"

○ 史氏仲午曰 : "意當時太甲左右, 必有以歌舞貨色等, 惑其君者, 尹未指其人明言, 後遂營桐宮不使狎焉."
사씨 오중(史氏仲午)이 말하였다 : "아마 당시에 태갑의 좌우에 반드시 노래와 춤과 재화와 여색 등으로 임금을 미혹하는 자가 있었으니, 이윤이 그 사람을 지목해서 분명하게 말하지 못하다가 후에 마침내 영통궁에서 천명을 따르지 않는 자들과 가까이 하지 못하게 하였다."304)

집전

劉侍講曰, 墨卽叔向所謂夏書
유시강(劉侍講)이 말하였다. "묵(墨)은 곧 숙향(叔向)의 이른바 하서(夏書)에

상설

○ 逸書
「일서(逸書)이다.

집전

昏墨賊殺
'혼(昏)과 묵(墨)과 적(賊)은 죽이는 것이

상설

○ 鄒氏季友曰 : "有昏墨賊三者之罪則殺, 是墨者罪之名也. 此云其刑墨, 是刑之名也. 劉說非是."
추씨 계우(鄒氏季友)가 말하였다 : "혼(昏)과 묵(墨)과 적(賊) 세 가지 죄가 있으면 죽인다는 것에서 바로 묵(墨)은 죄의 명칭이다. 그런데 여기에서 말한 묵형은 형벌의 명칭이니, 유시강의 설명은 옳지 않다."

○ 沙溪曰 : "或曰, 以昏者, 加墨刑, 賊者, 加殺刑之意看, 則與

---

304) 『서경대전(書經大全)』, 「상서(商書)」·「이훈(伊訓)」, "사씨 오중(史氏仲午)이 말하였다 : 아마 당시에 태갑의 좌우에 반드시 노래와 춤과 재화와 여색 등으로 임금을 미혹하는 자가 있었으니, 이윤이 그 사람을 지목해서 분명하게 말하지 못하다가 잠시「선왕께서 관형을 이처럼 제정했다.」고 말해 서서히 도모한 다음 마침내 영통궁에서 천명을 따르지 않는 자들과 가까이 하지 못하게 하였다.'(史氏仲午曰 : '意當時太甲左右, 必有以歌舞貨色等, 惑其君者, 尹未指其人明言, 姑曰先王之制官刑如此, 而徐為之謀, 後遂營桐宮, 不使狎于弗順焉.)"

此無異矣."
사계가 말하였다 : "어떤 이는 '혼(昏)은 묵형을 가하는 것으로 적(賊)은 죽이는 형을 가하는 의미로 보면 여기와 차이가 없다.'고 하였다."

○ 按, 如或說, 則下文貪敗爲說不去. 大抵劉說不當引用, 只依呂刑之墨釋之可也.
살펴보건대. 이를테면 어떤 이의 설명은 아래의 글에서 탐욕하여 관을 무너뜨리는 것이 설명되지 않는다. 대체로 유씨의 설명은 인용해서는 안되고, 단지 여씨에 따라 형벌의 묵으로 해석하는 것은 괜찮다.

集傳

皐陶之刑, 貪以敗官爲墨.
고요(皐陶)의 형벌이다.' 라는 것이니, 탐욕하여 관(官)을 무너뜨림을 묵(墨)이라 한다."

詳說

○ 音遙.
'요(陶)'의 음은 '요(遙)'이다.

○ 見左昭十四年.
『좌전』「소공」 14년에 보인다.

○ 異時以下, 論也.
'이시(異時 :후에)' 이하는 경문의 의미 설명이다.

[5-3-4-8]

嗚呼, 嗣王祗厥身念哉. 聖謨洋洋, 嘉言孔彰, 惟上帝不常, 作善降之百祥, 作不善降之百殃. 爾惟德罔小. 萬邦惟慶. 爾惟不德罔大, 墜厥宗.

아! 사왕(嗣王)은 그 몸을 공경하여 이를 깊이 생각하소서. 성인의 법이 양양(洋洋)하여 아름다운 말씀이 매우 드러나시니, 상제는 일정하지 않으시어 선행을 하면 온갖 상서(祥瑞)를 내리고 불선을 하면 온갖 재앙을 내려 주십니다. 당신은 덕에 있어서는 작다고 여기지 마소서. 만방의 경사입니다. 당신은 덕이 아닌 것에 있어서는 크다고 여기지 마소서. 그 종사를 실추하실 것입니다."

集傳

歎息言太甲當以三風十愆之訓,
탄식하고 "태갑은 마땅히 삼풍(三風)과 십건(十愆)의 교훈으로

詳說

○ 承上節.
위의 절을 이어받았다.

集傳

敬之於身
몸을 공경하여

詳說

○ 諺釋太泥於於字.
『언해』의 해석에서는 '어(於)'자에 너무 구애되었다.

○ 陳氏大猷曰 : "祇厥身, 乃指太甲下手用功處, 一篇之綱領也."
진씨 대유(陳氏大猷)가 말하였다 : "'그 몸을 공경하라.'는 것은 태갑이 힘을 쓸 곳으로 한 편의 강령이다."305)

○ 西山眞氏曰 : "敬之一辭, 乃治三風砭十愆之藥石也."
서산 진씨(西山眞氏)가 말하였다 : "공경하라는 한 마디야말로 삼풍(三風)을 다스리고 십건(十愆)을 경계하는 약이다."306)

---

305) 『서경대전(書經大全)』, 「상서(商書)」·「이훈(伊訓)」, "진씨 대유(陳氏大猷)가 말하였다 : '그 몸을 공경하라.'는 것은 태갑이 힘을 쓸 곳으로 한 편의 강령이다.'(陳氏大猷曰 : 祇厥身, 乃指太甲下手用功處, 一篇之綱領也.)"

集傳

念而勿忘也. 謨, 謂其謀, 言, 謂其訓. 洋, 大, 孔, 甚也, 言其謀訓大明,
생각하고 잊지 말라."라고 한 것이다. 모(謨)는 꾀를 이르고, 언(言)은 가르침을 이른다. 양(洋)은 큼이고, 공(孔)은 심함이니, 그 모훈(謨訓)이 크고 밝아서

詳說

○ 大且明.
크고 또 밝다는 것이다.

集傳

不可忽也.
소홀히 할 수 없음을 말한 것이다.

詳說

○ 添此句.
이 구절을 더하였다.

集傳

不常者, 去就無定也.
불상(不常)은 거취에 일정함이 없는 것이니,

詳說

○ 以命言.
천명으로 말하였다.

---

306) 『서경대전(書經大全)』, 「상서(商書)」·「이훈(伊訓)」, "서산 진씨가 말하였다 : '허물이 열 가지일지라도 공경할 수 있으면 열 가지가 모두 사라진다. 하나라도 공경하지 않으면 열 가지가 모두 나오기 때문에 공경하라는 한 마디야말로 삼풍을 다스리고 십건을 경계하는 약이니, 편을 마치려고 하면서 또 깊이 탄식한 것이다. 성스러운 말씀이 드러나 밝고 천명이 보존하기 어려워서 태갑의 마음을 경동시켜 반드시 듣기를 바란 것이니, 진실로 이른바 사직의 신하일 것이다.'(西山真氏曰 : 愆雖有十, 苟能敬, 則十者俱泯. 一不敬, 則十者俱生, 故敬之一辭, 乃治三風砭十愆之藥石也, 篇將終, 又深歎. 聖言之彰明, 與天命之難保, 以警動太甲之心, 冀其必聽, 真所謂社稷之臣歟.)"

집傳

爲善, 則降之百祥, 爲惡則降之百殃, 各以類應也.
선(善)을 하면, 온갖 상서(祥瑞)를 내리고 악을 하면 온갖 재앙을 내려 주어서 각기 유(類)에 따라 응하는 것이다.

詳說

○ 作.
'위(爲)'는 '작(作)'이다.

○ 卽上篇福善禍淫之謂也.
곧 위의 편에서 선함에 복을 주고 음란함에 재앙을 내린다307)는 말이다.

集傳

勿以小善而不爲,
작은 선이라고 하여 하지 않지 말아야 하니

詳說

○ 莫謂小也.
작다고 말한 것이 아니다.

○ 沙溪曰 : "朱子曰, 言其不可小也, 蔡註與此不同."
사계(沙溪)가 말하였다 : "주자는 '작게 여겨서는 안된다는 말이다.'라고 하였는데, 채씨의 주는 이와 같지 않다."

○ 按, 朱子說, 與前篇佑賢註意合.
내가 살펴보건대, 주자의 말은 앞의 편에서 '어진 자를 돕는다.'는 것308)의

---

307) 『서경대전(書經大全)』, 「상서(商書)」·「탕고-3(湯誥-3)」, "하(夏)나라 왕이 덕을 멸하고 위엄을 부려 너희 만방의 백성들에게 사나움을 펴니, 너희 만방의 백성들이 그 흉해에 걸려 쏨바귀의 쏨과 독을 참지 못하여 모두 죄가 없음을 상하의 신기(神祇)에게 하소연하였다. 하늘의 도는 선한 자에게 복을 내리고 음탕한 자에게 화(禍)를 내리니, 하나라에 재앙을 내려 그 죄를 드러내신 것이다.(夏王, 滅德作威, 以敷虐于爾萬方百姓, 爾萬方百姓, 罹其凶害, 弗忍荼毒, 竝告無辜于上下神祇. 天道, 福善禍淫, 降災于夏, 以彰厥罪.)"

308) 『서경대전(書經大全)』, 「상서(商書)」·「중훼지고-7(仲虺之誥-7)」: "어진 자를 돕고 덕이 있는 자에게 도움을 주며, 충성스러운 자를 드러내고 어진 자를 이루어 주시며, 약한 자를 겸병하고 어두운 자를 공격하시며, 어지러운 자를 취하고 망하는 자를 상하게 하시어, 망하는 것을 밀어내고 보존하는 것을 튼튼히 하셔

주309)와 의미가 합한다.

集傳

萬邦之慶, 積於小, 勿以小惡而爲之,
만방의 경사가 작은 데서 쌓이며, 작은 악이라고 하여 하지 말아야 하니

詳說

○ 莫謂不大也. 視罔小之罔, 其義疊, 諺釋非註意.
크지 않다고 말한 것이 아니다. 작다고 여기지 말라고 할 때의 망과 그 의미가 중첩되는데, 『언해』의 해석은 주의 의미가 아니다.

集傳

厥宗之墜, 不在大. 蓋善必積而後成惡, 雖小而可懼.
종사가 실추됨이 큰 것에 있지 않다. 선은 반드시 쌓은 뒤에 이루어지고 악은 비록 작더라도 두려워해야 한다는 것이다.

詳說

○ 二句申釋也.
두 구절은 거듭 풀이한 것이다.

集傳

此總結上文, 而又以天命人事禍福申戒之也
여기에서는 윗글을 총결하고, 또 천명과 인사의 화복(禍福)을 가지고 거듭 경계했다.

야 나라가 번창할 것입니다.(佑賢輔德, 顯忠遂良, 兼弱攻昧, 取亂侮亡, 推亡固存, 邦乃其昌.)"
309) 『서경대전(書經大全)』, 「상서(商書)」·「중훼지고-7(仲虺之誥-7)」: "앞에서는 이미 탕왕의 부끄러움을 풀어드렸고, 이 아래에서는 그 때문에 권면한 것이다. 제후 중에 어질고 덕이 있는 자를 돕고 보조하며, 충성스럽고 선량한 자를 드러내고 이루어줌은 선한 자를 좋게 여기는 것이다. 모(侮)는 『설문(說文)』에 '상함이다.'라고 하였다. 제후 중에 약한 자를 겸병하고 어두운 자를 공격하며 어지러운 자를 취하고 망하는 자를 상하게 함은 악한 자를 미워하는 것이다. 선함을 말할 때에는 큼으로부터 작음에 이르고, 악함을 말할 때에는 작음에서 큼에 이르렀다. 망하는 것을 밀어낸다는 것은 겸병하고 공격하며 취하고 상하게 하는 것이며, 보존하는 것을 튼튼하게 한다는 것은 돕고 도움을 주며 드러내고 이루어주는 것이다. 저들이 망하는 것을 밀어내고 우리가 보존하는 것을 튼튼히 하여야 나라가 그야말로 번창할 것이다.(前旣釋湯之慙, 此下因以勸勉之也. 諸侯之賢德者, 佑之輔之, 忠良者顯之遂, 所以善善也. 侮, 說文曰傷也. 諸侯之弱者兼之, 昧者攻之, 亂者取之, 亡者傷之, 所以惡惡也. 言善, 則由大以及小, 言惡, 則由小以及大. 推亡者, 兼攻取侮也. 固存者, 佑輔顯遂也. 推彼之所以亡, 固我之所以存, 邦國乃其昌矣.)"

詳說

○ 此則論也.
여기는 경문의 의미설명이다.

[5-3-5]
『태갑(太甲)』

[5-3-5-①]
『태갑상(太甲上)』

_{集傳}

商史錄伊尹, 告戒節次, 及太甲往復之辭.
상(商)나라 사관(史官)이 이윤(伊尹)이 고계(告戒)한 절차(節次)와 태갑(太甲)이 갔다가 돌아온 내용을 기록하였다.

_{詳說}

○ 予小子一節.
나 소자라는 하나의 절310)이다.

_{集傳}

故三篇相屬成文,
그러므로 세 편(篇)이 서로 이어져 글을 이루고,

_{詳說}

○ 音燭.
'촉(屬)'은 음이 '촉(燭)'이다.

---

310) 『서경대전(書經大全)』, 「상서(商書)」·「태갑중-3(太甲中-3)」, "왕이 배수계수(拜手稽首)하고 '나 소자는 덕에 밝히지 못하여 스스로 불초함에 이르러 욕심으로 법도를 무너뜨리고 방종으로 예를 무너뜨려 이 몸에 죄를 불렀으니, 하늘이 지은 재앙은 오히려 피할 수 있으나 스스로 지은 재앙은 도망할 수가 없습니다. 기왕에 사보(師保)의 가르침을 저버려 그 처음에는 잘하지 못했으나 행여 바로잡아 주는 덕을 힘입어 그 끝을 잘 마칠 것을 도모하고 생각합니다.'라고 하였다.(王拜手稽首曰, 予小子不明于德, 自底不類, 欲敗度縱敗禮, 以速戾于厥躬, 天作孼, 猶可違, 自作孼, 不可逭. 旣往, 背師保之訓, 弗克于厥初, 尙賴匡救之德, 圖惟厥終.)"

○ 文勢連接.
어투가 연결되었다.

○ 新安陳氏曰 : "前一篇, 作於未遷桐宮之先後, 二篇作於自桐宮歸亳之後."
신안 진씨(新安陳氏)가 말하였다 : "앞의 한 편은 아직 동궁으로 옮겨가지 않은 전후에 지었고, 두 편은 동궁에서 박으로 돌아온 뒤에 지었다."311)

集傳
其間, 或附史臣之語, 以貫篇意, 若史家傳之所載也.
그 사이에 혹 사신(史臣)의 말을 부록(附錄)하여 편(篇)의 뜻을 관통하게 하였으니, 역사가(歷史家)가 기전체(紀傳體)에 기재한 것과 같다.

詳說
○ 本紀.
'기(紀)'는 본기(本紀)이다.

○ 去聲.
'전(傳)'은 거성이다.

○ 列傳.
'전(傳)'은 열전(列傳)이다.

---

311) 『서경대전(書經大全)』, 「상서(商書)」·「태갑상(太甲上)」 "신안 진씨가 말하였다 : '앞의 한 편은 아직 동궁으로 옮겨가지 않은 전후에 지었고, 두 편은 동궁에서 박으로 돌아온 뒤에 지었다.' 물었다. '이윤이 태갑을 추방한 것은 주공이 섭정을 한 것과 또한 서로 비슷한데, 당시에 이윤을 의심하지 않고 주공을 의심했으니, 어찌 세상이 변화했기 때문이겠습니까?' 잠실진씨가 말하였다 : '이윤이 의로 임금을 바르게 함에 그 의가 빛나고 밝아 사람마다 믿고 얻은 것은 주공이 그 마음을 은혜롭게 하고 화목하게 하며 친절하게 하며 충성과 사랑으로 정성을 다해 슬퍼한 것에 미칩니다. 간격이 쉽게 열리는 것은 이윤이 성인의 책임감으로 세간의 모든 어려운 일을 보면 한결같이 떠맡아 끝내며 사람들의 말을 간섭하지 않은 것을 겸한 것입니다. 주공은 삼왕을 겸할 것을 생각해서 모든 일을 주밀하고 상세하게 해서 사물의 실정을 다하였기 때문에 사람들이 혹 감히 말하지 않기도 하고 혹 감히 말하기도 합니다. 요약하자면 이윤은 가을과 겨울에 숙살의 기운과 같고, 주공은 태화원기라는 것입니다. 사람들이 의심하고 하지 않음은 성현들께서 헤아리지 않는 것입니다.'(新安陳氏曰 : 前一篇, 作於未遷桐宮之先後, 二篇作於自桐宮歸亳之後. 問, 伊尹放太甲, 周公攝政事, 亦相類. 當時不疑伊尹, 而疑周公, 豈世變耶. 潛室陳氏曰 : 伊尹以義正君, 其義光明, 人人信得, 及周公以恩睦親其心, 忠愛懇惻. 間隙易開, 兼伊尹聖之任, 視世間一切難事, 一擔擔了, 不管人言. 周公思兼三王, 百事周密詳細, 須盡物情, 所以人或不敢言, 或敢言. 要之, 伊尹如秋冬肅殺, 周公則太和元氣. 人之疑不疑, 聖賢所不計.)"

○ 言與事必相間.

'소재야(所載也)'의 경우, 사실과 반드시 서로 틈이 있다는 말이다.

集傳

唐孔氏曰, 伊訓, 肆命,

당(唐)나라 공씨(孔氏)가 말하기를 "이훈(伊訓)·사명(肆命)·

詳說

○ 孔氏曰 : "陳天命以戒太甲."

공씨(孔氏)가 말하였다 : "천명을 말해 태갑을 경계시켰다."312)

集傳

徂后

조후(后)·

詳說

○ 孔氏曰 : "陳往古明君以戒."

공씨(孔氏)가 말하였다 : "옛날의 명철한 임금을 말해 경계시켰다."313)

○ 二篇亡, 見序.

두 편의 망(亡)은 모두 서(序)에 보인다314).

集傳

---

312) 『상서찬전(尙書纂傳)』, 「상서(商書)」·「이훈(伊訓)」, "한나라 공씨가 말하였다 : '천명을 말해 태갑을 경계시켰다.'(漢孔氏曰 : 陳天命以戒太甲亡.)"
313) 『상서찬전(尙書纂傳)』, 「상서(商書)」·「이훈(伊訓)」, "한나라 공씨가 말하였다 : '옛날의 명철한 임금을 말해 경계시켰다.'(漢孔氏曰 : 陳往古明君以戒亡.)"
314) 『서경집전(書經集傳)』, 「서(序)」, "…. 이제(二帝)와 삼왕(三王)은 이 마음을 보존한 자이고, 하(夏)나라 걸왕(桀王)과 상(商)나라 수왕(受王)은 이 마음을 잃은 자이고, 태갑(太甲)과 성왕(成王)은 애써서 이 마음을 보존한 자이니, 보존하면 다스려지고 잃으면 혼란하니, 다스려짐과 혼란함의 구분은 마음을 보존하느냐 보존하지 못하느냐의 여하에 달려있을 뿐이다. 후대의 군주가 이제(二帝)·삼왕(三王)의 정치에 뜻을 두려 한다면 그 도(道)를 찾지 않을 수 없고, 이제(二帝)·삼왕(三王)의 도(道)에 뜻을 두려 한다면 그 마음을 찾지 않을 수 없을 것이니, 마음을 찾는 요점은 이 책을 버린다면 무엇으로 하겠는가! ….(二帝, 三王, 存此心者也, 夏桀, 商受, 亡此心者也, 太甲成王, 困而存此心者也, 存則治, 亡則亂, 治亂之分, 顧其心之存不存如何耳. 後世人主, 有志於二帝三王之治, 不可不求其道, 有志於二帝三王之道, 不可不求其心, 求心之要, 舍是書, 何以哉. ….)"

太甲咸有一德, 皆是告戒太甲, 不可皆名伊訓, 故隨事立稱也. 林氏曰, 此篇亦訓體. 今文無, 古文有.

「태갑(太甲)」의 「함유일덕(咸有一德)」은 모두 태갑에게 고계한 것인데, 다 이훈이라고 이름할 수 없었기 때문에 일을 따라 명칭을 세운 것이다." 하였다. 임씨(林氏)가 "이 편도 훈체(訓體)이다."라고 하였다. 금문(今文)에는 없고, 고문(古文)에는 있다.

詳說

○ 潛室陳氏曰 : "當時不疑伊尹而疑周公. 伊尹以義正君, 擔了難事, 不管人言, 如秋冬肅殺. 周公以恩睦親忠愛懇惻, 如太和元氣, 人之疑不疑, 聖賢所不計."

잠실 진씨(潛室陳氏)가 말하였다 : "당시 이윤을 의심하지 않고 주공을 의심했다. 이윤은 의로 임금을 바르게 하고 어려운 일을 떠맡아 끝내며 사람들의 말을 간섭하지 않았으니, 가을과 겨울에 숙살의 기운과 같다. 주공은 은혜와 화목과 친절과 충성과 사랑으로 정성을 다해 슬퍼하였으니, 태화원기와 같다. 사람들이 의심하고 하지 않음은 성현들께서 헤아리지 않는 것이다."315)

---

315) 『서경대전(書經大全)』, 「상서(商書)」·「태갑상(太甲上)」 "신안 진씨가 말하였다 : '앞의 한 편은 아직 동궁으로 옮겨가지 않은 전후에 지었고, 두 편은 동궁에서 박으로 돌아온 뒤에 지었다.' 물었다. '이윤이 태갑을 추방한 것은 주공이 섭정을 한 것과 또한 서로 비슷한데, 당시에 이윤을 의심하지 않고 주공을 의심했으니, 어찌 세상이 변화했기 때문이겠습니까?' 잠실진씨가 말하였다 : '이윤이 의로 임금을 바르게 함에 그 의가 빛나고 밝아 사람마다 믿고 얻은 것은 주공이 그 마음을 은혜롭게 하고 화목하게 하며 친절하게 하며 충성과 사랑으로 정성을 다해 슬퍼한 것에 미칩니다. 간격이 쉽게 열리는 것은 이윤이 성인의 책임감으로 세간의 모든 어려운 일을 보면 한결같이 떠맡아 끝내며 사람들의 말을 간섭하지 않은 것을 겸한 것입니다. 주공은 삼왕을 겸할 것을 생각해서 모든 일을 주밀하고 상세하게 해서 사물의 실정을 다하였기 때문에 사람들이 혹 감히 말하지 않기도 하고 혹 감히 말하기도 합니다. 요약하자면 이윤은 가을과 겨울에 숙살의 기운과 같고, 주공은 태화원기라는 것입니다. 사람들이 의심하고 하지 않음은 성현들께서 헤아리지 않는 것입니다.'(新安陳氏曰 : 前一篇, 作於未遷桐宮之先後, 二篇作於自桐宮歸亳之後. 問, 伊尹放太甲, 周公攝政事, 亦相類, 當時不疑伊尹, 而疑周公, 豈世變耶. 潛室陳氏曰 : 伊尹以義正君, 其義光明, 人人信得, 及周公以恩睦親其心, 忠愛懇惻. 間隙易開, 兼伊尹聖之任, 視世間一切難事, 一擔擔了, 不管人言. 周公思兼三王, 百事周密詳細, 須盡物情, 所以人或不敢言, 或敢言. 要之, 伊尹如秋冬肅殺, 周公則太和元氣. 人之疑不疑, 聖賢所不計.)"

[5-3-5-①-1]

> 惟嗣王, 不惠于阿衡.

사왕(嗣王)이 아형(阿衡)에게 순하지 못하였다.

集傳

惠, 順也. 阿, 倚. 衡, 平也. 阿衡, 商之官名, 言天下之所倚平也.

혜(惠)는 순함이다. 아(阿)는 의지함이고, 형(衡)은 균평함이다. 아형(阿衡)은 상(商)나라의 관직 이름이니, 천하가 의지하여 균평하게 됨을 말한 것이니,

詳說

○ 倚以爲平

의지해서 균평하게 되었다는 것이다.

集傳

亦曰保衡.

또한 보형(保衡)이라고도 한다.

詳說

○ 見說命.

「열명(說命)」에 보인다.316)

○ 葉氏曰 : "阿, 亦保之意."

섭씨가 말하였다 : "'아(阿)'도 '보(保)'의 의미이다."

集傳

或曰伊尹之號.

---

316) 『書經(書經)』, 「상서(商書)」·「열명하(說命下)」 : "옛날 선정(先正)인 보형(保衡)이 우리 선왕을 진작하여 '내 군주가 요순 같은 군주가 되도록 하지 못하면 마음에 부끄러워하여 시장에서 종아리를 맞는 듯이 여겼으며, 한 지아비라도 제 살 곳을 얻지 못하면 이는 나의 잘못이다.'라고 하면서 나의 열조(烈祖)를 도와서 공(功)이 황천(皇天)에 이르렀으니, 너는 부디 나를 밝게 보좌하여 아형(阿衡)으이 상나라에 아름다움을 독차지하게 하지 말라.(昔先正保衡, 作我先王, 乃曰, 予弗克厥后, 惟堯舜, 其心愧恥, 若撻于市, 一夫不獲, 則曰時予之辜, 佑我烈祖, 格于皇天, 爾尙明保予, 罔俾阿衡, 專美有商.)"

어떤 자는 이윤(伊尹)의 호(號)라고도 한다.

> [詳說]
> ○ 蘇氏曰 : "猶太公號尚父."
> 소씨가 말하였다 : "태공이 상부로 호하는 것과 같다."

[集傳]
史氏錄伊尹之書, 先此,
사씨(史氏)가 이윤(伊尹)의 글을 기록할 적에 이것을

> [詳說]
> ○ 先言此.
> 먼저 이것에 대해 말하였다.

[集傳]
以發之.
먼저 말했다.

> [詳說]
> ○ 論也.
> 경문의 의미 설명이다.

[5-3-5-①-2]

伊尹作書曰, 先王顧諟天之明命, 以承上下神祇, 社稷宗廟, 罔不祇肅, 天監厥德, 用集大命, 撫綏萬方. 惟尹躬克左右厥辟, 宅師, 肆嗣王, 丕承基緒.

이윤(伊尹)이 다음과 같은 글을 지었다. "선왕이 이 하늘의 밝은 명을 돌아보사 상하의 신기(神祇)를 받드시며, 사직과 종묘를 공경하고 엄숙히 하지 않음이 없으시니, 하늘이 그 덕을 살펴보시고 대명(大命)을 모아 만방을 어루만지고 편안하게 하셨습니다. 이에 제가 몸소 능히 군주를 좌우에서 보필하여 여러 무리들을 편안히 살게 하니, 사왕(嗣王)께서 기서(基緖)를 오게 계승하게 되신 것입니다.

|詳說|
○ 上祇, 音岐, 左右, 並去聲.
위의 '지(祇)'는 음이 '기(岐)'이고, '좌(左)'와 '우(右)'는 모두 거성이다.

|集傳|
顧, 常目在之也. 諟, 古是字. 明命者, 上天顯然之理而命之我者, 在天爲明命, 在人爲明德.
고(顧)는 항상 눈을 거기에 두는 것이다. 시(諟)는 옛날의 시(是)자이다. 명명(明命)은 하늘의 드러난 이치인데 나에게 명한 것이니, 하늘에 있으면 명명(明命)이고, 사람에게 있으면 명덕(明德)이다.

|詳說|
○ 性也.
'명덕(明德)'은 성(性)이다.

|集傳|
伊尹言成湯常目在是天之明命,
이윤(伊尹)이 "성탕(成湯)이 항상 눈을 이 하늘의 명명(明命)에 두고

|詳說|
○ 作訓書.
이윤(伊尹)이 훈계하는 글을 지었다.

○ 陳氏雅言曰:"顧諟, 卽敬也. 如立則見其參於前, 在輿則見其倚於衡之意."
진씨 아언(陳氏雅言)[317]이 말하였다:"돌아본다는 것은 곧 공경한다는 것이다.

---

317) 진아언(陳雅言, 1318~1385)은 원말명초 때 강서(江西) 영풍(永豊) 사람이다. 원나라 말에 무재(茂材)로 천거되었지만 나가지 않았다. 명나라 초 홍무(洪武) 연간에 영풍현 향교(鄕校)에서 학생을 가르쳤다. 당시 호

이를테면 '일어서면 그것이 앞에 참여함을 볼 수 있고, 수레에 있으면 그것이 멍에에 기댐을 볼 수 있어야 한다.'318)는 의미이다."319)

集傳

以奉天地神祇, 社稷宗廟無不敬肅, 故天視其德
천지의 신기를 받드시며, 사직과 종묘를 공경하고 엄숙히 받들지 않음이 없었기 때문에 하늘이 그 덕을 살펴보고

詳說

○ 西山眞氏曰 : "曰顧曰監, 可見天人之交至近而非遠也."
서산 진씨(西山眞氏)가 말하였다 : "'돌아본다.'고 하고 '살펴본다.'고 한 것은 하늘과 사람의 교섭이 지극히 가깝고 멀리 있지 않음을 드러낸 것이다."320)

구(戶口)와 토전(土田)이 실상과 달라 현관(縣官)도 대처할 방법을 찾지 못했는데, 그가 계획을 내놓자 공사가 모두 편리해졌다. 저서에 『사서일람(四書一覽)』과 『대학관견(大學管窺)』, 『중용류편(中庸類編)』 등이 있었지만 전하지 않고, 지금은 『서의탁약(書義卓躍)』만 전한다.

318) 『논어(論語)』, 「위령공(衛靈公)」, "공자께서 말씀하셨다. '말이 충신(忠信)하고 행이 독경(篤敬)하면 비록 오랑캐의 나라라 하더라도 행해질 수 있지만 말이 충신(忠信)하지 못하고 행이 독경(篤敬)하지 못하면 주리(州里)라 하더라도 행해질 수 있겠는가! 일어서면 그것이 앞에 참여함을 볼 수 있고, 수레에 있으면 그것이 멍에에 기댐을 볼 수 있어야 하니, 이와 같은 뒤에야 행해질 수 있는 것이다.'(子曰 : 言忠信, 行篤敬, 雖蠻貊之邦行矣, 言不忠信, 行不篤敬, 雖州里行乎哉. 立則見其參於前也, 在輿則見其倚於衡也, 夫然後行.)"

319) 『서경대전(書經大全)』, 「상서(商書)」·「태갑상(太甲上)」, "진씨 아언이 말하였다 : '돌아본다는 것은 곧 공경한다는 것이니, 이 마음을 미뤄 천지의 신기(神祇)를 받든다는 것이고, 사직과 종묘를 공경하고 엄숙히 하지 않음이 없다는 것은 곧 이 하늘의 밝은 명을 돌아본다는 것이다. 하늘은 성인의 덕을 살펴보시기 때문에 자신에 큰 명을 모아 백성을 다스리는 책임을 주었다. 백성을 다스리고 신을 섬기는 것이 애초에 두 가지 이치가 아니니, 성과 경이 신을 섬기기에 충분하면 백성을 다스리지 못한 적이 없다. 하늘에 있으면 명명(明命)이고 사람에게 있으면 명덕(明德)이다. 성인은 하늘의 명명(明命)인 것에 대해 상천을 돌아본다고 했고, 성인의 덕과 함께 하는 것에 대해 살펴본다고 해서 하늘과 사람의 교섭이 지극히 가깝고 멀리 있지 않음을 드러냈으니, 성인의 마음이 하늘에 소홀하게 여겨진 적이 없을 뿐만 아니라 하늘의 마음도 성인을 혹시라도 잊은 적이 없는 것이다. 태갑이 금일에 천하를 소유한 것은 선왕의 밝은 덕으로 말미암아 천하를 얻었으니, 어찌 한 생각이라도 공경하지 않은 적이 있었겠는가? 「이것을 돌아본다.」고 한 것은 이를테면 「일어서면 그것이 앞에 참여함을 볼 수 있고, 수레에 있으면 그것이 멍에에 기댐을 볼 수 있어야 한다.」는 의미이다. 「살펴본다.」고 한 것은 「하늘은 밝아서 그대가 왕래하는 것에 미치고, 하늘은 밝아서 그대가 노닐 적에도 미친다.」는 의미이다.'(陳氏雅言曰 : "顧諟者, 卽敬也. 推此心以奉天地神祇, 社稷宗廟, 罔不祗肅, 卽所謂顧諟明命也. 上天監觀聖人之德, 故集大命於其身, 而付以治民之責. 盜治民事神, 初無二理, 誠敬足以事神, 則未有不能治民者也. 夫在天爲明命, 在人爲明德. 聖人於天之明命而曰, 顧上天, 與聖人之德而曰, 監, 見天人之交至近而非遠, 非特聖人之心, 未嘗少忽乎天, 而上天之心, 未嘗或忘乎聖人也. 太甲今日之有天下, 由於先王之明德, 以得天下, 其可有一念之不敬哉. 曰顧諟者, 如立則見其參於前, 在輿則見其倚於衡之意, 曰監者. 昊天, 曰明, 及爾出王昊天曰旦, 及爾游衍之意.)"

320) 『서경대전(書經大全)』, 「상서(商書)」·「태갑상(太甲上)」, "西山眞氏曰 : '탕은 하늘의 명명을 돌아보셨기 때문에 하늘이 그 덕을 살펴보신 것이다. 「돌아본다.」고 하고 「살펴본다.」고 한 것은 하늘과 사람의 교섭이 지극히 가깝고 멀리 있지 않음을 드러낸 것이다.'(湯惟顧天之明命, 故天監湯之厥德, 曰顧曰監, 可見天人之交至近而非遠也.)"

○ 陳氏雅言曰 : "及爾出王, 遊衍之意."
진씨 아언(陳氏雅言)이 말하였다 : "그대가 왕래하는 것에 미치고, 그대가 노닐 적에도 미친다.321)"322)

集傳

用集大命以有天下, 撫安萬邦, 我又身能左右成湯以居民衆
대명(大命)을 모아 천하를 소유하게 해서 만방을 어루만지고 편안하게 했으며, 내가 또한 몸소 성탕을 좌우하여 백성들을 편안히 살게 하였다.

詳說

○ 辟, 君也.
'벽(辟)'은 '군(君)'이다.

○ 宅.
'거(居)'는 경문에서 '택(宅)'이다.

○ 師.
'민중(民衆)'은 경문에서 '사(師)'이다.

---

321) 『시경』, 「대아(大雅)」·「판(板)」 "하늘은 밝아서 그대가 왕래하는 것에 미치고, 하늘은 밝아서 그대가 노닐 적에도 미친다.(昊天曰明 及爾出王 昊天曰旦 及爾游衍.)"
322) 『서경대전(書經大全)』, 「상서(商書)」·「태갑상(太甲上)」, "진씨 아언이 말하였다 : '돌아본다는 것은 곧 공경한다는 것이니, 이 마음을 미뤄 천지의 신기(神祇)를 받드신다는 것이고, 사직과 종묘를 공경하고 엄숙히 하지 않음이 없다는 것은 곧 이 하늘의 밝은 명을 돌아보신다는 것이다. 하늘은 성인의 덕을 살펴보시기 때문에 자신에게 큰 명을 모아 백성을 다스리는 책임을 주었다. 백성을 다스리고 신을 섬기는 것이 애초에 두 가지 이치가 아니니, 성과 경이 신을 섬기기에 충분하면 백성을 다스리지 못한 적이 없다. 하늘에 있으면 명명(明命)이고 사람에게 있으면 명덕이다. 성인은 하늘의 명명(明命)인 것에 대해 상천을 돌아본다고 했고, 성인의 덕과 함께 하는 것에 대해 살펴본다고 해서 하늘과 사람의 교섭이 지극히 가깝고 멀리 있지 않음을 드러냈으니, 성인의 마음이 하늘에 소홀하게 여겨진 적이 없을 뿐만 아니라 하늘의 마음도 성인을 혹시라도 잊은 적이 없는 것이다. 태갑이 금일에 천하를 소유한 것은 선왕의 밝은 덕으로 말미암아 천하를 얻었으니, 어찌 한 생각이라도 공경하지 않은 적이 있었겠는가? 「이것을 돌아본다.」고 한 것은 이를테면 「일어서면 그것이 앞에 참여함을 볼 수 있고, 수레에 있으면 그것이 멍에에 기댐을 볼 수 있어야 한다.」는 의미이다. 「살펴본다.」고 한 것은 「하늘은 밝아서 그대가 왕래하는 것에 미치고, 하늘은 밝아서 그대가 노닐 적에도 미친다.」는 의미이다.'(陳氏雅言曰 : 顧諟者, 即敬也. 推此心以奉天地神祇, 社稷宗廟, 罔不祗肅, 即所謂諟明命也. 上天監觀聖人之德, 故集大命於其身, 而付以治民之責. 蓋治民事神, 初無二理, 誠敬足以事神, 則未有不能治民者也. 夫在天爲明命, 在人爲明德. 聖人於天之明命而曰, 監, 見天人之交至近而非遠, 非特聖人之心, 未嘗少忽乎天, 而上天之心, 未嘗或忘乎聖人也. 太甲今日之有天下, 由於先王之明德, 以得天下, 其可有一念之不敬哉. 曰顧諟者, 如立則見其參於前, 在輿則見倚於衡之意, 曰監者. 昊天, 曰明, 及爾出王昊天曰旦, 及爾游衍之意.)"

集傳

故嗣王得以大承其基業也.
그러므로 사왕이 그 기업을 크게 계승하게 되었다."라고 말한 것이다.

詳說

○ 緒.
'업(業)'은 경문에서 '서(緒)'이다.

○ 新安陳氏曰 : "豈可忘先王, 而不念忽尹而不從哉."
신안 진씨(新安陳氏)가 말하였다 : "어찌 선왕을 잊고 한 생각이라도 이윤을 소홀히 해서 따르지 않을 수 있겠는가?"323)

[5-3-5-①-3]

惟尹, 躬先見于西邑夏, 自周有終, 相亦惟終, 其後嗣王, 罔克有終, 相亦罔終, 嗣王戒哉, 祗爾厥辟, 辟不辟, 忝厥祖.

제가 몸소 전에 서읍의 하나라를 보니, 스스로 충신(忠信)하여 끝마침이 있자 보좌하는 자 역시 끝마침이 있었는데, 그 후에 사왕(嗣王)이 끝마침이 있지 못하자 보좌하는 자 역시 끝마침이 없었으니, 사왕(嗣王)께서는 이를 경계하사 당신의 군주 노릇함을 공경하소서. 군주가 군주노릇을 하지 못하면 선조에게 욕이 될 것입니다.

詳說

○ 相, 去聲.
'상(相)'은 거성이다.

集傳

夏都安邑, 在亳之西, 故曰西邑夏. 周忠信也, 國語

---

323) 『서경대전(書經大全)』, 「상서(商書)」· 「태갑상(太甲上)」, "신안 진씨가 말하였다 : '여기에서는 태갑이 금일에 천하를 소유한 것은 선왕의 밝은 덕으로 말미암아 천하를 얻은 것과 이윤이 관리가 되어 선왕을 도왔다는 것을 말했다. 창업의 시조 선왕과 개국의 대신 이윤이 있어 이 때문에 사왕(嗣王)이 이 대업을 계승할 수 있으니, 금일에 어찌 선왕을 잊고 한 생각이라도 이윤을 소홀히 해서 따르지 않을 수 있겠는가?'(新安陳氏曰 : 此言, 太甲今日之有天下, 由於先王之明德, 以得天下, 與伊尹之出身, 以輔先王也. 有先王創業之祖, 與伊尹開國之大臣, 是以嗣王得以承此大業, 今日豈可忘先王, 而不念忽尹而不從哉.)"

하나라는 안읍(安邑)에 도읍하였는데, 박읍(亳邑)의 서쪽에 있기 때문에 서읍의 하나라라고 말한 것이다. 주(周)는 충신(忠信)이니, 『국어(國語)』에서

詳說
○ 魯語.
　『노어(魯語)』이다.

集傳
曰忠信爲周
"충신(忠信)을 주(周)라 한다."라고 하였다.

詳說
○ 證以實之.
　증명해서 사실로 하였다.

○ 此間一有圈.
　이 사이에 어떤 판본에는 동그라미(圈 : ○)가 있다.

集傳
施氏曰, 作僞心勞日拙,
시씨(施氏)가 말하였다. "거짓을 행하면 마음이 수고롭고 날로 졸렬해지니 결함이

詳說
○ 當考.
　'시씨(施氏)'는 누구인지 살펴봐야 한다.

○ 見周官.
　『주관(周官)』에 내용이 보인다.

集傳

則缺露而不周, 忠信則無僞, 故能周而無缺

드러나서 두루 하지 못하고, 충신(忠信)을 행하면 거짓이 없기 때문에 두루 하여 결함이 없는 것이다."

詳說

○ 施論蓋止此.

시씨의 설명은 여기까지이다.

○ 朱子曰 : "自周二字, 不可曉."

주자(朱子)가 말하였다 : "'자주(自周)'라는 말은 알 수 없다."324)

○ 鄒氏季友曰 : "或云. 周當作君, 篆文相似而誤也."

추씨 계우가 말하였다 : "어떤 이는 '주(周)'자 '군(君)'으로 해야 하는데, 전자체가 서로 비슷해서 잘못된 것이다."325)

集傳

夏之先王以忠信有終,

하나라의 선왕이 충신으로써 끝마침이 있었기

詳說

○ 蘇氏曰 : "自, 由也."

소씨(蘇氏)가 말하였다 : "'자(自)'는 '유(由)'이다."326)

集傳

故其輔相者, 亦能有終, 其後夏桀不能有終, 故其輔相者, 亦不能有終.

---

324) 『서경대전(書經大全)』, 「상서(商書)」·「태갑상(太甲上)」, "주자가 말하였다 : '「자주(自周)」라는 말은 본래 알 수 없는 것이다.'(朱子曰 : 自周二字, 本不可曉.)"
325) 『서전회선(書傳會選)』, 「상서(商書)」·「태갑상(太甲上)」, "주자어록(朱子語錄)에서 말하였다 : '자주(自周)'라는 말은 알 수 없다.'(朱子語錄云 : 二字不可曉.)" "어떤 이는 말하였다 : '「주(周)」자 「군(君)」으로 해야 하는데, 전자체가 서로 비슷해서 잘못된 것이다.'(或云, 周當作君, 篆文相似而誤也.)"
326) 『서경대전(書經大全)』, 「상서(商書)」·「태갑상(太甲上)」, "소씨가 말하였다 : '「자(自)는 「유(由)」이다. 충신의 도를 따르면 끝마침이 있으니, 임금과 신하는 한 몸이고, 재앙과 복은 같은 것이라는 말이다.'(蘇氏曰, 自, 由也. 由忠信之道, 則有終, 言君臣一體, 禍福同也.)"

보좌하는 자 역시 끝마침이 있었는데, 그 후 하걸(夏桀)이 끝마침이 있지 못하기 때문에 보좌하는 자 역시 끝마침이 있지 못하였다.

詳說

○ 蘇氏曰:"言君臣一體, 禍福同也."
　소씨(蘇氏)가 말하였다 : "임금과 신하는 한 몸이고, 재앙과 복은 같은 것이라는 말이다."327)

集傳

嗣王其以夏桀爲戒哉, 當敬爾所以爲君之道
사왕(嗣王)은 하걸(夏桀)을 경계로 삼아서 마땅히 당신이 군주가 된 도를 공경하여야 할 것이니,

詳說

○ 添道字.
　'도(道)'자를 더하였다.

集傳

君而不君, 則忝辱成湯矣.
군주이면서 군주노릇을 하지 못하면 성탕에게 욕이 될 것이다.

詳說

○ 新安陳氏曰:"仍以先王與尹躬敬之."
　신안 진씨(新安陳氏)가 말하였다 : "바로 선왕과 이윤은 몸소 공경했던 것이다."328)

---

327) 『서경대전(書經大全)』,「상서(商書)」·「태갑상(太甲上)」, "소씨가 말하였다 : '「자(自)는 「유(由)」이다. 충신의 도를 따르면 끝마침이 있으니, 임금과 신하는 한 몸이고, 재앙과 복은 같은 것이라는 말이다.'(蘇氏曰, 自, 由也. 由忠信之道, 則有終, 言君臣一體, 禍福同也.)"
328) 『서경대전(書經大全)』,「상서(商書)」·「태갑상(太甲上)」, "신안 진씨가 말하였다 : '이미 걸이 끝마침이 없었다는 것으로 경계하고, 　공경하지 않고 임금노릇 하지 않은 것으로 경계하였다. 끝마침이 없으면 보좌하는 신하에게 누를 끼치고, 임금노릇하지 않으면 조상에게 욕이 되니 바로 선왕과 이윤은 몸소 공경했던 것이다.'((新安陳氏曰, 旣以桀之無終戒之, 又不敬而不君者戒之.無終則累於相臣, 不君則辱於乃祖. 仍是以先王與尹躬敬之也.)"

集傳

太甲之意, 必謂伊尹足以任天下之重,
태갑의 뜻은 반드시 '이윤이 충분히 천하의 중임을 맡을 만하니,

詳說

○ 見孟子萬章.
『맹자』「만장」에 보인다.329)

集傳

我雖縱欲, 未必遽至危亾, 故伊尹以相亦罔終之言, 深折其私而破其所恃也.
내가 비록 욕심에 방종하더라도 반드시 갑자기 위망에 이르지는 않을 것이다.'라고 여겼을 것이기 때문에 이윤이 보좌 또한 끝마침이 없다는 말로써 그의 사사로움을 깊이 꺾고, 그 믿는 점을 깨뜨렸던 것이다.

詳說

○ 論也.
경문의 의미설명이다.

---

329) 『맹자』「만장상」, "이윤(伊尹)은 천하의 백성 중에 필부와 필부라도 요순의 혜택을 입지 못하는 자가 있으면, 마치 자신이 그를 밀어 도랑 가운데로 넣은 것과 같이 여겼으니, 그가 천하의 중임으로써 자임함이 이와 같았다. 그러므로 탕왕에게 나아가 설득하여 하나라를 정벌하여 백성을 구제한 것이다.(思天下之民, 匹夫匹婦有不被堯舜之澤者, 若己推而內納之溝中, 其自任以天下之重, 如此. 故就湯而說之, 以伐夏救民.)"; 「만장하」: "이윤(伊尹)은 말하기를 '어느 사람을 섬기면 군주가 아니면, 어느 사람을 부리면 백성이 아니겠는가.'라고 하고, 세상이 다스려져도 나아가며 혼란해도 나아가서, 말하기를 '하늘이 이 백성을 낸 것은 먼저 안 사람으로 하여금 뒤늦게 아는 사람을 깨우쳐주며, 선각자(先覺者)로 하여금 뒤늦게 깨닫는 자를 깨우치게 하신 것이다. 나는 하늘이 낸 백성 중에 선각자이니, 내 장차 이 도(道)로써 이 백성을 깨우치겠다.'라고 하였으며, 생각하기를, 천하의 백성 중에 필부·필부라도 요순의 혜택을 입는 데 참여하지 못한 자가 있으면, 마치 자기가 그를 밀쳐서 도랑 가운데로 넣은 것처럼 여겼으니, 이는 천하의 중함으로써 자임한 것이다.(伊尹曰, 何事非君, 何使非民, 治亦進, 亂亦進, 曰, 天之生斯民也. 使先知, 覺後知, 使先覺, 覺後覺, 予天民之先覺者也, 予將以此道, 覺此民也, 思天下之民, 匹夫匹婦有不與被堯舜之澤者, 若己推而內之溝中, 其自任以天下之重也.)"

[5-3-5-①-4]

王惟庸, 罔念聞.

왕이 심상하게 여겨 생각하고 듣지 않았다.

集傳

庸, 常也. 太甲惟若尋常於伊尹之言, 無所念聽.

용(庸)은 범상함이다. 태갑은 이윤의 말을 심상한 것처럼 여겨 생각하고 듣는 바가 없었던 것이다.

詳說

○ 如羲和之於日食.

이를테면 희화의 일식에 대한 것이다.

○ 西山眞氏曰 : "辟不辟之言, 殆甚於漢人所謂帝不帝也. 然漢君怒而誅之, 太甲雖無聽念然, 不見其怒, 此所以卒至於思庸歟."

서산 진씨(西山眞氏)가 말하였다 : "군주가 군주노릇을 하지 못한다는 말은 한나라 사람이 이른바 제가 제 노릇을 하지 못한다는 것보다 더 심하다. 그러나 한나라의 군주는 노해서 죽였으나 태갑은 듣고 생각하지 않았으나 그 노기를 드러내지 않았으니, 이 때문에 마침내 심상하게 생각했다는 것이다."330)

集傳

此史氏之言.

이는 사관의 말이다.

詳說

○ 論也.

---

330) 『서경대전(書經大全)』, 「상서(商書)」·「태갑상(太甲上)」, "서산 진씨가 말하였다 : '군주가 군주노릇을 하지 못한다는 말은 한나라 사람이 이른바 제가 제 노릇을 하지 못한다는 것보다 더 심하다. 그러나 한나라의 군주는 노해서 죽였으나 태갑은 듣고 생각하지 않은 것으로 여겼을지라도 그 노기를 드러내지 않았다는 것에 대해서는 들은 적이 없으니, 이 때문에 마침내 심상하게 생각했다는 것이다.'(西山眞氏曰 : 辟不辟之言, 殆甚於漢人之所謂帝不帝也. 然漢君怒而誅之, 太甲雖以爲常無所念聽, 然不聞其怒也. 此所以卒至於思庸歟.)"

경문의 의미설명이다.

[5-3-5-①-5]

伊尹, 乃言曰, 先王昧爽丕顯, 坐以待旦, 旁求俊彦, 啓迪後人, 無越厥命 以自覆.

이윤이 마침내 다음과 같이 말하였다. "선왕께서는 매상(昧爽)에 크게 덕을 밝히시어 앉아서 아침을 기다리시며, 준걸스런 사람과 훌륭한 선비들을 사방으로 구하여 후인들을 계도하셨으니, 그 명을 무너뜨려 스스로 전복하지 마소서.

詳說
○ 覆, 音福.
'복(覆)'은 음이 '복(福)'이다.

集傳
昧, 晦, 爽, 明也, 昧爽云者, 欲明未明之時也. 丕, 大也. 顯, 亦明也. 先王於昧爽之時, 洗濯澡雪,
매(昧)는 어둠이요 상(爽)은 밝음이니, 매상(昧爽)라고 한 것은 날이 밝으려고 하나 아직 밝지 않았을 때이다. 비(丕)는 큼이다. 현(顯)도 밝음이다. 선왕이 매상(昧爽)의 때에 몸을 깨끗이 씻고서

詳說
○ 子皓反.
'조(澡)'는 음이 '자(子)'와 '호(皓)'의 반절이다.

○ 謂洗心也.
'설(雪)'은 마음을 씻는다는 말이다.

集傳
大明其德, 坐以待旦而行之也.
그 덕을 크게 밝혀 앉아서 아침을 기다리며 행한 것이다.

詳說

○ 添, 行字.

'행(行)'자를 더하였다.

集傳

㫄求者, 求之非一方也. 彦, 美士也. 言湯孜孜爲善,

방구(㫄求)는 구하기를 한쪽 방면에서만 하지 않는 것이다. 언(彦)은 아름다운 선비이다. 탕왕은 부지런히 선행을 하여

詳說

○ 四字, 出孟子盡心.

'부지런히 선행을 한다'는 말은 『맹자』「진심」이 출처이다.331)

集傳

不遑寧處, 如此. 而又㫄求俊彦之士, 以開導子孫, 太甲毋顚越其命, 以自取覆亾也.

편안히 거처할 겨를이 없음이 이와 같았고, 또 준언(俊彦)의 선비를 사방으로 구하여 자손들을 계도(啓導)하였으니, 태갑이 그 명을 전복서 스스로 뒤집혀 망하게 되지 말라고 말한 것이다.

詳說

○ 上聲.

'처(處)'는 상성이다.

○ 迪.

'도(導)'는 경문에서 '적(迪)'이다.

---

331) 『맹자(孟子)』「진심상(盡心上)」, 맹자가 말하였다 : "닭이 울면 일어나서 부지런히 선행을 하는 자들은 순(舜)임금의 무리들이다.(孟子曰, 鷄鳴而起, 孜孜爲善者, 舜之徒也.)"

[5-3-5-①-6]
愼乃儉德, 惟懷永圖.

검약의 덕으로 삼가 영구한 도모를 생각하소서.

集傳
太甲欲敗度縱敗禮,
태갑은 욕심으로 법도를 무너뜨리고 방종으로 예를 무너뜨렸으니,

詳說
○ 見中篇.
「태갑중」편에 보인다.332)

集傳
蓋奢侈失之,
사치하는 것에서 잘못되어

詳說
○ 以侈失之.
사치로 잘못되었다는 것이다.

集傳
而無長遠之慮者.
원대한 생각이 없었던 것이다.

詳說

---

332) 『서경(書經)』, 「상서(商書)」·「태갑중-3(太甲中-3)」, "왕이 배수계수(拜手稽首)하고 '나 소자는 덕에 밝지 못하여 스스로 불초함에 이르러 욕심으로 법도를 무너뜨리고 방종으로 예를 무너뜨려 이 몸에 죄를 불렀으니, 하늘이 지은 재앙은 오히려 피할 수 있으나 스스로 지은 재앙은 도망할 수가 없습니다. 기왕에 사보(師保)의 가르침을 저버려 그 처음에는 잘하지 못했으나 행여 바로잡아 주는 덕을 힘입어 그 끝을 잘 마칠 것을 도모하고 생각합니다.'라고 하였다.(王拜手稽首曰, 予小子不明于德, 自底不類, 欲敗度縱敗禮, 以速戾于厥躬, 天作孽, 猶可違, 自作孽, 不可逭. 旣往, 背師保之訓, 弗克于厥初, 尙賴匡救之德, 圖惟厥終.)"

○ 先立論.
먼저 의론을 내세웠다.

集傳
伊尹言當謹其儉約之德,
이윤이 "검약의 덕으로 삼가

詳說
○ 陳氏雅言曰 : "不侈然以自放."
진씨 아언(陳氏雅言)이 말하였다 : "사치로 방종하지 않는 것이다."333)

集傳
惟懷永久之謀.
오직 영구한 도모를 생각해야 합니다."라고 하였으니,

詳說
○ 新安陳氏曰 : "永圖, 即前所謂有終也."
신안 진씨(新安陳氏)가 말하였다 : "영구한 도모는 곧 앞에서 말한 끝마침이 있는 것이다."334)

---

333) 『서경대전(書經大全)』, 「상서(商書)」·「태갑상(太甲上)」, "진씨 아언이 말하였다 : '전에서 「이것이 태갑의 단점이기 때문에 이윤이 특별히 말했다.」고 하였다. 검약[儉]은 절검(節儉)의 검(儉)이 아니라 검약(儉約)의 검(儉)이니, 사치로 방종하지 않는 것을 말한다. 태갑의 단점은 욕심과 방종에 있기 때문에 이것과 상반된다. 사람이 이 마음을 단속해서 언제나 안에 있게 하면, 정신이 모이고 뜻과 생각이 순정하고 총명하며 의미가 밝게 드러난다. 반드시 따라 행할 것을 생각하고, 반드시 덮어주고 품을 것을 생각하면 어찌 영원한 도모가 아니겠느냐는 말이다. 진실로 이 마음이 방종하여 죄를 지으면, 욕심에 혼미해지고 방종에서 잘못되어 짐새의 독을 잔치처럼 편히 받아들인다. 위태로움을 편안히 여기고 재앙을 이롭게 여겨 망하는 것을 즐기는 것은 모두 영구한 도모를 모르는 것이다. 검약의 덕으로 삼가 영구한 도모를 생각하면, 이것이 바로 태갑이 단점을 상대하는 처방인 것이다. 그러나 옛날의 성현들께서 덕으로 나아가는 방법은 실로 여기에서 벗어나지 않았으니, 고요가 순에게 고하면서 또한 「삼가 그 몸을 닦고 생각을 영원하게 하라.」고 했다. 「삼가 몸을 닦는다는 것은 곧 검약한 덕으로 삼가라는 말이다. 「생각을 영원하게 하라.」는 것은 곧 영원한 도모를 생각하라는 말이다. 다만 고요의 말은 혼연해서 이윤이 엄격한 것과 같지는 않으니, 순과 태갑이 같지 않기 때문이다.'(陳氏雅言曰 : 傳云, 此太甲受病之處, 故伊尹特言之. 夫儉者, 非節儉之儉, 乃儉約之儉, 不侈然以自放之謂. 太甲之病, 在於欲縱, 與此相反. 人能收斂此心, 使常存於內, 則精神聚會, 志慮精明, 義理昭著. 言必稽其所從行, 必稽其所蔽所懷者, 孰非永圖哉. 苟此心放辟, 則昏於欲, 失於縱, 宴安鴆毒. 安其危而利其災, 樂其所以亡者, 皆不知永圖矣. 慎儉德, 懷永圖, 此正太甲對病之藥. 然古昔聖賢, 所以進德之方, 實不外此, 皐陶告舜, 亦曰慎厥身修, 思永. 慎厥身修者, 即慎乃儉德之謂. 思永者, 即懷永圖之謂. 但皐陶之言渾然, 不若伊尹嚴切, 舜與太甲之不同也.)"
334) 『서경대전(書經大全)』, 「상서(商書)」·「태갑상(太甲上)」, "신안 진씨(新安陳氏)가 말하였다 : '영구한 도모는

○ 陳氏雅言曰 : "皐陶告舜亦曰, 愼厥身修思永. 但其言渾然, 不若伊尹嚴切, 舜與太甲之不同也."

진씨 아언(陳氏雅言)이 말하였다 : "고요가 순에게 고하면서 또한 '삼가 그 몸을 닦고 생각을 영원하게 하라.'고 했다. 다만 고요의 말은 혼연해서 이윤이 엄격한 것과 같지는 않으니, 순과 태갑이 같지 않기 때문이다."335)

▣ 集傳

以約失之者, 鮮矣.
검약함으로 잘못되는 자는 적다.

▣ 詳說

○ 上聲.
'선(鮮)'은 상성이다.

○ 出論語里仁.
『논어』「이인」이 출처이다.336)

▣ 集傳

곧 앞에서 말한 끝마침이 있는 것이다.'(**新安陳氏曰 : 永圖, 即前所謂有終也.**"

335) 『서경대전(書經大全)』, 「상서(商書)」·「태갑상(太甲上)」, "진씨 아언이 말하였다 : '전에서 「이것이 태갑의 단점이기 때문에 이윤이 특별히 말했다.」고 하였다. 검약(儉)은 절검(節儉)의 검(儉)이 아니라 검약(儉約)의 검(儉)이니, 사치로 방종하지 않는 것을 말한다. 태갑의 단점은 욕심과 방종에 있기 때문에 이것과 상반된다. 사람이 이 마음을 단속해서 언제나 안에 있게 하면, 정신이 모이고 뜻과 생각이 순정하고 총명하며 의미가 밝게 드러난다. 반드시 따라 행할 것을 생각하고, 반드시 덮어주고 품을 것을 생각하면 어찌 영원한 도모가 아니겠느냐는 말이다. 진실로 이 마음이 방종하여 죄를 지으면, 욕심에 혼미해지고 방종에서 잘못되어 짐새의 독을 잔치처럼 편히 받아들인다. 위태로움을 편안하게 여기고 재앙을 이롭게 여겨 망하는 것을 즐기는 것은 모두 영구한 도모를 모르는 것이다. 검약의 덕으로 삼가 영구한 도모를 생각하면, 이것이 바로 태갑이 단점을 상대하는 처방인 것이다. 그러나 옛날의 성현들께서 덕으로 나아가는 방법은 실로 여기에서 벗어나지 않았으니, 고요가 순에게 고하면서 또한 「삼가 그 몸을 닦고 생각을 영원하게 하라.」고 했다. 「삼가 몸을 닦는다는 것은 곧 검약한 덕으로 삼가라는 말이다. 「생각을 영원하게 하라.」는 것은 곧 영원한 도모를 생각하라는 말이다. 다만 고요의 말은 혼연해서 이윤이 엄격한 것과 같지는 않으니, 순과 태갑이 같지 않기 때문이다.'(陳氏雅言曰 : 傳云, 此太甲受病之處, 故伊尹特言之. 夫儉者, 非節儉之儉, 乃儉約之儉, 不侈然以自放之謂. 太甲之病, 在於欲縱, 與此相反. 人能收斂此心, 使常存於內, 則精神聚會, 志慮精明, 義理昭著. 言必稽其所從行, 必謀其所蔽所懷者, 孰非永圖哉. 苟此心放縱, 則昏於欲, 失於縱, 宴安鴆毒. 安其危而利其災, 樂其所以亡者, 皆不知永圖矣. 愼儉德, 懷永圖, 此正太甲對病之藥. 然古昔聖賢, 所以進德之方, 實不外此, 皐陶告舜, 亦曰愼厥身修, 思永. 愼厥身修者, 即愼乃儉德之謂. 思永者, 即懷永圖之謂. 但皐陶之言渾然, 不若伊尹嚴切, 舜與太甲之不同也.)"

336) 『논어(論語)』「이인(里仁)」, "공자께서 말씀하셨다. '검약함으로 잘못되는 자가 적다.'(子曰 以約失之者, 鮮矣)"

此太甲受病之處, 故伊尹特言之.
이것은 태갑의 단점이기 때문에 이윤이 특별히 말한 것이다.

詳說
○ 指侈.
'차(此)'는 사치하는 것을 가리킨다.

○ 論也.
경문의 의미 설명이다.

[5-3-5-①-7]
若虞機張, 往省括于度則釋, 欽厥止, 率乃祖攸行, 惟朕以懌, 萬世有辭.

우인(虞人)이 쇠뇌의 기아(機牙)337)를 메겼거든 가서 화살이 법도에 맞는가를 살피고 활을 발사함과 같이 할 것이니, 그 머묾을 공경하여 당신의 선조가 행하신 바를 따르시면 저도 기쁠 것이며, 만세에 훌륭한 명예가 있을 것입니다."

詳說
○ 省, 悉井反, 括, 古活反.
'성(省)'은 음이 '실(悉)'과 '정(井)'의 반절이다.

集傳
虞, 虞人也. 機, 弩牙也, 括, 矢括也.
우(虞)는 우인(虞人)이다. 기(機)는 쇠뇌의 기아(機牙)이고, 괄(括)은 매긴 화살이다.

詳說
○ 程氏曰 : "矢銜弦處."
정씨가 말하였다 : "화살이 활줄에 메겨져 있는 곳이다."

---
337) 기아(機牙) : 쇠뇌에서 화살을 끼우는 곳과 시위를 거는 부분이다.

> 集傳

度, 法度, 射者之所準望者也. 釋, 發也. 言若虞人之射, 弩機旣張, 必往

도(度)는 법도(法度)이니, 활쏘는 자가 기준하여 바라보는 것이다. 석(釋)은 발사함이다. 우인(虞人)이 활을 쏠 적에 쇠뇌에 기아(機牙)를 이미 메겨 놓았으면 반드시 가서

> 詳說

○ 心目往.

마음의 눈으로 가는 것이다.

> 集傳

察其括之合於法度,

화살이 법도에 맞는가를 관찰하고,

> 詳說

○ 添合字.

'합(合)'자를 더하였다.

○ 諺釋失註意.

『언해』의 풀이는 주의 의미를 잃었다.

> 集傳

然後發之, 則發無不中矣.

그런 뒤에 발사하면 발사함에 맞지 않음이 없는 것과 같음을 말한 것이다.

> 詳說

○ 去聲.

'중(中)'은 거성이다.

○ 添此句.

이 구절을 더하였다.

集傳

欽者, 肅恭收斂. 止, 見虞書.

흠(欽)은 숙공(肅恭)하고 수렴(收斂)하는 것이다. 지(止)는 『우서(虞書)』에 있다.[338]

詳說

○ 音現.

'현(見)'은 음이 '현(現)'이다.

○ 益稷.

「익직(益稷)」이다.

○ 陳氏大猷曰, "所當止, 如君止於仁, 子止於孝."

진씨 유언(陳氏大猷)이 말하였다 : "머물러야 할 곳은 '임금이 인에 머물고 자식이 효에 머물러야 한다.'[339]는 것과 같다."[340]

集傳

率, 循也. 欽厥止者, 所以立本, 率乃祖者, 所以致用, 所謂省括于度則釋也.

솔(率)은 따름이다. 그 그침을 공경함은 근본을 세우는 것이고, 네 선조를 따름은 활용을 지극히 하는 것이니, 이른바 '화살이 법도에 맞는가를 살펴보고 활을 쏘라'는 것이다.

---

[338] 『서경(書經)』「우서(虞書)」「익직(益稷)」 "우(禹)가 '아! 훌륭합니다. 황제시여. 지위에 있음을 삼가소서.'라고 하니, 제순(帝舜)이 '아! 너의 말이 옳다.'라고 하였다. 이에 우(禹)가 다음과 같이 말씀하였다. '당신의 마음이 그치는 바에 편안히 하여 기미를 생각하고 편안히 할 것을 생각하시며 보필하는 신하가 정직하면 동함에 크게 응하여 뜻을 기다릴 것이니, 상제께 밝게 받으시면 하늘이 거듭 명하여 아름답게 할 것입니다.'(禹曰, 都, 帝, 愼乃在位. 帝曰, 俞. 禹曰, 安汝止, 惟幾惟康, 其弼直, 惟動, 丕應志, 以昭受上帝, 天其申命用休.)"

[339] 『대학장구(大學章句)』 전 3장, "임금이 되어서는 인에 머물고, 신하가 되어서는 경에 머물러, 자식이 되어서는 효에 머물고, 부친이 되어서는 자에 머물러, 국인과 사귐에는 신에 머문다.(爲人君止於仁, 爲人臣止於敬, 爲人子止於孝, 爲人父止於慈, 與國人交止於信.)"

[340] 『서경대전(書經大全)』「상서(商書)」・「태갑상(太甲上)」, "진씨 유언(陳氏大猷)이 말하였다 : '끝마침을 영원하게 하려면 처음 발사하는 것을 삼가야 하고, 만사에는 법도가 있지 않음이 없으니, 임금은 법도로 할 것은 너를 공경하는 것에 있다는 말이다. 머물러야 할 곳은 임금이 인에 머물고 자식이 효에 머물러야 한다는 것과 같다.'(陳氏大猷曰 : "言欲永終, 當謹始發也. 萬事莫不有度, 君所以爲度在敬汝, 所當止, 如君止於仁, 子止於孝之類.")"

詳說

○ 添此句.
여기의 구절을 더하였다.

○ 省爲本, 釋爲用.
살피는 것은 근본이고 발사하는 것이 활용이다.

○ 陳氏雅言曰 : "此章上兩句, 說譬以起下兩句."
진씨 아언(陳氏雅言)이 말하였다 : "여기 장의 위의 두 구절에서 비유로 아래의 두 구절을 일으킨 것이다."341)

集傳

王能如是, 則動無過擧, 近可以慰悅尹心, 遠可以有譽於後世矣.
왕이 이와 같이 하면 행동함에 지나친 거동이 없어 가까이로는 이윤의 마음을 위안하고 기쁘게 할 것이고, 멀리로는 후세에 명예가 있을 것이다.

詳說

○ 美辭.
'예(譽)'는 칭찬하는 말이다.

○ 陳氏大猷曰 : "所謂永圖也."
진씨 대유(陳氏大猷)가 말하였다 : "이른바 영구한 도모이다."342)

---

341) 『서경대전(書經大全)』, 「상서(商書)」·「태갑상(太甲上)」, "진씨 아언이 말하였다 : '여기 장의 위의 두 구절에서 비유를 해서 아래의 두 구절을 일으켰으니, 시에서 비(比)와 같다. 활쏘기는 군자와 비슷하니, 우인이 활을 쏠 때에 기아(機牙)를 이미 메겨 놨으면, 곧 오히려 그 활살이 법도에 맞는지 반드시 살핀 다음에 발사한다면 쏜 것이 적중하지 않음이 없는 것이다. 군자의 일처리도 이와 같다. 천하의 일에는 각기 그 법도가 있지 않은 것이 없으니, 임금은 그 의리가 머무는 곳을 공경해야 하고 조상들께서 행한 것을 따라야 한다. 머무리라고 하고 조상이라고 한 것은 곧 일의 법도이다. 그 머묾을 공경하면 그 조상이 행한 것을 따르니, 조상이 행한 것은 또한 곧 머물러야 하는 것이다. 이윤은 여기에서 특히 그 살피는 것이 정밀하지 않아 머무는 것이 혹 머물 곳이 아닌지 염려되었다. 그러므로 선조가 행하신 것을 따르라고 이어받은 것은 그 머무는 곳이 도의 영역인지 증험하기 위함이다.'(陳氏雅言曰 : 此章上兩句, 設譬以起下兩句, 若詩之比也. 射有似乎君子, 虞人之射, 旣張其機矣, 然猶必省其括之合于度, 然後釋之, 則發無不中矣. 君子之處事, 亦猶是也. 天下之事, 莫不各有其度, 人君惟當欽其義理之所止, 率夫乃祖之所行. 曰止, 曰祖, 即事之度也. 能欽其止, 則率其祖之所行, 祖之所行, 亦即其所當止也. 伊尹於此, 特恐其察之不精, 止而或非其所當止. 故繼之以率乃祖攸行者, 所以驗其所止之道也.)"
342) 『서경대전(書經大全)』, 「상서(商書)」·「태갑상(太甲上)」, "진씨 대유가 말하였다 : '「만세에 훌륭한 명예가 있다.」는 것은 이른바 영구한 도모이다.'(陳氏大猷曰 : 萬世有辭, 所謂永圖也.)"

○ 新安陳氏曰 : "此章仍以先王始之, 以尹躬終之. 尹本自任以天下之重, 又受先王託孤之重任, 故告戒之辭, 節節提起先王, 而以與尹躬相關繫收結之."

신안 진씨가 말하였다 : "여기의 장은 그래서 '선왕'으로 시작해서 '이윤이 몸소'로 맺었다. 이윤은 본래 천하의 중임을 자임하는데,343) 또 선왕이 어린 자식을 부탁하는 중임을 받았기 때문에 경계를 고하는 말이 구절마다 '선왕'을 제시하고 '이윤이 몸소'로와 서로 관련지어 정리하면서 맺었던 것이다."344)

集傳

安汝止者, 聖君之事, 者也, 欽厥止者, 賢君之事, 學而知者也.

안여지(安汝止)는 성군의 일로 생이지지(生而知之)하는 것이고, 흠궐지(欽厥止)는 현군의 일로 학이지지(學而知之)하는 것이다.

詳說

○ 見益稷.

---

343) 『맹자』「만장상」, "이윤(伊尹)은 천하의 백성 중에 필부와 필부라도 요순의 혜택을 입지 못하는 자가 있으면, 마치 자신이 그를 밀어 도랑 가운데로 넣은 것과 같이 여겼으니, 그가 천하의 중임으로써 자임함이 이와 같았다. 그러므로 탕왕에게 나아가 설득하여 하나라를 정벌하여 백성을 구제한 것이다.(思天下之民, 匹夫匹婦有不被堯舜之澤者, 若己推而內納之溝中, 其自任以天下之重, 如此. 故就湯而說之, 以伐夏救民.)"; 「만장하」: "이윤(伊尹)은 말하기를 '어느 사람을 섬기면 군주가 아니면, 어느 사람을 부리면 백성이 아니겠는가.'라고 하고, 세상이 다스려져도 나아가며 혼란해도 나아가서, 말하기를 '하늘이 이 백성을 낸 것은 먼저 안 사람으로 하여금 뒤늦게 아는 사람을 깨우쳐주며, 선각자(先覺者)로 하여금 뒤늦게 깨닫는 자를 깨우치게 하신 것이다. 나는 하늘이 낸 백성 중에 선각자이니, 내 장차 이 도(道)로써 이 백성을 깨우치겠다.'라고 하였으며, 생각하기를, 천하의 백성 중에 필부·필부라도 요순의 혜택을 입는 데 참여하지 못한 자가 있으면, 마치 자기가 그를 밀쳐서 도랑 가운데로 넣은 것처럼 여겼으니, 이는 천하의 중함으로써 자임한 것이다.(伊尹曰, 何事非君, 何使非民, 治亦進, 亂亦進, 曰, 天之生斯民也. 使先知, 覺後知, 使先覺, 覺後覺, 予天民之先覺者也, 予將以此道, 覺此民也, 思天下之民, 匹夫匹婦有不與被堯舜之澤者, 若己推而內之溝中, 其自任以天下之重也.)"

344) 『서경대전(書經大全)』「상서(商書)」·「태갑상(太甲上)」, "신안 진씨가 말하였다 : 「공경하고 엄숙히 하지 않음이 없다.」는 것은 탕의 공경을 말한다.「그 머묾을 공경하여 당신의 선조가 행하신 바를 따르라.」는 것은 태갑이 공경을 다하여 선왕을 법으로 하기를 장려하는 것이다.「끝마침이 있다」고 하고「영구한 도모」라고 하며「만세에 훌륭한 명예가 있을 것이다.」라고 권면한 것이다.「끝마침이 있지 못하다.」라고「스스로 전복한다.」라고 한 것은 경계시킨 것이다. 여기의 장은 그래서「선왕」으로 시작해서「이윤이 몸소」로 맺었다. 왕이 공경해서 끝마침이 있는 것은 선왕과 이윤의 바람이다. 왕이 공경하지 않아 스스로 전복하는 것은 선왕의 바람이 아니고 이윤이 그 책임을 다하지 못한 것이다. 이윤은 본래 천하의 중임을 자임하는데, 또 선왕이 어린 자식을 부탁하는 중임을 받았기 때문에 경계를 고하는 말이 구절마다「선왕」을 제시하고「이윤이 몸소」로와 서로 관련지어 정리하면서 맺었던 것이다.'(新安陳氏曰 : 罔不祗肅, 言湯之敬也. 欽厥止, 率乃祖攸行, 勉太甲盡敬以法先王也. 曰有終, 曰永圖, 曰萬世有辭, 勸之也. 曰罔克有終, 曰自覆, 戒之也. 此章仍是以先王始之, 以尹躬結之. 王能欽敬而有終, 先王之望尹之幸也. 王不能欽敬而自覆, 非先王之望, 尹之不能盡其責也. 尹本自任以天下之重, 又受先王託孤之重任, 故告戒之辭, 節節提起先王, 而以與尹躬相關繫收結之.)"

'안여지(安汝止)'의 경우, 그 내용이 「익직」에 보인다.345)

○ 並見中庸.
모두 『중용』에 보인다.346)

○ 論也.
경문의 의미 설명이다.

[5-3-5-①-8]

王未克變.

왕이 능히 바꾸지 못하였다.

集傳

不能變其舊習也, 此亦史氏之言.
그 옛 습관을 바꾸지 못했다는 것으로 이것 역시 사관의 말이다.

詳說

○ 此句, 論也.
여기의 구절은 경문의 의미 설명이다.

[5-3-5-①-9]

伊尹曰茲乃不義, 習與性成, 予弗狎于弗順, 營于桐宮, 密邇先王其訓, 無俾世迷.

---

345) 『서경(書經)』 「우서(虞書)」 「익직(益稷)」 "우(禹)가 '아! 훌륭합니다. 황제시여. 지위에 있음을 삼가소서.'라고 하니, 제순(帝舜)이 '아! 너의 말이 옳다.'라고 하였다. 이에 우(禹)가 다음과 같이 말씀하였다. '당신의 마음이 그치는 바에 편안히 하여 기미를 생각하고 편안히 할 것을 생각하시며 보필하는 신하가 정직하면 동함에 크게 응하여 뜻을 기다릴 것이니, 상제께 밝게 받으시면 하늘이 거듭 명하여 아름답게 할 것입니다.'(禹曰, 都, 帝, 慎乃在位. 帝曰, 俞. 禹曰, 安汝止, 惟幾惟康, 其弼直, 惟動, 丕應志, 以昭受上帝, 天其申命用休.)"
346) 『중용(中庸)』 20장. "혹은 태어나면서부터 알고, 혹은 배워서 알며, 혹은 애를 써서 이것을 아는데, 알게 되는 것에서는 동일하다. 혹은 편안히 행하고, 혹은 이롭게 여겨 이것을 행하며, 혹은 억지로 힘써 이것을 행하는데, 성공하는 것에서는 동일하다.(或生而知之, 或學而知之 或困而知之, 及其知之, 一也. 或安而行之, 或利而行之, 或勉強而行之, 及其成功, 一也.)"

이윤이 "이 의롭지 못함은 습관이 천성과 함께 이루어졌기 때문이니, 나는 의리에 순종하지 않는 사람과 되풀이하여 익히게 하지 않겠다."라고 하고, 동(桐)땅에 궁궐을 경영하고 선왕을 가까이하며 이로써 가르쳐서 평생토록 혼미함이 없게 하였다.

集傳

狎, 習也. 弗順者, 不順義理之人也.
압(狎)은 익힌다는 것이다. 불순(弗順)은 의리에 순종하지 않는 사람이다.

詳說

○ 添人字..
'인(人)'자를 더하였다.

集傳

桐, 成湯墓陵之地. 伊尹指太甲所爲, 乃不義之事, 習惡而性成者也.
동(桐)은 성탕(成湯)의 능묘가 있는 곳이다. 이윤은 '태갑이 하는 행동이 바로 이 의롭지 못한 일로 악을 익혀서 천성으로 만든 것이다.

詳說

○ 賈氏誼曰 : "少成若天性, 習慣如自然."
가씨 의(賈氏誼)347)가 말하였다 : "어려서부터 이루어진 것은 천성과 같고, 습관이 된 것은 저절로 그렇게 되는 것과 같다."348)

集傳

我不可使其狎習不順義理之人,

---

347) 가의(賈誼, BC 200 ~ BC 168) : 전한(前漢) 시대에 뛰어난 인재로 제자백가에 정통하여 문제의 총애를 받아 약관으로 최연소 박사가 되었다. 1년 만에 태중대부(太中大夫)가 되어 진(秦)나라 때부터 내려온 율령·관제·예악 등의 제도를 개정하고 전한의 관제를 정비하기 위한 많은 의견을 상주하였다. 그러나 주발(周勃) 등 당시 고관들의 시기로 장사왕(長沙王)의 태부(太傅)로 좌천되었다. 자신의 불우한 운명을 굴원(屈原)에 비유하여 「복조부(鵩鳥賦)」와 「조굴원부(弔屈原賦)」를 지었으며, 『초사(楚辭)』에 수록된 「석서(惜誓)」도 그의 작품으로 알려졌다. 4년 뒤 복귀하여 문제의 막내아들 양왕(梁王)의 태부가 되었으나 왕이 낙마하여 급서하자 이를 애도한 나머지 1년 후 33세로 죽었다. 저서에 『신서(新書)』 10권이 있으며, 진(秦)의 멸망 원인을 추구한 「과진론(過秦論)」은 널리 알려져 있다.
348) 『서경대전(書經大全)』, 「상서(商書)」·「태갑상(太甲上)」, "어려서부터 이루어진 것은 천성과 같고 습관이 된 것은 저절로 그렇게 되는 것과 같다.(賈誼曰 : 少成若天性, 習慣如自然.)"

나는 의리에 순종하지 않는 사람과는 친근하고 익숙하게 익히도록 하지 않겠다.'
고 지적하고,

詳說

○ 添使字, 與孟子盡心註, 不同.
'사(使)'자를 더하였는데,『맹자』「진심」의 주석과는 같지 않다.349)

○ 沙溪曰：“孟子註, 辭意迫切, 似當以書註爲主.”
사계(沙溪)가 말하였다：“『맹자』의 주석에서는 말의 의미가 박절하니,『서경』의 주석을 위주로 해야 할 것 같다.”350)

集傳

於是營宮于桐,
이에 궁궐을 동(桐)땅에 경영했으니,

詳說

○ 營于桐以宮也, 雖然于字不必泥.
궁으로 동을 경영한 것이다. 그럴지라도 '우(于)'자에 구애될 필요는 없다.

集傳

使親近成湯之墓,
성탕의 능묘 가까이서

---

349)『맹자(孟子)』「진심상(盡心上)」, "공손추가 말하였다 : '이윤이 「나는 의리에 순종하지 않는 사람을 자주 보지 않겠다.」라고 하고, 태갑(太甲)을 동(桐)땅으로 추방하자, 백성들이 크게 기뻐하였고, 태갑(太甲)이 어질어져 다시 그를 돌아오게 하자, 백성들이 크게 기뻐하였다.(公孫丑曰, 伊尹曰, 予不狎于不順, 放太甲于桐, 民大悅, 太甲賢, 又反之, 民大悅.)" 주자의 주, "'나는 의리에 순종하지 않는 사람을 가까이.'는 것은 「태갑편(太甲篇)」의 글이다. 압(狎)은 자주 본다는 것이다. 불순(不順)은 태갑의 소행이 의리에 순종하지 못함을 말씀한 것이다. 나머지는 「만장상(萬章上)」에 있다.(予不狎于不順, 太甲篇文. 狎, 習見也. 不順, 言太甲所爲不順義理也. 餘, 見前篇.)"

350)『상촌고(象村稿)』35권,「서독 30수((書牘 三十首)」·「답사계 별고「答沙溪 別稿」, "'나는 의리에 순종하지 않는 사람을 압(狎)하지 않겠다.'는 구절은『서경』의 주석과『맹자』의 주석이 같지 않다. 채씨는 반드시 주자 말년의 소견에 따라『서경』의 주를 위주로 했다. 답신이 그렇게 되어 있다.『맹자』의 주로 보면 말의 의미가 박절하니,『서경』의 주석을 옳은 것으로 해야 한다.(予不狎于不順, 書註與孟子註不同. 蔡氏必從朱子末年所見, 當以書註爲主. 來示然矣. 以孟子註觀之, 辭意迫切, 宜以書註爲正.)"

詳說
○ 密.
가깝다는 것이다.

集傳
朝夕哀思, 興起其善, 以是訓之.
아침저녁으로 슬피 생각해서 선한 마음을 일으키게 했다. 이것으로 훈계해서

詳說
○ 尹訓之也.
이윤이 훈계한 것이다.

集傳
無使終身
종신토록

詳說
○ 世.
한 세대이다.

集傳
迷惑而不悟也.
미혹되어 깨닫지 못함이 없게 한 것이다.

詳說
○ 新安陳氏曰 : "伊尹此擧蓋處君臣之變者. 惟自任以天下之重, 如尹之開國元老, 大忠至公者能之, 非汎然之大臣敢爲也."
신안 진씨(新安陳氏)가 말하였다 : "이윤은 여기에서 임금과 신하가 변하는 대처에 대해 든 것이다. 천하의 무거움을 자임하는 것351)은 이윤 같은 개국의 원

---

351) 『맹자』「만장상」, "이윤(伊尹)은 천하의 백성 중에 필부와 필부라도 요순의 혜택을 입지 못하는 자가 있으

로로 크게 충성하고 지극히 공평한 자가 할 수 있는 것이지 평범한 대신이 감히 할 수 있는 것이 아니다."352)

[5-3-5-①-10]
王徂桐宮居憂, 克終允德

왕이 동궁에 가서 거우(居憂)하며 능히 마침내 덕을 진실하게 하였다.

集傳

徂, 往也.

조(徂)는 감이다.

면, 마치 자신이 그를 밀어 도랑 가운데로 넣은 것과 같이 여겼으니, 그가 천하의 중임으로써 자임함이 이와 같았다. 그러므로 탕왕에게 나아가 설득하여 하나라를 정벌하여 백성을 구제한 것이다.(思天下之民, 匹夫匹婦有不被堯舜之澤者, 若己推而內納之溝中, 其自任以天下之重, 如此. 故就湯而說之, 以伐夏救民.)」; 「만장하」: "이윤(伊尹)은 말하기를 '어느 사람을 섬기면 군주가 아니면, 어느 사람을 부리면 백성이 아니겠는가.'라고 하고, 세상이 다스려져도 나아가 혼란해도 나아가서, 말하기를 '하늘이 이 백성을 낸 것은 먼저 안 사람으로 하여금 뒤늦게 아는 사람을 깨우쳐주며, 선각자(先覺者)로 하여금 뒤늦게 깨닫는 자를 깨우치게 하신 것이다. 나는 하늘이 낸 백성 중에 선각자이니, 내 장차 이 도(道)로써 이 백성을 깨우치겠다.'라고 하였으며, 생각하기를, 천하의 백성 중에 필부·필부라도 요순의 혜택을 입는 데 참여하지 못한 자가 있으면, 마치 자기가 그를 밀쳐서 도랑 가운데로 넣은 것처럼 여겼으니, 이는 천하의 중함으로써 자임한 것이다.(伊尹曰, 何事非君, 何使非民, 治亦進, 亂亦進, 曰, 天之生斯民也. 使先知, 覺後知, 使先覺, 覺後覺, 予天民之先覺者也, 予將以此道, 覺此民也, 思天下之民, 匹夫匹婦有不與被堯舜之澤者, 若己推而內之溝中, 其自任以天下之重也.)」

352) 『서경대전(書經大全)』, 「상서(商書)」·「태갑상(太甲上)」, "신안 진씨가 말하였다 : '이윤은 여기에서 임금과 신하가 변하는 대처에 대해 든 것이다. 선왕이 고아를 부탁한 중임을 몸소 맡아 종묘가 전복되는 우환을 깊이 슬퍼했으니, 태갑의 성품이 중인에 불과하고, 평소 악을 행하는 친근한 사람들의 유혹이 반드시 많은데, 선으로 보좌하는 대신으로는 자신 외에 들리는 것이 없어 외로운 충절로는 많은 유혹의 무리를 이길 수 없음을 알았던 것이다. 오래도록 미혹한 것을 개도할 수 없어 마침내 동궁을 지어 거처하면서 마치 앞에 있는 선왕을 뵈어 소인의 무리가 옆에 없는 듯이 하면 선한 마음이 무럭무럭 자라 나쁜 습관을 싹 없앨 것이니, 이것이 말하지 않는 교화이고 변화에 통달한 권도라는 말이다. 천하의 무거움을 자임하는 것은 이윤 같은 개국의 원로로 크게 충성하고 지극히 공평한 자가 할 수 있는 것이지 평범한 대신이 감히 할 수 있는 것이 아니다. 또 살펴보건대, 천고의 성학은 '떳떳한 본성을 소유했다.'는 한 마디에서 열었고, 그 다음은 「습관이 천성과 함께 이루어졌다.」는 것이다. 떳떳한 본성은 천지의 본성으로 말한 것인데, 맹자가 성선을 말한 것은 떳떳한 본성에 근거해서 말한 것이다. 공자가 본성은 서로 가까운데 습관이 멀어지게 한다고 말한 것은 습관이 본성으로 이루어진다고 한 것에서 나온 것이다. 떳떳한 본성이 있어 본래 선은 있고 악은 없는데, 단지 악에 습관이 된 이후에 본성이 악으로 흘러가면, 이미 그렇게 흘러가서 본성이 이루어지는 것처럼 된다. 그런데 그 습관을 삼가 선에 습관이 되면 선을 도리어 회복해서 천지의 성이 회복된다. 이것이 태갑이 끝내 덕을 진실하게 한 까닭이다. 천지의 본성과 기질의 본성이 장횡거에 와서 둘로 나누어져 말해졌을지라도 이미 탕과 이윤이 성을 말한 처음에 그 단초를 시작했던 것이다.(新安陳氏曰 : 伊尹此舉蓋處君臣之變者. 身任先王託孤之重, 深軫宗廟顚覆之憂, 知太甲之性不過中人, 平日誘以爲惡之近習必多, 而輔以善之大臣, 尹之外無聞焉, 孤忠不能勝引誘之衆徒. 言不能開迷惑之久, 遂營桐宮以居之. 如見先王之在前, 而無羣小之在側, 善心油然以生, 而汙習脫然以除, 此不言之敎, 達變之權. 惟自任以天下之重, 如尹之開國元老, 大忠至公者能之, 而非泛然之大臣敢爲也. 又按, 千古性學, 開端於若有恒性之一言, 其次則習與性成之言也. 恒性以天地之性言, 孟子性善之論, 本恒性而言也. 孔子性近習遠之論, 自習與性成而發也. 若有恒性, 本有善而無惡, 惟習於惡, 而後性流於惡, 其既流也, 性若成矣. 然能謹其習, 而習於善, 則善反之, 而天地之性存焉. 此太甲所以終允德也. 天地之性, 氣質之性, 雖至橫渠張氏, 始剖判言之, 已肇端於湯尹言性之初矣.)"

詳說

○ 一無也字.
어떤 판본에는 '야(也)'자가 없다.

○ 居憂, 居仲壬之喪也
'거우(居憂)' 중임의 상중인 것이다.

集傳

允, 信也. 有諸己之謂信,
윤(允)은 진실함이다. 자기 몸에 소유함을 신(信)이라 이르니,

詳說

○ 出孟子盡心.
『맹자』「진심」이 출처이다.353)

集傳

實有其德於身也. 凡人之不善, 必有從
그 덕을 자기 몸에 진실로 소유하는 것이다. 사람이 불선함은 반드시 따르고

詳說

○ 子勇反.
'종(從)'은 음이 '자(子)'와 '용(勇)'의 반절이다.

集傳

臾
아첨하여

---

353) 『맹자(孟子)』「진심하(盡心下)」, "무엇을 선(善)이라 하고, 무엇을 신(信)이라 합니까? 해 볼만 것을 선이라고 하고, 선을 자기 몸에 소유함을 신이라고 하며, 충실한 것을 미(美)라고 하고, 충실해서 빛나는 것을 대(大)라 하며, 커서 변화되는 것을 성(聖)이라 하고, 성스러워 알 수 없는 것을 신(神)이라고 한다.(何謂善, 何謂信. 曰, 可欲之謂善, 有諸己之謂信, 充實之謂美, 充實而有光輝之謂大, 大而化之之謂聖, 聖而不可知之之謂神.)"

詳說

○ 音勇.
'용(㦡)'은 음이 '용(勇)'이다.

○ 鄒氏季友曰 : "從㦡, 勸也. 字書作慫慂."
추씨 계우(鄒氏季友)가 말하였다 : "'종용(從㦡)'은 권하는 것이다. 자서(字書)에는 '종용(慫慂)'으로 되어 있다."

集傳
以導其爲非者, 太甲桐宮之居, 伊尹旣使其密邇先王陵墓,
비행(非行)을 하도록 인도하는 자가 있어서이니, 태갑(太甲)이 동궁(桐宮)에 거처할 때에 이윤(伊尹)이 이미 선왕(先王)의 능묘(陵墓)에 가깝게 해서

詳說

○ 一有以字.
어떤 판본에는 '이(以)'자가 있다.

集傳
興發其善心, 又絶其比昵之黨, 而革其汙染.
선한 마음을 일으켜 나오게 하고, 또 친하고 가까운 무리들을 끊어서 그 오염된 것을 고치게 하였다.

詳說

○ 必二反.
'비(比)'는 음이 '필(必)'과 '이(二)'의 반절이다.

○ 音烏.
'오(汙)'는 음이 '오(烏)'이다.

○ 並承上節.

위의 절을 아울러 이어받았다.

集傳

此其所以克終允德也
이 때문에 능히 마침내 덕을 진실하게 한 것이다.

詳說

○ 董氏鼎曰 : "有以動心忍性, 增益其所不能."
동씨 정(董氏鼎)354)이 말하였다 : "마음을 움직이고 성질을 참아 냄이 있으면, 해내지 못했던 일을 더욱더 잘 한다.355)"356)

集傳

次篇伊尹言嗣王克終厥德, 又曰, 允德協于下. 故史氏言克終允德, 結此篇, 以發次篇之義.
다음 편에서 이윤이 "사왕(嗣王)이 능히 덕을 마쳤다."라고 말하였고, 또 "진실한 덕이 아래에 화합하였다."라고 말하였다. 그러므로 사관이 능히 마침내 덕을 진실하게 하였다고 말하여 이 편을 맺으면서 다음 편의 뜻을 드러낸 것이다.

詳說

○ 新安陳氏曰 : "千古性學, 開端於若有恆性之一言, 其次則習與性成之言也. 恆性以天地之性言, 孟子性善之論, 本恆性而言. 孔子性近習遠之論, 自習與性成而發也. 天地之性, 氣質之性, 雖至張子始剖判言之, 已肇端於湯尹言性之初矣."

---

354) 동정(董鼎, ?~?) 원나라 요주(饒州) 파양(鄱陽) 사람으로 자는 계형(季亨)이고, 별호는 심산(深山)이다. 동몽정(董夢程)의 먼 친척이고, 주희(朱熹)의 재전제자(再傳弟子)다. 황간(黃幹), 동수(董銖)를 사숙했다. 저서에 『서전집록찬소(書傳輯錄纂疏)』와 『효경대의(孝經大義)』가 있다. 『서전집록찬소』는 여러 학자의 설을 두루 모아 어느 한 사람의 설에만 얽매이지 않았다고 평가된다.

355) 『맹자(孟子)』 「고자하(告子下)」에 "하늘이 어떤 사람에게 큰 임무를 맡기려 할 적에는 반드시 먼저 그 심지를 괴롭히고 그 근골을 수고롭게 하며 그 육체를 굶주리게 하며 그 몸을 궁핍하게 하며 그들이 하는 일마다 어긋나게 하나니, 이는 그들의 마음을 움직이고 성질을 참아 내게 하여 그들이 해내지 못했던 일을 더욱더 잘 할 수 있게 해 주기 위해서이다.(天將降大任於是人也, 必先苦其心志, 勞其筋骨, 餓其體膚, 空乏其身, 行拂亂其所爲, 所以動心忍性, 增益其所不能.)"

356) 『서경대전(書經大全)』, 「상서(商書)」·「태갑상(太甲上)」, "동씨 정이 말하였다 : '마음을 움직이고 성질을 참아 냄이 있으면, 해내지 못했던 일을 더욱더 잘 하니, 위태롭게 되지 않을 것이다.'(董氏鼎曰, …, 有以動心忍性, 增益其所不能, 其不危乎.)"

신안 진씨(新安陳氏)가 말하였다 : "천고의 성학은 '떳떳한 본성을 소유했다.'는 한 마디에서 단초를 열었고, 그 다음은 '습관이 천성과 함께 이루어졌다.'는 것이다. 떳떳한 본성은 천지의 본성으로 말한 것인데, 맹자가 성선을 말한 것은 떳떳한 본성에 근거해서 말한 것이다. 공자가 본성은 서로 가까운데 습관이 멀어지게 한다고 말한 것은 습관이 본성으로 이루어진다고 한 것에서 나온 것이다. 천지의 본성과 기질의 본성이 장횡거에 와서 처음으로 나누어져 말해졌을지라도 이미 탕과 이윤이 본성을 말한 처음에 그 단초를 시작했던 것이다.)"357)

---

357) 『서경대전(書經大全)』, 「상서(商書)」·「태갑상(太甲上)」, "신안 진씨가 말하였다 : '이윤은 여기에서 임금과 신하가 변하는 대처에 대해 든 것이다. 선왕이 고아를 부탁한 중임을 몸소 맡아 종묘가 전복되는 우환을 깊이 슬퍼했으니, 태갑의 성품이 중인에 불과하고, 평소 악을 행하는 친근한 사람들의 유혹이 반드시 많은데, 선으로 보좌하는 대신으로는 자신 외에 들리는 것이 없어 외로운 충절로는 많은 유혹의 무리를 이길 수 없음을 알았던 것이다. 오래도록 미혹한 것을 개도할 수 없어 마침내 동궁을 지어 거처하면서 마치 앞에 있는 선왕을 뵈어 소인의 무리가 옆에 없는 듯이 하면 선한 마음이 무럭무럭 자라 나쁜 습관을 싹 없앨 것이니, 이것이 말하지 않는 교화이고 변화에 통달한 권도라는 말이다. 천하의 무거움을 자임하는 것은 이윤 같은 개국의 원로로 크게 충성하고 지극히 공평한 자가 할 수 있는 것이지 평범한 대신이 감히 할 수 있는 것이 아니다. 또 살펴보건대, 천고의 성학은 「떳떳한 본성을 소유했다.」는 한 마디에서 단초를 열었고, 그 다음은 「습관이 천성과 함께 이루어졌다.」는 것이다. 떳떳한 본성은 천지의 본성으로 말한 것인데, 맹자가 성선을 말한 것은 떳떳한 본성에 근거해서 말한 것이다. 공자가 본성은 서로 가까운데 습관이 멀어지게 한다고 말한 것은 습관이 본성으로 이루어진다고 한 것에서 나온 것이다. 떳떳한 본성이 있어 본래 선은 있고 악은 없는데, 단지 악에 습관이 된 이후에 본성이 악으로 흘러가면, 이미 그렇게 흘러가서 본성이 이루어지는 것처럼 된다. 그런데 그 습관을 삼가 선에 습관이 되면 선을 도리어 회복해서 천지의 성이 회복된다. 이것이 태갑이 끝내 덕을 진실하게 한 까닭이다. 천지의 본성과 기질의 본성이 장횡거에 와서 처음으로 나누어져 말해졌을지라도 이미 탕과 이윤이 본성을 말한 처음에 그 단초를 시작했던 것이다.(新安陳氏曰 : 伊尹此擧蓋處君臣之變者. 身任先王託孤之重, 深軫宗廟顚覆之憂, 知太甲之性不過中人, 平日誘以爲惡之近習必多, 而輔以善之大臣, 尹之外無聞焉, 孤忠不能勝引誘之衆徒. 言不能開迷惑之久, 遂營桐宮以居之. 如見先王之在前, 而無羣小之在側, 善心油然以生, 而汙習脫然以除, 此不言之敎, 達變之權. 惟自任以天下之重, 如尹之開國元老, 大忠至公者能之, 而非泛然之大臣敢爲也. 又按, 千古性學, 開端於若有恒性之一言, 其次則習與性成之言也. 恒性以天地之性言, 孟子性善之論, 本恒性而言也. 孔子性近習遠之論, 自習與性成而發也. 若有恒性, 本有善而無惡, 惟習於惡, 而後性流於惡, 其旣流也, 性若成矣. 然能謹其習, 而習於善, 則善反之, 而天地之性存焉. 此太甲所以終允德也. 天地之性, 氣質之性, 雖至橫渠張氏, 始剖判言之, 已肇端於湯尹言性之初矣.)"

[5-3-5-②]
『태갑중(太甲中)』

[5-3-5-②-1]
惟三祀十有二月朔, 伊尹以冕服, 奉嗣王, 歸于亳.

3년 12월 초하루에 이윤이 면복으로 사왕(嗣王)을 받들어 박읍으로 돌아왔다.

集傳
太甲終喪明年之正朔也.
태갑(太甲)이 상(喪)을 마친 다음 해의 정삭이다.

詳說
○ 音征.
'정(正)'은 음이 '정(征)'이다.

集傳
冕, 冠也. 唐孔氏曰, 周禮
면(冕)은 관이다. 당(唐)나라 공씨(孔氏)가 "『주례(周禮)』에

詳說
○ 司服.
「사복」이다.

集傳
天子六冕, 備物盡文, 惟袞冕耳, 此蓋袞冕之服. 義
천자는 여섯 면관(冕冠)이 있는데, 물건을 구비하고 문채(文采)를 다한 것은 곤면(袞冕)뿐이니, 이것은 곤면(袞冕)의 옷이다." 하니,

詳說

○ 於文義

'의(義)'는 '문맥의 의미에서'이다.

集傳

或然也. 奉, 迎也. 喪旣除, 以袞冕吉服, 奉迎以歸也.

의리에 혹 그럴 듯하다. 봉(奉)은 맞이함이다. 상(喪)을 이미 벗음에 곤면(袞冕)의 길복(吉服)으로 맞이해 받들어서 돌아온 것이다.

[5-3-5-②-2]

作書曰, 民非后, 罔克胥匡以生, 后非民, 罔以辟四方, 皇天眷佑有商, 俾嗣王克終厥德, 實萬世無疆之休.

이윤(伊尹)이 다음과 같은 글을 지었다. "백성은 군주가 아니면 서로 바로잡아 살 수가 없고, 군주는 백성이 아니면 사방에 군주노릇 할 수가 없으니, 황천(皇天)이 우리 상나라를 돌아보고 도우시어 사왕(嗣王)이 능히 그 덕을 마치도록 하였으니, 이는 실로 만세에 무강한 아름다움이십니다."

集傳

民非君, 則不能相正以生, 君非民, 則誰與爲君者.

백성은 군주가 아니면 서로 바로잡아 살 수가 없고, 군주는 백성이 아니면 누구와 더불어 군주노릇을 하겠는가!

詳說

○ 卽大禹謨, 何戴罔守之意.

곧 「대우모(大禹謨)」에서 "누구를 떠받들고 지킬 수 없다."[358]는 의미이다.

集傳

---

[358] 『서경(書經)』「우서(虞書)」·「대우모-17(大禹謨-17)」, "사랑할 만한 것은 군주가 아니며 두려워할 만한 것은 민중이 아니겠는가! 민중은 원후(元后)가 아니면 누구를 떠받들며 원후는 민중이 아니면 함께 나라를 지킬 수 없을 것이니, 공경하여 네가 소유한 지위를 삼가서 백성들이 원할 만한 것을 공경히 닦아라. 사해가 곤궁하면 천록(天祿)이 영영 끊어질 것이다. 입은 우호를 내기도 하고 전쟁을 일으키기도 하니, 짐은 다시 딴 말을 하지 않겠다.(可愛, 非君, 可畏, 非民. 衆非元后, 何戴, 后非衆, 罔與守邦, 欽哉, 愼乃有位, 敬脩其可願. 四海困窮, 天祿永終. 惟口, 出好, 興戎, 朕言, 不再.)"

言民固不可無君, 而君尤不可失民也. 太甲改過之初, 伊尹首發此義, 其喜懼之意深矣.
백성은 진실로 군주가 없을 수 없고 군주는 더더욱 백성을 잃어서는 안됨을 말한 것이다. 태갑이 허물을 고친 초기에 이윤이 첫 번째로 이 뜻을 말하였으니, 기뻐하고 두려워한 뜻이 깊다.

詳說
○ 又歸重於君而論之.
또 중심을 임금에게 돌려서 말하였다.

集傳
夫太甲不義, 有若性成,
태갑의 불의는 마치 천성으로 이루어진 것 같았는데

詳說
○ 音扶
'부(夫)'는 음이 '부(扶)'이다.

○ 承上篇.
위의 편을 이어받았다.

集傳
一旦飜然改悟, 是豈人力所至.
하루아침에 번연(飜然)히 고쳐 깨달았으니, 이 어찌 인력으로 한 것이겠는가!

詳說
○ 以人而論歸天.
사람이 한 것인데, 하늘로 되돌려 말하였다.

集傳

蓋天命眷商, 陰誘其衷,
천명이 상나라를 돌아보아 속으로 그 마음을 유인하였으므로

詳說
○ 中心.
'충(衷)'은 '중심(中心)'이다.

集傳
故嗣王能終其德也. 向之湯緒
사왕(嗣王)이 그 덕을 마치게 된 것이다. 지난날에 탕왕의 전통이

詳說
○ 業也.
'서(緒)'는 '업(業)'이다.

集傳
幾墜, 今其自是有永, 豈不爲萬世無疆之休乎.
거의 실추될 것 같았는데, 이제 앞으로는 영원함이 있게 되었으니, 어찌 만세에 무강(無疆)한 아름다움이 되지 않겠는가!

詳說
○ 呂氏曰 : "玩味實字, 可見喜慰."
여씨(呂氏)가 말하였다 : "'실(實)'자를 완미하면, 기뻐하며 안심하는 것을 알 수 있다."359)

○ 新安陳氏曰 : "克終, 卽前篇所望, 有終也. 萬世之休, 卽前篇所望, 萬世有辭也."
신안 진씨가 말하였다 : "'능히 ~을 마쳤다.'는 것은 곧 앞의 편에서 바라는 것

---

359) 『서경대전(書經大全)』, 「상서(商書)」·「태갑중(太甲中)」, "여씨가 말하였다 : '태갑이 일을 고치지 않았다면 어떻게 되었을까? 이제 능히 ~을 마치게 되어 기뻐하고 안심하는 것이 어떠했겠는가? 「실(實)」자를 완미하면, 알 수 있다.'(呂氏曰 : 使太甲不改事, 將若何. 今既克終, 喜慰何如哉. 玩味實字可見.)"

으로 끝마침이 있는 것이다. '만세에 ~ 아름다움'은 곧 앞의 편에서 바라는 것으로 만세에 훌륭한 명예가 있을 것이라는 것이다."360)

[5-3-5-②-3]

王拜手稽首曰, 予小子不明于德, 自底不類, 欲敗度縱敗禮, 以速戾于厥躬, 天作孼, 猶可違, 自作孼, 不可逭. 旣往, 背師保之訓, 弗克于厥初, 尙賴匡救之德, 圖惟厥終.

왕이 배수계수(拜手稽首)하고 "나 소자는 덕에 밝지 못하여 스스로 불초함에 이르러 욕심으로 법도를 무너뜨리고 방종으로 예를 무너뜨려 이 몸에 죄를 불렀으니, 하늘이 지은 재앙은 오히려 피할 수 있으나 스스로 지은 재앙은 도망할 수가 없습니다. 기왕에 사보(師保)의 가르침을 저버려 그 처음에는 잘하지 못했으나 행여 바로잡아 주는 덕을 힘입어 그 끝을 잘 마칠 것을 도모하고 생각합니다." 라고 하였다.

詳說

○ 敗, 必邁反. 逭, 胡玩反. 背, 音佩.

'패(敗)'는 '필(必)'과 '매(邁)'의 반절이다. '환(逭)'은 음이 '호(胡)'와 '완(玩)'의 반절이다. '배(背)'는 음이 '패(佩)'이다.

集傳

拜手, 首至手也, 稽首首至地也.

배수(拜手)는 머리가 손에 이름이고, 계수(稽首)는 머리가 땅까지 이르는 것이다.

詳說

○ 朱子曰 : "稽留之意, 是首至地之久也."

---

360) 『서경대전(書經大全)』, 「상서(商書)」·「태갑중(太甲中)」, "신안 진씨가 말하였다 : '「능히 그 덕을 마치도록 한다.」는 것은 곧 앞의 편에서 바라는 것으로 그 끝마침이 있는 것이다. 「여기서 말한 만세에 무강한 아름다움」은 곧 앞의 편에서 바라는 것으로 만세에 훌륭한 명예가 있을 것이라는 것이다. 전에 원했는데, 얻지 못하였고, 이제 그 원하는 것을 이룰 수 있고, 전에 탕왕의 전통이 거의 무너졌는데, 이제 앞으로 영원히 선왕의 바람이 이루어질 것이다. 이윤의 책임이 채워졌으니 그 기쁨이 어떠했겠는가? 어떻게 선으로 옮겨 간 일체에 따라 유구하게 바라는 것을 허여한 것이 아니겠는가?'(新安陳氏曰 : 克終厥德, 即前篇所望, 其有終者也. 此所謂萬世無疆之休, 即前篇所望其萬世有辭者也. 前願之而未得, 今得遂其所願, 向也湯緖幾覆, 今也自是可久, 先王之望遂矣. 伊尹之責塞矣, 其欣幸為何如. 烏得不因其遷善之一初, 而許與期望之於悠久也哉.)"

주자(朱子)가 말하였다 : "머문다는 의미로 머리가 땅까지 길게 이르는 것이다."361)

○ 益稷註叅看.
「익직」의 주에서 참고해서 보라.362)

集傳

太甲致敬於師保, 其禮如此.
태갑(太甲)이 사보(師保)에게 공경을 다할 적에 그 예(禮)가 이와 같았다.

詳說

○ 朱子曰 : "古者天子尊師重傅."
주자(朱子)가 말하였다 : "옛날에 천자는 사부를 존중했다."363)

集傳

不類, 猶不肖也.
불류(不類)는 불초(不肖)와 같다.

詳說

○ 孔氏曰 : "類, 善也."
공씨(孔氏)가 말하였다 : "'류(類)'는 '선(善)'이다."364)

集傳

---

361) 『서경대전(書經大全)』, 「상서(商書)」·「태갑중(太甲中)」, "주자가 말하였다 : '옛날에 천자는 사부를 존중했으니, 태갑이 배수계수하였고, 성왕이 계수배수하였다. 소(疏)에서 계수(稽首)는 머문다는 의미로 말했으니, 머리가 땅까지 길게 이르는 것이다.'(朱子曰 : 古者天子尊師重傅, 太甲拜手稽首, 成王拜手稽首. 疏言稽首, 稽留之意, 是首至地之久也.)"
362) 『서경(書經)』, 「익직(益稷-11)」 주자의 주, "배수계수(拜手稽首)는 머리가 손에 이르고 또 땅까지 이르는 것이다.(拜手稽首者, 首至手, 又至地也.)"
363) 『서경대전(書經大全)』, 「상서(商書)」·「태갑중(太甲中)」, "주자가 말하였다 : '옛날에 천자는 사부를 존중했으니, 태갑이 배수계수하였고, 성왕이 계수배수하였다. 소(疏)에서 계수(稽首)는 머문다는 의미로 말했으니, 머리가 땅까지 길게 이르는 것이다.'(朱子曰 : 古者天子尊師重傅, 太甲拜手稽首, 成王拜手稽首. 疏言稽首, 稽留之意, 是首至地之久也.)"
364) 『상서찬전(尙書纂傳)』, 「상서(商書)」·「태갑중(太甲中)」, "한나라 공씨가 말하였다 : '임금인데 신하에게 머리를 조아리는 것은 이전의 잘못에 대해 용서를 구하는 것이다. 「류(類)」는 「선(善)」이다. 덕에 어둡기 때문에 스스로 불선하게 된 것이다.'(漢孔氏曰 : 君而稽首於臣, 謝前過. 類, 善也. 闇於德, 故自致不善.)"

多欲, 則興作而亂法度, 縱肆, 則放蕩而隳禮儀.
욕심이 많으면 일어나서 법도를 어지럽히고, 방종하면 방탕하여 예의를 무너뜨린다.

詳說

○ 許規反.
'휴(隳)'는 음이 '허(許)'와 '규(規)'의 반절이다.

集傳

度就事言之也, 禮就身言之也.
도(度)는 일로 말한 것이고, 예(禮)는 몸으로 말한 것이다.

詳說

○ 西山眞氏曰 : "欲縱二字, 乃太甲前日受病之原, 故至此首以自責."
서산 진씨(西山眞氏)가 말하였다 : "욕심과 방종이라는 말은 바로 태갑에게 이전에 단점이 되는 근원이었기 때문에 여기에서 먼저 자책한 것이다."365)

集傳

速, 召之急也. 戾,罪, 孼, 災, 逭, 逃也. 旣往, 已往也.
속(速)은 부르기를 급히 하는 것이다. 여(戾)는 죄이며, 얼(孼)은 재앙이며, 환(逭)은 도망하는 것이다. 기왕(旣往)은 이왕(已往)이다.

詳說

○ 此不須訓.

---

365) 『서경대전(書經大全)』, 「상서(商書)」·「태갑중(太甲中)」, "서산 진씨가 말하였다 : '덕은 하늘에서 얻은 것이다. 불류는 불초와 같다. 천성은 본래 선한데 사람이 스스로 어둡게 하면, 선과 반대로 악하게 되어 하늘과 서로 같지 않게 된다. 욕심은 좋아하는 것이고 방종은 마음대로 하는 것이다. 몸을 봉양함에 법도가 있어야 하는데 좋아함에 절제가 없으면 도리를 어그러뜨리고, 수신에 예의가 있어야 하는데, 마음대로 하고 공손하지 않으면 예의를 어그러뜨린다. 그러니 욕심과 방종이라는 말은 바로 태갑에게 이전에 단점이 되는 근원이었기 때문에 여기에서 먼저 자책한 것이다.'(西山眞氏曰 : 德者, 得之於天者也. 不類, 猶不肖也. 天性本善, 人自昧之, 則反善而爲惡, 與天不相似矣. 欲者, 嗜好也, 縱者, 放肆也. 奉身, 當有法度, 嗜好無節, 則敗度, 修身, 當有禮, 縱肆不恭, 則敗禮. 二字, 乃太甲前日受病之源, 故至此首以自責.)"

이 곳은 굳이 설명할 필요가 없다.

集傳
已往旣不信伊尹之言, 不能謹之於始, 庶幾
이왕에 이미 이윤의 말을 믿지 아니하여 처음에는 삼가지 못하였으나 행여

詳說
○ 沙溪曰 : "恐脫賴字."
사계(沙溪)가 말하였다 : "'뢰(賴)'자가 빠진 것 같다."

集傳
正救之力
바로잡아 주는 힘으로

詳說
○ 德.
'력(力)'은 '덕(德)'이다.

集傳
以圖惟其終也.
끝마침을 잘 마치기를 도모한다는 것이다.

詳說
○ 惟字, 不必釋, 或曰, 思也.
'유(惟)'자는 굳이 해석할 필요가 없다. 어떤 사람은 '사(思)'라고 했다.

集傳
當太甲不惠阿衡之時, 伊尹之言, 惟恐太甲不聽, 及太甲改過之後, 太甲之心, 惟恐伊尹不言, 夫太甲固困而知之者.
태갑이 아형(阿衡)의 말에 순종하지 않을 때에는 이윤의 말에 행여 태갑이 들어주

지 않을까 두려워하였는데, 태갑이 잘못을 고친 뒤에는 태갑의 마음에 이윤이 말해주지 않을까 두려워하였으니, 태갑(太甲)은 진실로 곤궁하여 안 자이다.

> 詳說

○ 音扶.
'부(夫)'는 음이 '부(扶)'이다.

○ 見中庸.
내용이 『중용』에 보인다.366)

> 集傳

然昔之迷, 今之復, 昔之晦, 今之明, 如日月, 昏蝕, 一復其舊, 而光采炫耀,
그러나 옛날에는 혼미했는데 지금에는 돌아왔고, 옛날에는 어두웠는데 지금에는 밝아져서 해와 달이 어둡고 먹혔다가 한번 옛 모습을 회복함에 광채가 빛나서

> 詳說

○ 榮絹反.
'현(炫)'의 음은 '영(榮)'과 '견(絹)'의 반절이다.

> 集傳

萬景俱新. 湯武不可及已, 豈居成王之下乎.
만 가지 경치가 모두 새로워지는 것과 같다. 탕무(湯武)에는 미칠 수 없겠으나 어찌 성왕(成王)의 아래에 있겠는가?

> 詳說

○ 論也.
경문의 의미 설명이다.

---

366) 『중용(中庸)』 20장, "혹은 태어나면서부터 알고, 혹은 배워서 알며, 혹은 애를 써서 이것을 아는데, 알게 되는 것에서는 동일하다. 혹은 편안히 행하고, 혹은 이롭게 여겨 이것을 행하며, 혹은 억지로 힘써 이것을 행하는데, 성공하는 것에서는 동일하다.(或生而知之, 或學而知之 或困而知之, 及其知之, 一也. 或安而行之, 或利而行之, 或勉强而行之, 及其成功, 一也.)"

[5-3-5-②-4]
伊尹, 拜手稽首曰, 脩厥身, 允德協于下, 惟明后.

윤이 배수계수하며 다음과 같이 말하였다. "몸을 닦아 진실한 덕이 아래에 화합하는 것이 현명한 군주입니다.

集傳
伊尹致敬
이윤이 공경을 다하여

詳說
○ 照上註.
위의 주를 참조하라.

集傳
以復太甲也
태갑에게 답한 것이다.

詳說
○ 報也.
'복(復)'은 '보(報)'이다.

集傳
修身則無敗度敗禮之事,
몸을 닦으면 법도를 무너뜨리고 예를 무너뜨리는 일이 없으며,

詳說
○ 承上節.
위의 절을 이어받았다.

集傳
允德

덕에 진실하면

> 詳說

○ 誠信之德也. 此釋作誠其德者, 欲與修身, 對說也.
성신의 덕이다. 여기에서 덕을 진질하게 하는 것에 대해 풀이한 것은 수신과 상대하여 설명하려는 것이다.

> 集傳

則有誠身
몸을 성실히 하고

> 詳說

○ 見中庸.
『중용』에 보인다.367)

> 集傳

誠意
뜻을 성실히 하는

> 詳說

○ 見大學.
『대학』에 보인다.368)

---

367) 『중용』 20장. "아랫자리에 있으면서 윗사람에게 신임(信任)을 얻지 못하면 백성을 다스리지 못할 것이다. 윗사람에게 신임을 얻는 것이 방법이 있으니, 붕우(朋友)에게 믿음을 받지 못하면 윗사람에게 신임을 얻지 못할 것이다. 붕우(朋友)에게 믿음을 받는 것이 방법이 있으니, 어버이에게 순하지 못하면 붕우(朋友)에게 믿음을 받지 못할 것이다. 어버이에게 순함이 방법이 있으니, 자기 몸에 돌이켜보아 성실하지 못하면 어버이에게 순하지 못할 것이다. 몸을 성실히 함이 방법이 있으니, 선(善)을 밝게 알지 못하면 몸을 성실히 하지 못할 것이다.(在下位, 不獲乎上, 民不可得而治矣. 獲乎上, 有道 不信乎朋友, 不獲乎上矣. 信乎朋友, 有道, 不順乎親, 不信乎朋友矣. 順乎親, 有道, 反諸身不誠, 不順乎親矣. 誠身, 有道, 不明乎善, 不誠乎身矣.)"

368) 『대학』 경문 1장. "옛날에 명덕(明德)을 천하에 밝히고자 하는 자는 먼저 그 나라를 다스리고, 그 나라를 다스리고자 하는 자는 먼저 그 집안을 가지런히 하고, 그 집안을 가지런히 하고자 하는 자는 먼저 그 몸을 닦고, 그 몸을 닦고자 하는 자는 먼저 그 마음을 바루고, 그 마음을 바루고자 하는 자는 먼저 그 뜻을 성실히 하고, 그 뜻을 성실히 하고자 하는 자는 먼저 그 지식(知識)을 지극히 하였으니, 지식을 지극히 함은 사물의 이치를 궁구함에 있다. 사물의 이치가 이른 뒤에 지식이 지극해지고, 지식이 지극해진 뒤에 뜻이 성실해지고, 뜻이 성실해진 뒤에 마음이 바루어지고, 마음이 바루어진 뒤에 몸이 닦아지고, 몸이 닦아

集傳

之實, 德誠于上協和于下, 惟明后然也

실제가 있으니, 덕이 위에 진실하여 아래에 화합함은 현명한 군주만이 그러한 것이다.

詳說

○ 新安陳氏曰 : "惟明后, 與不明于德, 相應. 太甲自謂不明, 尹遂以明后許與期望之."

신안 진씨(新安陳氏)가 말하였다 : "현명한 군주는 덕에 밝지 않는 이들과 서로 호응한다. 태갑이 스스로 밝지 않다고 하자 이윤은 마침내 현명한 군주로 허여해서 기대한다는 것이다."369)

[5-3-5-②-5]

先王子惠困窮, 民服厥命, 罔有不悅, 並其有邦厥鄰, 乃曰徯我后, 后來無罰.

선왕이 곤궁한 자들을 자식처럼 사랑하였으니, 백성들은 그 명에 복종하며 기뻐하지 않는 이가 없고, 함께 나라를 소유했던 이웃나라의 백성들이 마침내 '우리 임금님을 기다리노니 우리 임금님이 오시면 벌이 없겠지요!' 라고 하였습니다.

集傳

此言湯德所以協下者.

이는 탕왕의 덕이 아래에 화합함을 말한 것이다.

진 뒤에 집안이 가지런해지고, 집안이 가지런한 뒤에 나라가 다스려지고, 나라가 다스려진 뒤에 천하가 평(平)해진다.(古之欲明明德於天下者, 先治其國, 欲治其國者, 先齊其家, 欲齊其家者, 先修其身, 欲修其身者, 先正其心, 欲正其心者, 先誠其意, 欲誠其意者, 先致其知, 致知, 在格物. 物格而后知至, 知至而后意誠, 意誠而后心正, 心正而后身修, 身修而后家齊, 家齊而后國治, 國治而后天下平.)"

369) 『서경대전(書經大全)』, 「상서(商書)」·「태갑중(太甲中)」, "신안 진씨가 말하였다 : '현명한 군주는 덕에 밝지 않는 이들과 서로 호응한다. 태갑이 스스로 밝지 않다고 하자 이윤은 마침내 몸을 닦아 진실한 덕이 아래에 화합하는 것이 현명한 군주라는 것으로 허여해서 기대한다는 것이다. 몸을 닦는 것은 자신에게 근본하고, 진실한 덕이 아래에 화합하는 것은 백성들에게 구하는 것이니, 사람의 마음에 미쁘게 부합하는 것이 수신의 효험인 것이다.'(新安陳氏曰 : 惟明后與不明于德相應. 太甲自謂不明于德, 尹遂以脩身協下而爲明后者, 許與期望之. 脩身, 本諸身也, 允德協下, 徵諸庶民也, 誠實之德, 孚契人心, 其身修之驗歟.)"

詳說

○ 承上節而總提.
　　앞의 절을 이어받아 전체적으로 제시한 것이다.

集傳

困窮之民, 若己子而惠愛之, 惠之若子, 則心之愛者誠矣, 未有誠而不動者也.
곤궁한 백성을 자식처럼 사랑하였으니, 사랑하기를 자식처럼 하면 마음에 사랑함이 정성스러운 것이니, 정성스러운데 감동시키지 못하는 경우는 있지 않다.

詳說

○ 見孟子離婁.
　　『맹자』「이루」에 보인다.370)

○ 以誠字連接上下文意.
　　'성(誠)'자로 위아래 문맥의 의미를 연결해서 이었다.

集傳

故民服其命無有不得其懽心. 當時諸侯, 並湯而有國者, 其鄰國之民,
그러므로 백성들이 그 명령에 복종하여 환심을 얻지 못함이 없었다. 당시에 제후는 탕왕과 함께 나라를 소유했던 자들인데, 그 이웃나라 백성들이

詳說

○ 猶從也.
　　'복(服)'은 '종(從)'과 같다.

---

370) 『맹자(孟子)』「등문공하(滕文公下)」, "탕왕이 첫 번째 정벌을 갈(葛)나라로부터 시작해서 11개국을 정벌하셨는데, 천하에 대적할 이가 없었으니, 동쪽을 향하여 정벌하면 서쪽의 오랑캐가 원망하고, 남쪽을 향하여 정벌하면 북쪽의 오랑캐가 원망하며 '어찌하여 우리나라를 뒤에 정벌하시는가.'라고 했다. 백성들이 바라기를 큰 가뭄에 비를 바라듯이 하고, 시장에 돌아가는 자들이 발길을 멈추지 않았으며, 김매는 자들이 동요하지 않았다. 탕왕이 그 군주를 주벌하고 백성들을 위문하시자, 단비가 내린 듯이 백성들이 크게 기뻐하였다. 『서경(書經)』에서 '우리 임금님을 기다리니, 우리 임금님이 오시면 형벌이 없으시겠지!'라고 하였다. (湯始征, 自葛載, 十一征而無敵於天下, 東面而征, 西夷怨, 南面而征, 北狄怨, 曰, 奚爲後我, 民之望之, 若大旱之望雨也. 歸市者弗止, 芸者不變, 誅其君, 吊其民, 如時雨降, 民大悅. 書曰, 徯我后, 后來, 其無罰.)"

○ 鄰國, 即並湯有國者
이웃나라는 곧 탕과 함 나라를 가진 자들이다.

集傳
乃以湯爲我君, 曰待我君, 我君來其無罰乎,
마침내 탕왕을 우리 임금님이라 여기고 "우리 임금님을 기다리노니 우리 임금님이 오시면 벌이 없겠지요!."라고 말하였으니,

詳說
○ 自戒之辭.
스스로 경계하는 말이다.

集傳
言除其邪虐
사악하고 포악함을 제거한다는 말이다.

詳說
○ 見微子之命.
「미자지명(微子之命)」에 보인다.371)

集傳
湯之得民心也如此, 即仲虺
탕왕이 민심을 얻은 것이 이와 같았으니, 「중훼지고(仲之誥)」에

詳說
○ 之誥
「(중훼)지고」이다.

---

371) 『서경(書經)』, 「주서(周書)·미자지명-2(微子之命-2)」, "아! 너의 선조이신 성탕이 능히 공경하고 성스러우며 넓고 깊으시니, 황천(皇天)이 돌아보고 도우셨으므로 크게 천명을 받으시어 백성을 어루만지되 너그러움으로 하시며 사학함을 제거하시니, 공이 당시에 가해졌으며 덕이 후예에게 드리워졌다.(嗚呼, 乃祖成湯, 克齊聖廣淵, 皇天眷佑, 誕受厥命, 撫民以寬, 除其邪虐, 功加于時, 德垂後裔.)"

集傳

后來其蘇之事.

"우리 임금님께서 오시니 소생할 것이다."라는 일이다.

詳說

○ 論也.

경문의 의미 설명이다.

[5-3-5-②-6]

王懋乃德, 視乃烈祖, 無時豫怠.

왕은 당신의 덕을 힘쓰시어 당신의 열조를 살펴보아 한시도 편안하고 태만하지 마소서.

集傳

湯之盤銘曰, 苟日新日日新又日新,

탕왕의 반명(盤銘)에 "만일 어느 날 새로워졌거든 나날이 새롭고, 또 날로 새롭게 하라."라고 하였으니,

詳說

○ 照前篇德日新註.

앞의 편에서 덕이 날마다 새로워졌다는 주를 참조하라.[372]

---

[372] 『서경(書經)』,「상서(商書)」·「중훼지고-8(仲虺之誥-8)」, "덕이 날로 새로워지면 만방이 그리워하고, 마음이 자만하면 구족(九族)이 마침내 이반할 것이니, 왕께서는 힘써 큰 덕을 밝히시어 백성들에게 중도를 세우소서. 의로 일을 제재하고 예로 마음을 제재하셔야 후손들에게 넉넉함을 드리울 것입니다. 제가 듣기로는 '능히 스스로 스승을 얻는 자는 왕자가 되고, 남들이 자기만 못하다고 말하는 자는 망한다. 묻기를 좋아하면 여유가 있고, 스스로 지혜를 쓰면 작아진다.'라고 하는 것이었습니다.(德日新, 萬邦惟懷, 志自滿, 九族乃離, 王懋昭大德, 建中于民, 以義制事, 以禮制心, 垂裕後昆. 予聞, 曰能自得師者, 王, 謂人莫己若者, 亡. 好問則裕, 自用則小.)." 주자의 주, "덕이 날로 새로워진다는 것은 날로 그 덕을 새롭게 하여 스스로 그치지 않는 것이고, 마음이 자만하다는 것은 이와 반대이다. 탕왕이 대야에 새긴 글에서 '만일 하루를 새롭게 하거든 나날이 새롭게 하고 또 날로 새롭게 하라.'라고 하였으니, 뜻을 넓힌 것이다. 덕이 날로 새로워지면 만방이 비록 넓으나 그리워하지 않는 이가 없고, 마음이 자만하면 구족(九族)이 비록 친할지라도 떠나버린다. 만방은 멀리 있는 것을 들어 가까운 것을 나타낸 것이고, 구족(九族)은 친한 것을 들어 소원한 것을 나타낸 것이다.(德日新者, 日新其德而不自已也. 志自滿者, 反是. 湯之盤銘曰, 苟日新日日新又日新, 其廣日新之義歟. 德日新, 則萬邦雖廣, 而無不懷, 志自滿, 則九族雖親而亦離. 萬邦舉遠, 以見近也, 九族舉親, 以見疏也.)"

集傳
湯之所以懋其德者如此. 太甲亦當勉於其德,
탕왕이 덕에 힘쓴 것이 이와 같았다. 태갑 또한 마땅히 덕(德)을 힘써서

詳說
○ 懋.
'면(勉)'은 경문에서 '무(懋)'이다.

集傳
視烈祖之所爲不可頃刻,
열조(烈祖)의 하신 바를 살펴보아 경각이라도

詳說
○ 時.
'각(刻)'은 시간이다.

集傳
而逸豫怠惰也.
놀고 즐기며 게으르지 말아야 할 것이다.

[5-3-5-②-7]
奉先思孝, 接下思恭, 視遠惟明, 聽德惟聰, 朕承王之休, 無.

선조(先祖)를 받들 때에는 효성을 생각하시고 아랫사람을 대할 때에는 공손함을 생각하시며, 보기를 멀리하되 밝게 볼 것을 생각하시고, 듣기를 덕스러운 말로 하되 귀 밝게 들을 것을 생각하시면, 저는 왕의 아름다움을 받들어서 싫어함이 없을 것입니다."

詳說
○ 斁, 音亦.
'역(斁)'은 음이 '역(亦)'이다.

> 集傳

思孝, 則不敢違其祖, 思恭, 則不敢忽其臣. 惟, 亦思也. 思明, 則所視者, 遠而不蔽於淺近, 思聰, 則所聽者, 德而不惑於憸邪,

효성을 생각하면 감히 선조(先祖)를 어기지 못하고, 공손함을 생각하면 감히 신하를 소홀히 하지 못한다. 유(惟) 또한 생각함이다. 밝게 볼 것을 생각하면 보는 것이 멀어서 천근함에 가리워지지 않고, 귀밝게 들을 것을 생각하면 듣는 것이 덕스러운 말이어서 간사함에 혹하지 않을 것이니, 이는 덕을 힘씀에 종사하는 것이다. 태갑이 이에 능하면 나는 왕의 아름다움을 받들어서 싫어하는 바가 없을 것이다.

> 詳說

○ 思廉反.

'섬(憸)'은 '사(思廉)'와 '염(廉)'의 반절이다.

> 集傳

此懋德之所從事者.

이것이 덕을 힘씀에 종사하는 것이다.

> 詳說

○ 懋德之事.

덕에 힘쓰는 일이다.

○ 承上節.

위의 절을 이어받았다.

> 集傳

太甲能是, 則我承王之美, 而無所厭斁也.

태갑이 이것에 능하면 나는 왕의 아름다움을 받들어서 싫어하는 바가 없을 것이다.

> 詳說

○ 新安陳氏曰 : "伊尹提起先王子惠, 以朕承王休結之, 仍是以先

王尹躬對言, 以警動期望之也.”

신안 진씨(新安陳氏)가 말하였다 : "선왕께서 자식처럼 사랑한 것을 제시하고 제가 왕의 아름다움을 받든다는 것으로 매듭짓고는 이어 선왕과 이윤이 상대해서 답하는 것으로 경동시키면서 기대를 한 것이다."373)

---

373) 『서경대전(書經大全)』, 「상서(商書)」·「태갑중(太甲中)」 : "신안 진씨가 말하였다 : '선왕께서 자식처럼 사랑한 것을 제시해서 힘써 그 선조를 본 다음에 제가 왕의 아름다움을 받든다는 것으로 매듭짓고는 이어 선왕과 이윤이 상대해서 답하는 것으로 경동시키면서 기대를 한 것이다.'(新安陳氏曰 : 伊尹提起先王子惠, 而勉以視乃厥祖, 然後以朕承王之休結之, 仍是以先王尹躬對言, 以警動期望之也.)"

[5-3-5-③]
『태갑하(太甲下)』

> 詳說

○ 陳氏大猷曰 : "伊訓作於太甲未有過之. 先尹欲預防其縱, 故其辭嚴. 太甲上篇, 作於有過之時, 不欲激之而微轉其機, 故其辭婉. 中篇作於悔過之初, 尹深自喜慰, 故其辭溫. 下篇作於改過之後, 慮其或不克終, 故其辭深以厲言之. 淺深有序如此."

"진씨 대유(陳氏大猷)374)가 말하였다 : 「이훈(伊訓)」은 태갑이 아직 잘못이 있지 않은 앞에서 지어 이윤이 방종을 예방하려고 했기 때문에 그 말이 엄하다. 「태갑상」편은 태갑이 잘못이 있을 때에 지어 이윤이 그를 격동시키지 않으면서 그 틀을 살짝 바꾸려고 했기 때문에 그 말이 은근하다. 중편은 잘못을 후회하는 초기에 지어 이윤이 깊이 기쁘게 위안받았기 때문에 그 말이 온화하다. 하편은 잘못을 고친 다음에 지어 이윤은 그가 혹시 능히 끝마치지 못할까 염려했기 때문에 그 말이 깊이 격려하는 것이다. 대신의 격언에 깊고 얕음에 순서가 있는 것이 이와 같다."375)

[5-3-5-③-1]

伊尹申誥于王曰, 嗚呼, 惟天無親, 克敬惟親, 民罔常懷, 懷于有仁, 鬼神無常享. 享于克誠, 天位艱哉.

이윤이 다시 왕에게 다음과 같이 거듭 고하였다. "아! 하늘은 친히 하는 사람이 없어 능히

---

374) 진씨 대유(陳氏大猷, ?~?) : 송나라 남강군(南康軍) 도창(都倉) 사람으로 자는 문헌(文獻)이고, 호는 동재(東齋)다. 이종(理宗) 개경(開慶) 원년(1259) 진사(進士)가 되고, 종정랑(從政郞)과 황주군(黃州軍) 판관(判官) 등을 지냈다. 『서경』에 조예가 깊었다. 저서에 『상서집전혹문(尙書集傳或問)』과 『상서집전회통(尙書集傳會通)』 등이 있다.

375) 『서경대전(書經大全)』, 「상서(商書)」·「태갑하(太甲下)」), "진씨 대유(陳氏大猷)가 말하였다 : '「이훈(伊訓)」은 태갑이 아직 잘못이 있지 않은 앞에서 지어 이윤이 방종을 예방하려고 했기 때문에 그 말이 엄하다. 「태갑상」편은 태갑이 잘못이 있을 때에 지어 이윤이 그를 격동시키지 않으면서 그 틀을 살짝 바꾸려고 했기 때문에 그 말이 은근하다. 중편은 잘못을 후회하는 초기에 지어 이윤이 깊이 기쁘게 위안받았기 때문에 그 말이 온화하다. 하편은 잘못을 고친 다음에 지어 이윤은 그가 혹시 능히 끝마치지 못할까 염려했기 때문에 그 말이 깊이 격려하는 것이다. 대신의 격언에 깊고 얕음에 순서가 있는 것이 이와 같다.'(陳氏大猷曰 : 伊訓作於太甲未有過之先, 尹欲預防其縱, 故其辭嚴. 太甲上篇, 作於太甲有過之時, 尹不欲激之而微轉其機, 故其辭婉. 中篇作於悔過之初, 尹深自喜慰, 故其辭溫. 下篇作於改過之後, 尹慮其或不克終, 故其辭深以厲. 大臣格言, 淺深有序, 蓋如此.)"

공경하는 자를 친하시며, 백성들은 일정하게 그리워하는 사람이 없어 어짊이 있는 이를 그리워하며, 귀신은 일정하게 흠향함이 없어 능히 정성스러운 자에게 흠향하니, 천자의 지위가 어렵습니다.

集傳
申誥, 重誥也.
신고(申誥)는 거듭 고하는 것이다.

詳說
○ 去聲.
'중(重)'은 거성이다.

○ 承中篇, 作書而云申.
중편을 이어받아 글을 지어 '거듭'이라고 한 것이다.

集傳
天之所親, 民之所懷, 鬼神之所享, 皆不常也. 惟克敬有仁克誠, 而後天親之, 民懷之, 鬼神享之也.
하늘의 친한 바와 백성의 그리워하는 바와 귀신의 흠향하는 바가 모두 일정하지 않다. 오직 능히 공경하고, 인(仁)이 있고, 능히 정성스러운 뒤에야 하늘이 친하고 백성이 그리워하고 귀신이 흠향하는 것이다.

詳說
○ 錯釋.
뒤섞어서 풀이했다.

集傳
曰敬曰仁曰誠者, 各因所主而言. 天謂之敬者, 天者理之所在, 動靜語默, 不可有一毫之慢, 民謂之仁者, 民非元后何戴.
경(敬)이라고 하고 ·인(仁)이라고 하며 성(誠)이라고 한 것은 각기 주장하는 바를 따라 말한 것이다. 하늘에 경(敬)이라 한 것은 하늘은 이치가 있는 곳이니, 동정

(動靜)과 어묵(語默)에 조금도 태만함이 없는 것이고, 백성에 인(仁)이라 한 것은 백성은 원후(元后)가 아니면 누구를 떠받들겠는가.

詳說

○ 見大禹謨.

「대우모」에 보인다.376)

集傳

鰥寡孤獨, 皆人君所當恤. 鬼神謂之誠者, 不誠無物,

환과고독(鰥寡孤獨)은 모두 인군(人君)이 마땅히 구휼해야 할 자들이다. 귀신에 성(誠)이라 한 것은 정성스럽지 못하면 사물이 없으니,

詳說

○ 出中庸.

『중용』이 출처이다.377)

集傳

誠立於此而後神格於彼. 三者所當盡如此,

정성이 여기에 선 뒤에 신(神)이 저기에 이르는 것이다. 세 가지를 마땅히 극진히 하여야 함이 이와 같으니,

詳說

○ 申論.

거듭 말한 것이다.

---

376) 『서경(書經)』「우서(虞書)」·「대우모-17(大禹謨-17)」, "사랑할 만한 것은 군주가 아니며 두려워할 만한 것은 민중이 아니겠는가! 민중은 원후(元后)가 아니면 누구를 떠받들며 원후는 민중이 아니면 함께 나라를 지킬 수 없을 것이니, 공경하여 네가 소유한 지위를 삼가서 백성들이 원할 만한 것을 공경히 닦아라. 사해가 곤궁하면 천록(天祿)이 영영 끊어질 것이다. 입은 우호를 내기도 하고 전쟁을 일으키기도 하니, 짐은 다시 딴 말을 하지 않겠다.(可愛, 非君, 可畏, 非民. 衆非元后, 何戴, 后非衆, 罔與守邦. 欽哉, 愼乃有位, 敬脩其可願. 四海困窮, 天祿永終. 惟口, 出好, 興戎, 朕言, 不再.)"
377) 『중용(中庸)』 25장, "성(誠)은 사물의 종(終)과 시(始)이니, 성실하지 못하면 사물이 없게 된다. 그러므로 군자는 성실히 함을 귀하게 여기는 것이다.(誠者, 物之終始, 不誠無物. 是故君子誠之爲貴.)"

| 集傳 |

人君居天之位, 其可易而爲之哉.
인군이 천자의 지위에 거하는 것을 쉽게 할 수 있겠는가?

| 詳說 |

○ 去聲.
'이(易)'는 거성이다.

○ 陳氏雅言曰 : "能盡其在我者, 則無常者, 爲有常矣."
진씨 아언(陳氏雅言)이 말하였다 : "나에게 있는 것을 극진하게 할 수 있으면 일정함이 없는 것도 일정함이 있게 된다."378)

| 集傳 |

分而言之則三, 合而言之一德而已. 太甲遷善未幾, 而伊尹以是告之, 其才固有大過人者歟.
나누어 말하면 세 가지이고, 합하여 말하면 하나의 덕일 뿐이다. 태갑이 개과천선한 지 얼마 되지 않아 이윤이 이 말을 고하였으니, 그 재질이 진실로 보통사람보다 크게 뛰어남이 있을 것이다.

| 詳說 |

○ 西山眞氏曰 : "敬誠仁, 並言始於此, 三者, 堯舜禹之正傳也."
서산 진씨(西山眞氏)가 말하였다 : "공경과 정성과 어짊이 여기에서 시작한다고

---

378) 『서경대전(書經大全)』, 「상서(商書)」・「태갑하(太甲下)」, "진씨 아언이 말하였다 : '하늘은 일정하게 친함이 없고 백성은 일정하게 그리워함이 없으며 귀신은 일정하게 흠향함이 없으니, 이처럼 두려워해야 하는 것이다. 태갑은 천자의 지위에 있어 여기 세 가지에 조금이라도 공경하지 않고 어질지 않으며 정성이 없으면 하늘이 나를 친하게 함에 어찌 그 일정하게 친함을 보전하겠으며, 백성들이 나를 그리워함에 어찌 그 일정함 그리움을 보전하겠으며, 귀신이 나를 흠향함에 어찌 일정한 흠향을 보전하겠는가? 그러니 이것을 어찌 쉽게 할 수 있는 것이겠는가? 공경은 하늘을 섬기는 이치이고,.. 어짊은 백성을 다스리는 이치이며, 정성은 귀신을 제사하는 이치이다. 이치를 극진하게 하지 않음이 없으면 하늘은 친하지 않음이 없고, 백성은 그리워하지 않음이 없으며, 귀신은 흠향하지 않음이 없다. 이른바 일정함이 없다는 것은 나에게 있지 않고 거기에 있는 것이며, 공경한다고 하고 어짊이라고 하며 정성이라고 하는 것은 나에게 있는 것이니, 나에게 있는 것을 극진하게 할 수 있으면 일정함이 없는 것도 일정함이 있게 된다.(陳氏雅言曰 : 天無常親, 民無常懷, 鬼神無常享, 其可畏如此. 太甲居天之位, 於此三者, 苟有一毫之不敬不仁不誠, 則天之親我者, 安保其常親, 民之懷我者, 安保其常懷, 鬼神之享我者, 安保其常享, 是豈可以易而爲之哉. 蓋敬者, 事天之理也, 仁者, 治民之理也, 誠者, 祭鬼神之理也, 理無不盡, 則天無不親, 民無不懷, 鬼神無不享矣. 所謂無常者, 其機不在我而在彼也, 曰敬曰仁曰誠, 機則在我, 能盡其在我者, 則無常者, 為有常矣.)"

나란히 말했다. 세 가지는 요·순·우가 정통으로 전수한 것이다."379)

[5-3-5-③-2]

德惟治, 否德亂. 與治同道, 罔不興, 與亂同事, 罔不亡. 終始, 愼厥與, 惟明明后.

덕이 있으면 다스려지고 덕이 없으면 어지러워집니다. 다스린 자와 함께 도를 하나로 하면 흥하지 않음이 없고, 어지러운 자와 함께 일을 하나로 하면 망하지 않음이 없다. 시종에 함께 함을 삼가는 것이 오직 밝음을 밝히는 군주입니다.

詳說

○ 治, 去聲.
'치(治)'는 거성이다.

集傳

德者, 合敬仁誠之稱也.
덕(德)은 공경·어짊·정성을 합한 명칭이다.

詳說

○ 承上節.
위의 절을 이어받았다.

集傳

有是德則治, 無是德則亂, 治固古人有行之者矣. 亂亦古人有行之者也. 與古之治者同道, 則無不興, 與古之亂者同事, 則無不亡. 治而謂之道者, 蓋治因時, 制宜或損或益, 事未必同, 而道則同也, 亂而謂之事者, 亡國喪家,
이 덕이 있으면 다스려지고 이 덕이 없으면 어지러워지니, 다스림은 진실로 옛 사람들 중에 행한 자가 있고, 혼란함 또한 옛 사람들 중에 행한 자가 있다. 옛날의

---

379) 『서경대전(書經大全)』, 「상서(商書)」·「태갑하太甲下)」, "서산 진씨(西山眞氏)가 말하였다 : '공경과 정성과 어짊이 여기에서 시작한다고 나란히 말했다. 세 가지는 요·순·우·탕이 정통으로 전수한 것이다.'(西山眞氏曰 : 敬誠仁, 並言始於此, 三者, 堯舜禹湯之正傳也.)"

다스린 자와 함께 도를 하나로 하면 흥하지 않음이 없고, 옛날의 혼란한 자와 함께 일을 하나로 하면 망하지 않음이 없다. 다스려졌는데 도라고 한 것은 다스림은 때에 따라 마땅하게 하여 혹 덜기도 하고 혹 더하기도 하여 일이 반드시 같지는 않으나 도는 같기 때문이고, 혼란한데 일이라고 한 것은 나라를 망하고 집안을 잃는 것이

詳說
○ 去聲.
'상(喪)'은 거성이다.

集傳
不過貨色遊畋
재화와 여색, 유람과 사냥,

詳說
○ 見伊訓.
「이훈」에 보인다.380)

集傳
作威殺戮
위엄을 일으킴과 살육을 저지름

詳說
○ 見泰誓.
「태서(泰誓)」에 보인다.381)

---

380) 『서경(書經)』, 「상서(商書)」·「이윤-7(伊訓-7)」, "관부(官府)의 형벌을 만드시어 지위에 있는 자들을 경계하기를 '감히 궁중(宮中)에서 항상 춤을 추고 집에서 취하여 노래함이 있으면 이것을 무풍(巫風)이라 이르며, 감히 재화와 여색에 빠지고 유람과 사냥을 늘 일삼으면 이것을 음풍(淫風)이라 이르며, 감히 성인의 말씀을 업신여기고 충직한 말을 거스르며 나이 많고 덕이 있는 이를 멀리하고 우둔하고 무지한 사람을 가까이 함이 있으면 이것을 난풍(亂風)이라 이르니, 이 삼풍(三風)과 열 가지 잘못 중에 경사(卿士)가 몸에 한 가지가 있으면 집이 반드시 망하고, 나라의 군주가 몸에 한 가지가 있으면 나라가 반드시 망하니, 신하가 이것을 바로잡지 않으면 그 형벌이 묵형(墨刑)이다'라고 하여 어린 선비일 적에 자세히 가르치셔야 할 것입니다.(制官刑, 儆于有位, 曰敢有恆舞于宮, 酣歌于室, 時謂巫風, 敢有殉于貨色, 恆于遊畋, 時謂淫風, 敢有侮聖言, 逆忠直, 遠耆德, 比頑童, 時謂亂風, 惟茲三風十愆, 卿士有一于身, 家必喪, 邦君有一于身, 國必亡, 臣下不匡, 其刑墨, 具訓于蒙士.)"

集傳
等事, 事同道無不同也.
등의 일에 불과하니, 일이 같으면 도도 같지 않음이 없기 때문이다.

詳說
○ 亂有亂道.
어지러움에는 어지럽게 되는 도가 있다.

集傳
治亂之分, 顧所與如何耳,
치란(治亂)의 구분이 다만 함께 하는 것의 여하에 달려 있을 뿐이니,

詳說
○ 治而以下, 申論.
'다스려졌는데(治而)'이하는 거듭해서 설명한 것이다.

集傳
始而與治, 固可以興, 終而與亂, 則亾亦至矣. 謹其所與, 終始如一, 惟明明之君爲然也
처음에 다스리는 자와 함께 하면 진실로 흥할 수 있으나 종말에 혼란한 자와 함께 하면 망함이 또한 이르니, 그 함께 하는 자를 삼가서 시종여일하게 함은 오직 밝히고 또 밝히는 군주가 그렇게 하는 것이다.

詳說
○ 明而又明之君也. 此正義也.

---

381) 『서경(書經)』, 『주서(周書)』·「태서하-3(泰誓下-3)」, "아침에 물을 건너가는 자의 정강이를 찍고, 어진 사람의 배를 갈라 심장을 도려내며, 위엄을 세워 살륙함으로 천하에 해독을 끼치며, 간사한 사람을 높이고 믿으며 사보들을 추방하고 내치며, 전형을 버리고 바른 선비들을 가두어 노예로 삼으며, 교(郊)·사(社)를 닦지 않고 종묘를 제향하지 않으며, 기이한 재주와 도에 지나친 솜씨를 만들어 부인을 기쁘게 하였다. 이에 상제가 순하게 여기지 않으시어 단연코 이 망함을 내리시니, 너희들은 부지런히 힘써서 나 한 사람을 받들어 공손히 천벌을 행하라.(朝涉之脛, 剖賢人之心, 作威殺戮, 毒四海, 崇信姦回, 放黜師保, 屛棄典刑, 囚奴正士, 郊社不修, 宗廟不享, 作奇技淫巧, 以悅婦人, 上帝弗順, 祝降時喪, 爾其孜孜, 奉予一人, 恭行天罰.)"

밝히고 또 밝힌다는 군주이다. 이것이 올바른 의미이다.

> 集傳

上篇言惟明后, 此篇言惟明明后, 蓋明其所已明
상편(上篇)에는 유명후(惟明后)[382]라고 말하고, 이 편에서는 유명명후(惟明明后)라고 말하였으니, 이미 밝은 것을 밝혀서

> 詳說

○ 此其一義也. 諺釋用此義合, 更商.
이것은 그 하나의 의미이다.『언해』의 해석에서는 이렇게 해서 의미가 합하는데 다시 생각해 봐야 할 것이다.

> 集傳

而進乎前者矣.
앞의 것보다 더 나아간 것이다.

> 詳說

○ 視前明后, 又進一層.
앞의 현명한 군주[383]보다 또 한 한층 나아간 것이다.

○ 上篇以下, 論也
상편 이하는 경문의 의미 설명이다.

○ 新安陳氏曰 : "此因圖惟厥終之說, 而進圖終之道, 圖終之道, 在常不變其始而已. 蓋慮太甲悔艾於初, 而轉移於終也."
신안 진씨(新安陳氏)가 말하였다 : "여기에서는 그 끝을 잘 마칠 것을 도모한다는 설[384]에 따라 끝을 잘 마칠 것을 도모하는 도로 나아가고, 끝을 잘 마칠 것

---

382) 『서경(書經)』,「상서(商書)」·「태갑상-4(太甲中-4)」, "윤이 배수계수하며 다음과 같이 말하였다. '몸을 닦아 진실한 덕이 아래에 화합하는 것이 현명한 군주입니다.(伊尹, 拜手稽首曰, 脩厥身, 允德協于下, 惟明后.)"
383) 『서경(書經)』,「상서(商書)」·「太甲中-4」, "윤이 배수계수하며 다음과 같이 말하였다. '몸을 닦아 진실한 덕이 아래에 화합하는 것이 현명한 군주입니다.(伊尹, 拜手稽首曰, 脩厥身, 允德協于下, 惟明后.)"
384) 『서경대전(書經大全)』,「상서(商書)」·「태갑중-3(太甲中-3)」, "왕이 배수계수(拜手稽首)하고 '나 소자는 덕에 밝지 못하여 스스로 불초함에 이르러 욕심으로 법도를 무너뜨리고 방종으로 예를 무너뜨려 이 몸에 죄

을 도모하는 도는 언제나 그 시작을 변하지 않는 것일 뿐이다. 태갑이 처음에 회개해서 잘 끝마치는 것으로 돌아가기를 꽤한 것이다."385)

[5-3-5-③-3]
先王, 惟時. 懋敬厥德, 克配上帝. 今王, 嗣有令緒, 尚監玆哉.

선왕이 때로 힘써 덕을 공경하여 능히 상제에 짝하셨다. 금왕께서 훌륭한 전통을 이어 소유하셔서 부디 이것을 살펴보셔야 할 것입니다.

集傳
敬, 卽克敬惟親之敬, 擧其一以包其二也.

경(敬)은 곧 '능히 공경하는 자를 친하신다[克敬惟親]'386)는 것에서의 '공경한다[敬]'는 것이니, 그 하나를 들어 두 가지를 포함한 것이다.

詳說

○ 承首節.
첫 절을 이어받았다.

○ 陳氏雅言曰 : "能敬, 則必能仁且誠矣."
진씨 아언(陳氏雅言)에서 말하였다 : "능히 공경하면 반드시 어질고 정성스럽게 된다."387)

를 불렀으니, 하늘이 지은 재앙은 오히려 피할 수 있으나 스스로 지은 재앙은 도망할 수가 없습니다. 기왕에 사보(師保)의 가르침을 저버려세 그 처음에는 잘하지 못했으나 행여 바로잡아 주는 덕을 힘입어 그 끝을 잘 마칠 것을 도모하고 생각합니다.'라고 하였다.(王拜手稽首曰, 予小子不明于德, 自底不類, 欲敗度縱敗禮, 以速戾于厥躬, 天作孼, 猶可違, 自作孼, 不可逭. 旣往, 背師保之訓, 弗克于厥初, 尙賴匡救之德, 圖惟厥終.)"
385) 『서경대전(書經大全)』, 「상서(商書)」·「태갑하(太甲下)」, "신안 진씨가 말하였다 : '여기서는 행여 바로잡아 준 덕에 힘입어 잘 마칠 것을 도모한다는 설에 따라 해서 잘 마칠 것을 도모하는 도로 나아가고, 잘 마칠 것을 도모하는 도는 언제나 그 시작을 변하지 않는 것일 뿐이다. 시작과 마침에 함께 하는 것을 삼가면 초심의 밝음뿐만 아니라, 현명한 군주가 되어 또 오래도록 이 초심의 밝음을 보존하면서 밝히고 밝히는 군주가 될 것이다. 이윤은 태갑이 처음에 회개해서 잘 끝마치는 것으로 돌아가기를 꽤했기 때문에 이것에 대해 말한 것이다.'(新安陳氏曰 : 此因尙賴匡救, 圖惟厥終之說, 而進圖終之道也, 圖終之道在常不變其始而已. 終始愼其所與, 則不特初心之明, 而爲明後, 且悠久常保此初心之明, 而爲明明後矣. 尹蓋慮太甲悔艾於初, 而轉移於終也, 故言及此.)"
386) 『서경대전(書經大全)』, 「상서(商書)」·「태갑하-1(太甲下-1)」, "이윤이 다시 왕에게 다음과 같이 거듭 고하였다. "아! 하늘은 친히 하는 사람이 없어 능히 공경하는 자를 친하시며, 백성들은 일정하게 그리워하는 사람이 없어 어짊이 있는 이를 그리워하며, 귀신은 일정하게 흠향함이 없어 능히 정성스러운 자에게 흠향하니, 천자의 지위가 어렵습니다.(伊尹申誥于王曰, 嗚呼, 惟天無親, 克敬惟親, 民罔常懷, 懷于有仁, 鬼神無常享. 享于克誠, 天位艱哉.)"

> 集傳

成湯勉敬其德,
성탕이 덕을 힘써 공경하여

> 詳說

○ 惟時, 謂無時不然也.
'때로[惟時]'는 어느 때고 그렇지 않음이 없다는 말이다.

> 集傳

德與天合,
그 덕이 하늘과 합하였기 때문에

> 詳說

○ 見易乾文言.
『주역』「문언」에 보인다.388)

> 集傳

---

387) 『서경대전(書經大全)』, 「상서(商書)」·「태갑하(太甲下)」, "진씨 아언이 말하였다 : '사람이 천지의 마음을 받아 태어났으니 이 덕을 가지지 않음이 없다. 선왕은 오직 힘써 그 덕을 공경해서 하늘과 하나로 되었다. 선왕은 여기에서 성분의 밖에서 특별히 더한 것이 아닌데 그 공부가 심오하고 지극한 것은 공경에 힘쓴 것에 있을 뿐이다. 그러므로 대명을 모아 만방을 어루만졌던 것이라면, 사왕이 금일에 계승해서 천하를 소유함에 어찌 선왕을 거울로 해서 힘써 그 덕을 공경할 것을 생각하고 능히 상제에 짝할 것을 구하지 않겠는가! 「부디 이것을 살펴보셔야 한다.」는 것은 부디 능히 살펴보라는 것이니, 또한 기대하는 말이다. 이윤이 여기에서 선왕이 힘써 일하신 핵심을 말했다면 「힘써 덕을 공경하라」고 한 것이니, 힘써 일한 궁극은 「상제에 짝했다.」고 한 것이다. 대개 위아래로 꿰뚫어서 태갑에게 고한 것이다. 공경하면 반드시 어질게 되고 또 정성스럽게 되어 상제에 짝할 수 있으니, 하늘은 가까이 하고 백성은 그리워하며 귀신도 흠향하지 않음이 없는 것이다. 전에서는 하나를 들어 그 둘을 포함했다는 것이 이것이다.')陳氏雅言曰 : 人受天地之中以生, 莫不有是德也. 先王惟能勉敬其德, 至於與天爲一. 先王於此, 非於性分之外, 別有所增益也, 其工夫之深至, 惟在於懋敬而已. 故能用集大命, 撫綏萬邦, 則嗣王今日之繼有天下, 其可不以先王爲監, 而思所以懋敬其德, 求所以克配上帝者乎. 曰尙監者, 庶幾其能監視, 亦期望之辭也. 伊尹於此語先王用工之要, 則曰懋敬厥德, 語用工之極, 則曰克配上帝. 蓋徹上徹下以告太甲者也. 能敬則必能仁, 而且誠能配上帝, 則天親民懷, 而鬼神亦無不享矣. 傳謂擧其一, 以包其二者, 此也.).

388) 『주역(周易)』「문언(文言)」, "대인(大人)이란 천지(天地)와 그 덕(德)이 합하며, 일월(日月)과 그 밝음이 합하며, 사시(四時)와 그 질서가 합하며, 귀신(鬼神)과 그 길흉(吉凶)이 합하여, 하늘보다 먼저 하여도 하늘이 어기지 않으며 하늘보다 뒤에 하여도 천시(天時)를 받드나니, 하늘도 어기지 않는데 하물며 사람에게 있어서며, 귀신에게 있어서랴.(夫大人者, 與天地合其德, 與日月合其明, 與四時合其序, 與鬼神合其吉凶, 先天而天弗違, 後天而奉天時, 天且弗違, 而況於人乎, 況於鬼神乎.)"

故克配上帝
능히 상제에 짝하셨으니,

> 詳說
> ○ 旣云合, 又云配, 豈以配祭言耶. 詩文王註當叅考.
> '합했다'고 하고 나서 또 '짝한다'고 했으니, 어찌 제사를 배향하는 것을 말한 것이겠는가? 『시경』 문왕의 주를 참고해야 한다.

集傳
今王嗣有令緖,
금왕이 훌륭한 전통을 이어 소유하셔서

> 詳說
> ○ 美業.
> 아름다운 공업이다.

集傳
庶幾其監視此也.
행여 이것을 살펴보아야 할 것이다.

> 詳說
> ○ 新安陳氏曰 : "此欲太甲與湯之治同道也."
> 신안 진씨(新安陳氏)가 말하였다 : "여기에서는 태갑이 탕의 다스림과 도를 하나로 하기를 바란 것이다."389)

[5-3-5-③-4]
若升高, 必自下, 若陟遐, 必自邇.

---

389) 『서경대전(書經大全)』, 「상서(商書)」·「태갑하(太甲下)」, "신안 진씨가 말하였다 : '여기에서는 태갑이 탕의 다스림과 도를 하나로 하기를 바란 것이다.'(新安陳氏曰 : 此欲太甲與湯之治同道也.)"

높은 곳에 오름은 반드시 아래로부터 시작함과 같으며, 먼 곳에 감은 반드시 가까운 곳에서 시작함과 같습니다.

> [集傳]
>
> **此告以進德之序也. 中庸論君子之道, 亦謂譬如行遠, 必自邇, 譬如登高, 必自卑, 進德修業**
>
> 여기에서는 덕에 나아가는 순서를 고했다. 『중용(中庸)』에 군자의 도를 논할 때에도 또한 '비유하면 먼 곳을 갈 때에는 반드시 가까운 곳으로부터 시작하는 것과 같고, 높은 곳에 오를 때에는 반드시 낮은 곳으로부터 시작하는 것과 같다'390)라고 하였으니, 덕에 나아가고 업을 닦는

> [詳說]
>
> ○ **四字, 出易乾文言.**
>
> 덕에 나아가고 업을 닦는다는 말은 『주역』「문언」이 출처이다.391)

> [集傳]
>
> **之喩, 未有如此之切者**
>
> 비유가 이처럼 간절한 것은 있지 않다.

> [詳說]
>
> ○ **以論釋之.**
>
> 경문의 의미설명으로 풀이하였다.

> [集傳]

---

390) 『중용(中庸)』 15장, "군자의 도는 비유하면 먼 곳을 가려면 반드시 가까운 데로부터 하며, 높은 데 오르려면 반드시 낮은 데로부터 함과 같다.(君子之道, 譬如行遠必自邇, 如登高必自卑.)"
391) 『주역(周易)』「문언(文言)」, "구삼(九三)에 말하기를 '군자가 종일토록 힘쓰고 힘써 저녁까지도 두려워하면 위태로우나 허물이 없다'는 것은 무슨 말인가? 공자께서 말씀하셨다. "군자는 덕을 진전시키고 업(業)을 닦나니, 충(忠)·신(信)이 덕(德)을 진전시키는 것이고 말을 함에 그 성실함을 세움이 업(業)을 보유(保有)하는 것이다. 이를 데를 알아 이르므로 더불어 기미를 알 수 있고, 마칠 데를 알아 마치므로 더불어 의(義)를 보존할 수 있다. 이 때문에 윗자리에 있어도 교만하지 않고 아랫자리에 있어도 근심하지 않는 것이다. 그러므로 힘쓰고 힘써 때에 따라 두려워하면 비록 위태로우나 허물이 없는 것이다.(子進德修業, 忠信所以進德也, 修辭立其誠, 所以居業也. 知至至之, 可與幾也, 知終終之, 可與存義也. 是故居上位而不驕, 在下位而不憂. 故乾乾, 因其時而惕, 雖危无咎矣.)"

呂氏曰 : 自此乃伊尹畫一以告太甲也.
여씨(呂氏)가 말하였다. "여기부터는 바로 이윤이 하나를 그어서 태갑에게 고한 것이다."

詳說

○ 總提四節.
전부 네 구절을 제시했다.

○ 言此下五事一一畫之, 以責難於太甲也.
이 아래에서는 다섯 일을 하나하나 그어서 책임에게 어려움을 따져 밝혔다는 것이다.

[5-3-5-③-5]

無輕民事, 惟難, 無安厥位, 惟危.

백성의 일을 경홀(輕忽)히 여기지 마시어 어렵게 여길 것을 생각하시며, 지위를 편안히 여기지 마시어 위태롭게 여길 것을 생각하소서.

集傳

無, 毋通. 毋輕民事, 而思其難, 毋安君位, 而思其危

무(無)는 무(毋)와 통한다. 백성의 일을 경홀(輕忽)히 여기지 말아서 그 어려움을 생각하고, 군주의 지위를 편안히 여기지 말아서 그 위태로움을 생각하여야 한다.

詳說

○ 惟.
'사(思)'는 경문에서 '유(惟)'이다.

[5-3-5-③-6]

愼終于始.

종말을 삼가되 시초에 하소서.

> 集傳

人情孰不欲善終者, 特安於縱欲
인정(人情)이 누구인들 잘 마치고자 하지 않겠는가마는 다만 욕심과 욕심을 편안하게 여겨

> 詳說

○ 承上篇.
위의 편을 이어 받았다.

> 集傳

以爲今日姑若是, 而他日固改之也. 然始而不善, 而能善其終者, 寡矣. 桐宮之事往已, 今其卽政臨民, 亦事之一初也.
'오늘은 잠시 이와 같이 하고 후일에 진실로 고치겠다'고 한다. 그러나 시초에 잘하지 못하고서 종말을 잘하는 자는 적다. 동궁(桐宮)의 일은 이미 지나갔거니와 지금은 정사(政事)에 나아가 백성을 임하니, 이것은 또한 일에서 하나의 시초인 것이다.

> 詳說

○ 以論釋之.
경문의 의미 설명으로 풀이했다.

○ 新安陳氏曰 : "前言終始愼厥與, 則愼終爲重, 此言愼終于始, 則謹始爲重."392)
신안 진씨가 말하였다 : "앞에서 끝마침과 시초에 그 함께 함을 삼가라는 말을 했다면 끝마침을 삼가는 중요하다는 것이다. 여기에서 시초에 끝마침을 삼가라는 말을 했다면 처음을 삼가는 것이 중요하다는 것이다."

---

392) 『서경대전(書經大全)』, 「상서(商書)」· 「태갑하(太甲下)」, "신안 진씨가 말하였다 : "앞에서 끝마침과 시초에 그 함께 함을 삼가라는 말을 했다면 끝마침을 삼가는 중요하다는 것이다. 여기에서 시초에 끝마침을 삼가라는 말을 했다면 처음을 삼가는 것이 중요하다는 것이다. 진실로 끝마침을 삼가야 해서 늘 그 시초에 끝마침을 도모하는 것처럼 하려면, 더욱 먼저 그 시초를 잘해야 한다는 것이다.(新安陳氏曰 : 前言終始愼厥與, 則愼終爲重, 此言愼終于始, 則謹始爲重. 固當謹終, 而常如其始圖終, 尤當先善其始也.)"

[5-3-5-③-7]

有言, 逆于汝心, 必求諸道, 有言 遜于汝志, 必求諸非道.

말이 당신의 마음에 거슬리거든 반드시 도에서 찾으시고, 말이 당신의 뜻에 공손하거든 반드시 도가 아닌 것에서 찾으소서.

集傳

鯁直之言, 人所難受, 巽順之言, 人所易從,

정직한 말은 사람들이 받아들이기 어렵고, 공손한 말은 사람들이 따르기 쉬우니,

詳說

○ 古杏反.

'경(鯁)'은 음이 '고(古)'와 '행(杏)'의 반절이다.

○ 去聲, 下同.

'이(易)'는 거성으로 아래에서도 같다.

集傳

於其所難受者, 必求諸道, 不可遽以逆于心而拒之, 於其所易從者, 必求諸非道, 不可遽以遜于志而聽之

받아들이기 어려운 말에서는 반드시 도에서 찾을 것이며, 대번에 마음에 거슬린다 하여 거절해서는 안되고, 따르기 쉬운 말에서는 반드시 도가 아닌 것에서 찾을 것이며, 대번에 뜻에 공손하다 하여 들어서는 안된다.

詳說

○ 西山眞氏曰 : "聽言之道, 當求義理之當, 不當順意見之偏."

서산 진씨(西山眞氏)가 말하였다 : "말을 듣는 도는 의리의 당연에서 구해야 되고, 의견의 치우침을 따라서는 안된다."393)

---

393) 『서경대전(書經大全)』, 「상서(商書)」·「태갑하(太甲下)」, "서산 진씨가 말하였다 : '말을 듣는 도는 의리의 당연에서 구해야 되고, 의견의 치우침을 따라서는 안된다. 이치에 합하면 나의 뜻에 어긋날지라도 따르지 않아서는 안되고, 이치에 어긋나면 나의 뜻에 맞을지라도 살피지 않아서는 안된다.'(西山眞氏曰 : 聽言之道, 當求義理之當, 不當順意見之偏. 苟合乎理, 雖逆吾意, 不可不從, 苟咈乎理, 雖順吾意, 不可不察.)"

集傳

以上五事,
이상의 다섯 가지 일은

詳說
○ 無輕節分爲二事.
가벼운 절의 나눔 없이 두 가지 일로 하였다.

集傳
蓋欲太甲矯乎情之偏也.
태갑이 정(情)의 편벽됨을 바로잡게 하고자 한 것이다.

詳說
○ 正也.
'교(矯)'는 '정(正)'이다.

○ 此與畫一註, 相爲呼應
여기는 '하나를 그었다.'394)는 주와 서로 호응한다.

[5-3-5-③-8]
嗚呼, 弗慮胡獲, 弗爲胡成. 一人元良, 萬邦以貞.

아! 생각하지 않으면 어찌 얻겠으며 행하지 않으면 어찌 이루겠습니까? 한 사람이 크게 선하면 만방이 바르게 될 것입니다.

集傳
胡, 何也. 弗慮何得欲, 其謹思之也, 弗爲何成, 欲其篤行之也.
호(胡)는 어찌이다. '생각하지 않으면 어찌 얻겠습니까?'라는 것은 삼가 생각하도록 한 것이고, '행하지 않으면 어찌 이루겠습니까?'라는 것은 독실히 행하게 하도

---

394) 『서경대전(書經大全)』, 「상서(商書)」・「태갑상-4(太甲下-4)」, "여씨(呂氏)가 말하였다. "여기부터는 바로 이윤이 하나를 그어서 태갑에게 고한 것이다.(呂氏曰 : 自此乃伊尹畫一以告太甲也.)"

록 한 것이다.

> 詳說

○ 愼思篤行, 出中庸.
  '삼가 생각하고 독실히 행한다.'는 것은 『중용』이 출처이다.[395]

○ 陳氏雅言曰:"欲上文五事, 慮之爲之也."
  진씨 아언(陳氏雅言)이 말하였다:"위의 글에서 다섯 가지 일에 대해 생각하고 행하도록 하는 것이다."[396]

> 集傳

元, 大, 良, 善, 貞, 正也. 一人者, 萬邦之儀表, 一人元良, 則萬邦以正矣.
원(元)은 큼이고,, 양(良)은 선(善)이며, 정(貞)은 바름이다. 한 사람은 만방의 의표(儀表)이니, 한 사람이 크게 선하면 만방이 바르게 되는 것이다.

> 詳說

○ 君也.
  '일인자(一人者)'는 임금이다.

[5-3-5-③-9]

君罔以辯言, 亂舊政, 臣罔以寵利, 居成功, 邦其永孚于休.
군주는 교묘한 말로 옛 정사를 어지럽히지 말고, 신하는 은총과 이익으로 성공에 머물러 있지 말아야 나라가 길이 아름다움에 진실할 것입니다."

> 集傳

---

395) 『중용(中庸)』, 20장, "이것을 널리 배우며, 자세히 물으며, 신중히 생각하며, 밝게 분변하며, 독실히 행하여야 한다.(博學之, 審問之, 愼思之, 明辯之, 篤行之.)"
396) 『서경대전(書經大全)』, 「상서(商書)」·「태갑하(太甲下)」, "진씨 아언이 말하였다:'생각하고 행하는 것은 곧 위의 글에서 진술한 덕으로 나아가는 순서이고, 정의 치우침을 바로 잡는 것이다. 다섯 가지 일인데 생각하고 행하는 것은 생각하고 행할 수 있으면 지와 행이 모두 극진하게 되는 것이다. 한 사람에게 크게 선한 덕이 있으면 만방이 모두 바르게 되는 효험이 있다는 것은 이른바 권면하는 것이다.'(陳氏雅言曰:所慮所爲者, 即欲其於上文, 所陳進德之序, 矯乎情之偏. 五事而慮之爲之也, 能慮能爲, 則知行兩盡. 一人有大善之德, 而萬邦有皆正之效, 所謂勸勉之也.)"

弗思弗爲, 安於縱弛, 先王之法廢矣,
생각하지 않고 행하지 아니하여 방종하고 해이함에 편안하면, 선왕의 법이 폐해지고,

詳說

○ 音始.
'이(弛)'는 음이 '시(始)'이다.

○ 以上節作對說起
이상의 절에서는 짝하는 말을 짓는 것으로 일으켰다.

集傳
能思能爲, 作其聰明, 先王之法亂矣, 亂之爲害, 甚於廢也. 成功, 非寵利之所可居者. 至是, 太甲德已進, 伊尹有退休之志矣. 此咸有一德之所以繼作也
능히 생각하고 능히 행하여 총명을 일으키면 선왕의 법이 어지럽혀지니, 어지럽히는 폐해가 폐함보다 심하다. 성공은 은총과 이익으로 머물러 있을 것이 아니다. 이때에 태갑의 덕이 이미 진전되어 이윤이 물러가 쉬려는 뜻이 있었으니, 「함유일덕(咸有一德)」을 뒤이어 짓게 된 이유이다.

詳說

○ 辯言.
작기총명(作其聰明)에서 볼 때, 교묘한 말이다.

○ 三句, 論也.
세 구절은 경문의 의미 설명이다.

集傳
君臣各盡其道, 邦國永信其休美也.
군신이 각기 도리를 다한다면 나라가 길이 아름다움에 진실할 것이다.

詳說

○ 一作家.
'국(國)'이 어떤 판본에는 '가(家)'로 되어 있다.

○ 孚于休, 似謂合於休美也.
'신기휴미야(信其休美也 : 아름다움에 진실할 것이다).'는 것은 아름다움에 합한다고 말하는 것과 같다.

集傳

○ 吳氏曰 : 上篇稱嗣王不惠于阿衡, 必其言有與伊尹背違者, 辯言亂政, 或太甲所失在此. 罔以寵利居成功, 己之所自處者,
오씨(吳氏)가 말하였다. "상편에 사왕(嗣王)이 아형(阿衡)에게 순하지 못하였다"[397]고 말하였으니, 반드시 그의 말이 이윤과 위배됨이 있었을 것이니, 교묘한 말로 정사를 어지럽혔다는 것은 혹 태갑의 잘못이 여기에 있는 것 같다. '은총과 이익으로 성공에 머물러 있지 말아야 한다.'고 하였으니, 자신의 자처한 바가

詳說

○ 音佩.
'배(背)'는 음이 '패(佩)'이다.

○ 上聲.
'처(處)'는 상성이다.

集傳

已素定矣. 下語, 旣非汎論, 則上語必有爲而發也.
이미 본래 정해진 것이니, 아랫말이 이미 범범한 설명이 아니라면 위의 말은 반드시 이유가 있어서 한 것일 것이다."

詳說

○ 去聲.

---

397) 『서경대전(書經大全)』, 「상서(商書)」·「태갑상-1(太甲上-1)」, "사왕(嗣王)이 아형(阿衡)에게 순하지 못하였다.(惟嗣王, 不惠于阿衡.)"

'위(爲)'는 거성이다.

○ 以下語證上語
이하의 말로 위의 말을 증명했다.

○ 林氏曰 : "吾退而小人乘間, 必將亂舊政, 伊尹所以明告, 以堅其心, 而遂示以求退之意."
임씨(林氏)가 말하였다 : "내가 물러난다면 소인들이 틈을 타서 옛 정사를 어지럽힐 것이다. 이윤이 그 때문에 분명하게 고해 그 마음을 굳히면서 마침내 물러나려는 뜻을 내비친 것이다."398)

○ 董氏鼎曰 : "拳拳忠愛, 言有盡而意無窮."
동씨 정(董氏鼎)이 말하였다 : "지극하게 충성하고 사랑한 것으로 말은 다하지만 뜻은 무궁하다."399)

---

398) 『서경대전(書經大全)』, 「상서(商書)」·「태갑하太甲下)」, "임씨가 말하였다 : '옛날에 고아를 의탁하는 부탁을 받아들인 경우, 진퇴의 사이가 아주 어렵다고 할 수 있다. 어린 임금이 된 경우는 종류가 많지만 혈기가 아직 안정되지 않아 나아가고 머무는 것이 굳건하지 않으니, 아직 사부를 떠나보내지 않았는데도 돌아오지 못하였다면, 내가 물러남에 소인들이 틈을 타고 나와서는 반드시 교묘한 말로 옛 정사를 어지럽히고 국가에 화를 끼칠 것이다. 그래서 이윤이 분명하게 고해 그 마음을 굳히면서 마침내 자신을 물러나려는 뜻을 내비친 것이다.'(林氏曰 : 自古受託孤之寄者, 於進退之際, 可謂至難. 為幼主者類多, 血氣未定, 趨舍未堅, 苟未能離師輔而不反, 則吾退而小人乘間以進, 必將以辯言亂舊政, 而貽國家之禍矣. 所以伊尹明告以堅其心, 而遂示以引身求退之意焉.)"

399) 『서경대전(書經大全)』, 「상서(商書)」·「태갑하太甲下)」, "동씨 정이 말하였다 : '「이훈」은 태갑이 보위를 이어받은 초기에 지어 중점이 시작을 삼가는 것에 있었기 때문에 「이제 왕께서 그 덕을 이으려 하신다면 즉위(即位)하는 초기에 있지 않음이 없다」고 하였다. 「태갑상」편은 아형에게 순하지 못한 때에 지어 중점이 습관을 삼가는 데 있다. 그러므로 「습관이 천성과 함께 이루어졌기 때문이니, 나는 의리에 순종하지 않는 사람과 되풀이하여 익히게 하지 않겠다.」고 하였다. 중편은 능히 마침내 덕을 진실하게 한 다음에 지어 중점이 덕을 힘씀에 있었기 때문에 「왕은 당신의 덕을 힘쓰시어 당신의 열조를 살펴보아 한시도 편안하고 태만하지 마소서」라고 하였다. 하편에서 덕을 힘쓸 것을 거듭 말하는 의미로 중점이 끝마침을 삼가는 것에 있었기 때문에 「시종에 함께 함을 삼가는 것」을 말하고, 또 처음에 끝마침을 삼가라.」고 하였다. 대개 아직 깨닫지 못했을 때에는 선으로 시작하지 못할 것을 근심하였고, 깨달은 다음에는 또 선으로 끝마치지 못할 것을 근심하였다. 이윤이 태갑에게 먼저는 근심하면서 기뻐하였고, 뒤에는 기뻐하면서 근심한 것은 지극하게 충성하고 사랑한 것으로 말은 다하지만 뜻은 무궁한 것이 이와 같다.'(董氏鼎曰 : 伊訓作於太甲嗣位之初, 重在謹始, 故曰, 今王嗣厥德, 罔不在初. 太甲上篇作於不惠阿衡之時, 重在謹習, 故曰, 習與性成予弗狎于弗順. 中篇作於克終允德之後, 重在懋德, 故曰, 王懋乃德無時豫怠. 下篇申言懋德之意, 重在謹終, 故曰終始慎厥與, 又曰慎終于始. 蓋方其未悟也, 惟恐無以善始, 及其既悟也, 又惟恐無以善終. 伊尹之於太甲, 先憂而喜, 後喜而憂, 拳拳忠愛, 言有盡, 而意無窮, 蓋如此.)"

서집전상설 6권
書集傳詳說 卷之六

[6-3-6]
『함유일덕(咸有一德)』

集傳

伊尹致仕而去, 恐太甲德不純一及任用非人, 故作此篇, 亦訓體也. 史氏取其篇中咸有一德四字, 以爲篇目. 今文無古文有.

이윤이 벼슬을 그만두고 떠날 적에 태갑의 덕이 순일하지 못해 나쁜 사람을 등용할까 염려하였기 때문에 이 편을 지었으니, 또한 훈체이다. 사신(史臣)이 편 가운데에 '함유일덕(咸有一德)'이라는 네 글자를 취하여 편의 제목으로 삼았다. 금문(今文)에는 없고 고문(古文)에는 있다.

詳說

○ 新安陳氏曰 : "一德二字, 實此篇之綱領."

신안 진씨(新安陳氏)가 말하였다 : "일덕이라는 말이 실로 이 편의 강령이다."400)

[6-3-6-1]

伊尹, 旣復政厥辟, 將告歸, 乃陳戒于德.

이윤이 이미 군주에게 정권을 되돌려주고, 돌아가려 함을 고하려고 할 적에 마침내 덕으로 경계하는 말씀을 올렸다.

集傳

伊尹已還政太甲,

이윤이 이미 태갑에게 정사를 되돌려주고,

詳說

○ 復.

'환(還)'은 돌려준다는 것이다.

---

400)『서경대전(書經大全)』,「상서(商書)」·「함유일덕(咸有一德)」, "신안 진씨가 말하였다 : '일덕이라는 말이 실로 이 편의 강령이다.'(新安陳氏曰 : 一德二字, 實此篇之綱領)"

集傳

將告老而歸私邑, 以一德

늙어 사읍(私邑)으로 돌아감을 고하려고 할 적에 일덕(一德)을 가지고

詳說

○ 于.

'이(以)'는 '우(于)'이다.

集傳

陳戒其君

군주에게 경계하는 말씀을 올렸으니,

詳說

○ 陳戒以德.

덕으로 경계하는 말씀을 올린 것이다.

集傳

此史氏本序

이것은 사관(史官)의 본서(本序)이다.

詳說

○ 論也.

경문의 의미 설명이다.

○ 本文爲序, 故謂之本序, 以別於書序.

본문을 순서로 했기 때문에 본문의 서라고 하였으니 『서경』의 서문과 구별하기 위함이다.

[6-3-6-2]

>曰, 嗚呼, 天難諶, 命靡常, 常厥德, 保厥位, 厥德靡常, 九有以亡.

다음과 같이 말하였다. "아! 하늘을 믿기 어려움은 천명이 떳떳하지 않기 때문이니, 덕을 떳떳이 하면 그 지위를 보존하고 덕이 떳떳하지 않으면 구주가 망할 것입니다.

詳說
○ 諶諺音誤. 匪坊本作靡.

『언해』에서는 음이 잘못되었다. 『비방본(匪坊本)』에는 '미(靡)'로 되어 있다.

集傳
諶, 信也. 天之難信, 以其命之不常也. 然天命雖不常, 而常於有德者

심(諶)은 믿음이다. 하늘을 믿기 어려움은 천명이 일정하지 않기 때문이다. 그러나 천명이 비록 일정하지 않을지라도 덕이 있는 자에게는 일정하니,

詳說
○ 以此二句, 連接上下文意

이 두 구절은 상하의 문맥과 연결되어 있다.

集傳
君德有常

군주의 덕이 일정함이 있으면

詳說
○ 諺釋依此註, 而有違於本文之勢.

『언해』의 해석은 여기의 주에 따라 경문의 문맥과 어긋나는 것이 있다.

集傳
則天命亦常, 而保厥位矣, 君德不常,

천명 또한 일정해서 그 지위를 보존해주고, 군주의 덕이 일정하지 않으면

詳說

○ 蔡氏元度曰 : "常厥德, 所謂德惟一, 不常厥德, 所謂德二三. 惟一爲能常."

채씨 원도(蔡氏元度)가 말하였다 : "그 덕을 일정하게 한다는 것은 이른바 덕이 유일하다는 것이고, 그 덕을 일정하게 하지 못한다는 것은 이른바 덕이 두셋으로 되는 것이다. 유일한 것이 일정할 수 있는 것이다."401)

集傳

則天命亦不常, 而九有以亡矣. 九有九州也.

천명 또한 일정하지 아니하여 구유가 망한다. 구유(九有)는 구주(九州)이다.

[6-3-6-3]

夏王, 弗克庸德, 慢神虐民, 皇天, 弗保, 監于萬方, 啓迪有命, 眷求一德, 俾作神主. 惟尹, 躬曁湯, 咸有一德, 克享天心, 受天明命, 以有九有之師, 爰革夏正.

하나라 왕이 덕을 일정하게 하지 못하여 신(神)을 소홀히 하고 백성들에게 포악하게 하자, 황천(皇天)이 보호하지 않으시고 만방을 살펴보고는 천명이 있는 이를 인도하여 일덕(一德)을 돌아보고 찾으시어 백신(百神)의 주인이 되게 하였습니다. 저는 몸소 탕왕과 함께 모두 일덕을 소유하고 능히 천심(天心)에 합당하여 하늘의 명명(明命)을 받고 구주(九州)의 무리를 소유하여 이에 하나라의 정삭(正朔)을 바꿨습니다.

詳說

○ 正, 音征.

'정(正)'은 음이 '정(征)'이다.

集傳

---

401) 『서경대전(書經大全)』, 「상서(商書)」·「함유일덕(咸有一德)」, "채씨 원도가 말하였다 : '그 덕을 일정하게 한다는 것은 이른바 덕이 유일하다는 것이고, 그 덕을 일정하게 하지 못한다는 것은 이른바 덕이 두셋으로 되는 것이다. 유일한 것이 일정할 수 있는 것이다.'(蔡氏元度曰 : 常厥德, 所謂德惟一, 不常厥德, 所謂德二三. 惟一, 爲能常.)"

上文, 言天命無常, 惟有德則可常. 於是引桀之所以失天命, 湯之所以得天命者, 證之.
위의 글에서는 천명이 일정하지 않아 오직 덕이 있는 이에게 일정함을 말하였고, 여기에서는 걸왕이 천명을 잃은 이유와 탕왕이 천명을 얻은 이유를 인용하여 증명하였다.

詳說

○ 先總提.
먼저 전체적으로 제시하였다.

○ 庸, 用也, 迪, 開也, 導也.
'용(庸)'은 '용(用)'이고, '적(迪)'은 계도하는 것이다.

集傳

一德, 純一之德, 不雜不息之義, 即上文所謂常德也. 神主, 百神之主. 享, 當也.
일덕은 순일한 덕으로 잡되지 않고 쉬지 않는 뜻이니, 곧 위의 글에서 이른바 '일정한 덕'이다. 신주(神主)는 백신(百神)의 주인이다. 향(享)은 마땅함이다.

詳說

○ 去聲, 下同.
'당(當)'은 거성으로 아래에서도 같다.

集傳

湯之君臣,
탕왕(湯王)의 군신(君臣)이

詳說

○ 從君臣之序而先言, 君且以湯字冠之.
군신의 순서에 따라 먼저 말하였고, 임금은 또 '탕(湯)'으로 앞세웠다.

○ 新安陳氏曰 : "當先君後己, 今曰尹躬暨湯. 蓋尹聖之任, 湯學焉而後臣, 非汎然君臣比也."

신안 진씨(新安陳氏)가 말하였다 : "신하는 임금을 먼저 하고 자신을 뒤로 해야 하는데, 이제 '이윤이 몸소 탕왕과 함께'라고 하였다. 대개 이윤은 성인의 자임한 자로402)은 탕임금이 그에게서 배운 이후에 신하로 하였으니, 일반적인 군신으로 비교할 수 있는 것이 아니다."403)

○ 陳氏雅言曰 : "亦太甲篇, 尹躬克左右厥辟之意也."

진씨 아언(陳氏雅言)이 말하였다 : "또 태갑편에서 '제가 몸소 능히 군주를 좌우에서 보필한다.'404)는 의미이다."405)

集傳

皆有一德.

---

402) 『맹자(孟子)』, 「만장하(萬章下)」, "맹자가 말하였다 : '백이(伯夷)는 성인의 맑은 자이고, 이윤은 성인의 자임(自任)한 자이며, 유하혜(柳下惠)는 성인의 화합한 자이고, 공자는 성인의 시중(時中)한 자이시다.(孟子曰, 伯夷, 聖之淸者也, 伊尹, 聖之任者也, 柳下惠, 聖之和者也, 孔子, 聖之時者也)."
403) 『서경대전(書經大全)』, 「상서(商書)」·「함유일덕(咸有一德)」, "신안 진씨가 말하였다 : '신하는 임금을 먼저 하고 자신을 뒤로 해야 하니, 훌륭함에서는 임금을 칭한다. 이제 '이윤이 몸소 탕왕과 함께'라고 말한 것은 신하가 임금을 앞세운 것인데, 「모두 일덕을 소유했다.」고 한 것은 신하가 임금과 함께 한 것이니, 무엇 때문인가? 대개 이윤은 성인의 자임한 자로 탕임금이 그에게서 배운 이후에 신하로 한 것으로 하늘이 성인과 가지런한 탕을 내고, 또 성인의 으뜸 이윤을 내었던 것이다. 임금과 신하가 덕이 같고, 성인과 성인이 서로 만난 것은 일반적인 군신으로 비교할 수 있는 것이 아니니, 또 어찌 구차하게 형적으로 의심을 하겠는가?(新安陳氏曰 : 臣當先君後己, 善則稱君. 今曰尹躬暨湯, 則臣先君, 曰, 咸有一德, 則臣儕於君何也. 蓋尹聖之任, 湯學焉而後臣. 天生齊聖之湯, 又生元聖之尹, 君臣同德, 聖聖相逢, 非泛然君臣比也, 又何區區形跡之嫌哉.)"
404) 『서경대전(書經大全)』, 「상서(商書)」·「태갑상-2(太甲上-2)」, "이윤(伊尹)이 다음과 같은 글을 지었다. "선왕이 이 하늘의 밝은 명을 돌아보사 상하의 신기(神祇)를 받드시며, 사직과 종묘를 공경하고 엄숙히 하지 않음이 없으시니, 하늘이 그 덕을 살펴보시고 대명(大命)을 모아 만방을 어루만지고 편안하게 하셨습니다. 이에 제가 몸소 능히 군주를 좌우에서 보필하여 여러 무리들을 편안히 살게 하니, 사왕(嗣王)께서 기서(基緖)를 크게 계승하게 되신 것입니다.(伊尹作書曰, 先王顧諟天之明命, 以承上下神祇, 社稷宗廟, 罔不祗肅, 天監厥德, 用集大命, 撫綏萬方. 惟尹躬克左右厥辟, 宅師, 肆嗣王, 丕承基緖.)"
405) 『서경대전(書經大全)』, 「상서(商書)」·「함유일덕(咸有一德)」, "진씨 아언이 말하였다 : '순일한 덕은 곧 하늘의 덕이다. 하늘과 그 덕을 합하기 때문에 위로 천심의 밝은 명령에 통달해서 받을 수 있다. 구주인데 그것을 가질 수 있다면 사왕이 오늘날 천하를 가진 것도 그 덕을 순일하게 해서 하늘에 제사를 드린 다음에 조종의 기업을 이어 상천이 생민을 위탁하는 바람을 받은 것이다. 여기에서는 이윤이 벼슬을 그만두고 돌아가려고 할 때에 태갑의 덕이 순일하지 않은 것을 염려했기 때문에 성탕에게서의 일덕의 공효로 고하면서 반드시 제가 몸소 탕왕과 함께 모두 일덕을 소유한 자라는 것을 말했으니, 또한 「태갑상」편에서 「왕이 이 하늘의 밝은 명을 돌아보라」는 것을 말해서 「제가 몸소 능히 군주를 좌우에서 보필하여 여러 무리들을 편안히 살게 한다.」는 의미를 계승하게 한 것이다.'(陳氏雅言曰, 純一之德者, 即天之德也, 惟與天合德, 故能上達. 天心明命, 而能受之. 九有而能有之, 則嗣王今日之有天下, 亦當純一其德, 以克享於天, 然後可以承祖宗之基業, 膺上天之付托慰生民之屬望. 此伊尹將致仕而歸, 恐太甲德不純一, 故以成湯一德之效, 以為之告, 而必言尹躬暨湯咸有一德者, 亦猶太甲上篇, 言先王顧諟天之明命, 而繼之以惟尹躬克左右厥辟宅師之意也.)"

모두 일덕(一德)을 소유하였다.

> 詳說

○ 朱子曰 : "說者, 多以一德爲同德, 非也. 言皆有此常一之德."
주자가 말하였다 : "설명하는 자들이 대부분 일덕을 덕을 같이 하는 것으로 여긴 것은 틀렸다. 모두 여기의 일정한 덕이 있다는 말이다."406)

> 集傳

故能上當天心,
그러므로 위로 천심(天心)에 합당하고

> 詳說

○ 中也.
'당(當)'은 '중(中)'이다.

> 集傳

受天明命而有天下. 於是改夏建寅之正,
하늘의 명명(明命)을 받아서 천하(天下)를 소유하였다. 이에 하(夏)나라의 건인(建寅)의 정삭(正朔)을 바꿔

> 詳說

○ 音征下同.
'정(正)'은 음이 '정(征)'으로 아래에서도 같다.407)

---

406) 『서경대전(書經大全)』, 「상서(商書)」· 「함유일덕(咸有一德)」, "물었다 : '「함유일덕(咸有一德)」에서 곰곰이 생각해 보면, 일(一)은 순일해서 섞이지 않은 것입니다. 덕이 순일하게 되어 섞이지 않으면 이른바 지극한 덕입니다. 이른바 순일해서 섞이지 않았다는 것은 지당해서 둘이 없는 영역으로 조금도 사욕과 인욕이 틈을 벌려 섞이지 않은 것이니, 『주역』에서의 항(恒)이고, 『중용』에서의 성(誠)입니다. 설명하는 자들이 대부분 함유일덕을 군신이 덕을 하나로 한 것으로 여겼습니다. 함유일덕에 진실로 덕을 하나로 한다는 의미가 있지만 일(一)은 동(同)이 아닙니다. 군신들 모두 이런 순일한 덕이 있을 뿐이라는 말입니다.' 주자가 답하였다 : '여기의 편에서는 먼저 상덕(常德)을 말했으니 일정한 덕입니다. 뒤에서 일덕(一德)을 말했으니, 일(一)은 일정함을 말합니다. 「이에 하나라의 정삭을 바꿨다.」는 것은 정삭(正朔)의 정(正)일 뿐입니다.(問 : 咸有一德, 竊謂一者, 是純一而不雜. 德至於純一, 而不雜, 所謂至德也. 所謂純一而不雜者, 蓋歸於至當無二之地, 無纖毫私意人欲間雜之, 猶易之恒, 中庸之誠也. 說者, 多以咸有一德為君臣同德. 咸有一德, 固有同德意, 而一非同也. 言君臣皆有此一德而已. 朱子曰 : 此篇先言常德庸德, 後言一德, 則一者, 常一之謂, 爰革夏正, 只是正朔之正.)"

407) 이 주석은 원문에 있는 것이 아니라 글씨로 보완해서 덧붙인 것이다.

集傳

而爲建丑正也.

건축(建丑)의 정삭(正朔)으로 만든 것이다.

[6-3-6-4]

非天私我有商, 惟天佑于一德, 非商求于下民, 惟民歸于一德.

하늘이 우리 상나라를 사사로이 도와준 것이 아니라 하늘이 일덕을 도와준 것이며, 상나라가 하민들에게 요구한 것이 아니라 백성들이 일덕에 돌아온 것입니다.

集傳

上言一德, 故得天得民, 此言天佑民歸, 皆以一德之故, 蓋反復言之

위에서는 일덕(一德)이 있으므로 천심(天心)을 얻고 민심(民心)을 얻은 것을 말하였고, 여기서는 하늘이 돕고 백성들이 돌아온 것이 모두 일덕(一德)의 연고임을 말하였으니, 반복하여 말한 것이다.

詳說

○ 覆同

'복(復)'은 '복(覆)'과 같다.

○ 以論釋之.

경문의 의미로 풀이하였다.

[6-3-6-5]

德惟一, 動罔不吉, 德二三, 動罔不凶. 惟吉凶, 不僭在人, 惟天, 降災祥, 在德.

덕이 한결같으면 움직임에 길하지 않음이 없고, 덕이 한결같지 않으면 움직임에 흉하지 않음이 없을 것이다. 길함과 흉함의 어긋나지 않음이 사람에게 달려 있음은 하늘에서 재앙과 상서로움을 내림이 덕에 달려 있기 때문입니다.

集傳

二三, 則雜矣. 德之純, 則無往而不吉, 德而雜, 則無往而不凶. 僭, 差也. 惟吉凶不差在人者.

이삼(二三)이면 잡된 것이다. 덕이 순일하면 가는 곳마다 길하지 않음이 없고, 덕이 잡되면 가는 곳마다 흉하지 않음이 없다. 참(僭)은 어그러짐이다. 길함과 흉함의 어그러지지 않음이 사람에게 달려 있음은

詳說

○ 隨人而在.
사람에 따라서 있는 것이다.

集傳

惟天之降災祥在德故也.
하늘에서 재앙과 상서로움을 내림이 덕에 달려 있기 때문이다.

詳說

○ 下在字, 有由字義, 與上字, 微不同.
아래에 '재(在)'자가 있는 것은 '유(由)'자의 의미가 있으니, 위에서의 글자와는 다소 다르다.

○ 林氏曰 : "降於天者, 爲災祥, 受於人者, 爲吉凶."
임씨(林氏) 말하였다 : "하늘에서 내리는 것은 재앙과 상서로움이고 사람이 받는 것은 길함과 흉함이다."408)

○ 新安陳氏曰 : "吉凶在人, 吉人則吉, 凶人則凶, 災祥在德, 德一則祥, 德二三則災."
신안 진씨(新安陳氏)가 말하였다 : "길함과 흉함은 사람에게 달려 있으니, 길하게 하는 사람에게는 길하고, 흉하게 하는 사람에게는 흉하다. 재앙과 상서는 덕에 달려 있으니 덕이 한결같으면 상서이고, 덕이 한결같지 않으면 상서로움이고

---

408) 『서경대전(書經大全)』, 「상서(商書)」·「함유일덕(咸有一德)」, "(임씨가 말하였다 : '하늘에서 내리는 것은 재앙과 상서로움이고 사람이 받는 것은 길함과 흉함이다.(林氏曰 : 降於天者, 爲災祥, 受於人者, 爲吉凶.)"

덕이 한결같지 않으면 재앙이다."409)

[6-3-6-6]
今嗣王, 新服厥命, 惟新厥德, 終始惟一, 時乃日新.

이제 사왕(嗣王)이 새로 천명을 받으시려면 덕을 새롭게 하셔야 할 것이니, 시종(始終) 한결같이 함이 이것이 바로 날로 새로워지는 것입니다.

集傳
太甲, 新服天子之命,
태갑이 새로 천자라는 명을 받았으니,

詳說
○ 被也.
'복(服)'은 '입다[被]'는 것이다.

○ 張氏曰 : "此自復位時言."
장씨(張氏)가 말하였다 : "여기는 제위를 회복했을 때의 말이다."410)

集傳
德亦當新. 然新德之要, 在於有常而已
덕 또한 마땅히 새로워져야 한다. 그러나 덕이 새로워지는 요점은 떳떳함이 있음에 달려 있을 뿐이니,

詳說

---

409) 『서경대전(書經大全)』・「상서(商書)」・「함유일덕(咸有一德)」, "신안 진씨가 말하였다 : '사람에게 달려 있고 덕에 달려 있는 것은 하늘과 사람을 나눈 것에 불과하다. 길함과 흉함의 어그러지지 않음이 사람에게 달려있다는 것을 평범하게 설명하면 어떻게 되는가? 길하게 하는 사람에게는 길하고, 흉하게 하는 사람에게는 흉하다. 나흘에서 재앙과 상서로움을 내림이 덕에 달려 있다는 것은 어떻게 되는가? 덕이 한결같으면 상서로움이고, 덕이 한결같지 않으면 재앙이다.'(新安陳氏曰 : 在人在德, 不過分天人. 平說吉凶不差在人何如. 吉人則吉, 凶人則凶, 天降災祥, 在德何如. 德一則祥, 德二三則災.)"
410) 『서경대전(書經大全)』・「상서(商書)」・「함유일덕(咸有一德)」, "장씨가 말하였다 : '여기에서는 태갑이 탕의 일덕을 계승한 것으로 고했다. 태갑의 즉위가 이미 오래 되었으니, 여기는 제위를 회복했을 때에 곧 새롭게 천명을 받아 그 덕도 모두 새롭게 해야 할 때라는 말이다.'(張氏曰 : 此告太甲以繼湯之一德也. 太甲即位已久, 此自復位時言, 即新服受天命, 其德亦當俱新.)"

○ 陳氏雅言曰 : "有一德, 然後可謂之日新."
진씨 아언(陳氏雅言)이 말하였다 : "한결같은 덕이 있은 다음에 날마다 새롭게 된다고 할 수 있다."411)

集傳
終始有常而無間斷, 是乃所以日新也
시종(始終) 떳떳함이 있어서 간단이 없음이 이것이 바로 날로 새로워지는 것이다.

詳說
○ 去聲
'간(間)'은 거성이다.

○ 徒玩反.
'단(斷)'은 음이 '도(徒)'와 '완(玩)'의 반절이다.

○ 新安陳氏曰 : "盤銘虺誥之日新, 乃太甲乃祖之家學也. 尹必先之以終始惟一, 視湯銘發明精密."
신안 진씨(新安陳氏)가 말하였다 : "반명과 훼고의 날마다 새롭게 한다는 것이 바로 태갑과 조상의 가학이다. 이윤이 반드시 시종을 한결같이 하는 것으로 앞세웠던 것이니, 탕의 반명이 정밀하게 발명됨을 볼 수 있다."412)

---

411) 『서경대전(書經大全)』, 「상서(商書)」·「함유일덕(咸有一德)」, "진씨 아언이 말하였다 : '여기에서는 덕을 새롭게 하는 것을 명을 따르는 시작으로 함을 고했다. 그러나 태갑이 후회하고 어짊으로 처신하고 의로 옮겨가서 되돌렸다면 비로소 진실로 새로울 수 있는 것이다. 이윤이 끝마침을 생각함에 혹 틈이 있어 끊어짐이 있다면 순일한 덕이 아니고 날마다 새롭게 하는 도가 아니다. 한결같은 덕이 있은 연후에 날마다 새롭게 한다고 할 수 있고, 날마다 새롭게 할 수 있은 연후에 순일한 덕이 있는 것이다. 날마다 새롭게 하는 것은 성탕이 덕을 밝히고 자신을 검속하는 공부이다. 반명의 말과 중훼의 고함을 보면 이윤이 태갑에게 한결같은 덕을 고했고, 또 반드시 태갑에게 날마다 새롭게 되는 것으로 고했음을 알 수 있으니, 날마다 새롭게 하는 것으로 한결같은 덕의 요체를 삼고자 한 것이다. 이윤은 여기에서 이미 능한 것을 가지고 아직 지극하지 못한 것을 힘써야 한다고 말한 것이다.'(陳氏雅言曰 : 此告之, 以新德為服命之始也. 然而太甲自怨自艾, 處仁遷義而歸, 則始固能新矣. 伊尹慮其終或間斷, 則非純一之德, 非日新之道. 蓋惟有一德, 然後可謂之日新, 惟能日新, 然後方有純一之德. 日新者, 成湯昭德檢身之工夫也. 觀盤銘之言, 仲虺之誥, 可見伊尹告太甲以一德, 而又必告太甲以日新者, 蓋欲其以日新為一德之要也. 伊尹此言因其所已能, 而勉其所未至也.)."

412) 『서경대전(書經大全)』, 「상서(商書)」·「함유일덕(咸有一德)」, "신안 진씨가 말하였다 : '태갑이 복위한 처음에 회개를 시작해서 스스로 새롭게 될 수 있었다. 그러나 혹 틈이 있고 끊임이 있다면 날마다 새롭게 함이 아니다. 탕의 반명에서 「어느 날 새롭게 하거든 날마다 새롭게 하고 또 날마다 새롭게 하라.」고 했으니 스스로 이처럼 경계하는 것이다. 중훼가 탕에게 고한 것도 이와 같으니, 날마다 새롭게 하는 것은 날은 바로 태갑과 조상들의 가학이다. 이윤이 탕의 날마다 새롭게 하는 것을 태갑에게 바란 것은 탕의 한결같은 덕을 태갑이 힘쓰기를 바란 것이기 때문에 「이것이 바로 날마다 새롭게 되는 것이다.」라는 것이고, 반드시

[6-3-6-7]

任官, 惟賢材, 左右, 惟其人. 臣爲上爲德, 爲下爲民, 其難其愼, 惟和惟一.

관직을 맡기되 현자와 재능이 있는 자로 하시며, 좌우를 오직 그런 사람들로 하소서. 신하는 위를 위해서는 덕을 위하고 아래를 위해서는 백성을 위해야 하니, 어렵게 여기고 신중히 하시며 조화롭고 한결같게 하소서.

詳說

○ 材, 一作才, 註同.

'재(材)'는 어떤 판본에는 '재(才)'로 되어 있고, 주에서도 같다.

○ 朱子曰, "爲, 並去聲."

주자가 말하였다 : "'위(爲)'는 모두 거성이다."413)

集傳

賢者, 有德之稱, 材者, 能也. 左右, 輔弼大臣, 非賢材之稱可盡, 故曰惟其人.

현(賢)은 덕이 있는 이의 칭호이며, 재(材)는 능함이다. 좌우(左右)는 보필하는 대신이니, 현재(賢材)의 칭호로 다 일컬을 수 있는 것이 아니다. 그러므로 '오직 그런 사람들로 하소서'라고 말한 것이다.

詳說

○ 新安陳氏曰 : "左右, 語錄作近習說, 想非定說, 蔡傳得之. 王置諸其左右, 相成王爲左右, 豈皆近習乎. 三公官不必備, 亦曰

「시종을 한결같이 한다.」으로 앞세웠던 것이니, 탕의 반명이 정밀하게 발휘됨을 볼 수 있다.'(新新安陳氏曰 : 太甲復位之初, 自怨自艾始能自新矣. 然中或間斷, 則非日新也. 湯之盤銘曰, 苟日新日日新又日新, 其自做如此, 仲虺之誥曰, 德日新萬邦惟懷. 仲虺告湯, 亦如此, 是日新乃太甲乃祖之家學也. 尹以湯之日新望太甲, 必以湯之一德勉太甲, 故時乃日新, 必先之, 以終始惟一焉, 視湯之銘發揮精密.)"

413)『서경대전(書經大全)』·「상서(商書)」·「함유일덕(咸有一德)」, "물었다 : '신하는 위를 위해서는 덕을 위하고 아래를 위해서는 백성을 위한다.」는 구절은 여러 학자들의 설명이 같지 않으니, 여기서 네 「위(爲다)」는 음을 무엇으로 해야 할지 모르겠습니다.' 주자가 말하였다 : 「위(爲)」자는 모두 거성이다. 위를 위하는 자는 그 덕을 보완해서 편안하게 되는 것이다.'(問, 臣爲上爲德, 爲下爲民, 諸家說不同, 不知此四爲字, 當作如何音. 朱子曰, 爲字並去聲. 爲上者, 輔其德而之所安.)"

惟其人."

신안 진씨(新安陳氏)가 말하였다 : "'좌우(左右)'는 「어록」 가까이서 익숙한 것으로 말하였는데, 정설이 아닌 것 같고 채전(蔡傳)이 옳다. 왕이 그 좌우에 두고 왕을 도와 이루는 것이 좌우이니, 어찌 모두 가까이서 익숙한 것이겠는가? 삼공의 관이 굳이 구비되지 않아도 또한 '그런 사람들로 하소서.'라고 하는 것이다."414)

集傳

夫人臣之職爲上爲德, 左右辟也
인신(人臣)의 직책이 위를 위해서는 덕(德)을 위한다 함은 그 군주를 좌우로 함이고,

詳說

○ 音扶
'부(夫)'는 음이 '부(扶)'이다.

○ 並去聲
'좌(左)'와 '우(右)'는 모두 거성이다.

集傳

厥爲下爲民, 所以宅師也.
아래를 위해서는 백성을 위한다 함은 무리들을 편안히 살게 하는 것이다.

詳說

○ 並見太甲.
모두 「태갑」에 보인다.415)

---

414) 『서경대전(書經大全)』,「상서(商書)」·「함유일덕(咸有一德)」. "신안 진씨가 말하였다 : '「좌우(左右)」는 가까이서 익숙한 것으로 말하였는데, 아래로 두 구절과 이어지지 않아 정설이 아닌 것 같고, 채전(蔡傳)이 옳다. 왕이 그 좌우에 두고 왕을 도와 이루는 것이 좌우이니, 어찌 모두 가까이서 익숙한 것이겠는가? 삼공의 관이 굳이 구비되지 않아도 또한 「그런 사람들로 하소서.」라고 하는 것이다. 대개 그 선택은 지극히 중요하니, 반드시 그런 사람들이 충분히 감당하는 것이 되어야 한다.'(新安陳氏曰 : 左右, 作近習說, 接下二句不來, 語錄想非定說. 蔡傳得之. 王置諸其左右, 相成王爲左右, 豈皆近習乎. 三公官, 不必備, 亦曰惟其人. 蓋其選至重, 必其人足以當之者可也)"

415) 『서경『書經)』,「상서(商書)」·「태갑상-2(太甲上-2)」: "이윤(伊尹)이 다음과 같은 글을 지었다. "선왕이 이 하늘의 밝은 명을 돌아보사 상하의 신기(神祇)를 받드시며, 사직과 종묘를 공경하고 엄숙히 하지 않음이

集傳

不曰君而曰德者, 兼君道而言也. 臣職所係, 其重如此, 是必其難其愼. 難者, 難於任用, 愼者愼於聽, 察所以防小人也. 惟和惟一,

군(君)이라 말하지 않고 덕(德)이라 말한 것은 군주의 도를 겸하여 말한 것이다. 신하의 직책의 관계된 바가 그 중함이 이와 같으니, 반드시 어렵게 여기고 삼가야 할 것이다. 난(難)은 임용(任用)을 어렵게 여기는 것이고, 신(愼)은 듣고 살핌을 신중히 하는 것이니, 소인을 방지하는 것이다. '유화유일(惟和惟一)'에서

詳說

○ **是必二字, 義貫至此.**

'시필(是必)'이라는 말은 의미가 여기까지 관통되어 있다.

集傳

和者, 可否相濟,

화(和)는 가(可)와 부(否)로 서로 이루어 주는 것이고,

詳說

○ **陳氏大猷曰 : "待之協和而無乖."**

진씨 대유(陳氏大猷)가 말하였다 : "대함에 조화로워 어그러짐이 없어야 하는 것이다."416)

없으시니, 하늘이 그 덕을 살펴보시고 대명(大命)을 모아 만방을 어루만지고 편안하게 하셨습니다. 이에 제가 몸소 능히 군주를 좌우에서 보필하여 여러 무리들을 편안히 살게 하니, 사왕(嗣王)께서 기서(基緖)를 크게 계승하게 되신 것입니다.(伊尹作書曰, 先王顧諟天之明命, 以承上下神祇, 社稷宗廟, 罔不祇肅, 天監厥德, 用集大命, 撫綏萬方. 惟尹躬克左右厥辟, 宅師, 肆嗣王, 丕承基緒.)"

416) 『서경대전(書經大全)』, 「상서(商書)」·「함유일덕(咸有一德)」, "임금은 날마다 그 덕을 날마다 새롭게 하지 않고자 함이 없다. 그러나 혹 끝까지 할 수 없는 것이 소인의 독 때문이라면, 자신에게서 틈이 생겨 끊어지지 않아도 반드시 사람들에게서 틈이 생겨 끊어지는 것이다. 그러므로 또 사람을 쓰는 도를 고했으니, 유덕하고 유능한 사람 쓰기를 귀하게 여겨 반드시 그 사람을 얻기 위함이다. 직하의 직분은 성군을 만들어 백성들에게 은택을 미치는 것이니, 위를 위해서는 군주의 덕을 이루도록 돕는 것이고, 아래를 위해서는 백성들에게 은택이 미치도록 하는 것이다. 연계된 중요함이 이와 같으니, 임용할 때에 어렵게 여기고 쉽게 여기지 말며 삼가고 소홀히 여기지 말며 대함에 조화로워 어그러짐이 없어야 하고, 믿음에 전일하고 달리함이 없어야 한다. 여기에서는 사람을 등용함에 한결같아야 함을 말하였다.(陳氏大猷曰 : 人君莫不欲日新其德. 然或不克終者, 由小人蠱之, 則不間斷於己, 亦必間斷於人也. 故又告以用人之道, 所以貴於用有德有能, 而必得其人者. 蓋臣職在於致君澤民, 爲上, 則欲輔成君德, 爲下, 則欲澤潤生民. 所係之重如此, 任用之際, 其難之而不易, 謹之而不忽, 待之協和而無乖, 信之專一而無二. 此言用人之當一也.)"

集傳

一者, 終始如一, 所以任君子也.
일(一)은 시종여일(始終如一)함이니, 군자를 임용하는 것이다.

詳說

○ 陳氏大猷曰 : "此言用人之當一也."
  씨 대유(陳氏大猷)가 말하였다 : "여기에서는 사람들 등용함에 한결같아야 함을 말하였다."417)

○ 陳氏雅言曰 : "君德之一, 未始不由於用人之一."
  진씨 아언(陳氏雅言)이 말하였다 : "군주의 덕이 한결같음은 처음부터 사람을 등용하는 한결같음에서 말미암지 않은 것이 없다."418)

---

417) 『서경대전(書經大全)』, 「상서(商書)」·「함유일덕(咸有一德)」, "임금은 날마다 그 덕을 날마다 새롭게 하지 않고자 함이 없다. 그러나 혹 끝까지 할 수 없는 것이 소인의 독 때문이라면, 자신에게서 틈이 생겨 끊어지지 않아도 반드시 사람들에게서 틈이 생겨 끊어지는 것이다. 그러므로 또 사람을 쓰는 도를 고했으니, 유덕하고 유능한 사람 쓰기를 귀하게 여겨 반드시 그 사람을 얻기 위함이다. 직하의 직분은 성군을 만들어 백성들에게 은택을 미치는 것이니, 위를 위해서는 군주의 덕을 이루도록 돕는 것이고, 아래를 위해서는 백성들에게 은택이 미치도록 하는 것이다. 연계된 중요함이 이와 같으니, 임용할 때에 어렵게 여기고 쉽게 여기지 말며 삼가고 소홀히 여기지 말며 대함에 조화로워 어그러짐이 없어야 하고, 믿음에 전일하고 달리함이 없어야 한다. 여기에서는 사람들 등용함에 한결같아야 함을 말하였다.(陳氏大猷曰 : 人君莫不欲日新其德. 然或不克終者, 由小人蠱之, 則不間斷於己, 亦必間斷於人也. 故又告以用人之道, 所以貴於用有德有能, 而必得其人者. 蓋臣職在於致君澤民, 爲上, 則欲輔成君德, 爲下, 則欲澤潤生民. 所係之重如此, 任用之際, 其難之而不易, 謹之而不忽, 待之協和而無乖, 信之專一而無二. 此言用人之當一也.)"
418) 『서경대전(書經大全)』, 「상서(商書)」·「함유일덕(咸有一德)」, "진씨 아언이 말하였다 : '이윤이 태갑에게 한결같은 덕을 고한 다음에 또 그 임용에 대해 염려했으니, 마땅한 사람이 아니면 심지에 독이 있어 덕을 미혹시켜 순일할 수 없기 때문에 또 사람을 등용하는 방법에 대해 고한 것이다. 관료를 임명할 때는 반드시 현재 이후에야 되고, 현재가 아니면 임용해서는 안되는 것이다. 좌우는 반드시 그런 사람을 얻은 이후에 가하니, 또 현재는 아첨할 수 있는 것이 아니기 때문에 이렇게 하는 것이다. 신하의 직분으로 위에서는 반드시 선을 진술하고 간사함을 막으며, 옳은 것을 올리고 그른 것을 폐해 임금 되는 덕을 이루며, 아래에서는 반드시 그 삶을 길러 온전히 하고 그 성을 교화시켜 회복시켜 백성들에게 은택이 미치게 한다. 신하의 직분이 연계된 것은 그 중요함이 이와 같으니, 어찌 임용을 가볍게 해서야 되겠는가? 그러므로 임용하는 처음에 반드시 어렵게 여기고 삼가서 소인을 방지하고, 임용하는 끝에 반드시 조화롭고 한결같이 해서 군자를 기다리는 것이다. 사람을 등용은 한결같이 해야 한다는 말이다. 군주의 덕이 한결같음은 처음부터 사람을 등용하는 한결같음에서 말미암지 않은 적이 없으니, 사람을 등용하는 한결같음에서도 군주의 덕이 한결같음을 충분히 알 수 있다는 것이다.'(陳氏雅言曰 : 伊尹旣告太甲以一德, 又恐其任用, 非人, 則心志蠱惑德, 不能以純一, 故又告以用人之道. 任官, 則必賢才而後可, 非賢才, 則不可任也. 左右, 則必得其人而後可, 又非賢才之可比也. 所以爲是者. 以人臣之職, 在上, 則必陳善閉邪, 獻可替否, 以成其爲君之德, 在下, 則必養之以全其生, 敎之以復其性, 而澤潤生民. 臣職之所係, 其重如此, 是豈可輕於任用哉. 故任用之始, 必其難其愼, 以防小人. 任用之終, 必惟和惟一, 以待君子. 蓋言用人之當一也. 君德之一, 未始不由於用人之一. 用人之一, 亦足以見其君德之一也.)"

[6-3-6-8]

德無常師, 主善爲師, 善無常主, 協于克一.

덕은 떳떳한 법이 없어 선을 주장함이 법이 되며, 선은 떳떳한 주장이 없어 능히 한결같음에 합합니다.

集傳

上文言用人, 因推取人爲善,

위의 글에서 인재의 등용을 말하고, 그로 인하여 남에게서 취해 선을 하는

詳說

○ 四字, 出孟子公孫丑.

'남에게서 취해 선을 하는'이라는 말은 『맹자』「공손추」가 출처이다.419)

集傳

之要,

요점을 미루었다.

詳說

○ 先總提.

먼저 전체적으로 제시하였다.

集傳

無常者, 不可執一之謂. 師, 法, 協, 合也.

떳떳함이 없는 것은 한결같음을 잡을 수 없음을 이른다. 사(師)는 법(法)이고, 협(協)은 합함이다.

詳說

---

419) 『맹자(孟子)』「공손추상(公孫丑上)」, "대순(大舜)은 이보다도 더 위대함이 있었으니, 선을 남과 함께 하사, 자신을 버리고 남을 따르시며, 남에게서 취하여 선을 함을 좋아하셨다.(大舜有大焉, 善與人同, 舍己從人, 樂取於人, 以爲善.)"

○ 朱子曰 : "猶齊也, 如所謂協時月."
주자가 말하였다 : "가지런하다는 것과 같으니, 이를테면 이른바 '철과 달에 맞춘다.'420)는 것이다."421)

集傳
德者, 善之總稱, 善者, 德之實行,
덕(德)은 선(善)의 총칭이고, 선(善)은 덕(德)의 실제 행실이며,

詳說
○ 去聲.
'행(行)'은 거성이다.

集傳
一者, 其本原統會者也. 德, 兼衆善, 不主於善, 則無以得一本萬殊之理, 善原於一,
한결같음은 그 본원(本原)이 통회(統會)한 것이다. 덕은 여러 선을 겸하였으니, 선을 주장하지 않으면 일본만수(一本萬殊)의 이치를 얻을 수 없고, 선은 한결같음에 근원하였으니,

詳說
○ 朱子曰 : "一以心言."
주자가 말하였다 : "한결같음은 마음으로 말한 것이다."422)

---

420) 『서경(書經)』, 「순전(舜典)」, "철과 달을 맞추고 날짜를 바로잡으며, 악률(樂律)과 도량형을 통일한다.(協時月正日, 同律度量衡.)"
421) 『서경대전(書經大全)』, 「상서(商書)」·「함유일덕(咸有一德)」, "(주자가 말하였다 : '…. 여기에서는 천하의 덕은 일정한 법이 없어, 오직 선을 따를 뿐이니, 선함이 있는 것은 모두 법이 될 수 있고, 천하의 선에는 일정한 주장이 없어 그 마음을 한결같이 하면 취하는 것이 선하지 않음이 없다는 말이다. 「협(協)」은 가지런하다는 것과 같으니, 이를테면 이른바 '철과 달에 맞춘다.'는 것이다. ….)'朱子曰 : …. 此言於天下之德, 無一定之師, 惟善是從, 則凡有善, 皆可師也, 於天下之善, 無一定之主, 惟一其心, 則其所取者, 無不善矣. 協猶齊也, 如所謂協時月. ….)."
422) 『주자어류』, 「상서(2尙書二)」·「함유일덕(咸有一德)」 42조목, "물었다 : '덕은 일정한 법이 없어 선을 주장함이 법이 되고, 선은 일정한 주장이 없어 한결같음에 합할 수 있다(德無常師, 主善爲師; 善無常主, 協于克一)에 대해서 어떤 사람은 선한 사람을 주장해서 법으로 삼는다고 하였는데, 중니(仲尼)는 일정한 스승이 없었다는 의미와 같은 것은 어떻게 되는 것입니까?' 답하였다 : '틀렸습니다. 횡거가 「덕은 천하의 선함을 주장하고, 선은 천하의 한결같음에 근원한다.」고 한 것이 가장 좋습니다. 이 네 구절 세 단락은 단락들이 긴밀하여 하나의 단락 같습니다. 덕은 또 대체를 말한 것이니, 길한 덕이 있고 흉한 덕이 있는데, 반

○ 陳氏雅言曰 : "皆本於吾心之一理也."
　　진씨 아언(陳氏雅言)이 말하였다 : "모두 내 마음의 한결같은 이치에 근본한다."423)

集傳

不協于一,
일(一)에 합하지 않으면

詳說

○ 陳氏雅言曰 : "德而師於善, 此資於人者也, 善而協于一, 此反

드시 선함을 주장하여야 비로소 길할 따름입니다. 선도 또한 대체를 말한 것으로 혹 여기 있으면 선하지만 저기 있으면 선하지 않은 경우가 있으며, 혹 저기 있으면 선하지만 여기 있으면 선하지 않은 경우가 있으며, 혹 지난 날에는 선하였으나 오늘에는 선하지 않은 경우가 있으며, 혹 지난날은 선하지 않았으나 오늘은 선한 경우가 있으니, 오직 모름지기 한결같음에 합할 수 있어야 선하게 되는 겁니다. 이 마음으로저 선한 말을 헤아림을 말합니다. 그러므로 횡거는 근원을 말하였으니, 선은 한결같음으로 정해지는 것과 같습니다. 대체로 선은 한결같음으로 말미암은 다음에 안정되는 겁니다. 덕은 일로 말하고 선은 리로 말하며 한결같음은 마음으로 말합니다. 이 편은 다만 몇 번의 한결같음에 정신(精神)이 있으니 세밀하게 보아야 한다. 이 마음이 한결같아지기만 하면 곧 끝내 변하지 않아 일정함이 있습니다. 협(協)자는 비록 합하다(合)로 해석할 수 있으나 도리어 이것으로 저것에 맞추다는 합(合)이며, 이미 서로 합하다는 합(合)이 아니니, 『예기』에서 「분수와 이치에 합당하게 한다」는 것이나 『상서』에서 「철과 달을 맞추어 날짜를 바로 잡는다 협(協)과 같은 뜻이니, 대개 헤아려서 참고한다는 뜻과 같을 뿐입니다. 장경부가 『우서(虞書)』의 정일(精一) 네 구절과 이곳의 말은 『상서』의 말 중 가장 정밀한 것이며, 『우서』는 더욱 정밀한 것이라고 하였습니다.<여대아>'(問: 德無常師, 主善爲師; 善無常主, 協于克一. 或言主善人而爲師, 若仲尼無常之意, 如何. 曰: 非也. 橫渠說德主天下之善, 善原天下之一, 最好. 此四句三段, 一段緊似一段. 德且是大體說, 有吉德, 有凶德, 然必主於善始爲吉爾. 善亦且是大體說, 或在此爲善, 在彼不善, 或在彼爲善, 在此爲不善, 或在前日則爲善, 而今日則爲不善, 或在前日則不善, 而今日則爲善. 惟須協于克一, 是乃爲善, 謂以此心揆度彼善爾. 故橫渠言原, 則若善定於一耳, 蓋善因一而後定也. 德以事言, 善以理言, 一以心言. 大抵此篇只是幾箇一字上有精神, 須與細看. 此心專一, 便終始不變而有常也. 協字雖訓合字, 卻是如以此合彼之合, 非已相合之合, 與禮記協於分藝, 書協時月正日之協同義, 蓋若揆度參驗之意耳. 張敬夫謂虞書精一四句與此爲尙書語之最精密者, 而虞書爲尤精. 大雅.")

423) 『서경대전(書經大全)』「상서(商書)」·「함유일덕(咸有一德)」, "인의예지는 덕이다. 덕에 어째서 한결같은 법이 있는가? 인으로 말하면 친한 이와 친하고 백성에게 어질게 하는 것에서부터 사물을 사랑하는 것까지 모두 인의 선함이니, 그것을 취해 법으로 해야 하는 것이다. 의로 말하면 형을 따르고 어른을 공경하는 것에서부터 현자를 높이는 것까지 모두 의의 선함이니 그것을 취해 법으로 해야 하는 것이다. 그렇다면 덕이 천하의 선을 주장하는 것은 법이 되지 않는 것이 없어 넓은 것을 다할 수 있다. 그러나 선에도 어째서 일정하게 주장하는 것이 있는가? 인의 선은 모든 단서가 있을지라도 관통하니, 이른바 인은 모두 나에게서 이 마음의 한결같은 이치에 근본하는 것이다. 의의 선은 모든 단서가 있을지라도 녹여서 합하니, 이른바 의는 또 모두 나에게서 이 마음의 한결같은 이치에 근본하는 것이다. 선은 천하의 한결같음에 근본하니, 가지런히 해서 모으고 요약하지 않음이 없다. 덕이면서 선의 법이니, 이것이 사람에게서 취하는 것이고, 선이면서 한결같음과 가지런히 되니, 이것이 자신에게로 되돌아가는 것이다.(陳氏雅言曰 : 仁義禮智, 德也. 德何常師之有. 以言乎仁, 則自親親仁民以至愛物, 皆仁之善, 所當取以爲師者也. 以言乎義, 則自從兄敬長以至尊賢, 皆義之善, 所當取以爲師者也. 則德主天下之善者, 無不師, 而有以盡大博矣. 然善亦何常主之有. 仁之善, 雖有萬端, 貫而通之, 則凡所謂仁者, 皆本於吾此心之一理也. 義之善, 雖有萬緒, 融而會之, 則凡所謂義者, 又皆本於吾此心之一理也. 則善原天下之一者, 無不協而有以會夫大約矣. 蓋德而師於善, 此資於人者也, 善而協於一, 此反諸己者也.)"

諸己者也.”

진씨 아언(陳氏雅言)이 말하였다 : “덕이면서 선의 법이니, 이것이 사람에게서 취하는 것이고, 선이면서 한결같음과 가지런히 되니, 이것이 자신에게로 되돌아 가는 것이다.”424)

集傳

則無以達萬殊一本之妙. 謂之克一者, 能一之謂也,
만수일본(萬殊一本)의 묘리(妙理)를 통달할 수 없다. 극일(克一)이라고 말한 것은 능히 한결같음을 이르니,

詳說

○ 朱子曰 : “橫渠說, 德主天下之善, 善原天下之一, 說得極好. 四句三段一段緊似一段.”
주자가 말하였다 : “횡거가 '덕은 천하의 선함을 주장하고, 선은 천하의 한결같음에 근원한다.'고 한 것은 아주 좋다. 이 네 구절 세 단락은 단락들이 긴밀하여 하나의 단락 같다.”425)

---

424) 『서경대전(書經大全)』, 「상서(商書)」·「함유일덕(咸有一德)」, “인의예지는 덕이다. 덕에 어찌서 한결같은 법이 있는가? 인으로 말하면 친한 이와 친하고 백성에게 어질게 하는 것에서부터 사물을 사랑하는 것까지 모두 인의 선함이니, 그것을 취해 법으로 해야 하는 것이다. 의로 말하면 형을 따르고 어른을 공경하는 것에서부터 현자를 높이는 것까지 모두 의의 선함이니 그것을 취해 법으로 해야 하는 것이다. 그렇다면 덕이 천하의 선을 주장하는 것은 법이 되지 않는 것이 없어 넓은 것을 다할 수 있다. 그러나 선에도 어찌서 일정하게 주장하는 것이 있는가? 인의 선은 모든 단서가 있을지라도 관통하니, 이른바 인은 모두 나에게서 이 마음의 한결같은 이치에 근본하는 것이다. 의의 선은 모든 단서가 있을지라도 녹여서 합하니, 이른바 의는 또 모두 나에게서 이 마음의 한결같은 이치에 근본하는 것이다. 선은 천한의 한결같음에 근본하니, 가지런히 해서 모으고 요약하지 않음이 없다. 덕이면서 선의 법이니, 이것이 사람에게서 취하는 것이고, 선이면서 한결같음과 가지런히 되니, 이것이 자신에게로 되돌아가는 것이다.(陳氏雅言曰 : 仁義禮智, 德也. 德何常師之有. 以言乎仁, 則自親親仁民以至愛物, 皆仁之善, 所當取以爲師者也. 以言乎義, 則自從兄敬長以至尊賢, 皆義之善, 所當取以爲師者也. 則德主天下之善者, 無不師, 而有以盡夫博矣. 然善亦何常主之有. 仁之善, 雖有萬端, 貫而通之, 則凡所謂仁者, 皆本於吾此心之一理也. 義之善, 雖有萬緖, 融而會之, 則凡所謂義者, 又皆本於吾此心之一理也. 則善原天下之一者, 無不協而有以會夫約矣. 蓋德而師於善, 此資於人者也, 善而協於一, 此反諸己者也.)”
425) 『주자어류』, 「상서(2尙書二)」·「함유일덕(咸有一德)」 43조목, “'덕은 일정한 법이 없어 선을 주장함이 법이 되며, 선은 일정한 주장이 없어 한결같음에 합할 수 있다.(德無常師, 主善爲師; 善無常主, 協于克一)'라 하였는데, 위의 두 구절은 사람들에게 따라서 스승으로 삼아야할 바를 가르쳤고, 아래 두 구절은 사람들에게 선을 택하여 스승으로 삼는 바를 가르쳤습니다.' 양도부가 물었다. '한결같음에 합할 수 있다.'는 것은 한결 같음을 주장하면 스스로 선에 암묵적으로 부합하는 것이 아닙니까?' 답하였다. '합한다.[協]'는 것은 설명하기 어렵습니다. 다만 비교해서 상대적으로 결정한다는 뜻입니다. 대개 어떻게 여기서 선함과 선하지 않음을 알 수 있습니까? 모름지기 마음에서 주재하여 안정되면 비로소 알 수 있습니다. 대개 주재함이 있으면 옳고 그름, 선과 악이 마음과 눈에 환하니, 여기에 합치되는 것은 옳고, 합치되지 않는 것은 옳지 않습니다. 횡거가 '덕은 천하의 선을 주장하고, 선은 천하의 한결같음에 근원한다.'고 하였는데, 여기서 그가 말한 것이 매우 옳은 것을 알 수 있습니다. 대개 한결같음에서 흘러나오는 것은 선하지 않은 것이 없

集傳

博而求之於不一之善, 約而會之於至一之理. 此聖學始終條理

널리 하여 하나가 아닌 선에 구하고, 요약하여 지극히 한결같은 이치에 맞추는 것이다. 이는 성학이 조리를 시작하고 마치는

詳說

○ 四字, 出孟子萬章.

'조리를 시작하고 마친다.'는 것은 『맹자』「만장」이 출처이다.426)

集傳

습니다. 이윤이 앞에서 말한 까닭이 곧 이런 뜻이니, 「그 덕을 일정하게 한다.」고 하고, 「떳떳한 덕」이라 하며, 「한결 같은 덕[一德]」이라 하였는데, 「일정하게」·「떳떳한」·「한결같은」은 모두 한 가지 입니다.' 비경(蜚卿)이 말하였다. '아마 「전일(專一)」의 「일(一)」인 듯합니다.' 답하였다. '이와 같다면 말하지 않았을 것입니다.' 양도부가 말하였다. '위의 글에서 스스로 「덕이 한결 같으면 움직임에 길하지 않음이 없고, 덕이 한결 같지 않으면 움직임에 흉하지 않음이 없다.」고 하였습니다.' 말하였다. '자가 일정하지 않으면, 오늘 길던 것이 내일은 짧게 되니, 바로 혼란해집니다.' 양도부가 말하였다. '여러 곳에서 말한 것이 다만 일정하면 명백하고, 명백하면 사리가 드러나며, 일정하지 않으면 어지럽고 어지러우면 사리가 혼란하고 뒤섞여 알 수 없습니다.' 답하였다. '이와 같을 뿐입니다.' 또 말하였다. '도리를 본 것이 많은 뒤에 이런 것이 있는 곳에 대해 너그럽고 평온하게 열려서 전혀 막힘이 없을 것입니다. 비경 같은 이는 이와 같이 이해하기를 며칠 동안 한 뒤 도리어 다만 이와 같았으니, 이것은 곧 본 것이 많지 않아 얼마간 이 열여섯 글자에 막히게 된 것입니다.' 또 말하였다. '지금 만약 이해하지 못하면 또 다만 자신이 매일 한결같거나 한결같지 않을 때를 보아야 한다. 요컨대, 지금 도리어 바로 사람들에게 이와 같이 이해하기를 요구하였으나 이해하지 못하면 또 헤아려서 다만 마땅히 횡거가 「옛날 견해를 씻어 내어 새로운 뜻을 오게 한다.」라고 한 것입니다. 또 많은 말을 하더라도 다만 이 네 구절을 가지고 평온하게 본다면 곧 저절로 드러날 것입니다.' 또 말하였다. '이 네 구절은 매우 잘 보아야 합니다. 남헌이 「인심은 오직 위험하고 도심은 오직 미묘하다는 것부터 몇 마디 말 외에 오직 이 네 구절이 가장 좋다. 다만 순은 대성인이니, 언어가 혼륜(渾淪)하고, 이윤의 말은 비교적 칼날이 드러나 있다.」고 말한 것도 좋습니다.' 조금 있다가 또 말하였다. '순의 말씀은 봄에 생동하는 것 같고, 이윤의 말씀은 가을에 죽이는 것과 같습니다.'<양도부>(德無常師, 主善爲師, 善無常主, 恊于克一. 上兩句是敎人以其所從師, 下兩句敎人以其所擇善而爲之師. 道夫問, 恊于克一, 莫是能主一則自黙契于善否. 曰, 恊字難說, 只是箇比對裁斷之義. 蓋如何知得這善得過, 須是自心主宰得定, 始得. 蓋有主宰, 則是是非非, 善善惡惡, 瞭然於心目間, 合乎此者便是, 不合者便不是. 橫渠云. 德主天下之善, 善原天下之一. 這見得它說得極好處. 蓋從一中流出者, 無有不善. 所以他伊尹從前面說來, 便有此意, 曰常厥德, 曰庸德, 曰一德, 常庸一, 只是一箇. 蜚卿謂. 一, 恐只是專一之一. 曰, 如此則絶說不來. 道夫曰, 上文自謂德惟一, 動罔不吉, 德二三, 動罔不凶. 曰, 纔尺度不定, 今日長些子, 明日短些子, 便二三. 道夫曰, 到底說得來, 只是箇定則明, 明則事理見; 不定則擾, 擾則事理昏雜而不可識矣. 曰, 只是如此. 又曰, 看得道理多後, 於這般所在, 都寬平開出, 都無礙塞. 如蜚卿恁地理會數日, 卻只恁地, 這便是看得不多, 多少被他這箇十六字礙. 又曰, 今若理會不得, 且只看自家每日一與不一時, 便見. 要之, 今卻正要人恁地理會, 不得, 又思量. 但只當如橫渠所謂濯去舊見, 以來新意. 且放下著許多說話, 只將這四句來平看, 便自見. 又曰, 這四句極好看. 南軒云, 自人心惟危, 道心惟微數語外, 惟此四句好. 但舜大聖人, 言語渾淪. 伊尹之言, 較露鋒鋩得些. 說得也好. 頃之, 又曰. 舜之語如春生, 伊尹之言如秋殺. 道夫.)"

426) 『맹자(孟子)』 「만장하(萬章下)」, "공자(孔子)를 집대성(集大成)이라 이르는 것이니, 집대성이란 금(金)으로 소리를 퍼뜨리고, 옥(玉)으로 거두는 것이다. 금으로 소리를 퍼뜨린다는 것은 조리를 시작함이요, 옥으로 거둔다는 것은 조리를 끝냄이니, 조리를 시작하는 것은 지(智)의 일이고, 조리를 끝내는 것은 성(聖)의 일이다.(孔子之謂集大成, 集大成也者, 金聲而玉振之也. 金聲也者, 始條理也, 玉振之也者, 終條理也, 始條理者, 智之事也, 終條理者, 聖之事也.)"

之序, 與夫子所謂一貫者, 幾矣.
차례이니, 공자의 이른바 '일관(一貫)'과 거의 같을 것이다.

詳說

○ 見論語里仁.
『논어』「이인」에 보인다.427)

○ 音祈.
'기(幾)'는 음이 '기(祈)'이다.

集傳
太甲至是而得與聞焉, 亦異乎常人之改過者歟. 張氏曰, 虞書精一數語之外, 惟此爲精密.
태갑이 이에 이르러 참여하여 이것을 들었으니, 또한 보통사람이 허물을 고친 것과는 다를 것이다. 장씨(張氏)428)가 말하였다. "우서(虞書)의 '정일(精一)'이라는 몇 마디 말 이외에는 오직 이 말이 정밀하다."

詳說

○ 去聲.
'여(與)'는 거성이다.

○ 博以下, 論也.
'널리 한다[博]' 이하는 경문의 의미 설명이다.

○ 新安陳氏曰 : "南軒謂精一數語外, 此最精密深味. 尹之言, 卽

---

427) 『논어(論語)』「이인(里仁)」"공자께서 '삼(參)아! 우리 도(道)는 한 가지 이(理)가 만 가지 일을 꿰뚫고 있다.'라고 하시니, 증자(曾子)께서 '예'라고 대답하였다.(子曰, 參乎, 吾道一以貫之. 曾子曰, 唯.)"
428) 장식(張栻, 1133~1180) : 자는 경부(敬夫) 또는 낙재(樂齋)이고 호는 남헌(南軒)이다. 남송(南宋) 한주 면죽(漢州綿竹 : 현 사천성 면죽(綿竹)) 사람이다. 주자, 여조겸(呂祖謙)과 함께 남송의 '동남 삼현(東南三賢)'이라고 불렸다. 아버지 장준(張浚)이 송의 승상을 지내고 위국공(魏國公)에 봉해졌기 때문에 그도 일찍이 출사하여 이부시랑(吏部侍郞) 겸 시강(侍講), 비각수찬(秘閣修撰), 우문전수찬(右文殿修撰) 등을 역임하였으나, 잦은 직언 때문에 퇴임했다. 어려서는 가학을 이어 받았고, 성장하여 호굉(胡宏)에게 배워 호상학파(湖湘學派)의 학술을 정립시켰다. 저서에 『남헌집(南軒集)』, 『남헌역설(南軒易說)』, 『계사논어해(癸巳論語解)』 등이 있다.

自精一充廣之也. 尹樂堯舜之道, 淵源甚遠."

신안 진씨(新安陳氏)가 말하였다 : "남헌은 「정일하다」는 몇 마디 외에 이것이 가장 정밀하니, 깊이 음미해야 한다.'라고 하였다. 이윤의 말은 곧 정밀하고 한결같이 하라는 것에서 채워서 넓힌 것이다. 이윤이 요순의 도를 즐김은 연원이 아주 심원하다."429)

[6-3-6-9]

俾萬姓咸曰, 大哉王言, 又曰, 一哉王心, 克綏先王之祿, 永底烝民之生.

만백성이 모두 '위대하구나, 왕의 말씀이여!'라고 하게 하시며, 또 '한결같구나, 왕의 마음이여!'라고 하게 하시어 능히 선왕의 녹을 편안히 하여 증민의 삶을 길이 이루게 하소서.

集傳

人君惟其心之一, 故其發諸言也大, 萬姓見其言之大, 故能知其心之一
인군이 그 마음이 한결같기 때문에 여러 말을 함이 위대하고, 만백성들이 군주의 말이 위대함을 보았기 때문에 그 마음이 한결같음을 아는 것이다.

詳說

○ 陳氏大猷曰 : "咸曰見頌之無間, 又曰見頌之無己."
진씨 대유(陳氏大猷)가 말하였다 : "모두 송의 틈 없음을 드러내고, 또 송의 끝없음을 드러낸 것이다."430)

---

429) 『서경대전(書經大全)』, 「상서(商書)」·「함유일덕(咸有一德)」, "신안 진씨(新安陳氏)가 말하였다 : '이치라는 한 근본이 만 가지로 달라진 곳에서는 택함에 정밀한 것을 귀하게 여기고, 만 가지로 다른 이치가 하나의 근본인 곳에서는 융합에 한결같음을 귀하게 여긴다. 덕에는 일정한 법이 없어 선을 주장함이 법이라는 것은 정밀하게 선택하는 것이니, 곧 이른바 오직 정밀하게 하라는 것이다. 선에는 떳떳한 주장이 없어 능히 한결같음에 합하라는 것은 일이관지하는 것이니, 곧 이른바 오직 한결같이 하라는 것이다. 남헌장자가 「정일하다는 몇 마디 외에 이것이 가장 정밀하니, 깊이 음미해야 한다.」라고 하였다. 이윤의 말은 곧 정밀하고 한결같이 하라는 것에서 채워서 넓힌 것이다. 이윤이 요순의 도를 즐김은 연원이 아주 심원하고 학식이 매우 정밀한 것이다. 이제 다시 요순이 주고받은 은미한 뜻을 골라내어 태갑에게 고한 것은 이 임금을 요순이라는 임금의 마음으로 만들려는 것이니, 늙어서까지 이토록 변하지 않았구나!'(新安陳氏曰 : 理之一本, 萬殊處, 擇之貴乎精, 理之萬殊, 一本處, 融之貴乎一. 德無常師, 主善為師, 精以擇之, 即所謂惟精也. 善無常主, 協于克一, 一以貫之也, 即所謂惟一也. 南軒張子, 謂精一數語外, 惟此最為精密, 深味之. 伊尹之言, 即自惟精惟一, 充廣之也. 伊尹樂堯舜之道, 淵源甚遠, 學識甚精. 今復摘舜禹授受之微旨, 以告太甲, 其欲使是君為堯舜之心, 至老不變也如此夫.)"

430) 『서경대전(書經大全)』, 「상서(商書)」·「함유일덕(咸有一德)」, "진씨 대유가 말하였다 : '모두 송의 틈 없음을 드러내고, 또 송의 끝없음을 드러낸 것이다. 사람들의 마음이 쁘게 감응하는 것이 마치 시키는 자가 있

集傳

感應之理, 自然而然, 以見人心之不可欺, 而誠之不可掩也.
감응의 이치가 저절로 그렇게 되는 것이니, 사람의 마음을 속일 수 없고 성실함을 엄폐할 수 없음을 드러낸 것이다.

詳說

○ 音現.
'현(見)'은 음이 '현(現)'이다.

○ 此句見中庸.
이 구절은 『중용』에 보인다.431)

○ 感以下, 論也.
감응 이하는 경문의 의미 설명이다.

集傳

祿者, 先王所守之天祿也. 烝, 衆也. 天祿安, 民生厚, 一德之效驗也.
녹(祿)은 선왕(先王)이 지켜온 바의 천록(天祿)이다. 증(烝)은 많음이다. 천록(天祿)이 편안하고 민생(民生)이 후해짐은 한결같은 덕의 효험이다.

詳說

○ 陳氏雅言曰 : "基圖之鞏固, 如置諸磐石."
진씨 아언(陳氏雅言)이 말하였다 : "기업의 공고함이 반석에 둔 것 같다."432)

는 것 같으니, 이것이 한결같은 덕의 증험이다. 녹을 편안히 하고 백성의 삶을 이루니, 이것은 한결같은 덕의 효험이다.'(陳氏大猷曰 : 咸曰見頌之無間, 又曰見頌之無己, 人心孚感, 若有使之者, 此一德之驗, 綏祿底民, 此一德之效.)"

431) 『중용』, 16장, "『시경』에서 '신이 이르는 것을 헤아릴 수 없거니, 더구나 신을 싫어할 수 있겠는가.'라고 하였다. 은미한 것이 드러나는 것이니, 진실을 가릴 수 없음이 이와 같구나.(詩曰, 神之格思, 不可度思, 矧可射思. 夫微之顯, 誠之不可掩如此夫.)"

432) 『서경대전(書經大全)』, 「상서(商書)」·「함유일덕(咸有一德)」, "진씨 아언이 말하였다 : '인군이 순일한 덕을 마음에 보존하면 여러 말을 하는 것이 위대해서 천하의 인민이 그 위대한 말을 듣고 모두 「위대하구나. 왕의 말씀이여」라고 하고, 이어 그 마음의 한결같음을 알고 또 「한결같구나 왕의 마음이여」라고 하니, 감응의 묘함이 저절로 그렇게 된 것이다. 사람 마음의 이치를 드러냄에 있어 임금 마음의 이치와 다를 것이 없으니, 임금 마음의 이치가 백성 마음의 이치에 깊이 합치한 것으로 이른바 한결같은 덕의 감응이 이와 같은 것이다. 「선왕의 녹은 능히 편안히 여긴다.」는 것에서 「능히」라고 한 것은 기업의 공고함이 굳센 반석에 둔 것 같은 것이고, 「증민의 삶이 길이 이룬다.」고 한 것에서 「길이 이룬다.」고 한 것은 해내의 편안

○ 致其厚.

'민생후(民生厚)'는 후함을 이루는 것이다.

○ 論也.

경문의 의미 설명이다.

[6-3-6-10]

嗚呼, 七世之廟, 可以觀德, 萬夫之長, 可以觀政.

아! 7대의 사당에서 덕을 관찰할 수 있으며, 만부의 우두머리에게서 정사를 관찰할 수 있습니다.

詳說

○ 長, 上聲.

'장(長)'은 상성이다.

集傳

天子七廟, 三昭三穆與太祖之廟七.

천자가 일곱 사당인 것은 세 소(昭)와 세 목(穆)에 태조(太祖)의 사당(祠堂)을 합하여 일곱인 것이다.

詳說

○ 出禮記王制.

『예기』「왕제」가 출처이다.

集傳

七廟親盡則遷, 必有德之主, 則不祧毁, 故曰, 七世之廟可以觀德. 天子居萬

함이 편안한 임석(衽席)에 둔 것 같은 것이니, 이른바 한결같은 덕의 효험이다.'(陳氏雅言曰 : 人君有純一之德存諸心, 則發諸言者大, 天下之民人, 聞其言之大, 而皆曰大哉王言, 因以知其心之一, 而又曰一哉王心, 感應之妙, 自然而然. 于以見人心之理, 無異於君心之理, 君心之理, 深契乎民心之理也, 所謂一德之感應夫如是. 先王之祿, 則克綏之, 克之云者, 基圖之鞏固, 如置諸磐石之壯也, 烝民之生, 則永底之, 永底云者, 海宇之寧謐, 如措諸衽席之康也, 所謂一德之效驗.)"

民之上,
일곱 사당은 친함이 다하면 옮기니, 반드시 덕이 있는 군주는 옮기고 다시 단장하지 않기 때문에 7대의 사당에서 덕을 관찰할 수 있다고 말한 것이다. 천자는 만민의 위에 있으니,

> 詳說
>
> ○ 音挑, 遷廟也.
>> '조(祧)'는 음이 '도(挑)'로 묘를 옮기는 것이다.
>
> ○ 長.
>> '상(上)'은 경문에서 '장(長)'이다.

集傳

必政敎有以深服乎人, 而後萬民悅服. 故曰萬夫之長
반드시 정교(政敎)가 사람들을 깊이 감복하게 함이 있은 뒤에야 만민이 기뻐하여 복종한다. 그러므로 만부(萬夫)의 우두머리에서

> 詳說
>
> ○ 如體仁足以長人之長
>> 어짊을 체득하면 충분히 사람들의 우두머리에게서 우두머리가 될 수 있다는 것과 같다.

集傳

可以觀政. 伊尹歎息, 言德政修否, 見於後世, 服乎當時, 有不可掩者如此.
정사를 관찰할 수 있다고 말한 것이다. 이윤이 탄식하고 "덕정(德政)이 닦이고 닦이지 못함이 후세에 나타나고, 당시에 감복하게 함이 이처럼 가리울 수 없다."고 한 것이다.

> 詳說
>
> ○ 音現.
>> '현(見)'은 음이 '현(現)'이다.

○ 行也.
'복(服)'은 행함이다.

○ 五句申釋.
다섯 구절은 거듭 풀이한 것이다.

[6-3-6-11]
后非民, 罔使, 民非后, 罔事, 無自廣以狹人. 匹夫匹婦, 不獲自盡, 民主, 罔與成厥功.

군주는 백성이 아니면 부릴 사람이 없으며, 백성은 군주가 아니면 섬길 사람이 없으니, 스스로 크다 하여 남을 좁게 여기지 마소서. 평범한 사내와 평범한 아낙이 스스로 다함을 얻지 못하면 백성의 군주는 함께 공업을 이루지 못할 것입니다."

集傳

罔使罔事, 卽上篇民非后罔克胥匡以生, 后非民罔以辟四方之意. 申言君民之相須者, 如此, 欲甲不敢忽也.
부릴 사람이 없고 섬길 사람이 없다는 것은 곧 위의 편에서 '백성은 군주가 아니면 서로 바로잡아 살 수가 없으며, 군주는 백성이 아니면 사방에 군주노릇을 할 수 없다'433)는 뜻이다. 군주와 백성이 서로 필요함이 이와 같음을 거듭 말하여 태갑(太甲)이 감히 소홀히 하지 않기를 바란 것이다.

詳說

○ 新安陳氏曰：“與舜命禹, 何戴. 罔守者, 亦有合焉. 伊尹之學, 其樂堯舜之道, 豈不信哉.”
신안 진씨가 말하였다："「순이 우에게 명하고」434)「누구를 떠받들고 나라를 지

---

433) 『서경대전(書經大全)』, 「상서(商書)」·「태갑중-2(太甲中-2)」, "이윤(伊尹)이 다음과 같은 글을 지었다. "백성은 군주가 아니면 서로 바로잡아 살 수가 없고, 군주는 백성이 아니면 사방에 군주노릇 할 수가 없으니, 황천(皇天)이 우리 상나라를 돌아보고 도우시어 사왕(嗣王)이 능히 그 덕을 마치도록 하였으니, 이는 실로 만세에 무궁한 아름다움이십니다.(作書曰, 民非后, 罔克胥匡以生, 后非民, 罔以辟四方, 皇天眷佑有商, 俾嗣王克終厥德, 實萬世無疆之休.)"
434) 『서경(書經)』「우서(虞書)」·「대우모-15(大禹謨-15)」, "인심은 위태롭고 도심은 은미하니, 정밀하게 하고 한결같이 하여야 진실로 그 중도(中道)를 잡을 것이다.(人心, 惟危, 道心, 惟微, 惟精惟一, 允執厥中)"

킬 수 없다.」435)는 것과 또한 합하는 것이 있다. 이윤의 학문은 요순의 도를 즐겼음을 어찌 믿지 않겠는가!"436)

集傳

無, 毋同. 伊尹又言, 君民之使事, 雖有貴賤不同, 至於取人爲善,
무(無)는 무(毋)와 같다. 이윤은 또 "군주(君主)와 백성이 부리고 섬김에 비록 귀천(貴賤)의 같지 않음이 있으나 사람을 취하여 선(善)을 함에는

詳說

○ 照上註.
위의 주를 참조하라.

集傳

則初無貴賤之間.
애당초 귀천(貴賤)의 간격이 없다.

詳說

○ 去聲, 下同.
'간(間)'은 거성으로 아래에서도 같다.

---

435) 『서경(書經)』「우서(虞書)」·「대우모-17(大禹謨-17)」, "사랑할 만한 것은 군주가 아니며 두려워할 만한 것은 민중이 아니겠는가! 민중은 원후(元后)가 아니면 누구를 떠받들며 원후는 민중이 아니면 함께 나라를 지킬 수 없을 것이니, 공경하여 네가 소유한 지위를 삼가서 백성들이 원할 만한 것을 공경히 닦아라. 사해가 곤궁하면 천록(天祿)이 영영 끊어질 것이다. 입은 우호를 내기도 하고 전쟁을 일으키기도 하니, 짐은 다시딴 말을 하지 않겠다.(可愛, 非君, 可畏, 非民. 衆非元后, 何戴, 后非衆, 罔與守邦, 欽哉, 愼乃有位, 敬脩其可願. 四海困窮, 天祿永終. 惟口, 出好, 興戎, 朕言, 不再.)"

436) 『서경대전(書經大全)』, 「상서(商書)」·「함유일덕(咸有一德)」, "신안 진씨가 말하였다 : '덕을 보고 정사를 보고는 태갑이 덕을 닦고 정사를 할 때에 삼감을 다하도록 한 것이다. 덕은 한결같은 덕이고 정사는 한결같은 덕이 행사에 드러난 것이다. 또 한결같은 덕이 온전할지라도 자족함으로 교만한 마음을 더욱 가져서는 안된다고 하였으니, 평생 평범한 사내와 평범한 아낙이 마음에 스스로 다함을 얻지 못해 한결같은 선에 혹 빠짐이 있고 한결같은 덕에 혹 어그러짐이 있으면, 어떻게 천하에 크게 이룸이 있겠는가? 여기의 절에서 말한 「군주는 백성이 아니고 백성은 군주가 아니면」부터 「평범한 사내와 평범한 아낙이 스스로 다함을 얻지 못하도록 해서는 안된다.」라는 말까지는 「순이 우에게 정밀하게 하고 한결같이 하라고 명해 끝에서 백성들에게 미치게 한 것이니, 「원후(元后)가 아니면 누구를 떠받들며 원후는 민중이 아니면 함께 나라를 지킬 수 없을 것이고, 사해가 곤궁하면 천록(天祿)이 영영 끝난다.」는 말과 합하는 것이 있다. 이윤의 학문은 요순의 도를 즐겼음을 어찌 믿지 않겠는가!'(新安陳氏曰 : 觀德觀政, 欲太甲致謹於修德行政之際也. 德則一德, 政則一德之見於行事者. 又謂一德雖全, 尤不可以自足矜心, 一生而匹夫匹婦有懷不得以自盡, 則一善之或遺, 即一德之有虧, 何以大有成於天下哉. 此節, 言后非民民非后, 及不可使匹夫匹婦不獲自盡, 其與舜命禹以精一, 而末及於衆. 非后罔戴. 后非衆, 罔與守邦, 四海困窮, 天祿永終者, 亦有合焉. 伊尹之學, 其樂堯舜之道而有得, 豈不信哉.)"

集傳

蓋天以一理賦之於人, 散爲萬善, 人君合天下之萬善, 而後理之一者可全也. 苟自大而狹人, 匹夫匹婦, 有一不得自盡於上,

하늘이 한 이치를 인간에게 부여하여 흩어져 만 가지 선이 되었으니, 인군이 천하의 만 가지 선을 합한 뒤에야 한 이치의 한결같음을 온전히 할 수 있는 것이다. 만일 스스로 크다 하여 남을 좁게 여겨서 평범한 사내와 평범한 아낙이 한 번이라도 스스로 윗사람에게 다하지 못함이 있으면,

詳說

○ 性善.

'천이일리(天以一理)'는 성이 선함이다.

○ 新安陳氏曰 : "有懷不得以自盡."

신안 진씨(新安陳氏)가 말하였다 : "마음에 스스로 다함을 얻지 못한 것이다."[437]

集傳

則一善不備, 而民主亦無與成厥功矣.

하나의 선이 구비되지 못하여 백성의 군주가 또한 그 공을 이룰 수 없을 것이다."라고 하였다.

詳說

○ 民之主, 或曰, 民與主.

---

[437] 『서경대전(書經大全)』, 「상서(商書)」・「함유일덕(咸有一德)」, "신안 진씨가 말하였다 : '덕을 보고 정사를 보고는 태갑이 덕을 닦고 정사를 할 때에 삼감을 다하도록 한 것이다. 덕은 한결같은 덕이고 정사는 한결같은 덕이 행사에 드러난 것이다. 또 한결같은 덕이 온전할지라도 자족함으로 교만한 마음을 더욱 가져서는 안된다고 하였으니, 평생 평범한 사내와 평범한 아낙이 마음에 스스로 다함을 얻지 못해 한결같은 선에 혹 빠짐이 있고 한결같은 덕에 혹 어그러짐이 있으면, 어떻게 천하에 크게 이룸이 있겠는가? 여기의 절에서 말한 「군주는 백성이 아니고 백성은 군주가 아니면」부터 「평범한 사내와 평범한 아낙이 스스로 다함을 얻지 못하도록 해서는 안된다.」라는 말까지는 「순이 우에게 정밀하게 하고 한결같이 하라고 명해 끝에서 백성들에게 미치게 한 것이니, 「원후(元后)가 아니면 누구를 떠받들며 원후는 민중이 아니면 함께 나라를 지킬 수 없을 것이고, 사해가 곤궁하면 천록(天祿)이 영영 끝난다.」는 말과 합하는 것이 있다. 이윤의 학문은 요순의 도를 즐겼음을 어찌 믿지 않겠는가!'(新安陳氏曰 : 觀德觀政, 欲太甲致謹於修德行政之際也. 德則一德, 政則一德之見於行事者. 又謂一德雖全, 尤不可以自足秋心, 一生而匹夫匹婦有懷不得以自盡, 則一善之或遺, 即一德之有虧, 何以大有成於天下哉. 此節, 言后非民民非后, 及不可使匹夫匹婦不獲自盡, 其與舜命禹以精一, 而末及於衆. 非后可戴. 后非衆, 罔與守邦, 四海困窮, 天祿永終者, 亦有合焉. 伊尹之學, 其樂堯舜之道而有得, 豈不信哉.)"

'민주(民主)는 백성의 군주이다. 어떤 이는 "백성과 군주이다."라고 하였다.

○ 以論釋之.
경문의 의미 설명으로 풀이하였다.

集傳

伊尹, 於篇終, 致其警戒之意, 而言外之旨, 則又推廣其所謂一者如此, 蓋道體之純全, 聖功之極致也. 嘗因是言之, 以爲精粹無雜者, 一也, 終始無間者, 一也. 該括萬善者一也. 一者, 通古今, 達上下, 萬化之原, 萬事之幹.

이윤(伊尹)이 편(篇)의 끝에 경계하는 뜻을 지극히 하였고, 말 밖의 뜻은 또 이른바 한결같음을 이처럼 미루어 넓혔으니, 도체(道體)의 순전(純全)함이고 성공(聖功)의 극치(極致)이다. 일찍이 이것으로 말하자면, 정수(精粹)하여 잡됨이 없는 것이 한결같음이고, 시종(始終) 간단(間斷)함이 없는 것이 한결같음이며, 만선(萬善)을 포괄하는 것이 한결같음이다. 한결같음은 고금에 통하고 상하로 통하니, 온갖 조화의 근원이고 만 가지 일의 근간이다.

詳說

○ 一作榦.
'간(幹)'은 어떤 판본에는 '간(榦)'으로 되어 있다.

集傳

語其理, 則無二, 語其運, 則無息, 語其體, 則幷

그 이치를 말하면 두 가지가 없고, 그 운행을 말하면 쉼이 없으며, 그 본체를 말하면 모두

詳說

○ 去聲.
'병(幷)'은 거성이다.

集傳

包而無所遺也. 咸有一德之書,

포괄하여 빠뜨림이 없다. 「함유일덕(咸有一德)」의 글에는

詳說
○ 一書.
　하나의 글이다.

集傳
而三者之義悉備, 前乎伏羲堯舜禹湯, 後乎文武周公孔子, 同一揆也.
세 가지의 뜻이 모두 다 구비되었으니, 이전(以前)의 복희(伏羲)·요(堯)·순(舜)·우(禹)·탕(湯)과 뒤의 문(文)·무(武)·주공(周公)·공자(孔子)가 똑같이 한 법인 것이다.

詳說
○ 又推歸於一, 而極論之.
　또 한결같음으로 미루고 돌려서 극도로 설명한 것이다.

[6-3-7]
『반경(盤庚)』

[6-3-7-①]
『반경상(盤庚上)』

集傳

盤庚, 陽甲之弟.

반경(盤庚)은 양갑(陽甲)의 아우이다.

詳說

○ 大全曰 : "祖乙曾孫."

『대전』에서 말하였다 : "조을의 증손이다."438)

集傳

自祖乙都耿

조을(祖乙) 때로부터 경(耿)에 도읍하였는데,

詳說

○ 大全曰, 在河北.

『대전』에서 말하였다 : "하북에 있다."439)

---

438) 『서경대전(書經大全)』, 「상서(商書)」·「반경상(盤庚上)」, "『사기』, 반경은 조을의 증손이다. 조을의 자식 조신, 조신의 자식 개갑, 개갑의 아우 조정, 개갑의 자식 남경, 조정의 자식 양갑을 거쳐 반경에 이르렀으니, 모두 칠대에 경을 도읍으로 했던 것이다. 박은(亳殷)은 박(亳)에서 은(殷이라는 땅이니, 은(亳)은 박(亳)의 별명으로 하남에 있다. 경(耿)은 하북에 있다.(史記, 盤庚, 祖乙之曾孫也. 歷祖乙子祖辛, 祖辛子開甲, 開甲弟祖丁, 開甲子南庚, 祖丁子陽甲, 及盤庚, 凡七世, 都耿矣. 亳殷, 亳之殷地, 殷者, 亳之別名, 在河南, 耿在河北.)"; 『상서주소(尙書注疏)』, 「상서(商書)」·「반경상(盤庚上)」, "반경은 은나라 왕의 이름이다. 마씨가 말하였다 : '조을의 증손이고 조정의 자식이다. 「반경고(盤庚誥)」라고 하지 않은 것은 무엇 때문인가? 그의 「고(誥)」라고 기록할 뿐만 아니라 그의 옮김을 취해 공을 내세웠기 '반경'으로 이름붙인 것이다.'(盤庚, 殷王名. 馬云, 祖乙曾孫, 祖丁之子. 不言盤庚誥何, 非但錄其誥也, 取其徙而立功, 故以盤庚名篇.)"
439) 『서경대전(書經大全)』, 「상서(商書)」·「반경상(盤庚上)」, "『사기』, …. 박은(亳殷)은 박(亳)에서 은(殷이라는

集傳

圮於河水. 盤庚欲遷於殷, 而大家世族, 安土重遷,

하수(河水)에 무너졌다. 반경이 은으로 천도하고자 하였으나, 대가와 세족들은 살던 땅을 편안히 여기고 천도하는 것을 어렵게 여겨

詳說

○ **去聲.**

'중(重)'은 거성이다.

○ **四字, 出漢書元帝紀.**

'땅을 편안히 여기고 천도하는 것을 어렵게 여겼다.'는 말은 『한서(漢書)』「원제기(元帝紀)」에 있다.440)

○ **朱子曰:"安於土而不肯遷."**

주자가 말하였다 : "사는 땅을 편안히 여겨 옮겨가지 않으려는 것이다."441)

땅이니, 은(亳)은 박(亳)의 별명으로 하남에 있다. 경(耿)은 하북에 있다.(史記, …. 亳殷, 亳之殷地, 殷者, 亳之別名, 在河南, 耿在河北.)';『상서주소(尙書注疏)』「상서(商書)」·「반경상(盤庚上)」, "…. 황보운이 말하였다 : '경은 하북에 있다. ….'(…. 皇甫謐云, 耿在河北. ….)"

440) 『전한서(前漢書)』「원제기제구(元帝紀第九)」, "조(詔)에서 말하였다 : '제 살던 땅을 편안히 여기고 다른 곳으로 옮기기를 꺼려하는 것은 백성들의 본성이고, 골육 간에 서로 붙어살려는 것은 인정의 바람이다.'(詔曰, 安土重遷, 黎民之性, 骨肉相附, 人情所願也.)"

441) 『서경대전(書經大全)』,「상서(商書)」·「반경상(盤庚上)」, "물었다 : '『상서』에서도 또한 비교적 분명합니다.' 주자가 답하였다 : '『상서』에도 이와 같은 것이 몇 편 있는데,『상서』반경은 옛 형식이어서 이해하기 어렵습니다.' 답하였다. '반경(盤庚)이 죽을 때가 되어 이렇게 그 도읍을 옮겼다는 것이 어디서 나왔는지 모르겠습니다. 만약 수해(水害)가 있었다 하더라도 또한 해로운 큰 변고로 여기지 않았습니다.' 말하였다, '그가 다시 그 일에 대해 말하지 않은 것은 다만 당시의 미천한 백성들이 해를 입었으나, 높은 벼슬아치들의 무리가 땅에서 편안하여 옮기려 하지 않았기 때문에 이와 같이 말하였던 것입니다.'(問, 商書又却較分明. 朱子曰, 商書亦只有數篇如此, 盤庚依舊難曉. 曰, 不知怎生地, 盤庚抵死要恁地遷那都. 若曰有水患, 也不曾見大故為害. 曰, 他不復更說那事頭, 只是當時小民被害, 而大姓之屬安於土而不肯遷, 故說得如此.)";『주자어류(朱子語類)』78권 제8조목, "포현도(包顯道)가 『상서』에서 보았던 몇 조목을 열거하였다. 선생께서 말씀하셨다 : '고(誥)가 붙은 여러 편들은 긴 구절이 많은데,「군석(君奭)」의 '하늘의 위엄과 우리 백성들이 원망하고 위배하는 때가 없음을 길이 생각하지 않는다.(君奭'弗永遠念天威, 越我民, 罔尤違」와 같은 것은 다만 한 구절일 뿐입니다. 월(越)은 급(及)이며, '원망하고 위배함이 없다[罔尤違]'는 것은 위의 하늘과 백성을 총괄하여 설명하는 뜻입니다.『한서(漢書)』「예문지(藝文志)」의 주에서「고(誥)는 백성들을 밝게 깨우치는 것이니, 만약 빨리 이해하지 못하면 약속을 실행하지 못한다. 이와 같은 고(誥)의 말들은 다만 백성들이 쉽게 이해하려 하려는 것이다.'라고 하였습니다. 현도가 말하였다 : '『상서』에서도 또한 비교적 분명합니다.' 답하였다 : '『상서』에도 이와 같은 것이 몇 편 있는데, 반(盤)은 옛 형식이어서 이해하기 어렵습니다.' 말하였다. '반(盤)이 도리어 좋습니다.' 답하였다 : '반경(盤庚)이 죽을 때가 되어 이렇게 그 도읍을 옮겼다는 것이 어디서 나왔는지 모르겠습니다. 만약 수해(水害)가 있었다 하더라도 또한 해로운 큰 변고로 여기지 않았습니다.' 말하였다, '그가 다시 그 일에 대해 말하지 않은 것은 다만 당시의 미천한 백성들이 해를 입었으나, 높은 벼슬아치들의 무리가 땅에서 편안하여 옮기려 하지 않았기 때문에 이와 같이 말하였던 것입니다.' 답하였다. ' 대개 복생이 전한 바는 많은 곳이 모두 껄끄러워서 이해하기 어렵습니다. 분명

> 集傳

胥動浮言
서로 근거 없는 말로 선동하고,

> 詳說

○ 見上篇.
「상편」에 보인다.442)

> 集傳

小民雖蕩析離居,
소민(小民)들은 분산되어 흩어져 살지라도

> 詳說

○ 見下篇.

한 것은 그도 또한 여전히 기억하지 못하였다는 것인데, 어디에서 나왔는지 알지 못한다는 겁니다.' 현도가 물었다. '이전의 선비들이 11년, 13년 등은 마땅히 9년이 되어야 한다는 설을 가지고 문왕(文王)이 왕이라 칭한 것이라 여겼는데, 어디에 근거한 것인지 알지 못하겠습니다.' 답했다. '태사공 사마천(司馬遷)부터 이후로 모두 이와 같이 말하였으나, 다만 구양수(歐陽脩)만 힘주어 잘못되었다고 여겼다. 소식(蘇軾)에게도 어떤 설이 있습니다. 다만 『상서』에는 「오직 9년이었는데 대통을 이루지 못하였으니, 나 소자가 그 뜻을 잇노라(惟九年大統未集, 予小子其承厥志)」라 하였으니, 오히려 하자가 있습니다. 혹은 「태서(泰誓)」의 여러 편들이 모두 다만 문고(文考)라고만 칭한 것에 유추하여 「무성(武成)」에서 바야흐로 왕이라 칭하였던 것이다. 다만 처음에는 「천하를 삼등분하여 그 둘을 소유하였으나 은에 복종하여 섬겼다.(三分天下有其二, 以服事殷)」고 하였으니, 또한 다만 얽매인 것일 뿐, 그 일 자체는 본래 같지 않은 것이었다. 황의강'包顯道擧所看尙書數條. 先生曰, 諸話多是長句. 如君奭弗弔遠念天威, 越我民, 罔尤違, 只是一句. 越只是及, 罔尤違是總說上天與民之意. 漢藝文志注謂詁是曉諭民, 若不速曉, 則約束不行. 便是詁辭如此, 只是欲民易曉. 書道曰, 書又卻較分明. 曰, 商書亦只有數篇如此. 盤依舊難曉. 曰, 盤卻好. 曰, 不知怎生地, 盤庚抵死要恁地遷那都. 若曰有水患, 也不曾見大故爲害. 曰, 他不復更說那事頭. 只是當時小民被之, 而大姓之屬安於土而不肯遷, 故說得如此. 曰, 大槪伏生所傳許多, 皆聱牙難曉, 分明底他又卻不曾記得, 不知怎生地. 顯道問, 先儒將十一年·十三年等合九年說, 以爲文王稱王, 不知有何據. 曰, 自太史公以來皆如此說了. 但歐公力以爲非, 東坡亦有一說. 但書說惟九年大統未集, 予小子其承厥志, 卻有這一箇痕瑕. 或推泰誓諸篇皆只稱文考, 至武成方稱王, 只是當初三分天下有其二, 以服事殷, 也只是羈縻, 那事體自是不同了. 義剛.)"

442) 『서경대전(書經大全)』, 「상서(商書)」·「반경상-12(盤庚上-12)」, "너희들이 화함과 길함을 백성들에게 말하지 않으니, 너희들이 스스로 해독을 끼치는 것이다. 패(敗)하고 화(禍)하며 간(姦)·궤(宄)함으로 스스로 자기 몸에 재앙을 끼쳐서 너희들이 이미 백성들에게 앞장서서 악을 저지르고 마침내 고통을 받고서야 너희들이 자신을 뉘우친들 어찌 미치겠는가? 이 소민(小民)들을 봄에 오히려 서로 경계하는 말을 돌아보더라도 말함에 잘못된 말이 있을까 두렵거든 하물며 내가 너희들의 짧고 긴 목숨을 제재(制裁)함에 있어서랴! 너희들은 어찌 나에게 고하지 않고, 서로 부언(浮言)으로 선동(煽動)하여 사람들을 공동(恐動)시키고 빠지게 하는가? 마치 불이 평원에 타올라 향하여 가까이 할 수 없으나 오히려 박멸할 수 있음과 같으니, 너희들이 스스로 안정하지 않음을 만드는 것이지, 내가 잘못이 있는 것이 아니다.(汝不和吉言于百姓, 惟汝自生毒. 乃敗禍姦宄, 以自災于厥身, 乃旣先惡于民, 乃奉其恫, 汝悔身何及. 相時憸民, 猶胥顧于箴言, 其發有逸口, 矧予制乃短長之命. 汝曷弗告朕, 而胥動以浮言, 恐沈于衆. 若火之燎于原, 不可嚮邇, 其猶可撲滅, 則惟爾衆, 自作弗靖, 非予 有咎.)"

「하편」에 보인다.443)

> 集傳

亦惑於利害
또한 이익과 해로움에 현혹되어

> 詳說

○ 惑於利害之浮言.
이익과 해로움이라는 근거 없는 말에 현혹된 것이다.

> 集傳

不適有居,
새 거주지로 가려 하지 않으니,

> 詳說

○ 見上篇.444)
「상편」에 보인다.

> 集傳

盤庚喩以遷都之利不遷之害.
반경이 천도의 이로움과 천도하지 않는 해로움으로 깨우쳐주었다.

> 詳說

○ 與浮言之利害, 相反.
이익과 해로움이라는 근거 없는 말과 상반된다.

---

443) 『서경대전(書經大全)』, 「상서(商書)」·「盤庚下-5」, "지금 우리 백성들이 분산되어 흩어져 살며 정하여 머물 곳이 없는데 너희들은 짐에게 '어찌하여 만민을 진동하여 옮기려 하는가?'라고 하는구나.(今我民, 用蕩析離居, 罔有定極, 爾謂朕, 曷震動萬民, 以遷.)"
444) 『서경대전(書經大全)』, 「상서(商書)」·「반경상-1(盤庚上-1)」, "반경이 은으로 천도하려 할 적에 백성들이 새 거주지로 가려고 하지 않자, 여러 근심하는 사람들을 불러놓고서 맹세하는 말을 하였다.(盤庚, 遷于殷, 民不適有居, 率籲衆慼, 出矢言.)"

○ 林氏曰 : "耿地沃饒, 巨室久居, 殖貨致富, 今遷亳, 乃小民之利, 而巨室所不欲, 故爲浮言以搖民情. 此三篇所由作也. 從容開諭, 使其悅從, 而無絲毫之牽強, 所以爲王者之政也."

임씨가 말하였다 : "경땅은 기름져서 거실이 오래 동안 있으면서 재화를 번성하게 해서 부를 이루었는데, 이제 박으로 옮기는 것은 백성들의 이익이지만 거실이 원하지 않는 것이기 때문에 근거 없는 말로 백성들의 마음을 흔들었으니, 여기의 세 편이 지어진 까닭이다. 조용히 타일러 기쁘게 따르게 하니 조금의 강요도 없기 때문에 왕자의 정사인 것이다."445)

集傳

上中二篇, 未遷時言, 下篇旣遷後言. 王氏曰, 上篇告羣臣, 中篇告庶民, 下篇告百官族姓.

상·중 두 편은 천도하지 않았을 때의 말이고, 하편은 천도한 뒤의 말이다. 왕씨(王氏)가 말하였다. "상편은 군신에게 고한 것이고, 중편은 서민에게 고한 것이고, 하편은 백관과 족성에게 고한 것이다."

詳說

○ 族, 同姓, 姓, 異姓.

족은 같은 성이고, 성은 다른 성이다.

○ 吳氏曰 : "說者多言, 某篇告臣, 某篇告民, 某篇兼告臣民. 以余觀之, 臣民竝集之時, 事之係乎臣者, 主臣言之, 事之係乎民者, 主民言之."

---

445) 『서경대전(書經大全)』, 「상서(商書)」·「반경상(盤庚上)」, "임씨가 말하였다 : '도읍을 옮기는 것은 이해가 분명하지만, 신민들이 위로 반경을 따르는 것을 업신여겼으니, 진실로 일상적인 마음으로는 감당하지 못하는 것이었다. 그런데 반경은 지극한 정성으로 반복해서 이해와 화복의 이치로 깨우치게 하였으니, 자애로운 어머니가 자식에게 한 것과 같이 했을 뿐만이 아니었다. 우유부단하게 그들의 굳센 결의를 빼앗을 수 있는 것이 아니어서 조용히 타일러 기쁘게 마음으로 따르게 한 것은 편안함과 이익을 함께 누리는 것으로 조금의 강요도 없었으니, 왕자의 정사이기 때문이었다.' 또 말하였다 : '경땅은 막혀있으면서 기름져 부를 이루기 쉬우니, 부유한 집안과 큰 집안이 오래 동안 있으면서 재화를 번성하게 했지만 민간의 평민들은 분산되어 흩어져 사는 것이 고통스러웠으니, 이제 박으로 옮기는 것은 백성들의 이익이지만 거실이 원하지 않는 것이기 때문에 근거 없는 말로 백성들의 마음을 흔들었으니, 여기의 세 편이 지어진 까닭이다.' (林氏曰 : 遷都利害甚明, 而臣民傲上從康, 誠常情所不堪. 盤庚諄複懇到曉, 以利害禍福之理, 不啻如慈母之與子, 非優游不斷不能奮其剛決也. 蓋從容開諭, 使其曉然, 中心悅從, 以共享安利, 而無絲毫之牽強, 所以爲王者之政也. 又曰, 耿地障塞沃饒, 易以致富, 富家巨室, 久居殖貨, 閭閻細民, 則苦蕩析離居, 今遷亳, 乃小民之利, 而巨室所不欲, 故爲浮言以搖民情. 此三篇所由作也.)"

오씨(吳氏)가 말하였다 : "설명하는 자들은 대부분 어떤 편에서는 신하들에게 고했다고 하고 어떤 편에서는 백성들에게 고했다고 하며, 어떤 편에서는 신하와 백성들에게 고했다고 한다. 내 관점으로는 신하와 백성들이 함께 모여 있을 때에 일이 신하들과 관계될 경우에는 신하를 위주로 말했고, 일이 백성들과 관계될 경우에는 백성들을 위주로 말했다."446)

集傳
左傳

『좌전(左傳)』에

詳說
○ 哀十一年.

애공 11년이다.

集傳
謂盤庚之誥, 實誥體也.

'반경지고(盤庚之誥)'라 하였으니, 실로 고체(誥體)이다.

○ 朱子曰 : "商盤, 周語不可曉."

주자가 말하였다 : "「상서」의 「반경」은 주나라 말이어서 알기 어렵다."

集傳
三篇, 今文古文皆有. 但今文三篇合爲一.

세 편은 금문과 고문에 모두 있다. 다만 금문은 세 편이 하나로 합해져 있다.

---

446) 『서경대전(書經大全)』, 「상서(商書)」·「반경상(盤庚上)」, "오씨가 말하였다 : '여기의 서에서는 설명하는 자들이 대부분 어떤 편에서는 신하들을 위해 고했다고 하고 어떤 편에서는 백성들을 위해 고했다고 하며, 어떤 편에서는 신하와 백성들을 위해 고했다고 한다. 내 관점으로는 신하와 백성들이 함께 모여 있을 때에 진실로 신하들을 불러서 함께 말하면서 백성들이 듣지 못하게 할 수는 없고, 또 백성들을 불러서 함께 말하면서 신하들이 듣지 못하게 할 수는 없다. 다만 도읍을 옮기는 이익을 반복해서 조용히 타이르며 일이 신하들과 관계될 경우에는 신하를 위주로 말했고, 일이 백성들과 관계될 경우에는 백성들을 위주로 말했으니, 임금의 마음이 처음부터 신하와 백성들에게 친소와 후박이 없이 모두 그들이 깨닫도록 했다는 것이다.'(吳氏曰 : 此書說者多言, 某篇爲告臣, 某篇爲告民, 某篇爲兼告臣民. 以余觀之, 臣民並集之時, 固不當呼臣與言, 而使民不與聞, 又呼民與言, 而使臣不與聞. 特以遷都之利, 反覆開諭, 事之係乎臣者, 主臣言之, 事之係乎民者, 主民言之. 君心初無適莫臣民, 皆欲其盡曉也.)"

[6-3-7-①-1]

盤庚, 遷于殷, 民不適有居, 率籲衆慼, 出矢言.

반경이 은으로 천도하려 할 적에 백성들이 새 거주지로 가려고 하지 않자, 여러 근심하는 사람들을 불러놓고서 맹세하는 말을 하였다.

詳說

○ 籲, 音喩.

'유(籲)'는 음이 '유(喩)'이다.

集傳

殷, 在河南偃師. 適, 往. 籲, 呼, 矢, 誓也. 史臣, 言盤庚欲遷于殷, 民不肯往適有居,

은(殷)은 하남(河南)의 언사(偃師)에 있다. 적(適)은 감이다. 유(籲)는 부름이고, 시(矢)는 맹세함이다. 사신(史臣)이 "반경이 은으로 천도하고자 하였는데, 백성들이 새 거주지로 가려 하지 않으니,

詳說

○ 添欲肯字

'욕(欲)'자와 '긍(肯)'자를 더하였다.

集傳

盤庚率呼衆憂之人,

반경이 여러 근심하는 사람들을 모두 불러서

詳說

○ 皆也.

'솔(率)'은 '개(皆)'이다.

○ 怨者.

사람들은 원망하는 자들이다.

集傳

出誓言以喩之, 如下文所云也. ○周氏曰 : 商人稱殷, 自盤庚始. 自此以前, 惟稱商, 自盤庚遷都之後, 於是殷商兼稱, 或只稱殷也.

맹세하는 말을 해서 깨우치려고 하였다."라고 하였으니, 아래의 글에서 말하는 것과 같다. ○주씨(周氏)가 말하였다. "상(商)나라 사람들을 은(殷)이라고 칭한 것은 반경에게서 시작되었다. 이 이전에는 오직 상(商)이라고만 칭하였는데, 반경이 천도한 뒤로부터 이에 은(殷)과 상(商)을 겸칭하였고, 혹은 단지 은(殷)이라고만 칭하기도 하였다."

詳說

○ 一無圈.

어떤 판본에는 동그라미(圈 : ○)가 없다.

○ 如詩大明蕩之類.

'은상겸칭(殷商兼稱)'의 경우, 이를테면 『시경』에서 「대명(大明)」과 「탕(蕩)」과 같은 것들이다.

[6-3-7-①-2]

曰我王來, 旣爰宅于玆, 重我民, 無盡劉, 不能胥匡以生, 卜稽, 曰其如台.

"우리 선왕께서 오시어 여기에 집터를 정하신 것은 우리 백성들을 중히 여기신 것이고, 다 죽이려고 하신 것이 아니었는데, 서로 바로잡아 살지 못하기에 점(占)으로 물어보니, '우리에게 어떻게 하겠는가?' 라고 하였다.

詳說

○ 重, 去聲.

'중(重)'은 거성이다.

集傳

曰, 盤庚之言也. 劉, 殺也. 盤庚, 言我先王祖乙來, 都于耿, 固重我民之生, 非欲盡致之死也, 民適不幸蕩析離居, 不能相救

왈(曰)은 반경의 말이다. 유(劉)는 죽임이다. 반경에서 "우리 선왕인 조을이 경(耿) 땅에 와서 도읍함은 진실로 우리 백성들의 삶을 중히 여긴 것이고, 다 죽이려고 했던 것이 아니었는데, 백성들이 마침 불행히도 분산되어 흩어져 살며 서로 바로 잡아 살지 못하기에

詳說

○ 匡

'구(救)'는 바로 잡다는 것이다.

集傳

以生, 稽之於卜,

점(占)으로 물어보니, 또한 '이 땅은 우리에게 어쩔 수 없다.'고 하였다."라고 하였다. 경(耿)땅은 살 수가 없으니 결단코 천도해야 함을 말한 것이다.

詳說

○ 新安陳氏曰 : "卜以稽之."

신안 진씨(新安陳氏)가 말하였다 : "점을 쳐서 물어보았다."447)

○ 諺釋泥於註.

『언해』의 풀이는 주에 얽매였다.

集傳

亦曰, 此地無若我何言耿不可居決當遷也

또한 '이 땅은 우리에게 어쩔 수 없다.'고 하였다."라고 하였으니, 경(耿)땅은 살

---

447) 『서경대전(書經大全)』, 「상서(商書)」·「반경상(盤庚上)」, "신안 진씨가 말하였다 : '이곳은 물에서 흩어져 살며 이미 서로 구해서 살릴 수 없기 때문에 점으로 물었는데 옮겨가라는 점이다.'(新安陳氏曰 : 此地蕩析於水, 既不能相救以生, 所以卜以稽之而卜遷也.)"

수가 없으니 결단코 천도해야 함을 말한 것이다.

詳說

○ 林氏曰:"古者將遷國, 必考之卜, 如緜詩契龜衞文卜吉, 是也.
임씨(林氏)가 말하였다 : "옛날에 천도를 할 때에는 반드시 점으로 물어봤으니, 「면시(緜詩)」에서 '거북껍질을 태워 점을 쳤다.'448)는 것과 위의 문후가 '점을 쳐보니 길하다.'449)는 것이 여기에 해당한다."450)

[6-3-7-①-3]

先王有服. 恪謹天命, 兹猶不常寧, 不常厥邑, 于今五邦. 今不承于古, 罔知天之斷命, 矧曰其克從先王之烈.

선왕께서 일이 있으시면 천명을 삼가시되 오히려 항상 편안하지 않으시어 그 도읍을 한 곳에 일정하게 하지 않으신 것이 지금 다섯 고을이다. 이제 옛날을 계승하지 않으면 하늘이 명(命)을 끊을지도 모르는데 하물며 능히 선왕의 공렬을 따른다고 말하겠는가!

詳說

○ 斷, 音短.
'단(斷)'은 음이 '단(短)'이다.

集傳

服, 事也. 先王有事, 恪謹天命, 不敢違越, 先王猶不敢常安, 不常其邑, 于今五遷厥邦矣. 今不承先王而遷, 且不知上天之斷絶我命, 况謂其能從先王之大烈乎. 詳此言, 則先王遷徙, 亦必有稽卜之事,

---

448) 『시경(詩經)』, 「대아(大雅)」·「면-3(緜)-3」, "주땅의 언덕이 기름지고 비옥하니, 오두와 씀바귀도 엿처럼 달도다. 이에 시작하고 이에 도모하시며 이에 우리 거북이는 지켜서 이곳에 거주하여 이곳에 집을 지으라고 하시니라.(周原膴膴, 菫荼如飴, 爰始爰謀, 爰契我龜, 曰止曰時, 築室于兹.)"
449) 『시경(詩經)』「용풍(鄘風)」 : "저기 옛 성터에 올라가서 초구를 멀찍이 바라보도다. 초구와 당읍을 바라보면서 산과 언덕을 헤아려보도다. 내려와서 뽕나무를 살피고 점괘에 길하다고 하더니만 마침내 참말로 일이 착하게 되었도다.(升彼虛矣, 以望楚矣. 望楚與堂, 景山與京, 降觀于桑, 卜云其吉, 終焉允臧.)"
450) 『서경대전(書經大全)』, 「상서(商書)」·「반경상(盤庚上)」, "임씨가 말하였다 : '옛날에 천도를 할 때에는 반드시 점으로 물어봤으니, 「면시(緜詩)」에서 「이에 시작하고 이에 도모하시며 거북껍질을 태워 점을 쳤다.」는 것과 위문후가 초구로 천도할 때에 또한 「내려와서 뽕나무를 살피고 점괘에 길하다고 한다.」는 것이 여기에 해당한다.'(林氏曰 : 古者將遷國, 以考之卜, 如緜詩曰, 爰始爰謀, 爰契我龜, 曰止曰時, 築室于兹, 衞文楚丘之遷, 亦曰降觀于桑, 卜云其吉, 是也.)"

복(服)은 일이다. 선왕은 일이 있으면 천명을 삼가 감히 어기지 못하시되 선왕이 오히려 항상 편안하지 못하여 그 도읍을 일정하게 하지 못하고 지금 다섯 번 그 도읍을 옮겼다. 이제 선왕을 계승하여 천도하지 않으면 상천이 우리의 명(命)을 끊을지도 모르는데, 하물며 선왕의 큰 공렬을 따른다고 이르겠는가! 이 말을 살펴보면 선왕이 천도할 때에도 또한 반드시 점으로 물어본 일이 있었을 터인데,

詳說

○ 卜之命, 是亦天命.
점쳐서 명린 것도 천명이다.

集傳

仲丁河亶甲篇
「중정편(仲丁篇)」과 「하단갑편(河亶甲篇)」이

詳說

○ 二篇亾, 見書序.
두 편은 없지만 「서경」의 서에는 보인다.

集傳

逸不可考矣.
산일(散逸)되어 상고할 수가 없다.

詳說

○ 不可考其稽卜事
점으로 물어본 일을 상고할 수 없다.

○ 詳以下, 論也.
'살펴본다[詳]' 이하는 경문의 의미 설명이다.

集傳

五邦, 漢孔氏謂, 湯遷亳仲丁遷囂, 河亶甲居相,
오방(五邦)은 한(漢)나라 공씨(孔氏)가 "탕(湯)은 박(亳)에 천도했고, 중정은 효(囂)에 천도했으며, 하단갑(河亶甲)은 상(相)에 거했고,

詳說
○ 去聲.
'상(相)'은 거성이다.

集傳
祖乙居耿, 並盤庚遷殷, 爲五邦. 然以下文, 今不承于古文勢考之, 則盤庚之前, 當自有五遷. 史記
조을(祖乙)은 경(耿)에 거하였으니, 반경이 은(殷)에 천도한 것까지 아울러 오방(五邦)이 된다."고 하였다. 그러나 아래의 글에서 "이제 옛날을 계승하지 않는다."는 어투로 살펴보면, 반경 이전에 따로 다섯 번의 천도가 있었을 것이다. 『사기(史記)』에

詳說
○ 殷紀.
「은기(殷紀)」이다.

集傳
言祖乙遷邢, 或祖乙兩遷也.
"조을(祖乙)이 경(邢)에 천도했다."고 하였으니, 혹 조을(祖乙)이 두 번 천도했을 수 있다.

詳說
○ 又特論五邦.
또 오방에 대해서만 설명한 것이다.

[6-3-7-①-4]

若顚木之有由蘗, 天其永我命于玆新邑, 紹復先王之大業, 底綏四方

쓰러진 나무에 싹이 나는 것과 같으니, 하늘이 우리 명(命)을 이 새 도읍에서 영원하게 하시어 선왕의 대업을 계승하고 회복하여 사방을 편안하게 하셨다."

集傳

顚, 仆也. 由, 古文作㕚,

전(顚)은 쓰러짐이다. 유(由)는 고문(古文)에 유(㕚)로 되어 있으니,

詳說

○ 當作㕚

'유(㕚)'로 해야 한다.

集傳

木, 生條也. 顚木, 譬耿, 由蘗, 譬殷也, 言今自耿遷殷, 若已仆之木, 而復生也. 天其將永我周家之命於殷, 以繼復先王之大業,

나무에 가지가 나는 것이다. 쓰러진 나무는 경(耿)을 비유하고 유얼(由蘗)은 은(殷)을 비유하였으니, 지금 경(耿)에서 은(殷)으로 천도함은 이미 쓰러진 나무에 다시 가지가 나는 것과 같다는 말이다. 하늘이 우리 국가의 명(命)을 은(殷)에 영구히 하여 선왕의 대업을 계승하고

詳說

○ 薛氏曰 : "不遷, 故天斷命, 則遷乃永我命也. 不遷, 故不克從先王之烈, 則遷乃紹復先王之業也."

설씨(薛氏)가 말하였다 : "천도하지 않았기 때문에 하늘이 명을 끊는다면 천도하는 것이 바로 나의 명을 영원하게 하는 것이다. 천도하지 않았기 때문에 선왕의 공열을 따를 수 없다면 천도하는 것이 바로 선왕의 업적을 이어 회복하는 것이다."[451]

集傳

而致安四方乎.

회복해서 사방을 편안하게 하실 것이다.

詳說

○ 諺釋未瑩.

『언해』의 해석은 분명하지 않다.

○ 陳氏大猷曰 : "承天命, 復祖業, 綏四方, 三者, 盤庚圖遷之本意, 故史總述于篇首."

진씨 대유(陳氏大猷)가 말하였다 : "천명을 계승하고 조상의 업적을 회복하며 사방을 편안하게 하는 것, 세 가지는 반경이 천도하려는 본래의 의도이기 때문에 사관이 편의 앞에서 총체적으로 기술한 것이다."452)

[6-3-7-①-5]

盤庚斅于民, 由乃在位, 以常舊服, 正法度, 曰無或敢伏小人之攸箴, 王 命衆, 悉至于庭.

반경이 백성들을 가르치시되 지위에 있는 자들부터 하며 옛날부터 떳떳한 일로 법도를 바로잡아 "감히 혹시라도 소인들의 경계하는 말을 숨기지 말라."라고 하시며 왕이 여러 사람들에게 명하시자 모두 뜰에 이르렀다.

詳說

---

451) 『서경대전(書經大全)』, 「상서(商書)」·「반경상(盤庚上)」, "(설씨(薛氏)가 말하였다 : '천도하지 않는 것은 본래 하늘이 명을 끊는 것임을 모르는 것이니, 천도하는 것이 바로 나의 명을 영원하게 하는 것이다. 천도하지 않는 것은 본래 선왕의 공열을 따르지 않는 것이니 천도하는 것이 바로 선왕의 업적을 이어 회복하는 것이다.'(薛氏曰 : 不遷, 故罔知天之斷命, 則遷乃天欲永我命也. 不遷, 故不克從先王之烈, 則遷乃欲紹復先王之業也.)"

452) 『서경대전(書經大全)』, 「상서(商書)」·「반경상(盤庚上)」, "진씨 대유가 말하였다 : '경사가 제하 본국의 도읍으로 정해지면, 사방이 안정된다. 천명을 계승하고 조상의 업적을 회복하며 사방을 편안하게 하는 것, 세 가지는 반경이 천도하려는 본래의 의도이기 때문에 사관이 편의 앞에서 총체적으로 기술한 것이다.'(陳氏大猷曰 : 京師爲諸夏本國都定, 則四方安矣. 承天命, 復祖業, 綏四方, 三者, 盤庚圖遷之本意, 故史總述於篇首.)"

○ 斅, 音效.
　'효(斅)'는 음이 '효(效)'이다.

集傳

斅, 敎, 服, 事, 箴, 規也. 耿, 地潟鹵, 墊隘, 而有沃饒之利. 故小民苦於蕩析離居, 而巨室則總于貨寶,

효(斅)는 가르침이고, 복(服)은 일이요, 잠(箴)은 경계함이다. 경(耿)땅은 갯벌이어서 빠지고 막혔으나 비옥한 이로움이 있었다. 그러므로 소민(小民)들은 분산되어 흩어져 사는 것에 괴로워하였으나 거실(巨室)들은 재화와 보물을 모았으니,

詳說

○ 音昔.
　'석(潟)'은 음이 '석(昔)'이다.

○ 音魯.
　'로(鹵)'는 음이 '로(魯)'이다.

○ 音店
　'점(墊)'은 음이 '점(店)'이다.

○ 見下篇.
　'하편에 보인다.453)

集傳

惟不利於小民, 而利於巨室. 故巨室不悅, 而胥動浮言, 小民眩於利害,

소민들에게만 이롭지 않고 거실(巨室)들에게만 이로웠다. 그러므로 거실(巨室)들이 천도하는 것을 좋아하지 않아 서로 부언(浮言)으로 선동하였고, 소민(小民)들은 이해에 현혹되어

---

453) 『서경대전(書經大全)』, 「상서(商書)」·「반경하-12(盤庚下-12)」, "화보(貨寶)를 모으려 하지 말고, 생업에 종사함을 자신의 공으로 삼으라.(無總于貨寶, 生生自庸.)"

詳說

○ 猶惑也

'현(眩)'은 '혹(惑)'과 같다.

集傳

亦相與咨怨. 間有能審利害之實而欲遷者, 則又往往爲在位者之所排擊阻難, 不能自達於上,

또한 서로 원망하였다. 간혹 이해의 실제를 살펴서 천도하고자 하는 자가 있으면 또 왕왕 지위에 있는 자에게 배척과 저지를 당하여 스스로 위에 도달되지 못하니,

詳說

○ 先立論.

먼저 입론하였다.

集傳

盤庚知其然. 故其敎民, 必自在位始而其所以敎在位者, 亦非作爲一切之法以整齊之,

반경은 이러한 사실을 알았다. 그러므로 백성을 가르칠 적에 반드시 지위에 있는 자로부터 시작하였고, 지위에 있는 자를 가르치는 방법은 또한 일률적인 법을 만들어 가지런하게 하는 것이 아니라

詳說

○ 由.

'자(自)'는 경문의 '유(由)'이다.

○ 音竊.

'절(切)'은 음이 '절(竊)'이다.

○ 鄒氏季友曰 : "漢書註, 一切者, 權時之事, 如以刀切物, 苟取齊整, 不顧長短縱橫也."

추씨 계우가 말하였다 : "『한서』의 주, '일절(一切)은 임시의 일로 칼로 사물을

자르듯이 하는 것으로 가지런히 하기를 취하면 장단과 종횡을 돌아보지 않는 것이다.'"454)

集傳
惟擧先王舊常遷都之事, 以正其法度而已. 然所以正法度者, 亦非有他焉, 惟曰使在位之臣, 無或敢伏小人之所箴規焉耳, 蓋小民患瀉鹵墊隘, 有欲遷, 而以言箴規其上者, 汝毋得遏絶, 而使不得自達也.
오직 선왕이 옛날부터 떳떳이 천도했던 일을 들어서 법도를 바로잡았을 뿐이다. 그러나 법도를 바로잡음은 또한 다른 방법이 있는 것이 아니고, 오직 지위에 있는 신하들이 감히 혹시라도 소인들이 경계하는 말을 숨기지 말게 하였을 뿐이니, 소민들이 갯벌이 빠지고 막힘을 근심해서 천도하고자 해서 말로써 윗사람을 경계하고자 하는 자가 있으면 너희들은 이것을 막아서 스스로 도달되지 못하게 하지 말라고 한 것이다.

詳說
○ 伏.
경문에서 '숨긴다[伏]'는 것이다.

集傳
衆者, 臣民咸在也. 史氏將述下文盤庚之訓語, 故先發此
중(衆)은 신하와 백성들이 모두 있는 것이다. 사신이 아래의 글에서 반경의 훈계하는 말을 서술하려 하였으므로 먼저 이것을 말한 것이다.

詳說
○ 二句, 論也.
두 구절은 경문의 의미 설명이다.

○ 陳氏大猷曰:"遵故事, 則人情不駭, 達微辭, 則人情不壅, 此

---

454) 『서경대전(書經大全)』, 「상서(商書)」·「반경상(盤庚上)」, "'일절(一切)은 임시의 일로 칼로 사물을 자르듯이 하는 것으로 가지런히 하기를 취하면 장단과 종횡을 돌아보지 않는 것이다.'(一切者, 權時之事, 如以刀切物, 苟取齊整, 不顧長短縱橫也)"

遷都之大綱, 史特先擧之."

진씨 대유(陳氏大猷)가 말하였다 : "옛날의 전장과 제도를 높이면 사람들의 마음이 놀라지 않고, 은미한 말에 통달하면, 사람들의 마음이 막히지 않는다. 이것이 천도하는 대강이니, 사신이 특별히 먼저 들었던 것이다."455)

[6-3-7-①-6]

王若曰, 格汝衆, 予告汝訓, 汝猷黜乃心, 無傲從康.

왕이 다음과 같이 말씀하였다. "이리 오라. 너희들은. 내 너희들에게 훈계를 고하노니, 너희들은 너희들의 사심을 버릴 것을 꾀하며 오만하게 하고 편안함을 따르지 말도록 하라.

集傳

若曰者, 非盡當時之言, 大意若此也.
약왈(若曰)은 다 당시에 한 말이 아니고, 대의가 이와 같은 것이다.

詳說

○ 王氏曰 : "或臣述上旨而代作, 非其自言, 或史撮大意刪潤之, 非其本言."

왕씨(王氏)가 말하였다 : "혹 신하가 상의 뜻을 기술하면서 대신해서 지은 것이니 그 자신의 말이 아니고, 혹 사관이 대의를 취해 산정하고 윤색한 것이니, 그 본래의 말이 아니다."456)

○ 按, 此節, 則史氏之刪潤也.
살펴보건대, 여기의 절은 사씨가 산정하고 윤색한 것이다.

---

455) 『서경대전(書經大全)』, 「상서(商書)」·「반경상(盤庚上)」, "진씨 대유가 말하였다 : '옛날의 전장과 제도를 높이면 사람들의 마음이 놀라지 않고, 은미한 말에 통달하면, 사람들의 마음이 막히지 않는다. 이것이 천도하는 대강이니, 사신이 특별히 먼저 들었던 것이다.'(陳氏大猷曰 : 遵故事, 則人情不駭, 達微辭, 則人情不壅, 此遷都之大綱, 史特先擧之.)"

456) 『서경대전(書經大全)』, 「상서(商書)」·「반경상(盤庚上)」, "왕씨가 말하였다 : '일반적으로 「약왈(若曰)」이라고 하는 것은 상의 뜻을 기술하면서 대신해서 지은 것이니 그 자신의 말이 아니고, 혹 사관이 대의를 취해 산정하고 윤색한 것이니, 그 본래의 말이 아니다.'(王氏曰 : 凡言若曰, 或臣述上旨, 而代作非其自言, 或史撮大意, 刪潤之非其本言)"

집傳

汝猷黜乃心者, 謀去汝之私心也.
'너희들은 너희들의 마음을 버릴 것을 꾀하라'는 것은 너희들의 사심(私心)을 버리도록 꾀하라는 것이다.

詳說

○ 謀也.
'유(猷)'는 꾀하는 것이다.

○ 去也.
'출(黜)'은 없애는 것이다.

○ 上聲.
'거(去)'는 상성이다.

集傳

無, 與毋同, 毋得傲上之命, 從己之安, 蓋傲上, 則不肯遷, 從康, 則不能遷, 二者所當黜之私心也.
무(無)는 무(毋)와 같으니, 군주의 명령을 오만하게 하고 자신의 편안함을 따르지 말라고 한 것이다. 상(上)에게 오만하게 하는 것은 천도하려 하지 않으려는 것이고 편안함을 따르는 것은 천도할 수 없는 것이니, 이 두 가지는 버려야 하는 사심이다.

詳說

○ 三句申釋.
세 구절은 거듭 풀이한 것이다.

○ 陳氏經曰 : "其病根在此二者, 故直指其病而戒之."
진씨 경(陳氏經)457)이 말하였다 : "그 병의 근원은 이 두 가지에 있기 때문에

---

457) 진경(陳經, ?~?) : 송나라 길주(吉州) 안복(安福) 사람으로 자는 현지(顯之) 또는 정보(正甫)이다. 영종(寧宗) 경원(慶元) 5년(1199) 진사(進士)가 되어 봉의랑(奉議郞)과 천주박간(泉州泊幹)을 지냈다. 평생 독서를

곧바로 그 두 가지를 가리켜 경계한 것이다."458)

○ 下文, 又屢申之.
아래의 글에서 또 자주 거듭한다.

○ 陳氏梅𡒍曰 : "盤庚戒諭羣臣, 惟汲汲於治其心. 克黜乃心, 再見於首篇, 永肩一心, 申嚴於終篇. 不宣乃心, 恐迂乃心, 暨予同心, 戕在乃心, 設中于心, 又條見於中篇, 至于敷心腹腎腸, 無非開心諭之也."

진씨 매수(陳氏梅𡒍)가 말하였다 : "반경이 여러 신하들을 경계시켜 깨우쳐주면서 오직 그 마음을 다스리는 것에 급급하였다. 그러니 '사심을 버릴 수 있다.'459)는 것이 첫 편에서 거듭 나왔던 것이고, '영원한 마음에 맡기도록 하라.'460)는 것이 끝의 편에서 거듭 엄하게 했던 것이며, '네 마음을 마땅하게 하지 않으면'461) '네 마음을 어둡게 할까 멀리할까 염려해서'462) 나와 함께 한 마음으로 네 마음에 있는 것을 죽이려는 것에 대해 마음에서 가운데에 두어 가운데 편에서 가지로 드러낸 것이고, '심장과 배와 신장과 창자'463)에 와서는 마음을

좋아했고, 후학을 많이 계도했다. 저서에 『상서상해(尙書詳解)』와 『시강의(詩講義)』, 『존재어록(存齋語錄)』 등이 있다.
458) 『서경대전(書經大全)』, 「상서(商書)」·「반경상(盤庚上)」, "진씨 경(陳氏經)이 말하였다 : '상에게 오만하게 하고 편안함을 따르는 마음은 도모해 없애야 한다. 상에게 오만하게 하는 것은 왕의 명을 어기고 따르지 않으려는 것이고, 편안함을 따르는 것은 오래도록 편안했음을 품고 후일을 위해 생각하지 않는 것이다. 당시의 군신들이 천도하지 않으려는 것은 그 병의 근원이 이 두 가지에 있기 때문에 곧바로 그 두 가지를 가리켜 경계한 것이다.'(陳氏經曰 : 當謀去其傲上從康之心, 傲上者, 違王命而不肯從, 從康者, 懷久安而不爲後日慮. 當時羣臣, 所以不遷, 其病根在此二者, 故直指其病而戒之.)"
459) 『서경대전(書經大全)』, 「상서(商書)」·「반경상-10(盤庚上-10)」 : "너희들은 능히 너희들의 사심을 버려 실제 덕을 백성들에게 베풀어 인척과 친구들에게까지 이르고서야 너는 비로소 감히 크게 '내가 적덕쌓은 덕이 있다.'라고 하라.(汝克黜乃心, 施實德于民, 至于婚友, 丕乃敢大言, 汝有積德.)"
460) 『서경대전(書經大全)』, 「상서(商書)」·「반경하-13(盤庚下-13)」 : "백성들을 위하는 덕(德)을 공경히 펴서 영원히 한 마음에 맡기도록 하라.(式敷民德, 永肩一心.)"
461) 『서경대전(書經大全)』, 「상서(商書)」·「반경중-6(盤庚中-6)」 : "이제 나는 너희들 때문에 천도하여 이 나라를 안정시키려 하는데, 너희들은 내 마음의 곤궁한 바를 걱정하지 않고 모두 크게 너희들의 마음을 펴서 공경하여 생각하되 정성으로써 하여 나 한 사람을 감동시키지 않는다. 이는 너희들 스스로 곤궁하고 너희들 스스로 괴롭게 하는 것이다. 마치 배를 타는 것과 같으니, 너희들이 제 때에 건너가지 않으면 실로 물건을 부패시키고 말 것이다. 너희들의 정성이 이어지지 않으니, 서로 침몰할 뿐이다. 혹시라도 상고하지 않으니, 스스로 노여워한들 어찌 고통을 덜겠는가?(今予將試以汝遷, 安定厥邦, 汝不憂朕心之攸困, 乃咸大不宣乃心, 欽念以忱動予一人. 爾惟自鞠自苦. 若乘舟, 汝弗濟, 臭厥載. 爾忱不屬, 惟胥以沈. 不其或稽, 自怒曷瘳.)"
462) 『서경대전(書經大全)』, 「상서(商書)」·「반경중-8(盤庚中-8)」 : "이제 나는 너희들에게 명(命)하노니, 한결같이 하여 더러움을 일으켜 스스로 부패하지 말도록 하라. 사람들이 너희들의 몸에 기대어 너희들의 마음을 어둡게 할까 두렵다.(今予命汝, 一無起穢以自臭. 恐人倚乃身, 迂乃心.)"
463) 『서경대전(書經大全)』, 「상서(商書)」·「반경하-3(盤庚下-3)」 : "이제 나는 심장과 배와 신장과 창자에 있는 말을 펴서 너희 백성들에게 나의 뜻을 다 고하노라. 너희들을 죄주지 않을 것이니, 너희들은 함께 노해 협

열어 깨우치지 않음이 없었던 것이다."464)

集傳

此雖盤庚對衆之辭, 實爲羣臣而發,

이것은 비록 반경이 여러 사람을 상대로 한 말이나 실제는 군신을 위하여 한 말이니,

詳說

○ 去聲.

'위(爲)'는 거성이다.

集傳

以敎民由在位故也.

백성을 가르치되 지위에 있는 자로부터 하였기 때문이다.

詳說

○ 照上節而論之.

위의 절에 비쳐 설명한 것이다.

[6-3-7-①-7]

古我先王, 亦惟圖任舊人, 共政, 王播告之脩, 不匿厥指. 王用丕欽, 罔有逸言, 民用丕變, 今汝聒聒, 起信險膚, 予弗知乃所

동해서 나 한 사람을 비방하지 말라.(今予其敷心腹腎腸, 歷告爾百姓于朕志. 罔罪爾衆, 爾無共怒, 協比讒言予一人.)

464) 『서경대전(書經大全)』, 「상서(商書)」·「반경상(盤庚上)」, "진씨 매수가 말하였다 : '반경이 여러 신하들을 경계시켜 깨우쳐주면서 오직 그 마음을 다스리는 것에 급급하였다. 그러니 「사심을 버릴 수 있다.」는 것이 첫 편에서 거듭 나왔던 것이고, 「영원한 마음에 맡기도록 하라.」는 것이 끝의 편에서 거듭 엄하게 했던 것이며, 「네 마음을 마땅하게 하지 않으면」 「네 마음을 어둡게 할까 멀리할까 염려해서」 나와 함께 한 마음으로 네 마음에 있는 것을 죽이려는 것에 대해 마음에서 가운데에 두어 가운데 편에서 가지로 드러낸 것이고, 심지어 「짐의 뜻과 심장과 배와 신장과 창자」에 대해 차례로 고하면서 마음을 열어 깨우치지 않음이 없었던 것이다.'(陳氏梅叟曰 : 盤庚戒諭羣臣, 惟汲汲於治其心耳. 黜乃心, 再見於首篇, 永肩一心, 申嚴於終篇, 不宜乃心. 恐迂乃心, 不暨予同心, 各設中於乃心. 又條見於中篇, 至于歷告朕志敷心腹腎腸, 無非開心諭之也.)"

訟.

옛날 우리 선왕이 또한 옛사람을 도모하고 맡겨서 정사를 함께 하셨으니, 왕이 닦아야 할 일을 펴 말씀하시면 그 뜻을 숨기지 않았다. 왕이 크게 공경하였고, 잘못된 말이 없어서 백성들이 크게 변했는데, 이제 너희들은 시끄럽게 떠들어 백성들에게 믿음을 일으킴이 험하고 얕으니, 나는 너희들이 다투는 바를 알지 못하겠다.

詳說

○ 弗, 一作不.

'불(弗)'은 어떤 판본에는 '부(不)'로 되어 있다.

集傳

逸, 過也. 盤庚言, 先王亦惟謀任舊人

일(逸)은 잘못이다. 반경이 "선왕이 또한 옛사람을 도모하여 맡겨서

詳說

○ 圖

'모(謀)'는 도모하는 것이다.

集傳

共政, 王播告之修

정사를 함께하셨으니, 왕이 닦아야 할 일을 펴 말씀하신 것은

詳說

○ 孔氏曰 : "王播告以所修之政."

공씨가 말하였다 : "왕이 닦는 정사로 펴서 고한 것이다."[465]

集傳

則奉承于內

---

[465] 『서경대전(書經大全)』, 「상서(商書)」·「반경상(盤庚上)」, "한나라 공씨가 말하였다 : '왕이 닦는 정사로 펴서 고해 그 뜻을 숨기지 않았다.'(漢孔氏曰 : 王布告人以所修之政, 不匿其指.)"

안에서 받들어

詳說
○ 添此句.
이 구절을 더하였다.

集傳
而能不隱匿其指意, 故王用大敬之, 宣化于外,
그 뜻을 숨기지 않은 것이므로 왕(王)이 크게 공경하였으며, 밖에 교화(敎化)를 베풀 때에도

詳說
○ 添此句.
이 구절을 더하였다.

集傳
又無過言以惑衆聽, 故民用大變,
또 잘못된 말로 사람들의 들음을 현혹함이 없었으므로 백성들이 크게 변하였는데,

詳說
○ 新安陳氏曰 : "下文責今世家不能然也."
신안 진씨가 말하였다 : "아래의 글에서는 지금 세가들이 그렇게 할 수 없는 것을 책하였다."466)

集傳
今爾在內, 則伏小人之攸箴,
지금 너희들은 안에서는 소인(小人)들의 경계하는 말을 숨기고,

---

466) 『서경대전(書經大全)』, 「상서(商書)」·「반경상(盤庚上)」, "신안 진씨가 말하였다 : '백성들이 크게 변한 것은 이전의 일로 선왕 때에 세가의 옛사람들은 이처럼 위에서 공경하고 아래에서 감화되게 했음을 말한 것이다. 아래의 글에서는 지금 세가들이 그렇게 할 수 없는 것을 책하였다.'(新安陳氏曰 : 民用丕變, 以前謂先王時世家舊人, 能使上敬下化如此. 下文責今世家不能然也.)"

詳說

○ 照上節.
위의 절을 참조하라.

集傳

在外, 則不和吉, 言于百姓,
밖에서는 화(和)하고 길(吉)하지 않은 것을 백성들에게 말해서

詳說

○ 照後節.
뒤의 절을 참조하라.

集傳

譊譊多言,
시끄럽게 말을 많이 하여

詳說

○ 尼皎反.
'뇨(譊)'는 음이 '니(尼)'와 '교(皎)'의 반절이다.

○ 聒聒.
경문에서 시끄럽게 떠든다는 것이다.

集傳

凡起信於民者,
백성들에게 신(信)을 일으키는 것이 모두

詳說

○ 作爲也.
'기(起)'는 일으켜서 하는 것이다.

集傳

皆險陂膚淺之說, 我不曉汝所言,
음험하고 사벽하며 천박한 말이니, 나는 너희들이 말하는 바가

> **詳說**
>
> ○ 反彼僞.
> '피(陂)'는 음이 '피(彼)'와 '위(僞)'의 반절이다.
>
> ○ 知.
> '효(曉)'는 '지(知)'이다.

集傳

果何謂也. 詳此所謂舊人者, 世臣舊家之人, 非謂老成人也. 蓋沮遷都者,
과연 무엇을 이르는 것인지 깨닫지 못하겠다." 한 것이다. 여기에 말한 옛사람을 살펴보면, 세신(世臣)·구가(舊家)의 사람이고, 노성(老成)한 사람을 이른 것이 아니다. 천도(遷都)를 저지하는 자들은

> **詳說**
>
> ○ 上聲.
> '저(沮)'는 상성이다.

集傳

皆世臣舊家之人, 下文人惟求舊一章, 可見.
모두 세신(世臣)·구가(舊家)의 사람이니, 하문(下文)의 "사람은 옛 사람을 구해야 한다."467)는 한 장(章)에서 이것에 대해 알 수 있다.

> **詳說**
>
> ○ 詳以下, 論也.
> '상(詳)' 이하는 경문의 의미 설명이다.

---

467) 『서경대전(書經大全)』, 「상서(商書)」·「반경상-13(盤庚上-13)」: "지임(遲任)이 '사람은 옛사람을 구하고, 그릇은 옛것을 구할 것이 아니라 새 그릇을 쓰라.' 하였다.(遲任有言曰, 人惟求舊, 器非求舊惟新.)"

[6-3-7-①-8]

非予自荒茲德, 惟汝含德 不惕予一人, 予若觀火, 予亦拙謀, 作乃逸.

내가 스스로 이 덕을 황폐하게 하는 것이 아니라, 너희들이 덕을 감추며 나 한 사람을 두려워하지 않으니, 내가 불을 보듯이 분명하게 알건마는 나도 졸렬한 생각으로 너희들을 잘못되게 한 것이다.

集傳
荒, 廢也. 逸, 過失也.
황(荒)은 황폐함이고, 일(逸)은 잘못이다.

詳說
○ 豈以上節專指言. 此則兼指行故再訓歟.
어찌 위의 절을 가지고 오로지 가리켜 말하였겠는가? 이것은 행동을 겸하여 가리키기 때문에 거듭 훈계한 것이다.

集傳
盤庚, 言非我輕易遷徙
반경이 "내가 가볍게 옮겨서

詳說
○ 去聲
'이(易)'는 거성이다.

○ 添此句.
이 구절을 더하였다.

集傳
自荒廢此德, 惟汝不宣布德意, 不畏懼於我
스스로 이 덕을 황폐하게 함이 아닌데, 너희들이 덕의 뜻을 선포하지 않아 나를 두려워하지 않을 뿐이다.

|詳說|

○ 惕.

'구(懼)'는 '척(惕)'이다.

|集傳|

我視汝情, 明若觀火, 我亦拙謀, 不能制命

내가 너희들의 정을 봄이 불을 보듯이 분명하지만 나도 졸렬한 생각으로여 명을 제재하지 못하여

|詳說|

○ 添此句.

이 구절을 더하였다.

|集傳|

而成汝過失也.

너희들을 잘못되게 하였다."고 하였다.

|詳說|

○ 作.

'성(成)'은 '작(作)'이다.

○ 新安陳氏曰 : "含德, 與不匿相反. 不惕, 卽傲上也, 乃逸卽從康也."

신안 진씨(新安陳氏)가 말하였다 : "'덕을 감춘다.'는 것은 '숨기지 않는다.'468)는 것과 상반된다. '두려워하지 않는다.'는 것은 곧 상에게 오만하게 한다469)는

---

468) 『서경대전(書經大全)』, 「상서(商書)」·「반경상-7(盤庚上-7)」 : "옛날 우리 선왕이 또한 옛사람을 도모하고 맡겨서 정사를 함께 하셨으니, 왕이 닦아야 할 일을 펴 말씀하시면 그 뜻을 숨기지 않았다. 왕이 크게 공경하였고, 잘못된 말이 없어서 백성들이 크게 변했는데, 이제 너희들은 시끄럽게 떠들어 백성들에게 믿음을 일으킴이 험하고 얕으니, 나는 너희들이 다투는 바를 알지 못하겠다.(古我先王, 亦惟圖任舊人, 共政, 王播告之脩, 不匿厥指. 王用丕欽, 罔有逸言, 民用丕變, 今汝聒聒, 起信險膚, 予弗知乃所訟.)"

것이고, '너희들을 잘못되게 한 것이다.'는 것은 곧 '편안함을 따른다.'는 것이다."470)

[6-3-7-①-9]
若網在綱, 有條而不紊, 若農服田力穡, 乃亦有秋.

그물에 벼리가 있어야 조리가 있어 문란하지 않음과 같으며, 농부가 밭에서 일하며 농사에 힘써야 가을에 수확이 있는 것과 같다.

集傳

紊, 亂也. 綱舉, 則目張,

문(紊)은 문란함이다. 벼릿줄이 들리면 그물눈이 펴짐은

詳說

○ 目在於綱故也. 在, 猶係也.

눈이 벼리에 있기 때문이다. '있다[在]'는 것은 걸려 있다는 것과 같다.

集傳

喩下從上, 小從大. 申前無傲之戒,

아랫사람이 윗사람을 따르고 작은 사람이 큰 사람을 따름을 비유한 것으로 앞의 오만하게 하지 말라는 경계를 거듭한 것이고,

詳說

○ 此句, 論也.

여기의 구절은 경문의 의미 설명이다.

集傳

---

469) 『서경대전(書經大全)』, 「상서(商書)」·「반경상-6(盤庚上-6)」 : 왕이 다음과 같이 말씀하였다. "이리 오라. 너희들은. 내 너희들에게 훈계를 고하노니, 너희들은 너희들의 사심을 버릴 것을 꾀하며 오만하게 하고 편안함을 따르지 말도록 하라.(王若曰, 格汝衆, 予告汝訓, 汝猷黜乃心, 無傲從康.)"
470) 『서경대전(書經大全)』, 「상서(商書)」·「반경상(盤庚上)」, "신안 진씨가 말하였다 : '「덕을 감춘다.」는 것은 뜻을 숨겨 드러내지 않는 것이니, 「그 뜻을 숨기지 않는다.」는 것과 바로 상반된다. 「나 한 사람을 두려워하지 않는다.」는 것은 곧 상에게 오만하게 한다는 것이고, 안일하게 한다는 것은 「편안함을 따른다.」는 것이다.'(新安陳氏曰 : 含德, 掩晦遮蔽意, 與不匿厥指, 正相反. 不惕一人, 即傲上也, 成乃安逸, 即從康也.)"

勤於田畝, 則有秋成之望, 喻今雖遷徙勞苦, 而有永建乃家之利,
밭에서 부지런하면 가을에 수확할 희망이 있음은 지금 옮겨가면 수고로울지라도 길이 네 집을 세우는 이로움이 있음을 비유한 것으로

詳說
○ 見中篇.
『중용』에 보인다.

集傳
申前從康之戒.
이전의 편안함을 따르는 것에 대해 경계를 거듭한 것이다.

詳說
○ 論也.
경문의 의미 설명이다.

[6-3-7-①-10]

汝克黜乃心, 施實德于民, 至于婚友, 丕乃敢大言, 汝有積德.
너희들은 능히 너희들의 사심을 버려 실체의 덕을 백성들에게 베풀되 인척과 친구들에게까지 이르고서야 너는 비로소 감히 크게 '내가 쌓은 덕이 있다.'라고 하라.

詳說
○ 施, 去聲.
'시(施)'는 거성이다.

集傳
蘇氏曰, 商之世家大族, 造言以害遷者, 欲以苟悅小民爲德也. 故告之曰是何德之有.
소씨(蘇氏)가 말하였다. "상(商)나라의 세가(世家)·대족(大族)으로 말을 만들어내어 천도를 저지하는 자들은 구차히 소민(小民)들을 기쁘게 함을 덕으로 삼으려 하였

다. 그러므로 이들에게 '이 무슨 덕 됨이 있겠는가?

> [詳說]
> ○ 補文上意.
>> 상의 의미로 글을 보완하였다.

> [集傳]
> 汝曷不去汝私心,
> 너희들은 어찌 너희들의 사심을 버리고

> [詳說]
> ○ 上聲.
>> '거(去)'는 상성이다.

> [集傳]
> 施實德于民與汝婚姻僚友乎.
> 실제 덕을 백성과 너희들의 인척과 관속들에게 베풀지 않는가?

> [詳說]
> ○ 林氏曰 : "欲其愛人以德, 而不以姑息爲愛也."
>> 임씨(林氏)가 말하였다 : "덕으로 사람을 사랑하고자 하고 원칙 없는 것을 사랑으로 여기지 않았다."471)

> [集傳]
> 勞而有功, 此實德也, 汝能勞而有功, 則汝乃敢大言曰我有積德.
> 수고로워 공이 있는 것이 이것이 실제 덕이니, 너희들이 능히 수고롭게 공이 있거든 너희들은 비로소 크게 「내가 쌓인 덕이 있다.」고 말하라.'라고 한 것이다."

---

471) 『서경대전(書經大全)』, 「상서(商書)」·「반경상(盤庚上)」, "임씨가 말하였다 : '사심을 버려 실제의 덕을 베푸는 것은 덕으로 사람을 사랑하고자 하고 원칙 없는 것을 사랑으로 여기지 않는 것이다.'(林氏曰 : 黜私心, 而施實德, 欲其愛人以德而不以不遷之姑息為愛也.)"

詳說
○ 改汝作我, 以便於文.
너를 나로 바꿔 문맥에 편하게 했다.

集傳
曰積德云者, 亦指世家大族而言,
쌓인 덕이라고 말한 것은 또한 세가(世家)·대족(大族)을 가리켜 말한 것이니,

詳說
○ 夏氏曰 : "先王時汝祖父率民以遷, 今汝又率遷, 是世有積德及人也."
하씨(夏氏)가 말하였다 : "선왕 때에 너희 조부가 백성들을 이끌고 천도했으니, 이제 너희들이 또 이끌어 천도하는 것이 대대로 쌓인 덕으로 사람들에게 미치는 것이다."472)

集傳
申前汝猷黜乃心之戒
앞의 너희들은 너희들의 사심을 버릴 것을 꾀하라고 경계를 거듭한 것이다.

詳說
○ 論也.
경문의 의미 설명이다.

○ 新安陳氏曰 : "猷黜, 是謀爲之, 克黜, 眞能爲之, 所以贊其決也."
신안 진씨(新安陳氏)가 말하였다 : "'너희들의 사심을 버릴 것을 꽤한다.'473)는 것은 도모해서 한다는 것이고, '능히 사심을 버린다.'는 것은 진실로 그것을 할

---

472) 『서경대전(書經大全)』, 「상서(商書)」·「반경상(盤庚上)」, "하씨가 말하였다 : "선왕 때에 너희 조부가 백성들을 이끌고 천도했으니, 이제 너희들이 또 이끌어 천도하는 것이 대대로 쌓인 덕으로 사람들에게 미치는 것이다.(夏氏曰 : 先王時, 汝祖父率民以遷, 今汝又率民遷, 是世有積德及人也.)"
473) 『서경대전(書經大全)』, 「상서(商書)」·「반경상-6(盤庚上-6)」, "왕이 다음과 같이 말씀하였다. "이리 오라. 너희들은. 내 너희들에게 훈계를 고하노니, 너희들은 너희들의 사심을 버릴 것을 꾀하며 오만하게 하고 편안함을 따르지 말도록 하라.(王若曰, 格汝衆, 予告汝訓, 汝猷黜乃心, 無傲從康.)"

수 있다는 것이기 때문에 그 결정을 돕는 것이다."474)

○ 陳氏大猷曰 : "此章總告以利, 下二章分告以害."
진씨 대유가 말하였다 : "여기의 장에서는 이로움으로 총괄해서 고했고, 아래의 두 장에서는 해로움으로 나눠 고했다."475)

[6-3-7-①-11]

乃不畏戎毒于遠邇, 惰農自安, 不昏作勞, 不服田畝, 越其罔有黍稷.

너희들이 멀고 가까운 곳에 큰 해독을 끼침을 두려워하지 않으니, 게으른 농부가 스스로 편안하여 힘써 수고로운 일을 하지 않아 전무(田畝)에서 일하지 않으면 서직(黍稷)이 없게 될 것이다.

詳說.

○ 昏, 音敏.
'민(昏)'은 음이 '민(敏)'이다.

集傳

戎大, 昏, 强也.
융(戎)은 큼이고, 민(昏)은 힘씀이다.

---

474) 『서경대전(書經大全)』, 「상서(商書)」·「반경상(盤庚上)」, "신안 진씨가 말하였다 : '앞에서 「너희들의 사심을 버릴 것을 꾀한다.」는 것을 말하고, 여기서 「능히 너희들의 사심을 버린다.」는 것을 말하였으니, 바로 앞에서는 도모해서 한다는 것을 말한 것이고, 이제는 진실로 그것을 할 수 있다는 것이기 때문에 그 결정을 돕는 것이다.'(新安陳氏曰 : 前言猷黜乃心, 此言克黜乃心, 是前言所謀爲之者, 今眞能爲之矣, 所以贊其決也.)"

475) 『서경대전(書經大全)』, 「상서(商書)」·「반경상(盤庚上)」, "진씨 대유가 말하였다 : '천도하지 않는 것은 인정을 따른 것이지만 후환이 뒤에 있으니, 백성을 사랑한 것 같을지라도 실제로 그들을 해친 것이다. 천도하는 것은 인정을 어기는 것 같지만 이로움이 뒤에 있으니, 백성을 수고롭게 한 것 같을지라도 실제로 그들을 복되게 한 것이다. 재위에 있으면서 백성들이 천도하지 않게 하는 것을 백성에게 덕이 있는 것으로 여기기 때문에 이처럼 경계한 것이다. 여기의 장에서는 이로움으로 총괄해서 고했고, 아래의 두 장에서는 해로움으로 나눠 고했다.'(陳氏大猷曰 : 不遷, 則徇人情而患在後, 雖若愛民, 實害民也. 遷則若拂人情, 而利在後, 雖若勞民, 實福民也. 在位以使民不遷爲有德於民, 故戒之如此. 此章總告以利, 下二章分告以害.)"

詳說

○ 如字, 下同.
'강(强)'자는 본래의 음 대로 읽고, 아래에서도 같다.

集傳

汝不畏沈溺大害於遠近
너희들이 멀고 가까운 곳에 큰 해독을 끼쳐 빠뜨림을 두려워하지 않아

詳說

○ 乃.
'여(汝)'는 경문에서 '내(乃)'이다.

○ 毒.
'큰 해독[大害]'은 경문에서 '독(毒)'이다.

集傳

而憚勞不遷,
수고로움을 꺼리고 천도(遷都)하지 않으니,

詳說

○ 添此句.
여기의 구절을 더하였다.

集傳

如怠惰之農, 不强力爲勞苦之事, 不事田畝, 安有黍稷之可望乎. 此章再以農喩, 申言從康之害
이는 마치 게으른 농부가 힘써 수고로운 일을 하지 않아 전무(田畝)에서 일하지 않는 것과 같으니, 어찌 서직(黍稷)을 바랄 수 있겠는가? 이 장(章)에서는 다시 농사로 비유하여 편안함을 따르는 해를 거듭 말하였다.

詳說

○ 二句, 論也.

　두 구는 경문의 의미 설명이다.

○ 林氏曰 : "此篇文勢, 大抵相顧成文, 曰力穡, 惰農, 曰觀火, 燎原, 文雖渙散, 而意則相屬."

　임씨(林氏)가 말하였다 : "여기 편의 어투는 대체로 서로 돌아보는 것으로 문맥을 만들어 '농사에 힘쓴다.'476)고 하고 '게으른 농부'라고 하며, '불을 보듯이 분명하다.'477)고 하고 '평원에 불이 타오른다.'478)고 하였으니, 문맥이 흩어져 있을지라도 의미는 서로 연속되어 있다."479)

[6-3-7-①-12]

汝不和吉言于百姓, 惟汝自生毒. 乃敗禍姦宄, 以自災于厥身,

---

476) 『서경대전(書經大全)』, 「상서(商書)」·「반경상-9(盤庚上-9)」 : "그물에 벼리가 있어야 조리가 있어 문란하지 않음과 같으며, 농부가 밭에서 일하며 농사에 힘써야 가을에 수확이 있는 것과 같다.(若網在綱, 有條而不紊, 若農服田力穡, 乃亦有秋.)"

477) 『서경대전(書經大全)』, 「상서(商書)」·「반경상-8(盤庚上-8)」 : "내가 스스로 이 덕을 황폐하게 하는 것이 아니라, 너희들이 덕을 감추며 나 한 사람을 두려워하지 않으니, 내가 불을 보듯이 분명하게 알건마는 나도 졸렬한 생각으로 너희들을 잘못되게 한 것이다.(非予自荒玆德, 惟汝含德 不惕予一人, 予若觀火, 予亦拙謀, 作乃逸.)"

478) 『서경대전(書經大全)』, 「상서(商書)」·「반경상-12(盤庚上-12)」 : "너희들이 화함과 길함을 백성들에게 말하지 않으니, 너희들이 스스로 해독을 끼치는 것이다. 패(敗)하고 화(禍)하며 간(姦)·궤(宄)함으로 스스로 자기 몸에 재앙을 끼쳐서 너희들이 이미 백성들에게 앞장서서 악을 저지르고 마침내 고통을 받고서야 너희들이 자신을 뉘우친들 어찌 미치겠는가? 이 소민(小民)들을 봄에 오히려 서로 경계하는 말을 돌아보더라도 말함에 잘못된 말이 있을까 두렵거든 하물며 내가 너희들의 짧고 긴 목숨을 제재(制裁)함에 있어서랴! 너희들은 어찌 나에게 고하지 않고, 서로 부언(浮言)으로 선동(煽動)하여 사람들을 공동(恐動)시키고 빠지게 하는가? 마치 불이 평원에 타올라 향하여 가까이 할 수 없으나 오히려 박멸할 수 있음과 같으니, 너희들이 스스로 안정하지 않음을 만드는 것이지, 내가 잘못이 있는 것이 아니다.(汝不和吉言于百姓, 惟汝自生毒. 乃敗禍姦宄, 以自災于厥身, 乃旣先惡于民, 乃奉其恫, 汝悔身何及. 相時憸民, 猶胥顧于箴言, 其發有逸口, 矧予制乃短長之命. 汝曷弗告朕, 而胥動以浮言, 恐沈于衆. 若火之燎于原, 不可嚮邇, 其猶可撲滅, 則惟爾衆, 自作弗靖, 非予有咎.)"

479) 『서경대전(書經大全)』, 「상서(商書)」·「반경상(盤庚上)」, "임씨가 말하였다 : '여기 편의 어투는 대체로 반복해서 변론하는 것으로 모두 서로 돌아보는 것으로 문맥을 이루었다. 「농부가 밭에서 일하며 농사에 힘써야 가을에 수확이 있는 것과 같다.」고 하고 나서 또 「게으른 농부가 스스로 편안하여 힘써 수고로운 일을 하지 않아 전무(田畝)에서 일하지 않으면 서직(黍稷)이 없게 될 것이다.」라고 하였고, 「내가 불을 보듯이 분명하게 알건마는」이라고 하고 나서 또 「평원에 불이 타오르는 것과 같다.」고 하였으니, 글이 비록 분산되어 있을지라도 의미는 서로 연속되어 있다. 이것으로 반경의 말이 어려워 갑자기 깨달을 수 없을지라도 반복해서 사람의 정에 구한 것은 아주 친근한 것이다.'(林氏曰 : 此篇文勢, 大抵反覆辯論, 皆相顧成文, 既曰, 若農服田力穡乃亦有秋, 又曰, 惰農自安, 不昏作勞, 不服田畝, 越其罔有黍稷. 既曰, 予若觀火, 又曰, 若火之燎于原, 文雖渙散, 而意則相屬. 以是知盤庚之言, 雖佶屈聱牙, 不可遽曉, 然反覆求之於人情, 甚近也.)"

乃旣先惡于民, 乃奉其恫, 汝悔身何及. 相時憸民, 猶胥顧于箴言, 其發有逸口, 矧予制乃短長之命. 汝曷弗告朕, 而胥動以浮言, 恐沈于衆. 若火之燎于原, 不可嚮邇, 其猶可撲滅, 則惟爾衆, 自作弗靖, 非予 有咎.

너희들이 화함과 길함을 백성들에게 말하지 않으니, 너희들이 스스로 해독을 끼치는 것이다. 패(敗)하고 화(禍)하며 간(姦)·궤(宄)함으로 스스로 자기 몸에 재앙을 끼쳐서 너희들이 이미 백성들에게 앞장서서 악을 저지르고 마침내 고통을 받고서야 너희들이 자신을 뉘우친들 어찌 미치겠는가? 이 소민(小民)들을 봄에 오히려 서로 경계하는 말을 돌아보더라도 말함에 잘못된 말이 있을까 두렵거든 하물며 내가 너희들의 짧고 긴 목숨을 제재(制裁)함에 있어서랴! 너희들은 어찌 나에게 고하지 않고, 서로 부언(浮言)으로 선동(煽動)하여 사람들을 공동(恐動)시키고 빠지게 하는가? 마치 불이 평원에 타올라 향하여 가까이 할 수 없으나 오히려 박멸할 수 있음과 같으니, 너희들이 스스로 안정하지 않음을 만드는 것이지, 내가 잘못이 있는 것이 아니다.

詳說

○ 恫, 音通, 相, 去聲. 憸, 思廉反, 諺音誤. 燎, 盧皎反. 撲, 普卜反, 諺音誤.

'통(恫)'은 음이 '통(通)'이고, '상(相)'은 거성이다. '섬(憸)'은 '사(思)'와 '렴(廉)'의 반절이니, 『언해』의 음은 잘못되었다. '료(燎)'는 '로(盧)'와 '교(皎)'의 반절이다. '박(撲)'은 '보(普)'와 '복(卜)'의 반절이니, 『언해』의 음은 잘못되었다.

集傳

吉, 好也.

길(吉)은 좋음이다.

詳說

○ 不以和吉言于民也. 生, 猶作也.

화함과 길함을 백성들에게 말하지 않는 것이다. '끼친다[生]'는 것은 만든다는 것과 같다.

集傳

先惡爲

앞장서서 악을 저지르는 것은

詳說

○ 一作謂.

'위(爲)'는 어떤 판본에는 '위(謂)'로 되어 있다.

集傳

惡之先也.

악의 선도이다.

詳說

○ 爲字釋於先, 或曰, 釋於惡.

'위(爲)'자는 선까지 해석한다. 어떤 이는 "악까지 해석한다."고 하였다.

○ 先惡于民, 諺釋未瑩.

'백성들에게 앞장서서 악을 저지른다.(先惡于民)'는 것에 대해서는 『언해』의 해석이 분명하지 않다.

○ 林氏曰 : "不導民以遷, 而先不樂遷, 民亦從之. 是謂先惡."

임씨가 말하였다 : "천도하는 것을 백성들에게 인도하지 않고 앞장서서 천도를 좋아하지 않으니, 백성들도 그것에 따른다. 이것을 앞장서서 악을 저지르는 것이라고 한다."480)

○ 張氏曰 : "自毒自災, 言非自外來."

장씨가 말하였다 : "해독을 끼치고 재앙을 끼친다는 것은 밖에서 온 것이 아니라는 말이다."481)

---

480) 『서경대전(書經大全)』, 「상서(商書)」·「반경상(盤庚上)」, "임씨가 말하였다 : '"천도하는 것을 백성들에게 인도하지 않고 앞장서서 천도를 좋아하지 않으니, 백성들도 그것에 따른다. 이것을 앞장서서 악을 저지르는 것이라고 한다.'(林氏曰 : 不導民以遷, 而先不樂遷, 民亦從之. 是謂先惡.)"

481) 『서경대전(書經大全)』, 「상서(商書)」·「반경상(盤庚上)」, "장씨가 말하였다 : '독은 스스로 끼친다고 하고, 패(敗)하고 화(禍)하며 간(姦)·궤(宄)함은 스스로 재앙을 끼친다고 했으니, 밖에서 온 것이 아니라 모두 네

> 集傳

奉, 承, 恫, 痛
봉(奉)은 받듦이고, 통(痛)은 고통이며,

> 詳說

○ 陳氏大猷曰 : "雖悔之, 身無及矣."
진씨 대유(陳氏大猷)가 말하였다 : "후회할지라도 몸이 미칠 수가 없다."482)

> 集傳

相, 視也. 憸民, 小民也. 逸口, 過言也. 逸口, 尚可畏, 況我制爾生殺之命, 可不畏乎.
상(相)은 봄이다. 섬민(憸民)은 소민(小民)이다. 일구(逸口)는 잘못된 말이다. 잘못된 말도 오히려 두려워해야 하는데, 하물며 내가 너희들을 살리고 죽이는 운명 제어하니, 두려워하지 않을 수 있겠는가?

> 詳說

○ 添二畏字.
두 번의 '외(畏)'자를 더하였다.

○ 何不以民之箴言告朕.
어째서 백성들이 경계하는 말을 짐에게 고하지 않는가?

> 集傳

恐, 謂恐動之以禍患, 沈謂沈陷之於罪惡. 不可嚮邇其猶可撲滅者,
공(恐)은 재앙 때문에 두려워 움직임을 말하고, 침(沈)은 죄악에 빠뜨림을 이른다. 향하여 가까이할 수 없으나 오히려 박멸할 수 있다는 것은

가 스스로 취한 죄라는 말이다.'(張氏曰 : 毒曰, 自生, 禍敗姦宄曰, 自災, 言非自外來, 皆汝自取之罪也.)"
482) 『서경대전(書經大全)』, 「상서(商書)」·「반경상(盤庚上)」, "진씨 대유가 말하였다 : '고통을 급히 없애지 않고 받들어 기르는 것은 위태로움을 편안히 여기고, 재앙을 이롭게 여기는 것과 같은 의미이다. 시작에서 앞장 서서 악을 저지르고 나서 또 지금에 질병을 숨기니, 뒤에 후회할지라도 몸이 미칠 수가 없다.'(陳氏大猷曰 : 恫痛不急去之, 乃奉而養之, 猶安其危, 利其蠚之意. 既先惡於始, 又護疾于今, 後雖悔之, 身無及矣.)"

[詳說]
○ 諺釋略猶字, 何也.
『언해』에서 '유(猶)'자를 생략한 것은 무엇 때문인가?

[集傳]
言其勢焰雖盛, 而殄滅之不難也. 靖, 安, 咎, 過也, 則惟爾衆自爲不安,
그 형세와 기염이 비록 성대할지라도 끊어서 박멸함이 어렵지 않음을 말한 것이다. 정(靖)은 편안함이고, 구(咎)는 허물이니, 너희들이 스스로 불안하게 만드는 것이고,

[詳說]
○ 作.
'위(爲)'는 '작(作)'이다.

[集傳]
非我有過也. 此章反復
나에게 허물이 있는 것이 아니다. 이 장에서는 반복적으로

[詳說]
○ 覆同
'복(復)'은 '복(覆)'과 같다.

[集傳]
辯論申言傲上之害.
변론해서 군주에게 오만하게 하는 해로움에 대해 거듭 말하였다.

[詳說]
○ 二句, 論也.
두 구는 경문의 의미 설명이다.

書集傳詳說 卷之六 359

[6-3-7-①-13]

遲任有言曰, 人惟求舊, 器非求舊惟新.

지임(遲任)이 '사람은 옛사람을 구하고, 그릇은 옛것을 구할 것이 아니라 새 그릇을 쓰라.'라고 하였다.

詳說

○ 任, 平聲.

'임(任)'은 평성이다.

集傳

遲任, 古之賢人. 蘇氏曰, 人舊

지임(遲任)은 옛날의 현인이다. 소씨(蘇氏)가 "사람은 오래되면

詳說

○ 指世舊.

세신(世臣)과 구가(舊家)를 가리킨다.

集傳

則習, 器舊則敝, 當常使舊人用新器也. 今按盤庚所引, 其意在人惟求舊一句,

익숙하고 그릇은 오래되면 망가지니, 언제나 옛사람을 부리고 새 그릇을 사용하도록 하여야 한다."라고 하였다. 이제 반경(盤庚)이 인용한 바를 살펴보면 그 뜻이 '사람은 옛사람을 구해야 한다.'는 한 글귀에 있으니,

詳說

○ 器新, 是喩及耳.

그릇이 새롭다는 것은 비유하여 미친 것일 뿐이다.

集傳

而所謂求舊者, 非謂老人但謂求人於世臣舊家云耳.

이른바 '옛사람을 구한다'는 것은 노인을 말한 것이 아니고, 단지 사람을 세신(世臣)과 구가(舊家)에서 구하여야 함을 이른 것이다.

詳說

○ 一作爾.

'이(耳)'는 어떤 판본에는 '이(爾)'로 되어 있다.

集傳

詳下文意

아래 글의 의미를 살펴보면

詳說

○ 乃祖云云

集傳

可見, 若以舊人爲老人, 又何侮老成人之有

알 수 있으니, 만약 옛사람을 노인이라고 한다면 또 어찌 노성(老成)한 사람을 업신여김이 있겠는가?

詳說

○ 說者, 多以舊人爲老成人, 故再三辨之

설명하는 자들이 대부분 옛사람을 노성한 사람으로 여겼기 때문에 재삼 분별하는 것이다.

○ 今以下, 論也.

'금(今)' 이하는 경문의 의미 설명이다.

[6-3-7-①-14]

古我先王, 曁乃祖乃父, 胥及逸勤, 予敢動用非罰. 世選爾勞,
予不掩爾善. 茲予大享于先王, 爾祖其從與享之. 作福作災, 予

| 亦不敢動用非德. |

옛날에 우리 선왕께서 너희들의 할아비·아비와 함께 서로 편안함과 수고로움을 함께 하셨으니, 내 감히 잘못된 형벌을 움직여 쓰겠는가? 대대로 너희들의 공로를 뽑아 기록하고 있으니, 나는 너희들의 선함을 엄폐하지 않을 것이다. 내가 선왕에게 크게 제향할 적에 너희들의 선조도 따라서 함께 배향하여 복을 만들고 재앙을 만드니, 나는 또한 감히 덕이 아닌 것을 움직여 쓰지 않을 것이다.

詳說

○ 與, 去聲.

'여(與)'는 거성이다.

集傳

胥, 相也. 敢, 不敢也. 非罰, 非所當罰也. 世, 非一世也. 勞, 勞于王家也. 掩, 蔽也. 言先王及乃祖乃父, 相與同其勞逸,

서(胥)는 서로이다. 감(敢)은 감히 하지 못하는 것이다. 비벌(非罰)은 형벌하여야 할 것이 아닌 것이다. 세(世)는 한 대(代)가 아니다. 노(勞)는 왕가(王家)에 수고로움이다. 엄(掩)은 가림이다. 선왕이 너희들의 할아비·아비와 함께 서로 수고로움과 편안함을 함께 하셨으니,

詳說

○ 倒言以便文.

거꾸로 말해 문맥을 편하게 하였다.

集傳

我豈敢動用非罰, 以加汝乎. 世簡爾勞,

내 어찌 감히 잘못된 형벌을 움직이고 써서 너희들에게 가하겠는가? 대대로 너희들의 공로를 뽑아 기록해서

詳說

○ 選.

'간(簡)'은 경문에서의 '선(選)'이다.

集傳

不蔽爾善. 玆我大享于先王爾祖亦以功而配食於廟.

너희들의 선(善)을 엄폐하지 않을 것이다. 내 선왕에게 크게 제향할 적에 너희들의 선조 또한 공로로써 사당에 배향할 것이다.

詳說

○ 孫氏曰 : "前曰, 乃祖乃父, 此止曰, 乃祖. 蓋逸勤, 不止一人配享. 則非有功之祖不與也."

손씨가 말하였다 : "앞에서는 할아비와 아비라고 말하고 여기서는 단지 선조로 말하였다. 편안함과 수고로움은 단지 한 사람을 배향하는 것만은 아니다. 그렇다면 공이 있는 조상이 아니면 함께 하지 못하는 것이다."[483]

集傳

先王與爾祖父臨之在上, 質之在旁, 作福作災皆簡在先王與爾祖父之心我亦豈敢動用非德以加汝乎.

선왕이 너희들의 할아비·아비와 함께 임하여 위에 계시고 질정함에 곁에 계셔서 복을 만들고 재앙을 만듦에 모두 간열(簡閱)함이 선왕과 너희들의 할아비·아비의 마음에 달려 있으니, 내가 또한 어찌 감히 덕이 아닌 것을 움직여 써서 너희들에게 가하겠는가?

詳說

○ 新安陳氏曰 : "此申言前圖任舊人之意."

신안 진씨(新安陳氏)가 말하였다 : "여기에서는 거듭해서 '옛사람을 도모하고 맡기는'[484] 의미를 말하였다."[485]

---

483) 『서경대전(書經大全)』, 「상서(商書)」·「반경상(盤庚上)」, "손씨가 말하였다 : 서로 편안함과 수고로움을 함께 하신 것에서는 할아비와 아비라고 하고, 여기의 너희들의 선조도 따라서 함께 배향한다는 것에서는 너희의 선조라고 하였다. 편안함과 수고로움에서는 단지 한 사람을 배향하는 것만은 아니다. 그렇다면 공이 있는 조상이 아니면 함께 하지 못하는 것이다.'(孫氏曰 : 前言胥及逸勤, 則曰乃祖乃父, 此與享止曰, 乃祖. 蓋逸勤不止一人配享, 則非有功之祖不與也.)"
484) 『서경대전(書經大全)』, 「상서(商書)」·「반경상-7(盤庚上-7)」 : "옛날 우리 선왕이 또한 옛사람을 도모하고 맡겨서 정사를 함께 하셨으니, 왕이 닦아야 할 일을 펴 말씀하시면 그 뜻을 숨기지 않았다. 왕이 크게 공경하였고, 잘못된 말이 없어서 백성들이 크게 변했는데, 이제 너희들은 시끄럽게 떠들어 백성들에게 믿음을 일으킴이 험하고 얕으니, 나는 너희들이 다투는 바를 알지 못하겠다.(古我先王, 亦惟圖任舊人, 共政, 王播告之脩, 不匿厥指. 王用丕欽, 罔有逸言, 民用丕變, 今汝聒聒, 起信險膚, 予弗知乃所訟.)"
485) 『서경대전(書經大全)』, 「상서(商書)」·「반경상(盤庚上)」, "신안 진씨가 말하였다 : '여기에서는 여러 신하들

[6-3-7-①-15]

予告汝于難, 若射之有志, 汝無侮老成人, 無弱孤有幼, 各長于厥居, 勉出乃力, 聽予一人之作猷.

내 너희들에게 어려움을 말하노니, 활 쏘는 자가 뜻이 있는 것과 같으니, 너희들은 노성(老成)한 사람을 업신여기지 말고 외로운 어린이들을 하찮게 여기지 말며, 각각 그 거처를 장구히 하여 함께 너희들의 힘을 내어서 나 한 사람이 만든 꾀를 따르도록 하라.

集傳

難, 言謀遷徙之難也.
난(難)은 옮겨 이사하는 도모가 어려움을 말한 것이다.

詳說

○ 于難, 猶以難也.
'우란(于難)'은 '이란(以難)'과 같다.

集傳

蓋遷都固非易事, 而又當時臣民傲上, 從康,
천도(遷都)는 진실로 쉬운 일이 아니고, 또 당시의 신민들이 군주에게 오만하게 하고 편안함을 따라

詳說

○ 去聲.
'이(易)'는 거성이다.

○ 承前節.
앞의 절을 이어받았다.

이 공로가 있어 조상과 함께 아름다움과 슬픔을 하는 것을 가지고 감동시켰으니, 바로 거듭해서 「옛사람을 도모하고 맡기는」 의미를 말한 것이다.」(新安陳氏曰 : 此以羣臣世有勳勞, 當與祖同休戚者, 感動之, 乃申言前圖任舊人之意.)"

集傳
不肯遷徙. 然我志決遷, 若射者之, 必於中
옮겨 이사하려 하지 않았다. 그러나 내 뜻이 결단코 천도(遷都)하려 함은 마치 활 쏘는 자가 과녁을 명중을 기필하는 것처럼

詳說
○ 志
'필(必)'은 경문에서 '지(志)'이다.

○ 去聲
'중(中)'은 거성이다.

集傳
有不容但已者. 弱, 少之也.
단지 그대로 중지할 수 없는 것이 있다. 약(弱)은 하찮게 여김이다.

詳說
○ 去聲.
'소(少)'는 거성이다.

集傳
意當時老成孤幼, 皆有言當遷者. 故戒其老成者, 不可侮孤幼者.
아마도 당시에 노성(老成)한 사람과 외로운 어린이는 모두 "천도해야 한다."고 말하는 자가 있었던 듯하다. 그러므로 노성(老成)한 자를 업신여기지 말고 외로운 어린이를

詳說
○ 有, 又通.
'유(有)'는 '우(又)'와 통한다.

集傳

不可少之也. 爾臣各謀長遠其居

소홀히 하지 말라고 경계한 것이다. 너희 신하들은 각기 그 거처를 오래도록 멀리 할 것을 도모하여

詳說

○ 添謀字.

'모(謀)'자를 더하였다.

集傳

勉出汝力, 以聽我一人遷徙之謀也.

힘써 너희들의 힘을 내어서 나 한 사람의 옮겨 이사하려는 꾀를 따라야 할 것이다.

詳說

○ 作爲也. 或曰, 與篇首作字同, 註意然耳.

일으켜 하는 것이다. 어떤 이는 "편의 처음에서 '작(作)'자와 같다."고 했는데, 주석의 의미도 그렇다.

[6-3-7-①-16]

無有遠邇, 用罪, 伐厥死, 用德, 彰厥善, 邦之臧, 惟汝衆, 邦之不臧, 惟予一人, 有佚罰.

멀고 가까움에 관계없이 죄악을 행하는 자는 그 죽임으로 벌을 주고, 덕을 행하는 자는 선으로 표창할 것이니, 나라가 잘됨은 너희들 때문이며, 나라가 잘못됨은 나 한 사람이 벌을 잘못 시행하기 때문이다.

詳說

○ 佚, 音逸.

'일(佚)'은 음이 '일(逸)'이다.

用罪, 猶言爲惡, 用德猶言爲善也.
용죄(用罪)는 죄악을 행한다는 말과 같고, 용덕(用德)은 덕을 행한다는 말과 같다.

> 詳說
> ○ 張氏曰 : "不從遷者罪也, 從遷者善也."
> 장씨가 말하였다 : "천도를 따르지 않는 것은 죄이고 천도를 따르는 것은 선이다."486)

集傳
伐, 猶誅也. 言無有遠近親疏, 凡伐死
벌(伐)은 주(誅)와 같다. 원근(遠近)과 친소(親疎)에 관계없이 모두 죽임으로 벌을 주고

> 詳說
> ○ 誅其死罪.
> 죽일 죄를 주벌하는 것이다.

集傳
彰善, 惟視汝爲惡爲善如何爾. 邦之善惟汝衆用德之故,
선을 표창함에 있어서는 오직 너희들이 악을 행하고 선을 행하는 것이 어떤지 볼 뿐이다. 나라가 잘됨은 너희들이 덕을 행하기 때문이,

> 詳說
> ○ 蒙上用德.
> 위에서 덕을 행하는 것을 이어받았다.

集傳
邦之不善, 惟我一人, 失罰其所當罰也.

---

486) 『서경대전(書經大全)』, 「상서(商書)」·「반경상(盤庚上)」, "장씨가 말하였다 : '천도를 따르지 않는 것은 죄이고 천도를 따르는 것은 선이다.'(張氏曰 : 不從遷者罪也, 從遷者善也.)"

나라가 잘못됨은 나 한 사람이 마땅히 벌줘야 할 사람을 벌주지 않기 때문이다.

詳說

○ 佚失也.

'실(失)'은 실수로 잘못했다는 것이다.

[6-3-7-①-17]

凡爾衆 其惟致告 自今至于後日, 各恭爾事, 齊乃位, 度乃口. 罰及爾身, 弗可悔

너희들은 서로 고하여 경계해서 지금부터 후일까지 각기 너희들이 할 일을 공손히 수행해서 너희들의 자리를 정돈하며 너희들의 말을 법도에 맞게 하라. 벌이 너희들의 몸에 미치면 뉘우칠 수 없을 것이다."

集傳

致告者, 使各相告戒也.

치고(致告)는 각기 서로 고(告)하여 경계하게 하는 것이다.

詳說

○ 呂氏曰 : "時惟諭在王庭者, 故欲其轉相告語."

여씨(呂氏)가 말하였다 : "당시에는 왕정에 있는 자들만 깨우쳤기 때문에 그들이 돌아가며 서로 고하여 말하도록 하게 하는 것이다."487)

集傳

自今以往, 各敬汝事, 整齊汝位, 法度汝言.

지금으로부터 이후로는 각기 너희들의 일을 공경하여 너희들의 자리를 정제하고 너희들의 말을 법도에 맞게 하라.

---

487) 『서경대전(書經大全)』, 「상서(商書)」·「반경상(盤庚上)」, "여씨(呂氏)가 말하였다 : '「기유치고(其惟致告)」는 당시에는 왕정에 있는 자들만 깨우쳤기 때문에 그들이 돌아가며 서로 고하여 말하도록 했다는 것이다.'(呂氏曰 : 其惟致告, 當時所諭惟造在王庭者, 故欲其轉相告語也.)"

詳說

○ 孫氏曰：“恭爾事, 則無傲上, 齊乃位, 則無從康, 度乃口, 則無浮言. 三者, 盤庚所深戒也.”

손씨가 말하였다 : "'너희들이 할 일을 공손히 수행하라.'는 것은 상에게 오만하게 하지 말라는 것이고, '너희들의 자리를 정돈하라.'는 것은 편안함을 좇지 말라는 것이며, '너희들의 말을 법도에 맞게 하라.'는 것은 근거 없는 말을 하지 말라는 것이다. 세 가지는 반경이 깊이 경계시킨 것이다."[488]

集傳

不然罰及汝身, 不可悔也.
그렇지 않으면 벌이 너희들의 몸에 미쳐서 뉘우칠 수 없을 것이다.

詳說

○ 三代誓誥, 多以罰終之. 蓋先恩後威之意也.

삼대의 서(誓)와 고(誥)에서는 대부분 벌주는 것으로 끝마쳤으니, 은혜를 먼저하고 위엄을 뒤로 하는 의미이다.

---

488) 『서경대전(書經大全)』, 「상서(商書)」·「반경상(盤庚上)」, "손씨가 말하였다 : '「너희들이 할 일을 공손히 수행하라.」는 것은 상에게 오만하게 하지 말라는 것이고, 「너희들의 자리를 정돈하라.」는 것은 편안함을 좇지 말라는 것이며, 「너희들의 말을 법도에 맞게 하라.」는 것은 근거 없는 말을 하지 말라는 것이다. 세 가지는 반경이 깊이 경계시킨 것이다.'(孫氏曰 : 恭爾事, 則無傲上, 齊乃位, 則無從康, 度乃口, 則無浮言. 三者, 盤庚所深戒也.)"

[6-3-7-②]
『반경중(盤庚中)』

[6-3-7-②-1]
盤庚作, 惟涉河, 以民遷, 乃話民之弗率, 誕告用亶. 其有衆咸造, 勿褻在王庭, 盤庚乃登進厥民.

반경이 일어나 황하를 건너 백성들을 옮길 적에 마침내 따르지 않는 백성들에게 말씀하여 크게 고하기를 정성으로 하였다. 이에 무리들이 모두 나와서 더럽히지 말자고 하며 왕정에 있었는데, 반경이 곧 그 백성들을 올라와 나오게 하였다.

詳說
○ 造, 音糙.
　'조(造)'는 음이 '조(糙)'이다.

集傳
作, 起而將遷之辭. 殷在河南, 故涉河. 誕, 大, 亶, 誠也. 咸造, 皆至也. 勿褻, 戒其毋得褻慢也.
작(作)은 일어나 옮기려는 말이다. 은(殷)이 황하(黃河)의 남쪽에 있으므로 황하(黃河)를 건넌 것이다. 탄(誕)은 큼이요, 단(亶)은 정성이다. 함(咸)과 조(造)는 모두 이름이다. 물설(勿褻)은 더럽히며 오만하게 하지 말자고 경계한 것이니,

詳說
○ 諺釋作自相戒, 或曰, 盤庚戒之也. 註中其字可見.
　『언해』에서는 스스로 서로 경계한 것으로 되어 있다. 어떤 이는 "반경이 경계했다."고 하였으니, 주석 가운데 '기(其)'자로 알 수 있다.

○ 呂氏曰 : "已離舊邦, 未至新邑, 則王庭, 蓋道路行宮也. 班次臣在前, 民在後, 故升進於前而告之."

여씨가 말하였다 : "이미 옛 나라를 떠났으나 아직 새 도읍에 도착하지 않았으니, 왕정은 대개 도로에서의 행궁이다. 순서대로 늘어선 신하들이 앞에 있고, 백성들은 뒤에 있기 때문에 앞으로 올라가서 말한 것이다."489)

集傳

此, 史氏之言. 蘇氏曰, 民之弗率, 不以政令齊之, 而以話言曉之,
이것은 사신(史臣)의 말이다. 소씨(蘇氏)가 말하였다. "백성들이 따르지 않는 것을 정령으로 정제하지 않고 말로 깨닫게 하였으니,

詳說

○ **孔氏曰 : "話, 善言也."**
공씨가 말하였다 : "이야기로 좋게 말한 것이다."490)

集傳

盤庚之仁也.
이는 반경의 어짊이다."

詳說

○ **此以下, 論也.**
여기 이하는 경문의 의미 설명이다.

[6-3-7-②-2]

曰明聽朕言, 無荒失朕命.

다음과 같이 말씀하였다. "분명히 내 말을 들어서 나의 명을 폐하거나 잃지 말도록 하라.

---

489) 『서경대전(書經大全)』, 「상서(商書)」·「반경중(盤庚中)」, "여씨가 말하였다 : '이미 옛 나라를 떠났으나 아직 새 도읍에 도착하지 않았으니, 왕정은 대개 도로에서의 행궁으로 이를테면 『주례』의 「장차(掌次)」가 여기에 해당한다. 순서대로 늘어선 신하들이 앞에 있고, 백성들은 뒤에 있기 때문에 앞으로 올라가서 말한 것이다.'(呂氏曰 : 已離舊邦, 未至新邑, 則王庭, 蓋道路行宮, 如周禮掌次, 是也. 班次臣在前, 民在後, 故升進其民, 於前而告之.)"
490) 『상서찬전(尙書纂傳)』, 「상서(商書)」·「반경중(盤庚中)」, "한나라 공씨가 말하였다 : '백성들이 교령을 따르지 않는 것에 대해 이야기로 좋게 한 것이니, 좋은 말로 무리들에게 크게 고하며 정성을 다한 것이다.'(漢孔氏曰 : 話善言民不循教, 發善言, 大告用誠於衆.)"

集傳

荒, 廢也.

황(荒)은 폐함이다.

詳說

○ 卽上篇自荒之荒.

곧 상편에서 '스스로 황폐하게 한다[自荒]'491)고 할 때의 '황폐하게 한다[荒]'는 것이다.

[6-3-7-②-3]

嗚呼, 古我前后, 罔不惟民之承, 保后胥慼, 鮮以不浮于天時.

아! 옛날에 우리 전대의 왕들이 백성을 공경하지 않음이 없으시자, 군주를 보존하여 서로 걱정하였기에 천시(天時)의 어려움을 이겨내지 못함이 적었다.

詳說

○ 鮮, 上聲.

'선(鮮)'은 상성이다.

集傳

承, 敬也.

승(承)은 공경함이다.

詳說

○ 鄒氏季友曰 : "奉順之意."

추씨 계우가 말하였다 : "받들어 따른다는 의미이다."492)

---

491) 『서경대전(書經大全)』, 「상서(商書)」·「반경상-8(盤庚上-8)」. "내가 스스로 이 덕을 황폐하게 하는 것이 아니라, 너희들이 덕을 감추며 나 한 사람을 두려워하지 않으니, 내가 불을 보듯이 분명하게 알건마는 나도 졸렬한 생각으로 너희들을 잘못되게 한 것이다.(非予自荒兹德, 惟汝含德 不惕予一人, 予若觀火, 予亦拙謀, 作乃逸.)"
492) 『서전집록찬(書傳輯錄纂)』, 「상서(商書)」·「반경중(盤庚中)」. "신안 진씨가 말하였다 : '「승(承)」은 받들어 따른다는 의미이다. 소씨가 경(敬)으로 풀이하니, 전에서 그것을 따랐는데 아닌 것 같다.'(新安陳氏曰 : 承奉順之意, 蘇氏訓爲敬, 傳從之, 恐非.)"

集傳

蘇氏曰, 古謂過爲浮, 浮之言勝也. 后旣無不惟民之敬, 故民亦保后

소씨(蘇氏)가 말하였다. "옛날에는 과(過)를 부(浮)라 하였으니, 부(浮)란 말은 이겨 냄이다. 임금이 이미 백성들을 공경하지 않음이 없으므로 백성들 또한 임금을 보존하여

> ### 詳說
>
> ○ 孔氏曰 : "安君之政."
>
> 공씨(孔氏)가 말하였다 : "임금의 정사를 편안하게 여기는 것이다."493)
>
> ○ 添民字.
>
> '민(民)'자를 더하였다.

集傳

相與憂其憂

서로 그 걱정을 걱정해서

> ### 詳說
>
> ○ 戚.
>
> '우(憂)'는 '척(戚)'이다.

集傳

雖有天時之災

비록 천시(天時)의 재앙이 있을지라도

> ### 詳說
>
> ○ 添災字.

---

493) 『상서찬전(尚書纂傳)』, 「상서(商書)」·「반경중(盤庚中)」, "공씨가 말하였다 : '우리 선대의 현군께서는 백성들을 받들어 편안하게 하고 구휼하지 않음이 없었으니, 백성들도 임금의 정사를 편안하게 여겨 함께 근심하며 임금의 명령을 행하는 것이다. 「부(浮)」는 행함이니, 천시에 행하지 못한 것이 적었다는 것은 모두 천시에 행했다는 말이다.'(漢孔氏曰 : 言我先世賢君, 無不承安民而恤之, 民亦安君之政, 相與憂行君令. 浮, 行也. 少以不行於天時者, 言皆行天時.)"

'재(災)'자를 더하였다.

> [集傳]
> 鮮不以人力勝之也. 林氏曰, 憂民之憂者, 民亦憂其憂,

인력(人力)으로 이겨내지 못함이 적었던 것이다." 임씨(林氏)가 말하였다. "백성들의 걱정을 걱정할 경우에 백성들로 군주의 걱정을 걱정하니,

> [詳說]
> ○ 出孟子梁惠王.

『맹자』「양혜왕」이 출처이다.494)

> [集傳]
> 罔不惟民之承, 憂民之憂也, 保后胥感, 民亦憂其憂也.

백성을 공경하지 않음이 없음은 백성의 걱정을 걱정함이고, 임금을 보존하여 서로 걱정함은 백성들 또한 그 걱정을 걱정하는 것이다."

> [詳說]
> ○ 論也.

경문의 의미 설명이다.

[6-3-7-②-4]

> 殷降大虐, 先王不懷, 厥攸作, 視民利用遷, 汝曷弗念我古后之聞. 承汝俾汝, 惟喜康共, 非汝有咎比于罰.

은(殷)나라에 큰 해로움이 내려옴에 선왕들이 편안히 여기지 않으시어 일으킨 것은 백성들의 이로움을 살펴보아 천도하신 것이니, 너희들은 어찌 내가 들은바 고후(古后)의 일을 생각하게 하지 않는가? 너희들을 공경하고 너희들을 시키는 것은 편안함을 함께 함을 기뻐해서이니, 너희들에게 잘못이 있어서 형벌에 미치게 하려는 것이 아니다.

---

494) 『맹자(孟子)』「양혜왕하(梁惠王下)」: "백성의 즐거움을 즐거워하는 자는 백성들 또한 그 군주의 즐거움을 즐거워하고, 백성들의 근심을 근심하는 자는 백성들 또한 그 군주의 근심을 근심합니다. 즐거워하기를 온 천하로써 하고, 근심하기를 온 천하로써 하며, 이렇게 하고도 왕노릇하지 못하는 자는 있지 않습니다.(樂民之樂者, 民亦樂其樂, 憂民之憂者, 民亦憂其憂, 樂以天下, 憂以天下, 然而不王者, 未之有也.)"

詳說

○ 比, 必二反.

'비(比)'는 '필(必)'과 '이(二)'의 반절이다.

集傳

先王以天降大虐,

선왕은 하늘이 큰 해로움을 내림에

詳說

○ 沙溪曰 : "時未遷殷而已, 稱殷未詳."

사계가 말하였다 : "당시 아직 은으로 천도하지 않았으니, 은이라고 칭한 것은 잘 모르겠다."

○ 按, 註改殷作天, 豈經文傳寫之訛歟

살펴보건대, 주석에서 은(殷)을 천(天)으로 고친 것은 어찌 전하고 베끼면서 잘못된 것이겠는가!

集傳

不敢安居, 其所興作,

편안히 거처하지 못해서 그 일으킨 것은

詳說

○ 臨川吳氏曰 : "起而遷."

임천 오씨가(臨川吳氏) 말하였다 : "일어나서 천도하였다."495)

集傳

視民利, 當遷而已, 爾民, 何不念我以所聞先王之事.

---

495) 『서경대전(書經大全)』, 「상서(商書)」·「반경중(盤庚中)」, "임천 오씨가 말하였다 : '선왕은 큰 해로움이 내려옴에 그 주거를 편안하게 여기지 않은 연고로 일으켜서 천도하는 까닭이니, 백성들이 이롭게 여기는 것을 보고 천도하려는 것이다. 너희 백성들은 어찌 선왕의 일에 대해 들었던 것을 생각하지 않는가? 내가 너희들을 받드는 것은 너희들이 기뻐하고 즐거워하며 편안하게 여기는 이로움을 함께 누리도록 하려는 것이다.'(臨川吳氏曰 : 先王以天降大害, 不懷其居之故, 其所以起而遷者, 視民所利而用遷也. 汝民何不思念所聞先后之事, 我奉承汝者, 蓋欲使汝共享喜樂安康之利.)"

백성들의 이로움을 살펴보아 마땅히 천도하여야 했을 뿐이었으니, 너희 백성들은 어찌하여 선왕의 일에 대해 들었던 것을 가지고 나를 생각하지 않는가?

> 詳說

○ 民所聞也. 諺釋作我所聞, 更商之

백성들이 들은 것이다. 『언해』에서는 내가 들은 것으로 해석했으니, 다시 생각해 봐야 한다.

○ 孔氏曰 : 遷事

공씨(孔氏)가 말하였다 : "천도하는 일이다."

> 集傳

凡我所以敬汝使汝者

내가 너희들을 공경하고 너희들을 시키는 까닭은

> 詳說

○ 孔氏曰 : "使遷."

공씨가 말하였다 : "천도를 시키는 것이다."

> 集傳

惟喜與汝同安, 爾

오직 너희들과 편안함을 함께 함을 기뻐해서이니, 너희들이

> 詳說

○ 康共, 謂以康共之也. 註倒釋者, 以便文耳.

'편안함을 함께 함[康共]'은 편안함을 함께 하는 것이다. 주석에서 거꾸로 해석한 것은 글을 편하게 한 것일 뿐이다.

> 集傳

非爲汝有罪比于罰, 而謫遷汝也.

죄가 있어 형벌에 미치게 해서 너희들을 귀양 보내려는 것이 아니다.

詳說

○ 去聲.

'위(爲)'자는 거성이다.

○ 及也

'비(比)'는 미침이다.

[6-3-7-②-5]

予若籲懷茲新邑, 亦惟汝故, 以丕從厥志.

내 이와 같이 불러서 이 새 도읍에 오라 함은 또한 너희 백성들 때문이니, 너희들의 뜻을 크게 따르려 해서이다.

集傳

我所以招呼懷來于此新邑者, 亦惟以爾民蕩析離居之故, 欲承汝俾汝, 康共

내가 불러서 이 새 도읍에 오라 하는 까닭은 또한 너희 백성들이 흩어져 사는 연고 때문이니, 너희들을 공경하고 너희들을 부려서 편안함을 함께 하여

詳說

○ 承上節.

위의 절을 이어받았다.

集傳

以大從爾志也. 或曰, 盤庚遷都, 民咨胥怨,

너희들의 뜻을 크게 따르고자 해서이다. 어떤 이는 "반경이 천도함에 백성들이 원망하고 서로 비방하였는데,

詳說

○ 四字, 出書序.

'백성들이 원망하고 서로 비방하였다.[民咨胥怨]'는 것은 『서경』의 「서」가 출처이다.

集傳
而此以爲丕從厥志, 何也. 蘇氏曰, 古之所謂從衆者, 非從其口之所不樂,
여기에 그 뜻을 크게 따른다고 말한 것은 어째서입니까?" 하였다. 이에 소씨(蘇氏)는 다음과 같이 대답하였다. "옛날에 이른바 '여러 사람을 따른다'는 것은 그 입에 좋아하지 않는 바를 따르는 것이 아니고,

詳說
○ 音洛, 下同.
'락(樂)'은 음이 '락(洛)'으로 아래에서도 같다.

集傳
而從其心之所不言而同然者
그 마음에 말하지 않으면서 똑같이 그렇게 생각함을 따르는 것이니,

詳說
○ 以理言也.
이치로 말하는 것이다.

○ 丕從, 與曲從異.
크게 따르는 것은 굽혀서 따르는 것과 다르다.

集傳
夫趨利而避害, 捨危
이익을 따르고 해를 피하며, 위태로움을 버리고

詳說
○ 音扶
'부(夫)'는 음이 '부(扶)'이다.

○ 去聲.

'추(趨)'는 거성이다.

○ 一作舍.
'사(捨)'는 어떤 판본에는 '사(舍)'로 되어 있다.

集傳
而就安, 民心同然也. 殷亳之遷, 實斯民所利, 特其一時爲浮言搖動, 怨咨不樂, 使其卽安危利害之實, 而反求其心, 則固其所大欲者矣.
편안함으로 나아가는 것은 민심에 똑같은 것이다. 은박(殷)으로 옮기는 것은 실로 이 백성들에게 이로운 것인데, 다만 일시적인 부언(浮言)에 동요되어 원망하고 즐거워하지 않는 것이니, 가령 안위(安危)와 이해(利害)의 실제에 나아가 그 마음을 돌이켜 찾아본다면 진실로 크게 원하는 바인 것이다."

詳說
○ 論也.
경문의 의미 설명이다.

[6-3-7-②-6]

今予將試以汝遷, 安定厥邦, 汝不憂朕心之攸困, 乃咸大不宣乃心, 欽念以忱動予一人. 爾惟自鞠自苦. 若乘舟, 汝弗濟, 臭厥載. 爾忱不屬, 惟胥以沈. 不其或稽, 自怒曷瘳.

이제 나는 너희들 때문에 천도하여 이 나라를 안정시키려 하는데, 너희들은 내 마음의 곤궁한 바를 걱정하지 않고 모두 크게 너희들의 마음을 펴서 공경하여 생각하되 정성으로써 하여 나 한 사람을 감동시키지 않는다. 이는 너희들 스스로 곤궁하고 너희들 스스로 괴롭게 하는 것이다. 마치 배를 타는 것과 같으니, 너희들이 제 때에 건너가지 않으면 실로 물건을 부패시키고 말 것이다. 너희들의 정성이 이어지지 않으니, 서로 침몰할 뿐이다. 혹시라도 상고하지 않으니, 스스로 노여워한들 어찌 고통을 덜겠는가?

詳說

○ 屬, 諺音誤. 稽, 平聲.
'속(屬)'은 『언해』의 음이 잘못되었다. '계(稽)'는 평성이다.

集傳
上文, 言先王惟民之承, 而民亦保后胥慼, 今我亦惟汝故安定厥邦,
위의 글에서는 선왕이 백성을 공경함에 백성들 또한 임금을 보존하여 서로 걱정함을 말하였고, 이제 나도 너희들 때문에 이 나라를 안정시키려 하는데,

詳說
○ 孔氏曰 : "試用也."
공씨가 말하였다 : "시험삼아 사용한다는 것이다."

集傳
而汝乃不憂我心之所困
너희들은 마침내 내 마음의 곤궁한 바를 걱정하지 않고

詳說
○ 臨川吳氏曰 : "爾民不得安居, 此我心之憂而至於困者."
임천 오씨(臨川吳氏)가 말하였다 : "너희 백성들이 편안히 있을 수 없으니, 이것이 내 마음의 걱정이 되어 곤궁하게 된 것이다."[496]

集傳
乃皆不宣布腹心

---

[496] 『서경대전(書經大全)』, 「상서(商書)」·「반경중(盤庚中)」, "임천 오씨가 말하였다 : '너희 백성들이 편안히 있을 수 없으니, 이것이 내 마음의 걱정이 되어 곤궁하게 된 것이다. 내가 너희 백성들의 걱정을 걱정하는데, 너희들이 내 마음의 걱정을 걱정하지 않으니, 모두 크게 그 마음을 펴서 정성스러운 마음으로 공경하며 생각하여 나를 감동시키지 않는다. 너희들이 구차하게 편안히 앉아서 물의 우환이 닥치기를 기다리는 것은 바로 스스로 곤궁하고 괴롭게 한 것으로 비유하자면 배를 타는 것과 같으니, 지체하고 건너가지 않으면 반드시 싣고 있는 것들을 부패시킬 것이다. 상의 마음을 따르는 것이 끊어져 이어지지 않으면, 다시 건널 수 없어 서로 함께 침몰할 뿐이다. 이로움과 해로움이 이와 같은데, 너희들이 고찰하지 못하고, 스스로 원망하며 화를 내면, 무익함을 말하는 것보다 무엇이 낫겠는가!'(臨川吳氏曰 : 爾民不得安居, 此我心之憂, 而至于困者. 我憂爾民之憂而汝不憂我心之憂, 乃皆不宣布其心, 欽敬思念以誠心動我. 爾惟苟安坐待水患之至, 是自取窮苦, 譬之乘舟者, 若遲滯不濟, 必敗所載之物. 從上之心間斷不屬, 則不能復濟, 惟相與以及沈溺而已. 利害若此, 汝不考察, 但自怨怒, 何能瘳乎言無益也.)"

모두 속에 있는 마음을 펴서

詳說

○ 略大字.

'대(大)'자를 생략했다.

集傳

欽念以誠感動於我, 爾徒爲此紛紛自取窮苦

공경하여 생각하기를 정성으로써 하여 나를 감동시키지 않으니, 너희들은 다만 이처럼 분분하여 스스로 곤궁함과 괴로움을 취할 뿐이다.

詳說

○ 鞠

'窮(窮)'은 경문에서 '국(鞠)'이다.」

○ 臨川吳氏曰 : "苟安坐待水患之至."

임천 오씨(臨川吳氏)가 말하였다 : "너희들이 구차하게 편안히 앉아서 물의 우환이 닥치기를 기다리는 것이다."497)

集傳

譬乘舟不以時濟, 必敗壞其所資,

배를 타는 것에 비유하면 제때에 건너가지 않으면 반드시 그 싣고 있는 물자(物資)를 부패시키고 마는 것과 같다.

詳說

---

497) 『서경대전(書經大全)』, 「상서(商書)」·「반경중(盤庚中)」, "임천 오씨가 말하였다 : '…. 너희들이 구차하게 편안히 앉아서 물의 우환이 닥치기를 기다린 것은 바로 스스로 곤궁하고 괴롭게 한 것으로 비유하자면 배를 타는 것과 같으니, 지체하고 건너가지 않으면 반드시 싣고 있는 것들을 부패시킬 것이다. 상의 마음을 따르는 것이 끊어져 이어지지 않으면, 다시 건널 수 없어 서로 함께 침몰할 뿐이다. 이로움과 해로움이 이와 같은데, 너희들이 고찰하지 못하고, 스스로 원망하며 화를 내면, 무익함을 말하는 것보다 무엇이 낫겠는가!(臨川吳氏曰 : …. 爾惟苟安坐待水患之至, 是自取窮苦, 譬之乘舟者, 若遲滯不濟, 必臭敗所載之物. 從上之心間斷不屬, 則不能復濟, 惟相與以及沈溺而已. 利害若此, 汝不考察, 但自怨怒, 何能瘳乎言無益也.)"

○ 必邁反, 下同.
'패(敗)'는 음이 '필(必)'과 '매(邁)'의 반절이다.

○ 音怪.
'괴(壞)'는 음이 '괴(怪)'이다.

○ 臭壞也.
'괴(壞)'는 부패시켜 무너지게 하는 것이다.

○ 載
'자(資)'는 경문에서 '재(載)'이다.

집전(集傳)
今汝從上之誠, 間斷
이제 너희들의 윗사람을 따르는 정성이 간단(間斷)하여

상설(詳說)
○ 去聲.
'간(間)'은 거성이다.

○ 徒玩反
'단(斷)'은 음이 '도(徒)'와 '완(玩)'의 반절이다.

집전(集傳)
不屬, 安能有濟.
연결되지 않으니, 어찌 능히 구제함이 있겠는가?

상설(詳說)
○ 承上濟字.
위에서의 '제(濟)'자를 이어받았다.

집傳

惟相與以及沈溺而已. 詩桑柔曰, 其何能淑載. 胥及溺, 正此意也.
오직 서로 더불어 침몰할 뿐이다. 『시경(詩經)』 "그 어찌 선(善)하겠는가? 서로 더불어 빠질 뿐이다."라는 한 것이 바로 이 뜻이다.

詳說

○ 此論證也.
여기는 논증한 것이다.

集傳

利害若此,
이로움과 해로움이 이와 같은데도

詳說

○ 添此句.
여기 구절을 더하였다.

集傳

爾民罔或稽察焉,
너희 백성들이 혹시라도 상고하고 살핌이 없으니,

詳說

○ 蔡註中所用而字, 往往無取意者, 此類是也. 讀者勿泥.
채씨가 주석 중에서 사용했던 '이(而)'자는 종종 취한 의미가 없는데, 여기의 것이 그것에 해당하니, 독자들은 구애받을 것이 없다.

集傳

是雖怨疾忿怒, 何損於困苦乎
이 비록 원망하고 미워하며 분노할지라도 어찌 곤고(困苦)함을 덜겠는가?

書集傳詳說 卷之六 383

詳說

○ 臨川吳氏曰 : "曷瘳言無益也."
　　임천 오씨(臨川吳氏)가 말하였다 : "어찌 무익한 것보다 낫겠는가?"498)

[6-3-7-②-7]

汝不謀長, 以思乃災, 汝誕勸憂. 今其有今罔後, 汝何生在上.

너희들은 장구(長久)한 계책을 도모하여 너희들의 재앙을 생각하지 않으니, 너희들이 크게 우환을 힘쓰는 것이다. 지금 오늘은 있으나 후일이 없을 것이니, 너희들에게 무슨 삶이 하늘에 있겠는가?

集傳

汝不爲長久之謀
너희들은 장구한 계책을 해서

詳說

○ 謀爲長久.
　　장구하게 되기를 도모하는 것이다.

集傳

以思其不遷之災
천도하지 않아 따르는 재앙을 생각하지 않으니,

詳說

---

498) 『서경대전(書經大全)』, 「상서(商書)」·「반경중(盤庚中)」, "임천 오씨가 말하였다 : '너희 백성들이 편안히 있을 수 없으니, 이것이 내 마음의 걱정이 되어 곤궁하게 된 것이다. 내가 너희 백성들의 걱정을 걱정하는데, 너희들이 내 마음의 걱정을 걱정하지 않으니, 모두 크게 그 마음을 펴서 정성스러운 마음으로 공경하며 생각하여 나를 감동시키지 않는다. 너희들이 구차하게 편안히 앉아서 물의 우환이 닥치기를 기다리는 것은 바로 스스로 곤궁하고 괴롭게 한 것으로 비유하자면 배를 타는 것과 같으니, 지체하고 건너가지 않으면 반드시 싣고 있는 것들을 부패시킬 것이다. 상의 마음을 따르는 것이 끊어져 이어지지 않으면, 다시 건널 수 없어 서로 함께 침몰할 뿐이다. 이로움과 해로움이 이와 같은데, 너희들이 고찰하지 못하고, 스스로 원망하며 화를 내면, 무익함을 말하는 것보다 무엇이 낫겠는가!'(臨川吳氏曰 : 爾民不得安居, 此我心之憂, 而至于困als. 我憂爾民之憂而汝不憂我心之憂, 乃皆大不宣布其心, 欽敬思念以誠心動我. 爾民苟安坐待水患之至, 是自取窮苦, 譬之乘舟者, 若遲滯不濟, 必臭敗所載之物. 從上之心間斷不屬, 則不能復濟, 惟相與以及沈溺而已. 利害若此, 汝不考察, 但自怨怒, 何能瘳乎言無益也.)"

○ 乃.

'기(其)'는 경문에서 '내(乃)'이다.

○ 乃, 汝也. 諺釋略之, 何也.

'내(乃)'는 너희들이다.『언해』의 해석에서 생략한 것은 무엇 때문인가?

集傳

是汝大以憂而自勸也.

이는 너희들이 크게 우환으로 스스로 권면하는 것이다.

詳說

○ 自勸其憂.

스스로 우환에 힘쓰는 것이다.

集傳

孟子曰, 安其危, 而利其災, 樂其所以亡,

맹자(孟子)에서 "위태로움을 편안하게 여기고 재앙을 이롭게 여겨서 그 망하게 되는 소이(所以)를 즐긴다."라고 하였으니,

詳說

○ 離婁.

『맹자』는 「이루」이다.[499]

○ 音洛.

'락(樂)'은 음이 '락(洛)'이다.

集傳

勸憂之謂也.

---

499)『맹자(孟子)』「이루상(離婁上)」: "맹자가 말하였다 : '불인(不仁)한 자와 함께 말할 수 있겠는가. 위태로움을 편안히 여기고, 재앙을 이롭게 여겨, 망하게 되는 짓을 좋아한다. 불인(不仁)하면서도 함께 말할 수 있다면 어찌 나라를 망하게 하고 집안을 패하게 하는 일이 있겠는가?'(孟子曰, 不仁者, 可與言哉. 安其危而利其災, 樂其所以亡者, 不仁而可與言, 則何亡國敗家之有.)"

우환에 힘쓴다는 말이다.

> 詳說

○ 此論證也.
　　이것은 논증이다.

> 集傳

有今, 猶言有今日也. 罔後, 猶言無後日也. 上, 天也. 今其有今罔後, 是天斷棄汝命,

유금(有今)은 오늘이 있다는 말과 같고, 망후(罔後)는 후일이 없다는 말과 같다. 상(上)은 하늘이다. '지금 오늘은 있으나 후일이 없다'는 것은 이는 하늘이 너희들의 명(命)을 끊어 버리는 것이니,

> 詳說

○ 音短.
　　'단(斷)'은 음이 '단(短)'이다.

> 集傳

汝有何生理於天乎. 下文言迓續乃命于天, 蓋相首尾之辭.

너희들이 어떻게 하늘에서 살 수 있는 이치가 있겠는가? 아래의 글에서 "나는 너희들의 명(命)을 하늘에서 맞이하여 이어주려 한다."고 말했으니, 서로 머리와 꼬리가 되는 말이다.

> 詳說

○ 二句, 論也.
　　두 구절은 경문의 의미 설명이다.

[6-3-7-②-8]

今予命汝, 一無起穢以自臭. 恐人倚乃身, 迂乃心.

이제 나는 너희들에게 명(命)하노니, 한결같이 하여 더러움을 일으켜 스스로 부패하지 말도

록 하라. 사람들이 너희들의 몸에 기대어 너희들의 마음을 어둡게 할까 두렵다.

詳說

○ 迂, 諺音誤.

'우(迂)'는 『언해』의 음이 잘못되었다.

集傳

爾民當一心以聽上,

너희 백성들은 한 마음으로 상을 따라야 하고,

詳說

○ 添聽上字

'상을 따라야 한다.[聽上]'는 말을 더하였다.

集傳

無起穢惡以自臭敗.

더러움과 악(惡)함을 일으켜 스스로 냄새나고 부패하지 말도록 하라.

詳說

○ 照前節臭載.

앞의 절에서 '실은 것을 부패하게 한다.'500)는 것을 참조하라.

集傳

恐浮言之人, 倚汝之身, 迂汝之心,

부언(浮言)하는 사람들이 너희들의 몸에 기대어 너희들의 마음을 어둡게 하고

---

500) 『서경대전(書經大全)』, 「상서(商書)」·「반경중-6(盤庚中-6)」, "이제 나는 너희들 때문에 천도하여 이 나라를 안정시키려 하는데, 너희들은 내 마음의 곤궁한 바를 걱정하지 않고 모두 크게 너희들의 마음을 펴서 공경하여 생각하되 정성으로써 하여 나 한 사람을 감동시키지 않는다. 이는 너희들 스스로 곤궁하고 너희들 스스로 괴롭게 하는 것이다. 마치 배를 타는 것과 같으니, 너희들이 제 때에 건너가지 않으면 실로 물건을 부패시키고 말 것이다. 너희들의 정성이 이어지지 않으니, 서로 침몰할 뿐이다. 혹시라도 상고하지 않으니, 스스로 노여워한들 어찌 고통을 덜겠는가?(今予將試以汝遷, 安定厥邦, 汝不憂朕心之攸困, 乃咸大不宣乃心, 欽念以忱動予一人. 爾惟自鞫自苦. 若乘舟, 汝弗濟, 臭厥載. 爾忱不屬, 惟胥以沈. 不其或稽, 自怒曷瘳.)"

詳說

○ 臨川吳氏曰 : "偏倚汝身, 迂曲汝心."

임천 오씨가 말하였다 : "너희들의 몸에 치우치게 기대어 너희들의 마음을 굽게 한 것이다."

集傳

使汝邪僻而無中正之見也.

너희들을 사벽(邪僻)하게 하여 중정(中正)한 소견이 없어지게 할까 두렵다.

詳說

○ 無由設中.

말미암아 중정하게 할 것이 없다.

[6-3-7-②-9]

予迓續乃命于天, 予豈汝威. 用奉畜汝衆.

나는 너희들의 명(命)을 하늘에서 맞이하여 이어주려 하노니, 내가 어찌 너희들을 위협하겠는가? 너희들을 받들어 기르려고 하는 것이다.

詳說

○ 畜, 許六反, 下同.

'휵(畜)'은 음이 '허(許)'와 '육(六)'의 반절이다.

集傳

我之所以遷都者

내가 천도하는 까닭은

詳說

○ 添此句.

이 구절을 더하였다.

集傳

正以迎續汝命于天

바로 너희들의 명(命)을 하늘에서 맞이하여 이어주고자 해서이니,

詳說

○ 迓.

'영(迎)'은 경문에서 '아(迓)'이다.

集傳

予豈以威脅汝哉. 用以奉養汝衆而已.

내 어찌 너희들을 위협하겠는가? 너희들을 봉양하려는 것일 뿐이다.

詳說

○ 臨川吳氏曰 : "欲汝得全其生爾."

임천 오씨(臨川吳氏)가 말하였다 : "너희들이 그 삶을 온전하게 하도록 하려는 것이다."501)

[6-3-7-②-10]

予念我先神后之勞爾先, 予丕克羞爾, 用懷爾然.

나는 우리 선신후(先神后)께서 너희들의 선조(先祖)를 수고롭게 하였음을 생각하노니, 내가 크게 너희들을 길러줌은 너희들을 생각하기 때문이다.

集傳

神后, 先王也.

신후(神后)는 선왕(先王)이다.

---

501) 『서경대전(書經大全)』, 「상서(商書)」·「반경중(盤庚中)」, "임천 오씨(臨川吳氏)가 말하였다 : '내가 지금 물의 우환이 아직 닥치지 않았을 때 천도하려는 것은 하늘에서 너희들의 명을 맞이하고 이어주어 너희들이 다시 살게 하려는 것이다. 내 어찌 너희들을 권위로 몰아 천도를 압박하는 것이겠는가? 너희들이 그 삶을 온전하게 하도록 하려는 것이다.'(臨川吳氏曰 : 言我今因水患未至之時而遷, 是迓續爾命于天, 而使汝更生也. 我豈用威驅迫汝以遷乎. 蓋欲汝得全其生爾.)"

詳說

○ 新安陳氏曰："言神靈在天."
　　신안 진씨가 말하였다 : "하늘에서 신령하다는 말이다."502)

集傳

羞, 養也, 卽上文畜養之意. 言我思念我先神后之勞爾先人,
수(羞)는 기름이니, 곧 위의 글에서 휵양(畜養)의 뜻이다. "나는 우리 선후께서 너희 선인(先人)들을 수고롭게 하였음을 생각하노니,

詳說

○ 勤勞遷徙
　　옮겨 이사할 것을 힘써 수고롭게 한 것이다.

集傳

我大克羞養爾者, 用懷念爾故也.
내가 크게 너희들을 길러줌은 너희들을 생각해서 그런 것이다."라고 말한 것이다.

詳說

○ 然.
　　'고(故)'는 '연(然)'이다.

[6-3-7-②-11]

失于政, 陳于茲, 高后丕乃, 崇降罪疾, 曰曷虐朕民.

정사를 잘못하여 천도하지 않고 이곳에 오래 있으면, 고후께서는 나에게 크게 죄질을 많이 내리시며 '어찌하여 나의 백성들에게 포악하게 하는가?'라고 하실 것이다.

---

502) 『서경대전(書經大全)』, 「상서(商書)」·「반경중(盤庚中)」, "신안 진씨가 말하였다 : '신후(神后)는 하늘에서 신령하다는 말이고, 고후(高后)는 공덕이 숭고하다는 말이니, 선후(先后)와 함께 모두 선왕의 천도하는 것을 가리켜 말한 것이다. 큰 의미는 백성들을 이끌어 천도하지 않으면 선왕이 나에게 반드시 죄를 줄 것이고, 너희들이 상을 따라 천도하지 않으면 선왕이 너희들을 죄줄 뿐만 아니라 너희 조상들이 너희에게 재앙을 내릴 것이라는 말이다.'(新安陳氏曰 : 神后, 言神靈在天, 高后, 言功德崇高, 與先后, 皆指先王之遷都者言之. 大意言我不率民以遷, 先王必罪我, 汝不從上以遷, 不特先王罪汝, 汝之祖父, 亦禍汝矣.)"

集傳

陳, 久, 崇, 大也. 耿圮而不遷, 以病我民

진(陳)은 오램이고, 숭(崇)은 큼이다. 경(耿)땅이 무너지는데도 천도하지 않아 우리 백성들을 해롭게 하면,

詳說

○ 添二句.

두 구절을 더하였다.

集傳

是失政, 而久于此也. 高后, 湯也.

바로 정사(政事)를 잘못하여 이곳에 오래 있는 것이다. 고후(高后)는 탕왕(湯王)이다.

詳說

○ 新安陳氏曰 : "言功德崇高."

신안 진씨(新安陳氏)가 말하였다 : "공덕이 숭고하다는 말이다."[503]

集傳

湯必大降罪疾於我, 曰何爲而虐害我民, 蓋人君不能爲民圖安, 是亦虐之也.

탕왕은 반드시 크게 죄짐을 내 몸에 내리며 "어찌하여 나의 백성에게 포악하게 하고 해치는가?"라고 할 것이니, 인군이 백성을 위하여 편안함을 도모하지 못하면 이 역시 포악하게 하는 것이다.

詳說

○ 去聲.

---

[503] 『서경대전(書經大全)』, 「상서(商書)·반경중(盤庚中)」, "신안 진씨가 말하였다 : '신후(神后)는 하늘에서 신령하다는 말이고, 고후(高后)는 공덕이 숭고하다는 말이니, 선후(先后)와 함께 모두 선왕의 천도하는 것을 가리켜 말한 것이다. 큰 의미는 백성들을 이끌어 천도하지 않으면 선왕이 나에게 반드시 죄를 줄 것이고, 너희들은 상을 따라 천도하지 않으면 선왕이 너희들을 죄줄 뿐만 아니라 너희 조상들이 너희에게 재앙을 내릴 것이라는 말이다.'(新安陳氏曰 : 神后, 言神靈在天, 高后, 言功德崇高, 與先后, 皆指先王之遷都者言之. 大意言我不率民以遷, 先王必罪我, 汝不從上以遷, 不特先王罪汝, 汝之祖父, 亦禍汝矣.)"

○ '위(爲)'는 거성이다.

○ 二句, 論也.
두 구절은 경문의 의미설명이다.

[6-3-7-②-12]
汝萬民 乃不生生 暨予一人猷 同心 先后 丕降與汝罪疾 曰曷
不暨朕幼孫 有比 故有爽德 自上 其罰汝 汝罔能迪

너희 만민들이 생업에 종사하며 즐겁게 살아감]하지 못하여 나 한 사람의 계책과 마음을 함께 하지 않으면 선후께서는 너희들에게 죄질을 많이 내리시며 '어찌하여 집의 어린 손자와 더불어 친하지 않는가?'라고 하실 것이니, 그러므로 덕을 잃음이 있어 위에서 너희들에게 벌을 내리실 것이니, 너희들은 면할 수가 없을 것이다.

詳說

○ 必二反
비(比)는 필(必)과 이(二)의 반절이다.

集傳

樂生興事,
삶을 즐거워하며 일을 일으키면

詳說

○ 音洛, 下同.
'락(樂)'은 음이 '락(洛)'으로 아래에서도 같다.

集傳

則其生也厚,
그 삶이 두터워질 것이니,

詳說

○ 經文上生字, 有厚意.
경문에서 앞의 '생(生)'자에는 두텁다는 의미가 있다.

集傳

是謂生生. 先后, 泛言商之先王也,
이것을 생생(生生)이라 이른다. 선후(先后)는 상(商)나라의 선왕을 일반적으로 말한 것이고,

詳說

○ 新安陳氏曰 : "與神后高后, 皆指先王之遷都者言之."
신안 진씨(新安陳氏)가 말하였다 : "신후(神后)·고후(高后)와 함께 모두 선왕이 천도하는 것을 가리켜 말한 것이다."504)

集傳

幼孫, 盤庚自稱之辭. 比, 同事也. 爽, 失也. 言汝民不能樂生興事, 與我同心以遷,
유손(幼孫)은 반경이 자칭한 말이다. 비(比)는 일을 함께 하는 것이다. 상(爽)은 잃음[잘못]이다. 너희 백성들이 삶을 즐거워하고 일을 일으켜서 나와 마음을 함께 하여 천도하지 않으면

詳說

○ 添遷字, 下同.
'천(遷)'자를 더한 것은 아래에서도 같다.

集傳

我先后大降罪疾於汝,
우리 선후께서는 너희들에게 죄질을 크게 내리시며

---

504) 『서경대전(書經大全)』, 「상서(商書)」·「반경중(盤庚中)」, "신안 진씨가 말하였다 : '신후(神后)는 하늘에서 신령하다는 말이고, 고후(高后)는 공덕이 숭고하다는 말이니, 선후(先后)와 함께 모두 선왕의 천도하는 것을 가리켜 말한 것이다. 큰 의미는 백성들을 이끌어 천도하지 않으면 선왕이 나에게 반드시 죄를 줄 것이고, 너희들은 상을 따라 천도하지 않으면 선왕이 너희들을 죄줄 뿐만 아니라 너희 조상들이 너희에게 재앙을 내릴 것이라는 말이다.'(新安陳氏曰 : 神后, 言神靈在天, 高后, 言功德崇高, 與先后, 皆指先王之遷都者言之. 大意言我不率民以遷, 先王必罪我, 汝不從上以遷, 不特先王罪汝, 汝之祖父, 亦禍汝矣.)"

詳說

○ 大降而與汝罪疾.

크게 내려서 너희들에게 죄질을 주겠다.

集傳

曰汝何不與朕幼小之孫, 同遷乎. 故汝有失德, 自上

"너희들은 어찌 짐의 어린 손자와 함께 천도하지 않는가?"라고 하실 것이다. 그러므로 너희들에게 실덕(失德)이 있어 상에서

詳說

○ 天也

'상(上)'은 하늘이다.

集傳

其罰汝, 汝無道以自免也

너희들에게 벌을 내리실 것이니, 너희들은 스스로 면할 길이 없을 것이다.

詳說

○ 迪道也.

'길[道]'은 나아갈 길이다.

○ 添免字.

'면(免)'자를 더하였다.

[6-3-7-②-13]

古我先后, 旣勞乃祖乃父. 汝共作我畜民, 汝有戕, 則在乃心, 我先后, 綏乃祖乃父, 乃祖乃父, 乃斷棄汝, 不救乃死.

옛날 우리 선후께서 이미 너희들의 할아비와 아비를 수고롭게 하셨다. 그리하여 너희가 함께 나의 기르는 백성이 되었으니, 너희가 해롭게 함이 너희 마음속에 있으면, 우리 선후께서 너

희들의 할아비와 아비를 회유하여 오게 하실 것이니, 그러면 너희들의 할아비와 아비는 마침내 너희들을 끊고 버려서 너희들의 죽음을 구제하지 않을 것이다.

詳說

○ 戕, 慈良反, 斷, 音短.
　　'장(戕)'은 음이 '자(慈)'와 '량((良)'의 반절이다.

集傳

旣勞乃祖乃父者, 申言勞爾先也.
이미 너희들의 할아비·아비를 수고롭게 했다는 것은 너희들의 선조들을 수고롭게 했음을 거듭 말한 것이다.

詳說

○ 承前節.
　　앞의 절을 이어받았다.

集傳

汝共作我畜民者, 汝皆爲我所畜之民也. 戕, 害也. 綏, 懷來之意.
너희들이 함께 나의 기르는 백성이 되었다는 것은 너희들이 모두 나의 기르는 백성이 되었다는 것이다. 장(戕)은 해침이다. 수(綏)는 회유하여 오게 하는 뜻이다.

詳說

○ 猶誘掖也.
　　인도해서 도와주는 것과 같다.

集傳

謂汝有戕害, 在汝之心,
너희들이 해치려는 생각을 너희 마음속에 두면,

詳說

○ 害民之心

백성들을 해치려는 생각이다.

集傳
我先后固已知之, 懷來汝祖汝父, 汝祖汝父, 亦斷棄汝, 不救汝死也.
우리 선후께서는 진실로 이것을 벌써 아시고 너희들의 할아비·아비를 회유하여 오게 하시면, 너희들의 할아비·아비는 또한 너희들을 끊어버려서 너희들의 죽음을 구제하지 않을 것이다.

[6-3-7-②-14]
茲予有亂政同位, 具乃貝玉, 乃祖乃父, 丕乃告我高后, 曰作丕刑于朕孫, 迪高后, 丕乃崇降弗祥.

나의 정사를 다스려 지위를 함께한 자들이 패옥을 모으면, 너희들의 할아비·아비가 크게 우리 고후(高后)께 아뢰어 '나의 손자에게 큰 형벌을 내리소서.'라고 말하고는 고후를 인도하여 상서롭지 못함을 크게 많이 내릴 것이다.

集傳
亂, 治也. 具, 多取而兼有之謂. 言若我治政之臣, 所與共天位者, 不以民生爲念
난(亂)은 다스림이고, 구(具)는 많이 취해 겸유함을 이른다. 만약 나의 정사를 다스리는 신하로서 천위를 함께 한 자가 민생을 생각하지 않고

詳說
○ 添此句.
이 구절을 더하였다.

集傳
而務富貝玉者
패옥을 많이 모으기를 힘쓰는 자라면,

詳說

○ 乃, 汝也, 諺釋略之, 何也.
'내(乃)는 너희들인데,『언해』의 풀이에서 생략한 것은 무엇 때문인가?

○ 以耿之沃饒自富.
경의 풍요를 가지고 스스로 부자가 된 것이다.

集傳
其祖父, 亦告我成湯, 作丕刑于其子孫
그 할아비와 아비도 우리 성탕에게 "자손에게 큰 형벌(刑罰)을 내리소서."라고 아뢰어

詳說
○ 此則其言也.
여기는 그분들의 말이다.

集傳
啓成湯丕乃崇降弗祥, 而不赦也.
성탕을 인도하여 상서롭지 못함을 크게 많이 내려 용서하지 않을 것이다.

詳說
○ 迪.
'계(啓)'는 경문에서 '적(迪)'이다.

○ 此則其事也.
여기는 그분들의 일이다.

○ 新安陳氏曰 : "不特先王罪汝, 汝之祖父, 亦禍汝矣."
신안 진씨(新安陳氏)가 말하였다 : "선왕이 너희들을 죄줄 뿐만 아니라 너희들의 할아비와 아비도 너희들에게 재앙을 내릴 것이다."[505]

---

[505]『서경대전(書經大全)』,「상서(商書)」·「반경중(盤庚中)」, "신안 진씨가 말하였다 : '신후(神后)는 하늘에서 신령하다는 말이고, 고후(高后)는 공덕이 숭고하다는 말이니, 선후(先后)와 함께 모두 선왕의 천도하는 것을

集傳
此章, 先儒, 皆以爲責臣之辭. 然詳其文勢, 曰茲予有亂政同位, 則亦對民庶責臣之辭, 非直爲羣臣言也.
이 장(章)은 선대의 학자들이 모두 신하를 책한 말이라고 여겼다. 그러나 그 어투를 살펴보면 '나의 정사를 다스려 지위를 함께한 자'라고 하였으니, 또한 백성들을 대하면서 신하들을 책한 말이지, 단지 여러 신하들을 위해 말한 것은 아니다.

詳說
○ 去聲.
'위(爲)'는 거성이다.

集傳
按, 上四章
살펴보건대 위의 네 장은

詳說
○ 以上.
'상(上)'은 '이상(以上)'이다.

集傳
言君有罪, 民有罪, 臣有罪, 我高后與爾民臣祖父, 一以義斷之, 無所赦也.
군주에게 죄가 있고 백성에게 죄가 있으며 신하에게 죄가 있으면 우리 고후가 너희 신민의 할아비·아비와 함께 한결같이 의리로써 결단하여 용서가 없을 것임을 말하였다.

詳說
○ 都玩反.

가리켜 말한 것이다. 큰 의미는 백성들을 이끌어 천도하지 않으면 선왕이 나에게 반드시 죄를 줄 것이고, 너희들은 상을 따라 천도하지 않으면 선왕이 너희들을 죄줄 뿐만 아니라 너희 조상들이 너희에게 재앙을 내릴 것이라는 말이다.'(新安陳氏曰 : 神后, 言神靈在天, 高后, 言功德崇高, 與先君, 皆指先王之遷都者言之. 大意言我不率民以遷, 先王必罪我, 汝不從上以遷, 不特先王罪汝, 汝之祖父, 亦禍汝矣.)"

'단(斷)'은 음이 '도(都)'와 '완(玩)'의 반절이다.

集傳

王氏曰, 先王設敎, 因俗之善而導之, 反俗之惡而禁之. 方盤庚時, 商俗衰, 士大夫棄義卽利. 故盤庚以具貝玉爲戒, 此反其俗之惡而禁之者也. 自成周以上, 莫不事死如事生, 事亾如事存.

왕씨(王氏)가 말하였다. "선왕이 가르침을 베풀 적에 풍속의 좋은 것을 따라 인도하고, 풍속의 나쁜 것을 뒤집어 금하였다. 반경 당시에 상(商)나라 풍속이 쇠하여 사대부들이 의를 버리고 이익으로 나아갔다. 그러므로 반경이 패옥을 많이 소유함을 경계하였으니, 이것은 그 풍속의 나쁜 것을 뒤집어 금한 것이다. 그리고 성주(成周) 이전에는 죽은 사람 섬기기를 산 사람을 섬기는 것처럼 하고, 없어진 사람 섬기기를 생존한 이를 섬기는 것처럼 하지 않음이 없었다.

詳說

○ 見中庸.

『중용』에 보인다.506)

集傳

故其俗皆嚴鬼神,

그러므로 그 풍속이 모두 귀신을 경외하였으니,

詳說

○ 敬畏

'엄(嚴)'은 공경하고 두려워하는 것이다.

集傳

以經考之, 商俗爲甚.

경전에서 살펴보면 상(商)나라 풍속에서 심하였다.

---

506) 『중용(中庸)』 19장. "그 자리를 밟아 그 예(禮)를 행하고 그 음악(音樂)을 연주하며, 그가 존경하시던 바를 존경하고 그가 친애(親愛)하시던 바를 사랑하며, 죽은 이를 섬기기를 산 이를 섬기듯이 하고 없는 이를 섬기기를 생존(生存)한 이를 섬기듯이 하니, 효(孝)의 지극함이다.(踐其位, 行其禮, 奏其樂, 敬其所尊, 愛其所親, 事死如事生, 事亡如事存, 孝之至也.)"

詳說

○ 商俗, 動必言天言帝, 言祖言鬼神.
상나라 풍속에서는 움직임에 반드시 하늘을 말하고 제를 말하며, 할아비를 말하고 귀신을 말하였다.

集傳

故盤庚特稱先后與臣民之祖父, 崇降罪疾爲告, 此因其俗之善, 而導之者也.
그러므로 반경은 특히 선후(先后)와 신민(臣民)의 할아비·아비가 죄질(罪疾)을 칭해 많이 내린다고 말하여 고하였으니, 이는 그 풍속의 좋은 것에 따라 인도한 것이다."

詳說

○ 此章以下, 論也.
여기의 장 이하는 경문의 의미 설명이다.

[6-3-7-②-15]

嗚呼, 今予告汝不易. 永敬大恤, 無胥絶遠, 汝分猷念以相從, 各設中于乃心.

아! 이제 나는 너희들에게 천도함이 쉽지 않음을 고하노라. 큰 근심을 길이 공경하고, 서로 끊고 멀리하지 말며, 너희들의 계책과 생각을 나눠 서로 함께 하며 각각 너희들의 마음에 중(中)을 베풀도록 하라.

詳說

○ 易, 去聲.
'이(易)'는 거성이다.

集傳

告汝不易, 卽上篇告汝于難之意. 大恤, 大憂也. 今我告汝以遷都之難, 汝當永敬我之所大憂念者. 君民一心, 然後可以有濟

'너희들에게 쉽지 않음을 고한다'는 것은 곧 상편에서의 '너희들에게 어려움을 고한다'[507])는 뜻이다. 대휼(大恤)은 큰 근심이다. 이제 나는 너희들에게 천도하는 어려움을 고하노니, 너희들은 내가 크게 근심하고 생각하는 것을 길이 공경하여야 할 것이다. 군주와 백성이 한 마음이 된 뒤에야 구제함이 있을 수 있으니,

詳說

○ 添二句.
두 구절을 더하였다.

集傳

苟相絶遠, 而誠不屬, 則殆矣.
만일 서로 끊고 멀리하여 정성이 연결되지 않으면 위태로울 것이다.

詳說

○ 音燭.
'속(屬)'은 음이 '촉(燭)'이다.

○ 添此句.
이 구절을 더하였다.

集傳

分猷者, 分君之所圖, 而共圖之, 分念者, 分君之所念, 而共念之. 相從, 相與也. 中者, 極至之理, 各以極至之理存于心, 則知遷徙之議, 爲不可易, 而不爲浮言橫議之所動搖也.
분유(分猷)는 군주가 도모하는 것을 나눠 함께 도모하는 것이고, 분념(分念)은 군주가 생각하는 것을 나눠 함께 생각하는 것이다. 상종(相從)은 서로 함께 하는 것이다. 중(中)은 지극한 이치이니, 각각 지극한 이치를 마음속에 두면 옮겨 이사하는 논의가 변할 수 없는 것임을 알아서 근거 없는 말과 멋대로 하는 의론에 동요

---

507) 『서경대전(書經大全)』, 「상서(商書)」·「반경상-15(盤庚上-15)」: "내 너희들에게 어려움을 말하노니, 활 쏘는 자가 뜻이 있는 것과 같으니, 너희들은 노성(老成)한 사람을 업신여기지 말고 외로운 어린이들을 하찮게 여기지 말며, 각각 그 거처를 장구히 하여 힘써 너희들의 힘을 내어서 나 한 사람이 만든 꾀를 따르도록 하라.(予告汝于難, 若射之有志, 汝無侮老成人, 無弱孤有幼, 各長于厥居, 勉出乃力, 聽予一人之作猷.)"

되지 않을 것이다.

詳說

○ 如字

'불가역(不可易)'에서 '역(易)'은 본래의 음 대로 읽는다.

○ 去聲.

'횡(橫)'은 거성이다.

○ 補二句.

두 구절을 보완하였다.

○ 新安陳氏曰 : "不設中, 則人必倚汝身, 迂汝心也."

신안 진씨가 말하였다 : "중을 세우지 않으면 사람들이 반드시 너희들 자신에게 기대어 너희들의 마음을 굽게 할 것이다."508)

[6-3-7-②-16]

乃有不吉不迪, 顚越不恭, 暫遇姦宄, 我乃劓殄滅之, 無遺育, 無俾易種于茲新邑.

불길하고 부도한 사람들이 전월(顚越)하여 공손하지 않는 것과 잠시 만나고 간쾌한 짓을 하는 것은 나는 이들을 코 베고 죽여 없애겠고, 남겨두어 기르지 않아서 종자를 이 새 도읍에 옮겨놓지 못하게 할 것이다.

---

508) 『서경대전(書經大全)』, 「상서(商書)」·「반경중(盤庚中)」, "신안 진씨가 말하였다 : '「너희들에게 고한다.」는 것. 일설에는 너희들에게 어려움에 대해 고한다는 의미이고, 일설에는 너희들에게 고한 것은 일정불변하다는 것이다. 내가 크게 근심하는 것을 길이 공경한다는 것은 너희들은 임금의 마음으로 마음을 삼아야 한다는 것이다. 중은 사람이 마음으로 동일하게 여기는 이치이니, 어찌 바름을 설정하기를 기다리겠는가? 여러 신하들이 한쪽으로 치우친 사사로운 정을 따르는 것으로 말미암으면 중의 이치가 없어진다. 너희들은 사사롭게 자신의 계책으로 해서는 안되고, 너희들이 도모하고 생각하는 것을 나눠 위와 함께 해야 한다. 각기 마음에 중의 이치를 세우면 이해를 분명하게 알게 된다. 본래 가슴에는 치우치지 않은 표준이 있어 치우친 사사로움에 이르지 않게 된다. 마음에 중을 세우지 않으면, 사람들이 반드시 너희들 자신에게 기대어 너희들의 마음을 굽게 할 것이다.'(新安陳氏曰 : 告汝不易, 一說告汝于難之意, 一說告汝者一定不易矣, 永敬我所大憂者, 汝當以君之心為心. 中者, 人心同然之理, 何待於設正, 緣羣臣徇于私情之一偏, 則中之理亡矣. 汝不當偏為私己計, 當分汝所謀所念以從上. 各設中理于心, 則明見利害. 自有不偏之準在於胸中, 不至于偏私矣. 不設中于心, 則人必倚汝身迂汝心也.)"

詳說

○ 劓, 音義. 種, 上聲.
'의(劓)'는 음이 '의(義)'이다. '종(種)'은 상성이다.

集傳

乃有不善不道之人
불선(不善)하고 불도(不道)한 사람들이

詳說

○ 迪.
'도(道)'는 경문에서 '적(迪)'이다.

集傳

顚隕踰越, 不恭上命者, 及暫時所遇爲姦爲宄, 劫掠行道者, 我小則加以劓, 大則殄滅之, 無有遺育, 毋使移其種于此新邑也.
전운(顚隕)하고 유월(踰越)하여 군주(君主)의 명령에 공손하지 않는 경우와 잠시 만남에 간궤(姦)한 짓을 하여 도로에서 노략질 하는 경우는 내가 작게는 코 베는 형벌을 가하고 크게는 진멸하여 남겨두어 기르지 않아서 그 종자들을 이 새 도읍에 옮겨놓게 하지 않을 것이다.

詳說

○ 易
'이(移)'는 본문에서 '역(易)'이다.

集傳

遷徙, 道路艱關, 恐姦人乘隙生變, 故嚴明號令以告勅之.
옮겨 이사하는 것에는 도로가 어려우니, 간사한 사람들이 틈을 타서 변란을 일으킬까 두렵기 때문에 호령을 엄히 하고 분명히 하여 고한 것이다.

詳說

○ 三句, 論也.
세 구절은 경문의 의미 설명이다.

[6-3-7-②-17]
往哉生生. 今予將試以汝遷, 永建乃家.

가서 생업에 종사하도록 하라. 이제 나는 이것을 사용해 너희들을 옮겨서 너희들의 집을 영원히 세워줄 것이다."

集傳
往哉, 往新邑也. 方遷徙之時, 人懷舊土之念, 而未見新居之樂
왕재(往哉)는 새 도읍에 가는 것이다. 옮겨서 이사할 때에 사람들이 옛 땅의 상념을 그리워하면 새 거주지의 즐거움을 보지 못한다.

詳說
○ 音洛.
'락(樂)'은 음이 '락(洛)'이다.

集傳
故再以生生勉之, 振起其怠惰而作,
그러므로 다시 생업이란 말로 권면하여, 그 게으름을 떨치고 일어나서

詳說
○ 興起.
흥기시킨다.

集傳
其趨事也.
일에 나가도록 진작시킨 것이다.

詳說

○ 以論釋之.
경문의 의미 설명으로 풀이하였다.

集傳
試, 用也.
시(試)는 사용하는 것이다.

詳說
○ 並該第六節試字.
아울러 제6절의 '시(試)'509)자를 겸하였다.

集傳
今我將用汝遷
이제 나는 이것을 사용해 너희들을 옮겨서

詳說
○ 以汝遷, 諺釋恐誤.
'너희들을 옮겨서[汝遷]'는 『언해』의 해석이 틀린 것 같다.

集傳
永立乃家, 爲子孫無窮之業也.
너희들의 집을 영원히 세워주어 자손들의 무궁한 업으로 삼으려는 것이다.

詳說
○ 新安陳氏曰 : "末二句, 應前試以汝遷, 安定厥邦, 前以邦言, 此以家言, 互文見意. 民惟邦本, 民家永建, 而後邦國安定也."

---

509) 『서경대전(書經大全)』, 「상서(商書)」·「盤庚中-6」: "이제 나는 너희들 때문에 천도하여 이 나라를 안정시키려 하는데, 너희들은 내 마음의 곤궁한 바를 걱정하지 않고 모두 크게 너희들의 마음을 펴서 공경하여 생각하되 정성으로써 하여 나 한 사람을 감동시키지 않는다. 이는 너희들 스스로 곤궁하고 너희들 스스로 괴롭게 하는 것이다. 마치 배를 타는 것과 같으니, 너희들이 제 때에 건너가지 않으면 실로 물건을 부패시키고 말 것이다. 너희들의 정성이 이어지지 않으니, 서로 침몰할 뿐이다. 혹시라도 상고하지 않으니, 스스로 노여워한들 어찌 고통을 덜겠는가?(今予將試以汝遷, 安定厥邦, 汝不憂朕心之攸困, 乃咸大不宣乃心, 欽念以忱動予一人. 爾惟自鞠自苦. 若乘舟, 汝弗濟, 臭厥載. 爾忱不屬, 惟胥以沈. 不其或稽, 自怒曷瘳.)"

신안 진씨(新安陳氏)가 말하였다 : "끝의 두 구절은 앞의 '이것을 사용해 너희들을 옮겨서'에 호응해서 그 나라를 안정시키는 것이다. 앞에서는 나라로 말하고, 여기서는 집으로 말하였으니, 서로 보완하는 글로 의미를 드러낸 것이다. 백성들은 나라의 근본이니, 백성들의 집을 영원히 세워준 다음에 나라가 안정된다는 것이다."510)

---

510) 『서경대전(書經大全)』, 「상서(商書)」·「반경중(盤庚中)」, "신안 진씨가 말하였다 : '생업은 낳아 길러 줌이 끝이 없는 도이다. 끝의 두 구절은 앞의 「이제 나는 이것을 사용해 너희들을 옮겨서」에 호응해서 그 나라를 안정시키는 것이다. 앞에서는 나라로 말하고, 여기서는 집으로 말하였으니, 서로 보완하는 글로 의미를 드러낸 것이다. 백성들은 나라의 근본으로 근본이 단단하면 나라도 평안하니, 백성들의 집을 영원히 세워준 다음에 나라가 안정된다는 것이다.'(新安陳氏曰 : 生生, 生養不窮之道也. 末二句, 應前今予將試以汝遷, 安定厥邦. 前以邦言, 此以家言, 互文見意. 民惟邦本, 本固邦寧, 以民家永建, 而後邦國安定也.)"

[6-3-7-③]
『반경하(盤庚下)』

[6-3-7-③-1]
盤庚旣遷, 奠厥攸居, 乃正厥位, 綏爰有衆.

반경이 이미 천도한 뒤에 거주할 곳을 정하고 나서는 그 지위를 바로잡아 여러 무리들을 편안하게 하였다.

集傳
盤庚旣遷新邑, 定其所居,
반경이 이미 새 도읍으로 천도하여 거주할 곳을 정하고 나서는

> **詳說**
> ○ 奠定也.
> 정한다는 것이다.

集傳
正君臣上下之位, 慰勞臣民遷徙之勞,
군신과 상하의 지위를 바로잡고 신민들의 옮겨 이사하는 수고로움을 위로하여

> **詳說**
> ○ 去聲.
> 앞의 '로(勞)'는 거성이다.

集傳
以安有衆之情也.
여러 무리들의 정(情)을 편안하게 한 것이다.

> **詳說**

○ 爰, 於也. 綏爰, 諺釋作爰綏, 恐誤.

'원(爰)'은 '어(於)'이다. '수원(綏爰)'은 『언해』의 풀이에서는 '원수(爰綏)'로 되어 있는데, 잘못된 것 같다.

|集傳|

此史氏之言

이는 사관(史官)의 말이다.

|詳說|

○ 論也.

경문의 의미 설명이다.

[6-3-7-③-2]
曰, 無戱怠, 懋建大命.

다음과 같이 말씀하였다. "놀며 태만하게 하지 말아 힘써 큰 명(命)을 세우도록 하라."

|集傳|

曰, 盤庚之言也. 大命, 非常之命也.

왈(曰)은 반경의 말이다. 대명(大命)은 비상한 명이다.

|詳說|

○ 臨川吳氏曰 : "兼民命國命而言."

임천 오씨(臨川吳氏)가 말하였다 : "백성에 대한 명령과 나라에 대한 명령을 겸해서 말했다."511)

---

511) 『서경대전(書經大全)』, 「상서(商書)」·「반경하(盤庚下)」, "임천 오씨가 말하였다 : '「놀지 말라.」는 것은 일을 공경하게 하려는 것이고, 「태만하게 하지 말라.」는 것은 힘써 일하게 하려는 것이다. 「큰 명」은 백성에 대한 명령과 나라에 대한 명령을 겸해서 말한 것이다. 「명을 세운다.」는 것은 명이 하늘에 있을지라도 세우는 것은 자신에게 있으니, 백성들이 그 삶을 이뤄 나라에 영원하도록 복이 있게 하라는 말이다. 당시에 상에 오만하게 하고 편함을 따라 놀며 태만한 것에 습관이 되어 있었으니, 아직 천도하지 않았을 때에는 그것을 꺼리고, 천도하고 난 다음에는 그것에 만족해서 다시 스스로 자립하려는 계책에 힘쓰지 않기 때문에 이 말로 경계시켰던 것이다.'(臨川吳氏曰 : 無戱, 欲其敬事, 無怠, 欲其勤事. 大命兼民命國命而言, 建命, 謂命雖在天, 立之在我, 使民有以遂其生, 國有以永其祚也. 當時傲上從康, 習於戱怠, 未遷以爲憚, 旣遷則以爲足, 不復爲自勉自立之計, 故以此戒之.)"

集傳

遷國之初, 臣民上下, 正當勤勞, 盡瘁趨事, 赴功以爲國家無窮之計.

나라의 수도를 옮기는 초기에는 신하와 백성이 상하로 올바르게 근로하고 수고로움을 다해서 일에 달려가고 공에 나아가서 국가의 무궁한 계책을 세워야 한다.

詳說

○ 先立論.

먼저 말을 내세운 것이다.

集傳

故盤庚以無戲怠戒之, 以建大命勉之.

그러므로 반경이 "놀며 태만하게 하지 말라."는 말로 경계하고, 큰 명을 세우라고 권면한 것이다.

詳說

○ 新安陳氏曰 : "戲, 卽傲上, 怠, 卽從康. 無戲怠, 而後能懋勉建立大命. 故以無戲怠, 矯其舊習, 而新其精神也."

신안 진씨(新安陳氏)가 말하였다 : "'논다'는 것은 바로 상에게 오만하게 하는 것이고, '태만하다'는 것은 바로 편안함을 따르는 것이다. 놀고 태만하게 하는 것이 없게 된 다음에 힘써 큰 명을 세울 수 있기 때문에 놀며 태만하게 하지 말라는 것으로 그들의 구습을 고쳐서 그 정신을 새롭게 하려는 것이다."512)

[6-3-7-③-3]

今予其敷心腹腎腸, 歷告爾百姓于朕志. 罔罪爾衆, 爾無共怒,

---

512) 『서경대전(書經大全)』, 「상서(商書)」·「반경하(盤庚下)」, "신안 진씨가 말하였다 : '「논다」는 것은 바로 상에게 오만하게 하는 것이고, 「태만하다」는 것은 바로 편안함을 따르는 것이다. 놀고 태만하게 하는 것이야말로 그 옛날 습관이다. 아직 천도하기 전에는 꺼려서 어렵게 여기고, 천도하고 난 다음에는 구차하게 만족하는 것은 굳이 말할 필요가 없으나 반드시 다시 힘쓰지 않고 스스로 명을 오래도록 할 수 있다는 것이다. 명이 하늘에 있을지라도 건립하는 것은 나에게 있으니, 반드시 힘쓴 이후에 큰 명을 세울 수 있고, 반드시 놀고 태만하게 하는 것이 없게 된 다음에 힘쓸 수 있다. 그러므로 먼저 놀며 태만하게 하지 말라는 것으로 그들의 구습을 고쳐서 그 정신을 새롭게 하려는 것이다.'(新安陳氏曰 : 戲, 卽傲上, 怠, 卽從康. 戲怠, 乃其故習. 未遷, 則憚以爲難, 旣遷則苟以爲足, 未必不謂, 不必更勉, 而自可以永命矣. 命雖在天, 建立之在我, 必懋勉而后能立大命, 必無戲怠, 而後能懋勉. 故首以無戲怠, 矯其舊習, 而新其精神也.)"

協比讒言予一人.

이제 나는 심장과 배와 신장과 창자에 있는 말을 꺼내 너희 백성들에게 나의 뜻을 모두 고하노라. 너희들을 죄주지 않을 것이니, 너희들이 함께 화를 내며 공모해서 나 한 사람을 비방하지 말라.

詳說

○ 腎, 是忍反. 比, 必二反.

'신(腎)'은 음이 '시(是)'와 '인(忍)'의 반절이다. '비(比)'는 음이 '필(必)'과 '이(二)'의 반절이다.

集傳

歷, 盡也. 百姓, 畿內民庶, 百官族姓, 亦在其中.

역(歷)은 모두이다. 백성은 경기 안의 민서(民庶)이니, 백관(百官)과 족성(族姓)들도 그 속에 들어 있다.

詳說

○ 于, 猶以也.

'우(于)'는 '이(以)'와 같다.

○ 臨川吳氏曰 : "敷心腹腎腸, 謂無一不暴露也. 慮其强從上令, 怨怒未忘, 故明白洞達以釋其疑"

임천 오씨(臨川吳氏)가 말하였다 : "'심장과 배와 신장과 창자에 있는 말을 꺼낸다.'는 것은 어느 드러내지 않음이 없다는 말이다. 상의 명령을 억지로 따르게 하면 원망과 분노가 아직 없어지지 않았다고 생각했기 때문에 명백하고 철저하게 이해시켜 그 의심을 풀게 했던 것이다."513)

○ 新安陳氏曰 : "朕志, 下文所言, 是也. 意前日浮言之徒, 必有唱爲事, 定後有罪責之說者, 故以此言釋衆疑, 而絶謗說也."

---

513) 『서경대전(書經大全)』, 「상서(商書)」·「반경하(盤庚下)」, "임천 오씨가 말하였다 : 「심장과 배와 신장과 창자에 있는 말을 꺼낸다.」는 것은 어느 드러내지 않음이 없다는 말이다. 신하들과 백성들이 천도하고 난 다음에 반경은 오히려 억지로 따르게 하면 상의 명령이 본심에서 나온 것이 아니어서 원망과 분노가 아직 없어지지 않았다고 생각했기 때문에 명백하고 철저하게 이해시켜 그 의심을 풀게 했던 것이다.'(臨川吳氏曰 : 敷心腹腎腸, 謂無一不布露也. 臣民雖既遷, 盤庚猶慮其强從. 上命非出本心, 怨怒未忘, 故明白洞達以釋其疑)"

신안 진씨(新安陳氏)가 말하였다 : "나의 뜻은 아래의 글에서 말한 것이 여기에 해당한다. 아마 전날에 근거 없는 말을 하던 무리들이 반드시 앞서서 주도했던 일이 있었는데, 안정된 뒤에 죄를 책해야 한다고 말하는 자들이 있었기 때문에 이 말로 무리의 의심을 풀어주고 비방하는 말을 끊어버린 것이다."514)

○ 毋共怒相與協比, 而讒謗我一人也. 諺釋未瑩.
'함께 화를 내며 서로 같이 공모해서 나 한 사람을 비방하지 말라.'는 것은 『언해』의 풀이가 분명하지 않다.

[6-3-7-③-4]
古我先王, 將多于前功, 適于山, 用降我凶德, 嘉績于朕邦.
옛날 우리 선왕께서는 전인(前人)의 공보다 많게 하려고 산으로 가서는 우리의 흉한 덕을 낮추어 우리나라에 아름다운 공적이 있게 하셨다.

集傳
古我先王, 湯也.
옛날 우리 선왕은 탕왕(湯王)이다.

詳說
○ 以適山可見也.
산에 간 것으로 알 수 있다.

集傳
適于山, 往于亳也. 契始居亳, 其後屢遷, 成湯欲多于前人之功. 故復
산에 갔다는 것은 박읍(邑)에 간 것이다. 설(契)이 처음 박읍(邑)에 거하였는데, 그 후 여러 번 천도하니, 성탕은 전인의 공보다 많게 하고자 하였다. 그러므로 다시

---

514) 『서경대전(書經大全)』, 「상서(商書)」·「반경하(盤庚下)」, "신안 진씨가 말하였다 : "나의 뜻은 아래의 글에서 말한 것이 여기에 해당한다. 아마 전날에 근거 없는 말을 하던 무리들이 반드시 앞서서 주도했던 일이 있었는데, 안정된 뒤에 죄를 책해야 한다고 말하는 자들이 있었기 때문에 이 말로 무리의 의심을 풀어주고 비방하는 말을 끊어버린 것이다.(新安陳氏曰 : 朕志, 下文所言是也. 意前日浮言之徒, 必有唱爲事, 定後有罪責之說者. 故以此言釋衆疑, 而絶謗讒也.)"

> 詳說

○ 音薛.

'설(偰)'은 음이 '설(薛)'이다.

○ 去聲.

'부(復)'는 거성이다.

> 集傳

往居亳. 按, 立政, 三亳, 鄭氏曰, 東成皋, 南轘轅西降谷.

박읍에 가서 거한 것이다. 살펴보건대 「입정(立政)」에 삼박(三亳)[515]을 정씨(鄭氏)는 "동쪽은 성고(成皋)이고 남쪽은 환원(轘)이고 서쪽은 강곡(降谷)이다."라고 하였다.

> 詳說

○ 音環袁.

'환원(轘轅)'은 음이 '환원(環袁)'이다.

○ 鄭說, 止此.

정씨의 설명은 여기까지이다.

> 集傳

以亳依山, 故曰適于山也. 降, 下也.

박읍이 산(山)을 의지하였기 때문에 산에 갔다고 말한 것이다. 강(降)은 낮춤이다.

> 詳說

○ 去聲.

'하(下)'는 거성이다.

---

[515] 『서경대전(書經大全)』, 「주서(周書)」・「입정-11(立政-11)」 : "이(夷)와 미(微)와 노(盧)의 증(烝)과 삼박(三)이 판(阪)의 윤(尹)이었습니다.(夷微盧烝, 三亳尹.)" 주자의 주: "삼박(三亳)은 몽(蒙)은 북박(北)이고, 곡숙(穀熟)은 남박(南)이고, 언사(偃師)는 서박(西)이다(三亳, 蒙爲北, 穀熟爲南, 偃師爲西.)"

集傳

依山, 地高水下,而無河圮之患. 故曰用下我凶德.

산에 의지하면 땅이 높고 물이 낮아서 강물에 무너지는 폐해가 없다. 그러므로 우리의 흉한 덕을 낮추었다고 말한 것이다.

詳說

○ 去聲.

'하(下)'는 거성이다.

集傳

嘉績, 美功也.

가적(嘉績)은 아름다운 공적이다.

詳說

○ 臨川吳氏曰 : "成美功於我邦, 謂湯由亳而興有天下也."

임천 오씨(臨川吳氏)[516]가 말하였다 : "우리나라에 아름다운 공적을 이루었다는 것은 탕이 박에서 일어나 천하를 소유했다는 것이다."[517]

○ 王氏炎曰 : "自此至宏玆賁, 言所以遷之意, 以諭臣民也. 自邦伯至篇終, 旣遷之後, 言欲爲之意, 以諭羣臣也, 此所謂朕志也."

왕씨 염(王氏炎)[518]이 말하였다 : "여기에서부터 '이 사업을 크게 하고자 한다

---

[516] 오징(吳澄, 1249~1333) : 자는 유청(幼淸)이고, 세칭 초려선생(草廬先生)이라 한다. 송원(宋元)교체기 숭인(崇仁 : 현 강서성 소속) 사람으로 국자감사업(國子監司業)·한림학사(翰林學士)를 역임하였다. 시호는 문정(文正)이다. 그의 학문은 주로 주희와 육구연의 사상을 절충하는 경향이 있으며, 특히 주희 이래의 도통(道統)을 은연중에 자임하고 있다. 저서는 『학기(學基)』, 『학통(學統)』, 『서·역·춘추·예기찬언(書·易·春秋·禮記纂言)』, 『오문정공집(吳文正公集)』, 『효경장구(孝經章句)』 등이 있고, 『황극경세서(皇極經世書)』, 『노자(老子)』, 『장자(莊子)』, 『태현경(太玄經)』, 『팔진도(八陣圖)』, 『곽박장서(郭璞葬書)』를 교정했다.

[517] 『서경대전(書經大全)』, 「상서(商書)」·「반경하(盤庚下)」. "임천 오씨가 말하였다 : '흉한 덕은 백성들이 물의 우환을 당했다는 말이다. 박으로 가서 산에 의지함에 이때부터 백성들이 길함을 얻었기 때문에 흉한 덕을 낮춘 것이다. 우리나라에 아름다운 공적을 이루었다는 것은 탕이 박에서 일어나 천하를 소유했다는 것이다.'(臨川吳氏曰 : 凶德, 謂民受水患, 適亳依山, 自此民獲其吉, 所以降其凶德. 又成美功於我邦, 謂湯由亳而興有天下也.)"

[518] 왕염(王炎, 1137 ~ 1218) : 송나라 휘주(徽州, 강서성) 무원(婺源) 사람으로 자는 회숙(晦叔) 또는 회중(晦仲)이고, 호는 쌍계(雙溪)이다. 효종(孝宗) 건도(乾道) 5년(1169) 진사(進士)가 되었다. 장식(張栻)이 강릉

.'519)까지는 천도의 의도로 신하와 백성들을 인도했다는 말이고, 방백520)부터 편의 끝까지는 천도한 다음에 그들을 위하려는 생각으로 여러 신하들을 인도하려는 말이니, 이것이 이른바 짐의 뜻이라는 것이다."521)

[6-3-7-③-5]

今我民, 用蕩析離居, 罔有定極, 爾謂朕, 曷震動萬民, 以遷.

지금 우리 백성들이 분산되어 흩어져 살아 안정되게 머물 곳이 없는데 너희들은 짐에게 '어찌하여 만민을 동요해서 옮기려 하는가?'라고 하는구나.

集傳

今耿爲河水圮壞, 沈溺墊隘, 民用蕩析離居, 無有定止,
이제 경(耿)땅이 하수(河水)에 침식되어 무너져서 침닉(沈溺)하고 빠지니, 백성들이 흩어져 살며 안정되게 머물 곳이 없음에

詳說

○ 極.
'지(止)'는 한계이다.

集傳

將陷於凶德

(江陵)을 다스릴 때 그의 현명함을 듣고 막부(幕府)에 들게 했다. 담주교수(潭州敎授)를 지냈고, 임상지주(臨湘知州)로 옮겼다. 영종(寧宗) 경원(慶元) 연간에 호주지주(湖州知州)에 올랐는데, 호족이나 귀척(貴戚)을 두려워하지 않았다. 군기소감(軍器少監)까지 올랐다. 경사(經史)에 정통했고, 시문에도 뛰어났으며, 주희(朱熹)와 절친했다. 저서에 『쌍계집(雙溪集)』과 『독역필기(讀易筆記)』, 『상서소전(尙書小傳)』 등이 있었고, 『역해(易解)』를 저술하다가 마치지 못하고 죽었다.

519) 『서경대전(書經大全)』, 「상서(商書)」·「반경하-7(盤庚下-7)」: "그러므로 나 충인(沖人)은 너희들의 계책을 폐하려는 것이 아니라 선한 것을 씀에 이르게 하고자 해서이며, 너희들도 각기 점을 어기려는 것이 아니라 이 큰 사업을 크게 하고자 해서였다.(肆予沖人, 非廢厥謀, 弔由靈, 各非敢違卜, 用宏玆賁.)"
520) 『서경대전(書經大全)』, 「상서(商書)」·「반경하-2(盤庚下-8)」: "아! 방백(方伯)과 사장(師長)과 백집사(百執事)의 사람들은 부디 모두 말하지 못하는 괴로움을 간직할지어다.(鳴呼, 邦伯師長百執事之人, 尙皆隱哉.)"
521) 『서경대전(書經大全)』, 「상서(商書)」·「반경하(盤庚下)」, "왕씨 염이 말하였다 : "여기에서부터 '이 사업을 크게 하고자 한다.'까지는 천도의 의도로 신하와 백성들을 인도했다는 말이고, 방백과 사장부터 편의 끝까지는 천도한 다음에 그들을 위하려는 생각으로 여러 신하들에게 희망했다는 말이니, 이것이 이른바 짐의 뜻이라는 것이다.(王氏炎曰 : 自此至用宏玆賁, 言所以遷之意, 以諭臣民也, 自邦伯師長至篇終, 既遷之後, 言欲爲之意, 以望羣臣也. 此所謂朕志也.)"

흉한 덕에 빠져

> 詳說
> ○ 承上節.
> 　위의 절을 이어받았다.

> 集傳
> 而莫之救, 爾謂我何故, 震動萬民以遷也.
> 구제할 수가 없는데도 너희들이 나에게 이르기를 "무슨 연고로 만민을 진동하여 옮기는가."라고 한다.

[6-3-7-③-6]

肆, 上帝將復我高祖之德, 亂越我家, 朕及篤敬, 恭承民命, 用永地于新邑

　이러므로 상제께서 장차 우리 고조의 덕을 회복하여 다스림이 우리 국가에 미치게 하시니, 짐은 독실하고 공경하는 신하들과 더불어 공손히 백성의 명을 받들어 이 새 도읍에 영원한 터전을 만들었노라.

> 詳說
> ○ 高祖猶高后也.
> 　'고조(高祖)'는 '고후(高后)'와 같다.

> 集傳
> 乃上天將復我成湯之德, 而治及我國家我, 與一二篤敬之臣,
> 상천(上天)이 우리 성탕의 덕을 회복하여 다스림이 우리 국가에 미치게 하시니, 나는 한두 명의 돈독하게 공경하는 신하들과

> 詳說
> ○ 去聲.

'치(治)'는 거성이다.

○ 亂, 治也.
'란(亂)'은 다스림이다.

○ 越, 及也.
'월(越)'은 미침이다.

○ 添臣字.
'신(臣)'자를 더하였다.

集傳
敬承民命用, 長居于此新邑也.
공경히 백성의 명을 받들어서 이 새 도읍에 장구(長久)히 거주하게 한 것이다.

詳說
○ 承, 亦敬也.
'승(承)'도 공경한다는 것이다.

○ 地.
'거(居)'는 터전으로 한 것이다.

[6-3-7-③-7]
肆予冲人, 非廢厥謀, 弔由靈, 各非敢違卜, 用宏茲賁.
그러므로 나 충인(冲人)은 너희들의 계책을 폐하려는 것이 아니라 선한 것을 씀에 이르게 하고자 해서이며, 너희들도 각기 점을 어기려는 것이 아니라 이 큰 사업을 크게 하고자 해서였다.

詳說
○ 弔, 音的.
'적(弔)'은 음이 '적(的)'이다.

集傳
沖, 童, 弔, 至, 由, 用, 靈, 善也. 宏賁, 皆大也. 言我非廢爾衆謀, 乃至用爾衆謀之善者,

충(沖)은 어림이고, 조(弔)는 이름이며, 유(由)는 씀이고, 영(靈)은 선(善)이다. 굉(宏)과 분(賁)은 모두 큼이다. 내가 너희들의 여러 계책을 폐하려는 것이 아니라 마침내 너희들의 여러 계책 중에 선한 것을 씀에 이르게 하려고 해서이니,

詳說
○ 至用, 極用也, 諺釋合, 更商.

'씀에 이른다.'는 것은 씀을 극도로 한다는 것인데, 『언해』에서는 합하는 것으로 풀이했으니, 다시 생각해 봐야 할 것이다.

集傳
指當時臣民有審利害之實, 以爲當遷者言也.

당시의 신하와 백성 중에 이해의 실제를 살펴서 "마땅히 옮겨야 한다."고 하는 자들을 가리켜 말한 것이다.

詳說
○ 添此句.

이 구절을 더하였다.

集傳
爾衆, 亦非敢固違我卜, 亦惟欲宏大此大業爾,

너희들 또한 감히 굳이 내 점(占)을 어기려는 것이 아니라 또한 이 큰 사업을 크게 하고자 해서였을 뿐이니,

詳說
○ 添業字

'업(業)'자를 더하였다.

○ 新安陳氏曰 : "弔由靈, 宏玆賁等語, 難曉."
신안 진씨(新安陳氏)가 말하였다 : "씀에 이르고 이 사업을 크게 하고자 한다는 등의 말은 알기 어렵다."522)

집전(集傳)
言爾衆亦非有他意也.
너희들 또한 딴 뜻이 있어서가 아니라는 말이다.

상설(詳說)
○ 添此句.
이 구절을 더하였다.

집전(集傳)
蓋盤庚於旣遷之後, 申彼此之情, 釋疑懼之意, 明吾前日之用謀略, 彼旣往之傲惰, 委曲忠厚之意, 藹然於言辭之表. 大事以定大業以興, 成湯之澤, 於是而益永, 盤庚其賢矣哉
반경은 천도한 뒤에 피차의 정을 펴서 의심하고 두려워하는 마음을 풀고, 자신이 지난날 계책을 씀을 밝히며, 저들의 지난날의 오만함과 게으름을 생략하고, 자세하고 충후(忠厚)한 뜻이 언사의 밖에 성하게 드러난 것이다. 대사가 결정되고 대업이 일어나서 성탕의 은택이 이에 더욱 영구하게 되었으니, 반경이 현명했었구나!

상설(詳說)
○ 論也.
경문의 의미 설명이다.

---

522) 『서경대전(書經大全)』, 「상서(商書)」·「반경하(盤庚下)」, "신안 진씨가 말하였다 : '여기의 편에서 「전인의 공보다 많게 한다.」는 것과 같은 구절 이하의 말은 주자가 본래 의심하였다. 이를테면 선한 것을 씀에 이르고 이 사업을 크게 하고자 한다는 등의 말은 실로 알기 어려우니, 우선 앞의 주에 따라 봐야 할 것 같다.'(新安陳氏 : 此篇如多于前功以下, 朱子本疑之. 如弔由靈, 宏玆賁, 等語實 難曉, 姑依前註, 觀之可也.)"

[6-3-7-③-8]
嗚呼, 邦伯師長百執事之人, 尚皆隱哉.

아! 방백(方伯)과 사장(師長)과 백집사(百執事)의 사람들은 부디 모두 말하지 못하는 괴로움을 간직할지어다.

詳說
○ 長, 上聲.
'장(長)'은 상성이다.

集傳
隱, 痛也. 盤庚, 復
은(隱)은 말하지 못하는 괴로움이다. 반경이 다시

詳說
○ 去聲.
'부(復)'는 거성이다.

集傳
歎息, 言爾諸侯公卿
탄식하고 "너희 제후와 공경과

詳說
○ 師長.
공경(公卿)은 사장(師長)이다.

集傳
百執事之人, 庶幾皆有所隱痛於心哉.
백집사의 사람들은 부디 모두 마음에 말을 못해 괴로운 것이 있어야 할 것이다."라고 하였다.

詳說

○ 臨川吳氏曰 : "自此至終篇臣也, 新遷之民, 生理未復, 諸臣當惻然憫痛, 愛護封殖之."

임천 오씨(臨川吳氏)가 말하였다 : "여기서부터 끝 편에서 신하들에게 고하는 것까지는 새로 천도한 백성들이 삶의 이치가 아직 회복되지 않았으니, 여러 신하들은 당연히 측은하고 가여운 생각으로 마음 아파하며 아끼고 보호하며 길러주어야 할 것이다."[523]

[6-3-7-③-9]

予其懋簡, 相爾, 念敬我衆.

내가 힘써 좋은 지역을 간택하여 너희들을 인도함은 나의 백성들을 생각하고 공경하기 때문이다.

詳說

○ 相, 去聲.

'상(相)'은 거성이다.

集傳

相, 爾雅曰, 導也. 我懋勉簡擇, 導汝, 以念敬我之民衆也.

상(相)은 『이아(爾雅)』에서 "인도(引導)함이다."라고 하였다. 내가 힘써 간택하여 너희들을 인도(引導)함은 나의 민중(民衆)들을 생각하고 공경하기 때문이다.

詳說

○ 句.

'상(相)'에서 구두해야 한다.

○ 故也.

---

[523] 『서경대전(書經大全)』, 「상서(商書)」·「반경하(盤庚下)」, "임천 오씨가 말하였다 : '여기서부터 끝 편에서 신하들에게 고하는 것까지는 새로 천도한 백성들이 삶의 이치가 아직 회복되지 않았으니, 여러 신하들은 당연히 측은하고 가여운 생각으로 마음 아파하며 아끼고 보호하여 길러주어야 할 것이다.'(臨川吳氏曰 : 自此至篇終詰臣也, 新遷之民, 生理未復, 諸臣當惻, 然憫痛愛護封植之.)"

'야(也)'는 '~하기 때문이다.'이다.

[6-3-7-③-10]
朕不肩好貨, 敢恭生生, 鞠人謀人之保居, 叙欽.

집은 재화를 좋아하는 이에게 맡기지 않고, 공경함에 용감하여 생업에 종사해서 사람을 길러주고 사람들의 거처를 보존함을 도모하는 자를 등용하고 공경하노라.

詳說
○ 好, 去聲.
'호(好)'는 거성이다.

集傳
肩, 任, 敢, 勇也. 鞠人謀人, 未詳. 或曰, 鞠, 養也.
견(肩)은 맡김이고, 감(敢)은 용감함이다. 국인(鞠人)·모인(謀人)은 미상(未詳)이다. 어떤 사람은 "국(鞠)은 기름이다."라고 하였다.

詳說
○ 或說止此.
어떤 사람의 설명은 여기까지이다.

集傳
我不任好賄之人,
나는 재물을 좋아하는 사람을 임용하지 않고,

詳說
○ 添人字.
'인(人)'자를 더하였다.

集傳
惟勇於敬民

오직 백성을 공경함에 용감하여

> 詳說

○ 添民字.
'민(民)'자를 더하였다.

> 集傳

以其生生爲念
생업(生業)에 종사함을 생각해서

> 詳說

○ 添念字.
'염(念)'자를 더하였다.

○ 臨川吳氏曰 : "敢於恭承民之生生."
임천 오씨(臨川吳氏)가 말하였다 : "백성의 생업을 공경하여 받드는 것에 용감하였다."[524]

> 集傳

使鞠人謀人之保居者, 吾則敍而用之, 欽而禮之也.
사람을 길러주고 사람의 거처를 보존함을 도모하는 자를 나는 등용하고 공경하여 예우할 것이다.

> 詳說

○ 能養民, 又能謀民安居之人.
백성들을 길러줄 수 있고 또 백성들이 거처를 편안하게 여기도록 도모할 수 있는 사람이다.

---

524) 『서경대전(書經大全)』, 「상서(商書)」·「반경하(盤庚下)」, "임천 오씨가 말하였다 : '나는 탐욕스러운 사람을 임용하지 않으니, 백성의 생업을 공경하여 받들 수 있는 것에 용감하게 할 수 있어 빈부가 각기 거처를 보존하게 하는 자라면 임용하고 공경하겠다는 말이다.'(臨川吳氏曰 : 言我不任貪人, 有能敢於恭承民之生生, 俾貧富各保其居者, 則任之敬之.)"

[6-3-7-③-11]

今我旣羞, 告爾于朕志, 若否, 罔有弗欽.

이제 내가 이미 나아가 짐(朕)의 뜻을 너희들에게 고(告)하였으니, 내가 뜻하고 뜻하지 않는 것을 공경하지 않음이 없도록 하라.

集傳

羞, 進也.

수(羞)는 나아감이다.

詳說

○ 新安陳氏曰 : "告爾以朕之志也, 始曰, 歷告朕志告百姓也, 終曰羞告朕志, 告羣臣也."

신안 진씨((新安陳氏)가 말하였다 : "너희들에게 짐의 뜻을 고함에 처음에는 '너희 백성들에게 짐을 뜻을 고한다'525)고 하였는데, 끝에서는 '나아가 짐의 뜻을 고한다.'고 하였으니, 여러 신하들에게 고한 것이다."526)

---

525) 『서경대전(書經大全)』, 「상서(商書)」·「반경하-3(盤庚下-3)」 : "이제 나는 심장과 배와 신장과 창자에 있는 말을 꺼내 너희 백성들에게 나의 뜻을 모두 고하노라. 너희들을 죄주지 않을 것이니, 너희들이 함께 화를 내며 공모해서 나 한 사람을 비방하지 말라.(今予其敷心腹腎腸, 歷告爾百姓于朕志. 罔罪爾衆, 爾無共怒, 協比讒言予一人.)"

526) 『서경대전(書經大全)』, 「상서(商書)」·「반경하(盤庚下)」, "신안 진씨가 말하였다 : '앞에서는 백성들에게 고하였고, 뒤에서는 여러 신하들에게 고하였는데, 모두 「부디」라고 한 것은 모두 측은하게 여기는 어진 마음이 있기 때문이다. 새로 도읍한 백성들은 살 도리가 회복되지 않았으니, 더욱 상처 난 듯이 보고 측은하게 여겨 사랑해야 하는 것이다. 내가 힘써 좋은 지역을 간택하여 너희들을 인도하였으니, 너희들도 나의 무리를 생각해야 하고 나의 무리를 공경할 것을 잊지 말고 소홀하게 하지 않아야 한다. 재화를 좋아하는 사람이 나의 무리를 공경할 것을 생각할 수 없는 것이니, 나는 그들에게 맡기지 않을 것이고, 민생을 살리기를 공경함에 용감해서 사람들을 편안하게 기르는 자는 내가 등용하고 공경할 것이다. 이제 내가 이미 너희들에게 짐의 뜻으로 뜻하고 뜻하지 않는 것을 모두 고하였다. 공경하는 데에 용감한 것은 뜻하는 것이고, 재화를 좋아하는 것은 뜻하지 않는 것이니, 너희들은 나의 말을 공경하지 않아서는 안되는 것이다. 내가 뜻하지 않는 것을 공경해서 화보를 모으려 하지 말라는 것은 재화를 좋아하지 않는 사람에게 맡기지 않는다는 경계를 거듭한 것이다. 내가 뜻하는 바를 공경해서 생업에 종사하는 것으로 자신의 지혜를 쓰는 것은 공경함에 용감하여 생업에 종사하라는 훈계를 거듭한 것이니, 너희들은 백성을 위하는 덕을 공경히 펴서 영원히 한 마음에 맡기도록 하라는 것이다. 여기의 편에서 처음에 「너희 백성들에게 짐의 뜻을 모두 고한다.」고 하고, 끝에서 「이제 내가 이미 나아가 짐(朕)의 뜻인 하고 뜻하지 않는 것을 너희들에게 고(告)하였다.」고 하였다. 처음에는 너희 백성들에게 짐을 뜻을 고하고, 끝에서는 나아가 여러 신하들에게 짐의 뜻을 고한 한 사람을 마음을 분명히 제시해서 천만이나 되는 신하와 백성들의 마음에 통하게 한 것이다. 백성들에게 짐의 뜻을 고한 것은 그 의구심을 풀어준 것이고, 신하들에게 짐의 뜻을 고한 것은 호오의 분별을 살피도록 한 것이다. 전날에 여러 신하들이 근거 없는 말로 주장해서 백성들을 미혹시켰으니, 위에 오만하게 하고 편안함을 따른 것이 그 병증이고, 패옥을 모은 것이 병의 근원이다. 이제 이미 천도했을지라도 병증이 아직 물러나지 않았고, 병의 근원이 여전히 제거되지 않았기 때문에 처음에 「놀며 태만하게 하지 말라」고 말해서 위에 오만하게 하고 편안함을 따르는 병증을 고치고, 끝에서 「재화를 좋아하는 이에게 맡기지 않는다.」고 「화보를 모으려 하지 말라.」고 말해서 패옥을 모으려는 병의 근원을 제거한 다음에 위로 임금

○ 于, 猶以也, 諺釋更商.

'우(于)'는 '이(以)'와 같으니, 『언해』의 풀이는 다시 생각해 봐야 할 것이다.

集傳

若者, 如我之意,

약(若)은 나의 뜻과 같이함이니

詳說

○ 順也.

'약(若)'은 따르는 것이다.

集傳

卽敢恭生生之謂,

곧 공경함에 용감하여 생업에 종사함을 이르고,

詳說

○ 承上節.

위의 절을 이어받았다.

集傳

否者, 非我之意, 卽不肩好貨之謂.

부(否)는 나의 뜻이 아님이니 곧 재물 좋아하는 이에게 맡기지 않음을 이른다.

詳說

명령을 공경할 수 있고 아래로 백성들의 삶에 어질게 할 수 있게 했으니, 길이 국가를 세우고 기틀을 무궁하게 하려는 것이다.'(新安陳氏曰 : 前告衆民, 後告羣臣, 言庶幾, 皆有惻隱之仁心哉. 新遷之民, 生理未復, 尤當視之如傷, 惻隱之如愛之. 我其懋簡, 相爾, 爾當念我衆, 而不忘敬我衆而不忽也. 好貨之人, 不能念敬我衆者也, 我則不肩任之, 敢于恭以生民生而安養之者, 能念敬我衆者也, 我則叙欽之. 今我既盡告爾以朕之志, 所順與否. 敢恭, 所順者, 好貨, 所否者也. 汝當無不敬我言也. 敬我之所否, 而無總貨寶, 申不肩好貨之戒也. 敬我之所若, 而以生生自用, 申敢恭生生之訓也, 爾其用敷為民之德, 而永肩一心焉. 此篇始曰, 歷告爾百姓于朕志, 終曰今我既羞告爾于朕志, 若否. 始以朕志告百姓, 終以朕志告羣臣, 明示一人之心, 以通臣民千萬人之心. 告民以朕志者, 以釋其疑懼之情, 告臣以朕志者, 欲其審好惡之辨. 前日羣臣唱浮言以惑民者, 傲上從康, 其病證也, 其乃貝玉, 其病根也. 今雖已遷, 而病證猶未退, 病根猶未除, 故始日無戲怠, 以革傲上從康之病證, 終日不肩好貨, 無總貨寶, 使除具乃貝玉之病根, 然後上能敬君命, 下能仁民生, 而可以永建國家無窮之基矣.)

○ 承上節.
　위의 절을 이어받았다.

集傳
二者, 爾當深念, 無有不敬我所言也.
이 두 가지를 너희들은 마땅히 깊이 생각해서 내가 말한 바를 공경하지 않음이 없어야 할 것이다.

[6-3-7-③-12]
無總于貨寶, 生生自庸.
화보(貨寶)를 모으려 하지 말고, 생업에 종사함을 자신의 공으로 삼으라.

集傳
無, 毋同.
무(無)는 무(毋)와 같고,

詳說
○ 並該第二三節無字.
　2절과 3절의 '무(無)'자까지 나란히 갖추었다.

集傳
總, 聚也. 庸, 民功也.
총(總)은 모음이다. 용(庸)은 백성의 공(功)이다.

詳說
○ 新安陳氏曰 : "無總貨寶, 申不肩好貨之戒, 生生自庸, 申敢恭生生之訓."
　신안 진씨가 말하였다. : "'화보를 모으려 하지 말라'는 것은 '재화를 좋아하는 이에게 맡기지 않는다.'527)는 것을 거듭한 것이고, '생업에 종사함을 공으로 삼는다.'는 것은 '공경함에 용감하여 생업에 종사한다.'는 교훈을 거듭한 것이다."528)

集傳

此, 則直戒其所不可爲,

이것은 곧바로 하지 말아야 할 것을 경계하고,

詳說

○ 總貨.

화보를 모으는 것이다.

集傳

---

527) 『서경대전(書經大全)』, 「상서(商書)」·「반경하-10(盤庚下-10)」: "짐은 재화를 좋아하는 이에게 맡기지 않고, 공경함에 용감하여 생업에 종사해서 사람을 길러주고 사람들의 거처를 보존함을 도모하는 자를 등용하고 공경하노라.(朕不肩好貨, 敢恭生生, 鞠人謀人之保居, 叙欽)."
528) 『서경대전(書經大全)』, 「상서(商書)」·「반경하(盤庚下)」, "신안 진씨가 말하였다 : '앞에서는 백성들에게 고하였고, 뒤에서는 여러 신하들에게 고하였는데, 모두 「부디」라고 한 것은 모두 측은하게 여기는 어진 마음이 있기 때문이다. 새로 도읍한 백성들은 살 도리가 회복되지 않았으니, 더욱 상처 난 듯이 보고 측은하게 여겨 사랑해야 하는 것이다. 내가 힘써 좋은 지역을 간택하여 너희들을 인도하였으니, 너희들도 나의 무리를 생각해야 하고 나의 무리를 공경할 것을 잊지 말고 소홀하게 하지 않아야 한다. 재화를 좋아하는 사람이 나의 무리를 공경할 것을 생각할 수 없는 것이니, 나는 그들에게 맡기지 않을 것이고, 민생을 살리기를 공경함에 용감해서 사람들을 편안하게 기르는 자는 내가 등용하고 공경할 것이다. 이제 내가 이미 너희들에게 짐의 뜻으로 뜻하는 것과 뜻하지 않는 것을 모두 고하였다. 공경하는 데에 용감한 것은 뜻하는 것이고, 재화를 좋아하는 것은 뜻하지 않는 것이니, 너희들은 나의 말을 공경하지 않아서는 안되는 것이다. 내가 뜻하지 않는 것을 공경해서 화보를 모으려 하지 말라는 것은 재화를 좋아하지 않는 사람에게 맡기지 않는다는 경계를 거듭한 것이다. 내가 뜻하는 바를 공경해서 생업에 종사하는 것으로 자신의 지혜를 쓰는 것은 공경함에 용감하여 생업에 종사하라는 훈계를 거듭한 것이니, 너희들은 백성을 위하는 덕을 공경히 펴서 영원히 한 마음에 맡기도록 하라는 것이다. 여기의 편에서 처음에 「너희 백성들에게 짐의 뜻을 모두 고한다.」고 하고, 끝에서 「이제 내가 이미 나아가 짐(朕)의 뜻인 하고 뜻하지 않는 것을 너희들에게 고(告) 하였다.」고 하였다. 처음에는 너희 백성들에게 짐을 뜻을 고하고, 끝에서는 나아가 짐의 뜻을 고한 것은 한 사람을 마음을 분명히 제시해서 천만이나 되는 신하와 백성들의 마음에 통하게 한 것이다. 백성들에게 짐의 뜻을 고한 것은 그 의구심을 풀어준 것이고, 신하들에게 짐의 뜻을 고한 것은 호오의 분별을 살피도록 한 것이다. 전날에 여러 신하들이 근거 없는 말로 주장해서 백성들을 미혹시켰으니, 위에 오만하게 하고 편안함을 따른 것이 그 병증이고, 패옥을 모은 것이 병의 근원이다. 이제 이미 천도했을지라도 병증이 아직 물러나지 않았고, 병의 근원이 여전히 제거되지 않았기 때문에 처음에 「놀며 태만하게 하지 말라」고 말해서 위에 오만하게 하고 편안함을 따르는 병증을 고치고, 끝에서 「재화를 좋아하는 이에게 맡기지 않는다.」고 「화보를 모으려 하지 말라.」고 말해서 패옥을 모으려는 병의 근원을 제거한 다음에 위로 임금의 명령을 공경할 수 있고 아래로 백성들의 삶에 어질게 할 수 있게 했으니, 길이 국가를 세우고 기틀을 무궁하게 하려는 것이다.'(新安陳氏曰 : 前告衆民, 後告羣臣, 言庶幾, 皆有惻隱之仁心哉. 新遷之民, 生理未復, 尤當視之如傷, 惻隱以愛之. 我其懋簡, 相爾, 爾當念我衆, 而不忘敬我衆而不忽也. 好貨之人, 不能念敬我衆者也, 我則不肩任之, 敢于恭以生民生而安養人者, 能念敬我衆者也, 我則叙欽也. 今我既盡告朕以朕之志, 所順與否. 敢恭, 所順者, 好貨, 所否者也. 汝當無不敬我言也. 敬我之所否, 而無總貨寶, 申不肩好貨之戒也. 敬我之所好, 而以生生自用, 申敢恭生生之訓也, 爾其用敷爲民之德, 而永肩一心焉. 此篇始曰, 歷告爾百姓于朕志, 終曰今我既羞告爾于朕志, 若否. 始以朕志告百姓, 終以朕志告羣臣, 明示一人之心, 以通臣民千萬人之心. 告民以朕志者, 以釋其疑懼之情, 告臣以朕志者, 欲其審好惡之辨. 前日羣臣唱浮言以惑民者, 傲上從康, 其病證也, 具乃貝玉, 其病根也. 今雖已遷, 而病證猶未退, 病根猶未除, 故始曰無戲怠, 以革傲上從康之病證, 終曰不肩好貨, 無總貨寶, 使除具乃貝玉之病根, 然後上能敬君命, 下能仁民生, 而可以永建國家無窮之基矣.)"

勉其所當爲也.
마땅히 해야 할 것을 권면한 것이다.

詳說

○ 生庸.
생업에 종사함을 공으로 하라는 것이다.

[6-3-7-③-13]
式敷民德, 永肩一心.

백성들을 위하는 덕을 공경히 펴서 영원히 한결같은 마음에 맡기도록 하라."

集傳

式, 敬也. 敬布爲民之德,
식(式)은 공경함이다. 공경히 백성들을 위하는 덕을 펴서

詳說

○ 去聲.
'위(爲)'는 거성이다.

○ 添爲字
'위(爲)'자를 더하였다.

○ 臨川吳氏曰 : "用敷布其德於民也."
임천 오씨가 말하였다 : "백성들에게 그 덕을 펴는 데 쓰라는 것이다."[529]

集傳

永任一心, 欲其久而不替也.

---

[529] 『서경대전(書經大全)』, 「상서(商書)」·「반경하(盤庚下)」, "임천 오씨가 말하였다 : '백성들에게 그 덕을 펴고, 영원히 한결같은 마음을 지켜 변하지 않는 데에 쓰라는 것이다. 처음부터 끝까지 달라지지 않는 것이 한결같음이다.'(臨川吳氏曰 : 用敷布其德於民, 永久守此一心而不變也. 始終不貳之謂一.)"

영원히 한 마음에 맡겨야 할 것이니, 오래되도록 쇠하지 않고자 한 것이다.

詳說

○ 添此句.
이 구절을 더하였다.

集傳

盤庚篇終, 戒勉之意, 一節嚴於一節, 而終以無窮期之, 盤庚其賢矣哉
「반경」편의 끝에서 경계하고 권면한 뜻은 어떤 절이 어떤 절보다 엄하고, 마침내는 무궁함으로써 기약하였으니, 반경이 현명했었구나!

詳說

○ 再言賢矣哉.
거듭해서 '현명했었구나!'530)라는 말을 하였다.

集傳

蘇氏曰, 民不悅, 而猶爲之, 先王未之有也. 祖乙圮於耿, 盤庚不得不遷. 然使先王處之,
소씨(蘇氏)가 말하였다. "백성들이 기뻐하지 않는데도 여전히 하는 것은 선왕 때에 일찍이 없던 것이다. 조을(祖乙)이 경(耿)땅에서 무너지니, 반경이 천도하지 않을 수 없었다. 그러나 가령 선왕이 이런 처지였다면,

詳說

○ 上聲.
'처(處)'는 상성이다.

---

530) 『서경대전(書經大全)』, 「상서(商書)」·「盤庚下-7」, 주자주, "반경은 천도한 뒤에 피차의 정을 펴서 의심하고 두려워하는 마음을 풀고, 자신이 지난날 계책을 씀을 밝히며, 저들의 지난날의 오만함과 게으름을 생략하고, 자세하고 충후(忠厚)한 뜻이 언사의 밖에 성하게 드러난 것이다. 대사가 결정되고 대업이 일어나서 성탕의 은택이 이에 더욱 영구하게 되었으니, 반경이 현명했었구나!(蓋盤庚於旣遷之後, 申彼此之情, 釋疑懼之意, 明吾前日之用謀略, 彼旣往之傲惰, 委曲忠厚之意, 藹然於言辭之表. 大事以定大業以興, 成湯之澤, 於是而益永, 盤庚其賢矣哉.)"

集傳
則動民, 而民不懼, 勞民, 而民不怨, 盤庚德之衰也, 其所以信於民者, 未至, 故紛紛如此.

백성을 동원해도 백성들이 두려워하지 않고, 백성들을 수고롭게 하여도 백성들이 원망하지 않았을 터인데, 반경은 덕이 쇠하여 백성들에게 신임을 받음이 지극하지 못하였기 때문에 이처럼 분분하였던 것이다.

詳說
○ 先抑.
먼저 누른 것이다.

集傳
然民怨誹逆命, 而盤庚終不怒, 引咎自責, 益開衆言, 反復

그러나 백성들이 원망하고 비방하며 명령을 거역하였는데도 반경이 끝내 노여워하지 않고 허물을 이끌어 자책하였으며, 사람들의 말을 더욱 열어주고 반복하여

詳說
○ 覆同.
'복(復)'은 '복(覆)'과 같다.

集傳
告諭, 口舌代斧鉞, 忠厚之至. 此殷之所以不亾而復興也.

고유(告諭)해서 입과 혀로써 부월(斧鉞)을 대신하였으니, 지극히 충후(忠厚)한 것이다. 이것이 은나라가 망하지 않고 다시 흥하게 된 까닭이다.

詳說
○ 去聲.
'부(復)'는 거성이다.

○ 後揚.

뒤에 고양한 것이다.

集傳

後之君子

후세의 군자로서

詳說

○ 通君臣言.

임금과 신하를 함께 말한 것이다.

集傳

厲民

백성을 해롭게 함에

詳說

○ 出孟子滕文公.

『맹자』「등문공」이 출처이다.531)

集傳

以自用者, 皆以盤庚藉口, 予不可以不論

자신의 지혜를 쓰는 자들이 모두 반경을 구실로 삼으니, 내 이것을 논변하지 않을 수 없노라."

詳說

○ 盤庚篇終以下, 論也.

「반경」편의 끝에서 이하는 경문의 의미 설명이다.

---

531) 『맹자(孟子)』, 「등문공상(滕文公上)」: "(陳相)이 허행(許行)을 보고 크게 기뻐하여, 배운 것을 다 버리고 그에게 배우더니, 진상(陳相)이 맹자(孟子)를 보고서 허행(許行)의 말을 '등나라 군주는 진실로 현군이지만 아직 도는 듣지 못하였습니다. 현자는 백성들과 함께 밭 갈고서 먹으며, 밥을 짓고서 정치하나니, 지금에 등나라에는 창름과 부고가 있으니, 이는 백성을 해쳐서 자기를 봉양하는 것이니, 어찌 어질 수 있겠습니까?'라고 하였다.(陳相見許行而大悅, 盡棄其學而學焉, 陳相見孟子, 道許行之言曰, 滕君則誠賢君也, 雖然未聞道也. 賢者, 與民竝耕而食, 饔飧而治, 今也滕有倉廩府庫, 則是厲民而以自養也, 惡得賢.)"

[6-3-8]
『열명(說命)』

[6-3-8-①]
『열명상(說命上)』

集傳
說命, 記高宗
열명(說命)은 고종(高宗)이

> **詳說**
> ○ 悅同, 下並同.
> '열(說)'은 '열(悅)'과 같고 아래에서도 같다.
>
> ○ 武丁.
> 고종(高宗)은 무정(武丁)이다.

集傳
命傅說之言,
부열(傅說)에게 명(命)한 말을 기록한 것이니, '

> **詳說**
> ○ 得說二命之之言.
> 부열을 얻어 두 번 명한 말이다.

集傳
命之曰以下, 是也. 猶蔡仲之命, 微子之命

명지왈(命之曰)' 이하가 여기에 해당한다. 「채중지명(蔡仲之命)」·「미자지명(微子之命)」과 같으니,

詳說

○ 六體之一.
육체(六體)의 하나이다.

集傳

後世命官制詞
후세에 관직(官職)을 명(命)하면서 말을 지은 것은

詳說

○ 命官之制詞
관을 명하면서 지은 말이다.

集傳

其原, 蓋出於此. 上篇, 記得說命相之辭,
그 근원이 모두 여기에서 나왔다. 상편은 부열(傅說)을 얻어 정승으로 명한 말을 기록하였고,

詳說

○ 去聲, 下並同.
'상(相)'은 거성으로 아래에서도 모두 같다.

○ 末節, 則記進戒之辭.
끝의 절에서는 진계한 말을 기록하였다.

集傳

中篇, 記說爲相進戒之辭. 下篇記說論學之辭,
중편은 부열이 정승이 되어 진계(進戒)한 말을 기록하였으며, 하편은 부열)이 학문

을 논한 말을 기록하였는데,

詳說

○ 中下篇, 亦時有王所命者

중편과 하편에도 때로 왕이 명한 것이 있다.

集傳

總謂之命者, 高宗命說, 實三篇之綱領, 故總稱之.

모두 명(命)이라고 이른 것은 고종이 부열에게 명한 것이 실로 세 편의 강령이기 때문에 모두 열명(說命)이라고 칭한 것이다.

詳說

○ 統於首篇.

첫 편을 통괄한 것이다.

集傳

今文無, 古文有.

금문에는 없고 고문에는 있다.

[6-3-8-①-1]

王宅憂亮陰三祀, 旣免喪, 其惟不言, 羣臣咸諫于王曰, 嗚呼, 知之曰明哲, 明哲, 實作則. 天子, 惟君萬邦, 百官承式, 王言, 惟作命, 不言, 臣下, 罔攸禀令.

왕이 여막에서 집상(執喪)하기를 3년 동안 해서 이미 상(喪)을 벗었는데도 말씀하지 않으니, 여러 신하들이 모두 왕에게 간하였다. "아! 아는 사람을 명철(明哲)이라 하니, 명철이 실로 법이 됩니다. 천자가 만방에 군주가 되시거든 백관이 법을 받들어서 왕이 말씀하시면 명령으로 삼는데, 말씀하지 않으시면 신하들이 명령을 받을 곳이 없습니다."

詳說

○ 亮, 音梁. 陰, 音菴.

'량(亮)'은 음이 '량(梁)'이고, '암(陰)'은 음이 '암(菴)'이다.

集傳

亮, 亦作諒. 陰, 古

양(亮)은 또한 '양(諒)'으로도 쓰고, 암(陰)은 고문(古文)에는

詳說

○ 古文.

'고(古)'는 '고문(古文)'이다.

集傳

作闇. 按, 喪服四制,

'암(闇)'으로 되어 있다. 살펴보건대 「상복(喪服)」의 네 제도에

詳說

○ 禮記.

『예기(禮記)』이다.

集傳

高宗諒陰三年,

"고종이 삼년 동안 집상하였다(高宗諒陰三年)"라고 하였는데,

詳說

○ 又見論語憲問.

또 『논어』 「헌문」에도 보인다.532)

集傳

---

532) 『논어(論語)』, 「헌문(憲問)」, "자장이 말하였다. '『서경』에서 「고종이 양암에서 삼년 동안 말하지 않았다.」 하는데, 무엇을 말하는 것입니까?' 공자가 말하였다. '하필 고종뿐이겠는가. 옛사람이 다 그러하였으니, 군주가 죽으면 백관들은 자기의 직책을 총괄하며 총재에게 삼년 동안 명령을 들었다.'"(子張曰, 書云, 高宗諒陰三年不言, 何謂也. 子曰, 何必高宗, 古之人皆然, 君薨, 百官總己, 以聽於冢宰三年.)"

鄭氏注云, 諒, 古作梁, 楣謂之梁, 闇, 讀如鶉鵪
정씨(鄭氏)의 주(註)에 "양(諒)은 고문(古文)에는 양(梁)으로 되어 있으니 문설주를 양(梁)이라 하며, 암(闇)은 순암(鶉鵪)의

> 詳說
> ○ 音菴.
> '암(鵪)'은 음이 '암(菴)'이다.

集傳
之鵪,
암(鵪)과 같이 읽고,

> 詳說
> ○ 以音言, 無取義也.
> 음을 말한 것으로 취한 의미는 없다.

集傳
闇謂廬也,
암(闇)은 여막(廬幕)을 말하니,

> 詳說
> ○ 闇, 疑古之菴字.
> '암(闇)'은 옛날의 '암(菴)'자인 것 같다.

集傳
卽倚廬之廬,
곧 의려(倚廬)의 여막(廬幕)이다."라고 하였고,

> 詳說
> ○ 見禮記喪大記.

『예기』「상대비」에 보인다.

○ 禮記疏曰, "倚木爲廬也."
『예기』의 소에서 "나무에 의지해서 여막을 만드는 것이다."라고 하였다.

集傳
儀禮
『의례(儀禮)』에

詳說
○ 喪服傳.
『상복전』이다.

集傳
翦屛柱楣
"전병주미(翦屛柱楣)한다."라고 하였는데,

詳說
○ 音丙.
'병(屛)'은 음이 '병(丙)'이다.

○ 朱子曰 : "始者, 戶北向, 用草爲屛, 不剪其餘. 至是改而西向, 乃剪其餘草. 始者, 無柱與楣簷著於地, 至是乃施短柱及楣, 以拄其楣架起其簷, 令楣高而下可作戶也."
주자(朱子)533)가 말하였다 : "처음에는 지게문은 북향으로 하고 풀로 둘러싸며

---

533) 주희(朱熹, 1130~1200) : 자는 원회(元晦)·중회(仲晦)이고, 호는 회암(晦庵)·회옹(晦翁)·고정(考亭)·자양(紫陽)·둔옹(遯翁) 등이다. 송대 무원(婺源 : 현 강서성 무원현) 사람으로 건양(建陽 : 현 복건성 건양현)에서 살았다. 1148년에 진사에 급제하여 동안주부(同安主簿)·비서랑(秘書郞)·지남강군(知南康軍)·강서제형(江西提刑)·보문각대제(寶文閣待制)·시강(侍講) 등을 역임하였다. 스승 이동(李侗)을 통해 이정(二程)의 신유학을 전수받고, 북송 유학자들의 철학사상을 집대성하여 신유학의 체계를 정립하였다. 1179~1181년 강서성(江西省) 남강(南康)의 지사(知事)로 근무하면서 9세기에 건립되어 10세기에 번성했다가 폐허가 된 백록동서원(白鹿洞書院)을 재건했다. 만년에 이르러 정적(政敵)인 한탁주(韓侂冑)의 모함을 받아 죽을 때까지 정치활동이 금지되고 그의 학문이 거짓 학문으로 폄훼를 받다가 그가 죽은 뒤에 곧 회복되었다. 저서로는 『정씨유서(程氏遺書)』,『정씨외서(程氏外書)』,『이락연원록(伊洛淵源錄)』,『고금가제례(古今家祭禮)』,『근사록(近思

나머지는 잘라내지 않는다. 이때에 고치게 되면 북향으로 하고 그 나머지 풀을 잘라냅니다. 처음에는 땅에 기둥과 처마가 닿게 함이 없지만 이때에는 작은 기둥과 처마를 설치해서 그 처마 시렁을 떠받치고 처마를 일으켜 처마가 높아지게 해서 아래로 지게문을 해도 된다."534)

집傳

鄭氏謂柱楣

정씨(鄭氏)는 이르기를 "주미(柱楣)는

詳說

○ 柱於楣.

처마에 기둥을 대는 것이다.

집傳

所謂梁闇是也, 宅憂亮陰, 言宅憂於梁闇也

이른바 양암(梁闇)이 이것이다." 하였으니, 택우량암(宅憂亮陰)은 양암(梁闇)에서 집상(執喪)한 것이다.

詳說

錄)』 등의 편찬과 『사서집주(四書集注)』, 『서명해(西銘解)』, 『태극도설해(太極圖說解)』, 『통서해(通書解)』, 『사서혹문(四書或問)』, 『시집전(詩集傳)』, 『주역본의(周易本義)』, 『역학계몽(易學啓蒙)』, 『효경간오(孝經刊誤)』, 『소학서(小學書)』, 『초사집주(楚辭集注)』, 『자치통감강목(資治通鑑綱目)』, 『팔조명신언행록(八朝名臣言行錄)』 등이 있다. 막내아들 주재(朱在)가 편찬한 『주문공문집(朱文公文集)』(100권, 속집 11권, 별집 10권)과 여정덕(黎靖德)이 편찬한 『주자어류(朱子語類)』(140권)가 있다.
534) 『서경대전(書經大全)』, 「상서(商書)」·「열명상(說命上)」. "물었다 : '양암을 다른 경에서 살펴보면, 모두 양암을 믿음직하게 침묵하는 것으로 여겼는데, 정씨만 유독 여막으로 여겼습니다. 천자가 여막에 있는 것이 어찌 예제에 합하는 것이겠습니까?' 주자가 답하였다 : '인용한 가로막은 것을 베어내고 양쪽 끝머리에 기둥을 받쳐 세운다는 것은 두 가지 일입니다. 「주(柱)」의 음은 「지(知)」에서의 「ㅈ」과 「주(主)」에서의 「ㅜ」를 합한 「주」로 「수(手)」를 부수로 하고 「목(木)」을 부수로 한 것이 아닌 것 같습니다. 대개 처음에는 지게문을 북향으로 하고 풀로 둘러싸며 그 나머지는 잘라내지 않습니다. 이때 고치게 되면 서향으로 하고 그 나머지 풀을 베어냅니다. 처음에는 기둥과 처마가 땅에 닿지 않게 하지만 이때에는 짧은 기둥과 처마를 설치하고 처마의 시렁을 기둥으로 처마를 일으켜 살짝 높아지게 하고 아래로 지게문을 만들어도 됩니다. 양암은 옛날에 정한 제도가 어떤지 모르니, 감히 갑자기 설명하지 않겠습니다. 다만 정씨의 설명과 같지 않아도 천자가 여막에 거처하는 법으로 할 수 없는지 모르겠습니다.'(問 : 諒陰以他經考之, 皆以諒陰爲信默. 惟鄭氏獨以爲凶廬. 天子居凶廬, 豈合禮制. 朱子曰, 所引剪屛柱楣, 是兩事. 柱音知主反. 似是從手不從木也. 蓋始者, 戶北向, 用草爲屛, 不剪其餘. 至是改而西向, 乃剪其餘草. 始者, 無柱與楣簷著於地, 至是乃施短柱及楣. 以柱其楣架, 起其簷, 令稍高而下可作戶也. 梁闇, 未詳. 古定制如何, 不敢輒爲之說. 但假使不如鄭說, 亦未見天子不可居廬之法.)"

○ 施梁之廬也.
들보를 댄 여막이다.

[集傳]
先儒以亮陰爲信
선대의 학자는 양암(亮陰)을 "믿음직하게

[詳說]
○ 諒.
'신(信)'은 '양(諒)'이다.

[集傳]
默
침묵하며

[詳說]
○ 陰.
'묵(默)'은 '암(陰)'이다.

[集傳]
不言, 則於諒陰
말하지 않는 것이다."으로 여겼는데, 양암(諒陰)에서

[詳說]
○ 並如字
아울러 본래의 음대로 읽는다.

[集傳]
三年不言爲語復,
3년 동안 말하지 않았다는 것과 말이 중복되어

> 詳說

○ 復同.
>> '복(復)'은 복과 같다.

> 集傳

而不可解矣. 君薨, 百官總己, 聽於冢宰,
이해할 수 없다. 임금이 죽으면 백관들이 자신의 직책을 총괄하여 총재에게 명령을 들으니,

> 詳說

○ 亦見論語.
>> 또한 『논어』에 보인다.535)

> 集傳

居憂亮陰, 不言, 禮之常也. 高宗喪父小乙, 惟旣免喪而猶弗言,
양암(亮陰)에서 집상(執喪)하면서 말하지 않는 것은 떳떳한 예이다. 고종이 아버지 소을(小乙)의 상을 당하였는데, 상을 벗고 나서도 말하지 않으니,

> 詳說

○ 經文惟字, 或猶之訛, 註意然耳.
>> 경문에서 '유(惟)'자는 혹 '유(猶)'가 잘못된 것일 수 있으니, 주에서의 의미도 그렇다.

> 集傳

羣臣以其過於禮也, 故咸諫之. 歎息言, 有先知之德者,
여러 신하들이 예에 과하다고 생각하였기 때문에 모두 간한 것이다. 탄식하며 "먼저 아는 덕이 있는 자를

---

535) 『논어(論語)』, 「헌문(憲問)」, "자장이 말하였다. '『서경』에서 「고종이 양암에서 삼년 동안 말하지 않았다.」 하는데, 무엇을 말하는 것입니까?' 공자가 말하였다. '하필 고종뿐이겠는가. 옛사람이 다 그러하였으니, 군주가 죽으면 백관들은 자기의 직책을 총괄하며 총재에게 삼년 동안 명령을 들었다.」'(子張曰, 書云, 高宗諒陰三年不言, 何謂也. 子曰, 何必高宗, 古之人皆然, 君薨, 百官總己, 以聽於冢宰三年.)"

詳說

○ 添先字.

'선(先)'자를 더하였다.

集傳

謂之明哲, 明哲實爲法於天下. 今天子君臨萬邦, 百官皆奉承法令, 王言則爲命,

명철(明哲)이라고 하니, 명철은 실로 천하에 법이 됩니다. 이제 천자가 만방에 군림하시면 백관들이 모두 법령을 받들어서 왕께서 말하면 명령으로 삼나니,

詳說

○ 諺釋恐違註意.

『언해』의 풀이는 주의 의미에 위배되는 것 같다.

集傳

不言, 則臣下無所稟令矣.

말씀하지 않으시면 신하들이 명령을 받을 곳이 없습니다."라고 하였다.

詳說

○ 陳氏雅言曰 : "上言天子, 是汎說, 下言王, 方指高宗."

진씨 아언이 말하였다 : "위에서 천자를 말한 것[536]은 넓게 말한 것이고, 아래 왕을 말한 것은 고종을 가리킨 것이다."[537]

---

536) 『서경대전(書經大全)』, 「상서(商書)」·「열명상(說命上)-1」 : "왕이 여막에서 집상(執喪)하기를 3년 동안 해서 이미 상(喪)을 벗었는데도 말씀하지 않으니, 여러 신하들이 모두 왕에게 간하였다. "아! 아는 사람을 명철(明哲) 이라 하니, 명철이 실로 법이 됩니다. 천자가 만방에 군주가 되시거든 백관이 법을 받들어서 왕의 말씀을 명령으로 삼는데, 말씀하지 않으시면 신하들이 명령을 받을 곳이 없습니다.(王宅憂亮陰三祀, 旣免喪, 其惟不言, 羣臣咸諫于王曰, 嗚呼, 知之曰明哲, 明哲, 實作則. 天子, 惟君萬邦, 百官承式, 王言, 惟作命, 不言, 臣下, 罔攸稟令.)"

537) 『서경대전(書經大全)』, 「상서(商書)」·「열명상(說命上)」 : "진씨 아언이 말하였다 : '이것은 여러 신하들이 고종에게 진계한 말이다. 「아는 사람을 명철(明哲)이라 하니, 명철이 실로 법이 된다.」는 것, 여기에서는 유덕한 사람이 천하에 법이 된다는 말이다. 「천자가 만방에 군주가 되면 백관이 법을 받든다.」는 것, 여기에서는 지위가 있는 자가 백관들의 법이 된다는 말이다. 「말하면 명령으로 삼는데, 말하지 않으면 신하들이 명령을 받을 곳이 없다.」는 것, 이것은 고종이 이미 명철한 덕이 있고 난 다음에 진실로 천하에 법이 될 수 있었다는 말이다. 또 천자의 지위에 있으면 백관의 법이 됨을 이어받아야 하고, 이때에 말을 하면 명령이 되니 어떻게 말을 하지 않을 수 있겠는가? 위에서 천자를 말한 것은 범범하게 말한 것이고, 아래 왕을 말한 것은 고종을 가리켜 말한 것이다.'(陳氏雅言曰 : 此羣臣進戒高宗之辭. 知之曰明哲, 明哲實作則,

[6-3-8-①-2]

> 王庸作書以誥曰, 以台正于四方, 台恐德弗類, 茲故弗言, 恭默思道, 夢帝賚予良弼, 其代予言.

왕이 글을 지어 고하였다. "나로 사방을 바로잡게 하시기에 나는 덕이 같지 못할까 두려워 이 때문에 말하지 않고 공손하고 침묵하여 도를 생각하였는데, 꿈에 상제께서 나에게 어진 보필을 내려 주셨으니, 그가 나의 말을 대신할 것이다."

集傳

庸, 用也. 高宗用作書, 告諭羣臣以不言之意. 言以我表正四方

용(庸)은 써이니, 고종(高宗)이 글을 지어 여러 신하들에게 말하지 않는 뜻을 고유하였다. 왕이 "나로 사방을 표정(表正)하게 하시니,

詳說

○ 主帝而言, 或曰主羣臣而言

상제를 중심으로 말하였는데, 어떤 이는 "여러 신하를 중심으로 말하였다."라고 한다.

集傳

任大責重, 恐德不類于前人.

임무가 크고 책임이 무거워서 덕이 선대의 사람과 같지 못할까 두려워하였다.

詳說

○ 添前人字

'전인(前人)'이라는 글자를 더하였다.

集傳

故不敢輕易發言, 惟恭敬淵默以思治道,

此言有德者之爲法于天下也. 天子惟君萬邦, 百官承式, 此言有位者之爲法于百官也. 王言, 惟作命, 不言, 臣下罔攸稟令, 此言高宗旣有明哲之德, 固可作則於天下. 又居天子之位, 宜承式於百官也, 於是而言則爲命, 奈之何可不言哉. 上言天子, 是泛說, 下言王, 方是指言高宗.)"

그러므로 감히 함부로 말을 내지 않고 공경하고, 말없이 다스리는 도에 대해 생각하였는데,

> 詳說
> ○ 去聲
> '이(易)'는 거성이다.
>
> ○ 一作而.
> '유(惟)'는 어떤 판본에는 '이(而)'라고 되어 있다.

集傳
夢帝與我賢輔,
꿈에 상제께서 나에게 어진 보필을 주셨으니,

> 詳說
> ○ 賚.
> '여(與)'는 경문에서 '뢰(賚)'이다.

集傳
其將代我言矣.
그가 나의 말을 대신할 것이다."라고 한 것이다.

> 詳說
> ○ 代我而言. 諺釋恐誤
> 나를 대신해서 말한다는 것이다. 『언해』의 해석은 잘못된 것 같다.

集傳
蓋高宗恭默思道之心, 純一不二, 與天無間.
고종이 공경하고 침묵하며 도를 생각하는 마음이 순일(純一)하고 잡되지 않아서 하늘과 간격이 없었다.

詳說

○ 去聲.

'간(間)'자는 거성이다.

集傳

故夢寐之間, 帝賚良弼. 其念慮所孚, 精神所格, 非偶然而得者也.

그러므로 몽매의 사이에 상제께서 어진 보필을 준 것이다. 그 생각이 정성스러워 정신이 이른 것이지 우연히 얻은 것이 아니다.

詳說

○ 論也.

경문의 의미 설명이다.

○ 陳氏經曰 : "伊川曰, 靜則自明. 高宗夢說之事, 不誣矣. 然此不可以常情拘常事論也. 君非高宗臣非傅說, 而效其所爲, 必有以私意, 用人不合於公論者, 若漢文以夢得鄧通, 光武以讖得王梁, 豈足憑哉."

진씨 경(陳氏經)538)이 말하였다 : "이천(伊川)539)이 '고요하면 저절로 밝아진다.'고 하였으니, 고종이 부열에 대해 꿈 꾼 일은 거짓이 아니다. 그러나 이것은 일반적인 실정으로 일반적인 일을 한정해서 논할 수 없는 것이다. 임금은 고종이 아니고 신하는 부열이 아닌데 그렇게 하는 것을 따라하면 반드시 사사로운 의도가 있어 사람의 등용이 공론에 합하지 않는 것이다. 한나라 문제가 꿈으로 등통을 얻었고, 광무제가 조짐으로 왕량을 얻었으니, 어찌 그것을 따라해야 하겠는가!"540)

---

538) 진경(陳經, ?~?) : 송나라 길주(吉州) 안복(安福) 사람으로 자는 현지(顯之) 또는 정보(正甫)이다. 영종(寧宗) 경원(慶元) 5년(1199)에 진사(進士)가 되어 봉의랑(奉議郞)과 천주박간(泉州泊幹)을 지냈다. 평생 독서를 좋아했고, 후학을 많이 계도했다. 저서에 『상서상해(尙書詳解)』와 『시강의(詩講義)』, 『존재어록(存齋語錄)』 등이 있다.

539) 정이(程頤, 133~117) : 자는 정숙(正叔)이고, 호는 이천(伊川)이다. 송대 낙양(洛陽 : 현 하남성 낙양) 사람으로서 형 정호(程顥)와 함께 이정(二程)이라 불린다. 15세 무렵에 형과 함께 주돈이에게 배운 적이 있으며, 18세에는 태학에 유학하면서 「안자호학론(顔子好學論)」을 지었는데 호원(胡瑗 : 호는 안정<安定>)이 그것을 경이롭게 여겼다고 한다. 벼슬은 비서성교서랑(秘書省校書郞)·숭정전설서(崇政殿說書) 등을 역임하였으나, 거의 30년을 강학에 힘 쏟아 북송 신유학의 기반을 정초하였다. 이정의 학문은 '낙학(洛學)'이라고 하며, 특히 정이의 학문은 주희에게 결정적으로 영향을 끼쳐 세칭 '정주학(程朱學)'이라고 하면 정이와 주희의 학문을 지칭한다. 저서는 『역전(易傳)』, 『경설(經說)』, 『문집(文集)』 등이 있다.

○ 按, 高宗夢說, 形求之事, 終有遜於堯, 咨岳揚陋之爲光明, 亦足以觀世降云

살펴보건대, 고종이 꿈에서 부열을 보고, 용모를 그려 구한 일은 마침내 요에게 겸손하게 한 것으로 사악에게 자문하고 미천한 사람을 들어 올리는 광명이 되었으니, 또한 대대로 내려온 것으로 보기에 충분하다.

[6-3-8-①-3]

乃審厥象, 俾以形, 旁求于天下. 說築傅巖之野, 惟肖.

이에 그 상을 자세히 살펴 그 모습을 천하에 널리 찾게 하였다. 부열이 부암의 들에서 살고 있었는데 그 모습이 똑같았다.

詳說

○ 說悅同, 下並同

'열(說)'은 '열(悅)'과 같으니, 아래에서도 모두 같다.

集傳

審, 詳也. 詳所夢之人,

심(審)은 자세히 살핌이니, 꿈속에 본 사람을 자세히 살펴

詳說

○ 釋乃審厥象.

'이에 그 상을 자세히 살폈다.'는 경문을 풀이한 것이다.

---

540) 『서경대전(書經大全)』, 「상서(商書)」·「열명상(說命上)」, "진씨 경이 말하였다 : '정성을 지극하게 하는 도는 미리 알 수 있다. 숭전에 오경을 깊이 간직한 은자가 있어 이천이 그 이름을 듣고 특별히 만나려고 찾아가다가 중도에서 그를 만나니, 「그대가 정 선생님 아니십니까? 선생께서 오시고자 하니, 소식이 아주 컸습니다.」라고 하였다. 윤자가 이천에게 물으니, 이천이 「고요하면 저절로 밝아집니다.」라고 하였다. 이것을 본다면 고종이 부열에 대해 꿈을 꾼 일은 거짓이 아니다. 그러나 이것은 일반적인 실정으로 일반적인 일을 한정해서 논할 수는 없지만 고종이 있고 부열이 있으면 가능한 것이다. 임금이 고종이 아니고 신하가 부열이 아닌데, 그렇게 하는 것을 따라하면 반드시 사사롭게 의도가 있으니, 사람의 등용이 공론에 맞지 않는 것이다. 한나라 문제가 꿈으로 등통을 얻었고, 광무제가 조짐으로 왕량을 얻었으니, 어찌 그것을 따라해야 하겠는가!'(陳氏經曰 : 至誠之道, 可以前知. 嵩前有藏五經隱者也, 伊川聞其名, 特往造焉, 至中途遇之曰, 君非程先生乎. 先生欲來信息甚大. 尹子問于伊川, 伊川曰, 靜則自明. 觀此, 則高宗夢說之事, 不誣矣. 然此不可以常情拘常事論也. 有高宗有傅說, 則可, 君非高宗, 臣非傅說, 而效其所爲, 必以有私意, 用人不合於公論者. 若漢文以夢得鄧通, 光武以讖得王梁, 豈足憑哉.)"

集傳

繪其形象,
그 형상(形象)을 그려서

詳說

○ 釋俾以形, 諺釋恐未察此
'그 모습을 ~하게 하였다.'로 풀이하니, 『언해』의 풀이에서는 이것을 살피지 못한 것 같다.

集傳

旁求于天下. 旁求者, 求之非一方也. 築, 居也, 今言所居, 猶謂之卜築.
천하에 널리 구한 것이다. 방구(旁求)는 구하기를 한 방소에만 한 것이 아니다. 축(築)은 거주(居住)하는 것이니, 지금에도 거주하는 곳을 말할 때에 오히려 복축(卜築)이라고 한다.

詳說

○ 孔氏曰 : "代胥靡, 築傅巖之道."
공씨(孔氏)가 말하였다 : "서미(胥靡)를 대신해서 부암(傅巖)의 길에 살았다."

○ 鄒氏季友曰 : "孟子亦云擧於版築, 蔡傳, 不取何也. 以築爲卜築, 恐未安."
추씨 계우(鄒氏季友)가 말하였다 : "맹자도 '판책에서 천거했다.'[541]고 했는데 채전에서 취하지 않은 것은 무엇 때문인가? 축을 복축으로 한 것이 틀린 것으로 여겼기 때문이다."

集傳

傅巖, 在虞虢之間. 肖, 似也. 與所夢之形, 相似.

---

541) 『맹자(孟子)』, 「고자하(告子下)」 : "맹자가 말하였다 : '순(舜)임금은 견묘(畎畝)의 가운데에서 발신(發身)하셨고, 부열(傅說)은 판축(版築)의 사이에서 등용되었고, 교격(膠鬲)은 어물(魚物)과 소금을 파는 가운데에서 등용되었고, 관이오(管夷吾)는 사관(士官)에게 갇혔다가 등용되었고, 손숙오(孫叔敖)는 바닷가에서 등용되었고, 백리해(百里奚)는 시장에서 등용되었다.(孟子曰, 舜發於畎畝之中, 傅說擧於版築之間, 膠鬲擧於魚鹽之中, 管夷吾擧於士, 孫叔敖擧於海, 百里奚擧於市.)"

부암(傅巖)은 우(虞)와 괵(虢)의 사이에 있었다. 초(肖)는 같음이니, 꿈꾼 바의 모양과 서로 같은 것이다.

[6-3-8-①-4]
爰立作相, 王置諸其左右.

이에 세워 정승을 삼아서 왕이 그 좌우에 두셨다.

詳說

○ 相, 去聲.
'상(相)'은 거성이다.

集傳

於是, 立以爲相. 按史記,
이에 세워 정승을 삼았다. 『사기(史記)』를 살펴보면,

詳說

○ 爰.
'어시(於是)'는 경문에서 '원(爰)'이다.

○ 殷記.
『사기(史記)』는 「은기(殷記)」이다.

集傳

高宗得說, 與之語, 果聖人, 乃擧以爲相. 書不言, 省文也. 未接語, 而遽命相, 亦無此理.

"고종이 부열을 얻어 그와 말해 보니 과연 성인이라 바로 등용하여 정승을 삼았다." 하였다. 『서경(書經)』에서 이것에 대해 말하지 않은 것은 글을 생략한 것이다. 만나서 말해 보지 않고 곧바로 정승을 임명함은 또한 이러할 이치가 없다.

詳說

○ 經雖不言, 恐無此嫌.
경에서 말하지 않았을지라도 이런 의심은 하지 않았을 것이다.

○ 按, 以下, 論也.
살펴보면 이하는 경문의 의미 설명이다.

|集傳|
置諸左右, 蓋以冢宰
좌우에 둔다는 것은 총재로서

|詳說|
○ 作相.
경문에서 '정승으로 삼았다.'는 것이다.

|集傳|
兼師保也.
사보(師保)를 겸하게 한 것인 듯하다.

|詳說|
○ 左右
경문에서 '좌우에 두셨다.'는 것이다.

|集傳|
荀卿曰, 學莫便乎近其人.
순경(荀卿)이 "배움은 그 사람을 가까이하는 것보다 편리함이 없다."라고 하였다.

|詳說|
○ 荀子.
'순경(荀卿)'은 순자(荀子)542)이다.

---

542) 순자(荀子, BC 298년 ~ BC 238년) : 국 전국시대(戰國時代) 사상가이며 조(趙)나라 사람이었다. 성은 순

○ 去聲.

‘근(近)'은 거성이다.

○ 荀說止此.

순경의 설명은 여기까지이다.

집전

置諸左右者, 近其人以學也. 史臣將記高宗命說之辭, 先敍事始,

좌우(左右)에 둔 것은 그 사람을 가까이하여 배우는 것이다. 사신(史臣)이 고종이 부열을 명하는 말을 기록하려고 먼저 일의 시초를 서술하기를

상설

○ 事之始.

일의 시작이다.

집전

如此.

이와 같이 한 것이다.

(荀)이고 이름[名]은 황(況)이다. 그리고 자(字)는 경(卿)이다. 순경(荀卿)이 아니라 손경(孫卿)으로 쓰이기도 했는데, 이는 순(荀)과 손(孫)의 옛소리[古音]가 서로 통했기 때문이다. 맹자(孟子)의 성선설(性善說)을 비판하여 성악설(性惡說)을 주장했으며, 예(禮)를 강조하는 유학 사상을 발달시켰다. 『사기(史記)』의 「순경열전(荀卿列傳)」에 따르면, 순자는 조(趙) 나라 출신으로 나이 50세 무렵에 제(齊) 나라에 유학(遊學)하여 최장로(最長老)의 학사(學士)로 세 차례나 제주(祭酒)를 지냈다고 기록한다. 후에 참소(讒訴)를 받아 제(齊)를 떠난 순자는 초(楚)의 재상(宰相) 춘신군(春申君)의 천거로 난릉(蘭陵, 山東省)의 수령이 되었다. 춘신군이 암살되자(BC 238), 벼슬자리에서 물러난 순자는 난릉에 머물며 문인 교육과 저술에 전념하며 여생을 마쳤다. 순자는 스스로 공자를 추앙하는 유학자로 자처했고 공자의 제자인 자하(子夏)의 문인으로 알려져 있다. 그의 사상은 전한(前漢) 말기에 『손경신서(孫卿新書)』 32편으로 정리되었고, 당(唐)의 양량(楊倞)은 여기에 주(註)를 붙이고 20권 32편으로 다시 정리했으며 명칭을 『손경자(孫卿子)』라 하였다. 오늘날 『손경신서(孫卿新書)』는 망실되어 전해지지 않으며, 양량(楊倞)의 주석본이 간략히 『순자(荀子)』라고 불리며 전해지고 있다. 『순자』 32편은 '권학(勸學), 수신(修身), 불구(不苟), 영욕(榮辱), 비상(非相), 비십이자(非十二子), 중니(仲尼), 유효(儒效), 왕제(王制), 부국(富國), 왕패(王霸), 군도(君道), 신도(臣道), 치사(致士), 의병(議兵), 강국(彊國), 천론(天論), 정론(正論), 예론(禮論), 악론(樂論), 해폐(解蔽), 정명(正名), 성악(性惡), 군자(君子), 성상(成相), 부(賦), 대략(大略), 유좌(宥坐), 자도(子道), 법행(法行), 애공(哀公), 요문(堯問)'으로 구성되어 있다.

詳說

○ 總上四節.
　　의의 네 절을 총괄하였다.

○ 苟以下, 論也.
　　'순(苟)' 이하는 경문의 의미 설명이다.

[6-3-8-①-5]

命之曰, 朝夕納誨, 以輔台德.

왕이 다음과 같이 명하였다. "아침저녁으로 가르침을 바쳐 나의 덕을 도우라.

集傳

此下命說之辭.
여기 이하는 부열에게 명한 말이다.

詳說

○ 總提六節.
　　여섯 절로 총괄해서 제시했다.

集傳

朝夕納誨者, 無時不進善言也. 孟子
조석으로 가르침을 바치라는 것은 훌륭한 말을 올리지 않을 때가 없는 것이다. 맹자(孟子)는

詳說

○ 離婁.
　　「이루(離婁)」이다.

集傳

曰人不足與適也

"인재(人才)의 등용(登用)을 이루 다 꾸짖을 수 없고,

詳說

○ 音謫.

'적(適)'은 음이 '적(謫)'이다.

集傳

政不足與間也

정사(政事)의 잘못을 이루 다 흠잡을 수 없다.

詳說

○ 去聲.

'간(間)'은 거성이다.

○ 朱子曰 : "人君用人之非, 不足過謫, 行政之失, 不足非間."

주자가 말하였다 : "임금이 사람을 등용하는 잘못에 대해서는 지나치게 꾸짖을 수 없고, 정사를 행하는 잘못에 대해서는 책잡아 비난할 수 없다."543)

集傳

惟大人爲能格君心之非, 高宗旣相說, 處之以師傅之職

오직 대인이라야 군주의 마음의 나쁜 것을 바로잡을 수 있다."544)라고 하였으니, 고종(高宗)이 이미 부열(傅說)을 정승으로 삼아 사부(師傅)의 직책에 처하게 하고,

---

543) 『맹자(孟子)』, 「이루장구상(離婁章句上)」, "서씨가 말하였다 : '…. 내 생각에는 …. 임금이 사람을 등용하는 잘못에 대해서는 지나치게 꾸짖을 수 없고, 정사를 행하는 잘못에 대해서는 책잡아 비난할 수 없다. 오직 대인의 덕이 있다면 임금의 마음에서 바르지 않은 것을 바로 잡아 바른 데로 돌려 나라가 다스려지지 않을 수 없게 된다. 대인은 대덕의 사람이 자신을 바르게 해서 사물이 바르게 되게 하는 사람이다.'(徐氏曰, …. 愚謂…. 言人君用人之非, 不足過謫, 行政之失, 不足非閒. 惟有大人之德, 則能格其君心之不正, 以歸於正, 而國無不治矣. 大人者, 大德之人正己而物正者也.)"

544) 『맹자(孟子)』, 「이루상(離婁上)」, "맹자가 말하였다 : "등용한 인물을 군주와 더불어 일일이 다 지적할 수 없으며, 잘못된 정사를 일일이 다 흠잡을 수 없다. 오직 대인이어야 군주의 나쁜 마음을 바로잡을 수 있으니, 군주가 어질면 모든 일이 어질지 않음이 없고, 군주가 의로워지면 모든 일이 의롭지 않음이 없고, 군주가 바르게 되면 모든 일이 바르지 않음이 없으니, 한 번 군주의 마음을 바르면 나라가 안정된다.(孟子曰, 人不足與適也, 政不足[與]間也. 惟大人爲能格君心之非, 君仁莫不仁, 君義莫不義, 君正莫不正, 一正君而國定矣.)"

詳說
○ 上聲.
'처(處)'는 상성이다.

集傳
而又命之朝夕納誨, 以輔台德, 可謂知所本矣. 呂氏曰, 高宗見道明, 故知頃刻不可無賢人之言.
또 아침저녁으로 가르침을 바쳐 자신의 덕을 도우라고 명했으니, 근본을 알았다고 말해야 한다. 여씨(呂氏)가 말하였다. "고종은 도를 봄이 밝았기 때문에 경각이라도 현인의 말이 없어서는 안됨을 안 것이다."

詳說
○ 孟子以下, 論也.
맹자 이하는 경문의 의미 설명이다.

○ 新安胡氏曰 : "高宗命相, 未及他事, 而責以納誨輔德爲第一義, 眞知本之論矣. 蓋其思道精見道明, 又素學於甘盤而有得, 故其言如此."
신안 진씨(新安胡氏)가 말하였다 : "고종이 정승을 명하면서 다른 일은 언급하지 않고, 가르침으로 덕을 보필하라는 것으로 우선을 삼았으니, 진실로 근본을 아는 말이다. 도를 생각하는 것이 정밀하고 도를 보는 것이 밝은데다가 또 평소 감반(甘盤)에게 배워545) 터득한 것이 있었기 때문에 그 말이 이와 같았던 것이다."546)

---

545) 『서경대전(書經大全)』, 「상서(商書)」·「열명하-1(說命下-1)」 : "왕이 말씀하였다. '이리 오라. 부열아! 나 소자는 옛날에 감반에게 배웠는데 이윽고 황야로 물러갔으며, 하수(河水)가에 들어가 살았으며, 하수에서 박(亳)으로 가서 마칠 때까지 드러나지 못하였노라.'(王曰, 來汝說, 台小子舊學于甘盤, 旣乃遯于荒野, 入宅于河, 自河徂亳, 曁厥終, 罔顯.)"
546) 『서경대전(書經大全)』, 「상서(商書)」·「열명상(說命上)」, "신안 진씨가 말하였다 : '정승의 일은 임금의 덕을 보필하는 것보다 큰 것이 없다. 고종이 정승을 명하면서 다른 일은 언급하지 않고, 가르침으로 덕을 보필하라는 것으로 우선을 삼았으니, 진실로 근본을 아는 말이다. 도를 생각하는 것이 정밀하고 도를 보는 것이 밝은데다가 또 평소 감반에게 배워 터득한 것이 있었기 때문에 그 말이 이와 같았던 것이다.'(新安胡氏曰 : 相業莫大於輔君德. 高宗命相, 未及他事, 而責之以納誨輔德爲第一義, 眞知本之論矣. 蓋其思道精見道明, 又素學于甘盤而有得, 故其言如此.)"

[6-3-8-①-6]

若金, 用汝作礪, 若濟巨川, 用汝作舟楫, 若歲大旱, 用汝作霖雨.

만약 금(金)이라면 너를 사용하여 숫돌을 삼고, 만약 큰 내를 건넌다면 너를 사용하여 배와 노를 삼으며, 만약 농사에 큰 가뭄이 든다면 너를 사용하여 장맛비를 삼을 것이다.

集傳
三日雨爲霖. 高宗託物以喩,

3일 동안 비가 내림을 임(霖)이라 한다. 고종이 사물에 가탁하여 비유하였으니,

詳說
○ 句. 或曰, "句於切."

구두해야 한다. 어떤 이는 "절에서 구두해야 한다고 하였다."

集傳
望說納誨之切. 三語, 雖若一意, 然一節深一節也.

부열이 가르침을 바치기를 바람이 간절한 것이다. 세 말이 비록 한 뜻인 것 같을지라도 어떤 절이 어떤 절보다 깊다.

詳說
○ 以論釋之.

경문의 의미 설명으로 해석하였다.

○ 王氏曰 : "礪使成己, 舟使濟難, 霖使澤民."

왕씨(王氏)가 말하였다 : "숫돌로 자신을 완성하고 배로 어려움을 건너가며, 장맛비로 백성들에게 혜택을 준다."[547]

---

547) 『서경대전(書經大全)』, 「상서(商書)」·「열명상(說命上)」, "(왕씨가 말하였다 : '숫돌로 삼아 그릇 완성하고 배와 노로 어려움을 건너가며, 장마비로 백성들에게 혜택을 준다.'(王氏曰 : 作礪使成器, 舟楫使濟難, 霖雨使澤民.)"

○ 陳氏雅言曰 : "礪猶未也, 舟楫所及, 猶有限, 霖雨則至矣."
진씨 아언(陳氏雅言)548)이 말하였다 : "숫돌은 아직 미진한 것이고, 배와 노는 미쳤지만 여전히 한계가 있는 것이며, 장맛비는 지극하게 된 것이다."549)

○ 按, 金濟旱, 武丁自況也.
내가 살펴보건대, 쇠와 건넘과 가뭄은 무정이 스스로 비유한 것이다.

[6-3-8-①-7]

啓乃心, 沃朕心.

네 마음을 열어 내 마음에 물을 대도록 하라.

集傳

啓, 開也, 沃, 灌漑也. 啓乃心者, 開其心而無隱, 沃朕心者, 漑我心而厭飫也.

계(啓)는 엶이고, 옥(沃)은 물을 대는 것이다. 네 마음을 열라는 것은 마음을 열어 숨김이 없는 것이고, 내 마음에 물을 대라는 것은 내 마음에 물을 대어서 흡족하게 하라는 것이다.

---

548) 진아언(陳雅言, 1318~1385)은 원말명초 때 강서(江西) 영풍(永豊) 사람이다. 원나라 말에 무재(茂材)로 천거되었지만 나가지 않았다. 명나라 초 홍무(洪武) 연간에 영풍현 향교(鄕校)에서 학생을 가르쳤다. 당시 호구(戶口)와 토전(土田)이 실상과 달라 현관(縣官)도 대처할 방법을 찾지 못했는데, 그가 계획을 내놓자 공사가 모두 편리해졌다. 저서에 『사서일람(四書一覽)』과 『대학관견(大學管窺)』, 『중용류편(中庸類編)』 등이 있었지만 전하지 않고, 지금은 『서의탁약(書義卓躍)』만 전한다.
549) 『서경대전(書經大全)』, 「상서(商書)」·「열명상(說命上)」, "진씨 아언(陳氏雅言)이 말하였다 : '쇠인데 숫돌로 갈지 않으면 그릇이 될 수 없으니, 이것은 부열에게 기대한 것이 절실하지만 아직 미진한 것이다. 큰 강인데 배와 노가 없으면 험함을 건널 길이 없으니, 이것은 부열에게 기대한 것이 더욱 절실하지만 미치는 것에서는 여전히 한계가 있는 것이다. 큰 가뭄에는 장맛비가 아니면 백성들이 먹고 살길이 없으니, 부열에게 기대하는 것이 지극하고 더욱 지극한 것이다. 부열이 어떻게 해서 고종의 기대에 위로해야 했을까? 그의 마음을 열어 숨김없이 임금의 마음에 물어 대어 가득하게 부어야 하는 것이다. 이때에 고종이 부열에게 큰 가뭄에 장맛비를 바라는 것처럼 가르침을 갈구하는 뜻을 말했으니, 말하지 않음이 없고 말에는 극진하지 않음이 없어 가르침을 갈구하는 마음에 마침내 물을 대었을 것이다. 물을 댄다는 한마디는 대지가 타 들어가는데, 강물로 적셔서 점차 흠뻑 젖어드는 것이니, 말을 하면 게으름피지 않고 듣는 것으로 정신으로는 깨닫고 마음으로 받아들여 깊이 간직하는 것이다.'(陳氏雅言曰 : 金而非礪, 則無以成器. 此望於說者切矣, 而猶未也. 巨川而非舟楫, 則無以濟險, 此望于傅說者加切矣, 而所及猶有限也. 至大旱而非霖雨, 則民無以爲食, 望於傅說者, 至是愈至矣. 傅說當何如而慰高宗之望哉. 當啓其心而無隱, 沃君心而厭飫. 蓋是時高宗于傅說, 謂若大旱之望霖雨, 有渴教之意也. 必知無不言, 言無不盡, 以遂沃其渴教之心. 沃之一辭, 有若土壤之焦, 而受江河之潤, 欲其漸涵浸漬而入, 蓋言而不倦而聽之者, 神領心受而入之深也.)"

詳說

○ 陳氏大猷曰 : "如渴之沃漿, 神受心領而入之深也."

　　진씨 대유가 말하였다 : "갈증에 마실 것을 먹는 것처럼 정신으로 받아들이고 마음으로 깨달아 깊이 받아들이는 것이다."550)

[6-3-8-①-8]

若藥弗瞑眩, 厥疾弗瘳, 若跣弗視地, 厥足用傷.

약(藥)을 먹었는데 어지럽지 않으면 병(病)이 낫지 않고, 발이 땅을 살피지 않으면 발이 다칠 것이다.

詳說

○ 瞑, 莫旬反, 諺音誤. 跣, 蘇典反

　　'면(瞑)'은 음이 '막(莫)'과 '순(旬)'의 반절이니, 『언해』의 음이 잘못되었다.

集傳

方言曰, 飮藥而毒, 海岱之間謂之瞑眩. 瘳, 愈也. 弗瞑眩, 喩臣之言不苦口也,

『방언(方言)』에 "약(藥)을 마셔 독한 것을 해대(海岱)의 사이에서는 어지러움이라 한다."고 하였다. 추(瘳)는 나음이다. 어지럽지 않음은 신하의 말이 입에 쓰지 않음을 비유한 것이고,

詳說

○ 揚雄所著.

　　『방언(方言)』은 양웅(揚雄)551)이 지은 것이다.

---

550) 『서경대전(書經大全)』, 「상서(商書)」·「열명상(說命上)」, "진씨 대유가 말하였다 : '정승의 일은 덕을 보필하는 것보다 중요한 것이 없고, 덕을 보필하는 것은 마음을 바르게 하는 것보다 절실한 것이 없다. 마음을 바르게 하는 도는 밖에서 구할 수 있는 것이 아니라 오직 마음을 바르게 해서 마음이 열려 나오게 하는 것이고 물을 대어 받아들이는 것일 뿐이니, 갈증에 마실 것을 먹는 것처럼 정신으로 받아들이고 마음으로 깨달아 깊이 받아들이는 것이다.'(陳氏大猷曰 : 相業, 莫要於輔德, 輔德莫切於格心. 格心之道, 非可外求, 惟以心格, 心啓開而發之也, 沃灌而入之也, 如渴之沃漿, 神受心領而入之深也.)"

551) 양웅(揚雄, B.C.53~18) : 서한시대 성도(城都 : 현 사천성 성도) 사람으로 자는 자운(子雲)이다. 40세에 도성으로 가서 「감천(甘泉)」, 「하동(河東)」의 부(賦)를 올리고 황제의 부름을 받았다. 성제(成帝) 때에 급사황문랑(給事黃門郞)이 되었고, 왕망(王莽)이 집권할 때에 교서천록각(校書天祿閣)으로 대부의 반열에 올랐다. 왕망(王莽)의 정권을 찬미하는 문장으로 그에게 협조하였기 때문에 지조 없는 사람으로 송학(宋學)

○ 恐當云逆耳也.
귀에 거슬리지 않는다고 말해야 할 것 같다.

集傳

弗視地, 喩我之行無所見也.
땅을 살피지 않음은 나의 행실이 본 바가 없음을 비유한 것이다.

詳說

○ 王氏炎曰 : "己之不明, 非說開導, 不能行."
왕씨 염(王氏炎)이 말하였다 : "자신이 밝지 않는 것은 말하여 계도하지 않으면 행할 수 없다."552)

[6-3-8-①-9]

惟曁乃僚, 罔不同心, 以匡乃辟, 俾率先王, 迪我高后, 以康兆民.

네 관속들과 더불어 마음을 함께하지 않음이 없고, 네 군주를 바로잡아 선왕의 도를 따르며, 우리 고후(高后)의 자취를 밟아서 조민(兆民)을 편안하게 하라.

集傳

匡, 正, 率, 循也. 先王, 商先哲王也. 說旣作相, 總百官, 則卿士而下, 皆其僚屬. 高宗欲傅說曁其僚屬, 同心正救, 使循先王之道蹈
광(匡)은 바로잡음이고, 솔(率)은 따름이다. 선왕(先王)은 상(商)나라의 선철왕(先哲王)이다. 부열이 정승이 된 다음에 백관을 총괄하니, 경사 이하가 모두 그 관속이다. 고종은 부열이 관속들과 함께 마음을 하나로 하여 군주를 바로잡으며 임금이

이후에는 비난의 대상이 되기도 하지만, 그의 식견은 한(漢)나라를 대표한다. 사람의 본성에 대해서는 '성선악혼설(性善惡混說)'을 주장하였다. 초기에는 형식상 사마상여(司馬相如)를 모방하여 『감천(甘泉)』, 『하동(河東)』, 『우작(羽獵)』, 『장양(長楊)』 4부(四賦)를 지었으나, 후기에는 『역(易)』을 본떠서 『(태현)太玄』을 짓고 『논어』를 본떠서 『법언(法言)』을 지었다.

552) 『서경대전(書經大全)』, 『상서(商書)』·『열명상(說命上)』, "왕씨 염이 말하였다 : '자신이 잘못한 것은 말하여 입에 쓰지 않으면 약이 될 수 없다. 자신이 밝지 않는 것은 말하여 계도하지 않으면 행할 수 없다.(王氏炎曰 : 己之有失, 非說之苦口, 不能藥. 己之不明, 非說之開導, 不能行.)"

선왕의 도에 따르고

詳說

○ 孔氏曰 : "使君."
공씨가 말하였다 : "'사(使)'는 임금이 ~ 하도록 한 것이다."

○ 迪, 蹈也.
경문에서의 '적(迪)'이 따른다는 것이다.

集傳

成湯之迹, 以安天下之民也.
성탕의 자취를 밟으면서 천하의 백성을 편안히 하도록 하기를 바란 것이다.

詳說

○ 陳氏雅言曰 : "不特望其以己正人, 又望其曁百僚同心正君. 先以俾率先王, 而後言迪高后, 與君牙所謂奉答先王, 以對揚文武同. 湯之迹, 商先王能蹈之. 故欲使其率先王以迪高后也.
진씨 아언이 말하였다 : "그가 남들을 바르게 할 것을 바랄 뿐만 아니라 그 관속들과 한 마음으로 임금을 바르게 할 것을 바란 것이다. 먼저 선왕의 도를 따르게 한 이후에 고후의 자취를 밟게 한 것은 「군아(君牙)」에서 말한 '선왕에게 받들어 답하며 문왕·무왕과 짝하여 드러내다.'553)는 것과 같다. 탕의 자취를 상의 선왕이 답습할 수 있었기 때문에 선왕의 도를 따라 고후를 따르도록 한 것이다."554)

---

553) 『서경대전(書經大全)』, 「주서(周書)」·「군아-6(君牙-6)」 : '아! 크게 드러났다. 문왕의 가르침이여! 크게 계승하였다. 무왕의 공렬이여! 우리 후인들을 계도하고 도와주시되 모두 바름으로써 하고 결함이 없게 하셨으니, 너는 네 가르침을 공경히 밝혀서 선왕을 받들어 순히 하여 문왕·무왕의 빛나는 명을 짝하여 드러내며 전인에게 똑 같게 하라.(嗚呼, 丕顯哉, 文王謨. 丕承哉. 武王烈. 啓佑我後人, 咸以正罔缺, 爾惟敬明乃訓, 用奉若于先王, 對揚文武之光命 追配于前人.)'

554) 『서경대전(書經大全)』, 「상서(商書)」·「열명상(說命上)」, "진씨 아언이 말하였다 : '재상의 직분은 아래로 백관을 거느리고 위로 천자를 보좌하니, 고종이 부열에게 그가 임금을 바르게 할 뿐만 아니라 또 관속들과 한 마음으로 임금을 바르게 할 것을 바란 것이다. 진실로 임금의 덕이 나아가고 물러남은 여러 신하들의 현명함과 그렇지 않음에 달려 있다. 소인이 많으면 부열이 현명할지라도 홀로 임금을 바르게 하는 공을 이룰 수 없다. 그러므로 「관속들과 마음을 함께하지 않음이 없다.」는 것은 여러 현재를 택해 여러 직책에 둔다면, 도가 같고 덕이 합해 좌우로 보필하며 미치지 못한 것을 서로 닦아 그 임금을 바르게 할 수 있다. 그렇게 했다면 임금을 바르게 하는 도가 어떻게 되어야 하겠는가? 또한 선왕의 도를 따르고 성탕의 자취를 밟아 천하의 백성을 편안하게 하는 것일 뿐이다. 성탕의 창업은 계통을 드리우기 때문에 후사에게

[6-3-8-①-10]
嗚呼, 欽予時命, 其惟有終.

아! 나의 이 명령을 공경하여 끝마침이 있도록 할 것을 생각하라."

集傳
敬我是命, 其思有終也.

나의 이 명령을 공경하여 끝마침이 있도록 할 것을 생각하라는 것이니,

詳說
○ 惟.

'사(思)'는 경문에서 '유(惟)'이다.

○ 新安陳氏曰 : "卽相亦惟終之意."

신안 진씨가 말하였다 : "곧 재상도 그것을 끝마쳐야 한다는 의미이다."[555]

集傳
是命, 上文所命者.

이 명령은 위의 글에서 명령한 것이다.

詳說
○ 高宗相說之命止此.

끼친 것이 지극하니, 후세의 임금은 그를 높이고 지키지 않는 이가 없다. 그러므로 고종이 부열에게 명해 앞세우며 선왕의 도를 따르라고 한 이후에 우리 고후의 자취를 밟게 한 것은 「군아(君牙)」에서 말한 「선왕에게 받들어 따르며 문왕·무왕의 빛나는 명을 짝하여 드러내라.」는 것과 같다. 탕의 자취를 상의 선왕이 답습할 수 있었기 때문에 고종이 부열에게 선왕의 도를 따르고 고후의 자취를 밟아 그 임금이 선왕을 따르고 고후의 자취를 밟아 조민을 편안하게 하도록 했으니, 백성을 편안하게 하는 도가 극진하고, 임금을 바르게 도도 지극한 것이다.'(陳氏雅言曰 : 相臣之職, 下統百官, 上佐天子, 高宗之於傳說, 不特望其以己正君, 而又望其曁百僚, 同心以正君者, 誠以君德之進退, 係乎羣臣之賢否. 苟小人衆, 則說雖賢, 亦無以獨成正君之功. 故謂之曁乃僚, 罔不同心者, 欲其擇羣才, 以居庶職, 則道同德合, 庶能左右輔弼, 交修不逮, 以正其君. 然而正君之道當何如哉. 亦惟使俺先王之道, 蹈成湯之迹, 以安天下之民而已. 夫成湯之創業垂統, 所以遺後嗣者至矣, 後世之君, 莫不遵守之. 故高宗之命傳說先之, 以俺率先王, 而後言迪我高后者, 與君牙所謂用奉若于先王以對楊文武之光命同也. 成湯之迹, 商之先王, 能迪蹈之. 故高宗欲傳說使其率先王, 以迪高后也, 能使其君率先王, 以迪高后以保兆民. 則安民之道盡, 而匡君之道亦盡.")

[555] 『서경대전(書經大全)』, 「상서(商書)」·「열명상(說命上)」, "신안 진씨가 말하였다 : '곧 재상도 그것을 끝마쳐야 한다는 의미이다.'(新安陳氏曰 : 卽相亦惟終之意.)"

고종이 재상 부열에게 명령한 것은 여기까지이다.

[6-3-8-①-11]
說復于王曰, 惟木從繩則正, 后從諫則聖, 后克聖, 臣不命其承, 疇敢不祗若王之休命.

부열이 왕에게 대답하였다. "나무는 먹줄을 따르면 바르고, 임금은 간언을 따르면 성스러워지니, 임금께서 성스러우시면 신하들은 명령하지 않아도 받들거늘 누가 감히 왕의 아름다운 명령에 공경히 순종하지 않겠습니까."

集傳
答欽予時命之語.

"나의 이 명령을 공경하라."는 말에 대답한 것이다.

詳說
○ 承上節而總提.

위의 절을 이어 전체적으로 제시한 것이다.

集傳
木從繩, 喩后從諫, 明諫之決不可不受也.

나무가 먹줄을 따름은 군주가 간언을 따름을 비유한 것이니, 간언을 결코 받아들이지 않으면 안 됨을 밝힌 것이다.

詳說
○ 陳氏雅言曰 : "高宗託物以命說, 故說之復, 亦託物也, 將進中篇陳戒之辭, 故先說此以廣其從諫之量. 從諫者, 人君作聖之功, 人臣進言之機也."

진씨 아언(陳氏雅言)이 말하였다 : "고종이 사물에 빗대어 부열에게 명령하였기 때문에 부열의 대답도 사물에 의탁해서 중편에서 진계한 말로 나아가려는 것이다. 그러므로 먼저 이것을 말해 이르는 말을 듣고 따라 간언하는 헤아림을 넓힌 것이다. 이르는 말을 듣고 따라 간언하는 것은 인군에게는 성인이 되는 공덕이고 신하에게는 진언하는 기회이다."556)

集傳
然高宗當求受言於己, 不必責進言於臣. 君果從諫,
그러나 고종은 마땅히 자신에게 말을 받아들이기를 구할 것이고, 굳이 신하에게 진언하기를 책할 필요가 없다. 군주가 과연 간언을 따르면,

詳說
○ 克聖.
경문에서 성스럽다는 것이다.

臣雖不命, 猶且承之,
신하들은 비록 군주가 명령하지 않더라도 오히려 받드는데,

詳說
○ 奉承其意而進言.
그 의도를 받들어 진언하는 것이다.

集傳
況命之如此,
하물며 명령하기를 이와 같이 하니,

---

556) 『서경대전(書經大全)』, 「상서(商書)」·「열명상(說命上)」, "진씨 아언이 말하였다 : '고종이 부열에게 명령하면서 사물에 빗대어 그 의도를 비유하였기 때문에 부열이 고종에게 대답한 것도 사물에 의탁해서 그 말을 아뢰었으니, 임금이 간언을 따라 성인이 되는 것은 나무가 먹줄을 따라 곧게 되는 것과 같다는 말이다. 나무의 자람에서 어찌 자란다고 모두 바르게 되겠는가? 그러나 오직 먹줄을 따르면 바르게 되지 않음이 없다. 임금의 덕에서 어찌 나온다고 모두 성인이 되겠는가? 간언을 따르면 성인이 되지 않음이 없다. 부열은 여기에서 중편에서 진계한 말로 나아가려고 했기 때문에 먼저 이것을 말해 이르는 말을 듣고 따라 간언하는 헤아림을 넓혔던 것이다. 이르는 말을 듣고 따라 간언하는 것은 인군에게는 성인이 되는 공덕이고 신하에게는 진언하는 기회이다. 고종은 사람들에게 의지했기 때문에 가르침을 받아들이게 하는 것을 신하를 구했고, 부열은 그 자신에게 되돌려 구하도록 했기 때문에 이르는 말을 듣고 따라 간언하는 것으로 그 임금이 가르침을 받아들일 것을 바란 것이니, 정승이라는 신하의 직분에서는 따라 간하는 것이 임금의 도이다.'(陳氏雅言曰 : 高宗之命傅說, 托物以喩其意, 故傅說之復高宗, 亦托物以進其辭, 謂君之從諫而聖, 猶木之從繩而正也. 木之生, 豈生而皆正. 惟從繩, 則無不正. 君之德, 豈生而皆聖. 惟從諫則無不聖. 傅說於此, 將進其中篇陳戒之辭, 故先說此, 以廣其從諫之量. 從諫者, 人君作聖之功, 人臣進言之機也. 高宗欲資之于人, 故以納誨責其臣, 傅說使反求諸己, 故以從諫之道, 望其君納誨者, 相臣之職, 從諫者人君之道也.)"

詳說

○ 添此句.
여기의 구절을 더하였다.

集傳

誰敢不敬順其美命乎.
누가 감히 아름다운 명령을 공경히 순종하지 않겠는가?

詳說

○ 祗若.
'경순(敬順)'은 경문에서 공경히 순종한다는 것이다.

○ 新安陳氏曰 : "高宗以納誨輔德爲命, 知命, 相之大本. 說以從諫克聖復命, 尤知致, 君之大本也."
신안 진씨(新安陳氏)가 말하였다 : "고종이 가르침을 받아들이게 해서 덕을 보필하는 것으로 명령했으니, 명령을 잊지 않는 것은 재상의 큰 근본이다. 부열이 따라 임금께서 '성스러우면'으로 복명했으니, 더욱 앎이 이르도록 하는 것은 임금의 큰 근본이다."557)

---

557) 『서경대전(書經大全)』, 「상서(商書)」·「열명상(說命上)」, "신안 진씨가 말하였다 : '성스러운 신하를 위주로 직접 사람을 인도해서 간하게 하는 것은 덕에 있지 말에 있지 않게 하였다. 임금에게 성스러운 덕이 있으면 간함을 따르는 실제가 있어 명령하지 않아도 간하는 것이 강과 바다와 같을 것이니, 모든 하천이 흘러 들지 않음을 무엇 때문에 걱정하겠냐는 것이다. 임금에게 성스러운 덕이 없으면 반드시 간함을 따르는 실제가 없어 명령할지라도 간언하지 않을 것이니, 이를테면 그릇에 물이 가득하면 어디로 물이 들어오겠냐는 것이다. 고종이 가르침을 받아들이게 해서 덕을 보필하는 것으로 명령했으니, 명령을 잊지 않는 것은 재상의 큰 근본이다. 부열이 따라 임금께서 「성스러우면」으로 복명했으니, 더욱 앎이 이르도록 하는 것은 임금의 큰 근본이다.'(新安陳氏曰 : 主聖臣直導人, 使諫在德不在言. 君有聖德, 則有從諫之實, 雖不命, 亦諫, 能為江海, 何憂百川之不歸. 君無聖德, 必無從諫之實, 雖命之, 亦不諫, 如器既滿水, 將焉入. 高宗以納誨輔德為命, 知命, 相之大本. 說以從諫克聖復命, 尤知致君之大本也.)"

[6-3-8-②]
『열명중(說命中)』

[6-3-8-②-1]
惟說, 命, 總百官.

부열이 고종의 명령으로 백관을 총괄하였다.

集傳
說受命
부열이 명령을 받아

詳說
○ 中篇, 其首只及篇名二字, 而其義, 則又與名篇之義不同, 蓋欲主說而讀耳. 然呂刑惟呂命註云, 與此語意同, 而諺釋則有異, 更詳之.

중편에서는 그 첫머리에서 단지 편명 두 글자만 언급했을 뿐이고, 그 의미가 또 편명의 의미와 다르니, 부열을 위주로 읽어야 할 뿐이다. 그러나 「여형(呂刑)」의 '여후를 명한다'는 주에서는 여기에서 말의 의미와 같은데,558) 『언해』의 풀이에서는 차이가 있으니, 다시 살펴봐야 할 것이다.

集傳
總百官, 冢宰之職也.
백관을 총괄하니, 총재(冢宰)의 직책이다.

詳說
○ 句.

---

558) 『서경대전(書經大全)』, 「주서(周書)」·「여형-1(呂刑-1)」, 주자의 주 : "'유려명(惟呂命)'은 '유열명(惟說命)'과 말뜻이 같으니, 이것을 먼저하여 형벌을 가르침이 여후(呂侯)를 위한 말임을 나타낸 것이다.(惟呂命, 與惟說命, 語意同, 先此, 以見訓刑, 爲呂侯之言也.)"

'총백관(總百官)'에서 구두해야 한다.

[6-3-8-②-2]
乃進于王曰, 嗚呼, 明王奉若天道, 建邦設都, 樹后王君公, 承以大夫師長 不惟逸豫, 惟以亂民.

부열이 마침내 왕에게 진언하였다. "아! 밝은 왕이 천도를 받들어 따라 나라를 세우고 도읍을 설치해서 후왕(后王)과 군공(君公)을 세우고 대부(大夫)와 사(師)·장(長)으로 받들게 함은 군주가 편안하고 즐겁게 하려는 것이 아니라 오직 백성을 다스리고자 해서입니다.

詳說
○ 長, 上聲.
'장(長)'은 상성이다.

集傳
后王, 天子也, 君公, 諸侯也. 治亂, 曰亂. 明王奉順天道, 建邦設都, 立天子諸侯
후왕(后王)은 천자이고, 군공(君公)은 제후이다. 난(亂)을 다스림을 난(亂)이라 한다. 밝은 왕이 천도를 받들어 따라 나라를 세우고 도읍을 설치해서 천자와 제후를 세우고,

詳說
○ 樹.
'립(立)'은 경문에서 '수(樹)'이다.

○ 主天而言, 故並及立天子.
하늘을 위주로 말하기 때문에 아울러 천자를 세운다고 언급한 것이다.

集傳
承以大夫師長
대부(大夫)와 사(師)·장(長)으로 받들게 하며,

詳說

○ 繼也.
　'승(承)'은 '계(繼)'이다.

集傳

制爲君臣上下之禮, 以尊臨卑, 以下奉上,
임금과 신하라는 상하의 예를 제정해서 높은 사람으로서 낮은 사람에게 임하고, 아랫사람으로서 윗사람을 받들게 하였으니,

詳說

○ 添三句.
　세 구절을 더하였다.

集傳

非爲一人逸豫之計而已也,
이는 군주 한 사람의 편안하고 즐겁게 하기 위한 계책일 뿐만 아니라

詳說

○ 去聲.
　'위(爲)'는 거성이다.

○ 而已二字, 恐不能無弊, 奉上二字, 已微有此意. 蓋經文惟字不可泥看.
　'이이(而已)' 두 글자에는 폐단이 없을 수 없으나, '봉상(奉上)' 두 글자에는 이미 은근히 이런 의미가 있으니, 경문의 '유(惟)'자는 구애되어 볼 필요는 없다.

集傳

惟欲以治民焉耳.
오직 백성을 다스리고자 해서이다.

詳說

○ 新安陳氏曰 : "上篇只言大略, 至是乃詳及. 爲君之道, 自此至 事神則難, 乃其進諫之綱領條目也."

신안 진씨(新安陳氏)가 말하였다 : "상편에서는 단지 대략만을 말하다가 여기에 와서야 자세히 언급했다. 임금을 위하는 도는 여기에서부터 '신을 섬기기는 어렵다.'559)까지로 바로 나아가 간언하는 강령과 조목이다."560)

[6-3-8-②-3]
惟天聰明, 惟聖時憲, 惟臣欽若, 惟民從乂.

하늘이 총명하시니, 성상께서 이를 본받으시면, 신하들이 공경히 순종하고, 백성들도 따라서 다스려질 것입니다.

集傳

天之聰明, 無所不聞, 無所不見, 無他公而已矣, 人君法天之聰明, 一出於公

하늘의 총명은 듣지 않는 것이 없고 보지 않는 것이 없으니, 다름이 아니라 공평함일 뿐으로 인군이 하늘의 총명을 본받아 한결같이 공평함에서 나오면,

詳說

○ 添公字.

'공(公)'자를 더하였다.

集傳

則臣敬順, 而民亦從治矣.

신하들이 공경하며 따르고, 백성들 또한 따라서 다스려질 것이다.

---

559) 『서경대전(書經大全)』, 「상서(商書)」·「열명중-11(說命中-11)」 : "제사에 함부로 하면 이것을 일러 공경하지 않는다 하니, 예(禮)는 번거로우면 혼란하여 신(神)을 섬기기는 어렵습니다.(黷于祭祀, 時謂弗欽, 禮煩則亂, 事神則難.)"
560) 『서경대전(書經大全)』, 「상서(商書)」·「열명중(說命中)」, "신안 진씨(新安陳氏)가 말하였다 : '부열이 처음 고종을 뵌 것은 상편에서 말한 것으로 단지 대략일 뿐인데, 여기에 와서야 자세히 언급했다. 임금을 위하는 도는 처음에 임금이 간언을 따르기를 바란 것으로 여기에서부터 '신을 섬기기는 어렵다.'까지로 바로 나아가 간언하는 강령과 조목이다.(新安陳氏曰 : 説初見高宗, 上篇所言, 只及大略, 至是乃詳及. 爲君立政之道, 始望君從諫, 自此以下至事神則難, 乃其進諫之綱領條目也.)"

詳說

○ 乂.

'치(治)'는 경문에서 '예(乂)'이다.

○ 新安陳氏曰 : "此四句, 因上文而申言之."

신안 진씨(新安陳氏)가 말하였다 : "여기 네 구절은 위의 글에 따라 거듭 말한 것이다."561)

○ 陳氏大猷曰 : "始告以從諫, 欲其取人爲善也, 此欲其與天合德也."

진씨 대유가 말하였다 : "처음 고한 것은 따라서 간언함으로 고종이 사람들에게 취해 선을 행하기를 바란 것이고, 여기에서는 그가 하늘과 덕을 합하기를 바란 것이다."562)

[6-3-8-②-4]

惟口起羞, 惟甲冑起戎. 惟衣裳在笥, 惟干戈省厥躬, 王惟戒茲, 允茲克明, 乃罔不休.

말은 부끄러움을 일으키고 갑주는 전쟁을 일으킵니다. 의상을 상자에 잘 보관해 두시며, 방패와 창을 몸에 살피시어 왕께서 이를 경계하여, 이것을 믿어 능히 밝게 하시면 아름답지 않음이 없을 것입니다.

詳說

○ 省, 悉井反.

---

561) 『서경대전(書經大全)』, 「상서(商書)」·「열명중(說命中)」, "신안 진씨가 말하였다 : '하늘의 총명을 본받으면 임금이 하늘과 하나로 되어 신하와 백성들의 마음이 균일하게 되니, 이것은 하늘의 이치에는 본래 어길 수 없음이 있다는 것이다. 여기 네 구절은 위의 글에 따라 거듭 말한 것이다.'(新安陳氏曰 : 憲天聰明, 則君與天一, 臣民之心均, 此天理自有不容違者. 此四句, 因上文而申言之.)"

562) 『서경대전(書經大全)』, 「상서(商書)」·「열명중(說命中)」, "진씨 대유가 말하였다 : '처음 고한 것은 성인을 본받기를 따라서 간언함으로 고종이 사람들에게 취해 선을 행하기를 바란 것이고, 여기에서는 성상이 하늘을 본받는 것으로 고해 그가 하늘과 덕을 합하기를 바란 것이다. 사람에게 취해 선을 행하는 것은 진실로 본성을 이루어 반드시 하늘과 덕을 합하는 것이니, 비로소 성상이라고 말하는 것으로 임금에게 잘 책란했다고 할 수 있는 것이다.'(陳氏大猷曰 : 始告以從諫則聖, 欲其取人爲善也, 此告以惟聖憲天, 欲其與天合德也. 取人爲善, 固可成性, 必與天合德, 始可以言聖, 可謂善責難于君矣.)"

'성(省)'은 '실(悉)'과 '정(井)'의 반절이다.

集傳
言語, 所以文身也, 輕出則有起羞之患, 甲胄所以衛身也, 輕動則有起戎之憂. 二者所以爲己

언어(言語)는 몸을 문식(文飾)하는 것이나 함부로 내면 부끄러움을 일으킬 근심이 있고, 갑주(甲胄)는 몸을 호위하는 것이나 가볍게 동하면 전쟁을 일으킬 우려가 있다. 두 가지는 자신을 위하는 것이지만,

詳說
○ 去聲.
'위(爲)'는 거성이다.

○ 處己.
처신하는 것이다.

集傳
當慮其患於人也. 衣裳, 所以命有德, 必謹於在笥者,

남에게 폐해를 끼칠 수 있음을 염려해야 한다. 의상(衣裳)은 덕(德)이 있는 이에게 명하는 것으로 반드시 상자에 둠을 삼가는 것은

詳說
○ 添謹字.
'근(謹)'자를 더하였다.

集傳
戒其有所輕予,

가볍게 주는 것을 경계한 것이며,

詳說

○ 音與.

'여(予)'는 음이 '여(與)'이다.

集傳

干戈, 所以討有罪, 必嚴於省躬者, 戒其有所輕動. 二者所以加人, 當審其用於己也

방패와 창은 죄가 있는 자를 토벌하는 것으로 반드시 몸을 살핌에 엄격히 하는 것은 가볍게 움직이는 것을 경계한 것이다. 이 두 가지는 남에게 가하는 것이지만, 자신에게 씀을 살펴야 한다.

詳說

○ 呂氏曰 : "此憲天聰明之條目, 皆聰明之發用也."

여씨(呂氏)가 말하였다 : "이것은 하늘에서 총명의 조목을 본받는 것으로 모두 총명의 발용이다."563)

集傳

王惟戒此四者, 信此而能明焉,

왕이 이 네 가지를 경계하였으니, 이것을 분명히 해서 밝게 할 수 있으면

詳說

○ 王氏曰 : "庶幾於天之聰明矣."

왕씨가 말하였다 : "하늘의 총명에 거의 가깝다."564)

集傳

---

563) 『서경대전(書經大全)』, 「상서(商書)」·「열명중(說命中)」, "여씨가 말하였다 : '이것은 하늘에서 총명의 조목을 본받는 것으로 모두 총명의 발용이다. 위의 두 가지 일은 사람이 자신에게 가하는 것으로 방지하지 않을 수 없고, 아래의 두 가지는 내가 사람들에게 가하는 것으로 살피지 않을 수 없으니, 네 가지는 모두 총명의 발용이다. 아직 일어나기 전에 수치와 전쟁을 알고, 상자에 두고 자신을 살피는 날에서 의상과 방패·창을 아는 것은 총명의 큰 것이 아니겠는가?'(呂氏曰 : 此憲天聰明之條目也. 上二事人加於我者, 不可不防, 下二事我加於人者, 不可不省, 四者, 皆聰明之發用也. 知羞戎於未起之前, 知衣裳干戈於在笥, 省躬之日, 非聰明之大者乎.)."
564) 『서경대전(書經大全)』, 「상서(商書)」·「열명중(說命中)」, "왕씨 염이 말하였다 : '여기서 경계하는 것은 모두 총명이 사욕에 가려져서 하늘과 서로 비슷하지 않게 되는 것이다. 하늘의 총명에 거의 가깝다. 능히 밝히면 거의 하늘의 총명에 가깝게 될 것이다.'(王氏炎曰 : 此所戒, 皆恐其聰明蔽於私欲, 而不與天相似也. 克明則庶幾於天之聰明矣.)."

則政治無不休美矣.
정치가 아름답지 않음이 없을 것이다.

> 詳說
>
> ○ 陳氏大猷曰 : "無起羞, 起戎等, 患矣."
>   진씨 대유가 말하였다 : "부끄러움을 일으킴이 없어 전쟁 등을 일으키는 것은 환란이다."565)

[6-3-8-②-5]

惟治亂, 在庶官, 官不及私昵, 惟其能, 爵罔及惡德, 惟其賢.

나라가 다스려지고 혼란함은 여러 관원들에게 달려 있으니, 관직을 사사로이 가까운 자에게 미치지 않게 하고 재능 있는 자로 하시며, 작위가 악덕에게 미치지 않게 하고 현명한 자로 하소서.

> 詳說
>
> ○ 治, 去聲. 昵, 泥質反.
>   '치(治)'는 거성이다. '닐(昵)'은 '니(泥)'와 '질(質)'의 반절이다.

集傳

庶官, 治亂之原也, 庶官, 得其人則治, 不得其人則亂. 王制

여러 관원(官員)은 나라가 다스려지고 혼란해지는 근원이니, 여러 관원에 훌륭한 인물을 얻으면 다스려지고, 훌륭한 사람을 얻지 못하면 어지러워진다. 「왕제(王制)」에

> 詳說
>
> ○ 禮記.
>   『예기(禮記)』이다.

---

565) 『서경대전(書經大全)』, 「상서(商書)」·「열명중(說命中)」, "진씨 대유가 말하였다 : '이것을 믿어 힘써야 할 것에 밝은 것이 바로 아름답지 않음이 없는 것이고, 부끄러움을 일으킴이 없어 전쟁 등을 일으키는 것이 환란이다.'(陳氏大猷曰 : 信於此, 能明其所當用, 乃無不休美, 而無起羞, 起戎等, 患矣)"

集傳
曰論定, 而後官之,

"의론(議論)하여 결정한 뒤에 벼슬을 시키고,

詳說
○ 官以職言.

관은 직분으로 말한 것이다.

集傳
任官, 而後爵之,

벼슬을 맡긴 뒤에 작위(爵位)를 준다." 하였다.

詳說
○ 爵以位言.

작위는 직위로 말한 것이다.

集傳
六卿百執事,

육경(六卿)과 백집사(百執事)는

詳說
○ 六卿之諸官屬.

육경의 여러 관속이다.

集傳
所謂官也, 公卿大夫士, 所謂爵也. 官以任事, 故曰能, 爵以命德, 故曰賢.
惟賢惟能, 所以治也

이른바 관(官)이고, 공(公)·경(卿)·대부(大夫)·사(士)는 이른바 작(爵)이다. 관직(官職)은 일을 맡기기 때문에 재능이라 하고, 작위(爵位)는 덕(德)이 있는 자에게 명(命)하기 때문에 현명함이라 하였다. 현명한 자와 재능 있는 자로 하기 때문에 다스려

지는 것이고,

> 詳說
>
> ○ 錯釋.
> 섞어서 해석한 것이다.
>
> ○ 從善惡之序, 而先擧能賢, 又從賢能之序, 而先言賢.
> 선함과 악함의 순서를 따라 먼저 재능 있는 자와 현명한 자를 들고, 또 현명한 자와 재능 있는 자의 순서에 따라 먼저 현명한 자를 말하였다.

集傳

私昵惡德所以亂也.
사사로이 가까운 자와 악덕인 자로 하기 때문에 어지러워지는 것이다.

> 詳說
>
> ○ 呂氏曰 : "非憲天聰明矣."
> 여씨가 말하였다 : "하늘의 총명을 본받은 것이 아니다."566)

集傳

○ 按, 古者, 公侯伯子男爵之於侯國, 公卿大夫士, 爵之於朝廷,
살펴보건대, 옛날에 공(公)·후(侯)·백(伯)·자(子)·남(男)은 제후국에서 작위이고 공(公)·경(卿)·대부(大夫)·사(士)는 조정에서 작위인데,

> 詳說
>
> ○ 音潮.
> '조(朝)'는 음이 '조(潮)'이다.

集傳

---

566) 『서경대전(書經大全)』, 「상서(商書)」·「열명중(說命中)」, "여씨가 말하였다 : '관작에 사사로움과 악함이 미치면 사사로운 의도에 가려진 것으로 하늘의 총명을 본받은 것이 아니다.'(呂氏曰 : 官爵及私惡, 是蔽於私意, 非憲天聰明矣.)"

此言庶官, 則爵爲公卿大夫士也.
여기에서는 서관(庶官)이라고 말했으니, 작(爵)은 공(公)·경(卿)·대부(大夫)·사(士)인 것이다.

詳說

○ 特論爵.
작위만 설명하였다.

集傳

○ **吳氏曰, 惡德猶凶德也. 人君當用吉士, 凶德之人, 雖有過人之才, 爵亦不可及.**
오씨(吳氏)가 말하였다. "악한 덕은 흉한 덕과 같다. 인군은 훌륭한 선비를 써야 하니, 흉한 덕의 사람은 비록 남보다 뛰어난 재주가 있더라도 작위가 미쳐서는 안 된다."

詳說

○ 此又特論爵德
여기서 또 단지 작위와 덕만 설명하였다.

○ 董氏鼎曰 : "不休以上, 聰明之見於修己者也, 此節, 聰明之見於用人者也."
동씨 정(董氏鼎)567)이 말하였다 : "아름답지 않음 이상568)은 총명이 자신을 닦는 데에 드러난 것이고, 여기의 절은 총명이 사람을 등용하는 데에 드러난 것이다."569)

---

567) 동정(董鼎, ?~?) 원나라 요주(饒州) 파양(鄱陽) 사람으로 자는 계형(季亨)이고, 별호는 심산(深山)이다. 동몽정(董夢程)의 먼 친척이고, 주희(朱熹)의 재전제자(再傳弟子)다. 황간(黃幹), 동수(董銖)를 사숙했다. 저서에 『서전집록찬소(書傳輯錄纂疏)』와 『효경대의(孝經大義)』가 있다. 『서전집록찬소』는 여러 학자의 설을 두루 모아 어느 한 사람의 설에만 얽매이지 않았다고 평가된다.
568) 『서경대전(書經大全)』, 「상서(商書)」·「열명중-4(說命中-4)」, 말은 부끄러움을 일으키고 갑주는 전쟁을 일으킵니다. 의상을 상자에 잘 보관해 두시며, 방패와 창을 몸에 살피시어 왕께서 이를 경계하여, 이것을 믿어 능히 밝게 하시면 아름답지 않음이 없을 것입니다.(惟口起羞, 惟甲冑起戎. 惟衣裳在笥, 惟干戈省厥躬, 王惟戒茲, 允茲克明, 乃罔不休.)
569) 『서경대전(書經大全)』, 「상서(商書)」·「열명중(說命中)」, "동씨 정이 말하였다 : '지극히 총명함은 하늘같은 것이 없으니 하늘을 능히 본받는 것이다. 총명함은 성인과 같은 것이 없다. 성인은 총명함이 하늘과 하나로 되어 신하와 백성이 감히 공경하며 따르지 않을 수 없다. 그러나 세상에서 총명한 자들은 대부분 남들

[6-3-8-②-6]
慮善以動, 動惟厥時

생각을 선하게 하여 움직이고, 움직임은 때에 맞게 하소서.

集傳
善, 當乎理也,
선(善)은 이치에 합당함이고,

詳說
○ 去聲, 下同.
당(當)'은 거성으로 아래에서도 같다.

集傳
時, 時措之宜也.
시(時)는 때에 맞게 조처하는 마땅함이다.

詳說
○ 見中庸.
『중용』에 보인다.570)

에게 밝지만 자신에게 어둡기 때문에 반드시 먼저 스스로 다스린 다음에 남들을 다스리는 것이다. 「말은 부끄러움을 일으킨다.」는 것에서부터 「아름답지 않음이 없다.」는 것까지는 총명이 자신을 닦는 데에 드러난 것이고, 「나라가 다스려지고 혼란함」에서부터 「현명한 자로 하소서.」까지는 총명이 사람을 등용하는 데에 드러난 것이다.'(董氏鼎曰 : 至聰明者, 莫如天, 能法天. 聰明者, 莫如聖. 聖則聰明與天一, 而臣民莫敢不敬順矣. 然世之聰明者, 多明於人, 而暗於己. 故必先自治, 然后可以治人. 自惟口起羞至乃罔不休, 聰明之見於脩己者也. 自惟治亂至惟其賢, 聰明之見於用人者也.)"

570) 『중용(中庸)』 25장, "천하의 사물은 모두 진실한 이(理)가 하는 것이다. 그러므로 반드시 이 이(理)를 얻은 뒤에야 이 사물이 있는 것이니, 얻은 바의 이(理)가 이미 다하여 없어지면 이 사물도 또한 다하여 없어진다. 그러므로 사람의 마음이 한번이라도 성실하지 못함이 있으면 비록 하는 바가 있으나 또한 없는 것과 같기 때문에 군자는 반드시 성실히 함을 귀하게 여긴다. 사람의 마음이 능히 성실하지 않음이 없어야 스스로 이룰 수가 있고, 나에게 있는 도(道) 역시 행해지지 않음이 없을 것이다. 성(誠)은 스스로 자기만을 이룰 뿐이 아니고, 남을 이루어 주니, 자기를 이룸은 인(仁)이고, 남을 이루어 줌은 지(智)이다. 이는 성(性)의 덕(德)이니, 내외(內外)를 합한 도(道)이다. 그러므로 때에 맞게 조처하는 마땅함이다.(天下之物, 皆實理之所爲. 故必得是理然後, 有是物, 所得之理旣盡, 則是物亦盡而無有矣. 故人之心, 一有不實, 則雖有所爲, 亦如無有, 而君子必以誠爲貴也. 蓋人之心, 能無不實, 乃爲有以自成, 而道之在我者, 亦無不行矣. 誠者, 非自成己而已也, 所以成物也, 成己, 仁也, 成物, 知也, 性之德也. 合內外之道也, 故時措之宜也.)"

集傳
慮固欲其當乎理,
생각은 진실로 이치에 합당하게 하려고 하나

詳說
○ 慮其善以動也, 諺釋泥於註文.
'생각을 선하게 하여 움직인다.'는 것에서는 『언해』의 해석이 주의 글에 구속되었다.

集傳
然動非其時, 猶無益也,
움직임을 제때에 하지 않으면 오히려 무익하니,

詳說
○ 王氏曰 : "善如裘葛, 時如寒暑. 未動, 審於慮善, 將動, 審於時宜, 不顧可否而動, 非聰明也."
왕씨(王氏)가 말하였다 : "선함은 계절에 따라 갓옷과 갈옷을 입는 것과 같고 때는 한서와 같다. 아직 움직이지 않았을 때 생각을 선하게 하는 것에서 살피고, 움직이려고 할 때에는 때에 맞게 조처함을 살피니, 가부를 돌아보지 않고 움직이는 것은 총명함이 아니다."571)

集傳
聖人酬酢斯世, 亦其時而已.
성인이 이 세상에서 수작(酬酢)함도 또한 때에 맞게 하는 것일 뿐이다.

詳說

---

571) 『서경대전(書經大全)』, 「상서(商書)」·「열명중(說命中)」, "왕씨가 말하였다 : '일에서는 진실로 선할지라도 때에 맞게 조처하지 않은 것이다. 선함은 갓옷과 갈옷의 뛰어남과 같고, 시는 한서와 같으니, 때가 갈옷과 갓옷을 입을 때가 아니라면 선할지라도 무엇을 베풀겠는가? 아직 움직이지 않았을 때 생각을 선하게 하는 것에서 살피고, 움직이려고 할 때에는 때에 맞게 조처함을 살핀 연후에 일에서는 이치를 따라 그 가함에 합당한 것이다. 때에 가한지 그렇지 않은 지를 돌아보지 않고 움직이는 것은 총명함이 아니다.'(王氏曰 : 事固有善, 而非時所宜者, 善如裘葛之良, 時如寒暑之時, 時非葛裘, 雖善何施. 惟未動, 審於慮善, 將動, 審於時宜, 然後事順理, 而當其可矣. 不顧可否干時而動, 非聰明也.)"

○ 以論釋之.
경문의 의미 설명으로 풀이하였다.

[6-3-8-②-7]
有其善, 喪厥善, 矜其能, 喪厥功.

선을 두었노라고 생각하면 그 선을 상실하고, 자신의 재능을 자랑하면 그 공을 상실할 것입니다.

詳說
○ 喪, 去聲.
'상(喪)'은 거성이다.

集傳
自有其善, 則己不加勉, 而德虧矣, 自矜其能, 則人不效力而功隳矣.
스스로 선을 두었다고 여기면, 자신이 더 힘쓰지 않아 덕이 이지러지고, 스스로 재능을 자랑하면 사람들이 자신의 힘을 다하지 않아 공이 훼손된다.

詳說
○ 許規反
'휴(隳)'는 음이 '허(許)'와 '규(規)'의 반절이다.

[6-3-8-②-8]
惟事事, 乃其有備, 有備, 無患.

일에 종사함이 바로 대비가 있는 것이니, 대비가 있어야 근심이 없을 것입니다.

集傳
惟事其事, 乃其有備, 有備, 故無患也. 張氏曰, 修車馬, 備器械, 事乎兵事, 則兵有其備, 故外侮不能爲之憂, 簡稼器
일에 종사하여야 대비가 있으니, 대비가 있으므로 근심이 없는 것이다. 장씨(張氏)

가 말하였다. "수레와 말을 수리하고 장비를 마련하여 군대의 일에 종사하면 국방에 대비가 있으므로 외침으로 근심이 되지 않으며,

詳說
○ 擇也.
'간(簡)'은 고르는 것이다.

集傳
修稼政, 事乎農事, 則農有其備, 故水旱不能爲之害, 所謂事事有備, 無患者如此.
농기구를 조사하고 농정(農政)을 닦아 농사에 종사하면 농사에 대비가 있으므로 홍수와 가뭄이 피해가 되지 않으니, 이른바 일에 종사하여 대비가 있어야 이처럼 근심이 없다는 것이다."

詳說
○ 特擧二事以實之.
특히 두 가지 일을 들어 실증하였다.

[6-3-8-②-9]

無啓寵納侮, 無恥過作非.

총애함을 열어놓아 업신여김을 받아들이지 말며, 허물을 부끄러워하여 잘못을 저지르지 마소서.

集傳
毋開寵幸而納人之侮,
총행(寵幸)을 열어놓아 남의 업신여김을 받아들이지 말고,

詳說
○ 新安陳氏曰 : "女子小人近之, 不遜之意."
신안 진씨가 말하였다 : "여자와 소인은 가까이 하면 불손하게 된다는 의미이

다."572)

集傳

母恥過誤而遂己之非. 過誤, 出於偶然, 作非出於有意.
과오(過誤)를 부끄러워하여 자신의 잘못을 이루지 말아야 한다. 과오(過誤)는 우연(偶然)에서 나오고, 나쁜 짓은 유의(有意)에서 나오는 것이다.

詳說

○ 卽過故之謂也.
곧 지나치게 고의로 하는 것을 말한다.

[6-3-8-②-10]

惟厥攸居, 政事惟醇.

그 살 곳을 편안히 여기게 하여야 정사(政事)가 순수해질 것입니다.

集傳

居, 止而安之義, 安於義理之所止也.
거(居)는 머무르며 편안히 여기는 뜻이니, 의리에 머무는 것을 편안히 여기는 것이다.

詳說

○ 陳氏雅言曰 : "正其心而安於義理之所止."
진씨 아언(陳氏雅言)이 말하였다 : "그 마음을 바르게 하여 의리가 머무는 것을 편하게 여기는 것이다."573)

---

572) 『서경대전(書經大全)』, 「상서(商書)」·「열명중(說命中)」, "신안 진씨가 말하였다 : '총명함을 열어 업신여김을 받아들인다는 것은 여자와 소인은 가까이 하면 불손하게 된다는 의미이다. 잘못하고 고치면 잘못이 없어진다. 잘못을 수치스럽게 여기면서도 잘못을 저지르면 잘못을 이루어 악함이 된다. 본래는 무심하게 잘못했을 뿐인데 도리어 마음 먹고 저지르는 악을 이루게 되는 것이다.'(新安陳氏曰 : 啓寵納侮, 即女子小人近之, 不遜之意. 過而改之, 則無過矣. 恥過而作非, 則遂非而為惡矣. 本只無心之過, 反成有心之惡.)"

573) 『서경대전(書經大全)』, 「상서(商書)」·「열명중(說命中)」, "진씨 아언이 말하였다 : '여기의 편에서는 하늘의 총명을 본받는 것으로 한 편의 강령을 삼았으니, 이것은 모두 그 공용의 경지를 미루어 말한 것이다. 「생각을 선하게 하여 움직이고, 움직임은 때에 맞게 하소서.」라는 것은 함부로 움직이는 것을 경계한 것이니, 반드시 잘못함이 있는 것은 하늘의 총명함을 본받은 것이 아니라는 것이다. 「선을 두었노라고 생각하면 그 선을 상실하고, 자신의 재능을 자랑하면 그 공을 상실할 것입니다.」라는 것은 자만을 경계한 것이니,

○ 所當止也.
머물러야 하는 곳이다.

集傳

義理出於勉强,
의리가 억지로 힘씀에서 나오면,

詳說

○ 上聲.
'강(强)'은 상성이다.

集傳

則猶二也, 義理安於自然, 則一矣.
오히려 둘로 된 것이고, 의리가 저절로 그렇게 됨에서 편안하면 하나로 된 것이다.

詳說

○ 添二句.
두 구절을 더하였다.

반드시 손해를 부르는 것은 하늘의 총명함을 본받은 것이 아니라는 것이다. 「일에 종사함이 바로 대비가 있는 것이니, 대비가 있어야 근심이 없을 것입니다.」라는 것은 우환을 생각해서 예방하려는 것으로 우환을 생각해서 예방하지 않으면, 천근한 것에 가려지니, 하늘의 총명함을 본받은 것이 아니다. 「총애함을 열어 놓아 업신여김을 받아들이지 말며, 허물을 부끄러워하여 잘못을 저지르지 마소서.」라는 것은 사랑에 빠지고 자신을 따르는 것을 없게 하고자 하는 것이다. 혹 사랑에 빠지고 자신을 따르게 되면 사욕을 따르는 것이니, 하늘의 총명함을 본받는 것이 아니다. 여기 몇 가지에서 일에 따라 그 경계를 할 수 있으면 총명의 쓰임이 하늘과 하나로 되는 것이니 성인이라고 할 수 있다. 그러나 으니, 먼저 그 바름을 바르게 해서 의리가 머무는 곳에서 편안할 수 있으면, 정사를 행하는 것이 순수하고 잡되지 않아 저절로 몇 가지 잘못을 없게 할 수 있다. 부열이 고종에게 경계한 것은 지극하다고 할 수 있고, 또 반드시 총괄해서 매듭지은 것이니, 「그 살 곳을 편안히 여기게 하여야 한다.」는 것은 진실로 임금이 정사의 근본으로 그 마음이 바르게 되면 일이 바르지 않음이 없다는 것이다.'(陳氏雅言曰 : 此篇以憲天聰明為一篇綱領. 此皆推言其用功之地. 慮善以動, 動惟厥時, 戒其妄動, 則必至於有失, 非憲天之聰明也. 有其善, 喪厥善, 矜其能, 喪厥功, 戒其自滿, 則必至於招損, 非憲天之聰明也. 惟事事乃其有備, 有備無患, 此欲其能思患預防, 不思患預防, 則蔽於淺近, 非憲天之聰明也. 無啓寵納侮, 無恥過作非, 此欲其無溺愛徇己. 或溺愛徇己, 則縱於私欲, 非憲天聰明也. 於此數者, 能隨事而致其戒, 則聰明之用, 與天為一, 可謂聖矣. 然其本, 則又在於人主之一心, 能先正其心, 而安於義理之所止, 則政之所行, 醇而不雜, 自無數者之矣. 傅說戒高宗, 可謂至矣, 而又必總結之, 惟厥攸居, 誠以君者, 政事之根本, 君心正而事無不正.)」

集傳

一, 故政事醇而不雜也.

하나이기 때문에 정사(政事)가 순수하여 잡되지 않은 것이다.

詳說

○ 陳氏雅言曰 : "憲天聰明爲一篇綱領, 其本, 則又在於人主之一心."

진씨 아언이 말하였다 : "하늘의 총명을 본받은 것은 한편의 강령인데, 그 근본은 또 임금의 마음에 있다."[574]

[6-3-8-②-11]

黷于祭祀, 時謂弗欽. 禮煩則亂, 事神則難.

제사에 함부로 하면 이것을 일러 공경하지 않는다 합니다. 예는 번거로우면 혼란하여 신을 섬기기는 어렵습니다."

詳說

○ 黷, 徒谷反.

---

[574] 『서경대전(書經大全)』, 「상서(商書)」·「열명중(說命中)」, "진씨 아언이 말하였다 : '여기의 편에서는 하늘의 총명을 본받는 것으로 한 편의 강령을 삼았으니, 이것은 모두 그 공용의 경지를 미루어 말한 것이다. 「생각을 선하게 하여 움직이고, 움직임은 때에 맞게 하소서.」라는 것은 함부로 움직이는 것을 경계한 것이니, 반드시 잘못함이 있는 것은 하늘의 총명함을 본받은 것이 아니라는 것이다. 「선을 두었노라고 생각하면 그 선을 상실하고, 자신의 재능을 자랑하면 그 공을 상실할 것입니다.」라는 것은 자만을 경계한 것이니, 반드시 손해를 부르는 것은 하늘의 총명함을 본받은 것이 아니라는 것이다. 「일에 종사함이 바로 대비가 있는 것이니, 대비가 있어야 근심이 없을 것입니다.」라는 것은 우환을 생각해서 예방하려는 것으로 우환을 생각해서 예방하지 않으면, 천근한 것에 가려지니, 하늘의 총명함을 본받은 것이 아니다. 「총애함을 열어 놓아 업신여김을 받아들이지 말며, 허물을 부끄러워하여 잘못을 저지르지 마소서.」라는 것은 사랑에 빠지고 자신을 따르는 것을 없게 하고자 하는 것이다. 혹 사랑에 빠지고 자신을 따르게 되면 사욕을 따르는 것이니, 하늘의 총명함을 본받는 것이 아니다. 여기 몇 가지에서 일에 따라 그 경계를 할 수 있으면 총명의 쓰임이 하늘과 하나로 되는 것이니 성인이라고 할 수 있다. 그러나 으니, 먼저 그 바름을 바르게 해서 의리가 머무는 곳에서 편안할 수 있으면, 정사를 행하는 것이 순수하고 잡되지 않아 저절로 몇 가지 잘못을 없게 할 수 있다. 부열이 고종에게 경계한 것은 지극하다고 할 수 있고, 또 반드시 총괄해서 매듭지은 것이니, 「그 살 곳을 편안히 여기게 하여야 한다.」는 것은 진실로 임금이 정사의 근본으로 그 마음이 바르게 되면 일이 바르지 않음이 없다는 것이다.'(陳氏雅言曰 : 此篇以憲天聰明爲一篇綱領. 此皆推言其用功之地. 慮善以動, 動惟厥時, 戒其妄動, 則必至於有失, 非憲天之聰明也. 有其善, 喪厥善, 矜其能, 喪厥功, 戒其自滿, 則必至於招損, 非憲天之聰明也. 惟事事乃其有備, 有備無患, 此欲其能思患預防, 不思患預防, 則蔽於淺近, 非憲天之聰明也. 無啓寵納侮, 無恥過作非, 此欲其無溺愛徇己. 或溺愛徇己, 則縱於私欲, 非憲天聰明也. 於此數者, 能隨事而致其戒, 則聰明之用, 與天爲一, 可謂聖矣. 然其本, 則又在於人主之一心, 能先正其心, 而安於義理之所止, 則政之所行, 醇而不雜, 自無數者之失矣. 傅說戒高宗, 可謂至矣, 而又必總結之, 惟厥攸居, 誠以君者, 政事之根本, 君心正而事無不正.)"

'독(黷)'은 '도(徒)'와 '속(谷)'의 반절이다.

集傳

祭不欲黷, 黷, 則不敬, 禮不欲煩, 煩, 則擾亂. 皆非所以交鬼神之道也.
제사는 소홀하게 하려고 하지 않아야 하니, 소홀하게 하면 불경해지고, 예는 번거롭게 하려고 하지 않아야 하니, 번거로우면 요란해진다. 이 두 가지는 모두 귀신을 사귀는 도리가 아니다.

詳說

○ 新安陳氏曰 : "非天之聰明矣."
신안 진씨(新安陳氏)가 말하였다 : "하늘의 총명함이 아니다."575)

○ 難, 如難矣哉之難
'어렵다.'는 것은 '어렵겠구나!'576)라는 것과 같다.

集傳

商俗尙鬼, 高宗或未能脫於流俗, 事神之禮, 必有過焉. 祖己戒其祀無豐昵,
상(商)나라 풍속은 귀신을 숭상하니, 고종이 혹 유속(流俗)에서 벗어나지 못하여 신을 섬기는 예에 반드시 과함이 있었을 것이다. 조기(祖己)577)가 "제사(祭祀)를 가까운 사당에만 풍성하게 하지 말라."고 경계하였으니,

詳說

○ 句.

---

575) 『서경대전(書經大全)』, 「상서(商書)」·「열명중(說命中)」, "신안 진씨가 말하였다 : '「신을 섬기기는 어렵습니다.」이상은 모두 하늘의 총명함을 섬기는 일이다. 사건마다 사물마다 모두 하늘이 있다. 그러나 지극히 당연한 이치는 총명한 자만이 다할 수 있으니, 조금이라도 손익으로 더하면 바로 사사로운 의도여서 하늘의 총명함이 아니다.'(新安陳氏曰 : 事神則難以上, 皆憲天聰明之事. 事事物物, 皆有天. 然至當之理, 惟聰明, 能盡之, 苟加一毫損益, 即是私意, 非天之聰明矣.)"
576) 『논어(論語)』, 「양화(陽貨)」: "공자가 말하였다 : '배부르게 먹고는 하루가 다 지나도록 마음을 쓰는 곳이 하나도 없다면 어렵겠구나! 장기나 바둑이라도 둘 수 있지 않겠는가? 그렇게 하는 것이 그냥 시간을 보내는 것보다는 그래도 나을 것이다.'(子曰, 飽食終日, 無所用心, 難矣哉. 不有博奕者乎. 爲之猶賢乎已.)"
577) 은(殷)나라 때 사람. 황제 무정(武丁) 때의 현신이다. 전하는 말로 무정이 성탕(成湯)의 제사에 까치가 솥 위를 날아가며 울자 무정이 불길하다고 여겼다. 이에 그가 정치를 잘 하고 덕을 실천하기를 권했다. 무정이 이를 따르니 상나라의 도가 부흥했다. 무정이 죽은 뒤 아들 제경(帝庚)이 즉위했는데, 무정이 까치의 일로 덕을 실천한 것을 아름답게 여겨 묘호를 고종(高宗)이라 하고 「고종융일(高宗肜日)」을 만들었다.

'유속(流俗)'에서 구두해야 한다.

○ 見高宗肜日.
「고종융일(高宗肜日)」에 보인다.578)

|集傳|

傳說蓋因其失而正之也.
부열(傳說)이 그 잘못에 따라 바로잡은 것이다.

|詳說|

○ 論也.
경문의 의미 설명이다.

[6-3-8-②-12]

王曰, 旨哉, 說. 乃言惟服, 乃不良于言, 予罔聞于行

왕이 말씀하였다. "아름답다! 부열(傅說)아. 너의 말은 행할 수 있겠다. 네가 좋은 말을 하지 않았더라면 내가 듣고서 행하지 못하였을 것이다."

|集傳|

旨, 美也. 古人於飮食之美者, 必以旨言之, 蓋有味其言也. 服, 行也. 高宗, 贊美說之所言, 謂可服行, 使汝不善於言, 則我無所聞而行之也

지(旨)는 아름다움이다. 옛날 사람들은 음식의 아름다운 것에 대해 반드시 맛으로 말하였으니, 그 말을 맛봄이 있는 것이다. 복(服)은 행함이다. 고종은 부열이 말한 것을 찬미하여 "행할 수 있으니, 가령 네가 말을 훌륭하게 하지 않았더라면 내가 듣고서 행하지 못하였을 것이다." 라고 한 것이다.

|詳說|

---

578) 『서경대전(書經大全)』, 「상서(商書)」·「고종융일(高宗肜日)」, 주자의 주 : "고종(高宗)이 융제(祭)하던 날에 꿩이 우는 이변(異變)이 있었으므로 조기(祖己)가 왕(王)을 훈계(訓戒)하였는데, 사관(史官)이 이것을 편(篇)으로 만들었으니, 또한 훈체(訓體)이다. 훈(訓)이라고 말하지 않은 것은 이미 고종(高宗)의 훈(訓)이 있기 때문에 다만 편(篇) 머리의 네 글자로 제목(題目)을 삼은 것이다.(高宗祭, 有雉之異, 祖己訓王, 史氏以爲篇, 亦訓體也. 不言訓者, 以旣有高宗之訓, 故只以篇首四字爲題.)"

○ 于.

'이(而)'는 경문에 '우(于)'이다.

集傳

蘇氏曰, 說之言, 譬如藥石, 雖散而不一, 然一言一藥, 皆足以治天下之公患,

소씨(蘇氏)가 말하였다. "부열(傅說)의 말은 비유하면 약석(藥石)처럼 흩어져서 한결같지 않을지라도 한 마디 말이 한 가지 약(藥)이 되어 모두 천하의 공적(公的)인 병통을 다스릴 수 있으니,

詳說

○ 猶病也.

'환(患)'은 '병(病)'과 같다.

集傳

所謂古之立言者.

이른바 옛날에 훌륭한 말을 세운 자일 것이다."

詳說

○ 如此其實, 非虛言也.

이와 같은 것이 그 사실이니, 거짓말이 아니다.

○ 論也.

경문의 의미 설명이다.

[6-3-8-②-13]

說拜稽首曰, 非知之艱, 行之惟艱. 王忱不艱, 允協于先王成德, 惟說不言, 有厥咎.

부열이 절하고 머리를 조아리며 말하였다. "아는 것이 어려운 것이 아니라 행하는 것이 어렵습니다. 왕이 정성으로 해서 어렵지 않게 되시면 진실로 선왕이 이룩하신 덕에 합하실 것

이니, 제가 말씀드리지 않는다면 허물이 있을 것입니다."

集傳
高宗, 方味說之所言,
고종이 막 부열이 말한 것을 음미하자,

詳說
○ 承上節.
위의 절을 이어받은 것이다.

集傳
而說以爲得於耳者非難, 行於身者爲難,
부열이 "귀에 얻어 들음은 어려운 것이 아니고 몸에 행함이 어려우니,

詳說
○ 朱子曰 : "常人則須以致知爲先."
주자(朱子)가 말하였다 : "평범한 사람은 반드시 치지(致知)를 우선으로 삼는다."[579]

○ 陳氏經曰 : "未知, 則知之爲難, 旣知, 則行之爲難."
진씨 경이 말하였다 : "아직 알지 못했을 때는 아는 것이 어렵고, 알고 난 다음에는 행하는 것이 어렵다."[580]

---

[579] 『서경대전(書經大全)』, 「상서(商書)」·「열명중(說命中)」. "주자가 말하였다 : '남헌은 「아는 것이 어려운 것이 아니라 행하는 것이 어렵습니다.」라는 것은 단지 부열이 고종에게 고한 것일 뿐이다. 고종은 그 전에 감반에게 배워 의리에 대해서는 많이 알았기 때문에 이렇게 말할 수 있었다. 평범한 사람은 치지(致知)를 우선으로 한다.'고 하였는데, 이런 의론은 아주 좋다.'(朱子曰 : 南軒曰, 非知之艱, 行之惟艱. 此特傳說告高宗耳. 蓋高宗舊學甘盤, 於義理知之亦多, 故知得這說. 若常人, 則須以致知爲先也. 此等議論儘好.)"; 『주자어류(朱子語類)』, 79권, 「상서2(商書二)」·「열명(說命)」: "남헌이 '아는 것이 어려운 것이 아니라 행하는 것이 어렵습니다.'는 것은 다만 부열이 고종에게 아뢴 것일 뿐이다. 대개 고종이 옛날에 감반에게 배워서 의리에 대해 아는 것이 또한 많았기 때문에 이렇게 말할 수 있었다. 평범한 사람 같으면 반드시 「치지(致知: 앎을 지극히 함」를 우선으로 해야 한다.'라고 하였는데, 이런 의논은 참으로 좋다. 양도부. (南軒云: 非知之艱, 行之艱, 此特傳說告高宗爾. 蓋高宗舊學甘盤, 於義理知之亦多, 故使得這說. 若常人, 則須以致知爲先也. 此等議論儘好. 道夫.)"

[580] 『서경대전(書經大全)』, 「상서(商書)」·「열명중(說命中)」. "진씨 경이 말하였다 : '아직 알지 못했을 때는 아는 것이 어렵고, 알고 난 다음에는 행하는 것이 어렵다. 고종이 이처럼 명철하여 알지 못하는 것을 우환으로 여기지 않고 힘써 행하지 않는 것을 우환으로 여겼을 뿐이다. 알면서 행하지 않으면, 한갓 아는 것일 뿐이니, 지성으로 행해야 그 어려움이 드러나지 않을 것이다.(陳氏經曰 : 未知, 則知之爲難. 旣知, 則行之

○ 按, 註不以心言知而以耳言之者, 所以稍輕其知也.
살펴보건대, 주에서 마음으로 앎을 말하지 않고 귀로 말한 것은 점점 그 앎을 가볍게 하기 위함이다.

集傳

王忱信之, 亦不爲難,
왕이 진심으로 믿어 또한 어렵게 여기지 않으시면,

詳說

○ 以亦字意觀之, 蓋謂王信之, 則行之亦不難. 諺釋合, 更商.
'역(亦)'자의 의미로 보면, 왕이 믿으면 행하는 것도 어렵지 않다는 말이다. 『언해』에서 합(合)을 풀이한 것은 다시 생각해 봐야 한다.

集傳

信可合成湯之成德.
진실로 성탕(成湯)이 이룩하신 덕(德)에 합할 것입니다.

詳說

○ 合於.
'합(合)'은 '합어(合於)'이다.

集傳

說於是而猶有所不言, 則有其罪矣.
제가 이러한데도 오히려 말씀드리지 않음이 있으면 그 죄가 있을 것입니다."라고 한 것이다.

詳說

○ 視上篇末其承二字, 又有自任之意.
상편의 끝에서 '받든다.'581)는 말과 비교해서 보면, 또 자임하는 의미가 있다.

───────────────
爲難. 高宗明哲如此, 不患不知, 患行之不力耳. 知而不行, 是亦徒知, 以至誠行之, 不見其難矣.)"
581) 『서경대전(書經大全)』, 「상서(商書)」·「열명上-11(說命上-11)」: "부열이 왕에게 대답하였다. "나무는 먹줄을

> 集傳

上篇, 言后克聖臣不命其承, 所以廣其從諫之量,
상편에서 '군주가 성스러우면 신하는 명령하지 않아도 받든다.'고 말한 것은 간언을 따르는 도량을 넓혀서

> 詳說

○ 去聲.
'량(量)'은 거성이다.

> 集傳

而將告以爲治之要也,
정치하는 요체를 고하려고 한 것이며,

> 詳說

○ 要在中篇.
요체는 중편에 있다.

> 集傳

此篇, 言允協先王成德, 惟說不言, 有厥咎, 所以責其躬行之實, 將進其爲學之說也.
여기의 편에서 '진실로 선왕이 이룩하신 덕에 합하실 것이니, 제가 말씀드리지 않는다면 그 허물이 있다.'고 말한 것은 몸소 행하는 사실을 책하여 학문하는 말을 올리려고 한 것이다.

> 詳說

○ 如字.
'설(說)'은 본래의 음 대로 읽는다.

따르면 바르고, 임금은 간언을 따르면 성스러워지니, 임금께서 성스러우시면 신하들은 명령하지 않아도 받들거늘 누가 감히 왕의 아름다운 명령에 공경히 순종하지 않겠습니까.(說復于王曰, 惟木從繩則正, 后從諫則聖, 后克聖, 臣不命其承, 疇敢不祗若王之休命.)"

○ 說在下篇.
말은 하편에 있다.

集傳
皆引而不發之義
모두 활을 당기기만 하고 발사(發射)하지 않은 뜻이다.

詳說
○ 引而不發, 出孟子盡心.
'활을 당기기만 하고 발사(發射)하지 않는다.'는 것은 『맹자』「진심」이 출처이다.582)

○ 論也.
경문의 의미 설명이다.

○ 新安陳氏曰 : "知對行言, 古所未發, 自傳說始發之, 而後致知力行, 爲萬世學者爲學之法程
신안 진씨(新安陳氏)가 말하였다 : "앎을 행동과 짝지어 말하는 것은 옛날에 아직 말하지 못했던 것인데, 부열에서 처음 말해진 다음에 치지와 역행이 영원히 학자들에게 공부하는 법이 되었다."583)

---

582) 맹자가 말하였다 : "큰 목수가 형편없는 목공을 위하여 먹줄과 먹통을 고치거나 폐하지 않으며, 예(羿)가 형편없는 사수를 위하여 활 당기는 율(率)을 변경하지 않는다. 군자는 활을 당기고 쏘지 않으나, 뛰어 보여주어 중도(中道)에 서 있으면 능한 자가 따르는 것이다.(孟子曰, 大匠不爲拙工, 改廢繩墨, 羿不爲拙射, 變其彀率. 君子引而不發, 躍如也, 中道而立, 能者從之.)"

583) 『서경대전(書經大全)』, 「상서(商書)」·「열명중(說命中)」, "신안 진씨가 말하였다 : '부열의 의도는 왕이 행할 수 있는데, 부열이 말해주지 않으면, 허물이 부열에게 있고, 부열이 말해준 다음에 왕이 행하지 않으면 허물이 왕에게 있고 부열에게 있지 않다는 것이다. 상편에서 임금에게 간언을 따라야 한다는 것으로 대답했고, 여기는 말을 행해야 한다는 것으로 책하면서 반드시 행함으로 실현한 이후에 비로소 한갓 따르기만 할 뿐이 아니라는 것이다. 또 살펴보건대, 앎을 행동과 짝지어 말하는 것은 옛날에 아직 말하지 못했던 것인데, 부열에게서 처음 말해진 다음에 치지와 역행이 영원히 학자들에게 공부하는 법이 되었다. ….'(新安陳氏曰 : 說之意以爲王能行, 而說不言, 則咎在說, 說已言, 而王不行, 則咎在王, 不在說也. 上篇復君以從諫, 此則責君以行言, 必實見于行, 而後始不爲徒從也. 又按, 知對行言, 古所未發, 自傳說始發之, 而後致知力行, 爲萬世學者爲學之法程. ….)"

[6-3-8-③]
『열명하(說命下)』

[6-3-8-③-1]
王曰, 來汝說, 台小子舊學于甘盤, 旣乃遯于荒野, 入宅于河, 自河徂亳, 暨厥終, 罔顯.

왕이 말씀하였다. "이리 오라. 부열아! 나 소자는 옛날에 감반에게 배웠는데, 이윽고 황야로 물러갔으며, 하수가에 들어가 살았으며, 하수에서 박으로 가서 마칠 때까지 드러나지 못하였노라.

集傳

甘盤, 臣名, 君奭, 言在武丁時則有若甘盤.

감반(甘盤)은 신하의 이름이니, 「군석(君奭)」에서 "무정(武丁) 때에는 감반(甘盤)과 같은 이가 있었다."[584]라고 하였다.

詳說

○ 經世書曰 : "甘盤爲高宗相."
『경세서』에서 말하였다 : "감반은 고종의 재상이다."

集傳

遯, 退也. 高宗, 言我小子舊學於甘盤, 已而退于荒野, 後又入居于河, 自河徂亳, 遷徙不常, 歷敘其廢學之因

둔(遯)은 물러감이다. 고종은 "나 소자가 옛날에 감반에게 배우다가 얼마 되지 않아 황야로 떠났고, 뒤에 또 하수에 들어가 살았으며, 하수에서 박으로 갔으니, 옮

---

584) 『서경대전(書經大全)』, 「주서(周書)」·「군석-7(君奭-7)」 : "공(公)이 말씀하였다. '군석아! 내 들으니, 옛날 성탕이 이미 천명을 받으셨는데 이 때에는 이윤 같은 이가 있어 황천에 이르렀으며, 태갑 때에는 보형 같은 이가 있었으며, 태무 때에는 이척과 신호 같은 이가 있어 상제에 이르렀으며, 무함이 왕가를 다스렸으며, 조을 때에는 무현 같은 이가 있었으며, 무정 때에는 감반 같은 이가 있었다.'(公曰, 君奭, 我聞, 在昔成湯旣受命, 時則有若伊尹, 格于皇天, 在太甲 時, 則有若保衡, 在太戊時, 則有若伊陟臣扈, 格于上帝, 巫咸乂王家, 在祖乙時, 則有若巫賢, 在武丁時, 則有若甘盤.)"

겨 다니느라 일정함이 없었다."라고 하면서 학문을 폐한 원인을 일일이 서술하고

詳說

○ 由也.

'인(因)'은 연유이다.

集傳

而歎其學終無所顯明也.

그 학문에 끝내 드러나 밝음이 없음을 한탄하였던 것이다.

詳說

○ 本文蒙上, 而省學字.

본문에서는 위를 이어 '학(學)'자를 생략했던 것이다.

集傳

無逸, 言高宗舊勞于外, 爰暨小人, 與此相應. 國語

「무일(無逸)」에서 "고종이 옛날에 밖에서 일하며 소인들과 함께했다."585)라고 하였으니, 이와 서로 호응한다. 『국어(國語)』586)에서도

詳說

○ 楚語.

『국어(國語)』는 「초어(楚語)」이다.

---

585) 『서경대전(書經大全)』,「주서(周書)」·「무일-5(無逸-5)」: "고종(高宗) 때에 있어서는 오랫동안 밖에서 일하였으니, 이에 소인들과 함께 행동하였습니다. 그러다가 일어나 즉위하시어 곧 양암(亮陰)에서 3년 동안 말씀하지 않았습니다. 말씀하지 않았으나 말씀하면 화합하였으며, 감히 황폐하고 태만하지 아니하여 은나라를 아름답게 하고 안정시켜 작고 큰 사람에 이르기까지 이에 혹시라도 원망하는 이가 없었습니다. 그러므로 고종의 향국이 59년이었습니다.(其在高宗時, 舊勞于外, 爰暨小人. 作其卽位, 乃或亮陰三年不言, 其惟不言, 言乃雍, 不敢荒寧, 嘉靖殷邦, 至于小大, 無時或怨. 肆高宗之享國 五十有九年.)"

586) 주(周)나라 좌구명(左丘明)이 『좌씨전(左氏傳)』을 쓰기 위하여 각국의 역사를 모아 찬술(撰述)한 것으로, 주어(周語) 3권, 노어(魯語) 2권, 제어(齊語) 1권, 진어(晋語) 9권, 정어(鄭語) 1권, 초어(楚語) 2권, 오어(吳語) 1권, 월어(越語) 2권으로 되어 있다. 허신(許愼)의 『설문(說文)』에서는 '춘추국어'라 적혀 있고, 또 주로 노(魯)나라에 대하여 기술한 『좌씨전』을 『내전(內傳)』이라 하는 데 대해서 이를 『외전(外傳)』이라 하며, 사마 천(司馬遷)이 좌구명을 무식꾼으로 몰았다 하여 『맹사(盲史)』라고도 한다. 또 당(唐)나라 유종원(柳宗元)이 『비국어(非國語)』를 지어 이 책을 비박하자, 송(宋)나라의 강단례(江端禮)가 『비비국어(非非國語)』를 지어 이를 반박했으며, 그 후로 학자들의 논쟁이 끊이지 않았다. 현재는 오(吳)나라 위소(韋昭)의 주(註)만이 완전하게 남아 있다. 중국의 고대사를 연구하는 데 필요한 귀중한 책이다.

|集傳|

亦謂武丁入于河, 自河徂亳, 唐孔氏曰, 高宗爲王子時, 其父小乙欲其知民之艱苦, 故使居民間也.

또한 "무정이 하수로 들어갔고 하수에서 박으로 갔다."라고 하였으며, 당나라 공씨는 "고종이 왕자였을 때에 그의 아버지인 소을이 민간의 고통과 어려움을 알게 하려고 하였기 때문에 민간에 살게 했다."라고 하였다.

|詳說|

○ 漢孔亦云.
한나라의 공씨 역시 말한 것이다.

○ 此實帝王家所未有之事, 小乙, 想亦非常人矣.
이것은 실로 그때까지 제왕의 집안에서 없었던 일이니, 소을이 평범한 사람은 아니었던 것 같다.

|集傳|

蘇氏, 謂甘盤遯于荒野, 以台小子語脈, 推之非是

소씨가 "감반이 황야로 은둔했다."고 말한 것은 나 소자란 어투로 미루어 보면 옳지 않다.

|詳說|

○ 無逸以下, 論也.
「무일(無逸)」이하는 경문의 의미 설명이다.

[6-3-8-③-2]

爾惟訓于朕志, 若作酒醴, 爾惟麴蘖, 若作和羹, 爾惟鹽梅. 爾交脩予, 罔予棄. 予惟克邁乃訓.

너는 짐의 뜻을 가르쳐서 만약 술과 단술을 만들거든 네가 누룩과 엿기름이 되며, 만약 간을 맞춘 국을 만들거든 네가 소금과 매실이 되어야 한다. 너는 여러 가지로 나를 닦아서 나를 버리지 말라. 내가 능히 너의 가르침을 행할 것이다."

詳說

○ 糱, 音孼.

'얼(糱)'은 음이 '얼(孼)'이다.

集傳

心之所之謂之志.

마음이 가는 것을 지(志)라 한다.

詳說

○ 陳氏大猷曰：" 訓志, 猶云格心."

진씨 대유(陳氏大猷)가 말하였다：" 지(志)를 풀이하면 마음을 바라게 하는 것이라고 말하는 것과 같다."587)

集傳

邁, 行也. 范氏曰, 酒非麴糱不成, 羹非鹽梅不和, 人君雖有美質, 必得賢人輔導, 乃能成德. 作酒者, 麴多則太苦, 糱多則太甘, 麴糱得中, 然後成酒,

매(邁)는 행함이다. 범씨(范氏)가 말하였다. "술은 누룩과 엿기름이 아니면 이루어지지 못하고, 국은 소금과 매실이 아니면 간을 맞추지 못하며, 임금이 비록 아름다운 자질이 있다 하더라도 반드시 현인의 인도를 얻어야 덕을 이룰 수 있다. 술을 만드는 자는 누룩이 많으면 너무 쓰고 엿기름이 많으면 너무 다니, 누룩과 엿기름이 알맞은 뒤에야 술이 이루어지며,

詳說

○ 言酒以醴, 醴亦酒也.

술을 말해 단술까지 겸한 것은 단술도 술이기 때문이다.

集傳

作羹者, 鹽過則鹹, 梅過則酸, 鹽梅得中, 然後成羹. 臣之於君, 當以柔濟剛,

국을 만드는 자는 소금이 지나치면 너무 짜고 매실이 지나치면 너무 시니, 소금과

---

587) 『서전집록찬주(書傳輯錄纂註)』, 「상서(商書)」·열명하(說命下), "진씨 대유가 말하였다：'지(志)를 풀이하면 마음을 바라게 하는 것이라고 말하는 것과 같다.'(陳氏大猷曰：訓志猶云格心)"

매실이 알맞은 뒤에야 국이 이루어진다. 신하는 군주에게 항상 유(柔)함으로써 강(剛)함을 구제하고,

詳說

○ 救也.
'제(濟)'는 구제하는 것이다.

集傳

可濟否
가(可)함으로써 부(否)를 구제하여

詳說

○ 以字再釋.
'이(以)'자를 거듭 풀이하였다.

○ 蘇氏曰 : "和而不同."
소씨가 말하였다 : "군자는 화합하면서도 부화뇌동하지 않는다.588)"589)

集傳

左右規正, 以成其德. 故曰爾交修予, 爾無我棄. 我能行爾之言也.
좌우(左右)에서 돕고 바로잡아 그 덕(德)을 이루어야 한다. 그러므로 '너는 여러 가지로 나를 닦아서 나를 버리지 말라. 내 능히 너의 말을 행하겠다.'고 말한 것이다."

詳說

○ 以論釋之.
경문의 의미 설명으로 풀이하였다.

---

588) 『논어(論語)』, 「자로(子路)」, "군자는 화합하면서도 부화뇌동하지 않는 반면에, 소인은 부화뇌동만 할 뿐 화합하지는 못한다.(君子和而不同, 小人同而不和.)"
589) 『서경대전(書經大全)』, 「상서(商書)」·열명하(說命下), "소씨가 말하였다 : '누룩·엿기름·소금·매실은 화합하면서도 부화뇌동하지 않는다.'(蘇氏曰 : 麴糵鹽梅, 和而不同也.)"

○ 新安陳氏曰 : "因說行之惟艱之言, 而許之以能行其言也."
신안 진씨(新安陳氏)가 말하였다 : "부열의 '행하는 것이 어렵습니다.'590)라는 말을 이어 그 말을 행할 수 있음을 약속한 것이다."591)

集傳
孔氏曰, 交者, 非一之義.
공씨(孔氏)가 말하였다. "교(交)는 하나가 아니라는 뜻이다."

詳說
○ 論也. 廣其一義也.
경문의 의미 설명이다. 그 하나를 넓히라는 의미이다.

[6-3-8-③-3]

說曰, 王, 人求多聞, 時惟建事. 學于古訓, 乃有獲, 事不師古, 以克永世, 匪說攸聞.

부열이 말하였다. "왕이시여! 사람을 문견이 많은 자를 구함은 이 일을 세우기 위해서입니다. 옛 가르침을 배워야 얻음이 있을 것이니, 일에 옛것을 본받지 않고서 장구하게 할 수 있는 것은 제가 들은 것이 아닙니다.

集傳
求多聞者, 資之人, 學古訓者,
들음이 많은 자를 구하는 것은 남에게 의뢰함이고, 옛 가르침을 배우는 것은

詳說
○ 斅于民, 失于政, 學于古訓等, 于字, 文勢語意, 皆不合, 故註

---

590) 『서경대전(書經大全)』, 「상서(商書)」·「설명中-13」 : "부열이 절하고 머리를 조아리며 말하였다. '아는 것이 어려운 것이 아니라 행하는 것이 어렵습니다. 왕이 정성으로 해서 어렵지 않게 되시면 진실로 선왕이 이룩하신 덕에 합하실 것이니, 제가 말씀드리지 않는다면 허물이 있을 것입니다.'說拜稽首曰, 非知之艱, 行之惟艱. 王忱不艱, 允協于先王成德, 惟說不言, 有厥咎.)"
591) 『서경대전(書經大全)』, 「상서(商書)」·열명하(說命下)", "신안 진씨가 말하였다 : '이것은 고종이 부열의 「행하는 것이 어렵습니다.」라는 말을 이어 그 말을 행할 수 있음을 약속한 것이다.'(陳氏曰 : 此高宗因說行之惟艱之言, 而許之以能行其言也.)"

直略之. 凡如此處, 皆勿泥可也.

'백성들에게 가르치셨다.'592)는 것과 '정사를 잘못한다.'593)는 것과 '옛 가르침을 배운다.'는 것 등에서 '우(于)'자는 어투와 의미가 모두 합하지 않기 때문에 주에서 바로 생략했던 것이니, 이런 곳에서는 모두 그것에 구애되지 않아도 된다.

集傳

反之己. 古訓者, 古先聖王之訓, 載修身治天下之道, 二典三謨之類, 是也. 說稱王而告之曰, 人求多聞者, 是惟立事. 然必學古訓, 深識義理, 然後有得,

자신에게 돌이키는 것이다. 옛 교훈이란 옛날 선대 성왕의 교훈으로 몸을 닦고 천하를 다스리는 방도를 기재한 것이니, 이전(二典)과 삼모(三謨) 같은 것들이 여기에 해당한다. 부열이 왕을 부르시어 "사람을 문견이 많은 자를 구하는 것은 이 일을 세우기 위해서입니다. 그러나 반드시 옛 가르침을 배워서 의리를 깊이 안 뒤에야 얻음이 있을 것이니,

詳說

○ 添然字, 以歸重於學.

'연(然)'자를 더해 귀중함을 '학(學)'으로 돌렸다.

○ 西山眞氏曰 : "古者學與事爲一."

서산 진씨(西山眞氏)가 말하였다 : "옛날에는 학(學)과 사(事)가 하나였다."594)

---

592) 『서경대전(書經大全)』, 「상서(商書)」·「반경상-5(盤庚上-5)」: "반경이 백성들을 가르치시되 지위에 있는 자들부터 하며 옛날부터 떳떳한 일로 법도를 바로잡아 '감히 혹시라도 소인들의 경계하는 말을 숨기지 말라.'라고 하시며 왕이 여러 사람들에게 명하시자 모두 뜰에 이르렀다.(盤庚斅于民, 由乃在位, 以常舊服, 正法度, 曰無或敢伏小人之攸箴, 王 命衆, 悉至于庭.)"
593) 『서경대전(書經大全)』, 「상서(商書)」·「盤庚中-11」: "정사를 잘못하여 천도하지 않고 이곳에 오래 있으면, 고후께서는 나에게 크게 죄질을 많이 내리시며 '어찌하여 나의 백성들에게 포악하게 하는가?'라고 하실 것이다.(失于政, 陳于玆, 高后丕乃, 崇降罪疾, 曰曷虐朕民.)"
594) 『서경대전(書經大全)』, 「상서(商書)」·열명하(說命下), "서산 진씨가 말하였다 : '대학의 도는 격물치지에서 미루어 치국평천하에 이르는 것이다. 치지하기 때문에 리에 밝아지고 리가 밝아지면 모든 행사에서 드러나 그것을 들어서 둘 뿐이니, 여기서 문견이 많고 일을 세우는 것을 구하는 의미이다. 옛날에는 학(學)과 사(事)가 하나였기 때문에 의를 정밀하는 것은 쓰임을 이루기 위함이고, 쓰임을 이롭게 하는 것은 덕을 높이기 위함으로 근본과 말엽이 두 가지로 이루는 것이 아니다. 후세에 학과 사가 하나로 되지 않았기 때문에 도를 구할 경우에 정사를 거친 흔적으로 여겼던 것이고, 일을 책임질 경우에 강학을 쓸데없는 말로 여겼던 것이니, 이치 없는 사물과 사물 없는 이치가 없다는 것을 몰랐던 것이다. 노자와 장자는 리를 말했으나 일에 미치지 못하였으니, 이것은 일이 없는 이치가 있는 것이고, 관중과 상앙은 사물을 말했으나 이치에 미치지 못했으니, 이것은 이치 없는 일이 있는 것이다. 부열의 말을 깊이 음미하면 옛날 선대 성왕의 바른 전함을 알 수 있을 것이다.'(西山眞氏曰 : 大學之道, 自格物致知推而至於治國平天下. 蓋致知, 所以明理, 理明, 則見諸行事者, 擧而措之耳, 此求多聞建事之意也. 古者學與事爲一. 故精義, 所以致用, 利用, 所

集傳

不師古訓,
옛 가르침을 본받지 않고

詳說

○ 本文蒙上, 而省訓字.
본문에서는 위를 이어받았기 때문에 '훈(訓)'자를 생략했다.

集傳

而能長治久安者,
길이 다스리고 영구하게 편안할 수 있는 경우는

詳說

○ 去聲.
'치(治)'는 거성이다.

○ 永世.
'장(長)'과 '구(久)'는 경문의 '영세(永世)'이다.

集傳

非說所聞, 甚言無此理也.
제가 들었던 것이 아닙니다."라고 고하였으니, 이러한 이치가 없음을 심하게 말한 것이다.

詳說

○ 碧梧馬氏曰 : "前篇訪以政事, 故說以政事對, 此篇訪以學, 故說以學對."
벽오 마씨(碧梧馬氏)가 말하였다 : "앞의 편에서는 정사에 대해 물었기 때문에

以崇德, 本末非二致也. 後世學與事為二, 故求道者, 以政事為粗迹, 任事者, 以講學為空言. 不知天下未嘗有無理之事無事之理. 老莊言理而不及事, 是有無事之理也. 管商言事而不及理, 是有無理之事也. 深味傅說之言, 則古先聖王之正傳, 可以識矣.)"

부열이 정사로 대답하였고, 여기의 편에서는 학으로 물었기 때문에 부열이 학으로 대답한 것이다."595)

○ 陳氏雅言曰 : "自此以下, 乃傅說論學之辭."
　　진씨 아언(陳氏雅言)이 말하였다 : "여기 이하가 바로 부열이 학에 대해 논한 말이다."596)

○ 朱子曰 : "經籍古人言學字, 自說命始有."
　　주자(朱子)가 말하였다 : "경적에서 '학(學)'자에 대해 말한 것은 「열명(說命)」에서부터 비로소 있었다."597)

---

595) 『서경대전(書經大全)』, 「상서(尙書)」·열명하(說命下), "벽오 마씨(碧梧馬氏)가 말하였다 : '앞의 편에서는 정사에 대해 물었기 때문에 부열이 정사로 대답하였고, 여기의 편에서는 학으로 물었기 때문에 부열이 학으로 대답한 것이다.'(碧梧馬氏曰 : 前篇訪以政事, 故說以政事對, 此篇訪以學, 故說以學對.)"

596) 『서경대전(書經大全)』, 「상서(尙書)」·열명하(說命下), "진씨 아언이 말하였다 : '여기 이하가 바로 부열이 학에 대해 논한 말이다. 옛날 사람이 학에 대해 말한 것은 부열이 군신에 대해 말한 것에서 시작된다. 「왕이시여」라는 것은 부열이 그 임금을 부르는 말로 임금이 듣도록 하려는 것이다. 대개 문견이 많은 것은 일을 세우는 근본이고, 옛 가르침을 배우는 것은 이치를 밝히는 핵심이니, 일을 세우려고 하면서 문견이 많은 사람을 구하지 않으면, 아는 것이 제한되어 진실로 일을 세우기에 부족하다. 이미 문견이 많을지라도 옛 가르침을 배우지 않으면 택하는 것이 정밀하지 않으니, 또한 편안히 보존하기에 잘못이 없겠는가? 여기에서 일을 세운다는 것은 문견이 많은 것을 귀하게 여길 뿐만 아니라 옛 것에 대해 배우는 것을 더욱 귀하게 여겨야 하는 것이다.'(陳氏雅言曰 : 自此以下, 乃傅說論學之辭. 古人言學, 自傅說君臣始. 王者, 傅說稱其君之辭, 所以起其君之聽也. 蓋求多聞者, 建事之本, 而學古訓者, 明理之要, 欲建事而非多聞之求, 則所知有限, 固不足以立事. 既能多聞, 而非古訓之學, 則擇而不精, 亦安保其無失哉. 此建事者, 不徒貴於多聞, 而尤貴於學古也.)"

597) 『서경대전(書經大全)』, 「상서(尙書)」·열명하(說命下), "주자(朱子)가 말하였다 : '요즘 사람들은 마음을 다스리고 몸을 수양하는 것에 대해 말할 뿐이다. 이 도리를 알지 못하면 마음은 어떻게 다스리고 몸은 어떻게 수양하겠는가? 만약 그렇게 말한다면 자질이 좋은 사람은 곧 수양할 수 있겠지만, 다만 무능한 사람과 자질이 좋지 않은 사람은 곧 잡아 묶어 둘 수 없을 것이다. 부열은 말한 「옛 가르침을 배워야 얻음이 있습니다.」는 말부터 「제가 들은 것이 아닙니다.」라는 말까지는 성현이 말한 것에는 도리가 모두 있으니, 반드시 그것을 배운 후에는 얻는 것이 있다는 것이다. 경적에서 학(學)자에 대해 말한 것은 「열명(說命)」에서부터 비로소 있었다.'(朱子曰 : 而今人只管說治心修身. 若不見這箇理, 心是如何地治, 身是如何地修. 若如此說, 資質好便養成, 箇無能之人資質不好, 便都執縛不住了. 傅說曰, 學于古訓, 至說攸聞, 蓋聖賢說出, 道理在裏, 必學乎此, 後可以有得. 經籍古人言學字, 方自說命始有.)"; 『주자어류(朱子語類)』, 제9권, 「학3(學三)」 제35조목 : "요즘 사람들은 다만 마음을 다스리고 몸을 수양하는 것만 말한다. 만약 이 도리를 알지 못하면 마음은 어떻게 다스리고 몸은 어떻게 수양하겠는가? 만약 그렇게 말한다면 자질이 좋은 사람은 곧 수양할 수 있겠지만, 다만 무능한 사람과 자질이 좋지 않은 사람은 곧 잡아 묶어 둘 수 없을 것이다. 부열은 말하였다 : '옛 가르침을 배워야 얻음이 있습니다. 일에 옛것을 본받지 않고서 장구하게 할 수 있는 것은 제가 들은 것이 아닙니다.' 옛 가르침은 무엇 때문에 그것을 읽어야 한다고 하는가? 아마도 성현이 말한 것에는 도리가 모두 있으니, 반드시 그것을 배운 후에는 얻는 것이 있다는 것이다. 또 말하였다 : '배움은 뜻을 겸손하게 해야 하니, 힘써서 때로 민첩하게 하면 그 닦여짐이 올 것이니, 독실히 믿어 이것을 생각하면 도가 그 몸에 쌓일 것입니다. 가르침은 배움의 반이니, 생각의 종(終)과 시(始)를 학문에 주장하면 그 덕이 닦여짐을 자신도 깨닫지 못할 것입니다.' 예부터 '학(學)'자를 말하는 사람이 없었는데, 부열이 말한 것에서 시작되었다. 그의 이 몇 마디는 물을 뿌려도 스며들지 않을 정도로 치밀하다. 만약 끝과 시작이 배움을 법으로 하면 그 덕은 부지불식간에 저절로 나아질 것이다. 임기손(而今人只管說治心修身. 若不見這箇理, 心是如何地治, 身是如何地修. 若如此說, 資質好底便養得成, 只是箇無能底人, 資質不好, 便都執縛不住了. 傅說云, 學於古訓乃有獲. 事不師古, 以克永世, 匪說攸聞. 古訓何消讀它做甚. 蓋聖賢

集傳

○ 林氏曰, 傅說稱王而告之, 與禹稱舜曰, 帝光天之下, 文勢正同.

임씨(林氏)가 말하였다. "부열이 왕을 부르시어 고한 것은 우왕(禹王)이 순(舜)을 부르시어 '황제시여! 하늘의 아래로 빛납니다.'598)라고 말한 것과 어투가 똑같다."

詳說

○ 見益稷.

「익직(益稷)」에 보인다.

○ 陳氏雅言曰 : "所以起其君之聽也."

진씨 아언(陳氏雅言)이 말하였다 : "그 임금이 듣도록 하려는 것이다."599)

○ 與篇首王先呼說者, 同意.

편의 시작에서 왕이 먼저 '부열아!'600)라고 부른 것과 같은 의미이다.

說出, 道理都在裏, 必學乎此, 而後可以有得. 又云, 惟學遜志, 務時敏, 厥修乃來. 允懷於玆, 道積於厥躬. 惟斅學半. 念終始典於學, 厥德修罔覺. 自古未有人說學字, 自傅說說起. 他這幾句, 水潑不入, 便是說得密. 若終始典於學, 則其德不知不覺自進也. 夔孫.)"

598) 『서경대전(書經大全)』, 「우서(虞書)」·「익직(益稷)」: "우(禹)가 말씀하기를 '아! 황제의 말씀이 옳기는 하오나 황제의 덕이 천하에 빛나 바다 모퉁이의 창생에게까지 이르게 하신다면 만방의 여러 백성 중에 어진 자가 함께 황제의 신하가 되려는 생각을 할 것이니, 황제께서는 이에 들어 쓸 뿐입니다. 아랫사람들이 펴서 아뢰거든 받아들이되 말로써 하시며 여러 사람을 밝히되 공으로써 하시며 수레와 의복으로 공을 표창하시면 누가 감히 사양하지 않으며 감히 공경히 응하지 않겠습니까? 황제께서 이렇게 하지 않으시면 부화뇌동하여 날로 공이 없음에 나아갈 것입니다.(禹曰, 兪哉, 帝光天之下, 至于海隅蒼生, 萬邦黎獻, 共惟帝臣, 惟帝時擧. 敷納以言, 明庶以功, 車服以庸, 誰敢不讓, 敢不敬應. 帝不時, 敷同, 日奏罔功.)"
599) 『서경대전(書經大全)』, 「상서(商書)」·「열명하(說命下)」, "진씨 아언이 말하였다 : '여기 이하가 바로 부열이 학에 대해 논한 말이다. 옛날 사람이 학에 대해 말한 것은 부열이 군신에 대해 말한 것에서 시작된다. 「왕이시여」라는 것은 부열이 그 임금을 부르는 말로 임금이 듣도록 하려는 것이다. 대개 문견이 많은 것은 일을 세우는 근본이고, 옛 가르침을 배우는 것은 이치를 밝히는 핵심이니, 일을 세우려고 하면서 문견이 많은 사람을 구하지 않으면, 아는 것이 제한되어 진실로 일을 세우기에 부족하다. 이미 문견이 많을지라도 옛 가르침을 배우지 않으면 택하는 것이 정밀하지 않으니, 또한 편안히 보존하기에 잘못이 없겠는가? 여기에서 일을 세운다는 것은 문견이 많은 것을 귀하게 여길 뿐만 아니라 옛 것에 대해 배우는 것을 더욱 귀하게 여겨야 하는 것이다.'(陳氏雅言曰 : 自此以下, 乃傅說論學之辭. 古人言學, 自傅說君臣始. 王者, 傅說稱其君之辭, 所以起其君之聽也, 蓋求多聞者, 建事之本, 而學古訓者, 明理之要, 欲建事而非多聞之求, 則所知有限, 固不足以立事. 既能多聞, 而非古訓之學, 則擇而不精, 亦安保其無失哉. 此建事者, 不徒貴於多聞, 而尤貴於學古也.)"
600) 『서경대전(書經大全)』, 「상서(商書)」·「說命下-1」: "왕이 말씀하였다. '이리 오라. 부열아! 나 소자는 옛날에 감반에게 배웠는데, 이윽고 황야로 물러갔으며, 하수가에 들어가 살았으며, 하수에서 박으로 가서 마칠 때까지 드러나지 못하였노라.'(王曰, 來汝說, 台小子舊學于甘盤, 旣乃遯于荒野, 入宅于河, 自河徂亳, 曁厥終, 罔顯.)"

[6-3-8-③-4]

> 惟學遜志 務時敏, 厥脩乃來, 允懷于茲, 道積于厥躬.

배움은 뜻을 겸손하게 해야 하니, 힘써서 때로 민첩하게 하면 그 닦여짐이 올 것이니, 독실히 믿어 이것을 생각하면 도가 그 몸에 쌓일 것입니다.

集傳

遜, 謙抑也. 務, 專力也. 時敏者, 無時而不敏也. 遜其志, 如有所不能, 敏於學, 如有所不及

손(遜)은 겸손하게 누르는 것이고, 무(務)는 힘을 온전히 쓰는 것이다. 시민(時敏)은 어느 때고 민첩하지 않음이 없는 것이다. 그 뜻을 겸손하게 억눌러 마치 능하지 못한 듯이 하고, 학문에 민첩하여 미치지 못한 것이 있는 듯이 하여

詳說

○ 此句, 見論語泰伯.

여기의 구절은 『논어』「태백」에 보인다.601)

○ 朱子曰 : "爲學之道, 只此二端而已."

주자가 말하였다 : "학문하는 도는 이 두 단서에 있을 뿐이다."602)

---

601) 『논어(論語)』「태백(泰伯)」: "공자가 말하였다 : '배움은 따라 가지 못할 듯이 하면서도 행여 때를 잃을까 두려워하여야 한다.'(子曰 : 學如不及, 猶恐失之.)"

602) 『서경대전(書經大全)』, 「상서(尙書)」·열명하(說命下), "주자가 말하였다 : 「뜻을 겸손하게 한다.」는 그 뜻을 겸손하게 하여 따르는 것이니 이 뜻을 눌러서 저 일로 들어가 마음 쓰는 뜻을 자세히 해야 그것과 함께 이해할 수 있다는 것이다. 만약 기운이 높아 복종하지 않고 긴요함이 없다고 생각하여 들어가 세밀하게 이해하지 못한다면, 그 닦임이 또한 오지 않을 것이다. 그 뜻을 겸손하게 한 다음에 또 모름지기 때때로 민첩하게 하는 것이 마치 하는 듯 마는 듯, 혹 일을 하는 듯 혹 그만 두는 듯 하면, 또한 일을 이루지 못한다. 모름지기 이렇게 「뜻을 겸손하게 해야 하니, 힘써서 때로 민첩하게 하면 그 닦여짐이 올 것이다.」 이라는 것이 학문을 하는 도로 다만 이 두 가진 단서일 뿐이다. 또 '독실히 이것을 믿는다.'는 것으로 두 가지를 경계하면 곧 도가 이에 그 몸에 쌓이는 것이다. 쌓임이란 오는 건수가 많다는 것이다.(朱子曰 : 遜順其志, 捺下這志, 入那事中, 子細低心下意, 與他理會. 若高氣不伏, 以爲無緊要, 不能入細理會得, 則其修亦不來矣. 旣遜其志, 又須時敏, 若似做不做, 或作或輟, 亦不濟事, 須是遜志又務時敏, 則厥脩乃來, 爲學之道, 只此二端而已, 又戒以允懷于茲二者, 則道乃積于厥躬. 積者來得件數多也.)" : 『주자어류(朱子語類)』, 제79권, 「상서2(尙書二)」·열명(說命), 제58조목 : "「배움은 뜻을 겸손하게 해야 하니, 힘써서 때로 민첩하게 하면」이라는 말에서부터 '그 덕이 닦여짐을 자신도 깨닫지 못할 것입니다.'까지의 말에서 '뜻을 겸손하게 한다.'는 그 뜻을 겸손하게 하여 따르는 것이니 이 뜻을 눌러서 저 일로 들어가 마음 쓰는 뜻을 자세히 해야 그것과 함께 이해할 수 있다는 것이다. 만약 기운이 높아 복종하지 않고 긴요함이 없다고 생각하여 들어가 세밀하게 이해하지 못한다면, 그 닦임이 또한 오지 않을 것이다. 그 뜻을 겸손하게 한 다음에 또 모름지기 때때로 민첩하게 하는 것이 마치 하는 듯 마는 듯, 혹 일을 하는 듯 혹 그만 두는 듯 하면, 또한

集傳

虛以受人,
겸허히 남에게 받아들이고

詳說

○ 遜.
경문에서 '손(遜)'이다.

○ 見易咸大象.
『주역』「함(咸)」괘·「대상」에 보인다.603)

集傳

勤以勵己,
부지런히 자기를 힘쓰면,

일을 이루지 못한다. 모름지기 이렇게 '뜻을 겸손하게 해야 하니, 힘써서 때로 민첩하게 하면 그 닦여짐이 올 것이다.'라는 것이 학문을 하는 도로 다만 이 두 가진 단서일 뿐이다. 또 '독실히 이것을 믿는다.'는 것으로 두 가지를 경계하면 곧 도가 이에 그 몸에 쌓이는 것이다. 쌓임이란 오는 건수가 많다는 것이다. '가르침은 배움의 반이다.'는 것은 대개 자신의 배움이 이루어진 다음에 남들의 위에 있으면, 곧 모름지기 남을 가르쳐야 한다는 것이다. 스스로 배우는 것도 배우는 것이고, 남에게 가르치는 것도 또한 배우는 것이다. 대개 처음 배워서 얻는 것도 반이고, 배운 뒤에 미루어 남에게 가르쳐서 함께 강설한다면, 자기도 또한 이것으로 인하여 이 문단의 뜻을 익힐 수 있으니 가르치는 공이 또한 반인 것이다. '생각의 종(終)과 시(始)를 학문에 주장하면'라는 것은 처음에 배우는 것도 배움이고, 끝나서 남을 가르치는 것도 또한 배움이라는 것이다. 스스로 배우는 곳과 남을 가르치는 것이 배움이 아닌 것이 없다. 처음부터 끝까지 날마다 이와 같이 한다면 갑자기 자신도 모르게 그 덕이 닦일 것이다. 어떤 사람이 갈씨의 해석을 들어 말였다. '부열이 왕에게 말을 함에 내가 너를 가르치는 것은 다만 반쪽의 일이니, 그 반쪽은 너에게 스스로 실행하기를 바란다. 때문에 종시(終始)라고 하였습니다.' 답하였다 : '내가 예전에 동안(同安)의 주부일 때, 배우던 사람 중에 어떤 선비가 「서의(書義)」를 지어 이와 같이 말하였는데, 내가 그의 설이 새롭고 교묘함을 보고 매우 기뻐하였습니다. 그 후 유자재(喩子才)가 어떤 사람이 쓴 「열명해」의 뒤에 발문을 쓴 것을 보았는데 또한 이 설을 인용하였습니다. 또 답하였다 : '부열의 이 단락의 말은 학문을 하는 공부의 매우 정밀한 것입니다. 이윤이 태갑에게 아린 것은 매우 통절한 곳입니다.' 심한(惟學遜志, 務時敏, 至厥德修罔覺, 遜志者, 遜順其志, 捺下遺志, 入那事中, 子細低心下意, 與它理會. 若高氣不伏, 以為無緊要, 不能入細理會得, 則其修亦不來矣. 既遜其志, 又須時敏, 若似做不做, 或作或輟, 亦不濟事. 須是遜志務時敏, 則厥修乃來. 為學之道, 只此二端而已. 又戒以允懷于茲二者, 則道乃積于厥躬. 積者, 來得件數多也. 惟敦學半, 蓋已學既成, 居于人上, 則須敎人. 自學者, 學也, 而敎人者, 亦學. 蓋初學得者是半, 既學而推以敎人, 與之講說, 己亦因此溫得此段文義, 是效之功亦半也. 念終始典于學, 始之所學者, 學也, 終之所以敎人者, 亦學也. 自學, 敎人, 無非是學. 自始至終, 日日如此, 忽不自知其德之修矣. 或擧葛氏解云, 傅說與王說我敎你者, 只是一半事, 那一半要你自去行取, 故謂之終始. 曰, 某舊為同安簿時, 學中一士子作書義如此說. 某見它說得新巧, 大喜之. 後見喩子才跋某人說命解後, 亦引此說. 又曰 : 傅說此段說爲學工夫極精密, 伊尹告太甲者極痛切. 佩.)

603) 『주역』「함(咸)」 : "「상전(象傳)」에 말였다. '산 위에 못이 있는 것이 함(咸)이니, 군자가 그것을 본받아 마음을 비워 남의 의견을 받아들인다.'(象曰, 山上有澤, 咸. 君子以, 虛受人.)"

詳說

○ 敏.

경문에서 '민(敏)'이다.

集傳

則其所修, 如泉始達, 源源乎其來矣.

그 닦여지는 바가 마치 샘물이 처음 나오는 것처럼 끊임없이 올 것이다.

詳說

○ 四字, 出孟子公孫丑

'여천시달(如泉始達 : 마치 샘물이 처음 나오는 것처럼)'이라는 이 네 글자는 『맹자』「공손추」가 출처이다.604)

○ 見孟子萬章.

『맹자』「만장」에 보인다.605)

○ 新安陳氏曰 : "道我所固有, 非自外來來云者, 如斯仁至矣之謂也."

신안 진씨(新安陳氏)가 말하였다 : "도는 나에게 고유한 것이고 밖에서 온 것이 아니라는 것은 당장 인이 이를 것이라고 말하는 것606)과 같다."607)

---

604) 『맹자(孟子)』「공손추상(公孫丑上)」: "사단(四端)이 나에게 있는 것을 다 넓혀서 채울 줄 알면, 마치 불이 처음 타오르고 샘물이 처음 나오는 것과 같을 것이니, 만일 능히 이것을 채운다면 족히 사해(四海)를 보호할 수 있고, 만일 채우지 못한다면 부모도 섬길 수 없을 것이다.(凡有四端於我者, 知皆擴而充之矣, 若火之始然, 泉之始達, 苟能充之, 足以保四海, 苟不充之, 不足以事父母.)"
605) 『맹자(孟子)』「만장상(萬章上)」, "'감히 묻겠습니다. 혹자들이 추방했다고 말하는 것은 어째서 입니까?' 맹자가 말하였다 : '상(象)이 그 나라에서 정사를 하지 못하게 하고, 천자가 관리로 하여금 그 나라를 다스리게 하고 그 세금만을 받게 하였다. 그러므로 그를 추방했다고 하는 것이니, 어찌 저 백성들을 포악하게 할 수 있었겠는가? 비록 그러나 항상 그를 만나보고자 하였으므로 끊임없이 오게 하셨으니, 조공할 시기에 미치지 아니하여 정사로 유비(有庳)의 군주를 접견했다고 하였으니, 바로 이것을 말한 것이다.(敢問 或曰放者, 何謂也. 曰, 象不得有爲於其國, 天子使吏, 治其國而納其貢稅焉. 故謂之放, 豈得暴彼民哉. 雖然, 欲常常而見之, 故源源而來, 不及貢, 以政接于有庳, 此之謂也.)"
606) 『논어(論語)』「술이(述而)」에 "인이 멀리 있는가! 내가 인을 하고자 하면 인이 당장 이르는 것이다.(仁遠乎哉. 我欲仁, 斯仁至矣.)"
607) 『서경대전(書經大全)』, 「상서(商書)·열명하(說命下)」, "신안 진씨가 말하였다 : '교만함과 태만함은 학에 가장 방해된다. 교만하면 뜻이 가득해져 선이 들어갈 수 없고, 태만하면 뜻이 게을러서 공이 나아갈 수 없다. 학은 겸허하고 겸손하지 않으면 입문할 길이 없고, 겸손만을 오로지 하고 이 민첩함에 힘쓰지 않으면 또 진보할 수 없다. 겸손하면 교만하지 않고, 민첩하면 게으르지 않는다. 겸손하면서 민첩함으로 구제한다면 닦는 것이 그 때문에 다가올 것이다. 도는 나에게 고유한 것이고 밖에서 온 것이 아니라는 것은 당장

集傳

茲, 此也,
자(茲)는 이것이니,

詳說

○ 朱子曰 : "遜敏二者."
주자(朱子)가 말하였다 : "겸손하게 한다는 것과 민첩하게 한다는 것 두 가지이다."

集傳

篤信
독실히 믿어

詳說

○ 信道.
도를 믿는 것이다.

集傳

而深念乎此, 則道積於身, 不可以一二計矣. 夫修之來,
이것을 깊이 생각하면 도가 몸에 쌓여서 한두 가지로 계산할 수 없을 것이다. 닦여짐이 오고

詳說

○ 音扶.
'부(夫)'는 음이 '부(扶)'이다.

集傳

인이 이를 것이라고 말하는 것과 같다. 「쌓인다.」고 하는 것은 「자기 몸에 소유한 신(信)」에 따라 「충실한 아름다움」으로 나아가는 것과 같다.'(新安陳氏曰 : 驕與怠, 最害於學. 驕, 則志盈, 善不可入, 怠, 則志惰, 功不可進. 學不謙卑退遜, 則無以爲入門, 一於謙退而不務時敏, 則又不能進步. 遜, 則不驕, 敏, 則不怠. 遜而濟以敏, 厥修所以來也. 道我所固有, 非自外來云者, 如斯仁至矣之謂也. 積云者, 如由有諸己之信, 而進於充實之美也.)"

來之積, 其學之得於己者, 如此.
옴이 쌓여서 학문이 자신에게 터득되는 것이 이와 같은 것이다.

詳說

○ 夫以下申釋也.
'부(夫)' 이하는 거듭 풀이한 것이다.

[6-3-8-③-5]

惟斅學半, 念終始, 典于學, 厥德脩, 罔覺.

가르침은 배움의 반이니, 생각의 종(終)과 시(始)를 학문에 주장하면 그 덕이 닦여짐을 자신도 깨닫지 못할 것입니다.

詳說

○ 斅, 音效.
'효(斅)'는 음이 '효(效)'이다.

集傳

斅, 敎也, 言敎人, 居學之半.
효(斅)는 가르침이니, 사람을 가르침은 배움을 차지하는 반이다.

詳說

○ 孔氏曰: "敎然後, 知所困, 是學之半."
공씨(孔氏)가 말하였다: "가르친 다음에 곤고함을 아는 것이 학의 반이다."[608]

集傳

蓋道積厥躬者, 體之立,

---

[608] 『상서찬전(尚書纂傳)』, 「상서(商書)」·열명하(說命下), "한나라 공씨가 말하였다: 「효(斅)」는 가르침이다. 가르친 다음에 곤고함을 아는 것이 학의 반이다. 종(終)과 시(始)에 언제나 학을 생각하면 그 덕의 닦여짐을 스스로 깨닫지 못할 것이다.'(漢孔氏曰: 斅, 敎也. 敎然後, 知所困, 是學之半. 終始常念學, 則其德之脩, 無能自覺.)"

도가 몸에 쌓임은 체(體)가 서는 것이고,

> 詳說

○ 承上節.
위의 절을 이어받았다.

> 集傳

敎學于人者, 用之行,
배운 것을 남에게 가르치는 것은 용(用)이 행해지는 것이니,

> 詳說

○ 敎以所學.
배운 것을 가르치는 것이다.

○ 學之及於人者, 如此.
학이 남에게 미치는 것이 이와 같다.

> 集傳

兼體用合內外, 而後聖學可全也. 始之自學, 學也, 終之敎人, 亦學也.
체(體)·용(用)을 겸하고 내(內)·외(外)를 합한 뒤에 성학(聖學)을 온전히 할 수 있다. 처음에 스스로 배우는 것도 학(學)이고 종말에 남을 가르침도 또한 학(學)이다.

> 詳說

○ 蓋以下, 申釋也.
'개(蓋)'이하는 거듭 풀이한 것이다.

> 集傳

一念終始常
한 생각의 종(終)과 시(始)가 언제나

> 詳說

○ 典, 常也.
경문에서 '전(典)'이 '상(常)'이다.

集傳
在於學, 無少間斷
학(學)에 있어 잠시도 사이를 두고 끊어짐이 없으면

詳說
○ 去聲.
'간(間)'은 거성이다.

○ 徒玩反.
'단(斷)'은 음이 '도(徒)'와 '완(玩)'의 반절이다.

集傳
則德之所修, 有不知其然而然者矣.
덕의 닦여짐이 그런 줄을 알지 못하는 사이에 그러함이 있을 것이다.

詳說
○ 西山眞氏曰 : "以理之共由言之, 謂之道, 以理之自得言之謂之德, 非有二也."
서산 진씨(西山眞氏)가 말하였다 : "리의 공유로 말하면 도라고 하고, 리의 자득으로 말하면 덕이라고 하니 둘이 있는 것이 아닌 것이다."[609]

○ 朱子曰 : "此段說爲學工夫極精密."
주자(朱子)가 말하였다 : "이 단락의 설명은 학을 공부로 극히 정밀하다."[610]

---

[609] 『서경대전(書經大全)』, 「상서(商書)」·열명하(說命下), "서산 진씨(西山眞氏)가 말하였다 : '종(終)과 시(始)라고 하고 시(始)와 종(終)이라고 하지 않았으니, 학은 그침이 없는 법이기 때문이다. 위에서는 도의 쌓임을 말하였고, 아래에서는 덕의 닦음을 말하였는데, 리의 공유로 말하면 도라고 하고, 리의 자득으로 말하면 덕이라고 하니 둘이 있는 것이 아닌 것이다.'(西山真氏曰 : '曰終始, 不曰始終, 學無止法也. 上言道之積, 下言德之修, 以理之共由言之, 謂之道, 以理之自得言之, 謂之德, 非有二也.')"

[610] 『주자어류(朱子語類)』, 제79권, 「상서2(尚書二)」·「열명(說命)」, 제58조목 : "'배움은 뜻을 겸손하게 해야 하니, 힘써서 때로 민첩하게 하면'이라는 말에서부터 '그 덕이 닦여짐을 자신도 깨닫지 못할 것입니다.'까지

集傳

或曰, 受敎亦曰斆. 斆於爲學之道半之,

어떤 이는 "가르침을 받음도 가르침이라고 한다. 가르침은 학문하는 도에서 반이니,

詳說

○ 爲半.

반이 되는 것이다.

集傳

半, 須自得.

반은 반드시 스스로 터득하는 것이다."라고 하였다.

의 말에서 '뜻을 겸손하게 한다.'는 그 뜻을 겸손하게 하여 따르는 것이니 이 뜻을 눌러서 저 일로 들어가 마음 쓰는 뜻을 자세히 해야 그것과 함께 이해할 수 있다는 것이다. 만약 기운이 높아 복종하지 않고 긴요함이 없다고 생각하여 들어가 세밀하게 이해하지 못한다면, 그 닦임이 또한 오지 않을 것이다. 그 뜻을 겸손하게 한 다음에 또 모름지기 때때로 민첩하게 하는 것이 마치 하는 듯 마는 듯, 혹 일을 하는 듯 혹 그만 두는 듯 하면, 또한 일을 이루지 못한다. 모름지기 이렇게 '뜻을 겸손하게 해야 하니, 힘써서 때로 민첩하게 하면 그 닦여짐이 올 것이다.'라는 것이 학문을 하는 도로 다만 이 두 가진 단서일 뿐이다. 또 '독실히 이것을 믿는다.'는 것으로 두 가지를 경계하면 곧 도가 이에 그 몸에 쌓이는 것이다. 쌓임이란 오는 건수가 많다는 것이다. '가르침은 배움의 반이다.'는 것은 대개 자신의 배움이 이루어진 다음에 남들의 위에 있으면, 곧 모름지기 남을 가르쳐야 한다는 것이다. 스스로 배우는 것도 배우는 것이고, 남에게 가르치는 것도 또한 배우는 것이다. 대개 처음 배워서 얻는 것도 반이고, 배운 뒤에 미루어 남에게 가르쳐서 함께 강설한다면, 자기도 또한 이것으로 인하여 이 문단의 뜻을 익힐 수 있으니 가르치는 공이 또한 반인 것이다. '생각의 종(終)과 시(始)를 학문에 주장하면'라는 것은 처음에 배우는 것도 배움이고, 끝나서 남을 가르치는 것도 또한 배움이라는 것이다. 스스로 배우는 곳과 남을 가르치는 것이 배움이 아닌 것이 없다. 처음부터 끝까지 날마다 이와 같이 한다면 갑자기 자신도 모르게 그 덕이 닦일 것이다. 어떤 사람이 갈씨의 해석을 들어 말했다. '부열이 왕에게 말을 함에 내가 너를 가르치는 것은 다만 반쪽의 일이니, 그 반쪽은 너에게 스스로 실행하기를 바란다. 때문에 종시(終始)라고 하였습니다.' 답하였다 : '내가 예전에 동안(同安)의 주부로 있을 때, 배우던 사람 중에 어떤 선비가 「서의(書義)」를 지어 이와 같이 말하였는데, 내가 그의 설이 새롭고 교묘함을 보고 매우 기뻐하였습니다. 그 후 유자재(喩子才)가 어떤 사람이 쓴 「열명해」의 뒤에 발문을 쓴 것을 보았는데 또한 이 설을 인용하였습니다. 또 답하였다 : '부열의 이 단락의 말은 학문을 하는 공부의 매우 정밀한 것입니다. 이윤이 태갑에게 아뢴 것은 매우 통절한 곳입니다.' 심한(惟學遜志, 務時敏, 至厥德修罔覺, 遜志者, 遜順其志, 捺下這志, 入那事中, 子細低心下意, 與它理會. 若高氣不伏, 以爲無緊要, 不能入細理會得, 則其修亦不來矣. 旣遜其志, 又須時敏, 若似做不做, 或作或輟, 亦不濟事. 須是遜志務時敏, 則厥修乃來. 爲學之道, 只此二端而已. 又戒以允懷于茲二者, 則道乃積于厥躬. 積者, 來得件數多也. 惟斆學半, 蓋已學旣成, 居于人上, 則須敎人. 自學者, 學也, 而敎人者, 亦學. 蓋初學得者是半, 旣學而推以敎人, 與之講說, 己亦因此溫得此段文義, 是效之功亦半也. 念終始典于學, 始之所學者, 學也, 終之所以敎人者, 亦學也. 自學, 敎人, 無非是學. 自始至終, 日日如此, 忽不自知其德之修矣. 或擧葛氏解云, 傅說與王說我敎你者, 只是一半事, 那一半要你自去行取, 故謂之終始. 曰, 某舊爲同安簿時, 學中一士子作書義如此說. 某見它說得新巧, 大喜之. 後見喩子才跋某人說命解後, 亦引此說. 又曰 : "傅說此段說爲學工夫極精密, 伊尹告太甲者極痛切. 偘.)

詳說

○ 又半.
또 반이다.

○ 朱子曰：“葛氏呂伯恭說如此.”
주자(朱子)가 말하였다 : "갈씨와 여백공의 말이 이와 같다."

集傳

此說極爲新巧, 但古人論學, 語皆平正的實, 此章句數非一, 不應中間一語, 獨爾巧險.
이 말이 지극히 새롭고 공교로우나 다만 옛사람이 학문을 논함에 말이 모두 평정(平正)하고 적실(的實)하니, 이 장의 구수(句數)가 하나가 아닌데 중간의 한 마디 말에 호응하지 않은 것이 이처럼 교묘하고 험할 수 없다.

詳說

○ 平聲.
'응(應)'은 평성이다.

○ 如此
'이(爾)'는 '여차(如此)이다.

集傳

此蓋後世釋敎機權, 而誤以論聖賢之學也.
이것은 후세에 불교의 기지와 권모술수인데, 잘못되게 성현의 학문을 논한 것이다.

詳說

○ 論也.
경문의 의미 설명이다.

[6-3-8-③-6]

監于先王成憲, 其永無愆.

선왕이 이루어 놓은 법을 보시어 길이 잘못이 없게 하소서.

集傳

憲, 法. 愆, 過也. 言德雖造於罔覺,

헌(憲)은 법(法)이고, 건(愆)은 잘못이다. 덕(德)은 비록 자신도 깨닫지 못하는 사이에 나아가나

詳說

○ 音糙, 下同.

'조(造)'는 음이 '조(糙)'로 아래에서도 같다.

○ 承上節.

위의 절을 이어받았다.

集傳

而法必監于先王,

법은 반드시 선왕을 보아야 하니,

詳說

○ 張氏曰：“欲高宗以湯爲法.”

장씨(張氏)가 말하였다：“고종이 탕으로 모범으로 삼도록 한 것이다.”611)

集傳

先王成法者, 子孫之所當守者也. 孟子

선왕이 법을 이루어 놓은 것은 자손들이 지켜야 할 것이라는 말이다. 맹자(孟子)는

---

611) 『서경대전(書經大全)』, 「상서(商書)」·열명하(說命下). "'「선왕이 이루어 놓은 법을 보시어」라는 것은 고종이 탕으로 모범으로 삼도록 한 것이다.'(張氏曰：監先王成憲, 欲高宗以湯爲法也.)"

詳說

○ 離婁.

「이루(離婁)」이다.

集傳

言遵先王之法而過者, 未之有也, 亦此意.

"선왕의 법을 따르고도 잘못되는 경우는 있지 않다."612)라고 하였으니, 또한 이러한 뜻이다.

詳說

○ 以證爲釋.

증거하는 것으로 풀이하였다.

○ 呂氏曰 : "無愆, 德之至難也. 舜德盛矣, 皐陶惟曰罔愆而已."

여씨가 말하였다 : "잘못이 없는 것은 덕의 지극이 어려운 것이다. 순의 덕이 성대해서 '고요가 잘못이 없다.'고 하였다."613)

○ 陳氏經曰 : "自遜志至典學, 乃學之次序, 監成憲, 乃學之準的."

진씨 경(陳氏經)이 말하였다 : "'뜻을 겸손하게 한다.'614)는 것에서 '학문에 주장한다.'615)는 것까지는 바로 학문의 차례이고, '이루어 놓은 법을 보라.'616)는 것은 바로 학문의 표준이다."617)

---

612) 『맹자(孟子)』「이루상(離婁上)」 : "『시경(詩經)』에 이르기를 '잘못되지 않고 잊어버리지 않음은 옛 법을 따르기 때문이다.' 하였으니, 선왕의 법을 따르고서 잘못되는 자는 있지 않다.(詩云, 不愆不忘, 率由舊章. 遵先王之法而過者, 未之有也.)"

613) 『서경대전(書經大全)』, 「상서(商書)」·「열명하(說命下)」, "여씨가 말하였다 : '잘못이 없는 것은 덕의 지극이 어려운 것이다. 순의 덕이 성대해서 「고요가 잘못이 없다.」고 하였다.'(呂氏曰 : 無愆, 德之至難也. 舜德盛矣, 皐陶惟曰, 罔愆而已.)"

614) 『서경대전(書經大全)』, 「상서(商書)」·「열명하-4(說命下-4)」 : "배움은 뜻을 겸손하게 해야 하니, 힘써서 때로 민첩하게 하면 그 닦여짐이 올 것이니, 독실히 믿어 이것을 생각하면 도가 그 몸에 쌓일 것입니다.(惟學遜志 務時敏, 厥脩乃來, 允懷于玆, 道積于厥躬.)"

615) 『서경대전(書經大全)』, 「상서(商書)」·「열명하-5(說命下-5)」 : "가르침은 배움의 반이니, 생각의 종(終)과 시(始)를 학문에 주장하면 그 덕이 닦여짐을 자신도 깨닫지 못할 것입니다.(惟敩學半, 念終始, 典于學, 厥德脩, 罔覺.)"

616) 『서경대전(書經大全)』, 「상서(商書)」·「열명하-6(說命下-6)」 : "선왕이 이루어 놓은 법을 보시어 길이 잘못이 없게 하소서.(監于先王成憲, 其永無愆.)"

[6-3-8-③-7]

惟說, 式克欽承, 旁招俊乂, 列于庶位.

제가 공경히 받들어서 준예(俊乂)들을 널리 불러 여러 지위에 나열하게 하겠습니다."

集傳

式, 用也. 言高宗之德, 苟至於無愆,

식(式)은 '용(用)이다. 고종의 덕이 진실로 잘못이 없으니,

詳說

○ 承上節.

위의 절을 이어받았다.

集傳

則說用能敬承其意, 廣求俊乂, 列于衆職. 蓋進賢, 雖大臣之責, 然高宗之德未至, 則雖欲進賢, 有不可得者.

부열이 공경히 그 뜻을 받들고 준예(俊乂)들을 널리 구하여 여러 직책에 나열할 것이라는 말이다. 현자를 등용함이 비록 대신의 책무일지라도 고종의 덕이 지극하지 않으면 현자를 등용하고 싶어도 할 수 없다는 것이다.

詳說

○ 陳氏雅言曰 : "此欽承之言, 必繫於無愆之後也歟."

진씨 아언(陳氏雅言)이 말하였다 : "여기의 '공경히 받들어서'라는 말은 반드시 '잘못이 없게 하소소.'의 뒤로 연결되어야 할 것이다."[618]

---

617) 『서경대전(書經大全)』, 「상서(商書)」·「열명하(說命下)」, "진씨 경(陳氏經)이 말하였다 : '「뜻을 겸손하게 한다.」는 것에서 「학문에 주장한다.」는 것까지는 바로 학문의 차례이고, 「이루어 놓은 법을 보라.」는 것은 바로 학문의 표준이다.'(陳氏曰 : 自遜志至典學乃學之次序監先王成憲乃學之準的.)"

618) 『서경대전(書經大全)』, 「상서(商書)」·열명하(說命下), "진씨 아언이 말하였다 : '임금이 되는 도로는 열조의 훈계를 모범으로 해서 그 정사를 행하는 것보다 큰 것이 없고, 재상이 되는 도로는 현재를 구해 그에게 직분을 맡기는 것보다 큰 것이 없다. 그러나 반드시 임금의 덕이 닦인 다음에 재상의 직분이 거행된다. 대개 임금의 덕이 잘못이 없지 않다면, 성색에 미혹되어 편벽한 신하가 뜻을 얻고, 재화와 이익에 미혹되어 취렴의 신하가 뜻을 얻으니, 재상이어 준예를 초빙해서 등용하려고 할지라도 어떻게 할 수 있겠는가? 그러므로 현재를 추천하는 책임이 재상에게 있을지라도 등용하고 버리는 권세는 임금에게 있으니, 임금의 덕이 닦인 여부에 현재의 진퇴가 달려 있다. 여기의 「공경히 받들어서」라는 말은 반드시 「잘못이 없게 하소소.」의 뒤로 연결되어야 할 것이고, 「준예들을 널리 부른다.」라는 말은 단지 「공경히 받들라.」는 말을

○ 蓋以下, 論也.

'개(蓋)'이하는 경문의 의미 설명이다.

[6-3-8-③-8]
王曰, 嗚呼, 說. 四海之內, 咸仰朕德, 時乃風.

왕이 말씀하였다. "아! 부열(傳說)아. 사해의 안이 모두 짐의 덕을 우러러보니, 이것은 너의 풍교(風敎) 때문이다.

集傳

風, 敎也. 天下皆仰我德, 是汝之敎也.

풍(風)은 가르침이다. 천하(天下)가 모두 나의 덕을 우러러보니, 이것은 모두 너의 가르침 때문이다.

詳說

○ 敎我之功也.

나를 가르친 공 때문이다.

[6-3-8-③-9]
股肱惟人, 良臣惟聖.

팔다리가 있어야 사람이며, 어진 신하가 있어야 성스러워진다.

集傳

手足備而成人, 良臣輔而君聖.

수족이 갖추어져 사람이 되고, 어진 신하가 보필해서 군주가 성스러워진다.

詳說

하기 위해 말한 것일 것이다.'(陳氏雅言曰 : 爲君之道, 莫大於法祖訓, 以行其政, 爲相之道, 莫大于求賢才而任之職. 然必君德脩而后相職擧. 蓋人君之德, 苟未至于無怠, 則惑於聲色, 而便辟之臣得志, 惑於貨利, 而聚斂之臣得志. 相臣雖欲招俊乂而用之, 其可得乎. 故進賢之責, 雖在於相, 而用舍之權, 則在於君, 君德之脩替, 乃賢才進退之所係. 此欽承之言, 必繼於無怠之後, 而旁招之語, 特爲欽承而發也歟.)"

○ 添君字.
'군(君)'자를 더하였다.

集傳
高宗初以舟楫霖雨爲喩, 繼以麴糵鹽梅爲喩, 至此又以股肱惟人爲喩,
고종이 처음에는 배와 노, 장맛비로 비유하였고, 이어서 누룩과 엿기름, 소금과 매실로 비유하였으며, 여기에 와서는 또 팔다리가 있어 사람이 되는 것으로 비유하였으니,

詳說
○ 以外物而喩, 不如以身之爲尤親切, 此舜作歌之意也.
바깥 사물로 비유하는 것은 자신으로 해서 더욱 친절한 것만 못하니, 이것이 순이 노래는 지은 의미이다.

集傳
其所造益深, 所望益切矣.
나아간 것이 더욱 깊어짐에 기대하는 것이 더욱 간절한 것이다.

詳說
○ 高宗以下, 論也.
고종 이하는 경문의 의미 설명이다.

[6-3-8-③-10]

昔先正保衡, 作我先王, 乃曰, 予弗克厥后, 惟堯舜, 其心愧恥, 若撻于市, 一夫不獲, 則曰時予之辜, 佑我烈祖, 格于皇天, 爾尚明保予, 罔俾阿衡, 專美有商.

옛날 선정(先正)인 보형(保衡)이 우리 선왕을 진작하여 '내 군주가 요순 같은 군주가 되도록 하지 못하면 마음에 부끄러워하여 시장에서 종아리를 맞는 듯이 여겼으며, 한 지아비라도 제 살 곳을 얻지 못하면 이는 나의 잘못이다.' 라고 하면서 나의 열조(烈祖)를 도와서 공(功)이 황천(皇天)에 이르렀으니, 너는 부디 나를 밝게 보좌하여 아형(阿衡)이 상나라에 아름다움을 독차지하게 하지 말라.

集傳
先正, 先世, 長官之臣.
선정(先正)은 선세(先世)에 관(官)에서 으뜸 되는 신하(臣下)이다.

詳說

○ 上聲.
'장(長)'은 상성이다.

○ 長於官.
'장관(長官)'은 관에서 장이다.

○ 鄒氏季友曰 : "蔡傳此章, 從孔氏訓, 正爲長, 君牙文侯篇, 釋爲祖父. 按, 詩雲漢禮緇衣, 亦皆訓長, 宐歸于一."
추씨 계우(鄒氏季友)[619]가 말하였다 : "채씨의 전에서는 여기의 장을 공씨의 풀

---

[619] 『서경대전(書經大全)』, 「상서(商書)」·「중훼지고(仲虺之誥)」에는 황보밀(皇甫謐)의 말로 되어 있다. 황보밀(皇甫謐, 215년 ~ 282년)은 서진(西晉) 안정(安定) 조나(朝那) 사람으로 자는 사안(士安)이고, 어릴 때 이름은 정(靜)이며, 자호는 현안선생(玄晏先生)이다. 황보숭(皇甫嵩)의 증손이다. 젊었을 때 거침없이 방탕하여 사람들이 미치광이라고 여겼다. 20살 무렵부터 부지런히 공부해 게으르지 않았다. 집이 가난해 직접 농사를 지었는데, 책을 읽으면서 밭갈이를 함으로써 수많은 서적들을 통독했다. 나중에 질병에 걸렸으면서도 손에서 책을 놓지 않고 저술에 전심하느라 밥 먹는 것도 잊어버려 사람들이 서음(書淫)이라 했다. 무제(武帝) 때 부름을 받았지만 나가지 않았다. 무제가 책 한 수레를 하사했다. 자신의 병을 고치려고 의학서를 읽어 가장 오랜 침구 관련서인 『침구갑을경(鍼灸甲乙經)』을 편찬했다. 역사에도 조예가 깊어 『제왕세기(帝王世紀)』와 『연력(年歷)』, 『고사전(高士傳)』, 『일사전(逸士傳)』, 『열녀전(列女傳)』, 『현안춘추(玄晏春秋)』 등

이를 따랐으니, '바로 으뜸이다.'는 것이다. 「군아(君牙)」 문후(文侯)편에서는 조(祖)·부(父)로 풀이했다.620) 살펴보건대 『시경』의 「운한(雲漢)」과 『예기』의 「치의(緇衣)」에서도 모두 '장(長)'으로 풀이했으니, 하나로 귀결됨이 마땅한 것이다."621)

集傳

保, 安也. 保衡, 猶阿衡.
보(保)는 편안함이니, 보형(保衡)은 아형(阿衡)과 같다.

詳說

○ 見太甲.
「태갑」에 보인다.622)

集傳

作, 興起也. 撻于市, 恥之甚也. 不獲, 不得其所也. 高宗舉伊尹之言, 謂其自任如此.
작(作)은 흥기함이다. 시장에서 종아리를 맞는다는 것은 심한 부끄러움이다. 불획(不獲)은 그 살 곳을 얻지 못하는 것이다. 고종이 이윤의 말을 들어 스스로 책임

을 지었다.
620) 『서경대전(書經大全)』, 「주서(周書)」·「군아-7(君牙-7)」 주자주, "선정(先正)은 군아(君牙)의 조(祖)·부(父)이다. 군아(君牙)가 조(祖)·부(父)의 옛 직책을 따라 법받아야 한다. 백성의 다스려지고 어지러움이 이에 달려 있을 뿐이니, 법받으면 다스려지고 그렇지 않으면 어지러운 것이다. 네 조(祖)·부(父)가 행하신 바를 따라 군주의 다스림을 드러내라 하였으니, 다시 가법(家法)을 지킬 것을 거듭 경계하여 끝맺은 것이다. 살펴보건대, 이 편은 오로지 군아(君牙)의 조(祖)·부(父)를 가지고 말하여 '옛 일을 이으라' 하고, '옛 법을 따르라' 하고, '욕되게 하지 말라' 하고, '추배(追配)하라' 하고, '선정(先正)의 옛 법을 따르라' 하고, '조(祖)·고(考)가 행하신 바를 따르라' 하였다. 그렇다면 군아(君牙)의 조(祖)·부(父)가 일찍이 사도(司徒)의 직책을 맡았고, 그 어질었음을 알 수 있다. 재적(載籍)에 전하지 않음이 애석하다. 진씨(陳氏)가 '강왕(康王) 때에 예백(芮伯)이 사도(司徒)가 되었으니, 군아(君牙)가 그 후손인가 보다.'라고 하였다.(先正, 君牙祖父也. 君牙由祖父舊職, 而是法之. 民之治亂, 在此而已, 法則治, 否則亂也. 循汝祖父之所行, 而顯有之有之, 復申戒其守家法以終之. 按此篇, 專以君牙祖父爲言, 曰纘舊服, 曰由舊典, 曰無, 曰追配, 曰由先正舊典, 曰率祖考攸行. 然則君牙之祖父, 嘗任司徒之職, 而其賢, 可知矣. 惜載籍之無傳也, 陳氏曰, 康王時 芮伯, 爲司徒, 君牙豈其後耶.)"
621) 『서전회선(書傳會選)』, 「상서(商書)」·열명하(說命下), "추씨 계우가 말하였다 : '장(長)'은 상성이다. 채씨의 전에서는 여기의 장을 공씨의 풀이를 따랐으니, '바로 으뜸이다.'는 것이다. 「군아(君牙)」 문후(文侯)편에서는 조(祖)·부(父)로 풀이했다. 살펴보건대 『시경』의 「운한(雲漢)」과 『예기』의 「치의(緇衣)」에서도 모두 장(長)으로 풀이했으니, 하나로 귀결됨이 마땅한 것이다.'長, 上聲. 蔡傳此章, 從孔氏訓, 正爲長, 君牙文侯篇, 釋先正爲祖父. 按, 詩雲漢禮記緇衣, 亦皆訓長. 宜歸于一.)"
622) 『서경대전(書經大全)』, 「상서(商書)」·「태갑-1(太甲上-1)」: "사왕(嗣王)이 아형(阿衡)에게 순하지 못하였다.(惟嗣王, 不惠于阿衡.)"

짐이 이와 같았다.

詳說

○ 見孟子萬章.

『맹자』「만장」에 보인다.623)

集傳

故能輔我成湯, 功格于皇天,

그러므로 우리 성탕을 보좌하여 공이 황천에 이르렀으니,

詳說

○ 配天.

하늘과 짝한 것이다.

集傳

爾庶幾明以輔我,

너는 부디 밝게 나를 보필하여

詳說

○ 釋保字, 與訓安者, 各是一義也.

'보(保)'자를 풀이한 것과 '안(安)'자를 설명한 것은 각기 하나의 의미이다.

---

623) 『맹자』「만장상」, "이윤(伊尹)은 천하의 백성 중에 필부와 필부라도 요순의 혜택을 입지 못하는 자가 있으면, 마치 자신이 그를 밀어 도랑 가운데로 넣은 것과 같이 여겼으니, 그가 천하의 중임으로써 자임함이 이와 같았다. 그러므로 탕왕에게 나아가 설득하여 하나라를 정벌하여 백성을 구제한 것이다.(思天下之民, 匹夫匹婦有不被堯舜之澤者, 若己推而內納之溝中, 其自任以天下之重, 如此. 故就湯而說之, 以伐夏救民.)"; 「만장하」, "이윤(伊尹)은 말하기를 '어느 사람을 섬기면 군주가 아니면, 어느 사람을 부리면 백성이 아니겠는가.'라고 하고, 세상이 다스려져도 나아가며 혼란해도 나아가서, 말하기를 '하늘이 이 백성을 낸 것은 먼저 안 사람으로 하여금 뒤늦게 아는 사람을 깨우쳐주며, 선각자(先覺者)로 하여금 뒤늦게 깨닫는 자를 깨우치게 하신 것이다. 나는 하늘이 낸 백성 중에 선각자이니, 내 장차 이 도(道)로써 이 백성을 깨우치겠다.'라고 하였으며, 생각하기를, 천하의 백성 중에 필부·필부라도 요순의 혜택을 입는 데 참여하지 못한 자가 있으면, 마치 자기가 그를 밀쳐서 도랑 가운데로 넣은 것처럼 여겼으니, 이는 천하의 중함으로써 자임한 것이다.(伊尹曰, 何事非君, 何使非民, 治亦進, 亂亦進, 曰, 天之生斯民也. 使先知, 覺後知, 使先覺, 覺後覺, 予天民之先覺者也, 予將以此道, 覺此民也, 思天下之民, 匹夫匹婦有不與被堯舜之澤者, 若己推而內之溝中, 其自任以天下之重也.)"

集傳

無使伊尹專美於我商家也.

이윤이 우리 상나라에서 아름다움을 독차지하게 하지 말라."라고 한 것이다.

詳說

○ 陳氏大猷曰 : "其自任, 不可不與尹同."

진씨 대유가 말하였다 : "그가 자임한 것은 이윤과 같지 않을 수 없다."624)

集傳

傅說以成湯望高宗, 故曰協于先王成德, 監于先王成憲, 高宗以伊尹望傅說, 故曰罔俾阿衡專美有商.

부열은 성탕으로 고종을 기대했으므로 "선왕이 이루어 놓은 덕에 합하라."라고 하고, "선왕의 이루어 놓은 법을 보라."라고 하였으며, 고종은 이윤으로 부열을 기대했으므로 "아형이 상나라에서 아름다움을 독차지하게 하지 말라."라고 한 것이다.

詳說

○ 論也.

경문의 의미 설명이다.

[6-3-8-③-11]

惟后非賢不乂, 惟賢非后不食, 其爾克紹乃辟于先王, 永綏民.
說拜稽首, 曰敢對揚天子之休命

임금은 현자가 아니면 다스리지 못하고, 현자는 임금이 아니면 먹지 못하니, 너는 네 군주를 선왕에게 이어서 백성들을 길이 편안하게 하라." 부열이 절하고 머리를 조아리며 "감히 천자의 아름다운 명을 대양(對揚) 하겠습니다." 라고 하였다.

---

624)『서경대전(書經大全)』,「상서(尙書)」·열명하(說命下), "진씨 대유가 말하였다 : '이윤은 시골에 있으면서 임금은 요순같은 임금이 되게 하고 백성은 요순의 백성이 되게 하려고 했다. 그 자임하는 중책이 이와 같았다. 부열이 판책에서 일어나 재상이 된 것은 자취가 이윤과 같으니, 그가 자임한 것은 이윤과 같지 않을 수 없다.'(陳氏大猷曰 : 尹在畎畝, 則欲使君爲堯舜之君, 民爲堯舜之民. 其自任之重如此. 說起版築爲相, 迹與尹同, 則其自任, 不可不與尹同.)"

集傳
君非賢臣, 不與共治,
군주(君主)는 현신(賢臣)이 아니면 함께 다스리지 못하고,

詳說
○ 一作能
'여(與)'는 어떤 판본에는 '능(能)'자로 되어 있다.

集傳
賢非其君, 不與共食, 言君臣相遇之難如此. 克者, 責望必能之辭, 敢者自信無慊之辭.
현자는 군주가 아니면 함께 녹을 먹지 못하니, 군신이 서로 만나기가 어려움이 이와 같음을 말한 것이다. 극은 반드시 능하기를 책망하는 말이고, 감(敢)은 자신하여 부족함이 없는 말이다.

詳說
○ 苦簟反.
'겸(慊)'은 '고(苦)'와 '점(簟)'의 반절이다.

集傳
對者, 對以己, 揚者, 揚於衆. 休命, 上文高宗所命也. 至是, 高宗以成湯自期, 傅說以伊尹自任,
대(對)는 자기로써 상대함이고, 양(揚)은 여러 사람에게 드날림이다. 아름다운 명령은 상문에서 고종이 명령한 것이다. 여기에 와서 고종은 성탕으로 스스로 기약하고, 부열은 이윤으로 스스로 자임하며,

詳說
○ 與上註, 未相照應
위의 주와 서로 호응하지 않는다.

集傳

君臣相勉勵如此, 異時高宗爲商令王, 傅說爲商賢佐, 果無愧於成湯伊尹也宜哉.

군신이 서로 면려함이 이와 같았으니, 후일에 고종은 상나라의 훌륭한 왕이 되고 부열은 상나라의 어진 보좌가 되어서 과연 성탕과 이윤에게 부끄러움이 없었던 것은 당연하다 하겠다.

詳說

○ 至以下論也.

'지(至)' 이하는 경문의 의미 설명이다.

연구번역자 소개

신창호(申昌鎬)
현) 고려대학교 교수, 고려대학교 박사(동양철학/교육사철학 전공), 고려대학교 교육문제연구소 소장, 평생교육원장. 한국교육철학학회 회장, 한중철학회 회장 역임, 현) 한국학중앙연구원 이사
저서에 「『중용』 교육사상의 현대적 조명」(박사학위논문), 『유교의 교육학 체계』 외 다수의 논문·번역·저서가 있음

김학목(金學睦)
전) 고려대학교 연구교수, 건국대학교 박사(한국철학 전공), 해송학당 원장(동양학·사주명리 강의)
저서에 「박세당의 『신주도덕경』 연구」(박사학위논문), 『한국주역대전』 외 다수의 논문·번역·저서가 있음

조기영(趙麒永)
전) 고려대학교 연구교수, 연세대학교 박사(한문학 전공), 서정대 교수·연세대국학연구원 연구원
저서에 「하서 김인후 시 연구」(박사학위논문), 『한국시가의 정신세계』 외 다수의 논문·번역·저서가 있음

황봉덕(黃鳳德)
전) 고려대학교 연구교수, 성균관대학교 박사(문학 전공). 한중철학회 총무이사. 시습학사 사무국장
저서에 「李德懋 士小節 硏究」(박사학위논문), 『譯註 貞觀政要集論』 『國譯 通鑑節要增損校註Ⅰ』 외 다수의 논문·번역·저서가 있음

김언종(金彦鐘)
현) 고려대학교 명예교수, 國立臺灣師範大學 박사(韓國經學 전공), 한국고전번역원 이사 및 고전번역학회 회장 역임, 현) 한국고전번역원장
저서에 「丁茶山論語古今注原義總括考徵」(박사학위논문), 『(역주)시경강의』 외 다수의 논문·번역·저서가 있음

임헌규(林憲圭)
현) 강남대학교 교수, 한국학중앙연구원 박사(동양철학 전공). 동양고전학회 회장 역임, 현) 강남대학교 참인재대학장
저서에 『유가의 심성론 연구-맹자와 주희를 중심으로』(박사학위논문), 『공자에서 다산 정약용까지 - 유교 인문학의 동서철학적 성찰』 외 다수의 논문·번역·저서가 있음

허동현(許東賢)
현) 경희대학교 교수. 고려대학교 박사(한국근대사 전공). 경희대학교 학부대학 학장·한국현대사연구원 원장 역임. 현) 국사편찬위원장
저서에 「1881년 조사시찰단 연구」(박사학위논문), 『한국의 국가 형성과 민주주의』 외 다수의 논문 번역 저서가 있음

서집전상설 3

초판 1쇄 | 2024년 8월 15일

책임역주(주저자) | 신창호
전임역주 | 김학목·조기영·황봉덕
공동역주 | 김언종·임헌규·허동현
편   집 | 강완구
디자인 | S-design
브랜드 | 우물이있는집
펴낸곳 | 써네스트
펴낸이 | 강완구
출판등록 | 2005년 7월 13일 등록번호 제2017-000293호
주   소 | 서울시 마포구 망원로 94, 203호
전   화 | 02-332-9384   팩   스 | 0303-0006-9384
이메일 | sunestbooks@yahoo.co.kr
홈페이지 | www.sunest.co.kr
I S B N 979-11-94166-33-7 94140 값 31000원
         979-11-94166-30-6 94140 (전 7권)
* <우물이 있는 집>은 써네스트의 인문브랜드입니다.

이 책은 신저작권법에 따라 보호받는 저작물이므로 무단 전재와 복제를 금하며, 내용의 전부 또는 일부를 재사용하려면 반드시 저작권자와 도서출판 써네스트 양측의 동의를 받아야 합니다.
정성을 다해 만들었습니다만, 간혹 잘못된 책이 있습니다. 연락주시면 바꾸어 드리겠습니다.